赤峰市檔案館 編

民國時期赤峰縣公署檔案精選

3

國家圖書館出版社

第三册目録

二四六 赤峰縣商會爲試辦官店事致赤峰縣公署公函（1927年2月21日）

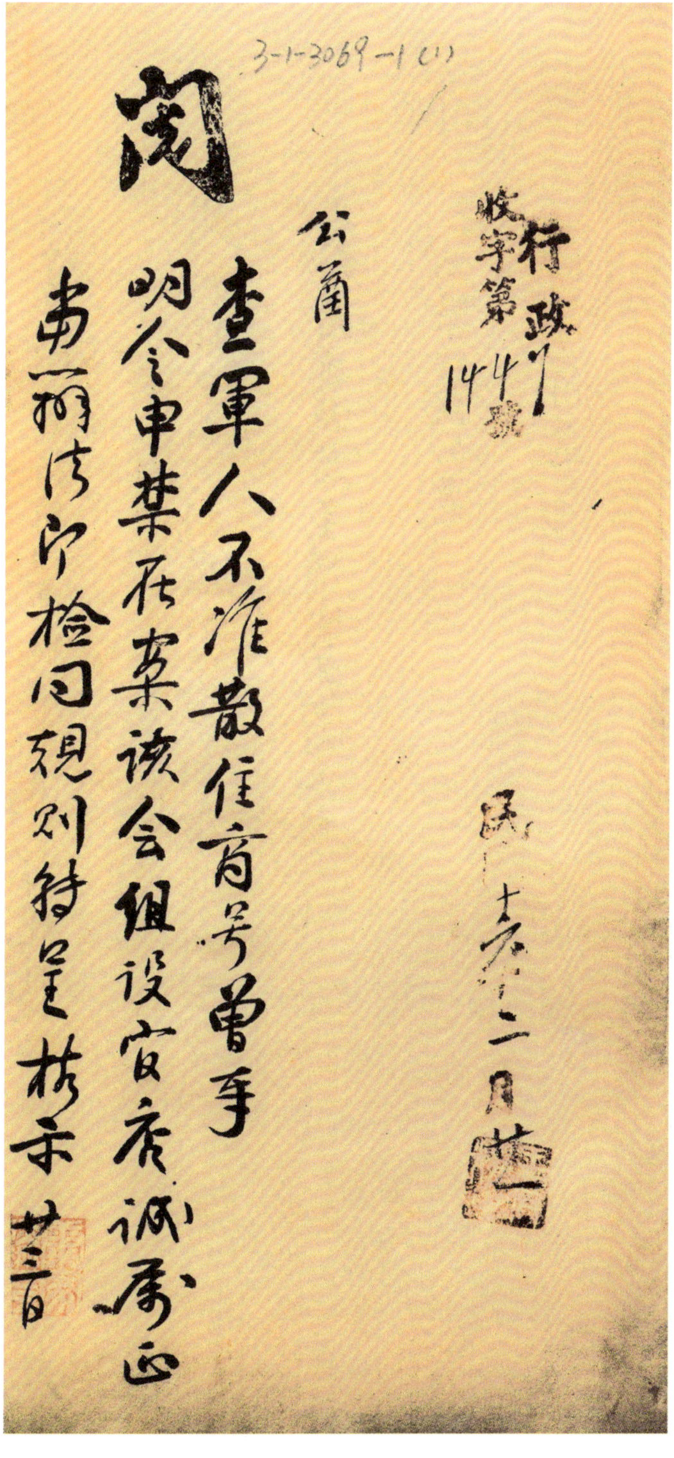

二四六　赤峰縣商會爲試辦官店事致赤峰縣公署公函（1927年2月21日）

赤峰縣商會公函

敬啟者本埠地當衝要主客軍人往來頻夥敝會現招集會議試辦官店以資招待而免紛擾議決試辦規則八條即日選派經理赶速開辦除分函外相應抄送試辦官店規則二份函請

貴公署查核轉呈備案是荷此致

赤峰縣行政公署

計函送

試辦官店規則二份

二四六　赤峰縣商會爲試辦官店事致赤峰縣公署公函（1927年2月21日）

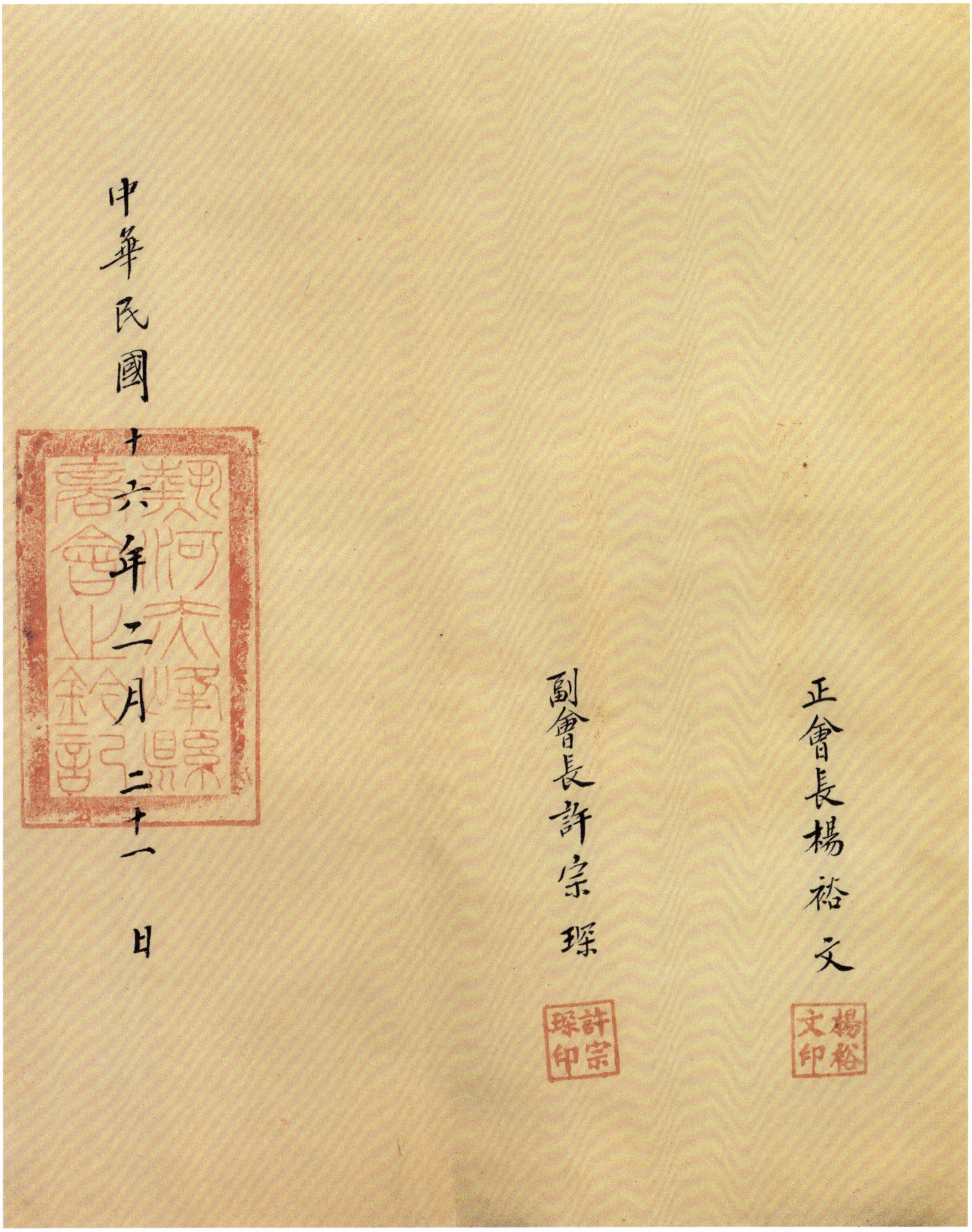
正會長楊裕文
楊裕文印
副會長許宗琛
許宗琛印
中華民國十六年二月二十一日
熱河赤峰縣商會鈐記

二四六　赤峰縣商會爲試辦官店事致赤峰縣公署公函（1927 年 2 月 21 日）

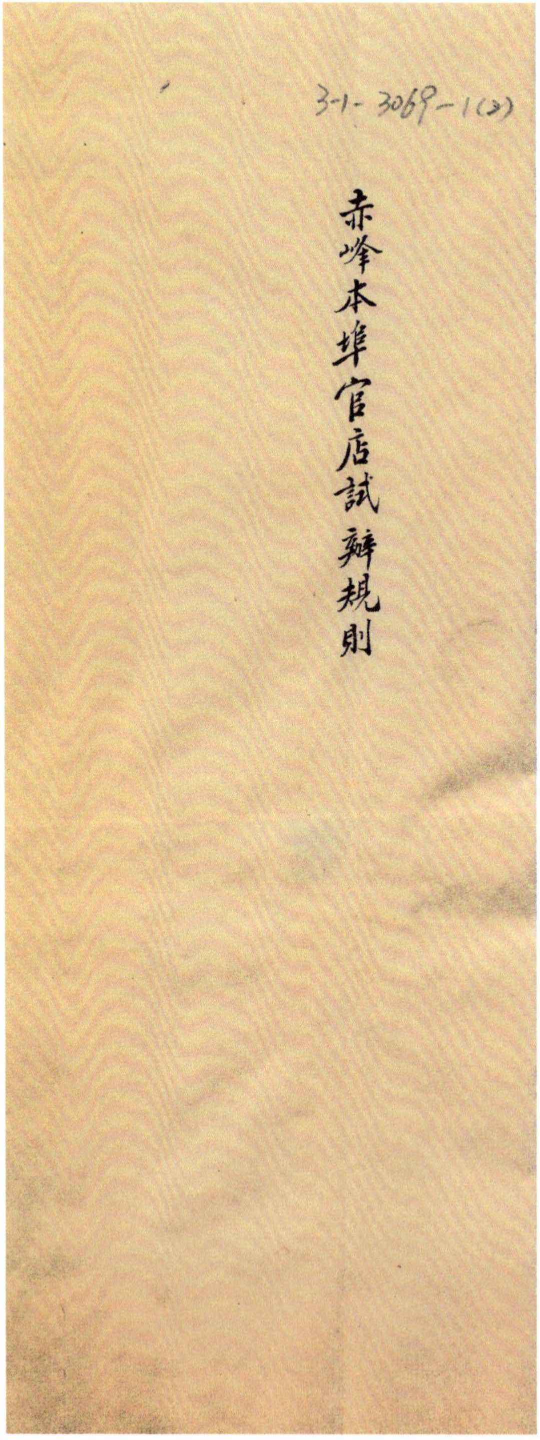
3-1-3069-1(2)

赤峰本埠官店試辦規則

二四六　赤峰縣商會爲試辦官店事致赤峰縣公署公函（1927年2月21日）

第一條本官店專為招待過往馬步兵隊以免散住商號民户別
生枝節
第二條本官店設立在三道街中間路北旅部商會隔壁
第三條本官店每日預備打尖吃米住宿用麵一飯一菜馬每匹每日
紅糧料一升干艸十斤 打尖者半數
第四條本官店收費馬兵一人一馬每日收價現大洋三角 打尖一角五
分住宿一角五分步兵每名每日收價現大洋一角五分打尖七分五
厘住宿七分五厘住居日多按日依次加算
第五條本官店於住客行時按照前列價目核實清算如無力付價可
逕向其宿軍隊索要
註賬向該部主管長官算繳然必須問明該軍人名姓係何部隊伍

二四六　赤峰縣商會爲試辦官店事致赤峰縣公署公函（1927年2月21日）

來街有何公幹方能註賬（為免弊竇須取具該係有職役之條據）

第六條本官店預備米麵料艸等物暫由本埠商號墊辦賠折數目由商號均攤概歸商會公同核議辦理

第七條本官店經理由商會選用至賬簿款項罷俱各種什物概歸商會會董輪值經管五月節八月節年節按照清賬習慣分三期宣佈周知

第八條本規則有未盡事宜隨時核議更正

中華民國十六年二月二十一日

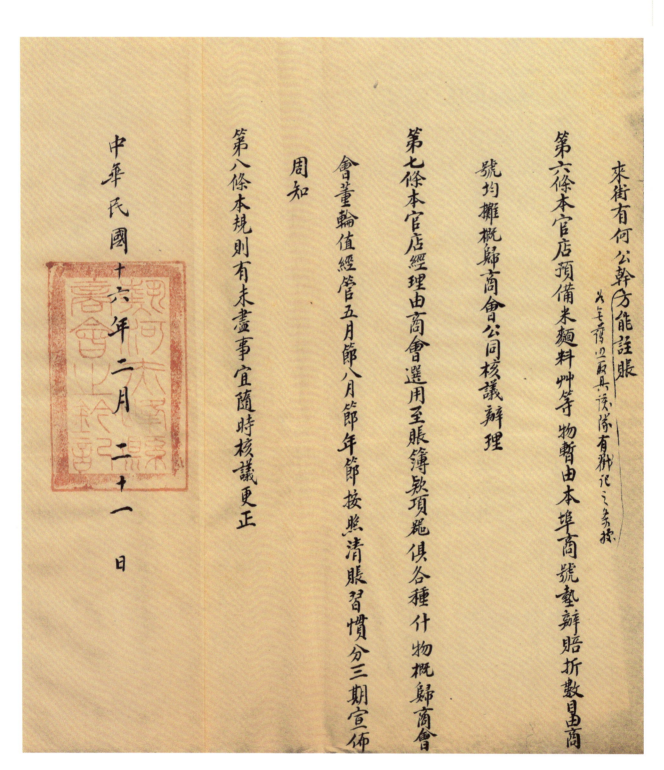

二四七　赤峰縣公署爲商會試辦官店事致熱河都統公署呈稿（1927年2月26日）

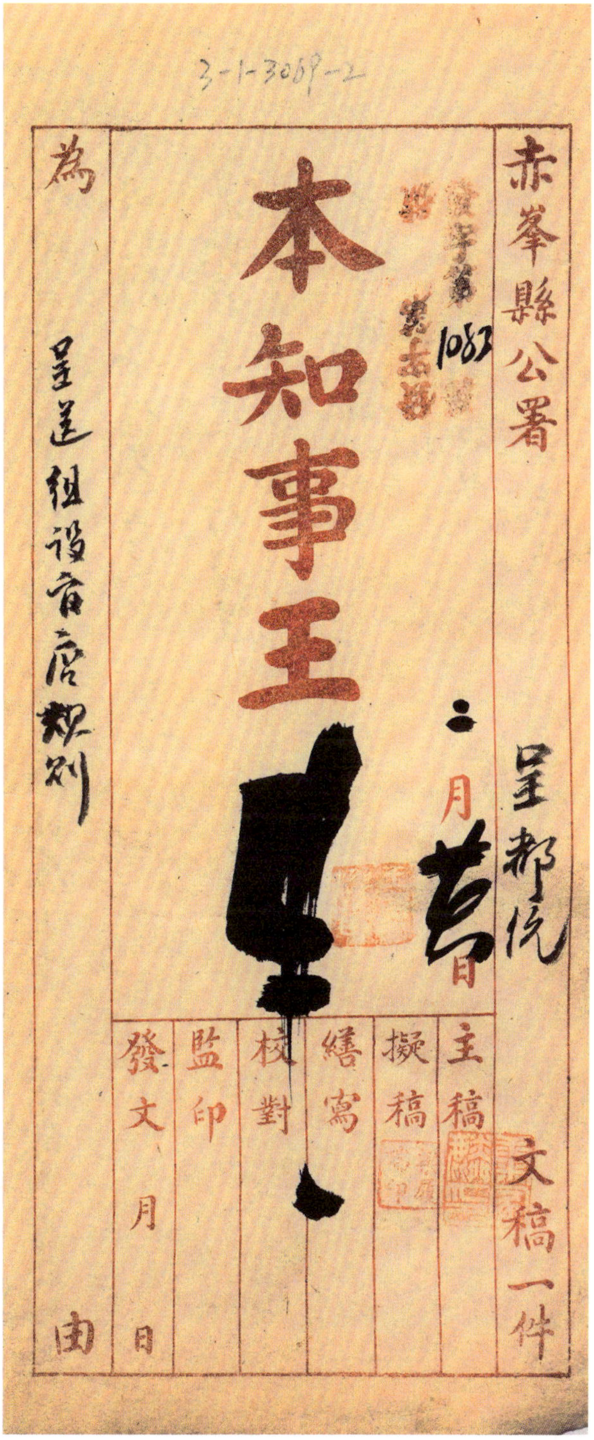
3-1-3089-2

赤峯縣公署

1082

本知事王

呈都統

二月　日

文稿一件

主稿	擬稿	繕寫	校對	監印	發文
					月　日

為呈送組設官店規則由

二四七 赤峰縣公署爲商會試辦官店事致熱河都統公署呈稿（1927年2月26日）

呈爲轉呈事、本年二月二十一日准職縣商會公函內開、逕啟者云云

此致、計函送試辦官店規則二份等情、據此查軍人不准散住商

號、曾奉

鈞令申禁在案、該會組設官店、誠屬正當辦法、除函覆外、理合

檢同規則一份、備文呈送

鈞署鑒核示遵施行、謹呈

熱河都統湯、

計呈送

官店試辦規則一份

二四七 赤峰縣公署爲商會試辦官店事致熱河都統公署呈稿（1927年2月26日）

中華民國十六年二月廿六日

二四八 熱河都統公署爲商會試辦官店事致赤峰縣公署指令（1927年3月12日）

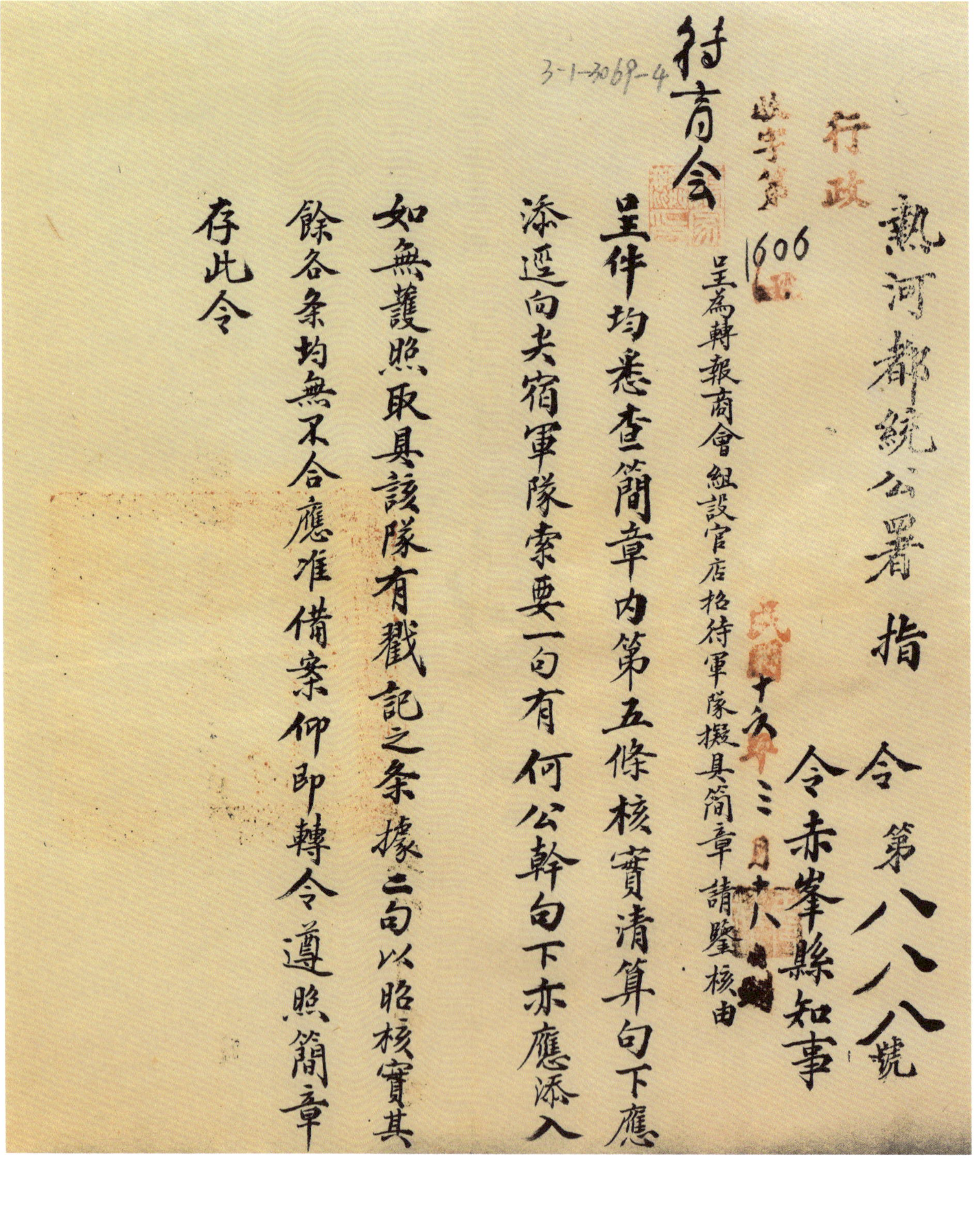

熱河都統公署指令 第八八八號

行政 字第1606號

令赤峯縣知事

呈爲轉報商會組設官店招待軍隊擬具簡章請鑒核由

民國十六年三月十二日

呈件均悉查簡章內第五條核實清算句下應添逕向兵宿軍隊索要一句有何公幹句下亦應添入如無護照取具該隊有戳記之条據二句以昭核實其餘各条均無不合應准備案仰即轉令遵照簡章存此令

二四八　熱河都統公署爲商會試辦官店事致赤峰縣公署指令（1927年3月12日）

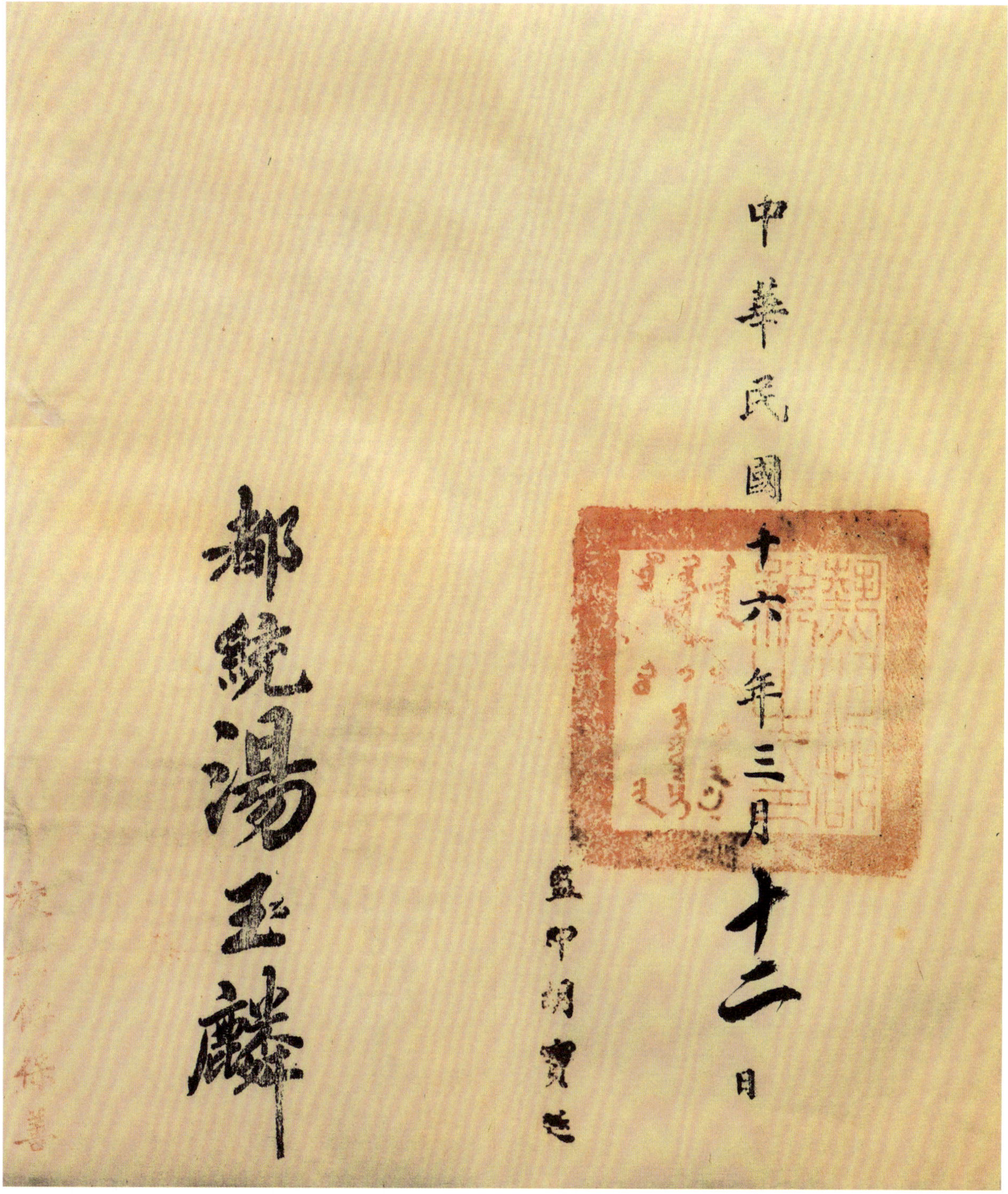
中華民國十六年三月十二日

監印胡寶善

都統湯玉麟

二四九　赤峰縣獨陽山宣講孔教分會爲分會成立請予立案事致赤峰縣公署呈（1927年）

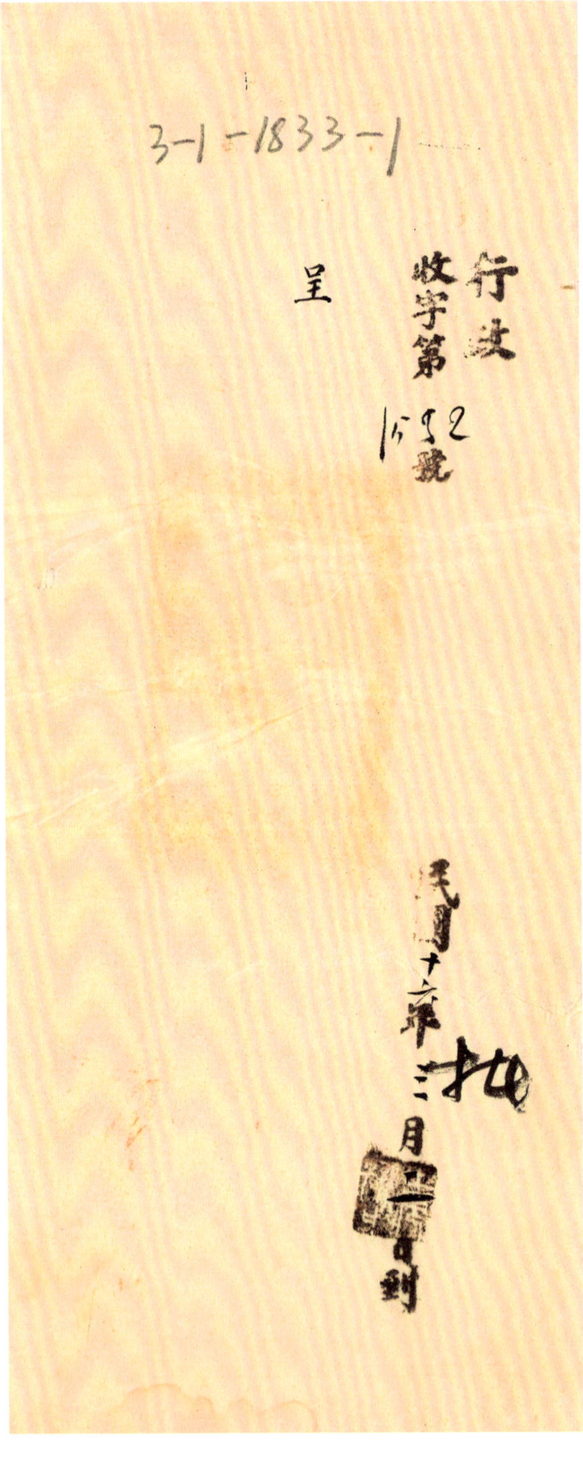
3-1-1833-1

行政
收字第1552號
呈

批
民國十六年三月廿二日到

二四九　赤峰縣獨陽山宣講孔教分會爲分會成立請予立案事致赤峰縣公署呈（1927 年）

呈為組織赤峰獨陽山宣講孔教分會請予立案仰祈
鈞鑒照准事竊維好義急公古訓是式移風易俗勸善為先自來道德之盛衰關乎
國運之隆替古今中外其揆一也我孔子删訂六經垂憲萬世數千年來為我國道
德之中心恭頌布民國憲法第十二條載明中華民國人民有尊崇孔子及信仰宗
教之自由仰見準今酌古發揚國光之至意晚近人心不古災患頻仍横議紛起邪
説屢出若無提倡挽救之方將有每況愈下之勢由民國十四年春間奉北京孔教
總會來函示以設立赤峰獨陽山宣講孔教分會旋又發來該分會鈐記一顆文曰
赤峰獨陽山宣講孔教分會各等情奉此自應遵照辦理然而所因各職員不支薪
餉均盡純粹義務是以各職員不易選妥今職等有鑒於此爰在赤邑東北獨陽山
中真堂附設宣講孔教分會以宣揚孔教以提倡慈善為宗旨並設立平民之小學

二四九　赤峰縣獨陽山宣講孔教分會爲分會成立請予立案事致赤峰縣公署呈（1927年）

校所有設立分會及各職員年歲住址除繕列文尾外是否有當理合備文呈請鈞
鑒請予備案照准實為德便施行謹呈
赤峰縣縣長王

計開設立赤峰縣獨陽山宣講孔教分會各職員年歲住址繕列於左

理事長一員
趙國衡 柄臣 年五十歲 第二區東雙廟住 儒業

理事員四員
崔如岳 雲五 年五十四歲 鷄冠子山住 儒業
趙振芳 蕙濱 年五十四歲 北分水清住 儒業
司鼎芳 蘭亭 年五十四歲 東源茂隆住 儒業
楊清魁 守先 年六十歲 五十家子北清住 儒業

文牘長
楊玉琳 温如 年三十七歲 北水泉丁住 儒業

二四九　赤峰縣獨陽山宣講孔教分會爲分會成立請予立案事致赤峰縣公署呈（1927 年）

文牘員三員
張鳳智　蘊五　年二十八歲　北敖包清住　儒業
倪慶善　壽山　年三十五歲　東水地村住　儒業
閻希周　紹文　年三十一歲　東旗下地住　儒業
會計長一員
張璽　瑞文　年六十歲　敖包清村住　儒業
會計員二員
李文　聲遠　年四十六歲　東小燒鍋地住　儒業
倪思衡　冰臣　年十九歲　東水地村住　儒業
交際長一員
閻希聖　承三　年四十二歲　東旗下地住　儒業
交際員二員
高百萬　選青　年四十歲　東黄土梁子村　農業
李永齡　壽山　年二十六歲　鷄冠子山住　農業
庶務長一員
楊玉樹　皎如　年五十三歲　後水泉子住　農業

二四九　赤峰縣獨陽山宣講孔教分會爲分會成立請予立案事致赤峰縣公署呈（1927 年）

庶務員二名

周廣發　子源　年三十八歲　西水地村住　農業

幹事員二名

張相　輔臣　年三十四歲　東新井村住　農業

袁景文　向陽　年六十三歲　建平孫山子住　農業

高鐸　宣文　年三十六歲　鷄冠山村住　儒業

赤峰縣獨陽山宣講孔教分會理事長趙國衡（印）

閱

呈悉既據以宣傳孔教提倡慈善

爲宗旨應准予備案嗣後倘

查有藉端擾民及倡導邪説

情事定依律查懲仰即知照此

批（印）

二四九　赤峰縣獨陽山宣講孔教分會爲分會成立請予立案事致赤峰縣公署呈（1927 年）

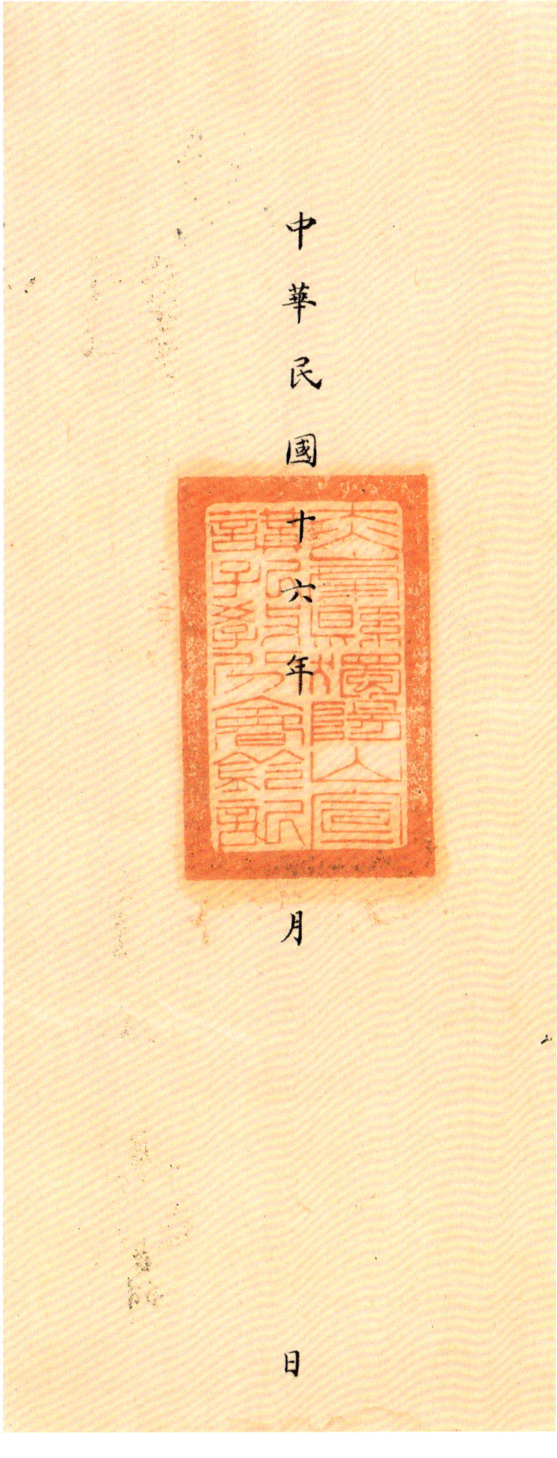

中華民國十六年　月　日

二五〇　熱河都統公署爲取消所有保甲事致赤峰縣公署訓令（1927年2月11日）

3-1-1181-1

行政會議

收字第1409號

熱河都統公署訓令第四五一號

民國十六年二月十五日到

令赤峯縣知事

逕敘稿

查熱區磽瘠僻處北邊前被逆黨鴟張屢遭蹂
躪橫徵暴斂日不聊生鄉民何辜罹茲荼毒
本督統生長鄉土休戚攸關親統大兵掃除妖
孽民情困苦寧有不知維時西北游魂餘燼
尚熾興師進討境內空虛盜匪如毛未遑兼顧
不得已恢復保甲捍衛閭閻重累吾民愁苦滋
疾幸賴將士用命逆黨竄逃剿捕萑苻保甲
得力赤氛既遠匪患粗平兵甲相繼始有今日

即令
俟所
去遵

二五〇 熱河都統公署爲取消所有保甲事致赤峰縣公署訓令（1927年2月11日）

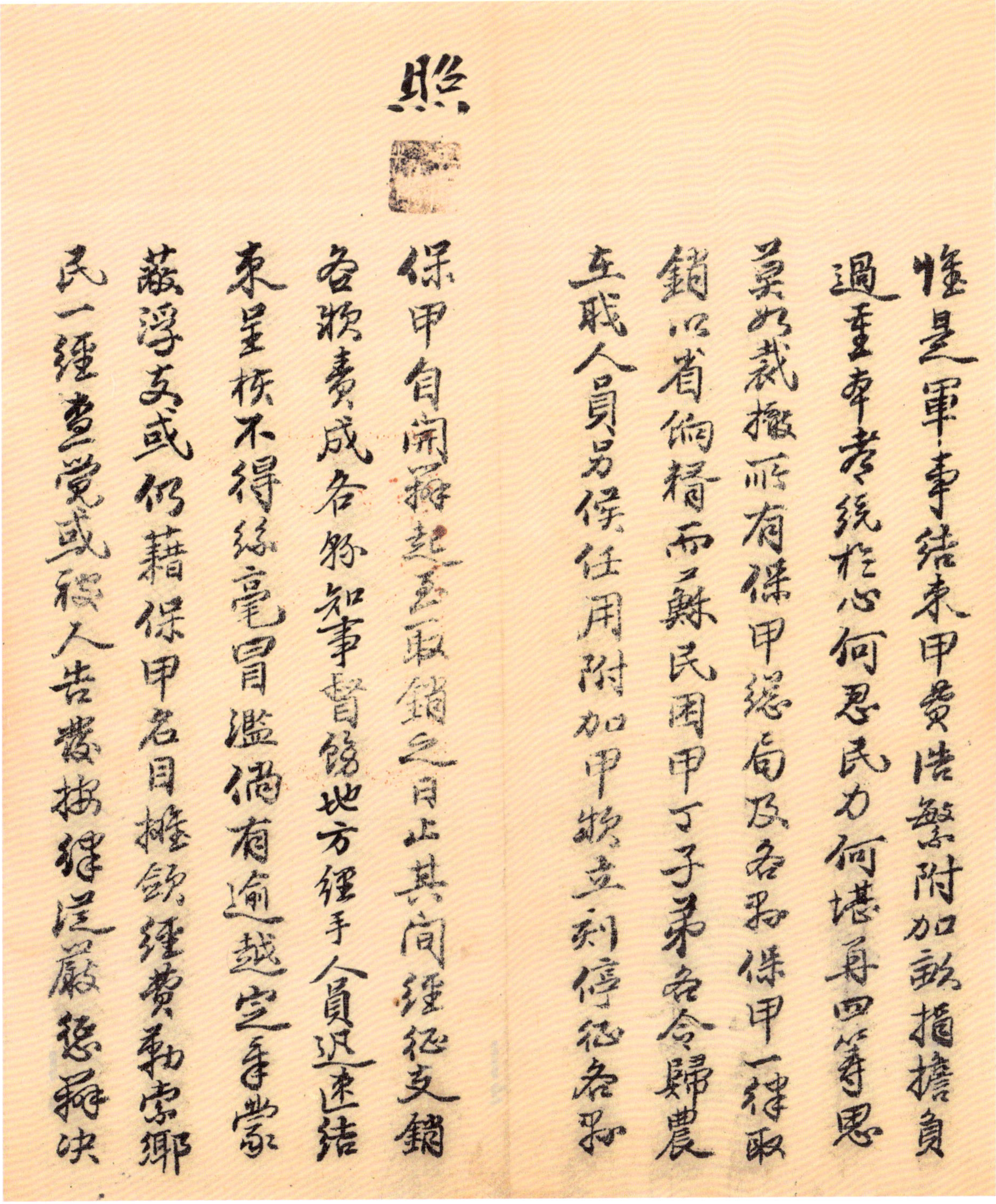

惟是軍事結束甲費告罄附加款擔負
過重本督統於心何忍民力何堪再四籌思
莫如裁撤所有保甲總局及各分保甲一律取
銷以省餉糈而蘇民困甲丁子弟各令歸農
在職人員另候任用附加甲款立刻停徵各縣

照

保甲自開辦起至取銷之日止其間經徵支銷
各款責成各縣知事督飭地方經手人員迅速結
束呈核不得絲毫冒濫倘有逾越定章蒙
蔽浮支或仍藉保甲名目擅斂經費勒索鄉
民一經查覺或被人告發按律從嚴懲辦決

二五〇 熱河都統公署爲取消所有保甲事致赤峰縣公署訓令（1927 年 2 月 11 日）

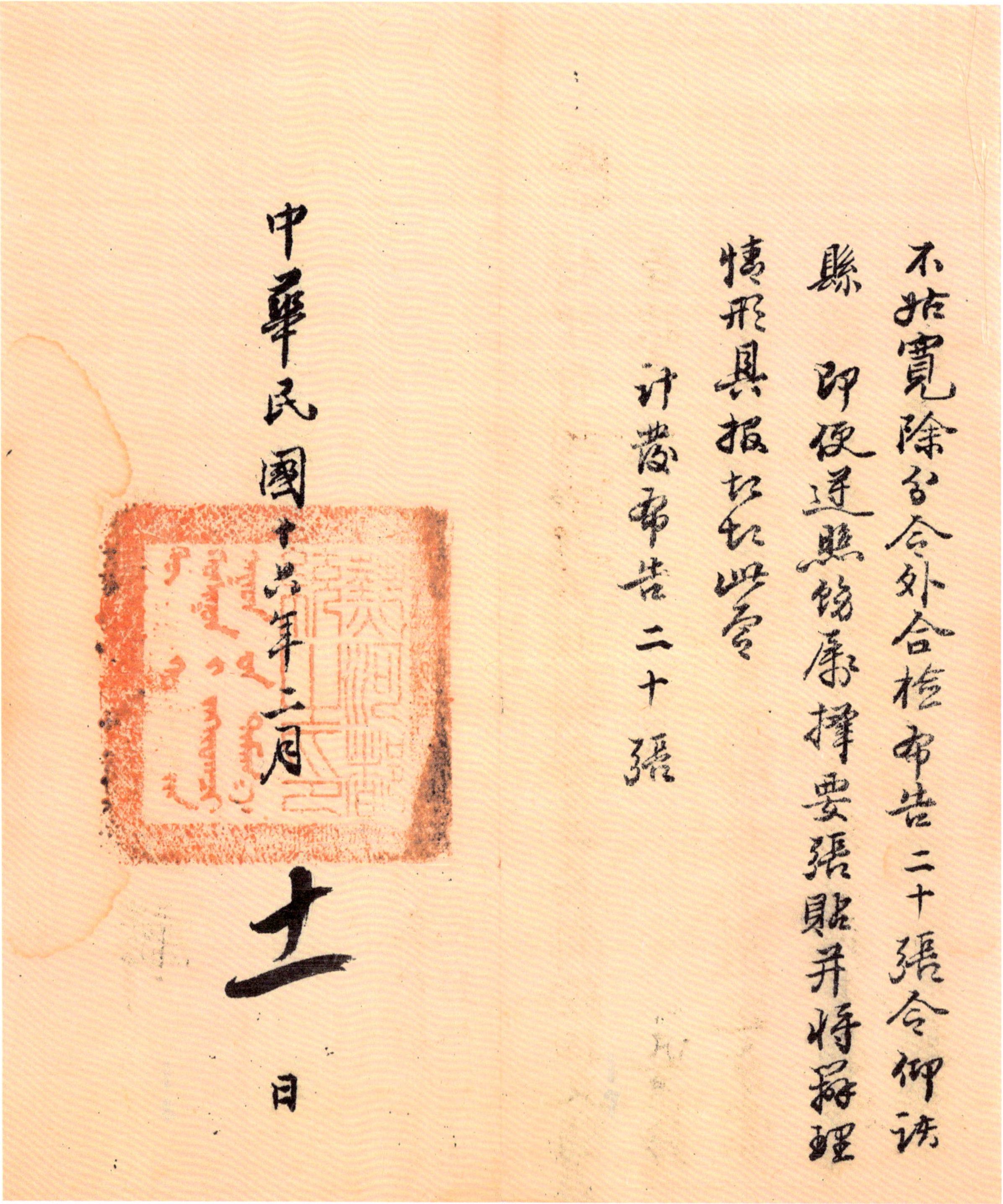
不拈寬除分令外合檢布告二十張令仰該
縣　即便遵照飭屬擇要張貼并將辦理
情形具報切切此令
　計發布告二十張
中華民國十六年二月十一日

二五〇 熱河都統公署爲取消所有保甲事致赤峰縣公署訓令（1927年2月11日）

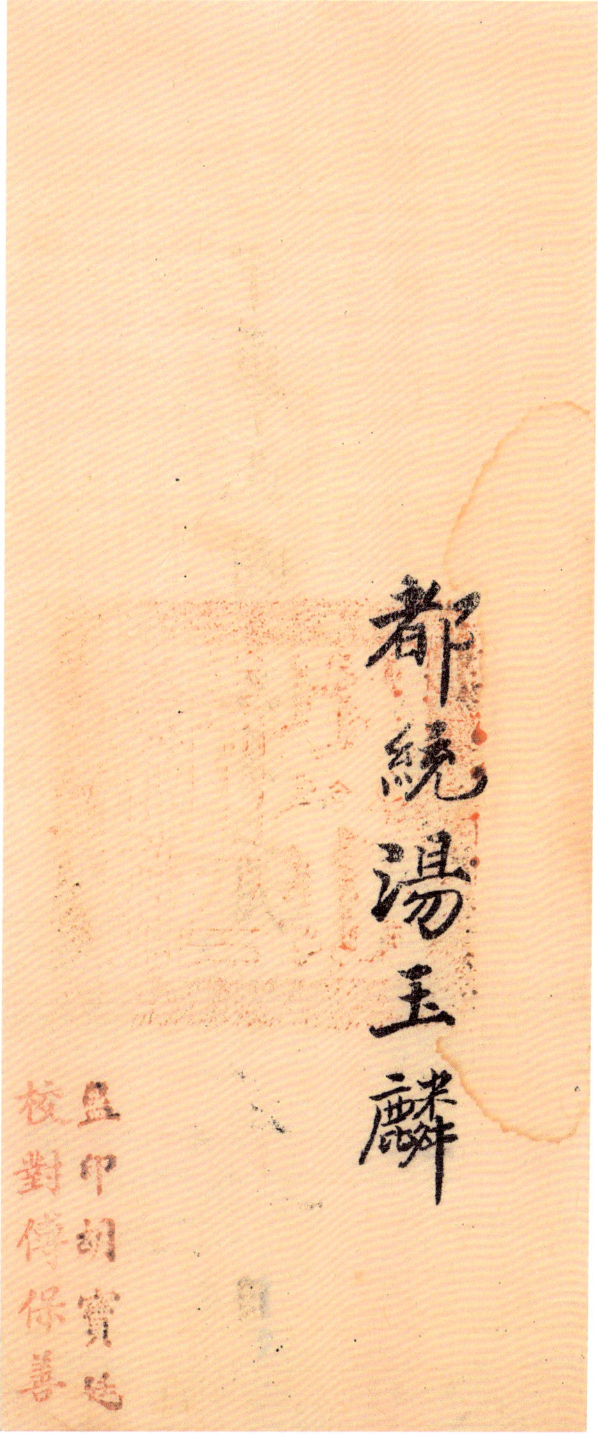

都統湯玉麟

監印胡寶廷

校對傅保善

二五一　赤峰縣保甲事務所爲具報取消保甲日期事致赤峰縣公署呈（1927 年 2 月 27 日）

二五一　赤峰縣保甲事務所爲具報取消保甲日期事致赤峰縣公署呈（1927年2月27日）

呈為呈報取銷保甲日期事案奉
鈞署第十六號訓令內開為令遵事本年二月十五日奉
熱河都統公署第四五一號訓令內開查熱區磽瘠僻處北邊前者逆黨鴟張屢遭蹂躪
横徵暴斂日不聊生鄉民何辜罹茲荼毒本都統生長斯土休戚攸關親統大兵掃除妖
孽民情困苦寧有不知維時西北游魂餘燄尚熾興師進討境內空虛盜匪如毛未遑兼
顧不得已恢復保甲捍衛閭閻重累吾民愍焉滋疚幸賴將士用命逆黨竄逃剿捕萑苻
保甲得力赤氛既遠匪患粗平兵甲相維始有今日惟是軍事結束甲費浩繁附加畝捐
擔負過重本都統於心何忍民力何堪再四籌思莫如裁撤所有保甲總局及各縣保甲一律
取銷以省餉糈而蘇民困甲丁子弟各令歸農在職人員另候任用附加甲款立刻停徵各縣
保甲自開辦起至取銷之日止其間經徵支銷各款責成各縣知事督飭地方經手人員迅速

二五一　赤峰縣保甲事務所爲具報取消保甲日期事致赤峰縣公署呈（1927年2月27日）

結束呈核不得絲毫冒濫倘有逾越定章蒙蔽浮支或藉保甲名目攤歛經費勒索鄉民一經查覺或被人告發按律從嚴懲辦決不姑寬除分令外合檢佈告二十張令仰該縣知事即便遵照飭屬擇要張貼并將辦理情形具報切切此令計發佈告二十張等因奉此除將佈告擇要張貼外合亟令仰該所長遵照迅速取銷並將取銷日期報查一面將任內經手文卷賬簿款項以暨公有物品鈐記等項一律造冊送署以憑具報事關憲令勿延為要切切此令等因奉此當即通知各區分所暨職所於本年二月二十八日一律取銷所有甲丁概行解散除俟各該區保長等將所有手續結束清楚呈報到所再行另案彙報外理合將保甲取銷日期具文呈報

鈞署鑒核備案施行謹呈

赤峰縣監督王

二五一　赤峰縣保甲事務所爲具報取消保甲日期事致赤峰縣公署呈（1927 年 2 月 27 日）

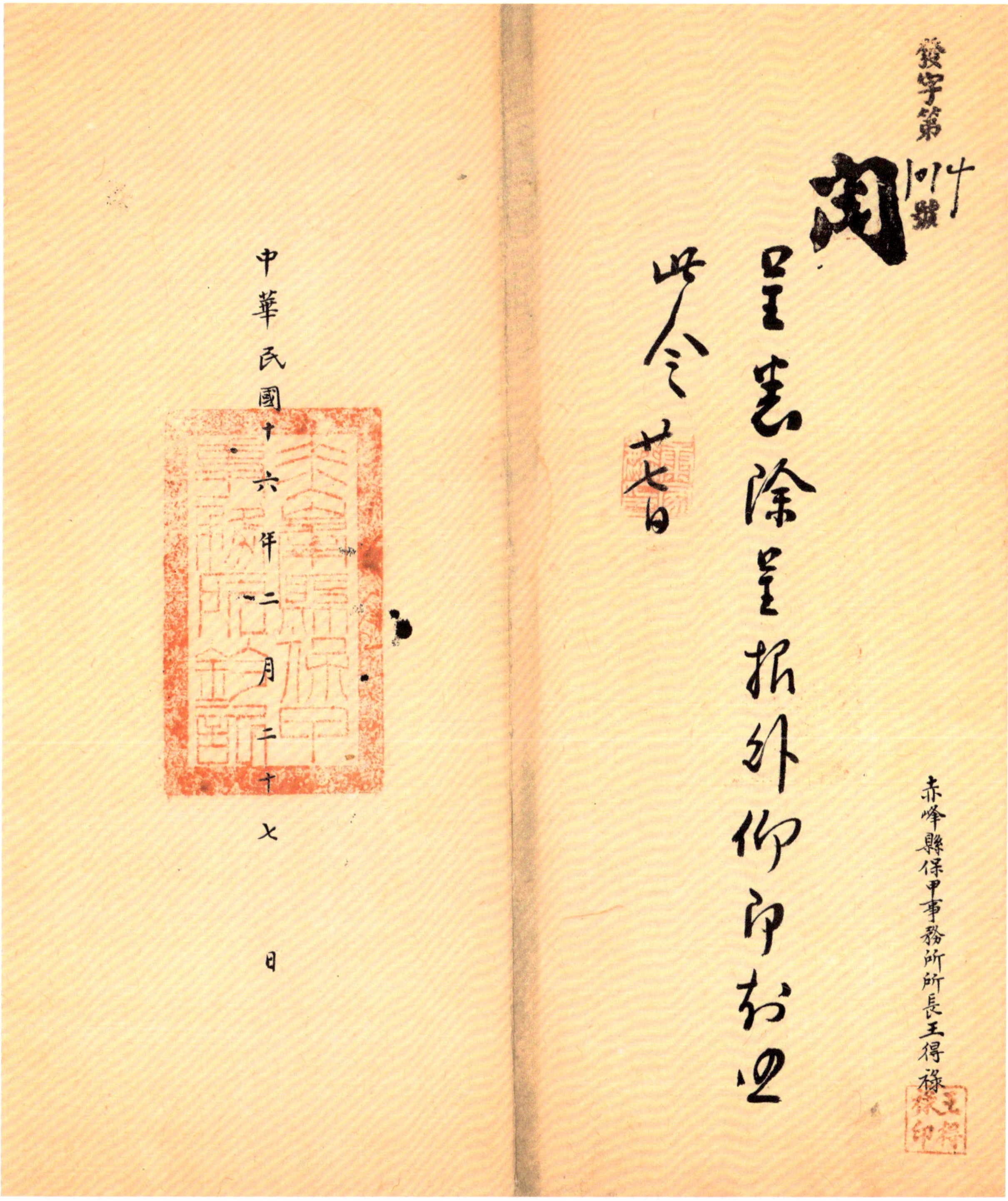

發字第[illegible]號
閱
呈悉除呈報外仰即知照
此令
廿七日
赤峰縣保甲事務所所長王得祿
王得祿印
中華民國十六年二月二十七日
赤峰縣保甲事務所鈐記

二五二　赤峰縣公署爲具報取消保甲日期事致熱河都統公署呈稿（1927年3月14日）

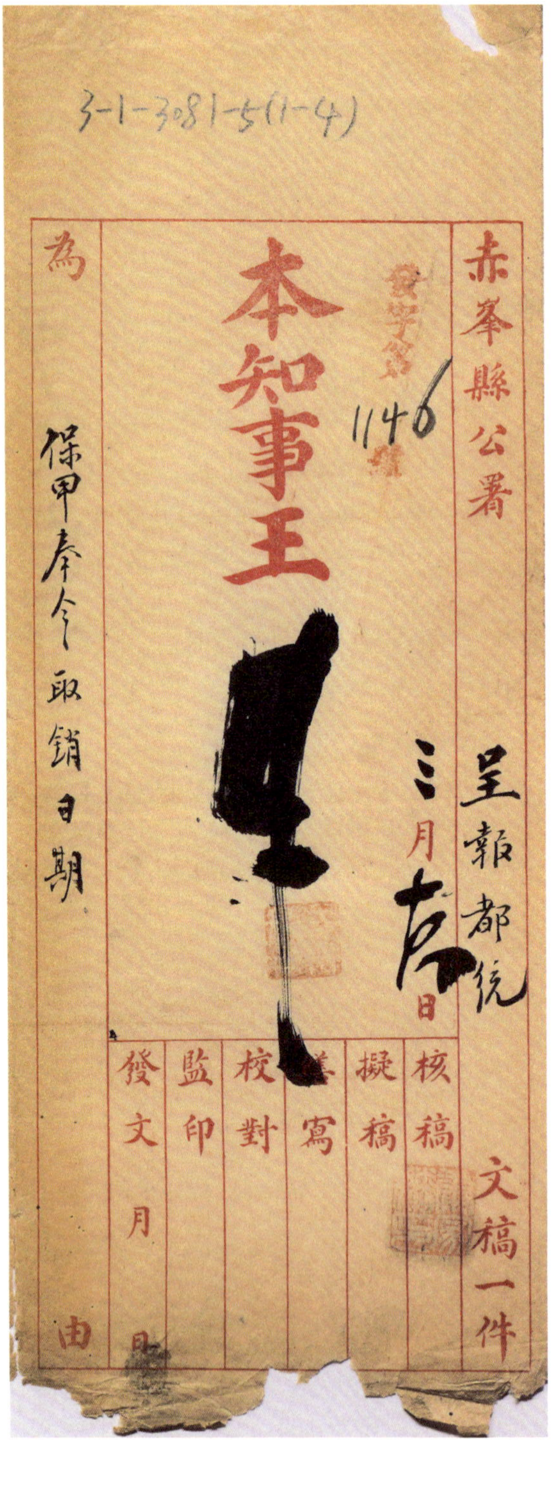
3-1-3081-5(1-4)

赤峰縣公署

發字第1146號

本知事王

呈報都統

三月十四日

文稿一件

核稿	擬稿	繕寫	校對	監印	發文
					月　日

為保甲奉令取銷日期由

二五二 赤峰縣公署爲具報取消保甲日期事致熱河都統公署呈稿（1927年3月14日）

呈為具報職縣保甲奉令取銷日期仰祈
鑒核備查事本年二月十五日奉
鈞署第四五一號訓令內開查熱區磽瘠云云切切此令計發佈告二十張等
因奉此遵將佈告查收分別城鄉擇要張貼俾衆週知一面轉飭保甲所
遵照辦理去後茲據該所長王得祿呈稱當即通知各區分所暨職所於
本年二月二十八日一律取銷所有甲丁概行解散除俟各該區保長等將
所有手續結束清楚呈報到所再行另案彙報外理合將保甲取銷日
期具文呈報鑒核備案施行謹呈等情據此知事覆查無異除指
令外理合具文呈報
鈞署鑒核備查謹呈
熱河都統湯

二五二　赤峰縣公署爲具報取消保甲日期事致熱河都統公署呈稿（1927年3月14日）

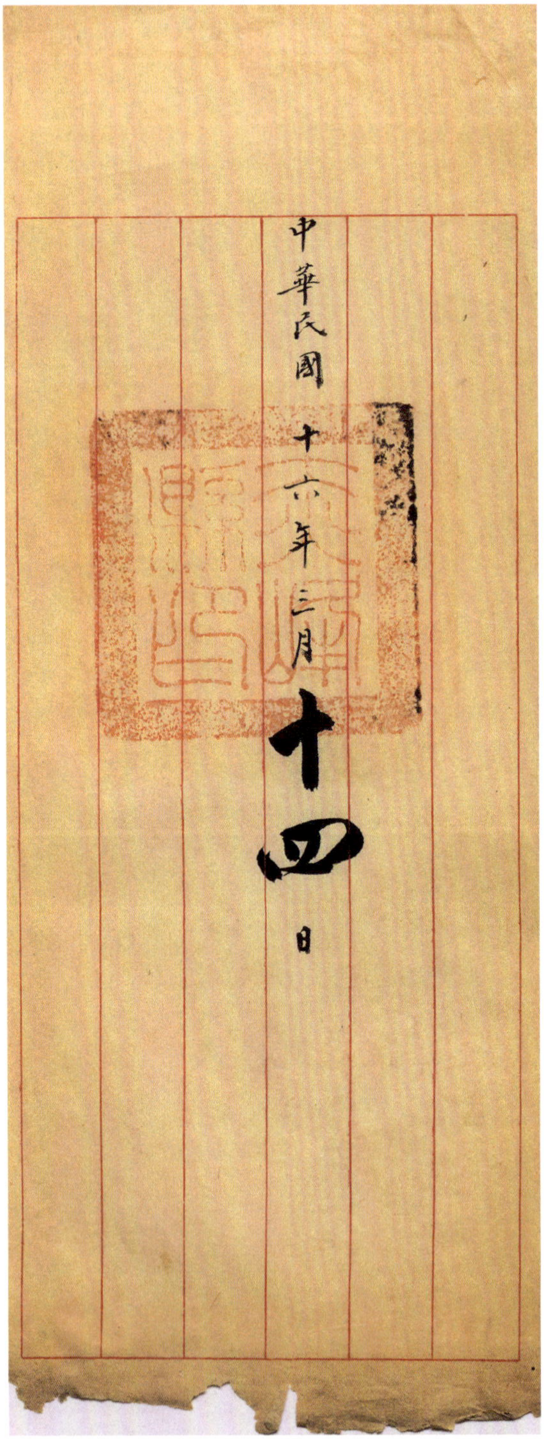

中華民國十六年三月十四日

二五三 赤峰縣林業公司爲保護林木事致赤峰縣公署呈（1927年5月5日）

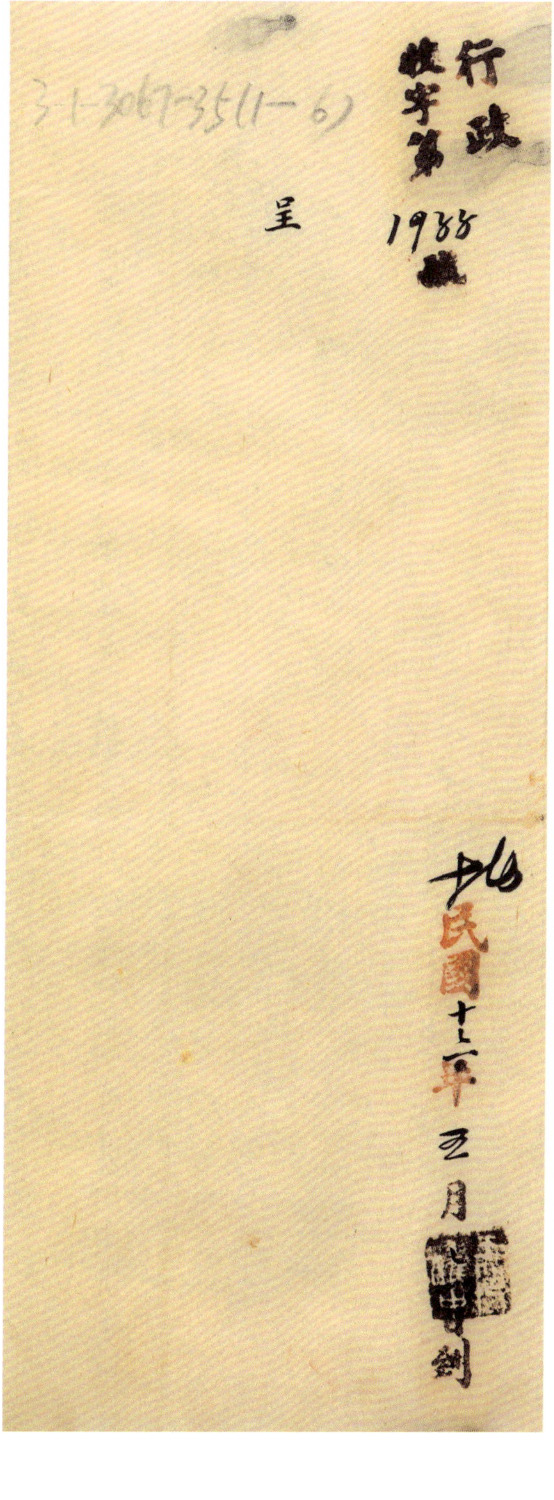
3-1-3067-35(1-6)

行政
收字第1988號

呈

民國十六年五月

二五三　赤峰縣林業公司爲保護林木事致赤峰縣公署呈（1927年5月5日）

呈為呈請事竊查講求實業農林為最際茲春融樹木萌芽百草叢生每有不肖行人晝則牧畜夜則竊伐　芳田身任董事竟有經理之責確無保護之力若不呈請佈告嚴行禁止定被牧人放牲踐踏蹧蹋不堪實於林業前途大有窒礙為此呈請

縣長鑒核俯賜准予援案佈告嚴行禁止並飭所屬一體加意盤查保護以重實業而維林政實為公便謹呈

赤峰縣縣長王

赤峰縣林業公司董事朱芳田（朱芳田印）

閱

呈悉准佈告嚴禁此批　百

二五三 赤峰縣林業公司爲保護林木事致赤峰縣公署呈（1927年5月5日）

中華民國十六年五月五日

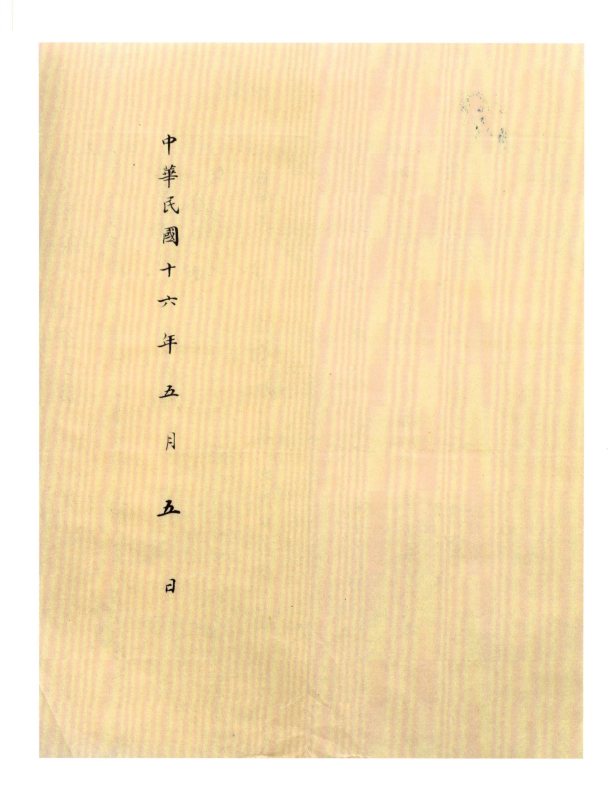

二五四　赤峰縣公署爲保護林木事布告稿（1927年5月12日）

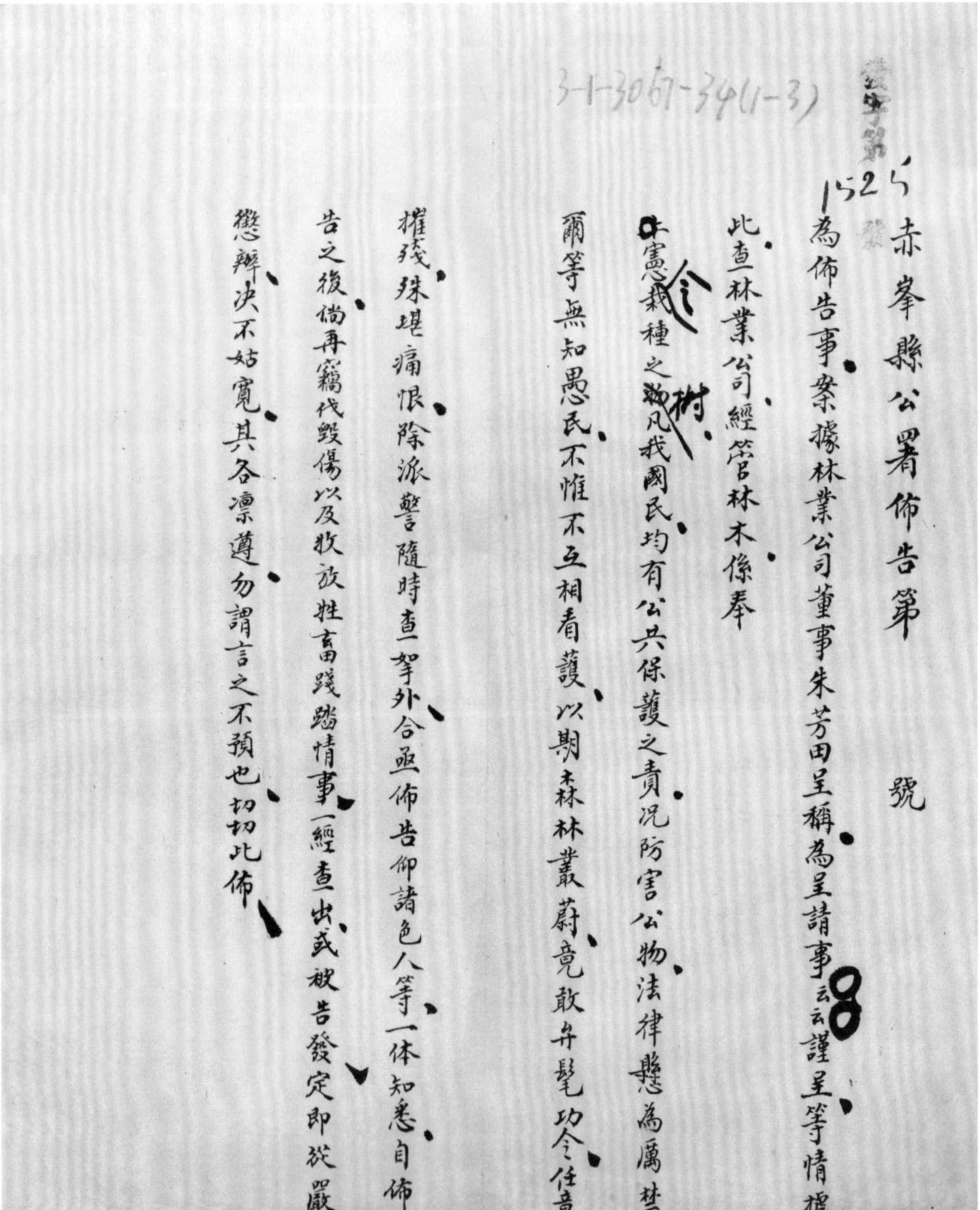
3-1-3067-34(1-3)
1525

赤峯縣公署佈告第　　號

爲佈告事案據林業公司董事朱芳田呈稱爲呈請事云云謹呈等情據

此查林業公司經營林木係奉

憲栽種之樹凡我國民均有公共保護之責況防害公物法律懸爲厲禁

爾等無知愚民不惟不互相看護以期森林叢蔚竟敢弁髦功令任意

摧殘殊堪痛恨除派警隨時查拿外合亟佈告仰諸色人等一体知悉自佈

告之後倘再竊伐毁傷以及牧放牲畜踐踏情事一經查出或被告發定即從嚴

懲辦決不姑寬其各凜遵勿謂言之不預也切切此佈

二五四　赤峰縣公署爲保護林木事布告稿（1927年5月12日）

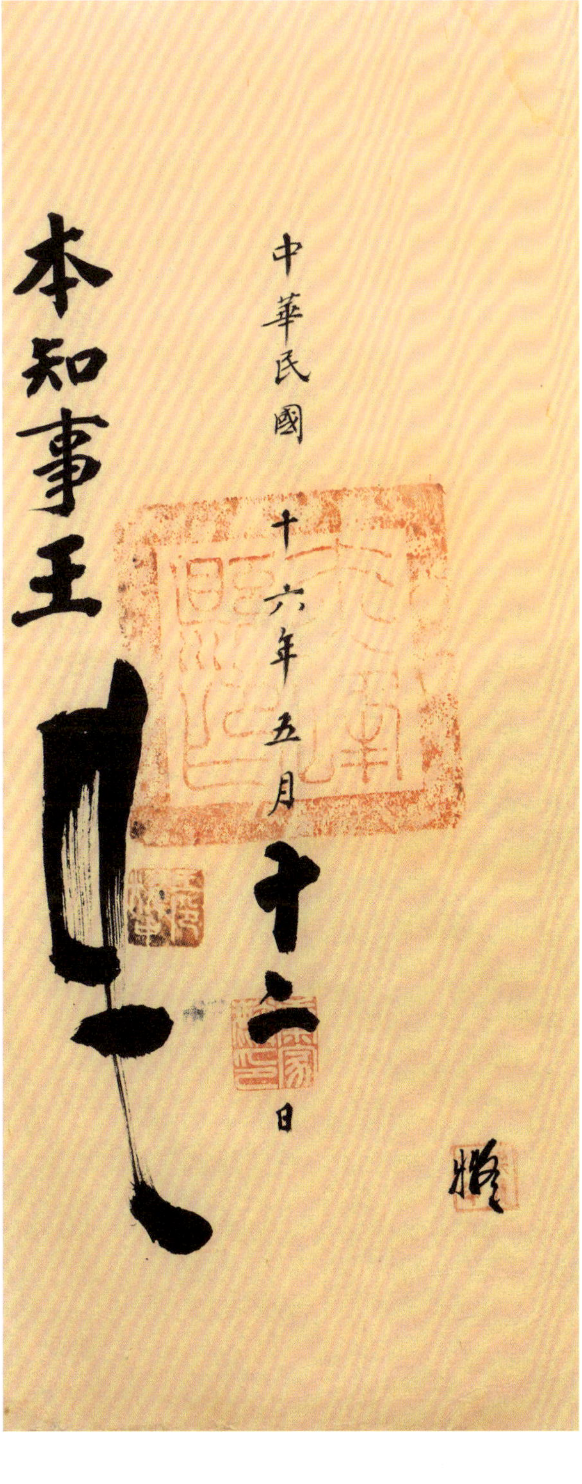
中華民國十六年五月十二日
本知事王

二五五　赤峰縣公署爲報送人民土地調查表事致熱河財政廳呈稿（1927 年 8 月）

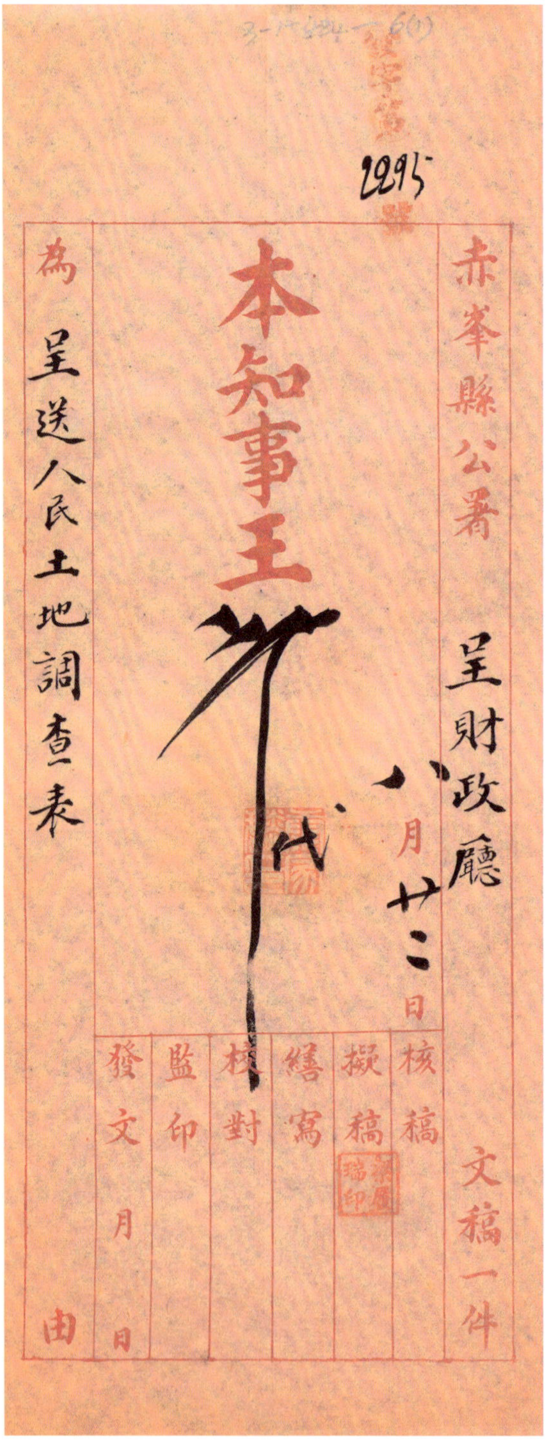

2295

赤峯縣公署

呈財政廳

文稿一件

本知事王　代

八月廿三日

核稿　擬稿　繕寫　校對　監印　發文　月　日

為呈送人民土地調查表　由

二五五　赤峰縣公署爲報送人民土地調查表事致熱河財政廳呈稿（1927年8月）

呈爲呈送事。案查前奉
鈞廳令發人民土地調查表，飭將職縣現在人民土地之確數，
切實調查明確，逐一填造齊全，迅速呈送，以憑彙轉等因。
奉此，查職縣轄境遼濶，閭閻稠密，前因清鄉辦理未竣，所
有人口確數一時遽難查清，是以延未填送。茲據各區區
巡官呈報辦理清鄉，現已蕆事，當即催綜核人口確數及
轄境面積里數並熟荒各地畝數，依式填表，理合備文呈送
鈞廳鑒核彙轉施行。謹呈
熱河財政廳廳長姜
計呈送
人民土地調查表一紙

二五五　赤峰縣公署爲報送人民土地調查表事致熱河財政廳呈稿（1927 年 8 月）

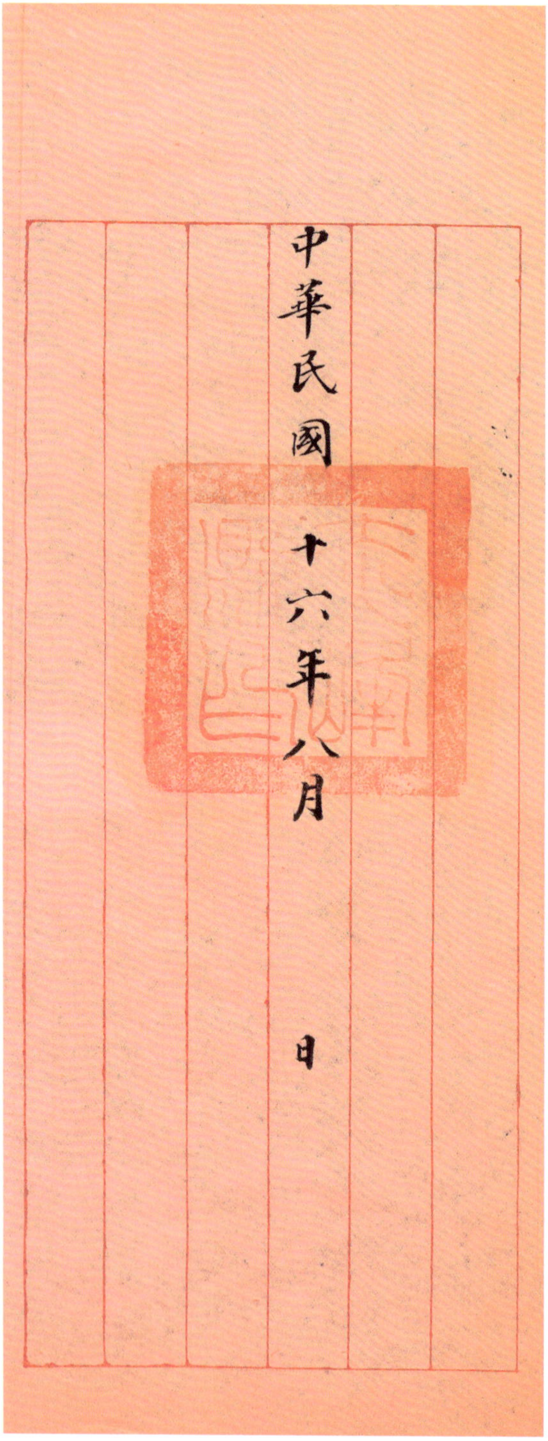

中華民國十六年八月　日

二五五　赤峰縣公署爲報送人民土地調查表事致熱河財政廳呈稿（1927年8月）

赤峰縣人民土地調查表

全境人口實數	全境面積里數	熟地實數	荒地實數	備考
男六萬三千三百五十二名 女五萬三千九百九十二口	南北長三百六十里 東西寬三百里	七千頃	二百頃	查荒地係屬山荒硗地

說明

二五六 熱河實業廳爲整頓礦政事致赤峰縣公署訓令（1927年8月28日）

會計
收字第3767號

3-1-2573-2

熱河實業廳訓令第九號

令赤峰縣知事

為令遵事案奉

實業部第二十五號訓令內開為令行事查礦政一項

關係國計民生至為重要比歲以來地方多故庶政廢

弛各省區礦業亦因受時局影響未能發展棄利

於地殊深可惜茲值政治刷新建設伊始本部綜綰

實業關於礦務亟應切實整頓以裕國計而厚民生

整頓之道擇其要者厥有三端一曰慎重礦權一曰勘

定礦區一曰清理礦稅查礦業條例關於人民呈請探

二五六　熱河實業廳爲整頓礦政事致赤峰縣公署訓令（1927年8月28日）

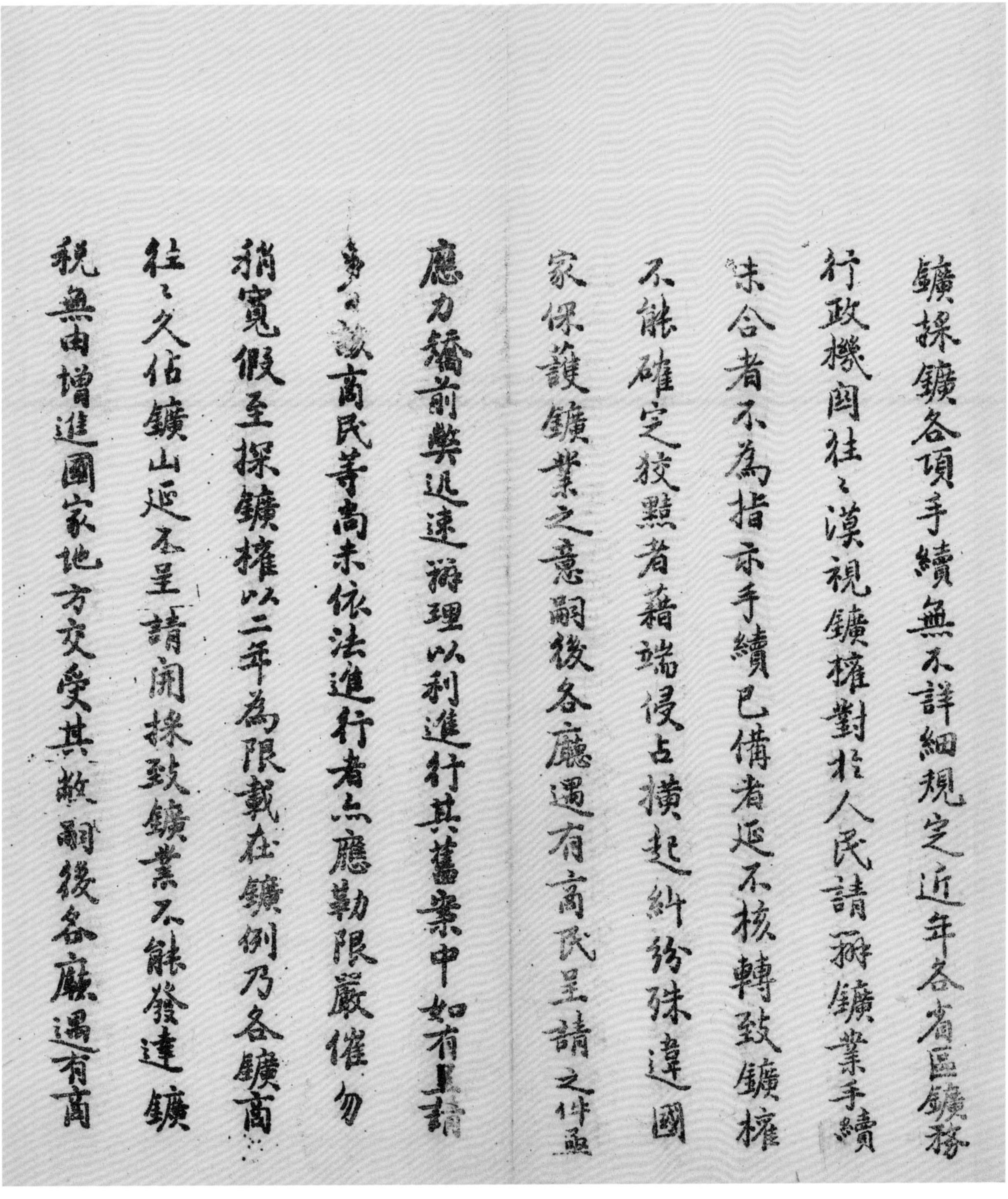

鑛採鑛各項手續無不詳細規定近年各省區鑛務
行政機關往往漠視鑛權對於人民請辦鑛業手續
未合者不爲指示手續已備者延不核轉致鑛權
不能確定狡黠者藉端侵占横起糾紛殊違國
家保護鑛業之意嗣後各廳遇有商民呈請之件亟
應力矯前弊迅速辦理以利進行其舊案中如有呈請
多日該商民等尚未依法進行者亦應勒限嚴催勿
稍寬假至探鑛權以二年爲限載在鑛例乃各鑛商
往往久佔鑛山延不呈請開採致鑛業不能發達鑛
稅無由增進國家地方交受其敝嗣後各廳遇有商

二五六 熱河實業廳爲整頓礦政事致赤峰縣公署訓令（1927年8月28日）

民採礦期滿三十日後尚不呈請開採者應即呈
部撤消礦權以杜流弊至舊案中有已採礦期
滿者亦應查酌情形呈部核辦此慎重礦權之辦
法也查礦業條例內於礦區界限以直線定之地
中開礦之界限以地面劃定之界限直下為準其
已得礦權而採取原領礦區以外之礦質及未得
礦權而私自採掘者定有罰則懸為厲禁乃各
主管官廳督查不力日久弊生致產礦區域商
民無照私採及已領採照或採照越出原領礦區以
外探採礦質者屢見不鮮茲擬剔除積弊首宜

二五六　熱河實業廳爲整頓礦政事致赤峰縣公署訓令（1927年8月28日）

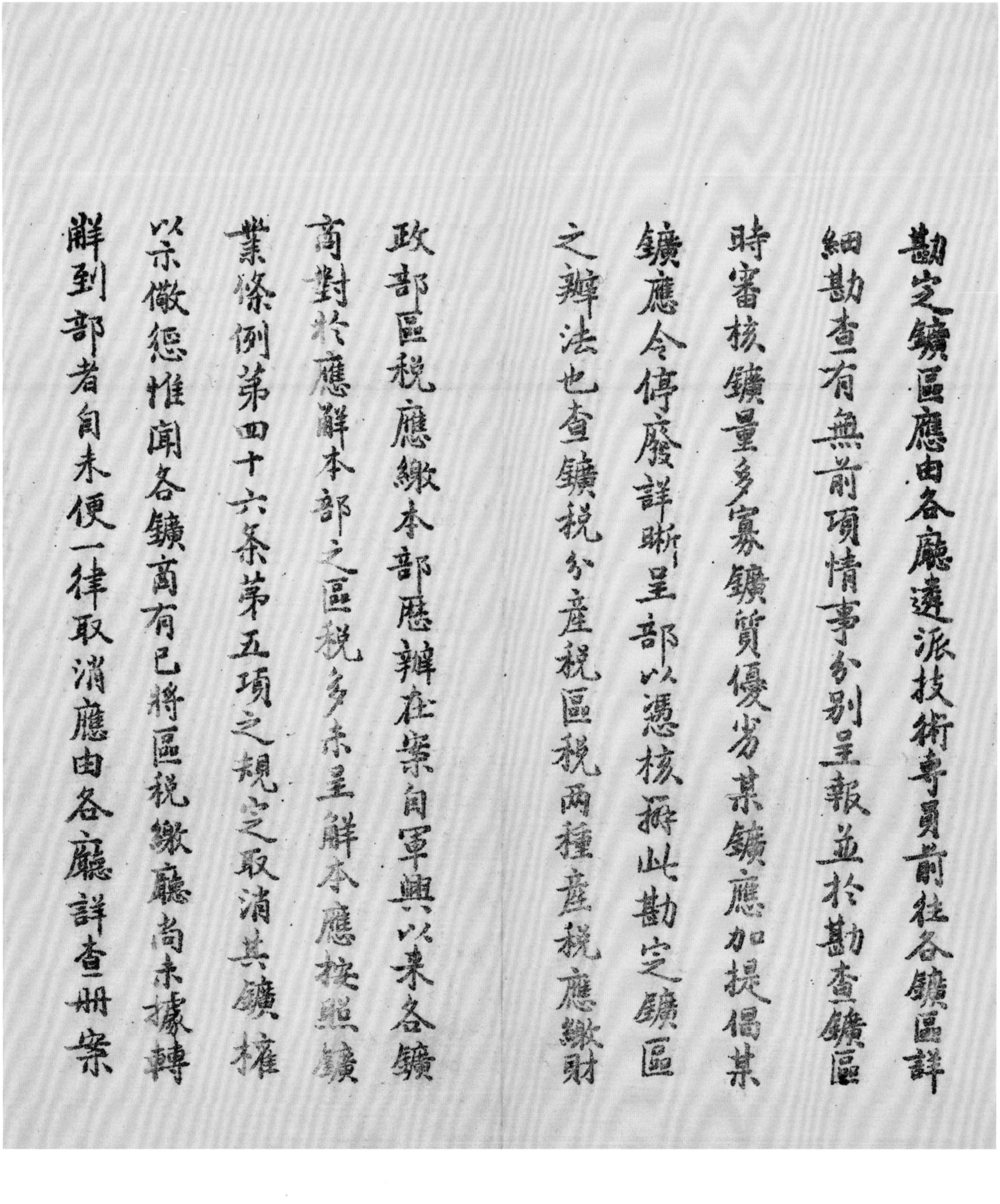
勘定鑛區應由各廳遴派技術專員前往各鑛區詳
細勘查有無前項情事分别呈報並於勘查鑛區
時審核鑛量多寡鑛質優劣某鑛應加提倡某
鑛應令停廢詳晰呈部以憑核辦此勘定鑛區
之辦法也查鑛税分産税區税兩種産税應繳財
政部區税應繳本部歴辦在案自軍興以来各鑛
商對於應解本部之區税多未呈解本應按照鑛
業條例第四十六条第五項之規定取消其鑛權
以示儆懲惟聞各鑛商有已將區税繳廳尚未據轉
解到部者自未便一律取消應由各廳詳查册案

二五六 熱河實業廳爲整頓礦政事致赤峰縣公署訓令（1927 年 8 月 28 日）

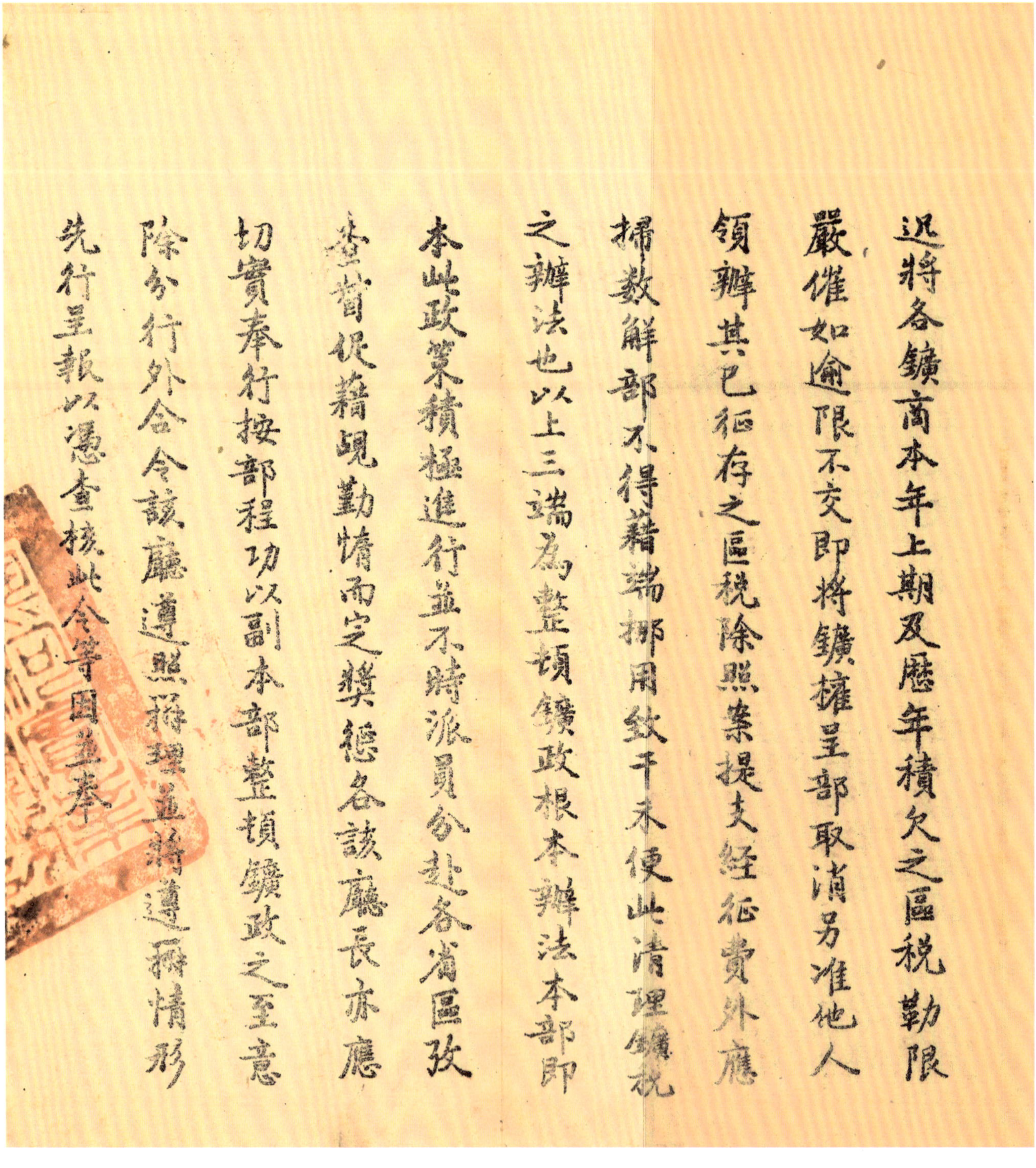
迅將各鑛商本年上期及歷年積欠之區稅勒限
嚴催如逾限不交即將鑛權呈部取消另准他人
領辦其已征存之區稅除照案提支經征費外應
掃數解部不得藉端挪用致干未便此清理鑛稅
之辦法也以上三端為整頓鑛政根本辦法本部即
本此政策積極進行並不時派員分赴各省區攷
查督促藉覘勤惰而定獎懲各該廳長亦應
切實奉行按部程功以副本部整頓鑛政之至意
除分行外合令該廳遵照辦理並將遵辦情形
先行呈報以憑查核此令等因並奉

二五六　熱河實業廳爲整頓礦政事致赤峰縣公署訓令（1927年8月28日）

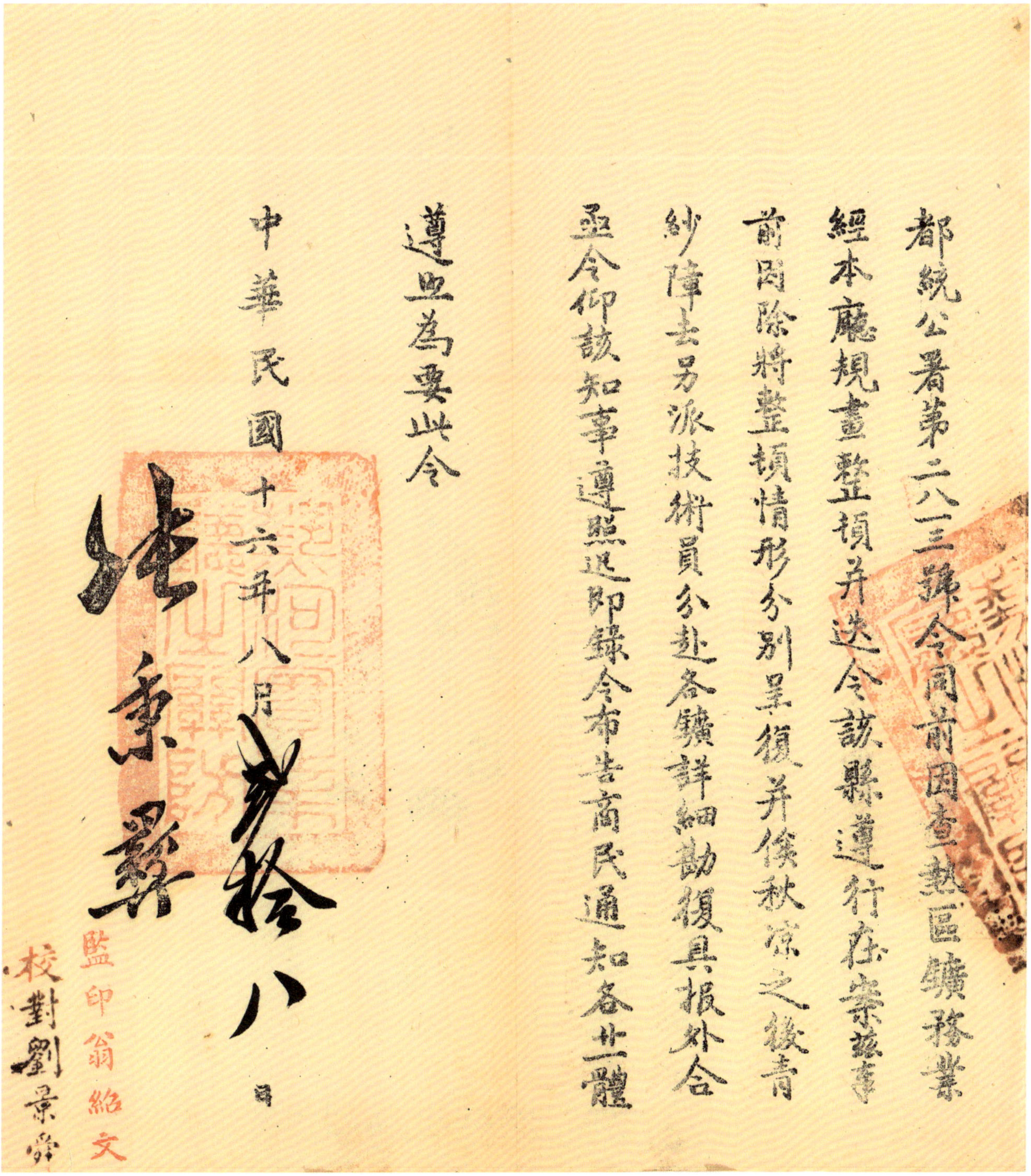
都統公署第二八一三號令開前因查熱區鑛務業
經本廳規畫整頓并送令該縣遵行在案茲事
前因除將整頓情形分別呈復并俟秋涼之後青
紗障去另派技術員分赴各鑛詳細勘復具報外合
亟令仰該知事遵照迅即錄令布告商民通知各业一體
遵照為要此令

中華民國十六年八月貳拾八日

張秉彝

監印翁紹文
校對劉景舜

二五七　赤峰縣公署爲轉飭整頓礦政事致赤峰縣礦業聯合事務所訓令稿（1927 年 9 月）

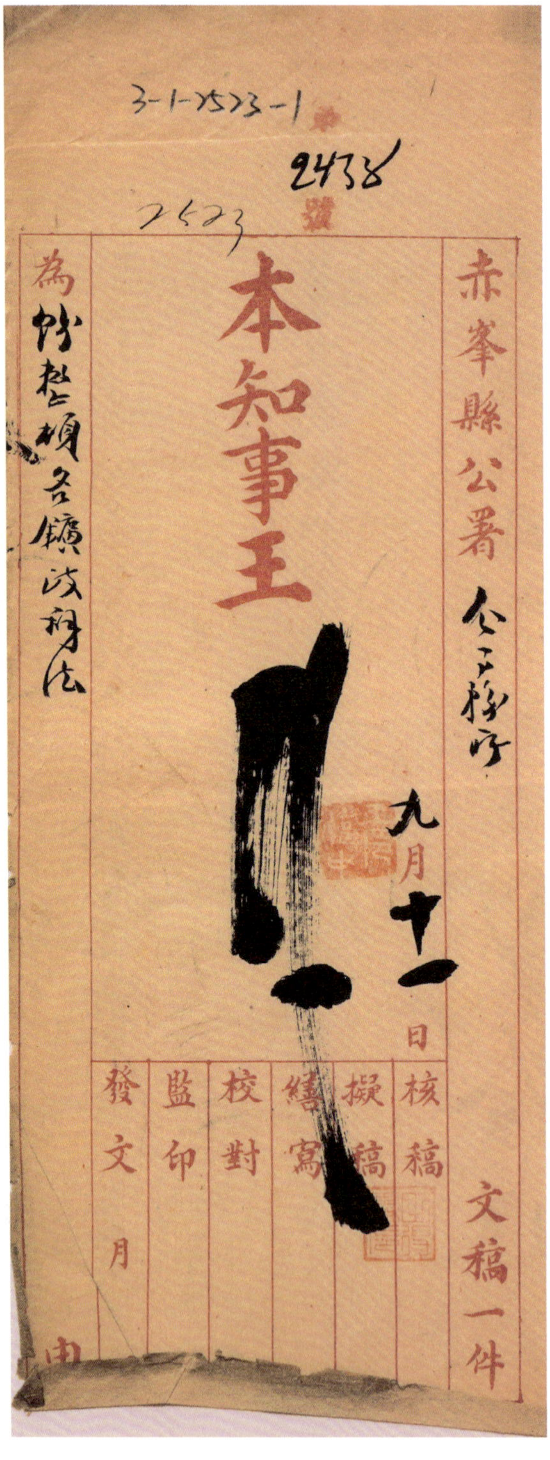
3-1-2523-1
2438
2523
號
本知事王
赤峯縣公署
令工務所
九月十一日
核稿
擬稿
繕寫
校對
監印
發文
月
文稿一件
為
飭整頓各礦政務由

二五七 赤峰縣公署爲轉飭整頓礦政事致赤峰縣礦業聯合事務所訓令稿（1927年9月）

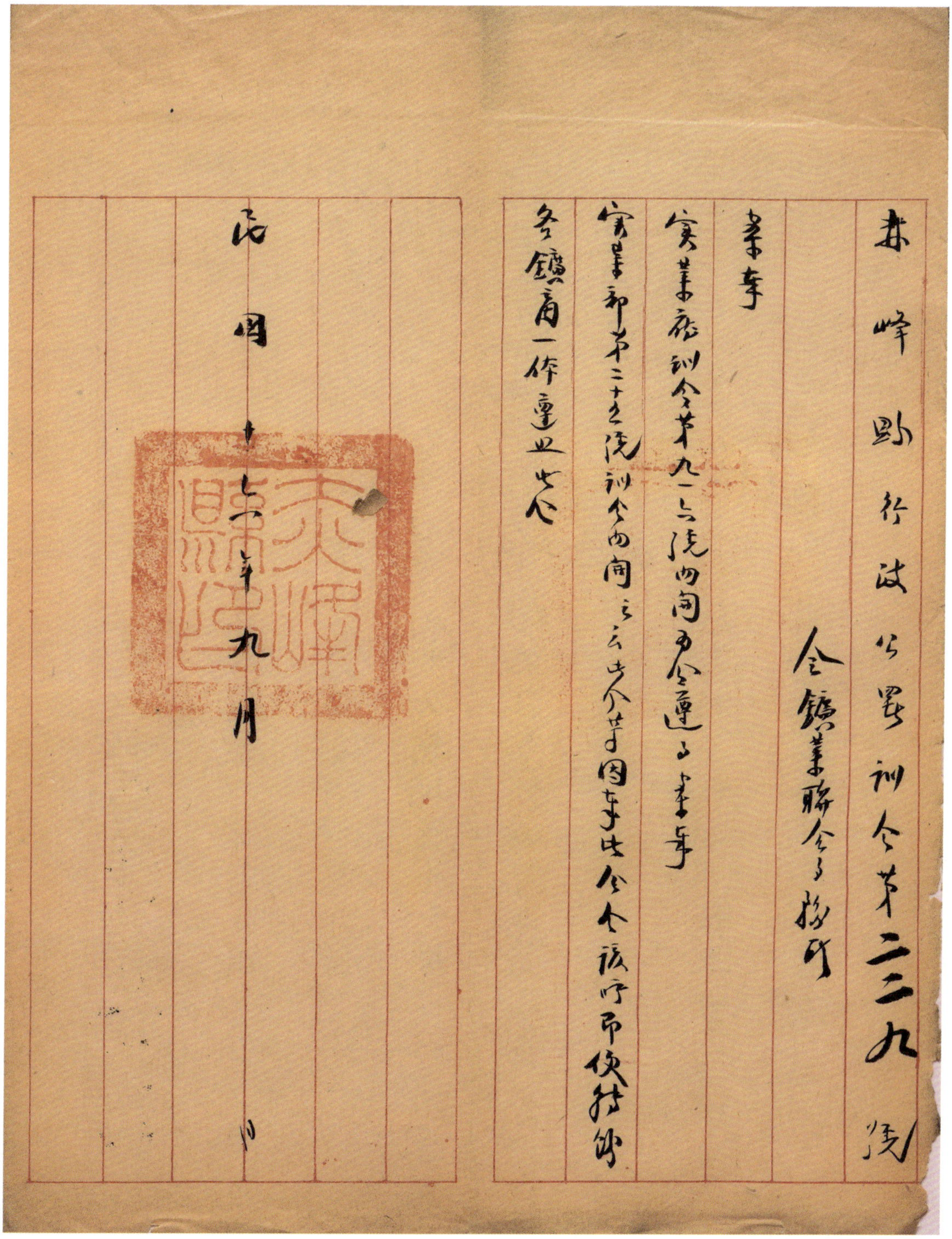

赤峰縣行政公署訓令第二二九號

令礦業聯合事務所

案奉

實業廳訓令第九一七號內開：爲令遵事。案奉

實業部第二十七號訓令內開：云云。等因。奉此，合亟令仰該所即便轉飭

各礦商一體遵照。此令。

民國十六年九月　日

二五八 熱河財政廳爲税捐各款改收現洋事致赤峰縣公署、徵收局電報（1927年9月12日）

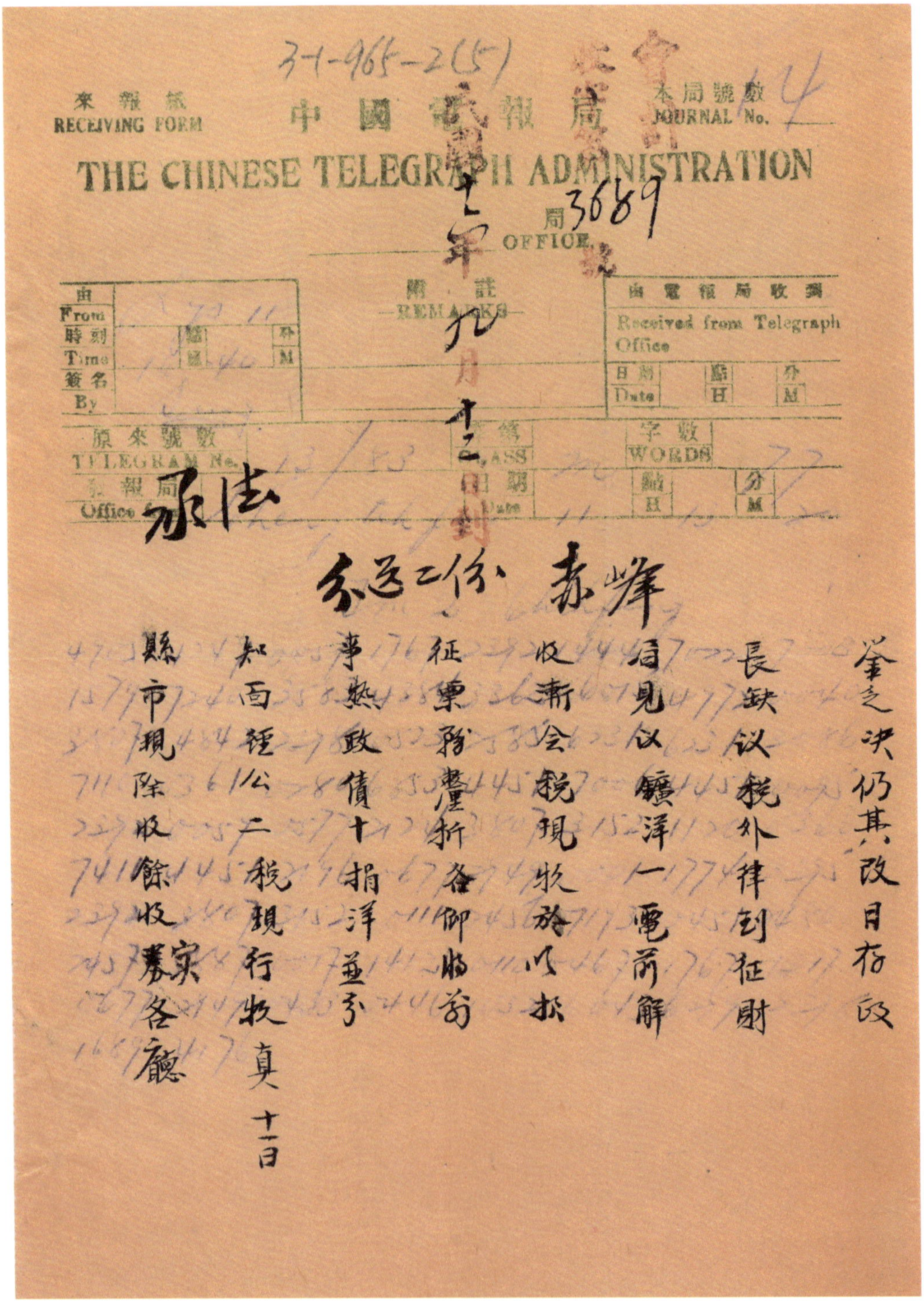
31-965-2(5)

來報紙 RECEIVING FORM　中國電報局　本局號數 JOURNAL No. 14

THE CHINESE TELEGRAPH ADMINISTRATION

局 OFFICE 3689

由 From		附註 REMARKS	由電報局收到 Received from Telegraph Office
時刻 Time	點 H　分 M		日期 Date　點 H　分 M
簽名 By			
原來號數 TELEGRAM No.		等 CLASS	字數 WORDS
發報局 Office from 承德		日期 Date	點 H　分 M

十六年九月十二日到

分送二份　赤峰

峯之決仍其改日存政
長欽議稅外律到征尉
局見以鑛洋一電前解
收漸令稅現收於以收
征票務釐折各卹將前
事熱政債十捐洋並予
知西經公二稅親行收真十二日
縣市現除收餘收款各廳

二五九　赤峰縣公署爲畝捐一律改收現洋事布告稿（1927年9月12日）

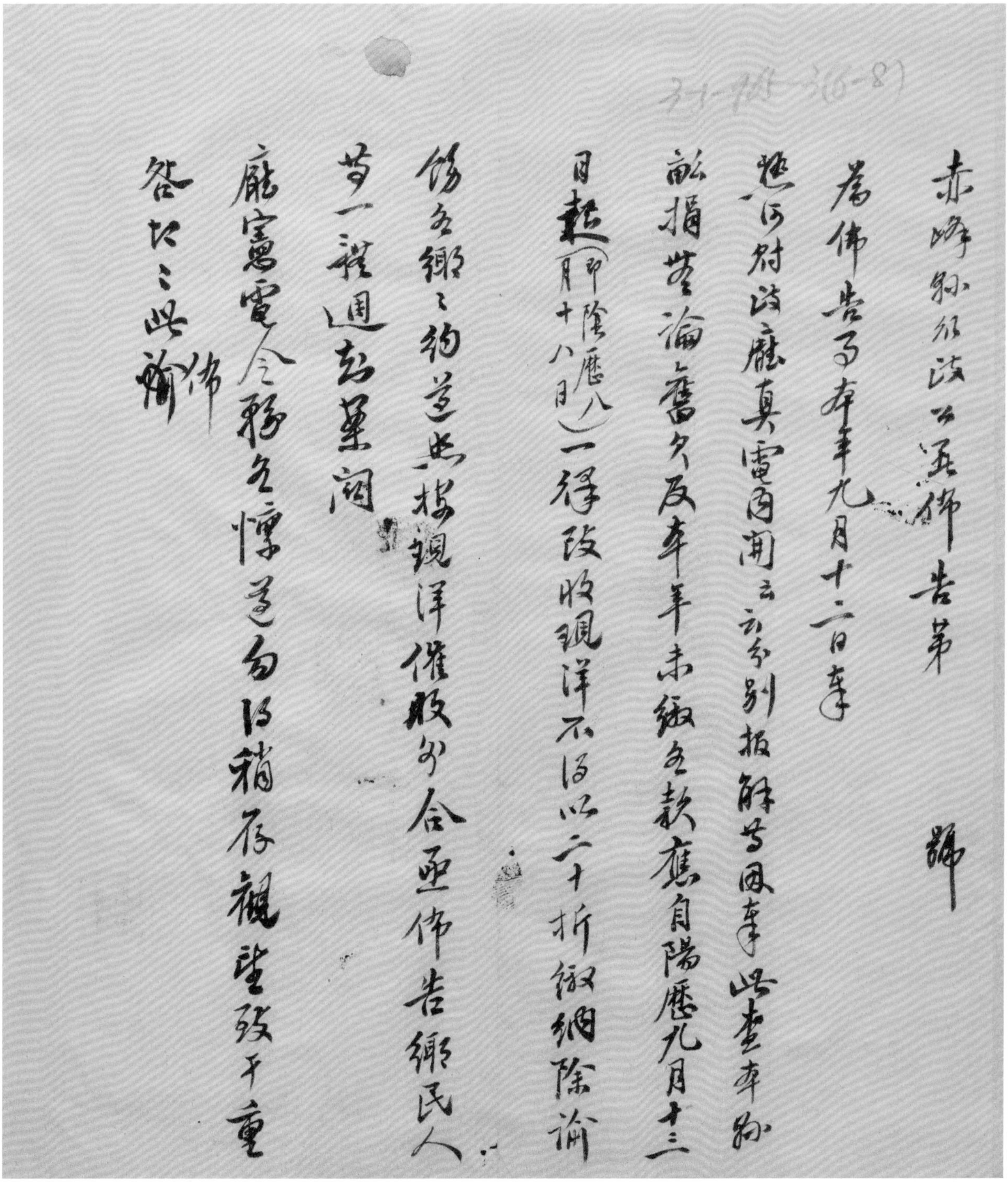
3-1-945-3(6-8)

赤峰縣公署布告第　號

為佈告事。本年九月十二日奉

熱河財政廳真電內開：云云。分別撥解等因。奉此，查本縣

畝捐無論舊欠及本年未繳之款，應自陽曆九月十三

日起（即陰歷八月十八日）一律改收現洋，不得以二十折繳銅。除諭

飭各鄉鄉約並出示按現洋催收外，合亟布告鄉民人

等一體遵照。茲奉

廳憲電令，務各懍遵，勿得稍存觀望，致干重

咎。切切。此諭。布

二五九 赤峰縣公署爲畝捐一律改收現洋事布告稿（1927年9月12日）

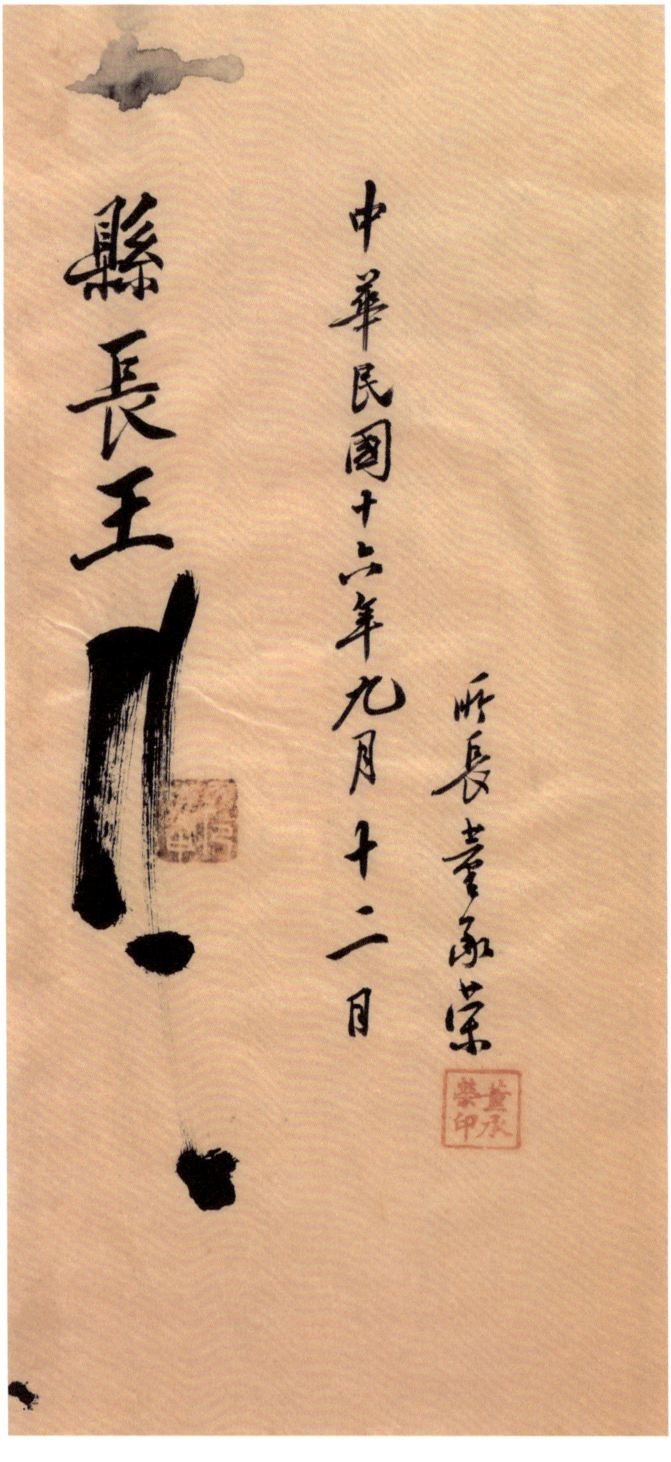
所長董承榮
董承榮印
中華民國十六年九月十二日
縣長王

二六〇 赤峰縣教育局爲調查學齡兒童發展教育事致赤峰縣公署呈（1927年9月20日）

3-1-2197① -35

收字第 號

呈 3776

民國十六年九月廿日到

二六〇　赤峰縣教育局爲調查學齡兒童發展教育事致赤峰縣公署呈（1927年9月20日）

呈為調查學齡兒童為發展教育基礎請先布告以便委查而免謠言事竊查東西各國教育制度無不根據警察人口清冊調查學童人數分別配置設立各種學校實行強迫於其間其培植學童之意如此其周且至也即吾國教育各法令於調查學齡兒童一節亦無不明白規定赤屬自興學後於學童之調查向付缺如　翰臣　任事後雖因經費之困難一時暫為歸併但教育主意宜積極而不宜消極欲籌畫將來之發展不能不以調查學童為分配人數推廣學校之基礎赤屬地方遼濶調查不易除將四鄉分為四區各區調查事宜俱規定於教育委員服務細則之內由各區委員調查外而赤街人口較多無人負責擬由　職局　委任專員根據警察人口清冊詳細調查暨切勸導相各地人數之多寡再籌學校相當之經費庶幾教育之發展始可得而言也所有調查學齡兒童為發展教育基礎之緣由理合備文呈請布告城鄉以免謠言而生阻力是否有當謹先呈請

二六〇 赤峰縣教育局爲調查學齡兒童發展教育事致赤峰縣公署呈（1927 年 9 月 20 日）

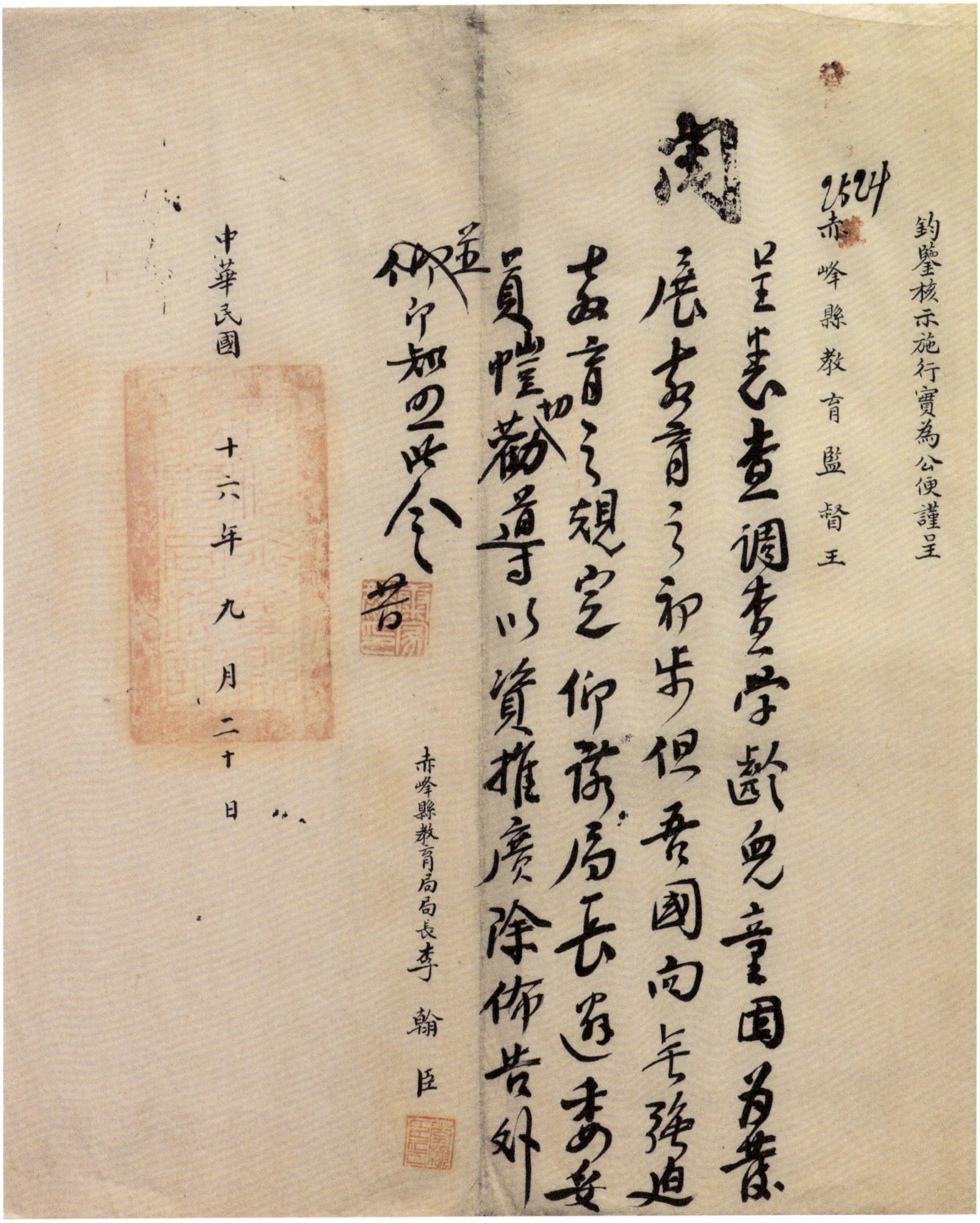

2524

閱

呈悉查調查學齡兒童固為發展教育之初步但吾國向無強迫教育之規定仰該局長遴委妥員切實勸導以資推廣除佈告外並仰即知照此令

赤峰縣教育監督王

鈞鑒核示施行實為公便謹呈

赤峰縣教育局局長李翰臣

中華民國十六年九月二十日

二六一 赤峰縣公署爲調查學齡兒童發展教育事布告稿（1927年9月28日）

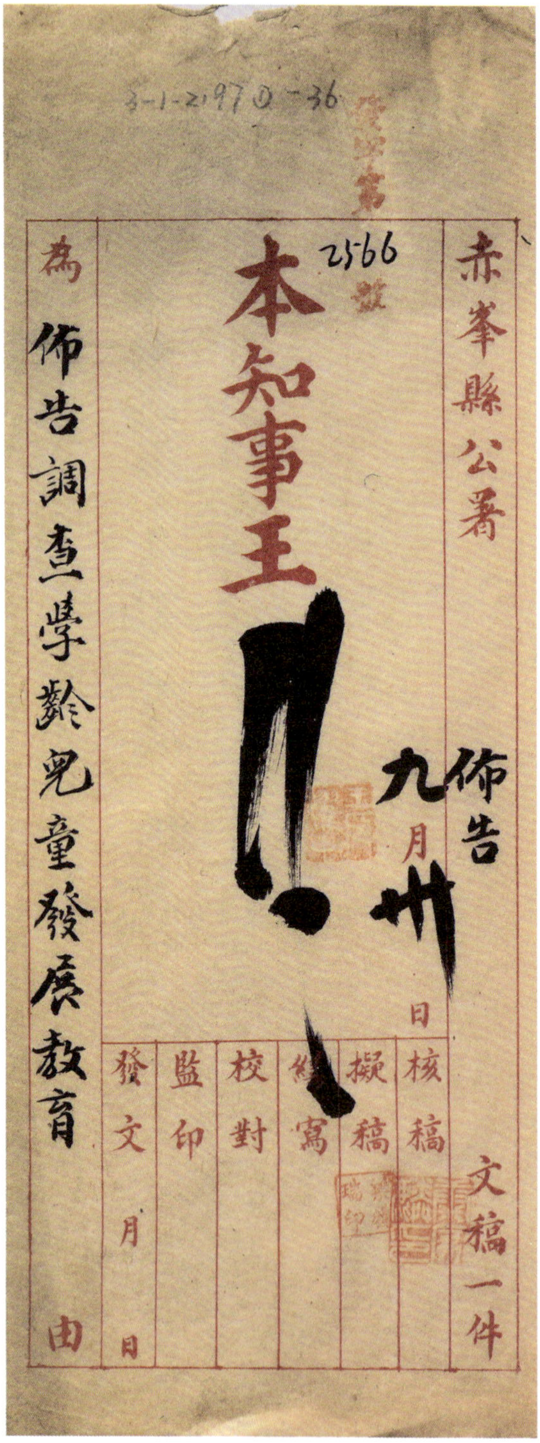
3-1-2197①-36

赤峰縣公署

文稿一件

本知事王

2566號

佈告

九月卅日

核稿

擬稿

繕寫

校對

監印

發文 月 日

爲

佈告調查學齡兒童發展教育

由

二六一　赤峰縣公署爲調查學齡兒童發展教育事布告稿（1927年9月28日）

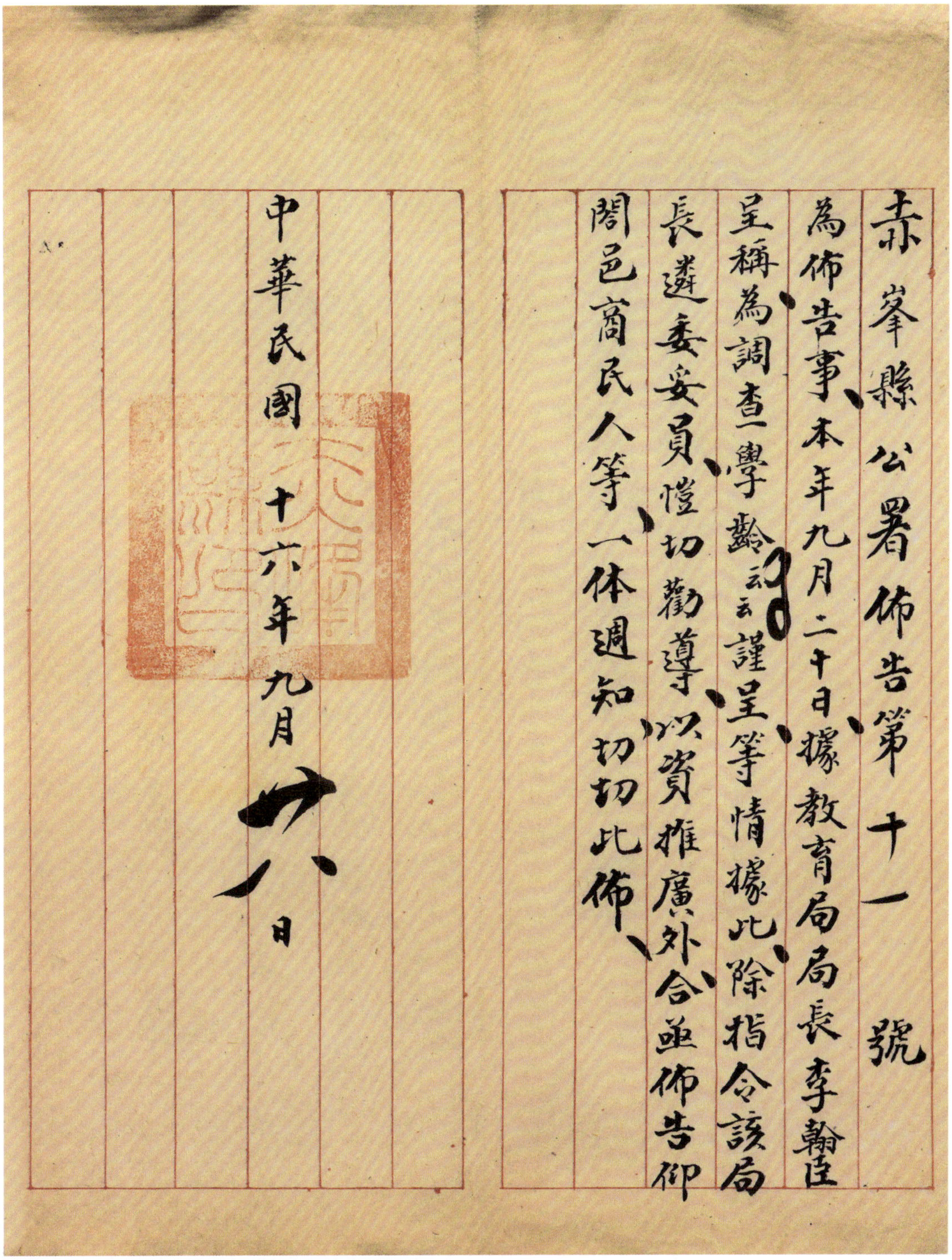
赤峯縣公署佈告第十一號
爲佈告事、本年九月二十日據教育局局長李翰臣
呈稱、爲調查學齡云云謹呈等情、據此、除指令該局
長遴委妥員、愷切勸導、以資推廣外、合亟佈告、仰
閤邑商民人等、一体週知、切切此佈、
中華民國十六年九月廿八日

二六二　熱河禁烟總局爲印花分所分卡撤銷之際嚴懲冒名滋擾事致赤峰縣公署電報（1928年2月22日）

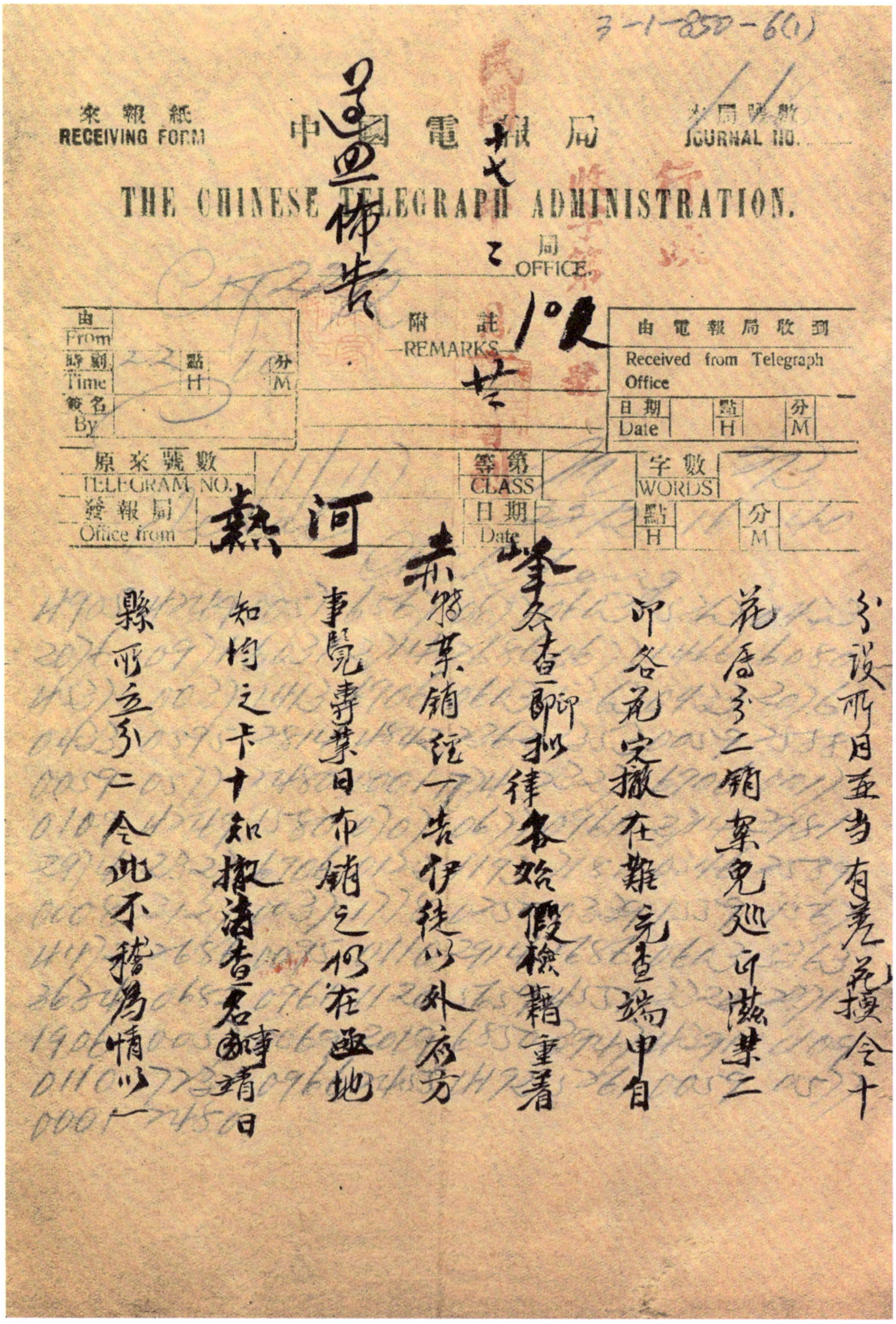
3-1-850-6(1)

來報紙 RECEIVING FORM　中國電報局　收局號數 JOURNAL NO.

THE CHINESE TELEGRAPH ADMINISTRATION.

局 OFFICE

由 From	附註 REMARKS	由電報局收到 Received from Telegraph Office
時刻 Time　點 H　分 M		日期 Date　點 H　分 M
簽名 By		

原來號數 TELEGRAM NO.		等第 CLASS	字數 WORDS
發報局 Office from	熱河	日期 Date	點 H　分 M

赤峰各查卡：印花分所分設所自五當有差花換令十花局分二銷案免巡印滋某二印各花定撤在難免查端中自印抄律各始假檢藉重着特案銷經一告伊徒以外府方事既專案日布銷之仍在五地知均之卡十知撤清查名滋事請日縣所立分二令此不稽爲情以一

二六二　熱河禁烟總局爲印花分所分卡撤銷之際嚴懲冒名滋擾事致赤峰縣公署電報（1928年2月22日）

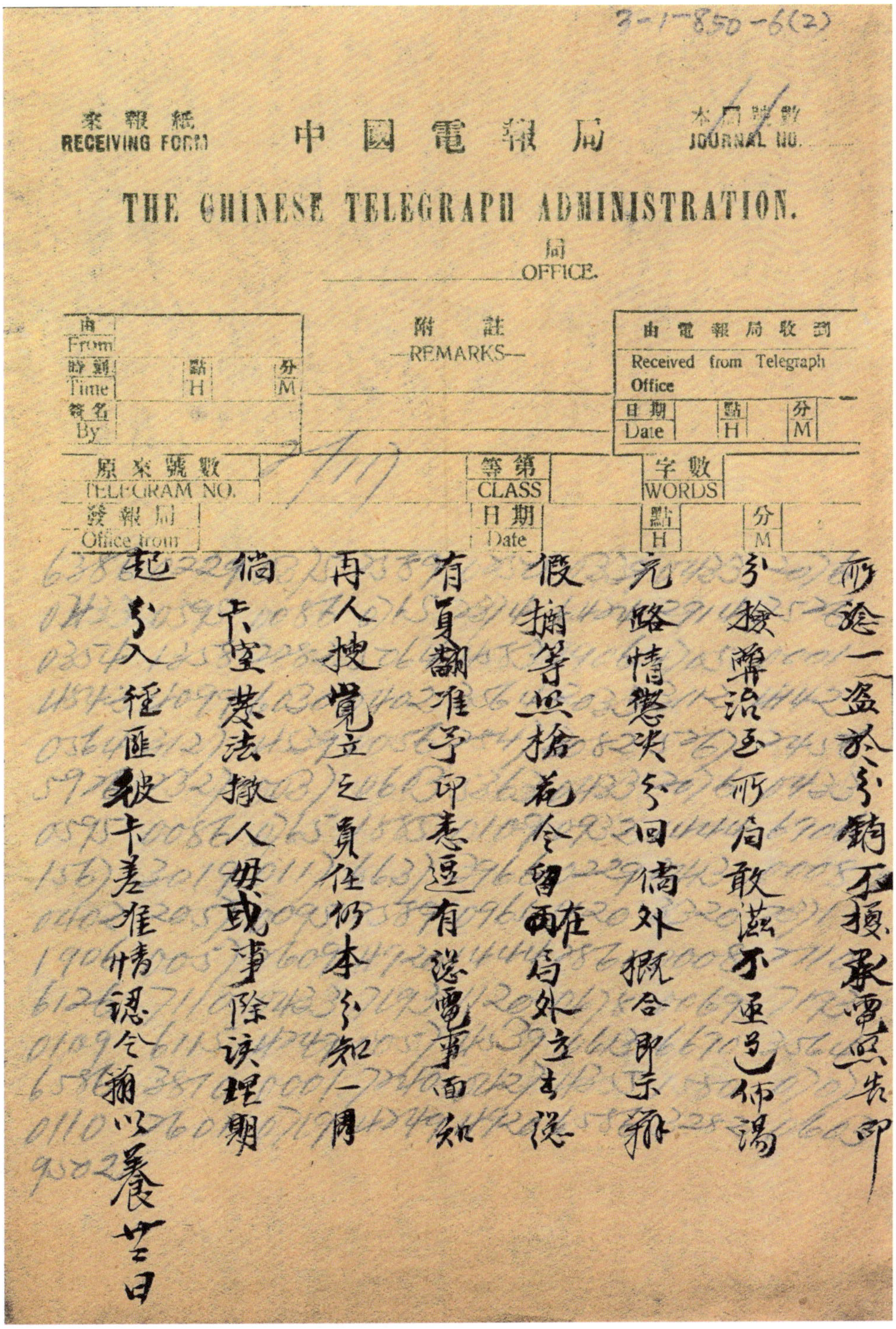

2-1-850-6(2)

來報紙 RECEIVING FORM　中國電報局　本局號數 JOURNAL NO.

THE CHINESE TELEGRAPH ADMINISTRATION.

局 OFFICE.

由 From　時刻 Time 點 H 分 M　簽名 By　附註 REMARKS　由電報局收到 Received from Telegraph Office　日期 Date 點 H 分 M

原來號數 TELEGRAM NO.　等第 CLASS　字數 WORDS　發報局 Office from　日期 Date　點 H　分 M

所途一盜於分銷不損承電照告即
分撿辦治丞所何敢滋不丞召佈謁
元路情懲決分回倘外概令即示辦
假捐等照捨花令留兩在局外立未從
有頁翻准予印悉逗有從電事面知
再人搜覺立之責任仍本分知一月
倘卡空裝法撤人毋或事除誤埋朔
起分入徑匪被卡差准情認令捐以養廿二日

二六三　赤峰縣公署爲印花分所分卡撤銷倘有冒名滋擾者必嚴懲事布告稿（1928年2月25日）

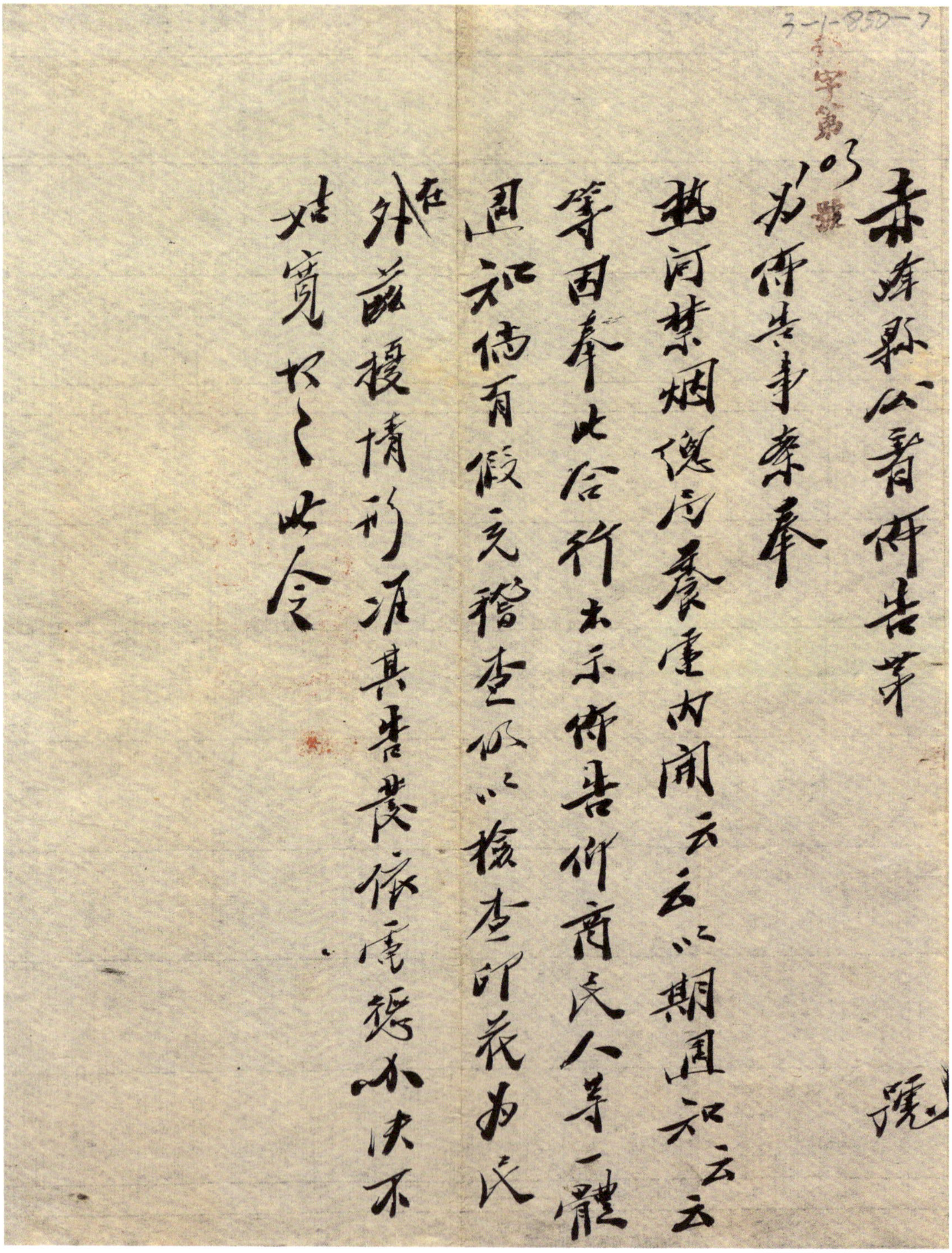
赤峰縣公署佈告第103號
爲佈告事案奉
熱河禁烟總局虞電內開云云以期周知云云
等因奉此合行出示佈告仰商民人等一體
周知倘有假冒稽查似以檢查印花爲名
在外藉擾情形准其告發依法懲辦決不
姑寬切切此令
稿

二六三　赤峰縣公署爲印花分所分卡撤銷倘有冒名滋擾者必嚴懲事布告稿（1928 年 2 月 25 日）

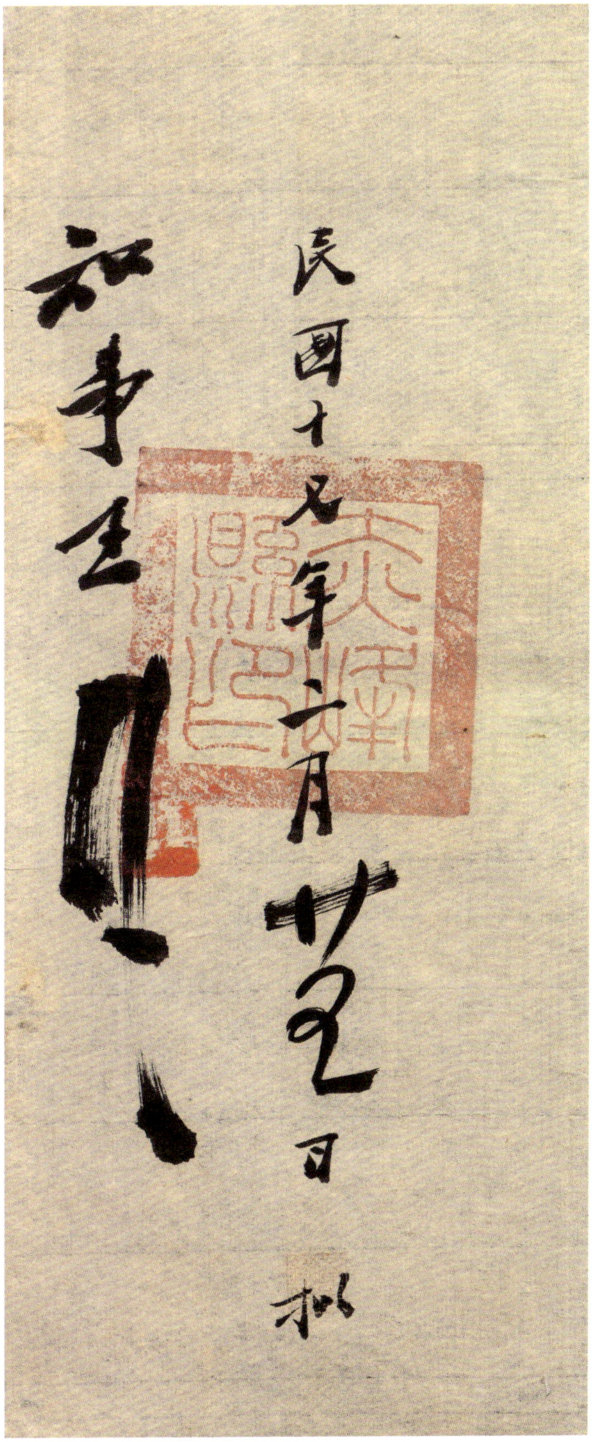
民國十七年二月廿五日
擬
知事
赤峰縣印

二六四　赤峰縣公署爲報送方域統計志調查表事致熱河都統公署呈稿（1928年3月27日）

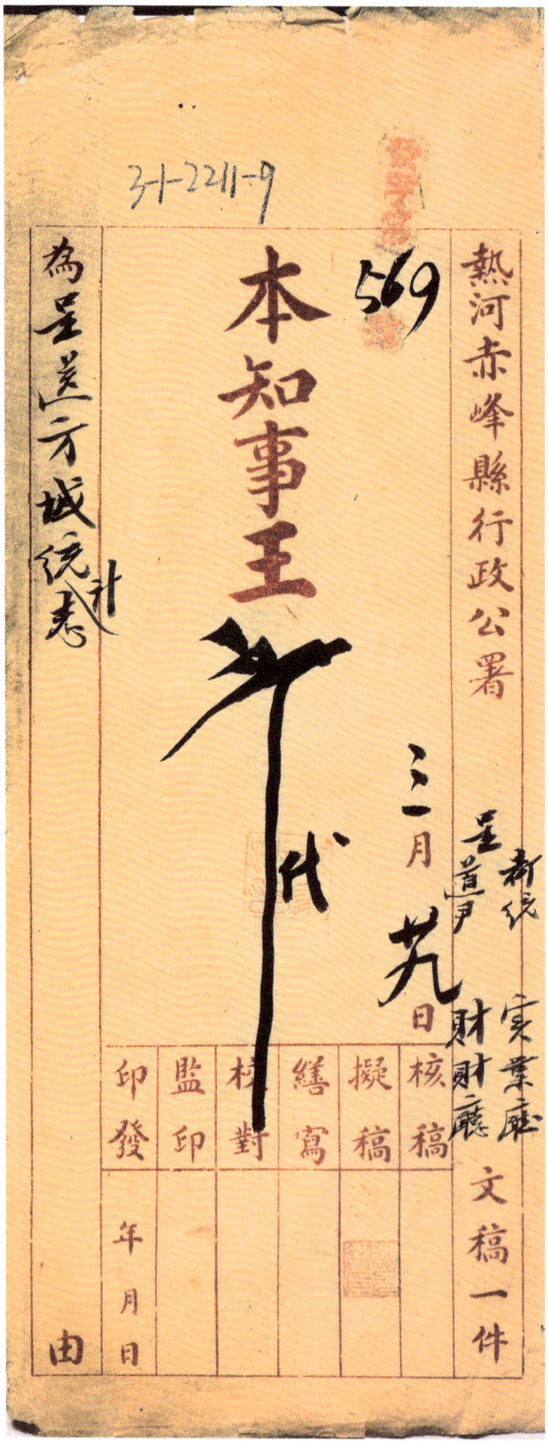
3-1-2211-9

569

熱河赤峰縣行政公署
文稿一件
呈 首尹 新統
實業廳 財廳

本知事王
代

三月廿九日

核稿	擬稿	繕寫	校對	監印	印發
					年 月 日

為呈送方域統計志由

二六四　赤峰縣公署爲報送方域統計志調查表事致熱河都統公署呈稿（1928年3月27日）

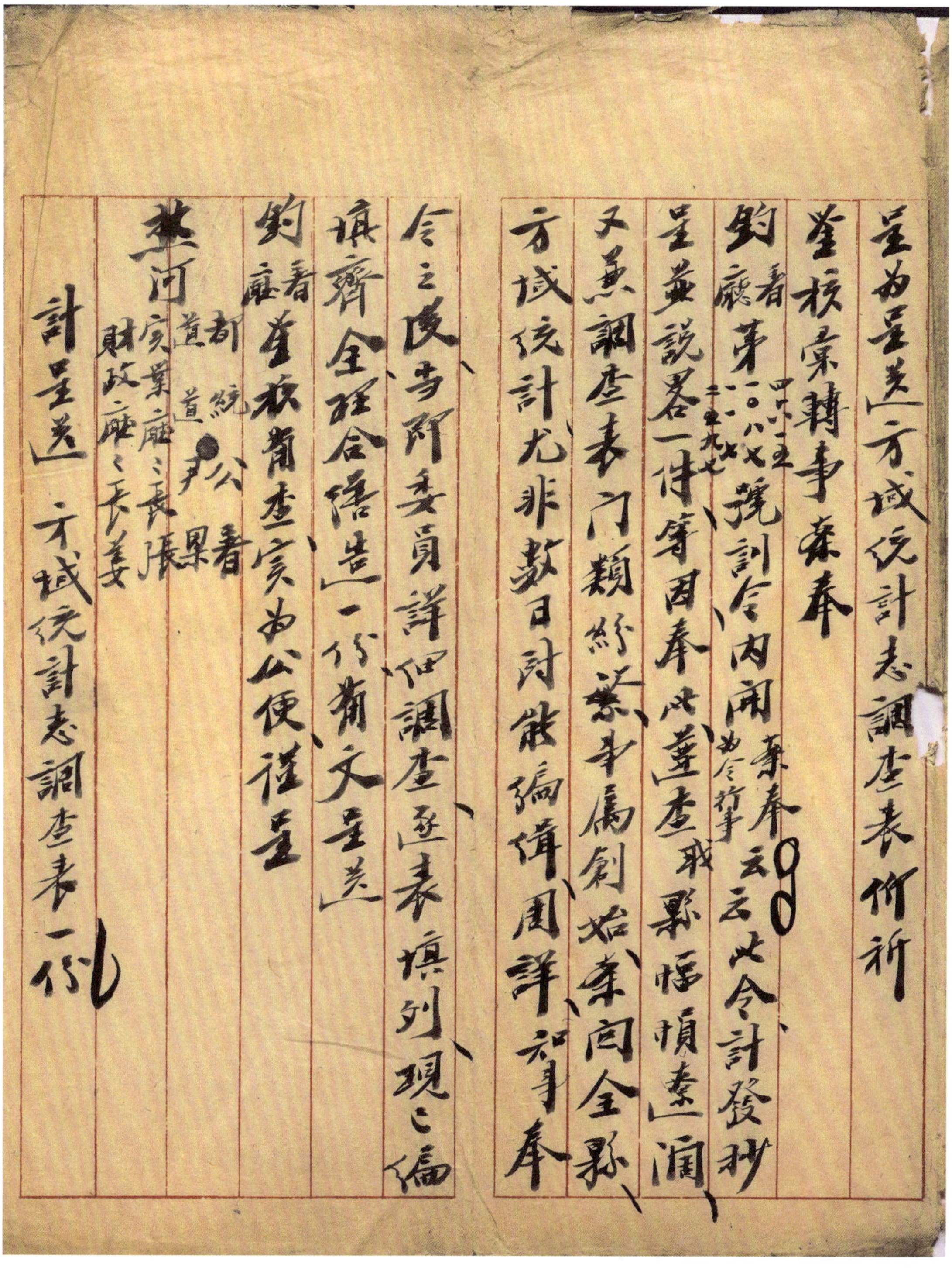
呈爲呈送方域統計志調查表仰祈
鑒核彙轉事案奉
鈞廳第一〇八七號訓令內開：案奉（爲令行事）云云，此令，計發抄
呈並說略一件等因。奉此，遵查我縣幅幀遼闊，
又兼調查表內類繁，事屬創始，查向全縣
方域統計，尤非數日所能編備周詳。茲奉
令之後，當即委員詳細調查，逐表填列，現已編
填齊全，理合繕造一份，備文呈送
鈞廳鑒核，彙查實爲公便。謹呈
熱河都統公署
道尹
實業廳長張
財政廳長姜
計呈送方域統計志調查表一份

二六四　赤峰縣公署爲報送方域統計志調查表事致熱河都統公署呈稿（1928年3月27日）

中華民國十七年三月

日

二六四 赤峰縣公署爲報送方域統計志調查表事致熱河都統公署呈稿（1928年3月27日）

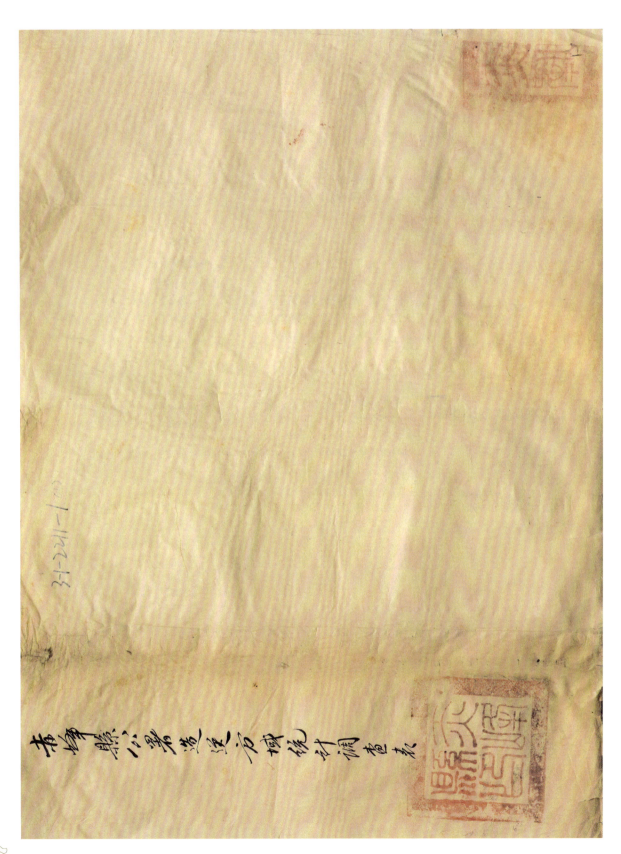

二六四 赤峰縣公署爲報送方域統計志調查表事致熱河都統公署呈稿（1928年3月27日）

3-1-2411-1(2)

有

呈為呈報事。案奉
鈞府訓令飭編方域
統計志表冊
縣疆里調查表格
一紙，抄具上報
查核，理合備文
呈府，此致
熱河都統

赤峰縣疆里調查表

	至某縣界	里數	附記
極東	建平縣界	一百二十里	
極西	圍場縣界	一百卅里	
極南	平泉縣界	七十里	
極北	林西縣界	三百里	
東南	建平縣界	四十里	
東北	建平縣界	三百四十里	
西南	平泉縣界	七十里	
西北	經棚縣界	一百八十里	
全境里數		七百三十里	
面積方里		九千九百六十里	

說明

（一）本志編表以縣為主體，蒙古各盟、察哈爾等處有旗分者以旗為主體，哈達克等無旗分者以本部落為主體，土司之不隸屬於縣者以本司為主體，隸屬於縣者由所管之縣彙同造報

（二）沿邊各縣各旗各城土司等有國界者應於表內詳細註明

赤峰縣行政公署啟

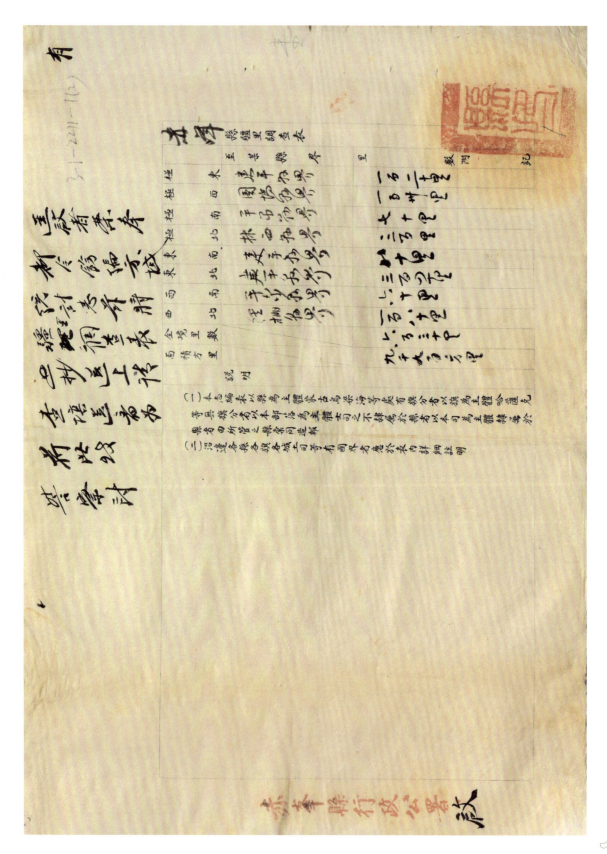

二六四　赤峰縣公署爲報送方域統計志調查表事致熱河都統公署呈稿（1928年3月27日）

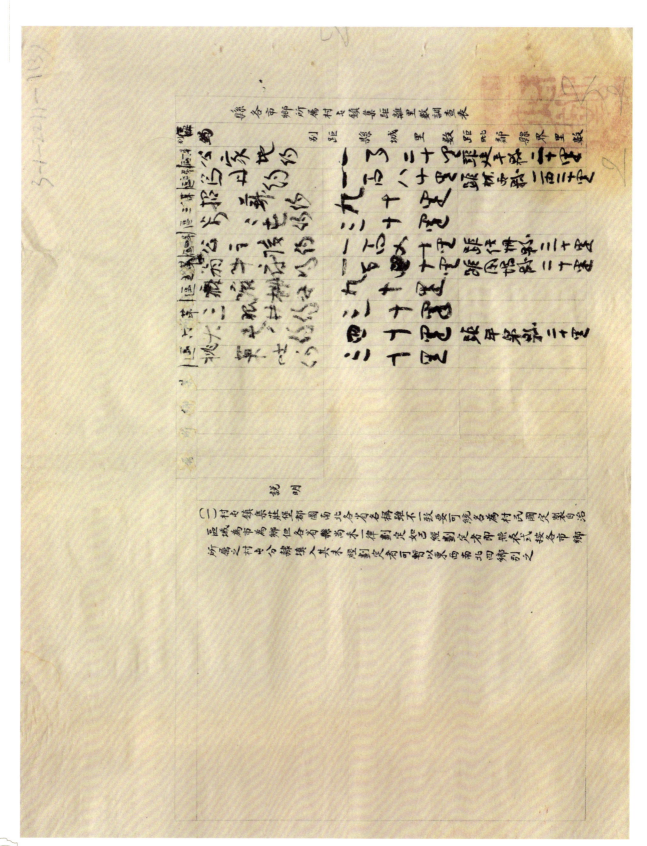

縣各市鄉所屬村莊鎮集距離里數調查表

區別	鄉別	距縣城里數	距毗鄰縣界里數
[illegible]	[illegible]	一百三十里	距建平縣三十里
[illegible]	[illegible]	一百八十里	距林西縣一百三十里
[illegible]	[illegible]	九十里	
[illegible]	[illegible]	三十里	
[illegible]	[illegible]	[illegible]	距經棚縣三十里
[illegible]	[illegible]	[illegible]	距圍場縣三十里
[illegible]	[illegible]	九十里	
[illegible]	[illegible]	三十里	
[illegible]	[illegible]	四十里	距平泉縣三十里
[illegible]	[illegible]	三十里	

說明

（二）村屯鎮集莊堡都圖南北各省名稱雖不一致要可統名爲村以國定製自治區域爲市爲鄉但各省縣尚未一律劃定如已經劃定者即照表式按各市鄉所屬之村屯分隸填入其未經劃定者可暫以東西南北四鄉别之

二六四　赤峰縣公署爲報送方域統計志調查表事致熱河都統公署呈稿（1928年3月27日）

3-1-2211-1(4)

呈啟者，敝署奉
令編製方域
統計志，并將
郵務調查表
照抄送上，請
貴局查填送
署爲荷。此致
郵政局

赤峰縣郵務調查表

地方總局或分局或郵信柜別	距縣城若干里	傳遞情形	附記
赤峰二等郵局	本城	步行郵差	
烏丹城三等郵局	一百八十里	仝上	
猴頭郵寄代辦所	九十里	仝上	

說明
（一）縣境有郵局幾所是何等級鄉鎮通郵信者幾處是何名稱均應逐一詳填入表
（二）傳遞情形陸路則有火車汽車馬遞人遞之別水路則有輪船之分應按各處實在情形詳查列入

赤峰縣行政公署　啟

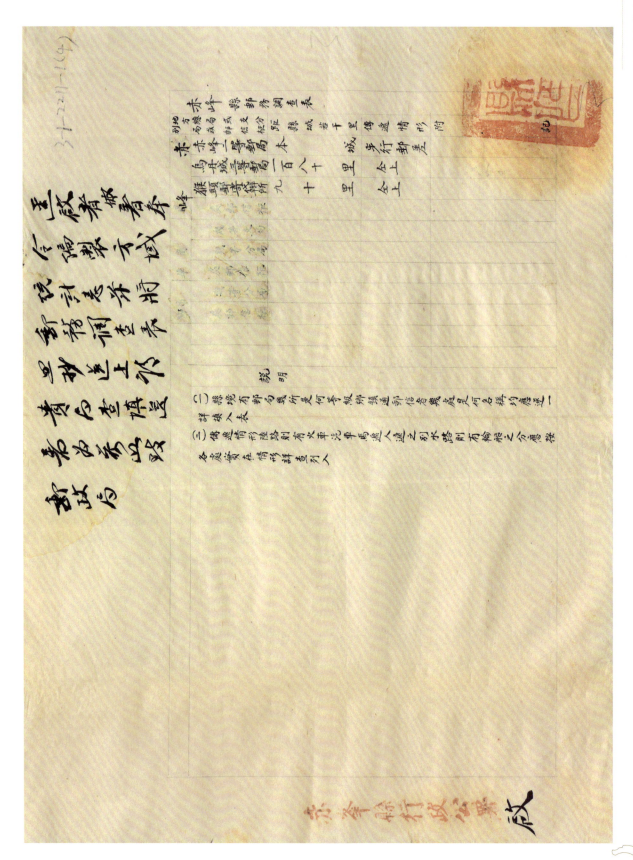

二六四　赤峰縣公署爲報送方域統計志調查表事致熱河都統公署呈稿（1928年3月27日）

3-1-2211-1(5)

縣境內山嶺調查表

名稱	方向	里數	高度	脈絡形勢
紅山	向西	二十里	廿七丈	脈絡[illegible]於[illegible]山
南部博山	向北	十五里	十六丈	同
代望山	向南	五十里	十六丈	同

説明

(一)山嶺所在有綿亙數縣者須將縣名於備考內逐一填列

(二)方向指山嶺之在縣治東西南北而言

(三)里數指山嶺之綿長若干里而言

(四)高度應記其峯之最高者惟跨占數縣之山在縣表以境內最高部分爲限

(五)脈絡形勢指山嶺從何處來脈而言

查我縣山嶺除紅山南部博山代望山外其餘之山未有名稱合併聲明

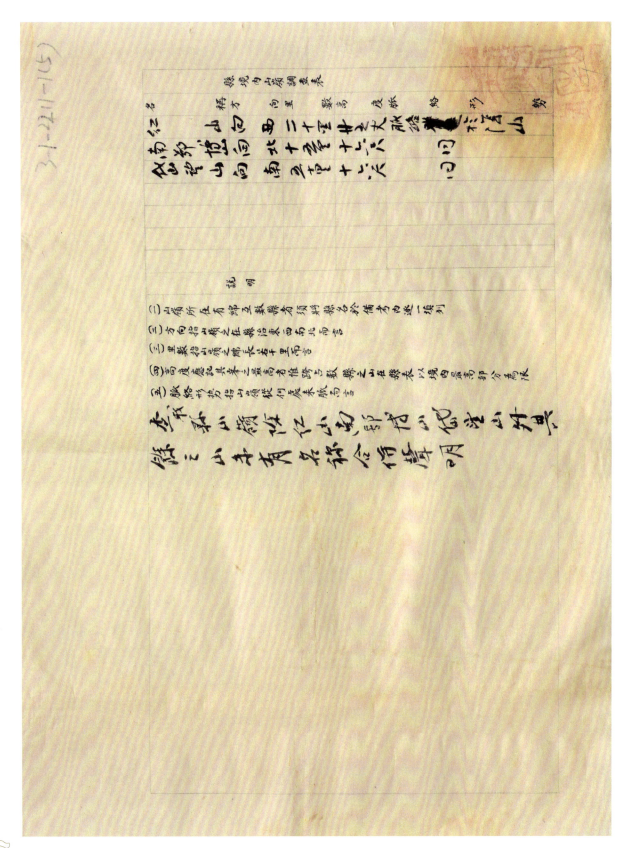

二六四　赤峰縣公署爲報送方域統計志調查表事致熱河都統公署呈稿（1928年3月27日）

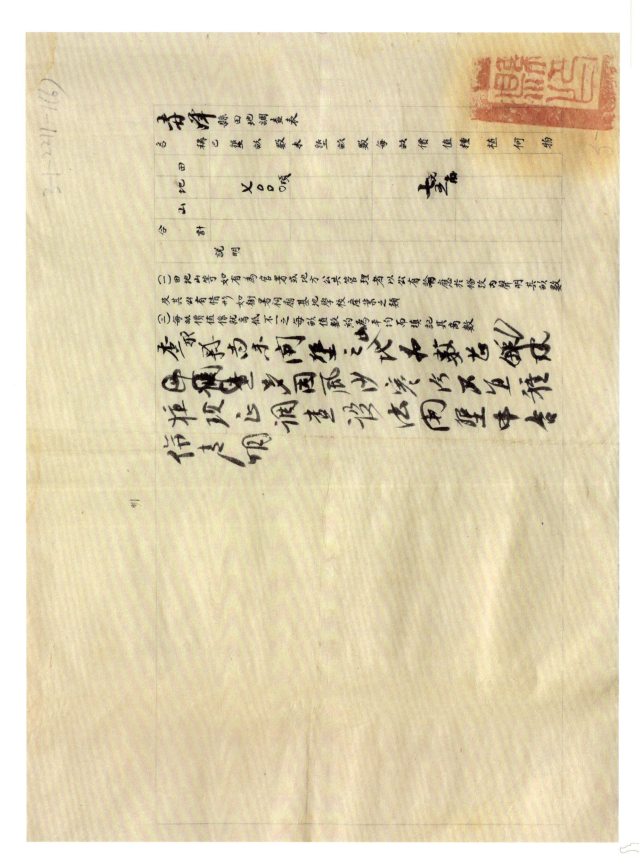

3-1-2211-16

赤峰縣田地調查表

名稱	已墾畝數	未墾畝數	每畝價值	種植何物
田地	七〇〇頃		七元	
山				
合計				

說明

（一）田地山等如有爲官署或地方公共管理者以公有論應於備考內聲明其畝數及其公有情形如衙署祠廟基地學校庄業之類

（二）每畝價值係就高低不一之每畝值數約爲平均而填記其高數

[illegible]

二六四 赤峰縣公署爲報送方域統計志調查表事致熱河都統公署呈稿（1928年3月27日）

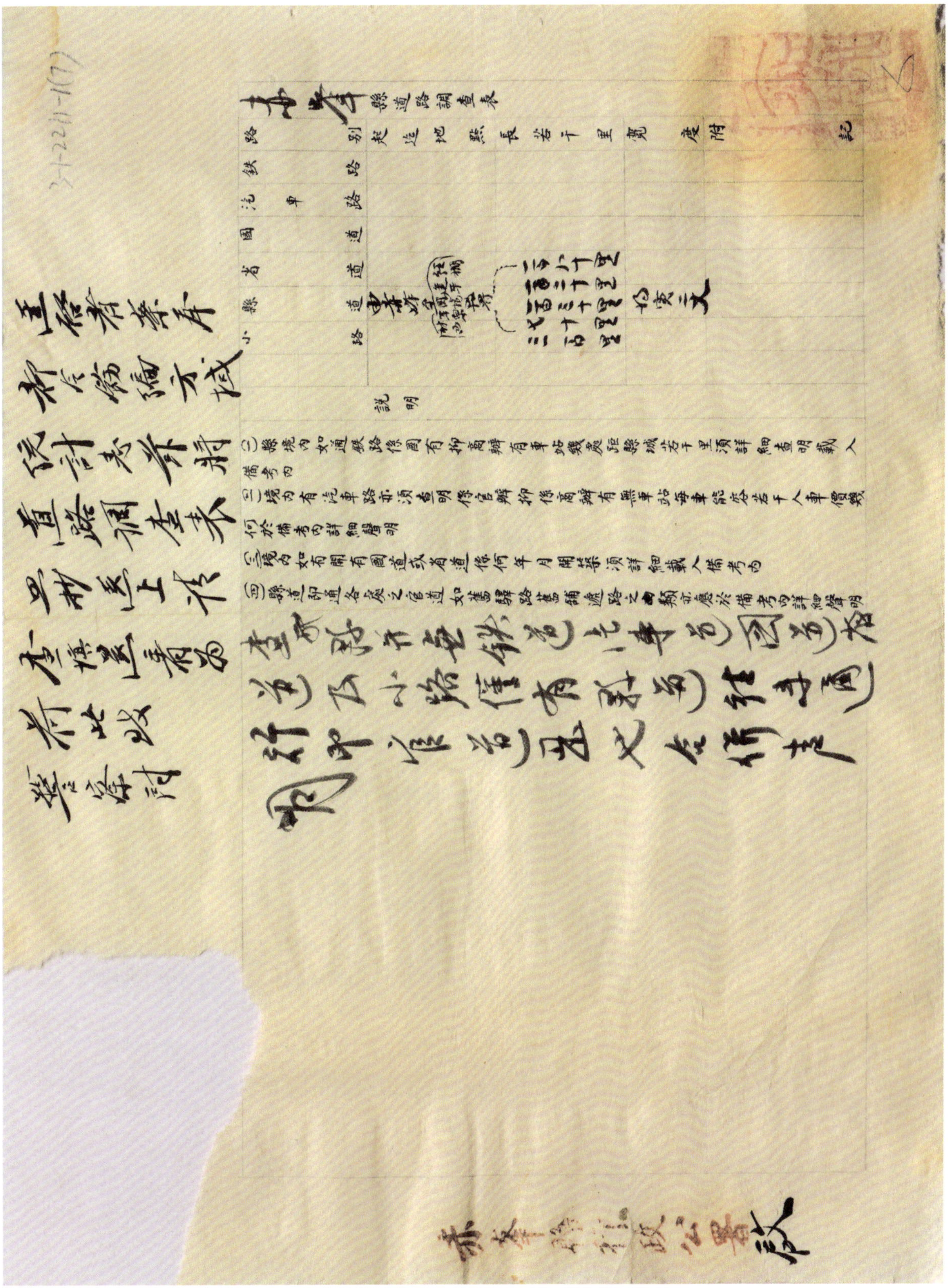

縣道路調查表

路別	鉄路	汽車路	國道	省道	縣道	小路
起迄地點						
長若干里						
寬						
附記						

說明

（一）縣境內如通鐵路係國有抑商辦有車站幾處距縣城若干里須詳細查明載入備考內

（二）境內有汽車路亦須查明係官辦抑係商辦有無車站每車能容若干人車價幾何於備考內詳細聲明

（三）境內如有開有國道或省道係何年月開築須詳細載入備考內

（四）縣道即通各處之官道如遼驛路等路其通過路之起點亦應於備考內詳細聲明

二六四　赤峰縣公署爲報送方域統計志調查表事致熱河都統公署呈稿（1928年3月27日）

縣所屬水道調查表

名稱	互縣治若干里	自何處入境	至何處出境	寬度	狹度	極深	極淺
海港							
江							
河							
湖							
蕩							
溝渠							

說明

(一)表內名稱僅舉大概而言如有其他名稱可即依類填入
(二)海港江河湖泊其來源及大川小水匯合之處須於備考內詳細聲明
(三)湖泊溝渠坐落處所能溉田若干畝者亦於備考內詳細聲明
(四)有橋梁津渡之處可於備考內逐一詳細聲明
(五)水道各通潮汐應將該地月日時刻漲落情形另列一表隨送

二六四 赤峰縣公署爲報送方域統計志調查表事致熱河都統公署呈稿（1928年3月27日）

3-1-2211-1(9)

縣沿海所屬島嶼調查表

名稱	距縣治若干里	面積里數	有無居民	出產何物	附記

說明

(一)屬境內有海島幾處須逐一查明填列勿得遺漏

(二)該島如有其他情形爲表內所未載者可於備考內詳細聲明

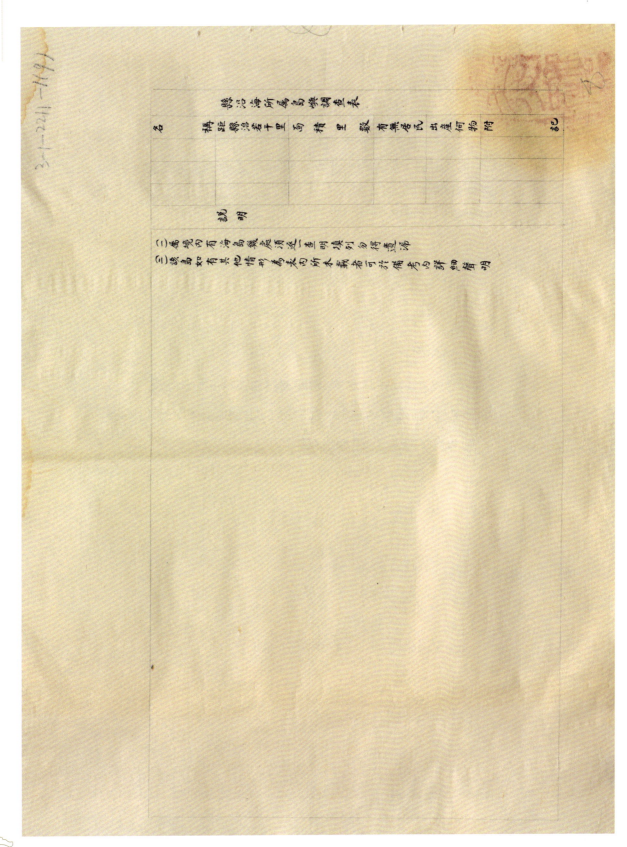

二六四　赤峰縣公署爲報送方域統計志調查表事致熱河都統公署呈稿（1928 年 3 月 27 日）

縣稅關局所調查表

名稱	坐落地點	距縣治里數	平歲稅數	歲稅情形
赤峰徵收總局	縣街頭道街	本城	十六年全年征稅洋三十二萬五千三百二十元	照章徵收
烏丹徵收分局	烏丹城本街	一百八十里	十六年全年征稅洋一萬三千八百六十元	同前

說明

（一）境內如設有關卡局所須查明逐一填列不可遺漏

（二）歲收情形各地不同可擇實情簡括言之如欄內不能詳說者可另紙備考之內

3-1-2211-1（10）

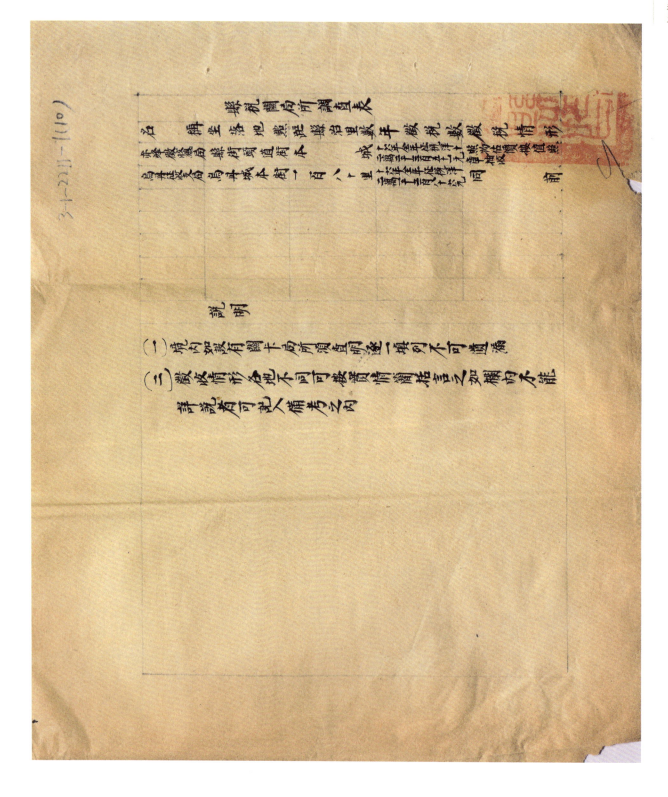

二六四　赤峰縣公署爲報送方域統計志調查表事致熱河都統公署呈稿（1928年3月27日）

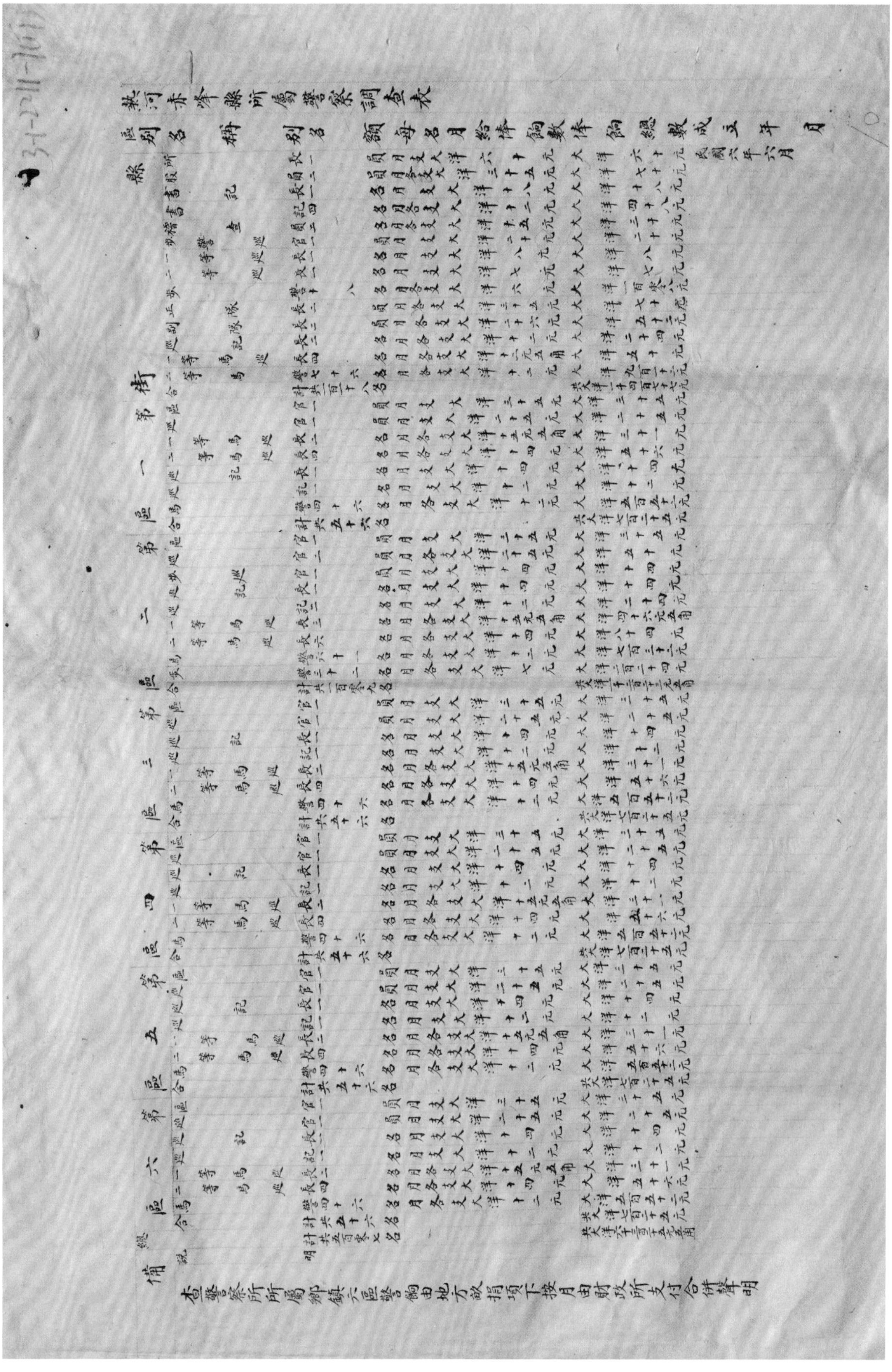

二六四　赤峰縣公署爲報送方域統計志調查表事致熱河都統公署呈稿（1928年3月27日）

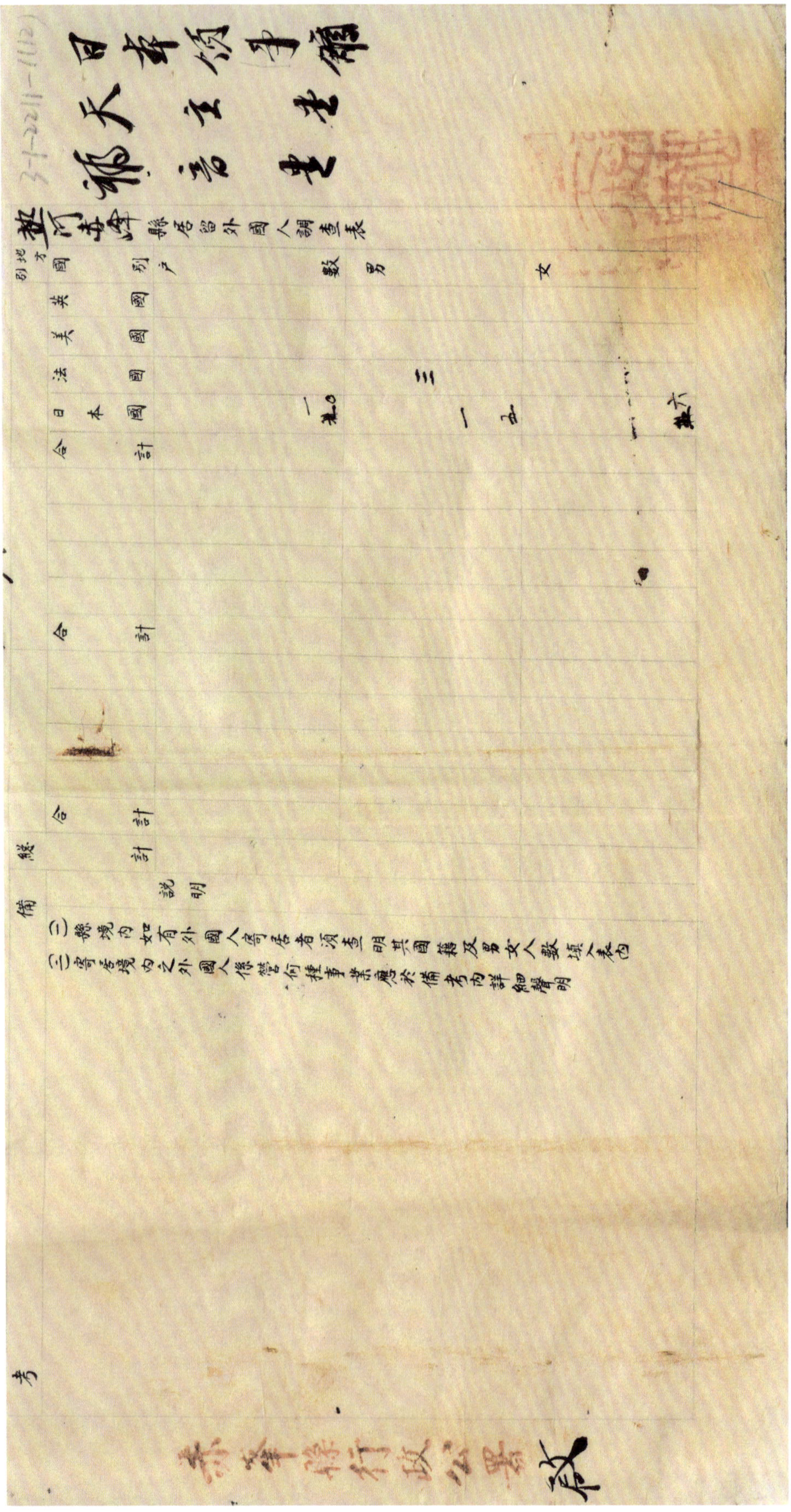
3-1-2211-1(12)

日本領事館
天主堂
福音堂

熱河赤峰縣居留外國人調查表

國別 \ 地方	英國	美國	法國	日本國	合計	合計	合計	總計
戶數				一〇				
男			三	一五				
女				一六				

備考
說明
(一)縣境内如有外國人寄居者須查明其國籍及男女人數填入表内
(二)寄居境内之外國人係營何種事業應於備考内詳細聲明

赤峰縣行政公署
啟

二六四　赤峰縣公署爲報送方域統計志調查表事致熱河都統公署呈稿（1928年3月27日）

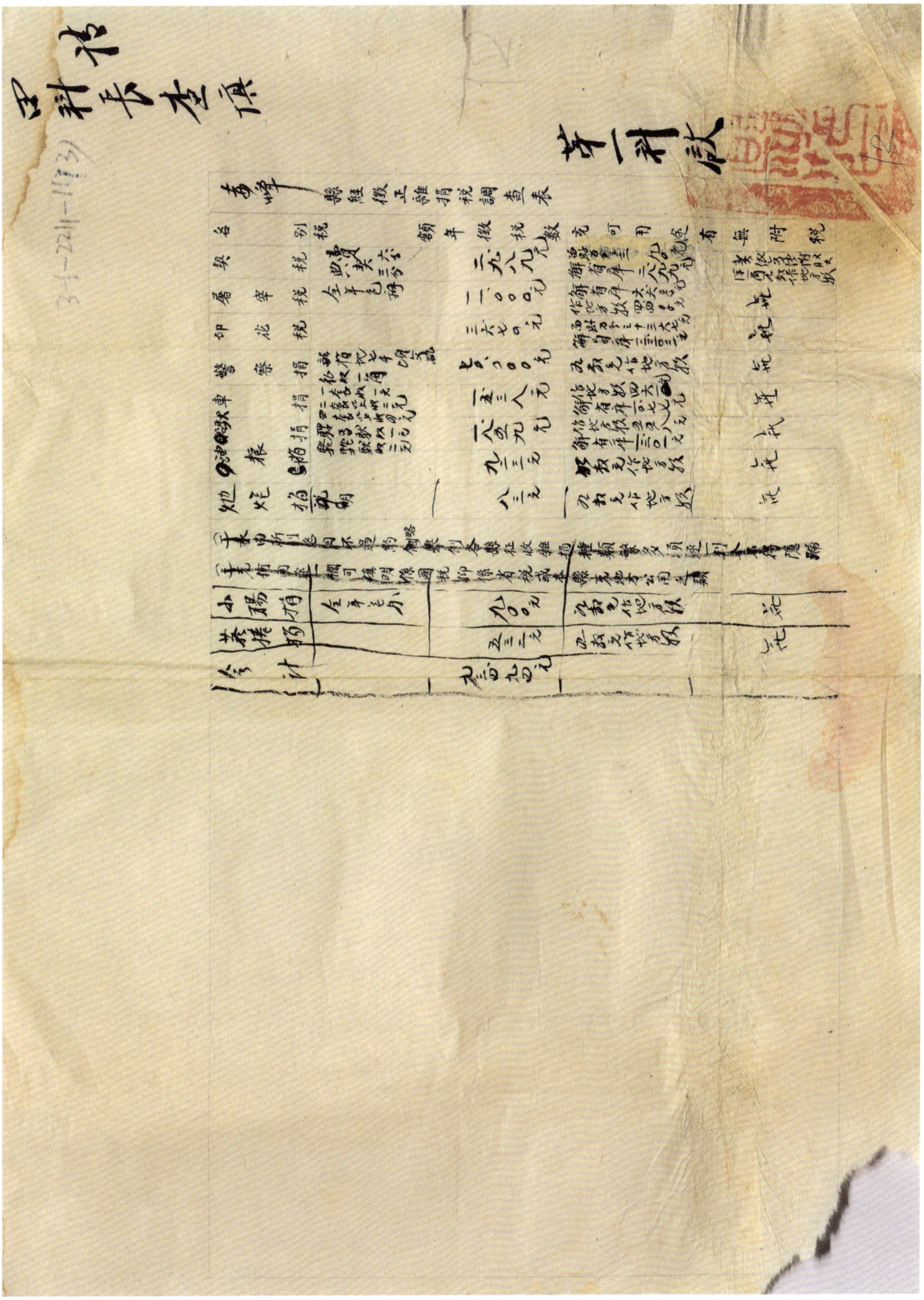

二六四　赤峰縣公署爲報送方域統計志調查表事致熱河都統公署呈稿（1928年3月27日）

赤峰縣出產商品調查表

區別	種類	本地需用數	運銷他處數	輸出外國數
天產品	小米	七千五百石	五百石	
	小麥	五百石		
	元豆	一百五十石		
	合豆	四十石		
	吉豆	二百石		
	紅粮	一萬二千石		
	蕎麥	一千二百石		
	大麥	五百石		
	防風	五百觔		
	甘草	十萬觔		
	黃芩	五百觔		
	紫胡	三百觔		
人工製造品	絨毡	一千餘床	五百餘床	
	毛毡	五千餘床		
	燒酒	百萬觔		
說明				

13

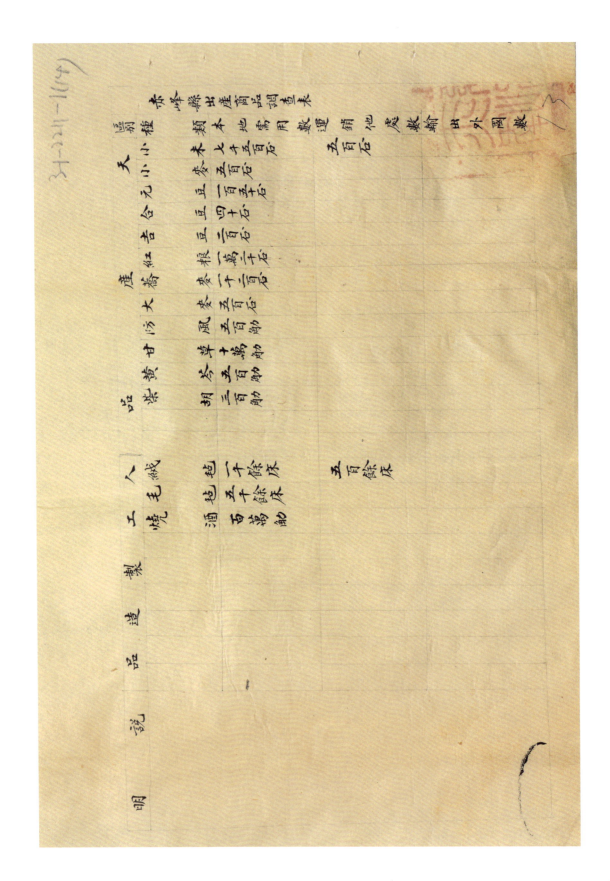

二六四　赤峰縣公署爲報送方域統計志調查表事致熱河都統公署呈稿（1928年3月27日）

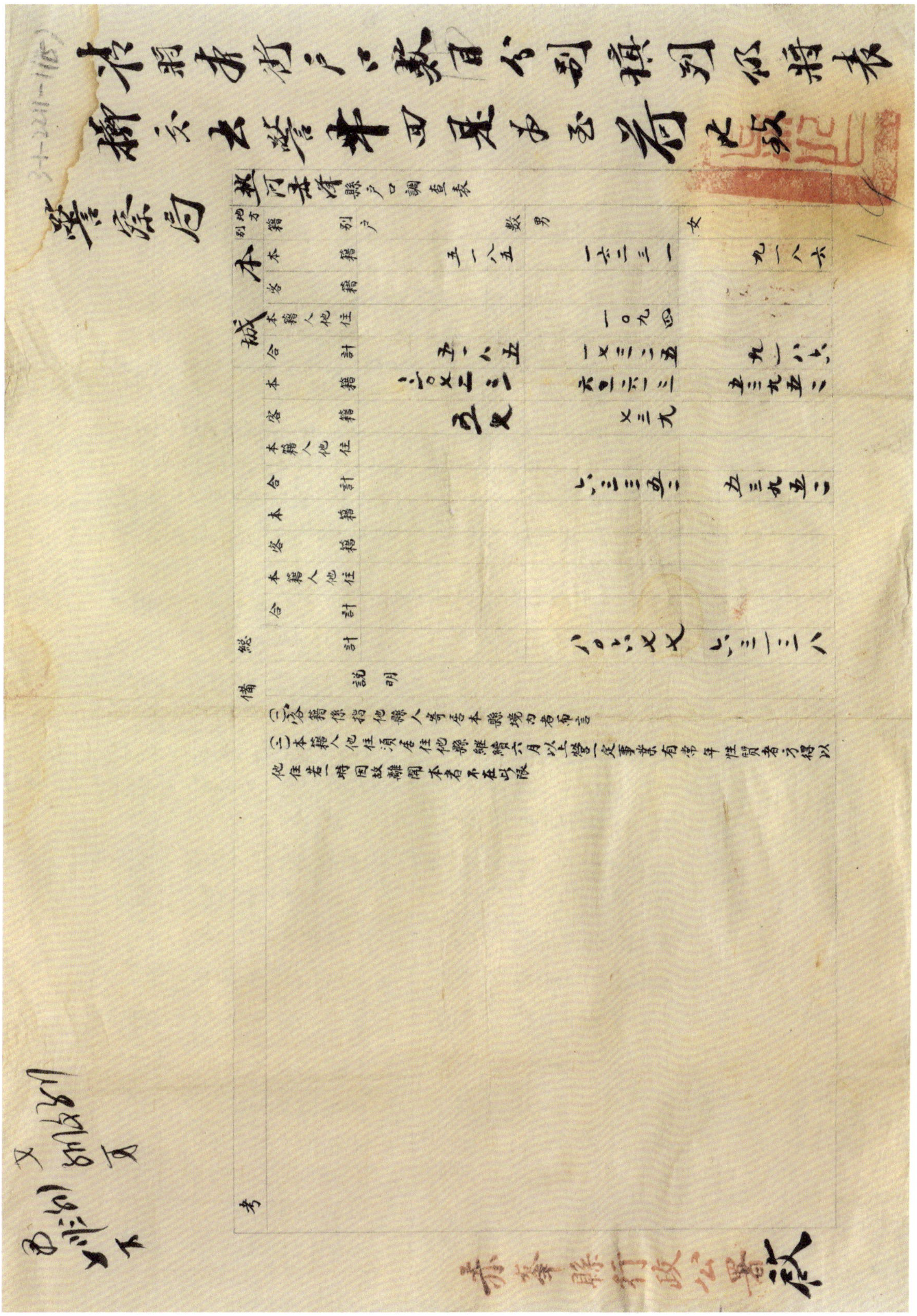

二六四　赤峰縣公署爲報送方域統計志調查表事致熱河都統公署呈稿（1928年3月27日）

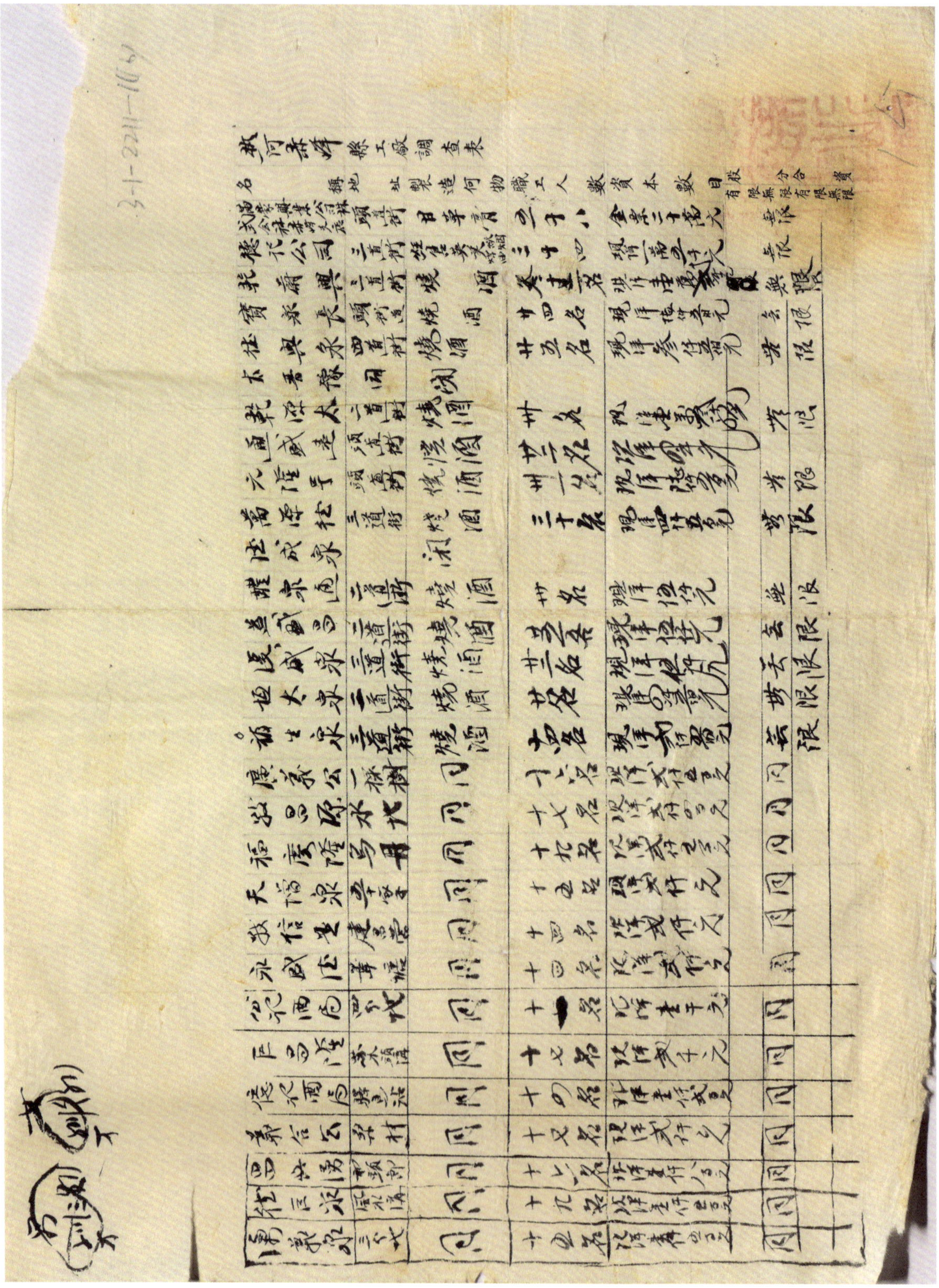

二六四　赤峰縣公署爲報送方域統計志調查表事致熱河都統公署呈稿（1928年3月27日）

赤峰縣所屬鑛區調查表

鑛質	坐落地名	鑛區面積	用何法開採或未開採	資本若干	開辦年月
柴煤	西元寶山	四百零五畝	已用土法開採	三萬一千元	前清咸豐五年
仝上	西元寶山東鄉老窰	二百四十畝	仝	上一千元	民國十三年
仝上	西元寶山南梁	九十一畝	仝	上一千元	仝上
仝上	東元寶山	一百九十五畝零分	仝	上一千元	前清宣統二年
仝上	東元寶山	十畝	仝	上二百元	民國十年
仝上	東元寶山	三十畝	仝	上六百元	前清光緒十三年
仝上	東元寶山	三十畝	仝	上五百元	仝上
仝上	東元寶山	三十畝	仝	上五百元	民國十六年
硬煤	老鷄子山小陰坡	四十八畝	仝	上六百元	民國五年
仝上	柳條子溝	九十六畝	仝	上八千元	前清光緒十三年
仝上	西五台圖老煤窰溝	九十七畝	仝	上四百元	民國六年
仝上	王子墳	五十一畝	仝	上五百元	民國五年
仝上	馬家南山	七十五畝	仝	上八百元	民國十六年
仝上	鄧家溝	四十九畝	仝	上四百元	民國十五年
仝上	千子窰溝	四十六畝八分釐	仝	上一千元	民國十六年

說明

按表列煤鑛均係商辦，因交通不便，祇能行銷縣境，以致成績稍欠暢旺。至於其他產煤鑛地，現正有從事測驗者，合併聲明。

二六四　赤峰縣公署爲報送方域統計志調查表事致熱河都統公署呈稿（1928年3月27日）

3-1-2211-1(18)

熱河赤峰縣牧產調查表

種類	年產數目	值價銀數	附記
馬	五 二三〇頭	三一三八〇〇	每匹價大洋六十元
牛	一人 二七〇	二一八一〇〇	每匹價大洋叁拾元
騾	三四〇	一〇七二〇〇	每匹價大洋八十元
驢	人 七二〇	一〇八〇八〇	每匹價大洋拾四元
駱駝			
羊	二二一四〇	八八一六〇	每隻價大洋四元
豬	一 四八三二〇	二八七六〇〇	每隻價大洋六拾元
雞	〥三三二四〇隻	二六六二〇	每隻價大洋七角
鴨	一二四〇	六二〇	同前
鵝	六三〇	六三〇	每隻價大洋一元

說明

（一）產駝與羊之區每年所收駝絨及所剪之羊毛亦爲毛織品之貴重原料，應於備考內將每年所收總觔數及值銀價額詳細聲明之

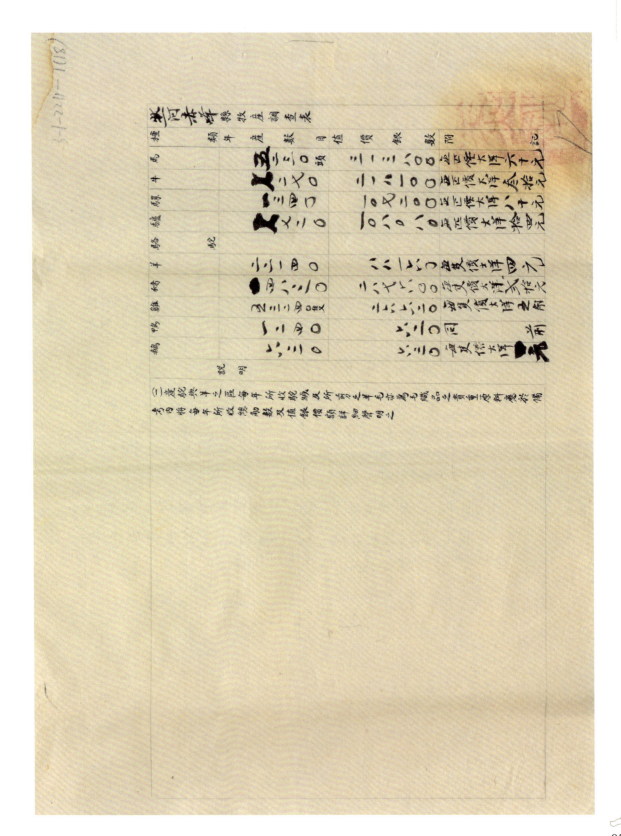

二六四　赤峰縣公署爲報送方域統計志調查表事致熱河都統公署呈稿（1928年3月27日）

3-1-2211-1119

縣出產繭絲調查表

種類	年出繭額	價格	年出絲額	價格
野蠶				
家蠶				

說明

（一）境內如育有野蚕種柞之山場約若干畝須於備考內聲明之

（二）育桑蚕者境內有桑田若干畝每畝可出桑葉若干担亦於備考內聲明之

（三）所出之繭售繭者約幾成繅絲者約幾成

（四）每年所出之絲約白絲若干黃絲若干亂絲若干均於備考內聲明之

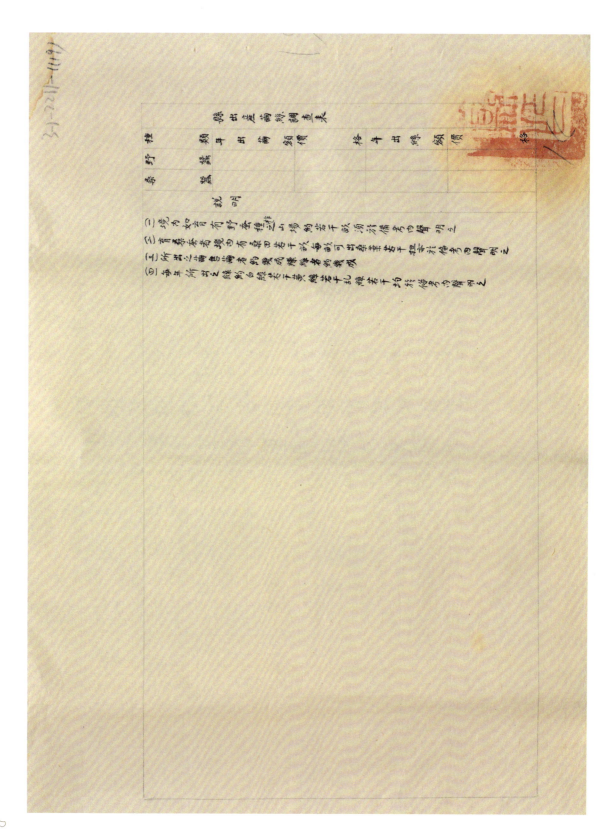

二六四 赤峰縣公署爲報送方域統計志調查表事致熱河都統公署呈稿（1928年3月27日）

熱河赤峰縣林産調查表

種類	林區畝數	每年採法數目（林）	值價銀數（元）
松			
柏			
杉			
槐			
榆	三〇〇	一二三〇	三六九〇
柳	三四〇	三七二四〇	三七二五
枬	[illegible]		
竹			
楊	五五〇	一三二五	二六四〇

說明
（二）凡木類均宜列入此表，不産生者可以删去
（三）竹之種類極多，如係産竹之縣，應分別其名目詳細列入

查榆樹每株價大洋叁元，楊樹每株價
大洋貳元，柳樹每株價大洋一角，
合併注明

二六四　赤峰縣公署爲報送方域統計志調查表事致熱河都統公署呈稿（1928年3月27日）

赤峰縣商鋪調查表

地方別	商業別	商鋪家數	附記
縣街	銀行	一家	
	錢店	十家	
	米粮店	三十家	
	綢緞店	八家	
	布尺店	二十五家	
	油盐店	三家	
	紙店	三家	
	木廠	一家	
	磚瓦行	三家	
	鉄匠店	四家	
	木器店	六家	
	藥鋪	八家	
	毡鋪	七家	
	燒鍋	十家	
	皮店	十二家	
	洋廣貨店	二十三家	
	雜貨店	十五家	
說明			

記

縣水產物調查表

類別	每年產額（斤）	值價銀數（元）
鯉魚		
鯽魚		
青魚		
白魚		
鰔魚		
銀魚		
鰣魚		
鱸魚		
鰱魚		
烏魚		
魛魚		
鯾魚		
鯛魚		
鯗魚		
大頭魚		
黃花魚		
鰳魚		
帶魚		
比目魚		
鮑魚		
蛤蜊		
牡蠣		
蟶		
蚶		
蚌		
魷魚		
烏賊魚		
蝦		
蟹		
海參		

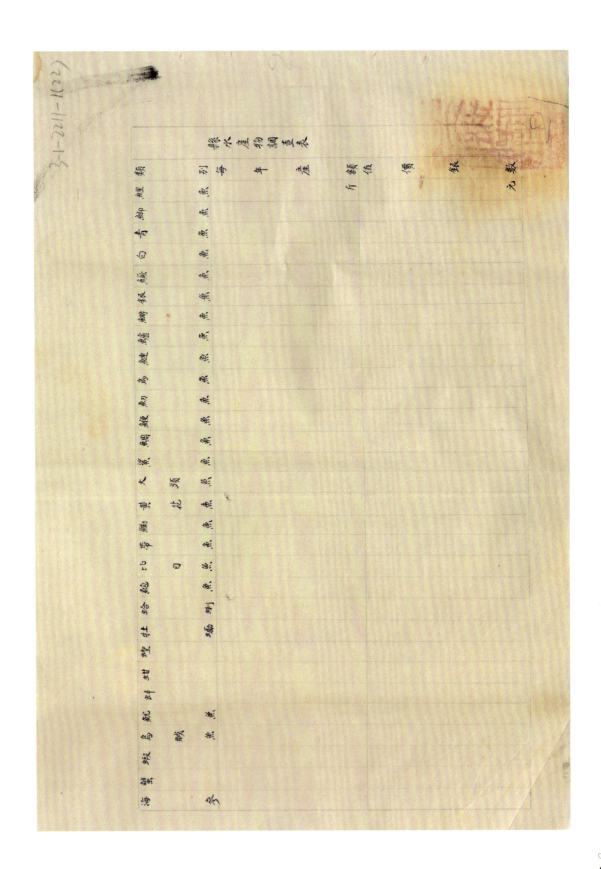

二六四　赤峰縣公署爲報送方域統計志調查表事致熱河都統公署呈稿（1928年3月27日）

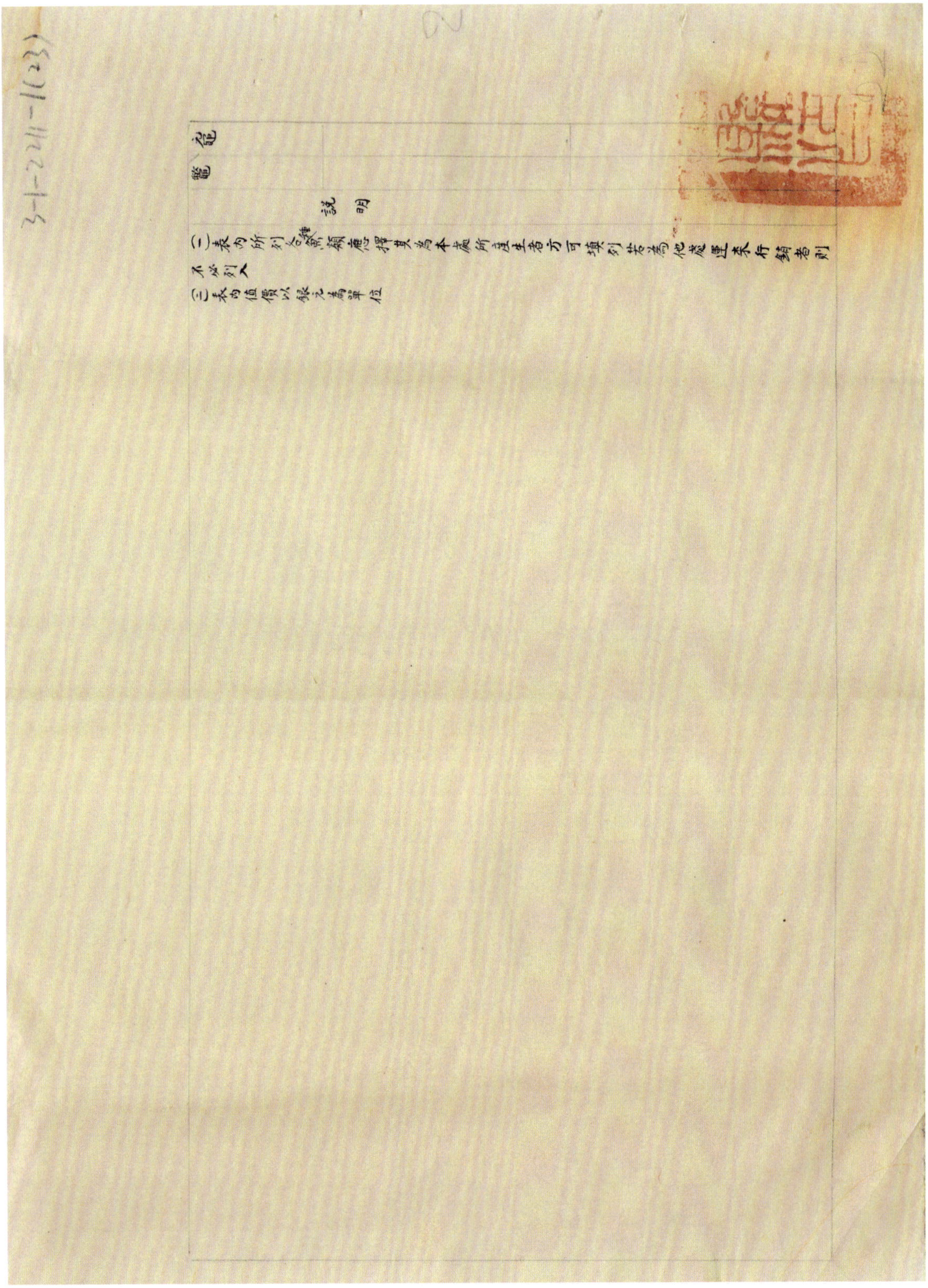
鑒定

說明

(二)表内所列各種貨類應擇其爲本處所出産者方可填列若爲他處運來行銷者則不必列入

(三)表内值價以銀元爲單位

二六四　赤峰縣公署爲報送方域統計志調查表事致熱河都統公署呈稿（1928年3月27日）

3-1-2211-1(24)

縣水產製造物調查表

類別	每年產額（斤）	值銀數目（元）
魚翅		
魚唇		
魚肚		
魚皮		
魚膠		
魚子		
魷魚乾		
烏賊		
明骨		
燕窩		
乾鮑魚		
海參		
淡菜		
乾貝		
蟶乾		
蠣乾		
乾蛤		
鹽乾魚		
青螺		
大海蝦		
蝦米		
小蝦		
蝦子		
蟹肉		
海蜇		
海帶		
海粉		
髮菜		
海苔		
紫菜		

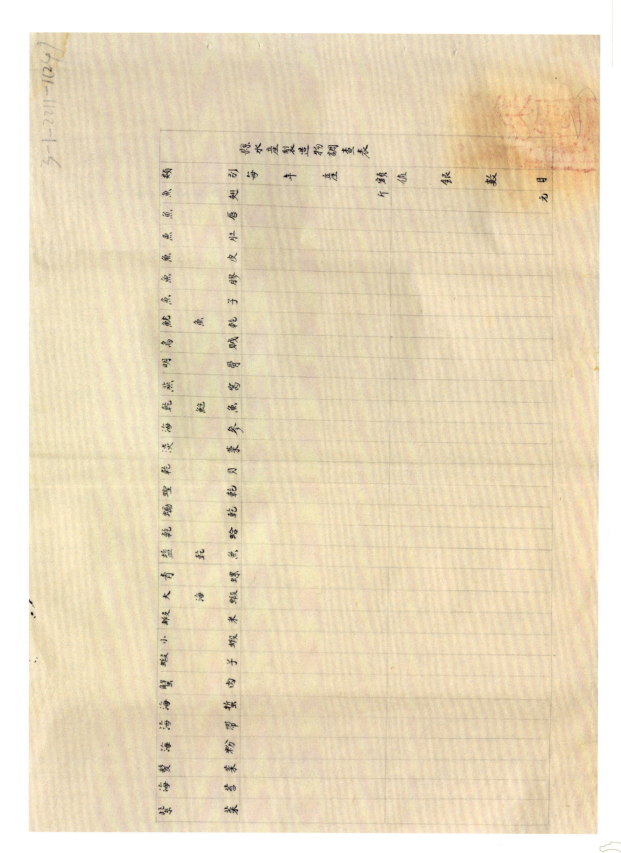

二六四　赤峰縣公署爲報送方域統計志調查表事致熱河都統公署呈稿（1928年3月27日）

魚油		

說明

（二）表列水產製造物亦應擇其本處所製出之品方可填列否則不必填入

（三）表內價值以銀元爲單位

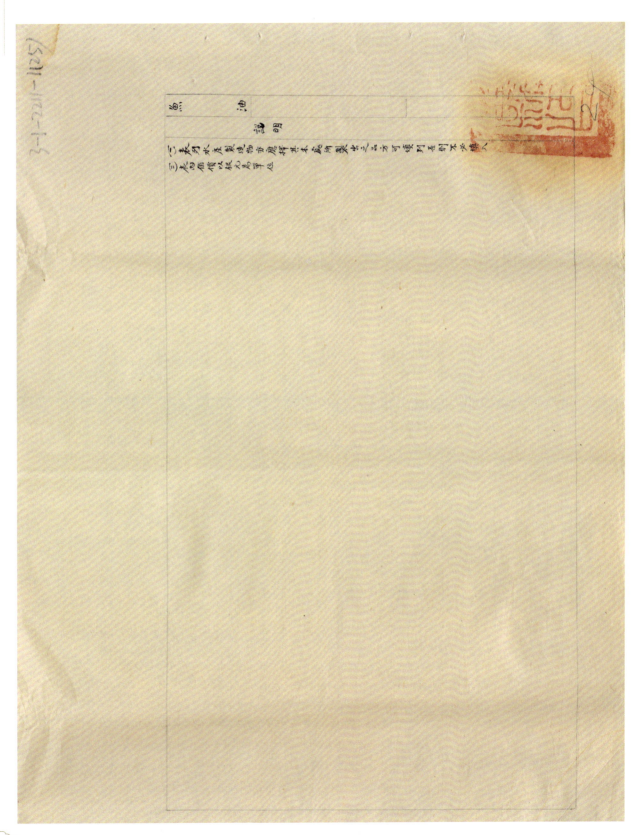

二六四　赤峰縣公署爲報送方域統計志調查表事致熱河都統公署呈稿（1928年3月27日）

3-1-2271-1(26)

赤峰縣境內學校調查表

校別	校址	設立別	教職員數	學生人數（官給／私費）	入學	卒業
乙種商業學校	財神廟	縣立	四人	私費	三十名	
第一小學校	文廟	同上	同上	同上	一百十三名	十四名
第二小學校	接官廳	同上	同上	同上	九十八名	十七名
第三小學校	烏丹本街	同上	同上	同上	一百零三名	二十二名
第一初級小學校	魯班廟	同上	同上	同上	八十三名	四名
第二初級小學校	馬王廟	同上	同上	同上	四十八名	六名
第三初級小學校	本城大道街	同上	同上	同上	七十一名	五名
第四初級小學校	財神廟	同上	同上	同上	六十一名	二名
第五初級小學校	三家村	區立	一人	同上	二十六名	四名
第六初級小學校	古都河村	同上	同上	同上	二十名	四名
第七初級小學校	猴頭溝村	同上	同上	同上	二十一名	四名
第八初級小學校	柳條溝村	同上	同上	同上	二十二名	三名
第九初級小學校	老府街	同上	同上	同上	五十六名	三名
第十初級小學校	初頭朗村	同上	同上	同上	七十五名	四名
第十一初級小學校	西山根村	同上	同上	同上	二十五名	三名
第十二初級小學校	大窩鋪村	同上	同上	同上	二十三名	三名
第十三初級小學校	官地村	同上	同上	同上	二十七名	三名
第十四初級小學校	木頭溝村	同上	同上	同上	二十九名	四名
第十五初級小學校	北井村	同上	同上	同上	二十名	二名
第十六初級小學校	宋家窩鋪村	同上	同上	同上		
第十七初級小學校	永寧河村	同上	同上	同上		
第十八初級小學校	廣興源村	同上	同上	同上		
第十九初級小學校	小八段村	同上	同上	同上	三十八名	五名
第二十初級小學校	小南山村	同上	同上	同上	二十二名	二名
第二十一初級小學校	波羅胡同村	同上	同上	同上	三十名	五名
第二十二初級小學校	太平地村	同上	同上	同上	二十一名	五名
第二十三初級小學校	建昌營村	同上	同上	同上		
第二十四初級小學校	源茂隆村	同上	同上	同上	二十名	五名
第二十五初級小學校	薛家營村	同上	同上	同上	二十五名	三名
第一女子初級小學校	本城頭道街	縣立	二人	私費	六十五名	二名
第二女子初級小學校	接官廳	同上	一人	同上	二十四名	四名
第三女子初級小學校	烏丹本街	區立	同上	同上	二十名	二名

說明

案查乙種商業學校校址、第一小學校校址、第二小學校校址、第一初級小學校校址、第二初級小學校校址、第四初級小學校校址、第七初級小學校校址均屬廟地，其校舍係就各該廟原有房屋改設之；第三小學校校址、第一女子初級小學校校址、第二女子初級小學校校址、第三女子初級小學校校址俱係租賃民間房院；第三初級小學校校址係從前由教育經費項下提款置買民房一所；第五、第六、第八、第九、第十、第十一、第十二、第十三、第十四、第十五、第十六、第十七、第十八、第十九、第二十、第二十一、第二十二、第二十三、第二十四、第二十五各初級小學校校址俱係假住各該校董事房院。至以上各學校經費均由地方財政所從教育經費項下支領。復查第十六、第十七、第十八、第二十三初級小學校四處，因受賊匪蹂躪，自暑假後並未開學，故該四校入學欄內亦未填註人數，若干合併聲明。

二六四　赤峰縣公署爲報送方域統計志調查表事致熱河都統公署呈稿（1928年3月27日）

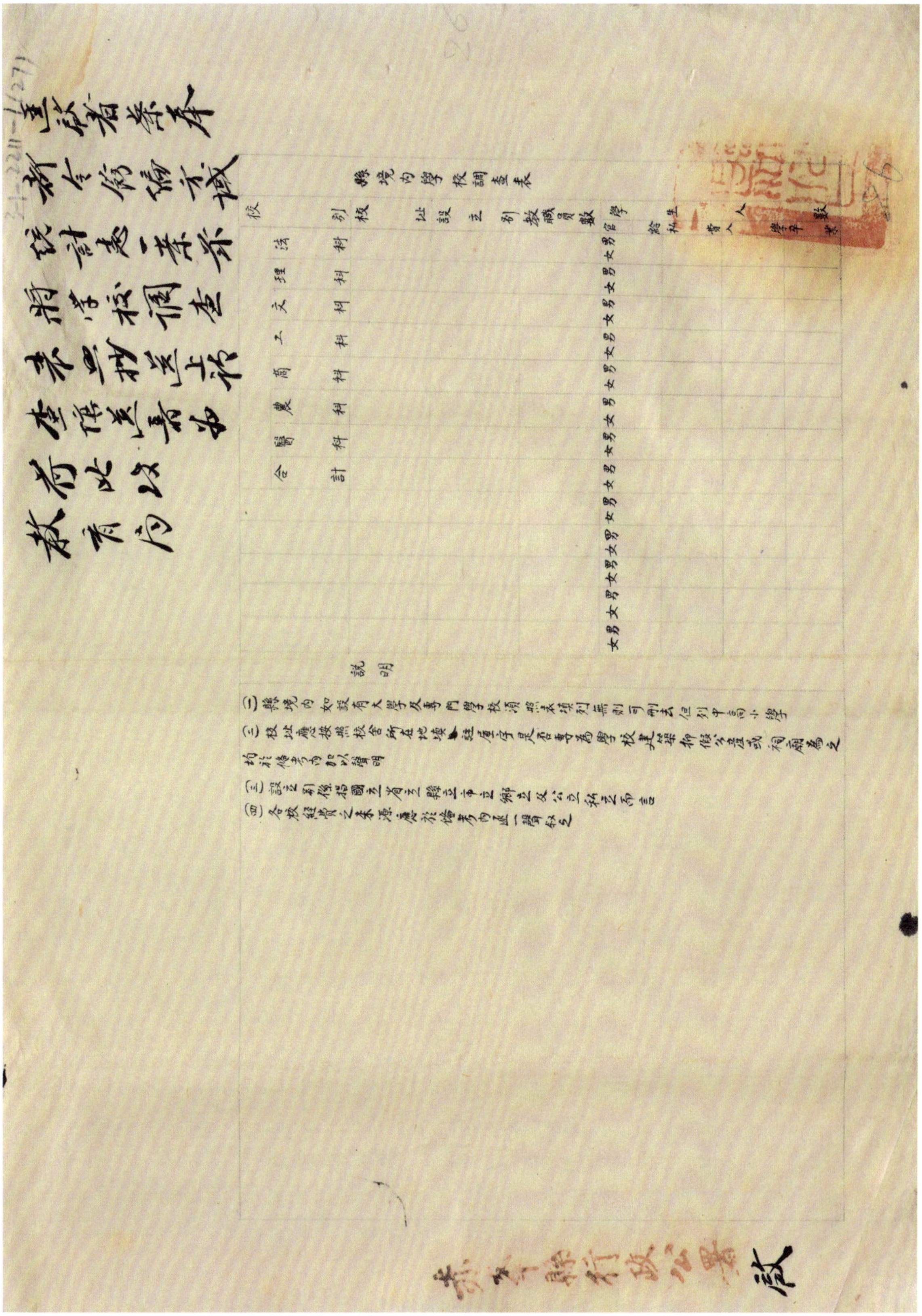

二六四　赤峰縣公署爲報送方域統計志調查表事致熱河都統公署呈稿（1928年3月27日）

3-1-2211-1(39)

縣農產品調查表

農產品	種植畝數	每畝收穫數（石）	每年收穫總數（石）
秈米			
粳米			
糯米			
小米			
高粱	七七九四三	四斗	三一一七八〇
大麥	九三一三四	三斗	一八四二七〇二
小麥	三一〇三五三	三斗	四三〇七〇五八
燕麥			
稞麥			
玉蜀黍	三一四〇八	三斗	二〇三一九四
黃豆	三〇七〇一	三斗	四一三一〇二
黑豆			
豌豆	一七三二四	三斗	三四七二八
綠豆			
芝麻			
落花生			
甘薯			
馬鈴薯	二一三四	五斗	一〇七〇五
芋			
瓜	四三七〇四	三斗	一三七八三〇
蔬菜			
蘿蔔			
甘蔗			
果品			
木棉			
苧麻	二四八〇	七三〇〇〇〇	三五〇斤
菸葉	五〇九五	七七四三五〇	一五〇斤

說明

（一）表列各農產物不過舉其概略而言該縣產生何物即據實填列有即增入無則不妨删去

（二）收穫量應以石爲單位

二六四 赤峰縣公署爲報送方域統計志調查表事致熱河都統公署呈稿（1928年3月27日）

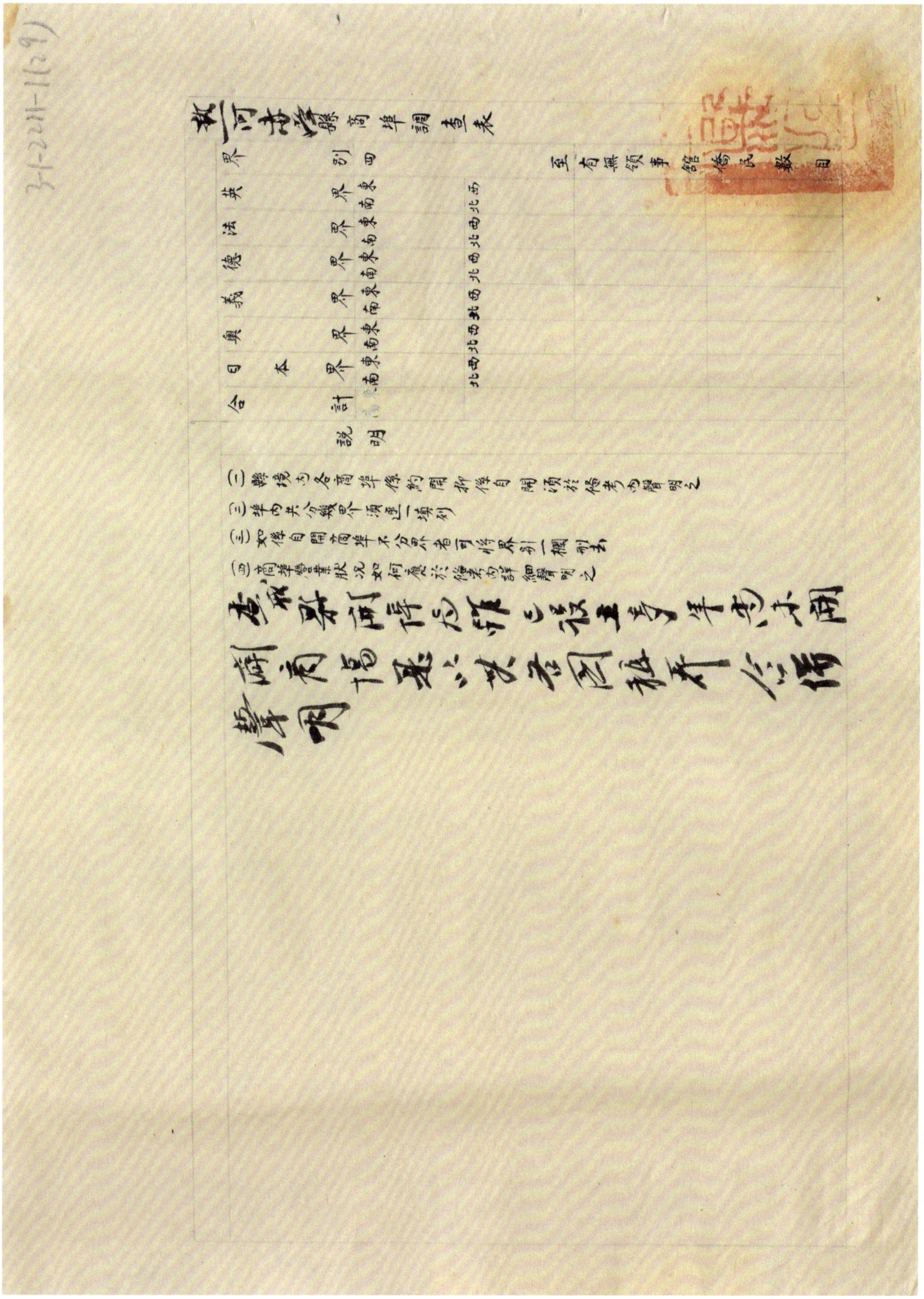

熱河赤峰縣商埠調查表

界別	四至	商埠有無領事館	僑民數目
英界	東南西北		
法界	東南西北		
德界	東南西北		
義界	東南西北		
奧界	東南西北		
日本界	東南西北		
合計			

說明

（一）縣境內各商埠係約開抑係自開須於備考內聲明之

（二）埠內共分幾界須逐一填列

（三）如係自開商埠不分界者可將界別一欄劃去

（四）商埠營業狀況如何應於備考內詳細聲明之

二六四 赤峰縣公署爲報送方域統計志調查表事致熱河都統公署呈稿（1928年3月27日）

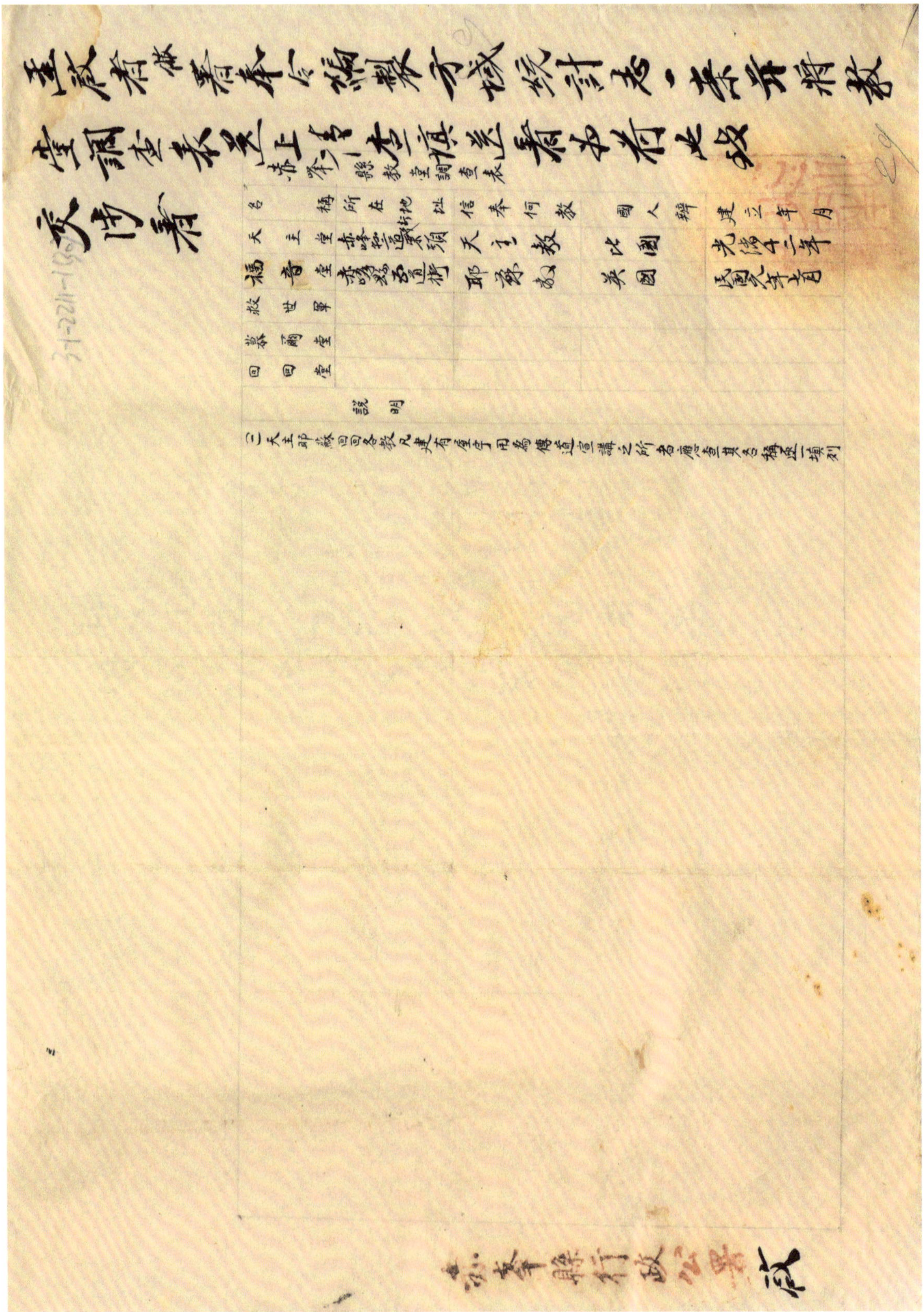

二六四　赤峰縣公署爲報送方域統計志調查表事致熱河都統公署呈稿（1928年3月27日）

縣山產物調查表

山產物品	每年產數（斤）	每百斤價額（元）
榛		
栗		
核桃		
杏仁		
松子		
桐子		
桐油		
漆		
茶		
菜	三二七〇	[illegible]〇〇元
筍		

說明

（一）表內山產物品亦係舉例而言該縣產生何物即據實填列有者增入無則不妨刪去

3-1-2211-1(31)

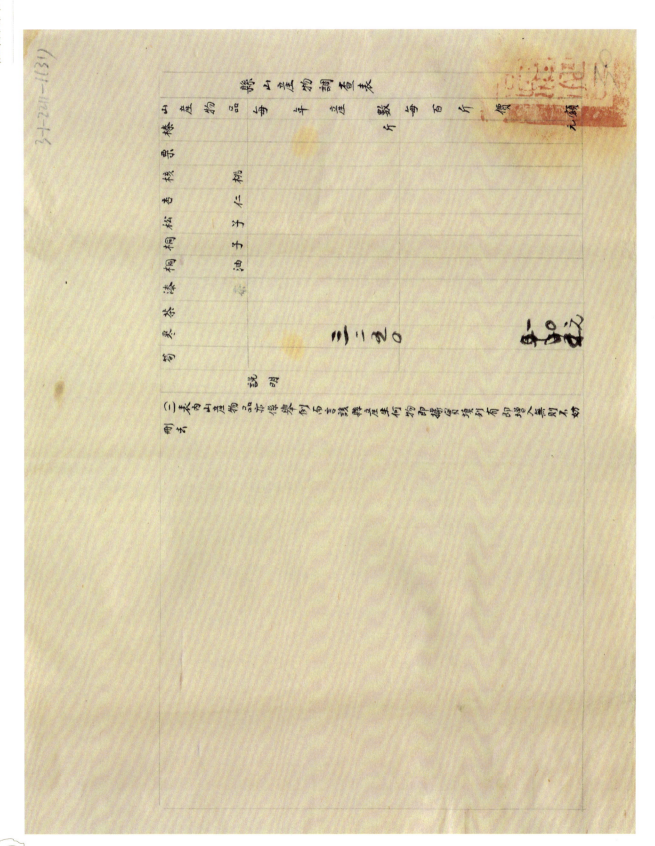

二六四　赤峰縣公署爲報送方域統計志調查表事致熱河都統公署呈稿（1928年3月27日）

縣出產藥材調查表

品類	每年產數	每斤價額
甘草		
大黃		
黃耆		
人參		
地黃		

說明

（一）表內所列藥品並係舉例而言，該縣產生何物即據實填列可也。

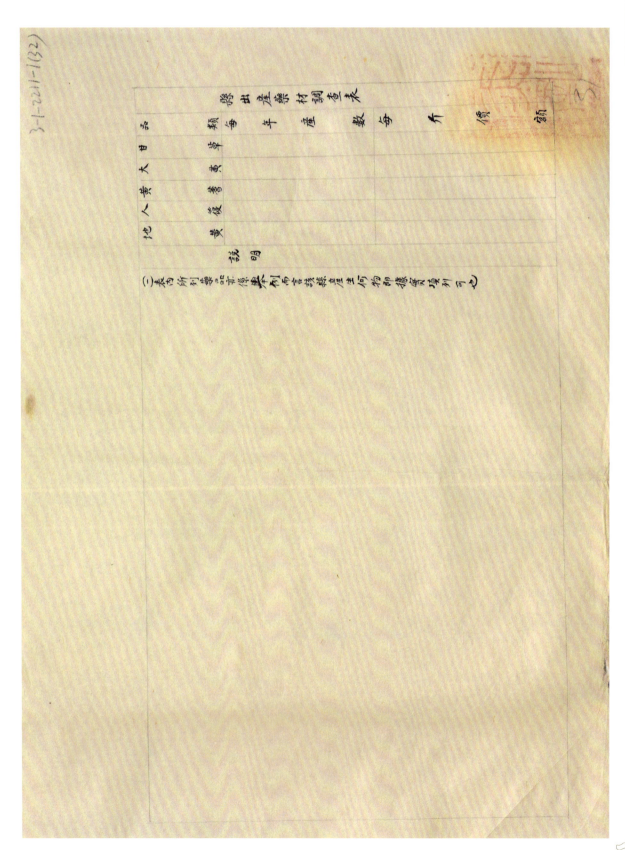

二六四　赤峰縣公署爲報送方域統計志調查表事致熱河都統公署呈稿（1928年3月27日）

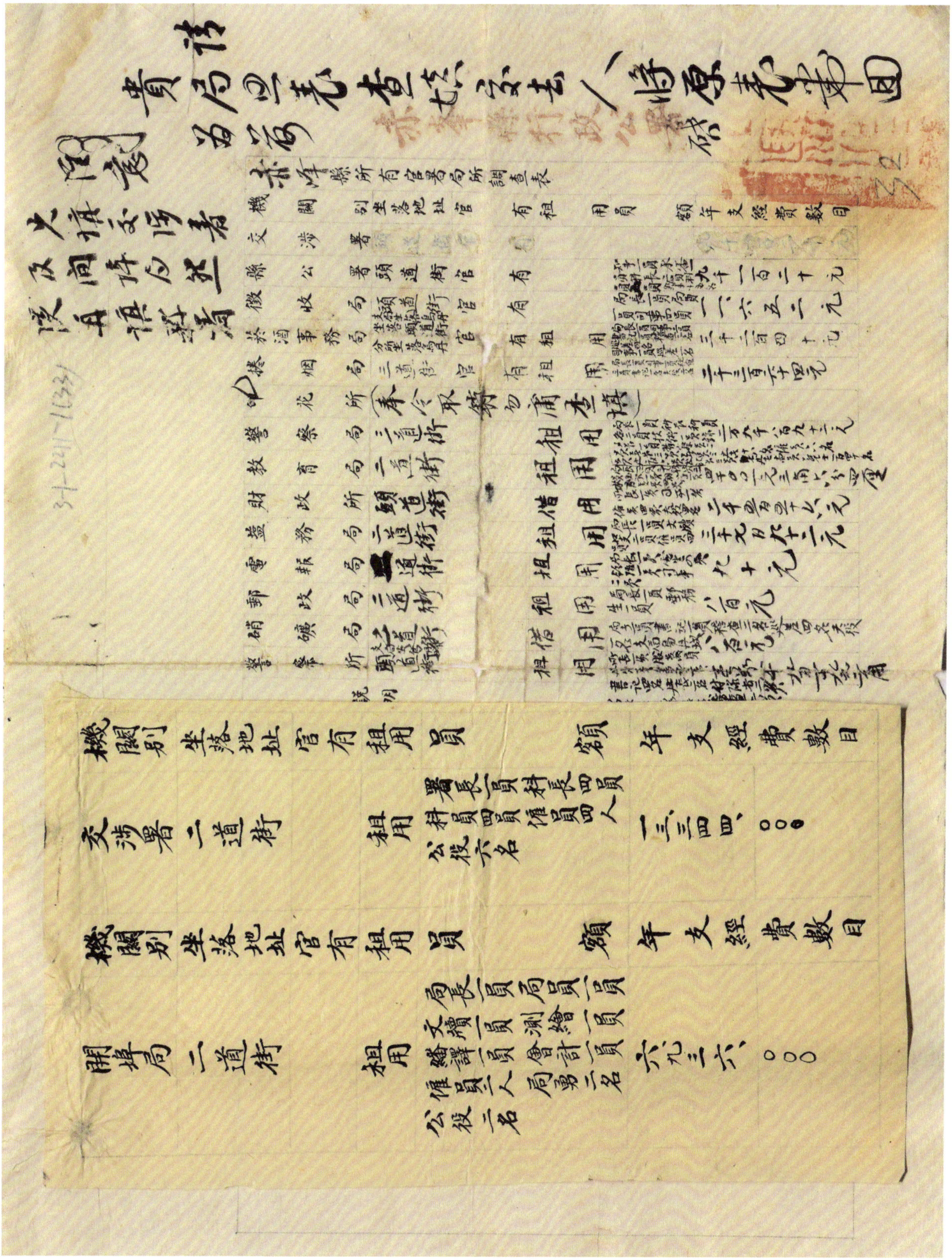

赤峰縣所有官署局所調查表

機關別	坐落地址	官有	租用	員額	年支經費數目
交涉署	二道街		租用	署長一員 科長四員 科員四員 僱員四人 公役六名	一三，四四〇〇〇
開埠局	二道街		租用	局長一員 局員一員 文牘一員 測繪一員 繙譯一員 會計一員 僱員三人 局勇二名 公役二名	六，九三六〇〇〇

二六四 赤峰縣公署爲報送方域統計志調查表事致熱河都統公署呈稿（1928年3月27日）

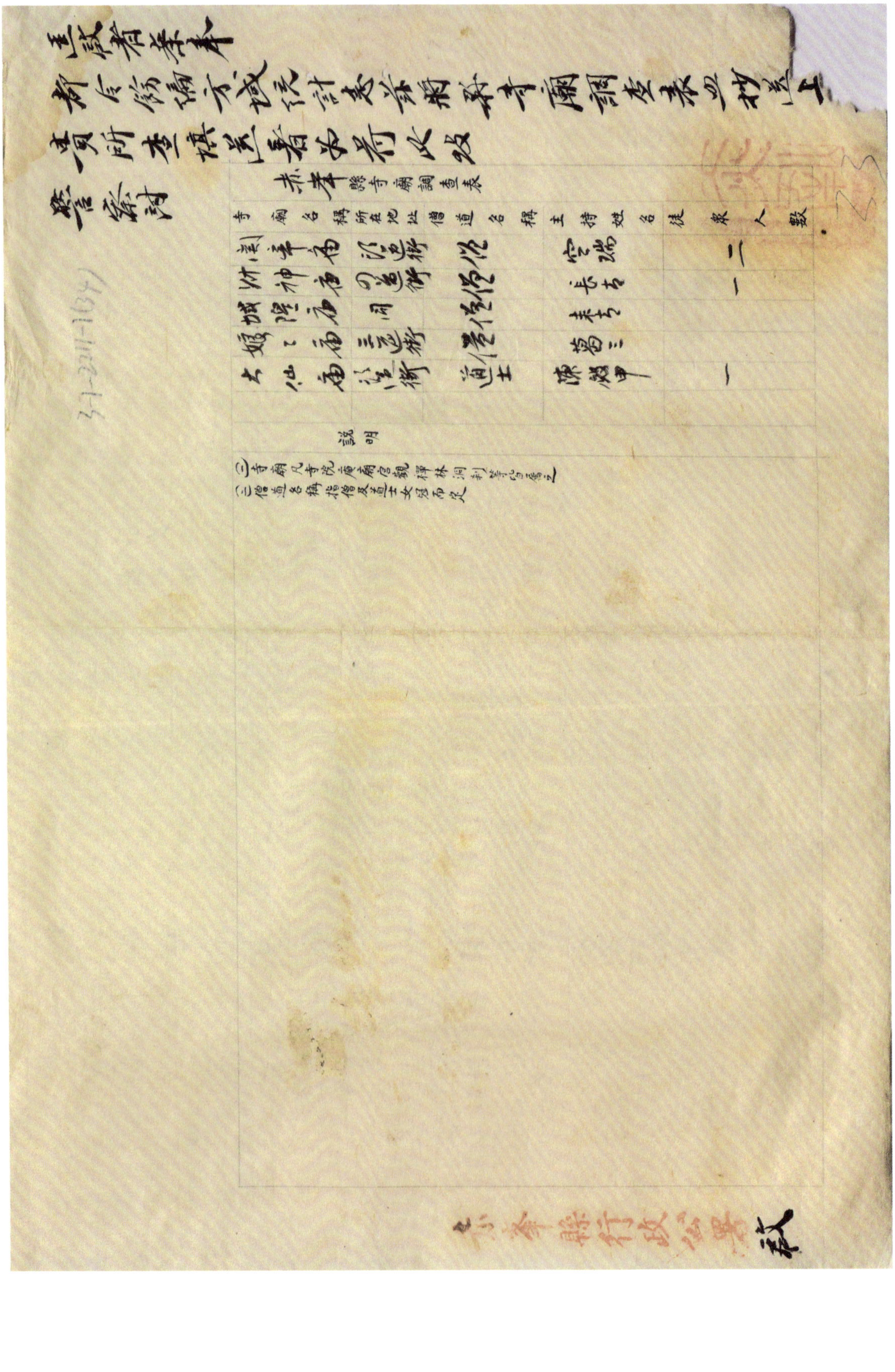

呈爲齎奉事
奉令飭編方域統計志並飭將寺廟調查表並抄表呈上
查賓所查填呈上等因奉此
鑒核

赤峰縣寺廟調查表

寺廟名稱	所在地址	僧道名稱	主持姓名	徒衆人數
法華寺	頭道街	僧	空瑞	二
財神廟	二道街	僧	長青	一
城隍廟	同	僧	未乙	
娘娘廟	三道街	尼	葛三	
大仙廟	頭道街	道士	陳德甲	一

說明

（一）寺廟凡寺院庵廟宮觀禪林洞刹等均屬之
（二）僧道名稱指僧及道士女冠而定

赤峰縣行政公署 稿

二六四　赤峰縣公署爲報送方域統計志調查表事致熱河都統公署呈稿（1928年3月27日）

縣田賦調查表

名稱	每畝賦額	年征賦額	實征數目	漕額	年征數目	實征數目	征收實數
田							
地							
山							
塘							
合計							

說明

（一）田地山塘之外如有他項名稱應依次列入無者可删去之
（二）無漕糧縣分可將表格內漕額三欄删去
（三）田畝附税年征總數及如何分配者税捐税情形可於備考內詳細聲明
（四）征收情形各縣不同如自封投櫃及由里書庄書或催征吏下鄉催收等情亦於備考內詳細聲明之

二六五　赤峰縣公署爲將陳鳳梧捐款交商出貸并列入預算事致赤峰縣財政所訓令（1928 年 3 月 29 日）

二六五　赤峰縣公署爲將陳鳳梧捐款交商出貸并列入預算事致赤峰縣財政所訓令（1928年3月29日）

赤峰縣行政公署訓令第一號

令財政所所長姚光弼

爲令發事案據縣民陳鳳梧呈稱民世居赤邑深悉地方經費困難民興學心切茲甘願捐助現洋五百元作爲教育基金請交財政所轉發商號生息所得利息即擴充學校俾宏教育等情前來查該紳民捐助鉅欵擬興學校殊堪嘉尚除批示並轉呈財政、教育廳備案外合亟撿同現洋令發該所即便轉交商號生息俟編造十七年度地方預算時列入俾免遺漏並將收到數目及出貸日期利息若干分别具報備查切

二六五 赤峰縣公署爲將陳鳳梧捐款交商出貸并列入預算事致赤峰縣財政所訓令（1928年3月29日）

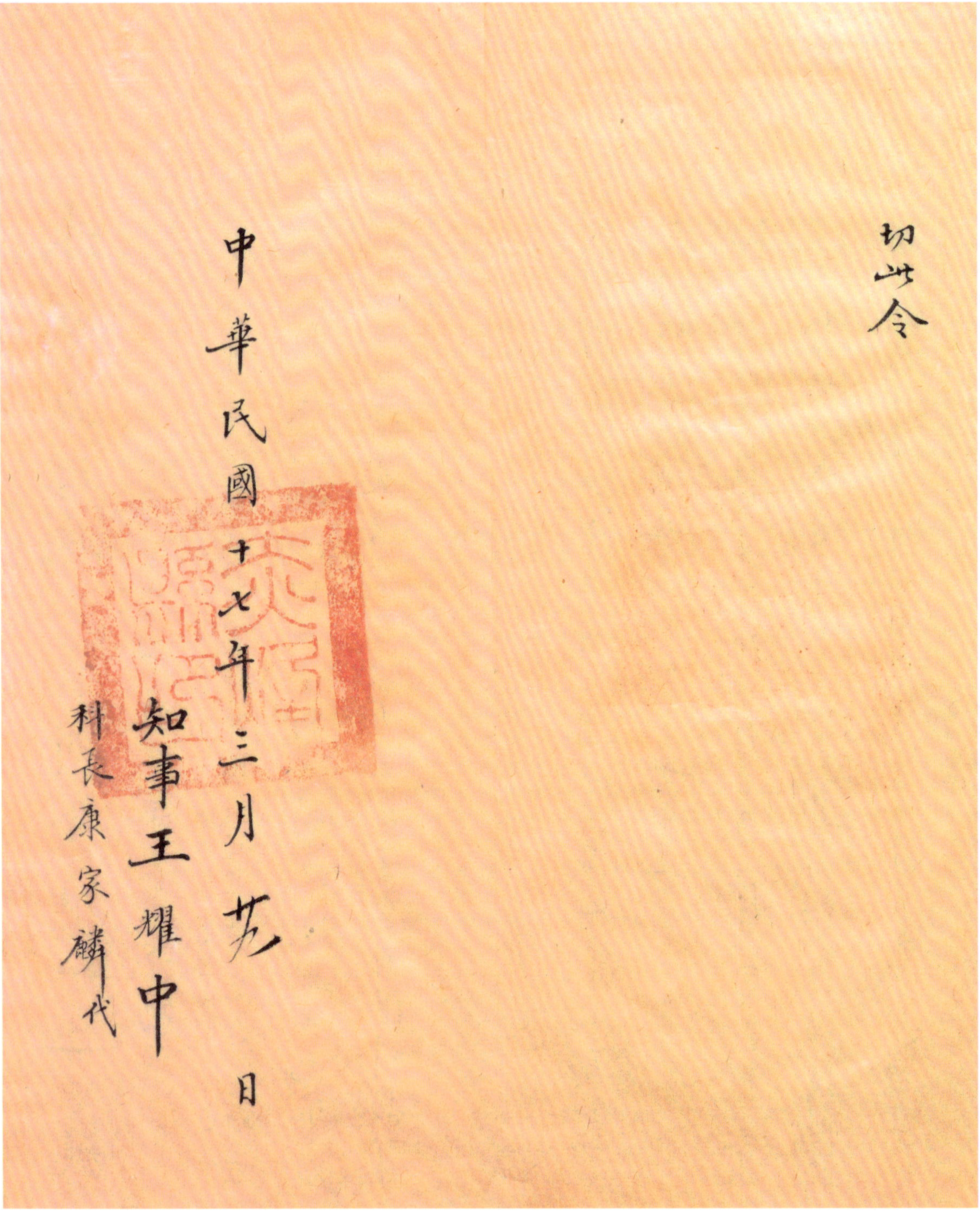

切此令

中華民國十七年三月廿九日

知事王耀中

科長康家麟代

二六六　熱河財政廳爲陳鳳梧捐資興學事致赤峰縣公署指令（1928年4月11日）

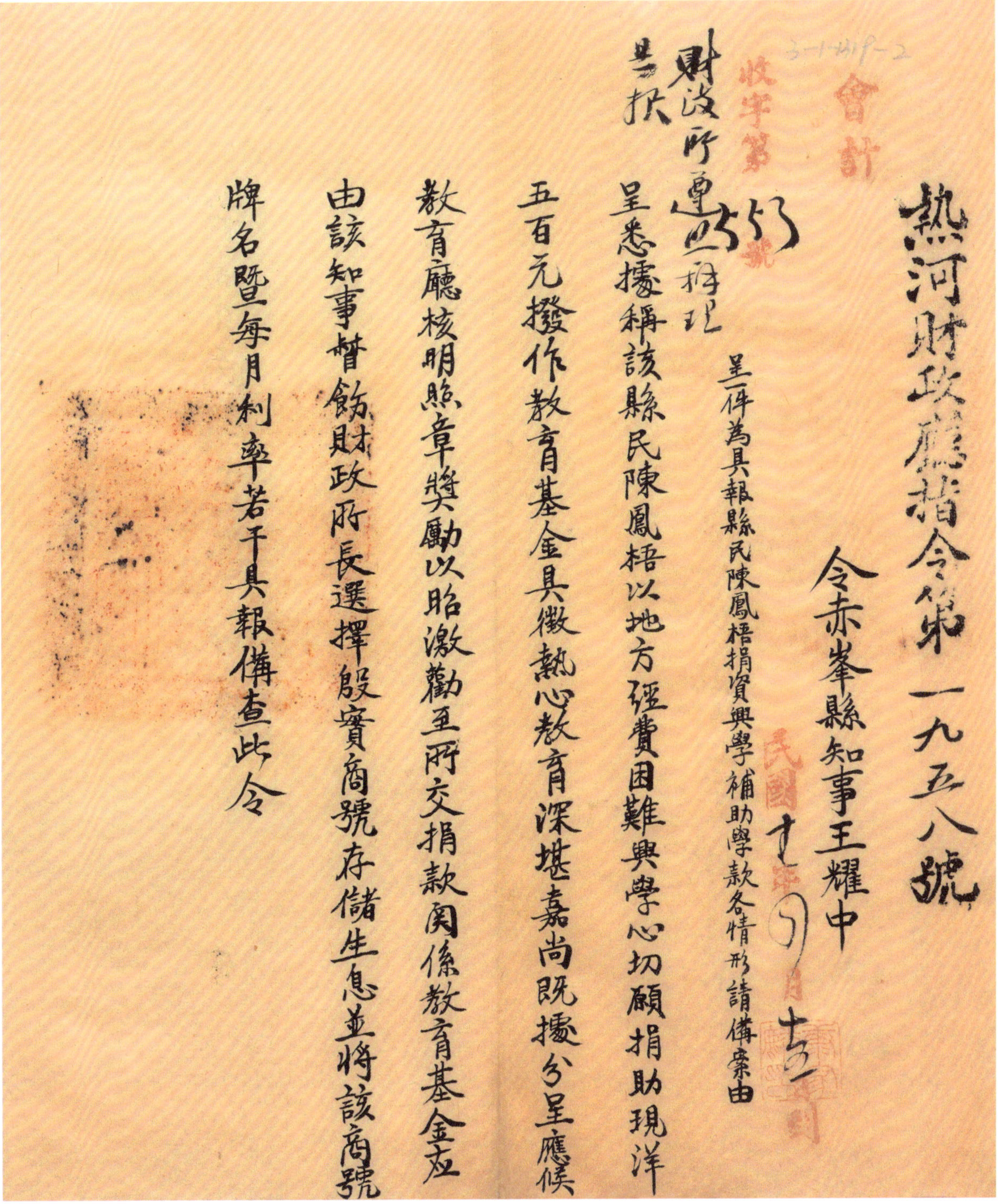

熱河財政廳指令第一九五八號

令赤峰縣知事王耀中

呈一件爲具報縣民陳鳳梧捐資興學補助學款各情形請備案由

呈悉。據稱該縣民陳鳳梧以地方經費困難，興學心切，願捐助現洋五百元撥作教育基金，具徵熱心教育，深堪嘉尚。既據分呈，應候教育廳核明，照章獎勵，以昭激勸。至所交捐款，關係教育基金，應由該知事督飭財政所長選擇殷實商號存儲生息，並將該商號牌名暨每月利率若干具報備查。此令。

民國十七年四月十一日

二六六 熱河財政廳爲陳鳳梧捐資興學事致赤峰縣公署指令（1928年4月11日）

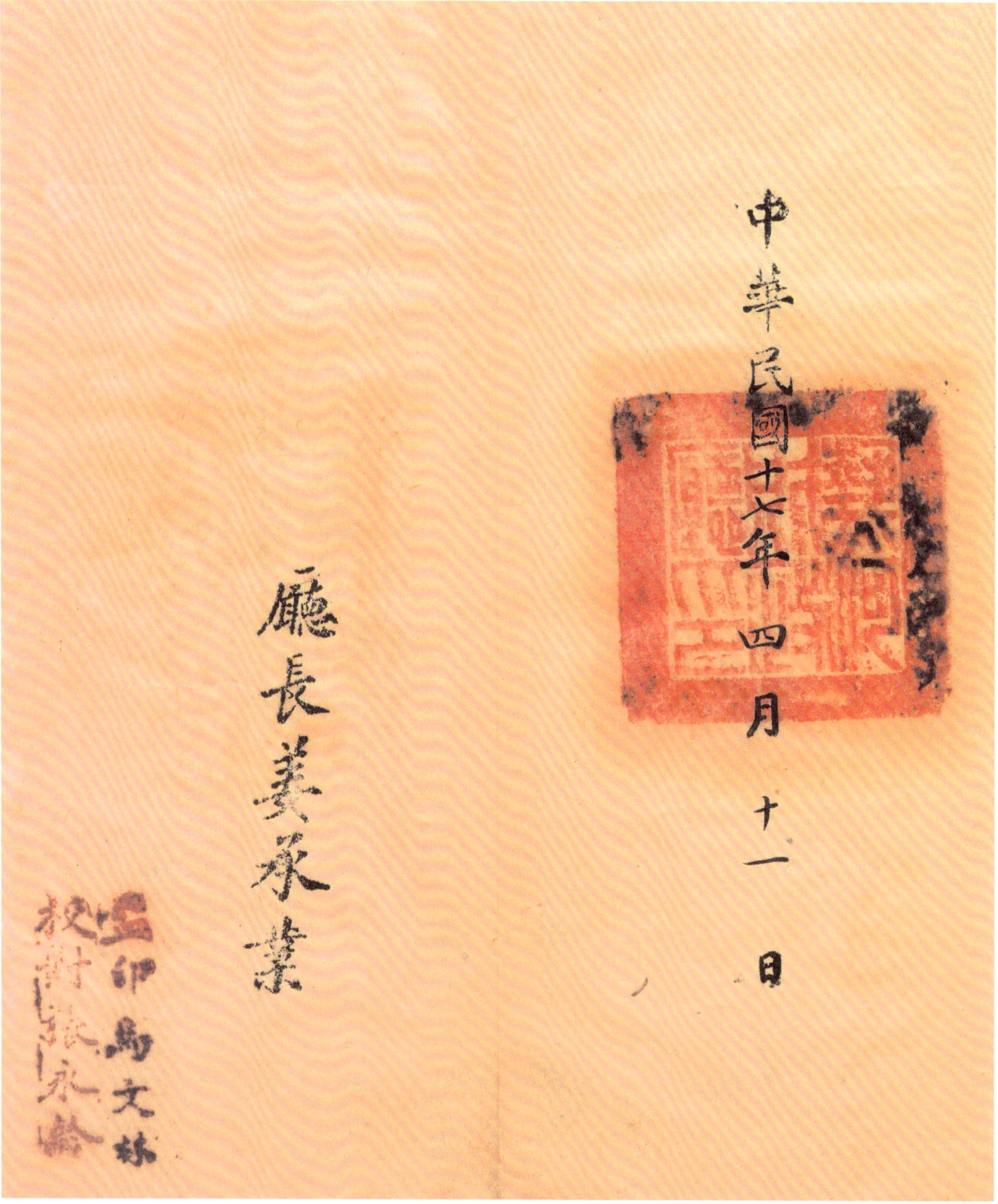

中華民國十七年四月十一日

廳長姜承業

監印馬文林

校對張永齡

二六七　赤峰縣公署爲陳鳳梧捐助學款已發商生息事致熱河財政廳呈稿（1928年10月21日）

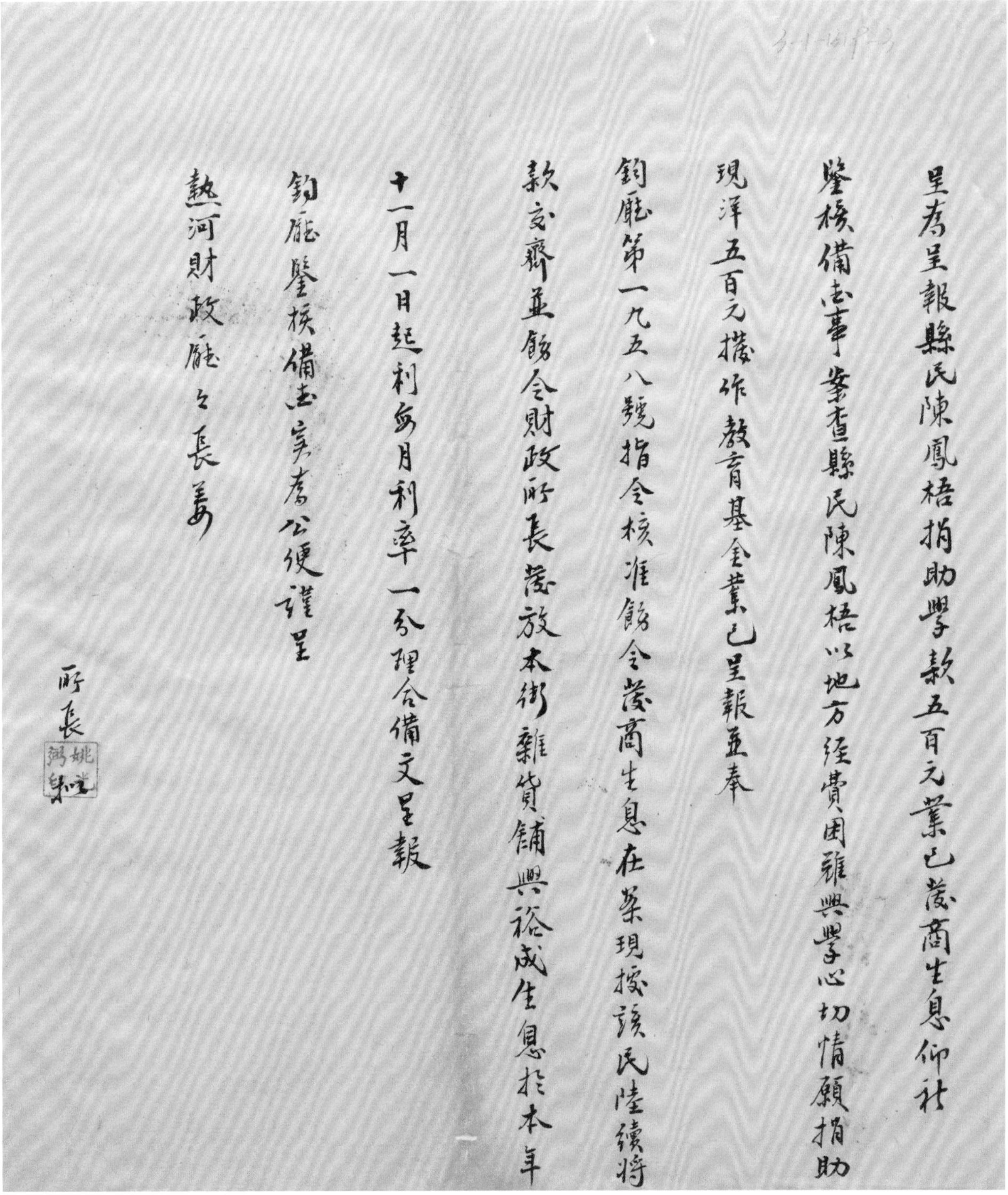

呈為呈報縣民陳鳳梧捐助學款五百元業已發商生息仰祈
鑒核備查事案查縣民陳鳳梧以地方經費困難興學心切情願捐助
現洋五百元撥作教育基金業已呈報並奉
鈞廳第一九五八號指令核准飭令發商生息在案現據該民陸續將
款交齊並飭令財政所長發放本街雜貨鋪興裕成生息於本年
十一月一日起利每月利率一分理合備文呈報
鈞廳鑒核備查實為公便謹呈
熱河財政廳廳長姜
所長 姚鴻桀

二六七　赤峰縣公署爲陳鳳梧捐助學款已發商生息事致熱河財政廳呈稿（1928 年 10 月 21 日）

民國十七年十月廿一日

知事王

二六八 熱河財政廳爲陳鳳梧捐助學款發商生息事致赤峰縣公署指令（1928 年 11 月 9 日）

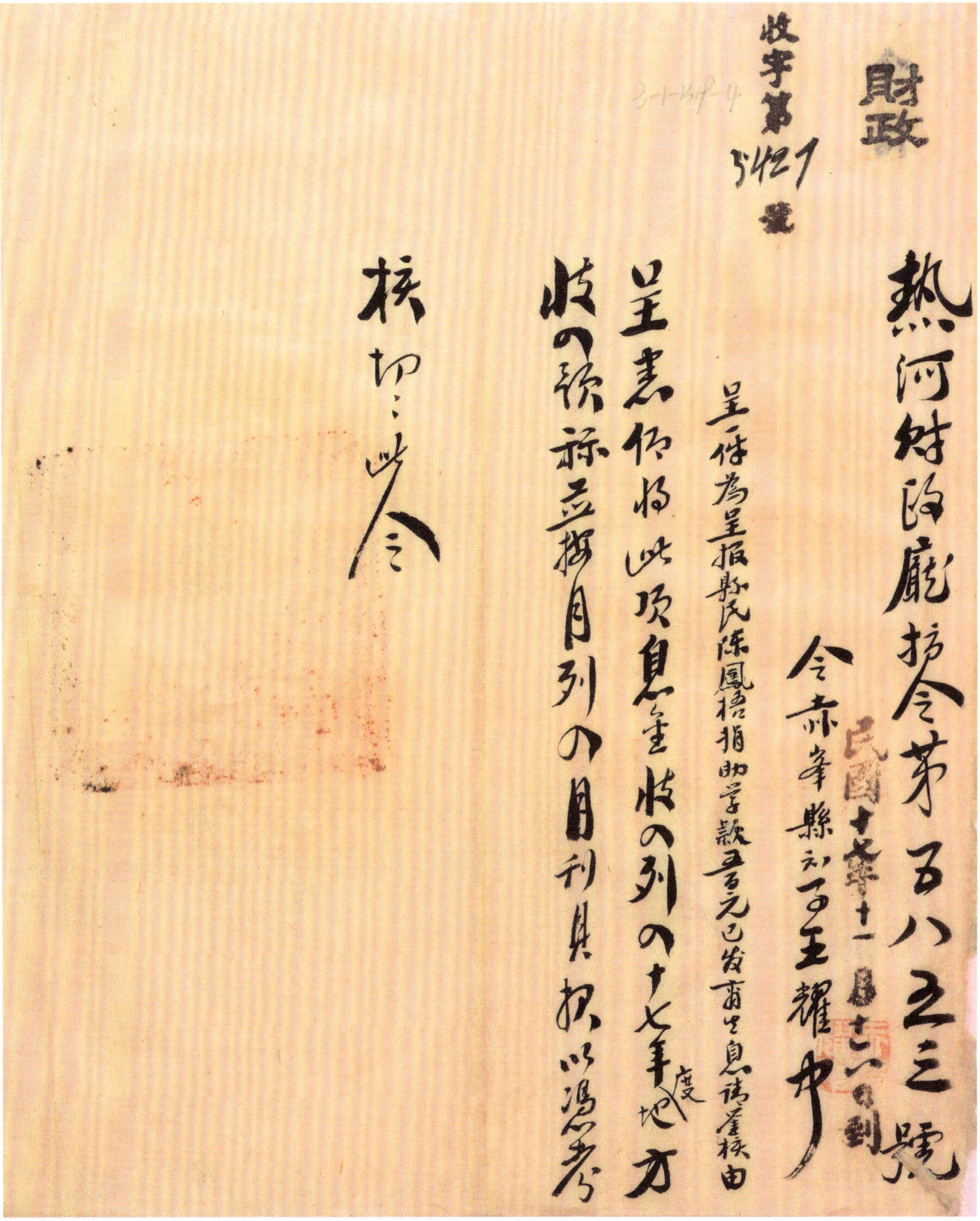
財政
收字第5421號
熱河財政廳指令第五八三三號
令赤峰縣知事王耀中
呈一件爲呈報縣民陳鳳梧捐助學款五百元已發商生息請鑒核由
呈悉。仰將此項息金收入列入十七年度地方收入預算，並按月列入月刊具報，以憑考核。切切。此令。
民國十七年十一月十二日到

二六八 熱河財政廳爲陳鳳梧捐助學款發商生息事致赤峰縣公署指令（1928年11月9日）

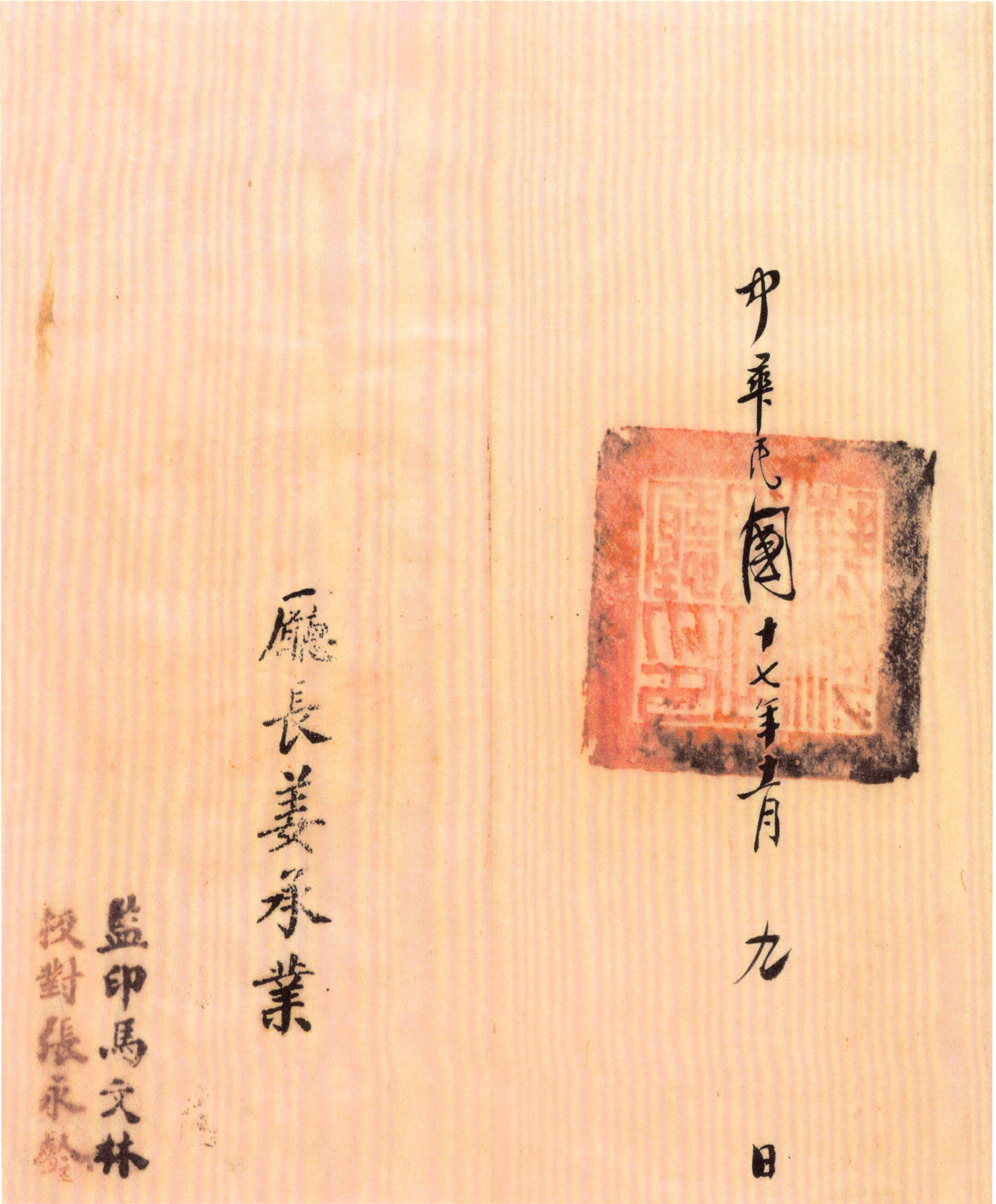
中華民國十七年十一月九日

廳長姜承業

監印馬文林

校對張永齡

二六九 赤峰縣立初級中學爲啓用校章事致赤峰縣公署呈（1928 年 7 月 23 日）

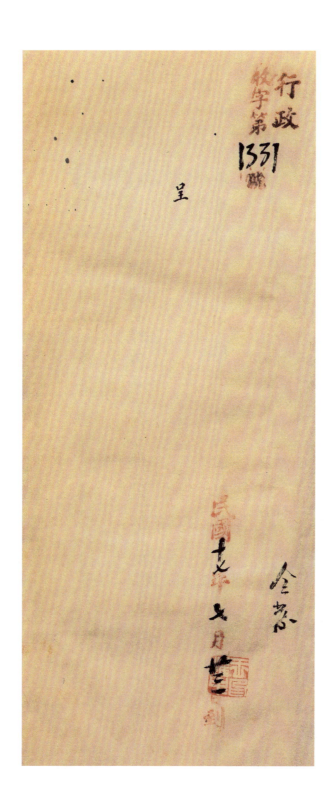

行政收字第1331號

呈

全銜

民國十七年七月廿三日

二六九　赤峰縣立初級中學爲啓用校章事致赤峰縣公署呈（1928年7月23日）

呈為呈報事竊於本年七月二十一日奉
鈞署第四零一二號訓令內開為令發校章事案奉
熱河都統公署第二一零號訓令內開案據前教育廳轉送該縣立
中學校十五年度經常費預算書請核咨備案等情據此查所
送校則圖表應存候另案辦理茲隨文刊發該校校章一顆文曰熱河
赤峰縣立初級中學校章仰即轉發該校啟用以照信守仍將啟用日
期呈報備查切切此令計發校章一顆等因奉此合亟檢同校章令發
該校仰即該校長查照啟用以昭信守仍將啟用日期呈覆來署以憑
轉報切切此令計發校章一顆等因奉此遵將該章祇領於本月二十二
日敬謹啟用以昭信守所有啟用日期理合具文呈報

二六九　赤峰縣立初級中學爲啓用校章事致赤峰縣公署呈（1928年7月23日）

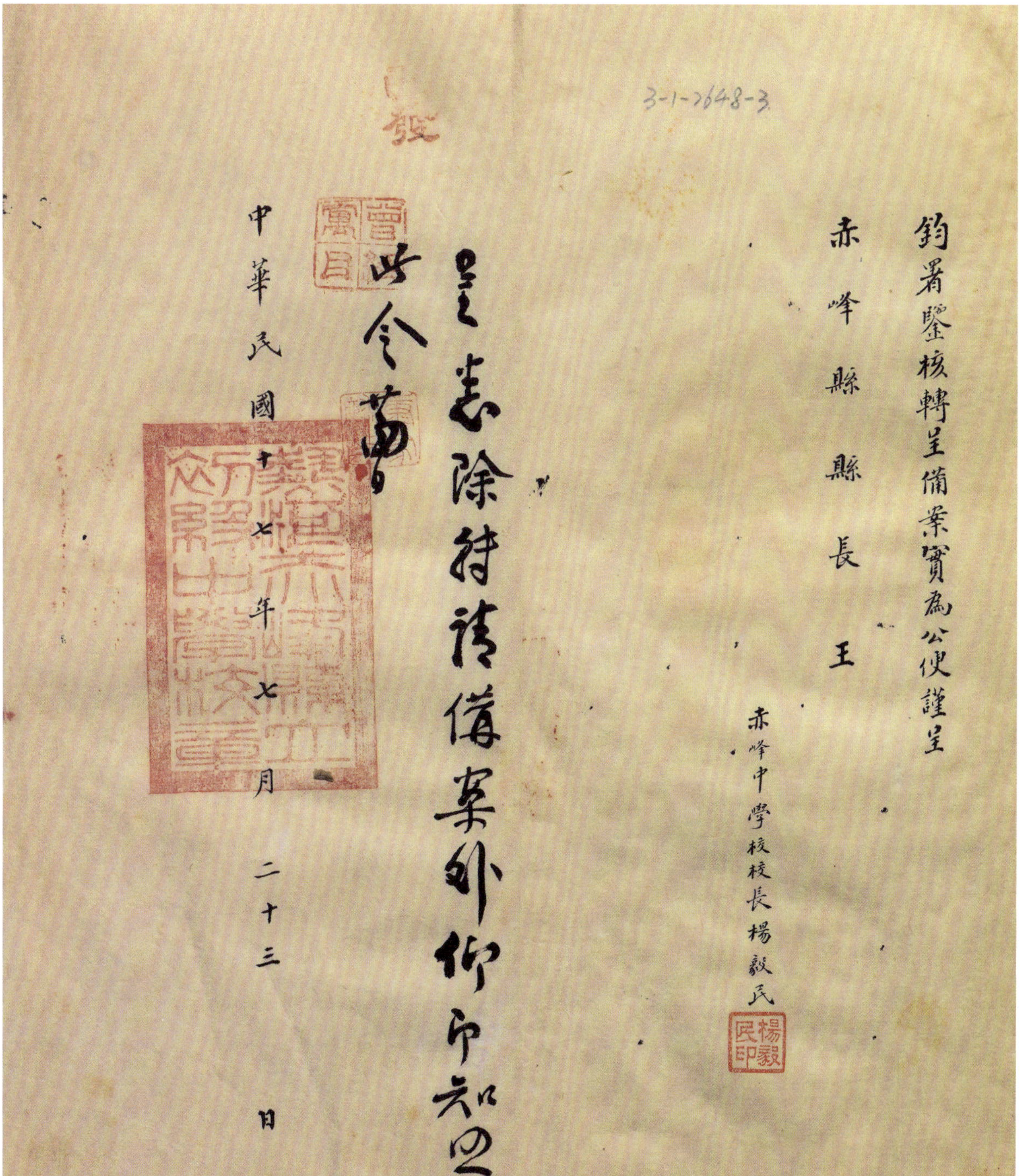
3-1-2648-3

發

鈞署鑒核轉呈備案實爲公便謹呈

赤峰縣縣長王

赤峰中學校校長楊毅民

呈悉除存請備案外仰即知照

此令

中華民國十七年七月二十三日

二七〇 熱河保安司令部爲改熱河等區爲省辦法事致赤峰縣公署訓令（1928 年 10 月 26 日）

3-1-1437-1

行政

收字第[illegible]號

熱河保安司令部訓令第一三五八號

令赤峰縣知事

民國十七年十月廿六日到

爲令知事案奉

中央政治會議北平臨時分會第二零三號

訓令内開爲令行事准

國民政府内政部公函内開案奉

國民政府篠日通電内開現經本府委員會

議决議依照中央黨部决議案改熱河等

區爲省辦法如下(一)熱河察哈爾綏遠青海西

康均改省(二)舊直隸省之口北道十縣劃歸

二七〇　熱河保安司令部爲改熱河等區爲省辦法事致赤峰縣公署訓令（1928年10月26日）

察哈爾察哈爾原劃綏遠豐鎮涼城興和陶林四縣及後置之集寧縣仍劃還綏遠（三）五省省政府之組織委員暫定五人至七人設民政財政兩廳并得酌設教育廳建設廳餘照省政府組織法辦理除明令公布外合亟電達查照等因奉此又准

國民政府秘書處函同前因到部除通令各省民政廳知照並分函外相應函請貴會查照轉飭熱河民政長官知照等因合行令仰該省政府查照此令等因奉此當以省政府組織法尚未頒發到熱無從着手除電請頒發俟奉到再行照辦外合亟

二七〇 熱河保安司令部爲改熱河等區爲省辦法事致赤峰縣公署訓令（1928 年 10 月 26 日）

通令該縣遵照轉行所屬各法團一體知照此令

中華民國十七年十月廿六日

監印胡寶廷

保安司令湯玉麟

校對傅保善

二七一　赤峰縣公署爲熱河區改省暨設立省政府事致赤峰縣商會等公函稿（1928年10月31日）

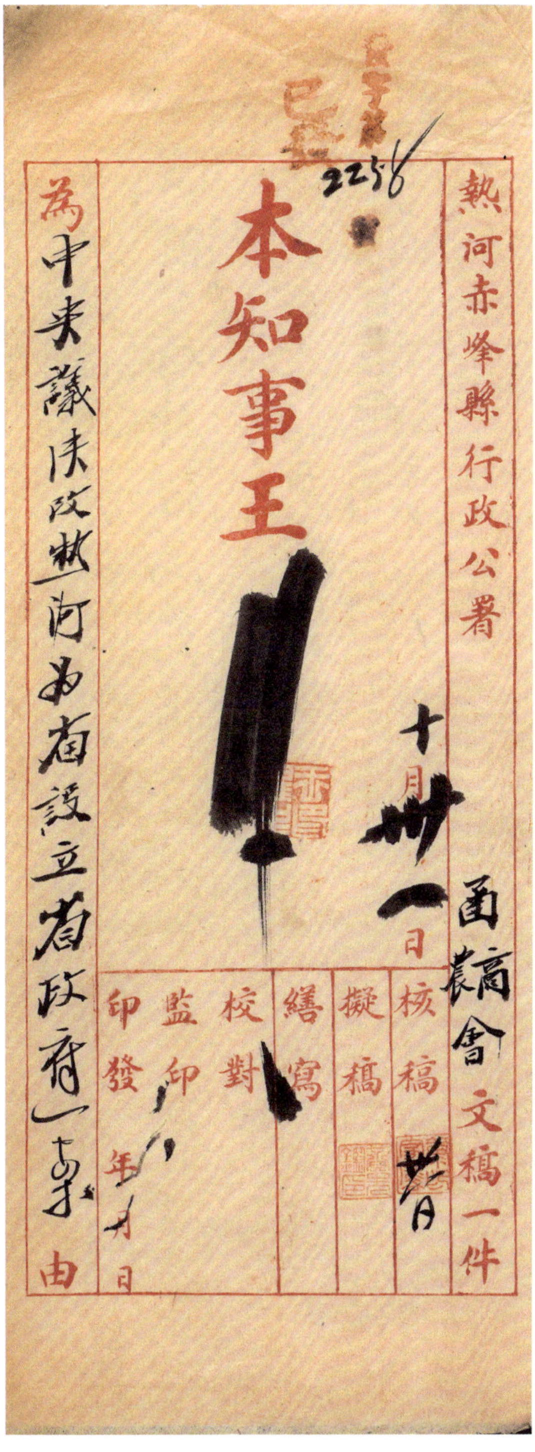
熱河赤峰縣行政公署

2258

本知事王

十月卅一日

函商會等文稿一件

核稿 卅日

擬稿

繕寫

校對

監印

印發 年 月 日

爲中央議決改熱河爲省設立省政府一案由

二七一　赤峰縣公署爲熱河區改省暨設立省政府事致赤峰縣商會等公函稿（1928年10月31日）

赤峰縣公署公函第　　號

逕啓者，案奉

熱河保安司令部第一三七八號訓令內開：由令知

事。案奉

中央政治會議北平臨時分會云云，此令。等因奉

此，除分行外，相應函請

貴會查照爲荷。此致

赤峰縣商、農會

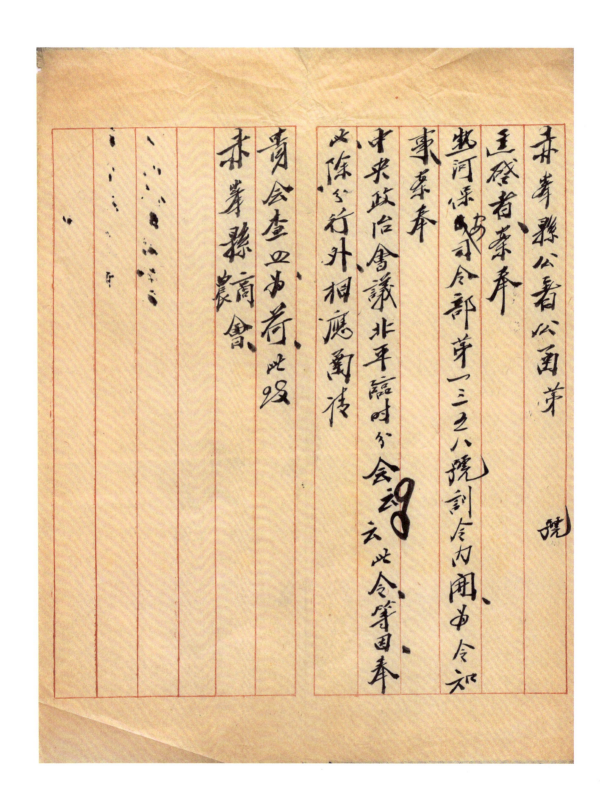

二七一　赤峰縣公署爲熱河區改省暨設立省政府事致赤峰縣商會等公函稿（1928 年 10月 31 日）

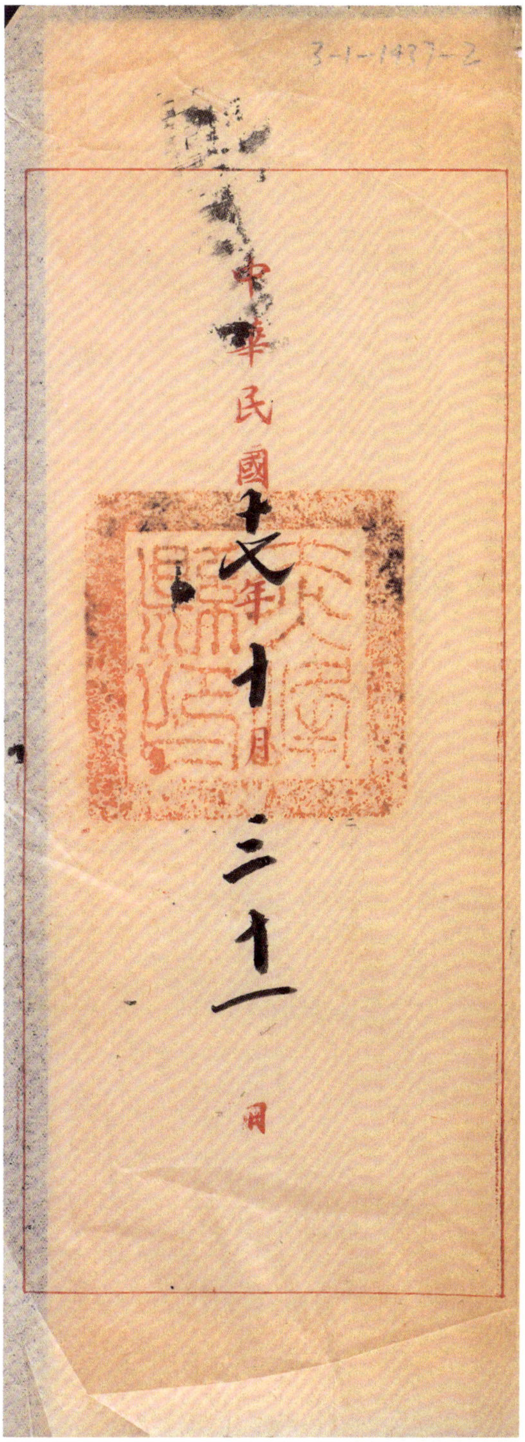

二七二 熱河省政府爲改易青天白日新旗事致赤峰縣公署電報（1928 年 12 月 31 日）

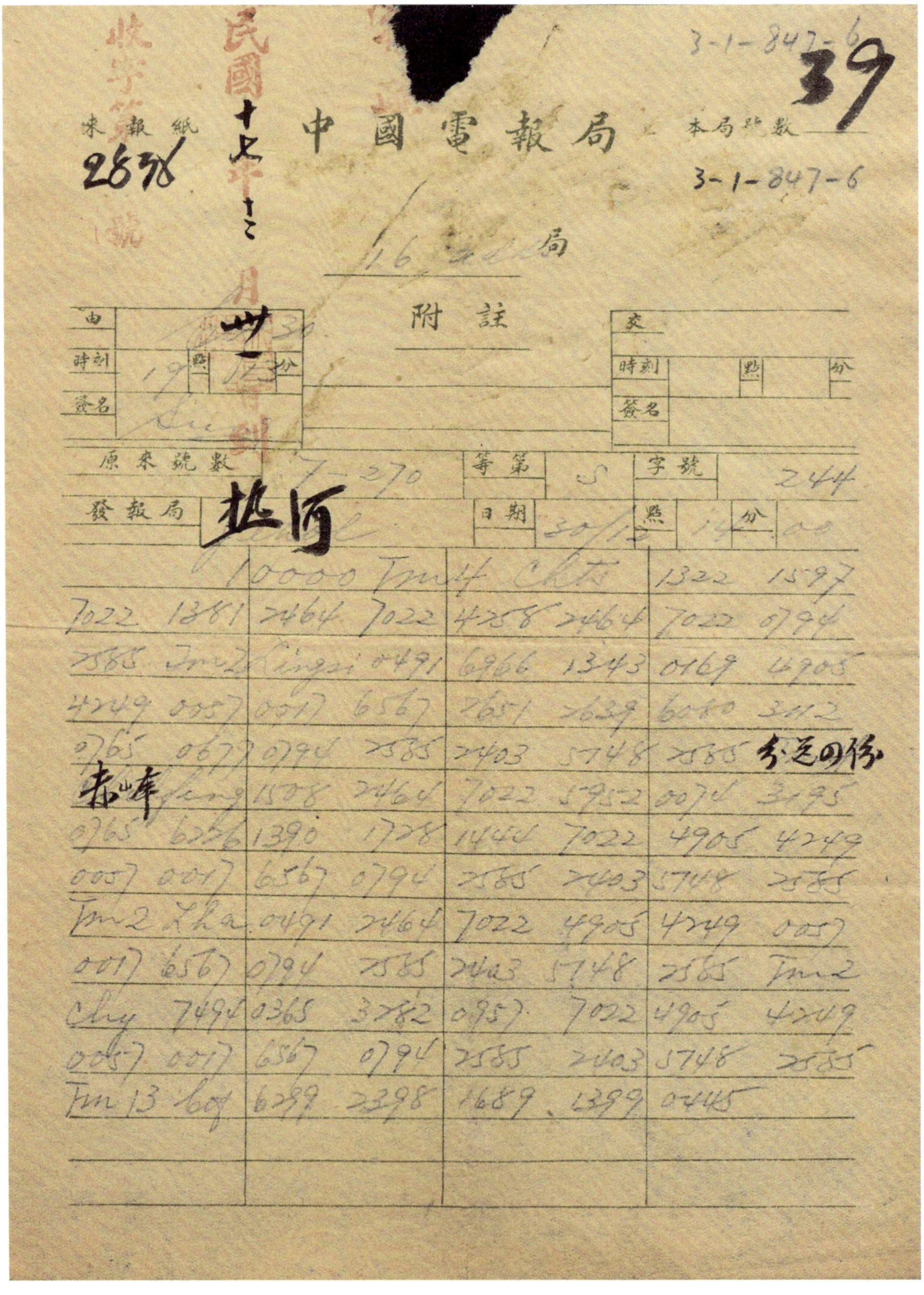
3-1-847-6 39

來報紙 2838 民國十七年十二月卅一日 中國電報局 本局號數 3-1-847-6

局

由 時刻 點 分 簽名 附註 交 時刻 點 分 簽名

原來號數 等第 字號

發報局 熱河 日期 點 分

赤峰 分送回復

二七二　熱河省政府爲改易青天白日新旗事致赤峰縣公署電報（1928年12月31日）

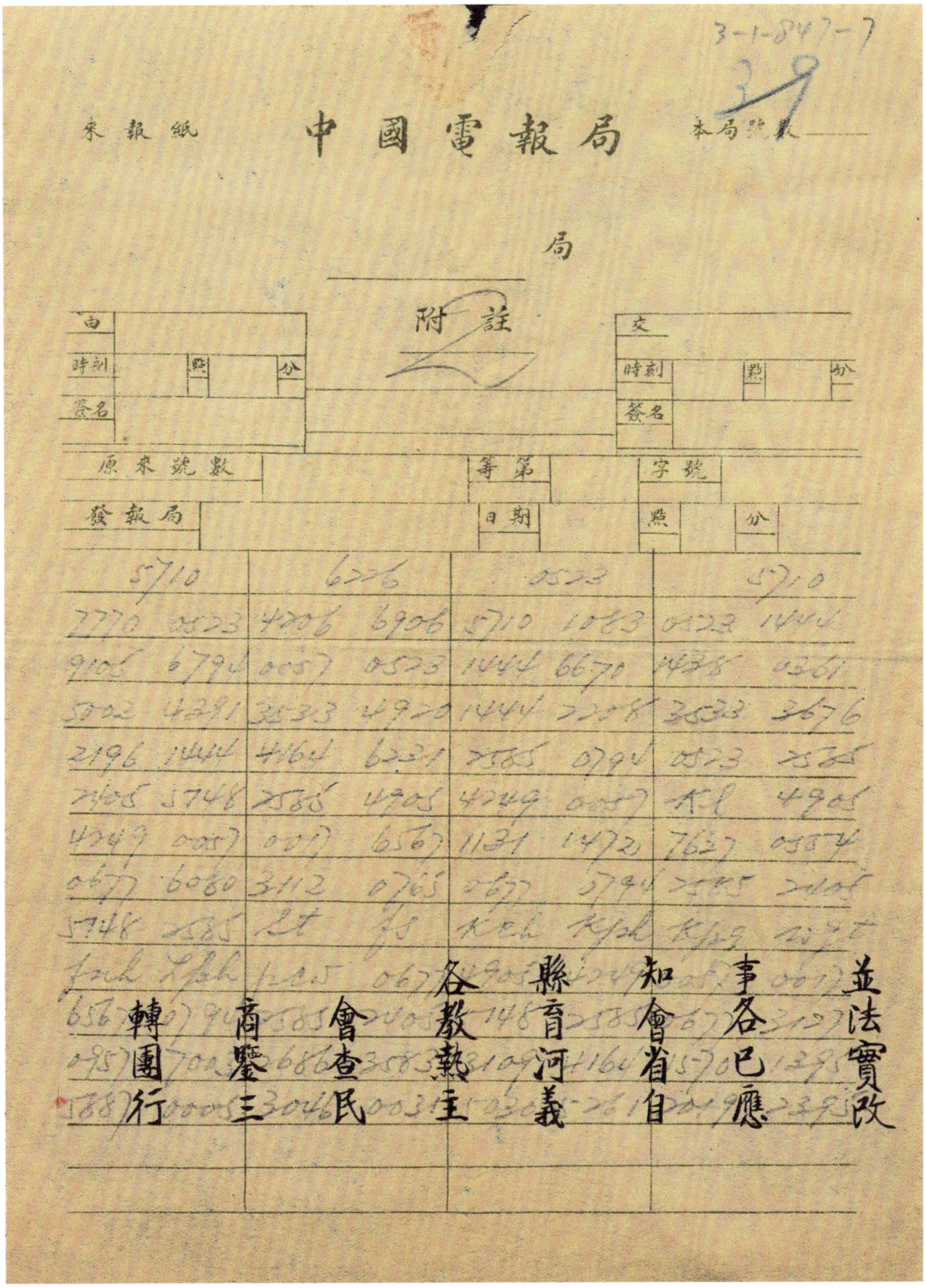

3-1-847-7
39

來報紙　中國電報局　本局號數

局

由		附註	交	
時刻	點　分		時刻	點　分
簽名			簽名	

原來號數		等第		字號	
發報局		日期		點　分	

5710		6226		0523		5710	
2770	0523	4206	6906	5710	1083	0523	1444
9106	6794	0057	0523	1444	6670	1438	0361
5002	4391	3533	4920	1444	7208	3533	3676
2196	1444	4164	6221	2585	0794	0523	2585
2405	5748	2585	4905	4249	0057	Kl	4905
4249	0057	0017	6567	1131	1472	7637	0554
0677	6080	3112	0765	0677	0794	2585	2405
5748	2585	Lt	fs	Kch	Kph	Klg	[illegible]
[illegible]	[illegible]	[illegible]	[illegible]	[illegible]	[illegible]	[illegible]	[illegible]

並法實改
事各已應
知會省自
縣育河義
各教熱主
會查民
商鑒三
轉團行

二七二 熱河省政府爲改易青天白日新旗事致赤峰縣公署電報（1928年12月31日）

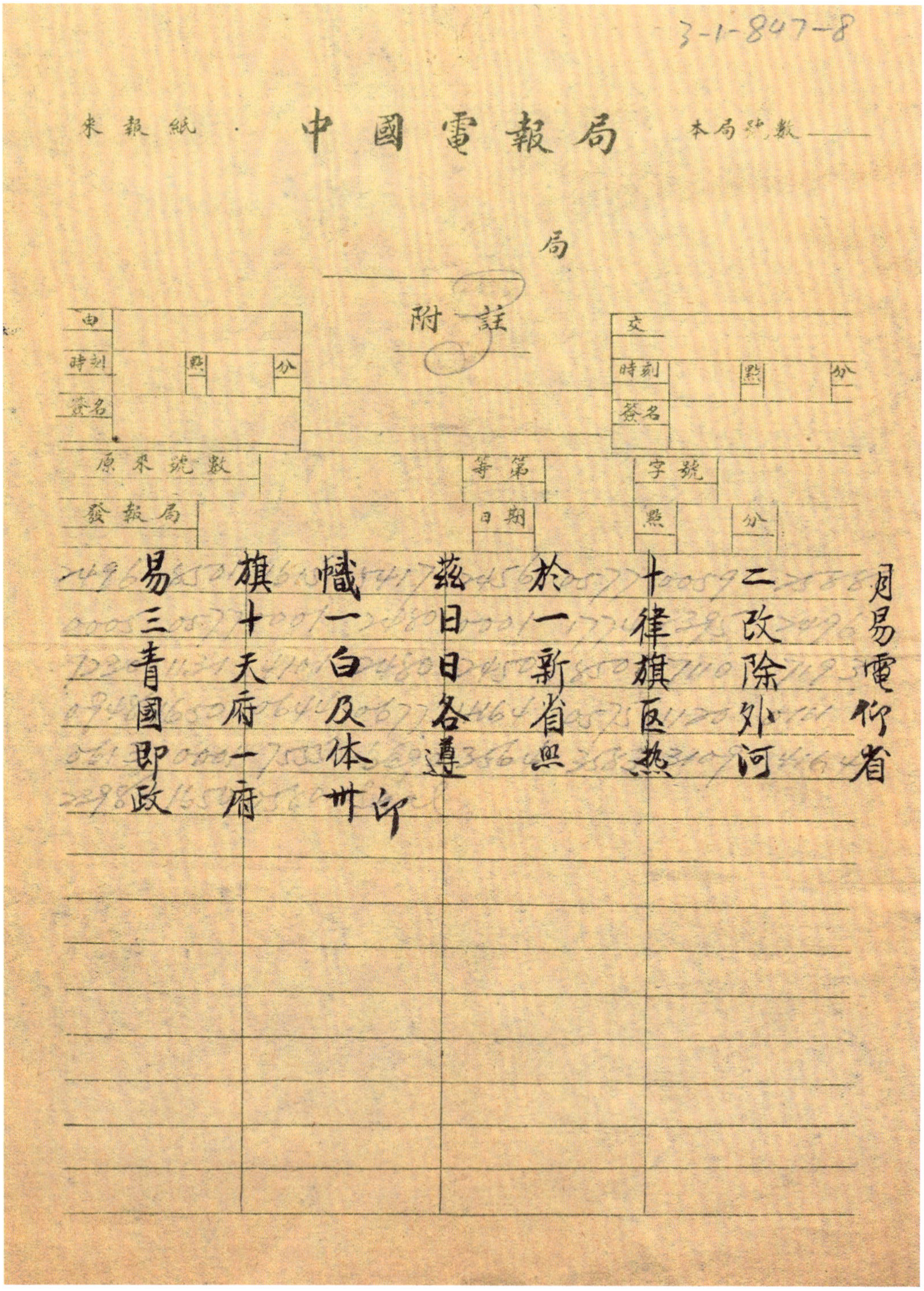

3-1-847-8

来報紙　中國電報局　本局號數

局

附註

由　時刻　點　分　簽名

交　時刻　點　分　簽名

原來號數　等第　字號

發報局　日期　點　分

易旗幟茲於十二月三十一日一律改易青天白日新旗除電國府及各省區外仰即一体遵照熱河省政府卅印

二七三　赤峰縣公署爲各法團改易青天白日新旗事致赤峰縣商會等公函稿（1928年12月）

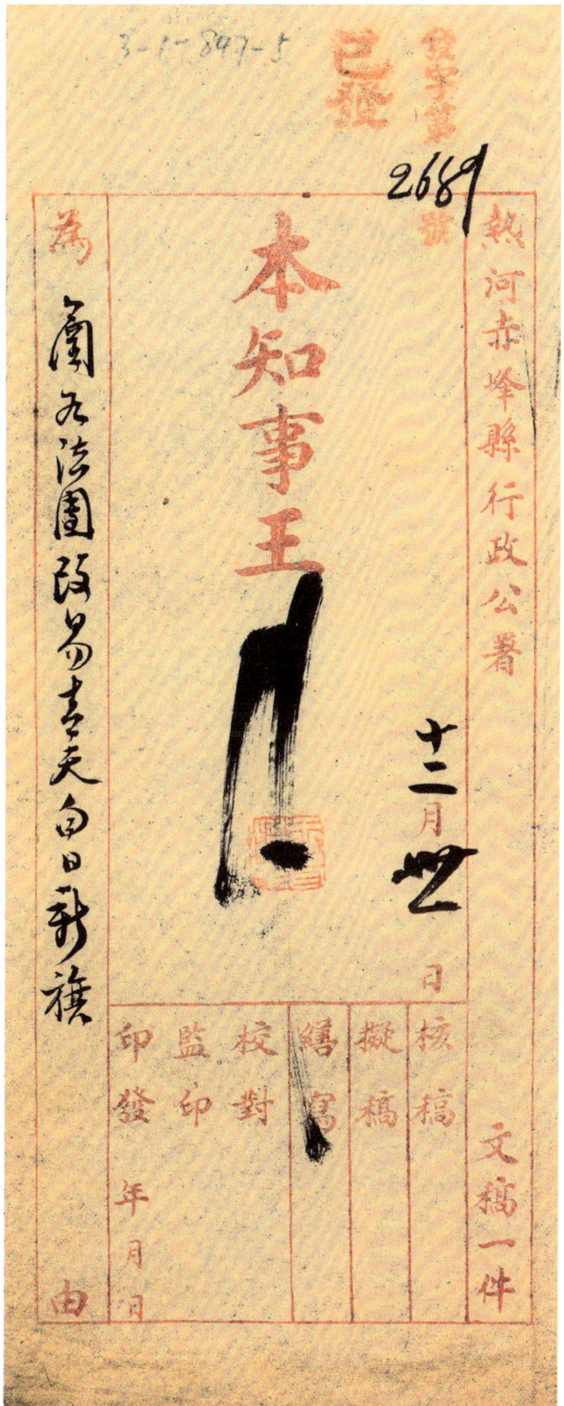
3-1-847-5

已發

發字第2681號

熱河赤峰縣行政公署

本知事王

十二月廿日

爲團各法團改易青天白日新旗由

文稿一件

核稿　擬稿　繕寫　校對　監印　印發

年　月　日

二七三　赤峰縣公署爲各法團改易青天白日新旗事致赤峰縣商會等公函稿（1928 年 12 月）

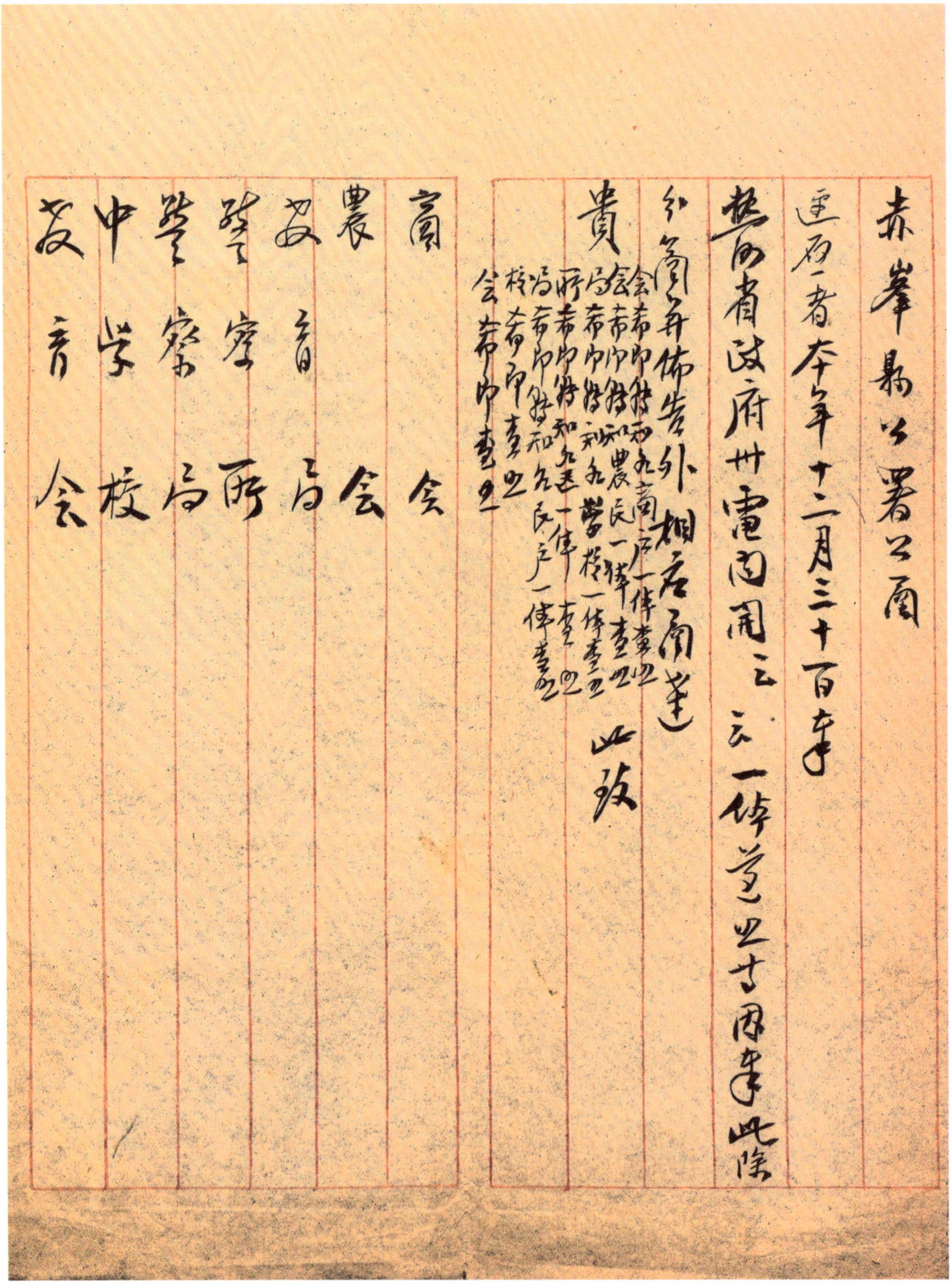

赤峰縣公署公函

逕啟者：本年十二月三十日奉

省政府卅電開：云云，一律遵照。等因。奉此，除

分令商民佈告外，相應函達

貴
會希即轉知各商户一律查照
會希即轉知農民一律查照
局希即轉知各學校一律查照
所希即轉知各巷一律查照
局希即轉知各民户一律查照
校希即查照
會希即查照

此致

商會
農會
教育局
警察所
警察局
中學校
教育會

二七三　赤峰縣公署爲各法團改易青天白日新旗事致赤峰縣商會等公函稿（1928 年 12 月）

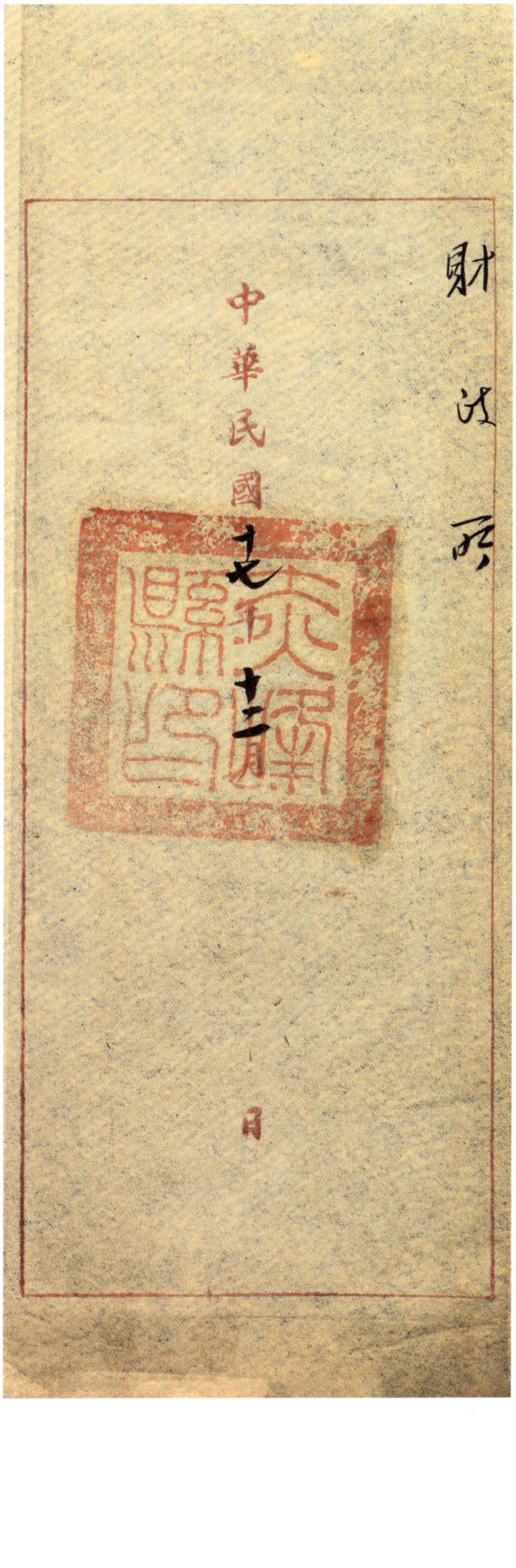

財政所

中華民國十七年十二月　日

二七四 熱河省民政廳爲積極預防百斯篤疫症事致赤峰縣政府訓令（1929 年 4 月 20 日）

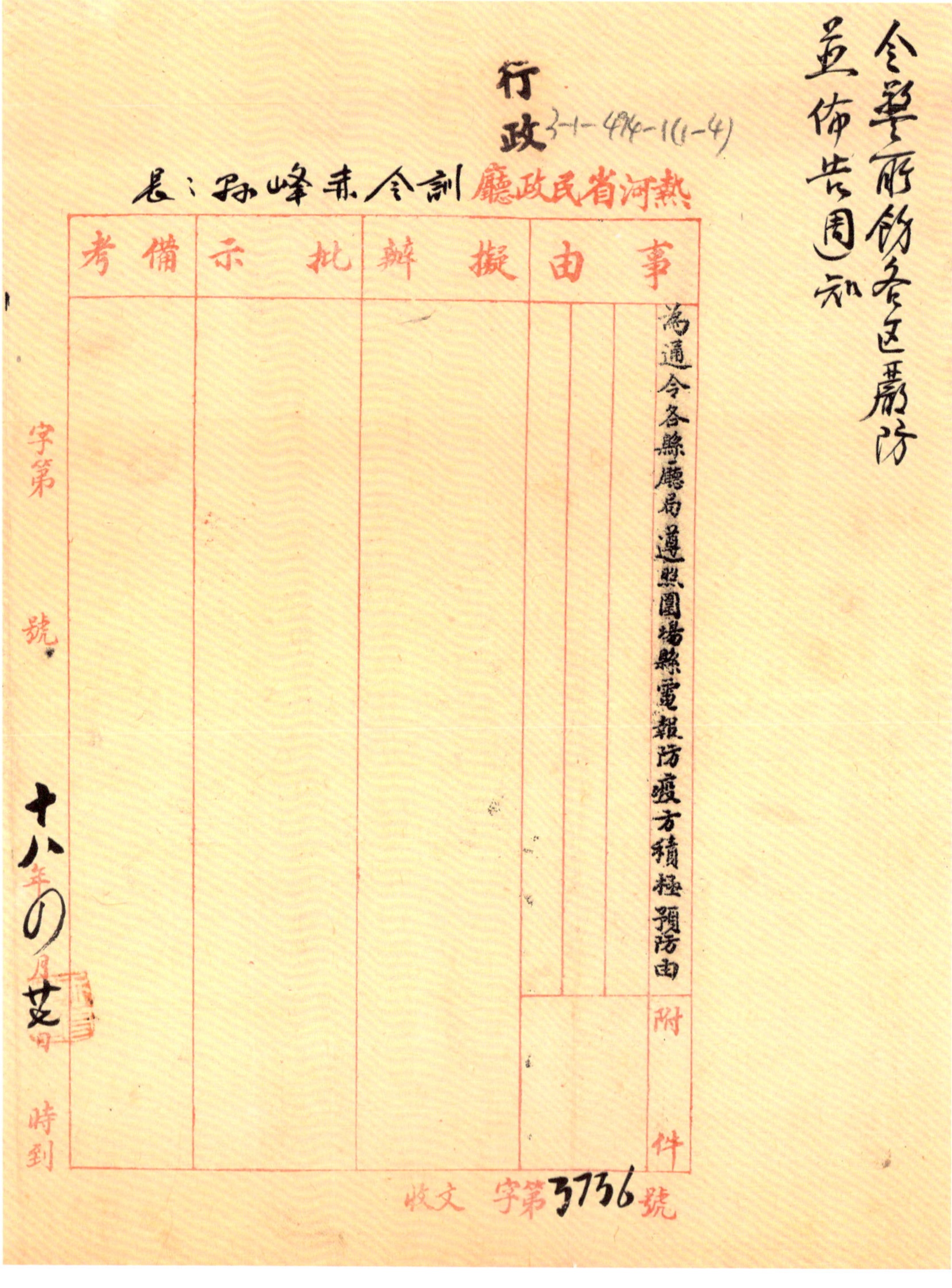

令警所飭各区嚴防
並佈告周知

行政 3-1-494-1(1-4)

熱河省民政廳訓令赤峰縣長

事由	擬辦	批示	備考
爲通令各縣廳局遵照圍場縣電報防疫方積極預防由 附件			

字第　號

十八年四月廿日到　時

收文　字第3736號

二七四　熱河省民政廳爲積極預防百斯篤疫症事致赤峰縣政府訓令（1929 年 4 月 20 日）

熱河省民政廳訓令　字第一〇三號

令赤峰縣縣長

爲令遵事案查前據天主堂傳述圍場縣金家店地方發現類似百斯篤疫症死者甚衆等情當以事關重要曾經電令該縣派員查明設法撲滅並飭電復在案茲據該縣支代電稱金家店地方隸屬平泉縣距職縣境界五十里於上月念五日即已聞得該處發生猛烈瘟疫得病之人初去頭疼繼吐黃水而死嗣經該處人民得有救濟良法用蘿卜白水熬湯病人盡量飲食全活甚多又有將蘿卜用石砸碎（忌用鐵器）攪以白麵開水沖服

二七四 熱河省民政廳爲積極預防百斯篤疫症事致赤峰縣政府訓令（1929年4月20日）

尤著極效縣長得報之日當即電令東區區官派人在圍平交界道上
嚴行撿查遇有病人阻其入境並將救濟方法通令各區曉諭居
民一律備用並令各區警察監飭人民將井泉水缸掏刷潔淨置
以管仲蒼朮等項避瘟藥品並將菉豆蘿卜熬湯早日飲之
以期預防各在案茲據各區巡官等到縣會議面稱二區沙尔虎三區道把
子五區燕格洴者虎滿遣近發現此類瘟病已皆飭令各區巡官等連夜
回區依法傳諭迅速捕滅俾免蔓延俟得確報再行隨時電聞並懇廳長
將此方法通電各縣俾便預防謹聞等情據此查現值春令百病叢生
該處既發見此類疫症他處亦難免流行亟應積極防範以杜傳染而重民命除分
行外合行令仰該 縣長 遵照前方法即速分飭廣為宣傳並隨時盡力預防是為至要此令

二七四　熱河省民政廳爲積極預防百斯篤疫症事致赤峰縣政府訓令（1929 年 4 月 20 日）

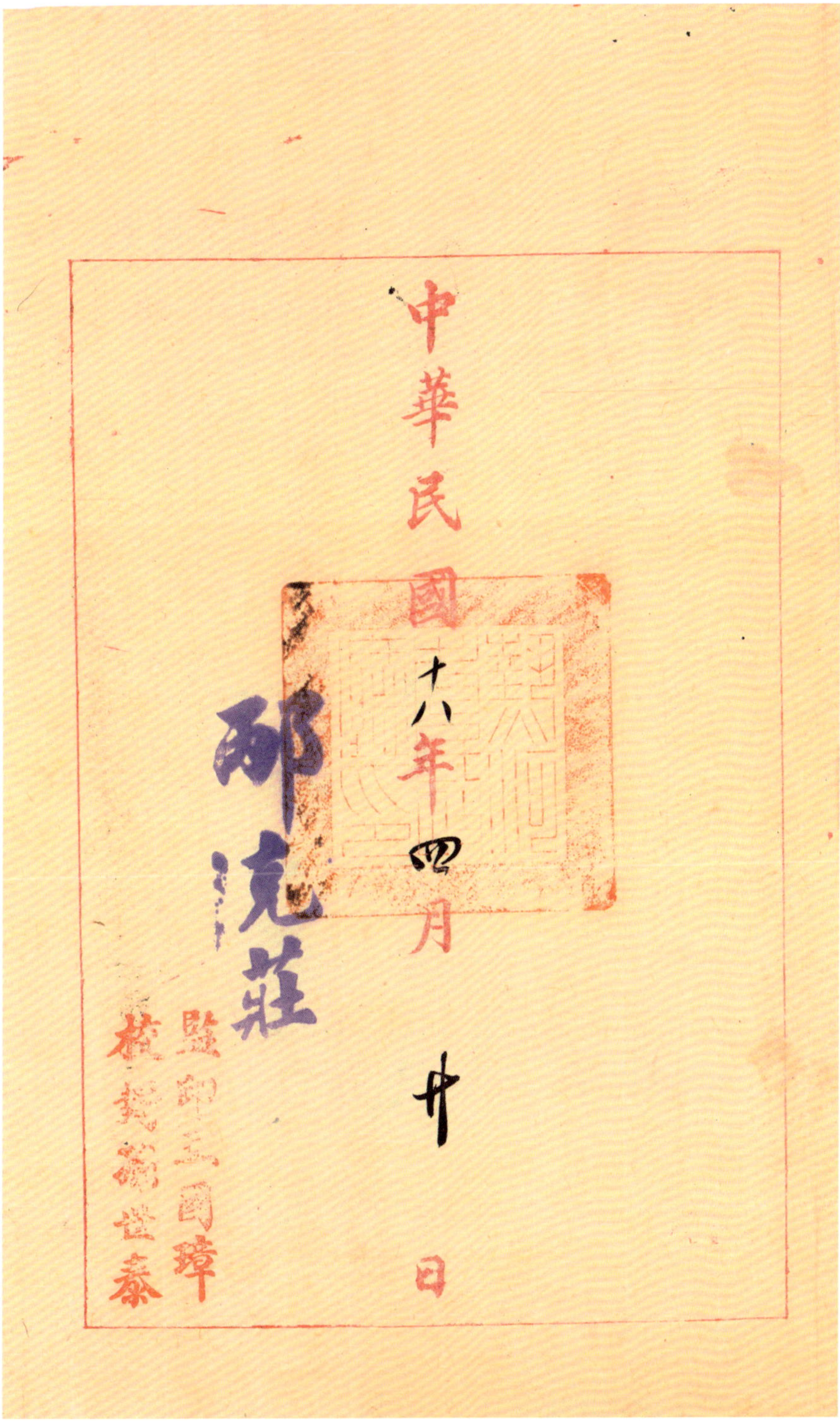

中華民國十八年四月廿日

邸克莊

監印王國璋

校對翁世泰

二七五 赤峰縣政府爲嚴防百斯篤疫症事致赤峰縣警察所訓令稿、布告稿（1929 年 4 月 30 日）

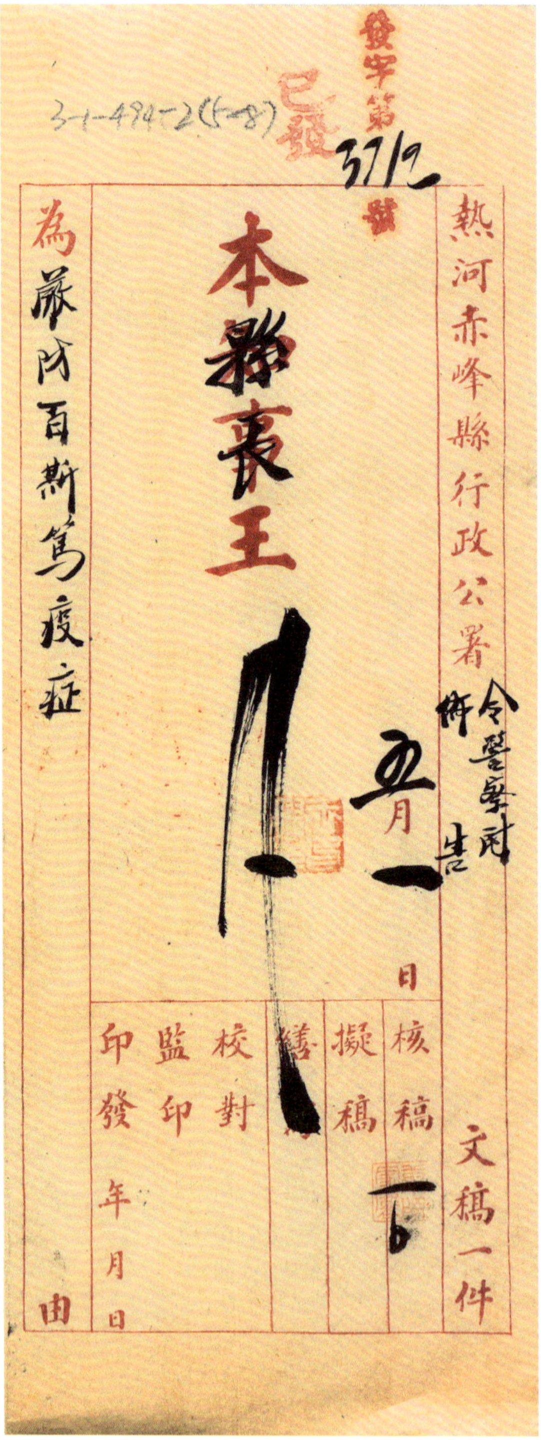

3-1-494-2(5-8)

已發

發字第3712號

熱河赤峰縣行政公署

令警察所

佈告

本縣長王

五月一日

核稿

擬稿

繕

校對

監印

印發 年 月 日

文稿一件

爲嚴防百斯篤疫症由

二七五　赤峰縣政府爲嚴防百斯篤疫症事致赤峰縣警察所訓令稿、布告稿（1929年4月30日）

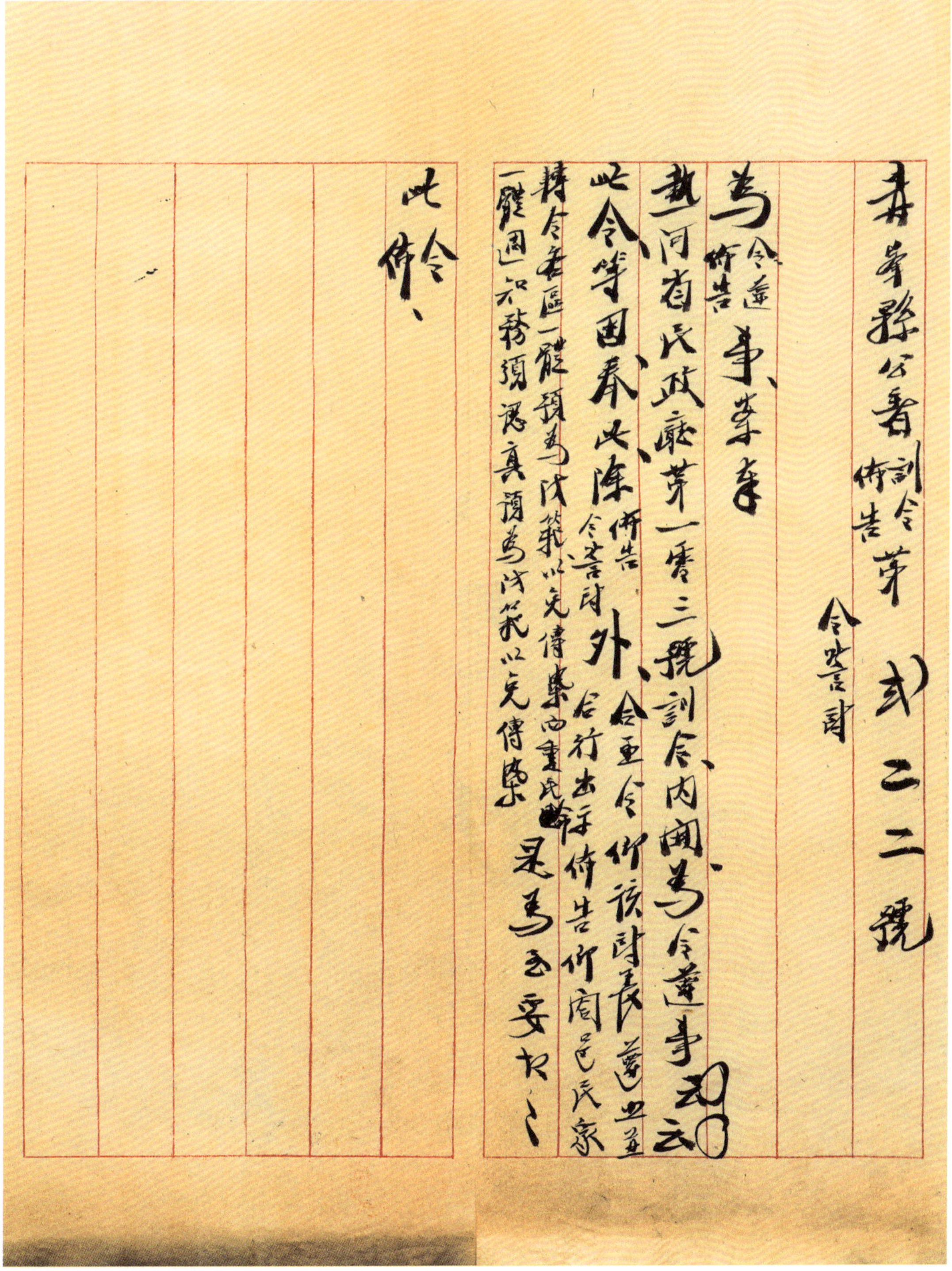

赤峰縣公署訓令/佈告第貳二二號
令警察所
爲令遵/佈告事。案奉
熱河省民政廳第一零三號訓令內開：爲令遵事。云云
此令。等因。奉此。除令警察所/佈告外，合亟令仰該所長遵照並
轉令各區一體預爲防範以免傳染而重民命（合行出示佈告仰闔邑民眾）
一體周知務須認真預爲防範以免傳染。是爲至要。切切。
此令
佈。

二七五　赤峰縣政府爲嚴防百斯篤疫症事致赤峰縣警察所訓令稿、布告稿（1929年4月30日）

中華民國十八 四 卅 日

赤峰縣印

二七六　繪圖員徐保年爲報送英金河分段調查表事致赤峰縣政府呈（1929 年 5 月 5 日）

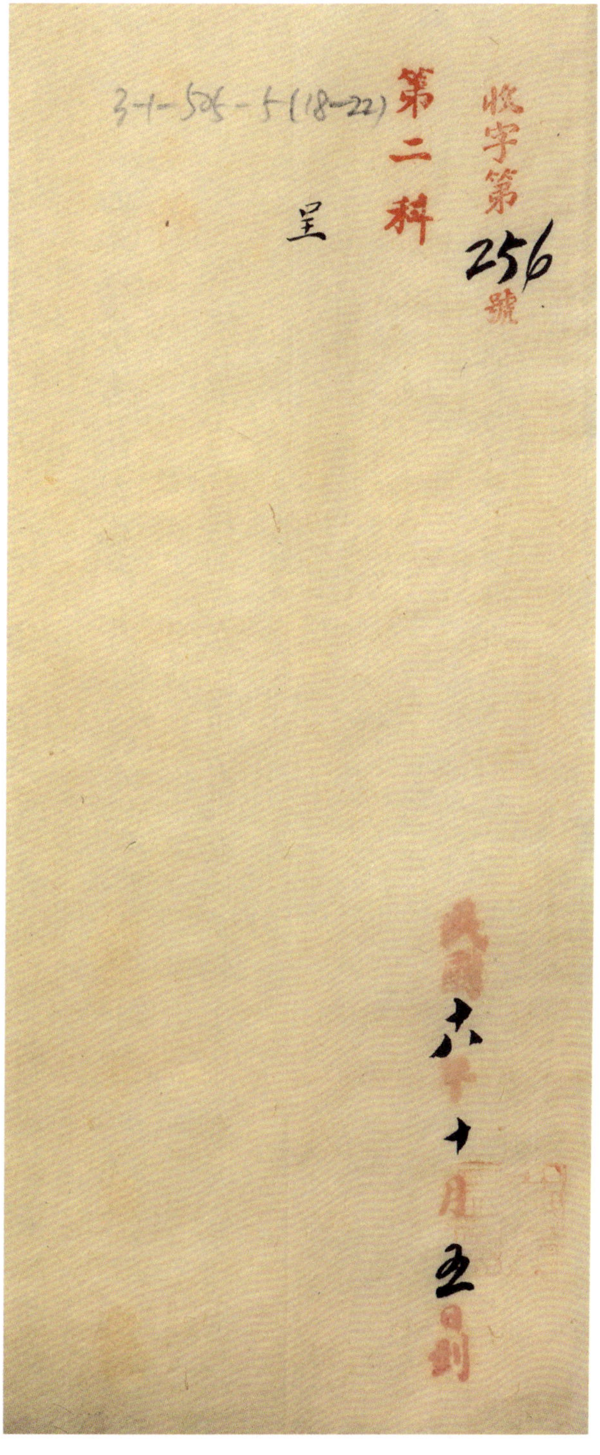
3-1-506-5（18-22）
收字第256號
第二科
呈
民國十八年五月五日到

二七六 繪圖員徐保年爲報送英金河分段調查表事致赤峰縣政府呈（1929年5月5日）

呈爲呈送事竊奉
鈞府第三四三號訓令飭將赤屬河川及其他可供輪船航運之河川詳細確
查按照表列各項就便代為詳細填註呈送來府以憑核轉計發表式一紙等
因奉此遵即前往赤屬所有河流發源地點按照表列各項詳細調查現已查
竣正在按表填註辦理間復奉飭催前來茲將調查河流詳填成表理合具文
呈送
鑒核轉呈再查赤屬之河川均係狹淺之小河流並無可供輪船航運之巨川
合併陳明謹呈
赤峰縣政府
附呈調查表一紙

二七六 繪圖員徐保年爲報送英金河分段調查表事致赤峰縣政府呈（1929 年 5 月 5 日）

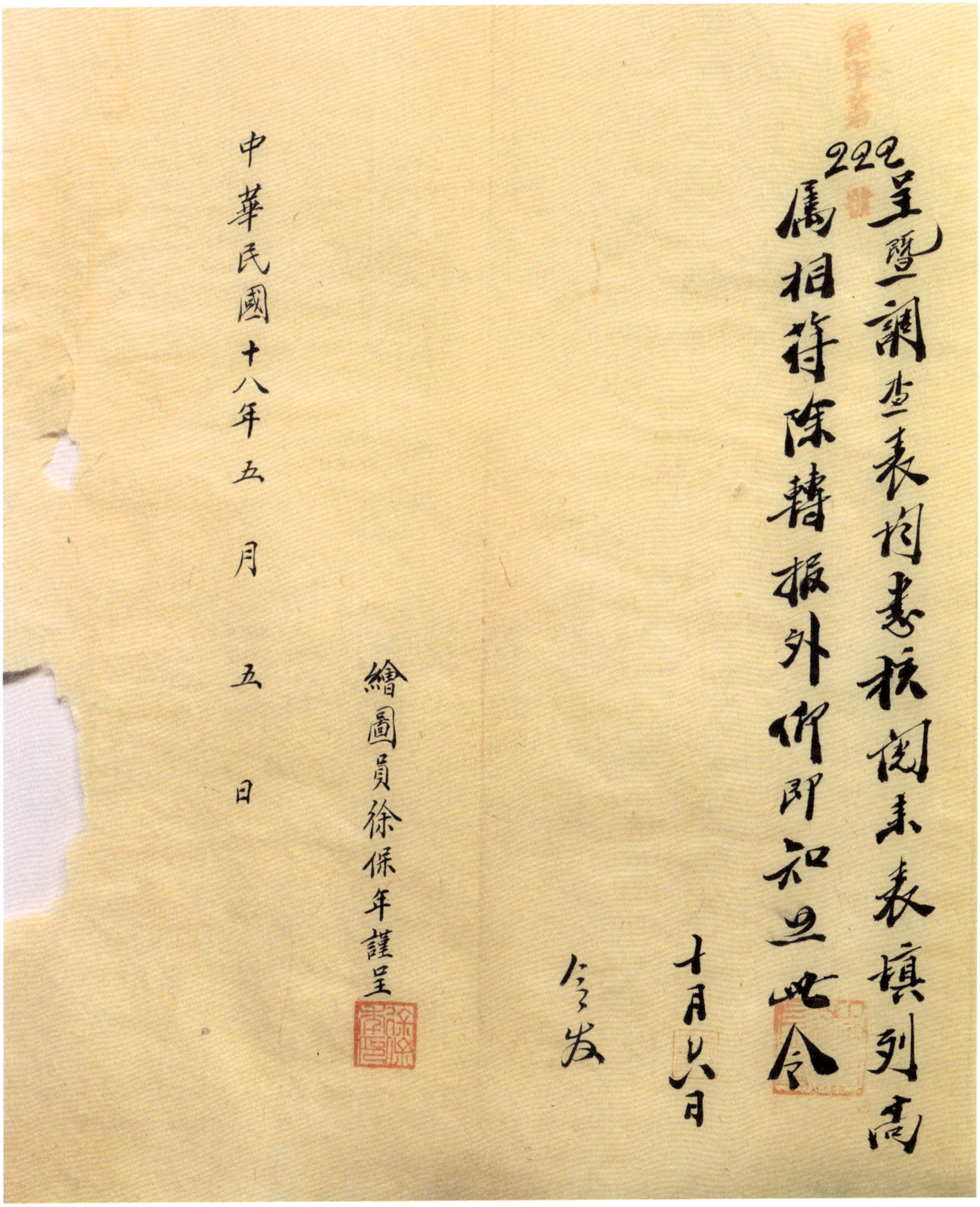
222
呈暨調查表均悉核閱表填列尚
屬相符除轉報外仰即知照此令
十月八日
令发

中華民國十八年五月五日
繪圖員徐保年謹呈

二七六 繪圖員徐保年爲報送英金河分段調查表事致赤峰縣政府呈（1929年5月5日）

3-1-50-8(31)

熱河赤峰縣英金河流分段調查表 民國十八年九月

類別　分段	第一段	第二段	第三段	第四段	第五段
由何處至何處	由大營子至大廟	由大廟至錫河口	由錫河口至赤峰街城北	由赤峰至源茂隆	由源茂隆至龍山頭
河長若干米突	由大營子至大廟計一萬九千米達	由大廟至錫河口計四萬八千五百米達	由錫河口至赤峰街計三萬五千五百米達	由赤峰街至源茂隆計四萬二千米達	由源茂隆至龍山頭計四萬一千米達
方向	由大營子東流約一萬米達又東南流約九千米達至大廟	由大廟東南流一萬三千米達至樺頭又東流二萬三千米達至初頭即又東南一萬四千米達至錫河口	由錫河口東南流一萬八千米達至莊頭營子又南流一萬七千五百米達至赤峰街北	由赤峰東北流九千米達至撫理角又東流一萬八千五百米達至鮑子營又東北一萬四千米達至源茂隆	由源茂隆東南流二萬米至橋上又南流一萬一千米達至東四營子又南一千米達至老河口入老河
水深	三十生的	三十五生的	四十五生的	四十五生的	六十生的
河幅	二十五米達	二十五米達	三十米達	三十五米達	三十五米達
河底土質	沙	沙	沙	沙	沙
因天季節潮汐水量之增減幾何	無	無	無	無	無
航行船舶之種類大小吃水噸數載重及其數量	無	無	無	無	無
舟子船上船具之情形	無	無		無	無
沿河村落市鎮概況一即戶口若干種蓄糧食及特種產等	本段無大村落惟蓄無多糧食除高粱穀子外無他產	大廟鎮在河北岸商民三十家居民戶四百餘家亦無特產	沿河村落有三把火初頭即莊頭營惟蓄無多無特產	沿河有炮手營子水地撒水坡高粱穀子外無他產	沿河有橋上建昌營座高粱穀子亦無他特產
與其他河流接連之情形	本段無他河連接	色拉嘎河由西來會於錫河口入英金河	錫伯河由西來會赤街北數里山入英金河距街城甚近	並無他河連接	並無他河連接
兩岸道路之情形	兩岸皆係沙石	同上	兩岸多係沙土間有平坦	同上	同上
有無堤防制水	無	無	無	無	無
有無暗礁淺灘急湍	無	無	無	無	無
對本段河流建設之意見	兩岸多係沙石且距村鎮較遠甚無建設之必要	同上	英金河距街僅數十米達河水漲發時甚危險應修石堤以防	本段無可建設	同上
其他					
附記	查赤峰所屬並無可通船舶之江河且除英金河外並無大河英金河當地土人亦稱錫河沿河兩岸所產糧食皆係高粱穀子並無特產所有牲畜除農人用以耕地牛馬外亦無大宗馬羊或牛羊合併陳明				

二七七　熱河省建設廳爲查填河工調查表事致赤峰縣政府訓令（1929 年 5 月 2 日）

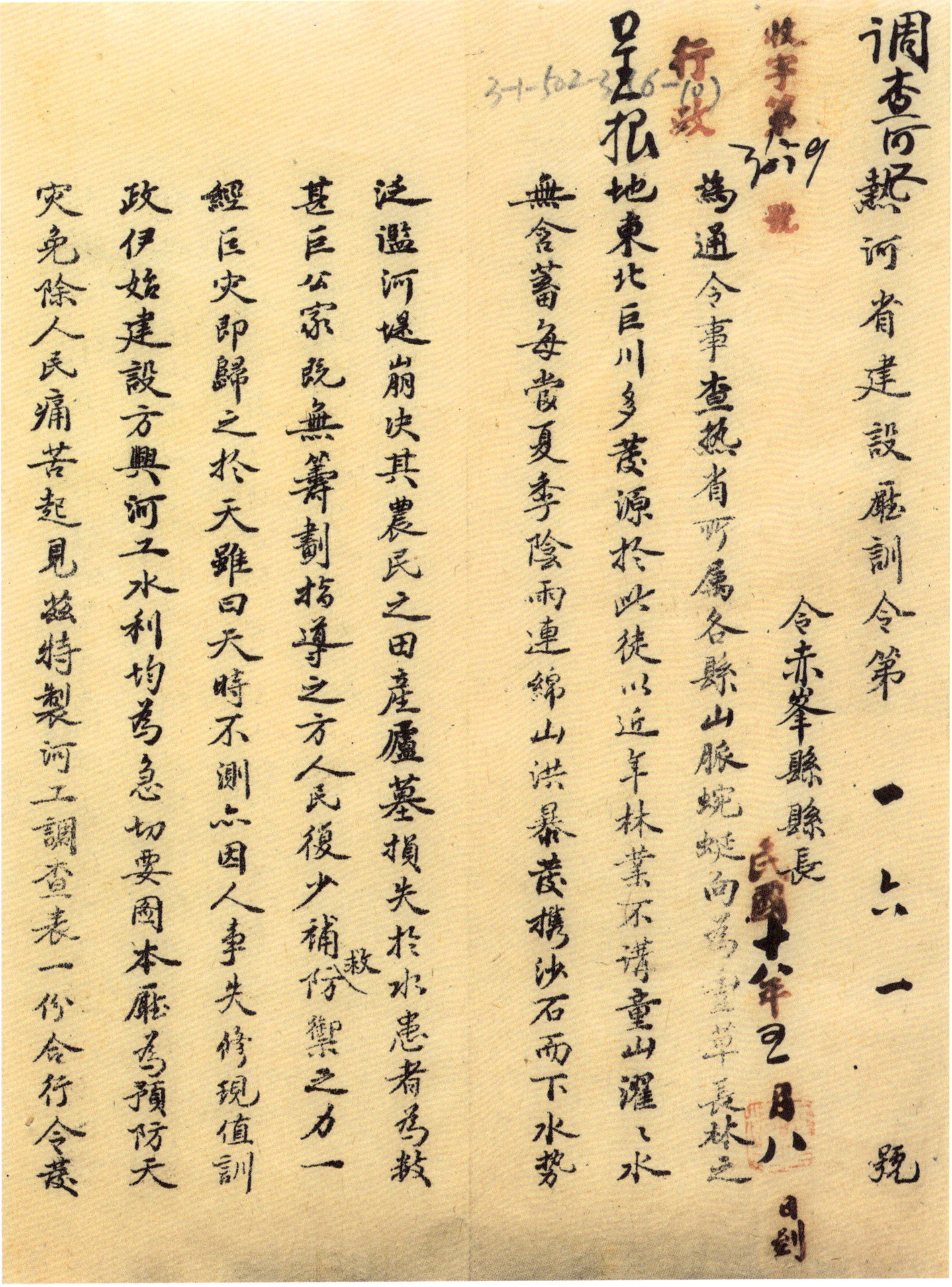
調查河工

熱河省建設廳訓令第一六一號

令赤峰縣縣長

收字第3519號

行政

31-502-326-(10)

民國十八年五月八日到

爲通令事查熱省所屬各縣山脈蜿蜒向爲豐草長林之區拔地東北巨川多發源於此徒以近年林業不講童山濯濯水無含蓄每當夏季陰雨連綿山洪暴發攜沙石而下水勢泛濫河堤崩決其農民之田產廬墓損失於水患者爲數甚巨公家既無籌劃指導之方人民復少補救防禦之力一經巨災即歸之於天雖曰天時不測亦因人事失修現值訓政伊始建設方興河工水利均爲急切要圖本廳爲預防天災免除人民痛苦起見茲特製河工調查表一份合行令發

二七七 熱河省建設廳爲查填河工調查表事致赤峰縣政府訓令（1929年5月2日）

該縣仰即遵照會同地方紳商，將本縣内沿近河流地方，有無崩堤水患之處，按照表列各項，詳細調查填送來廳，以憑核奪。事關地方利害，萬勿敷衍塞責，切切。此令。

附發熱河省河工調查表一份

中華民國十八年五月二日

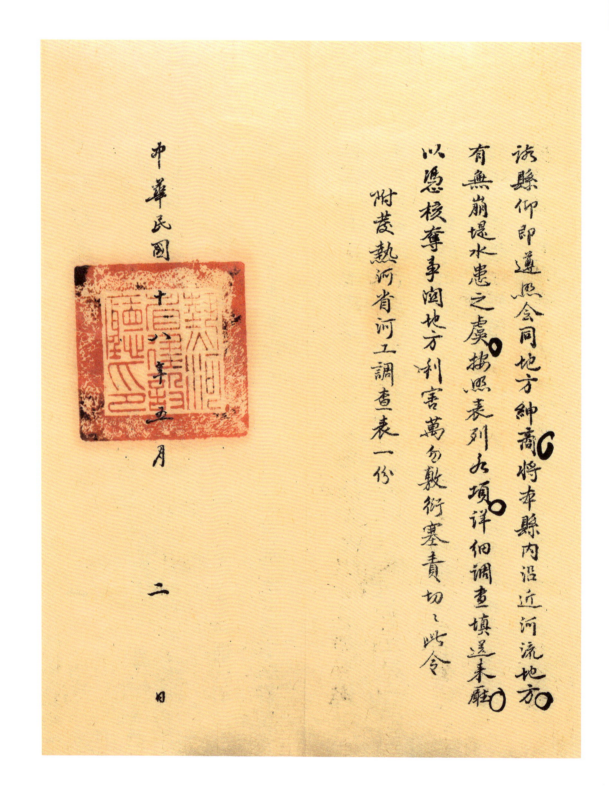

二七七 熱河省建設廳爲查填河工調查表事致赤峰縣政府訓令（1929年5月2日）

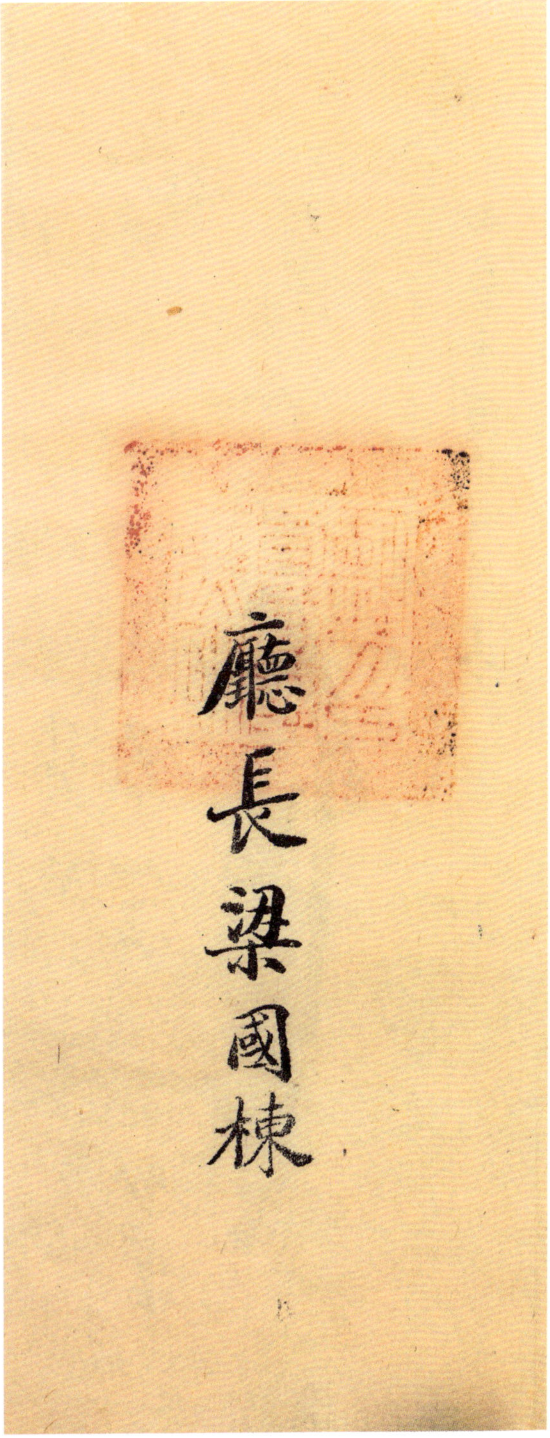
廳長梁國棟

二七八 赤峰縣政府爲報送河工調查表事致熱河省建設廳呈稿（1929年5月23日）

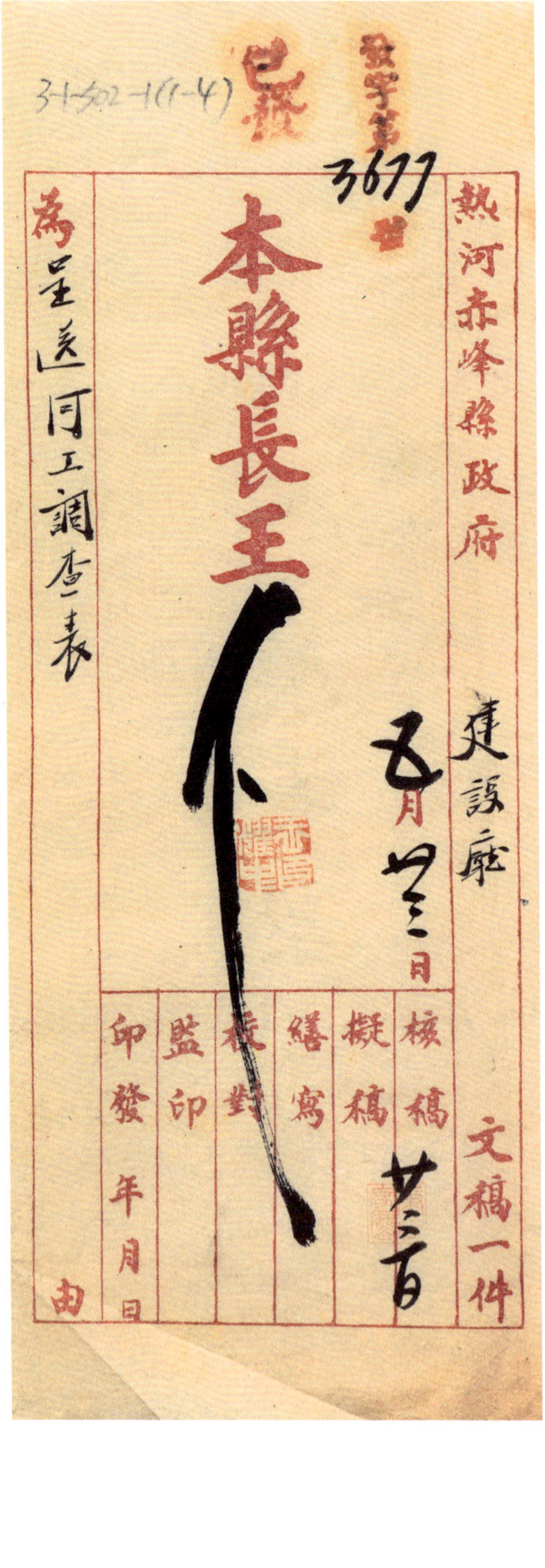

3-1-502-1(1-4)

已發

發字第3677號

熱河赤峰縣政府

本縣長王

建設廳

五月廿三日

文稿一件

核稿 擬稿 廿三日 繕寫 校對 監印 印發 年月日

爲呈送河工調查表由

二七八　赤峰縣政府爲報送河工調查表事致熱河省建設廳呈稿（1929年5月23日）

呈爲呈送事、案奉

鈞廳訓令第一六一號內開、爲通令事、云云、此令、

附發熱河省河工調查表一份、等因、奉此、縣長遵即

按照表列各項詳細填註、繕表一份、備文呈送

鈞廳鑒核飭行、謹呈

熱河省建設廳廳長果、

計呈送　河工調查表一份

二七八　赤峰縣政府爲報送河工調查表事致熱河省建設廳呈稿（1929年5月23日）

中華民國十八年五月二十三日

二七八 赤峰縣政府爲報送河工調查表事致熱河省建設廳呈稿（1929 年 5 月 23 日）

熱河省河工調查表

縣別	赤峰縣
河之名稱	錫伯河　英金河
河之性質	二河至縣治西北合而東流每至夏季水性均極猛烈
河之源流	錫伯河源出平泉屬察罕陀羅海之東東流入赤屬翁牛特右翼境會入英金河 英金河源出圍場內都呼岱山東流會支水六管入此河
有無利害	沿河岸各村間有藉以灌溉田地者惟夏季水勢極猛到處冲刷田畝且水自縣治西北流入赤街尤恐受害
已否濬築	縣治西已築迎水石壩三處
濬築之工程	係用石料石灰灌築而成
需款之數目	計畫修築石壩九個每個工料需洋六千四百一十六元九壩共需洋五萬七千七百四十四元
有無專管機關	築壩時立有河工會於民十六年八月底因款項用盡勢難再募即行裁撤
機關之名稱	赤峰縣河工會
款項之來源	均由本縣街商民捐募
現在存款數目	淨存現洋二角九分九釐
已用過款數目	修築石壩三處共用洋一萬二千二百七十三元二角七分六釐七毫
將來需款數目	按照河工會原定工程計畫修築石壩九個除已修三個外其餘六壩每壩約需工料洋六千四百一十六元六壩共洋三萬八千四百九十六元
設備及計畫方法	擬再修築石壩六處共已修者九處赤街方保無虞
說明	案查民國十五年六月間開會修壩之計畫其建築地點及壩數並修築之式樣與方法均係京奉鐵路局委員代為測會及計畫一切因該員等於本縣成立河工會後來赤測量路綫因而請其代為計畫

熱河省建設廳特製

二七九 熱河省建設廳爲農村教育等調查表填報不符事致赤峰縣政府指令（1929年5月22日）

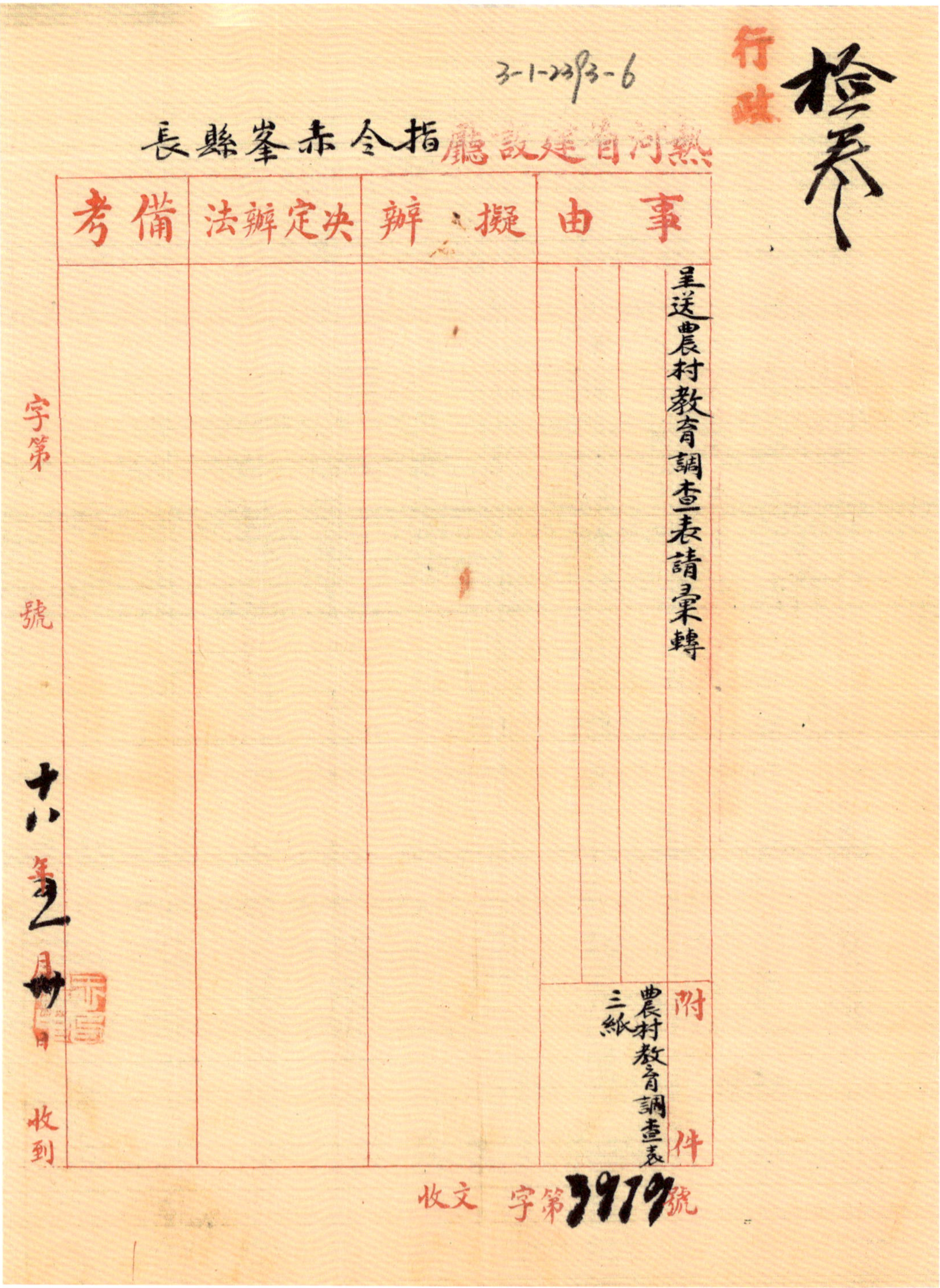

行政

檢卷

3-1-2393-6

熱河省建設廳指令赤峰縣長

事由	擬辦	決定辦法	備考
呈送農村教育調查表請彙轉			
附件：農村教育調查表三紙			

收文 字第3919號

字第 號

十八年五月卅日 收到

二七九　熱河省建設廳爲農村教育等調查表填報不符事致赤峰縣政府指令（1929年5月22日）

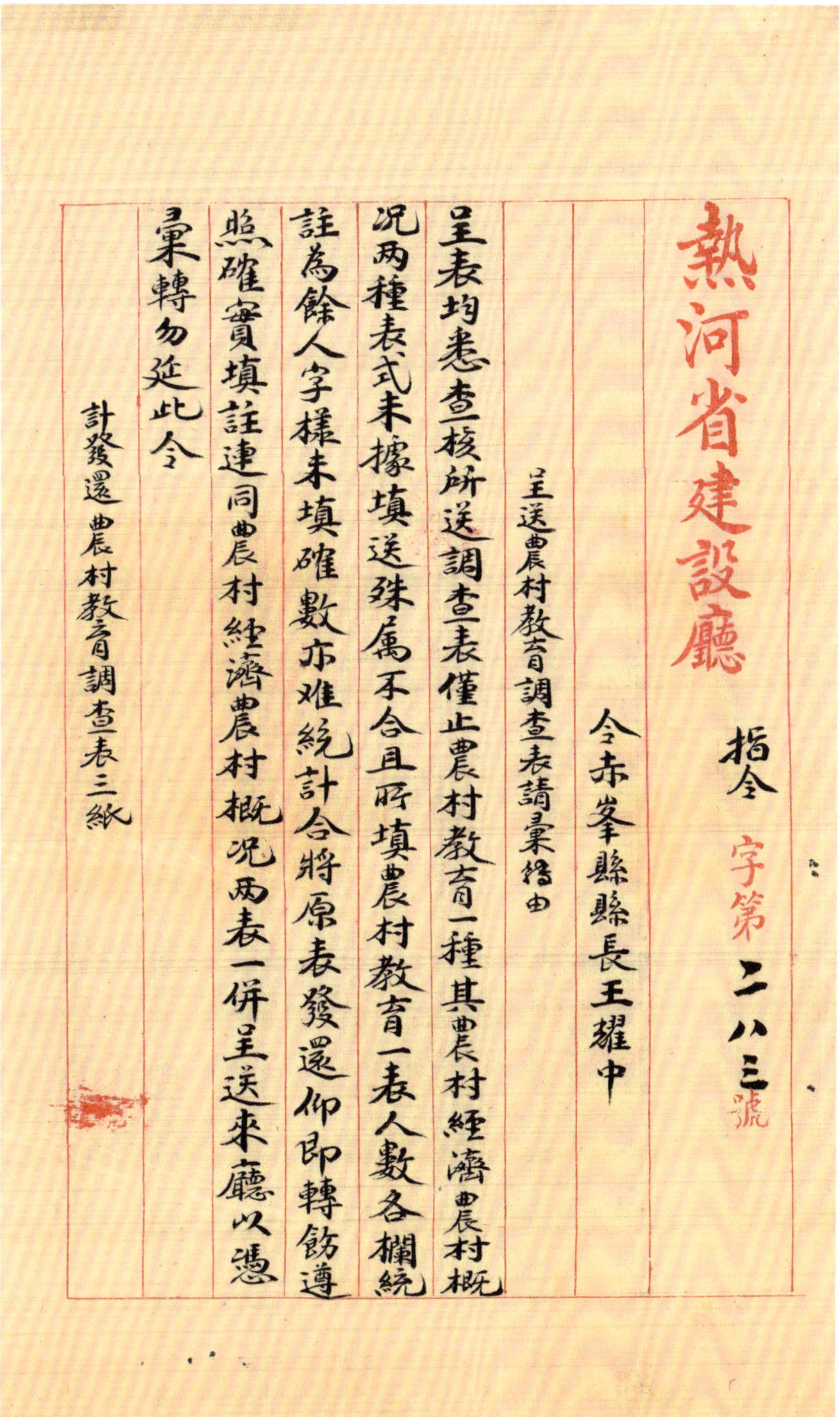

熱河省建設廳

指令　字第二八三號

令赤峯縣縣長王耀中

呈送農村教育調查表請彙核由

呈表均悉查核所送調查表僅止農村教育一種其農村經濟農村概況兩種表式未據填送殊屬不合且所填農村教育一表人數各欄統註為餘人字樣未填確數亦難統計合將原表發還仰即轉飭遵照確實填註連同農村經濟農村概況兩表一併呈送來廳以憑彙轉勿延此令

計發還農村教育調查表三紙

二七九 熱河省建設廳爲農村教育等調查表填報不符事致赤峰縣政府指令（1929 年 5 月 22 日）

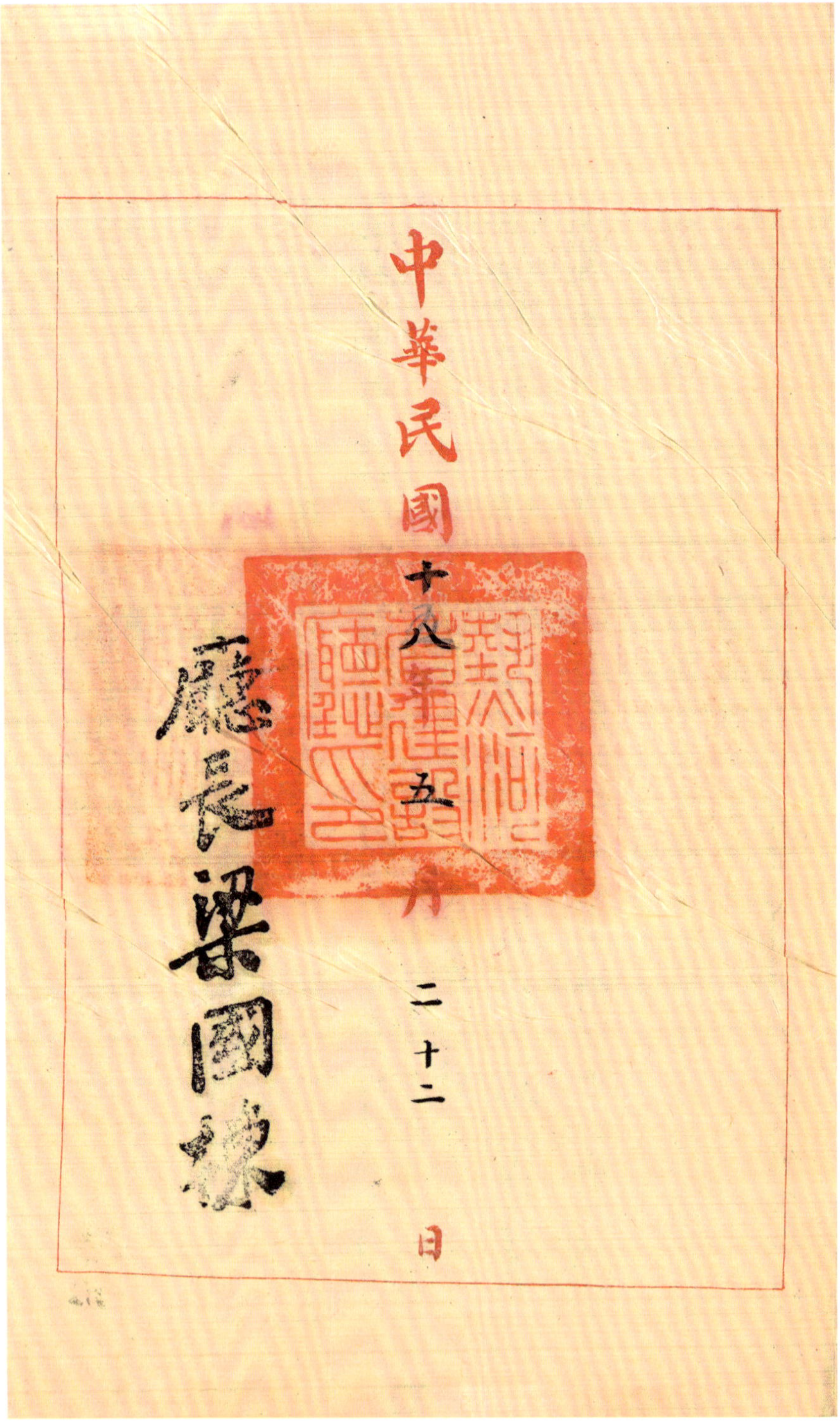
廳長梁國棟

中華民國十八年五月二十二日

二八〇　赤峰縣政府爲報送農村教育、農民經濟調查表事致熱河省建設廳呈稿（1929年6月10日）

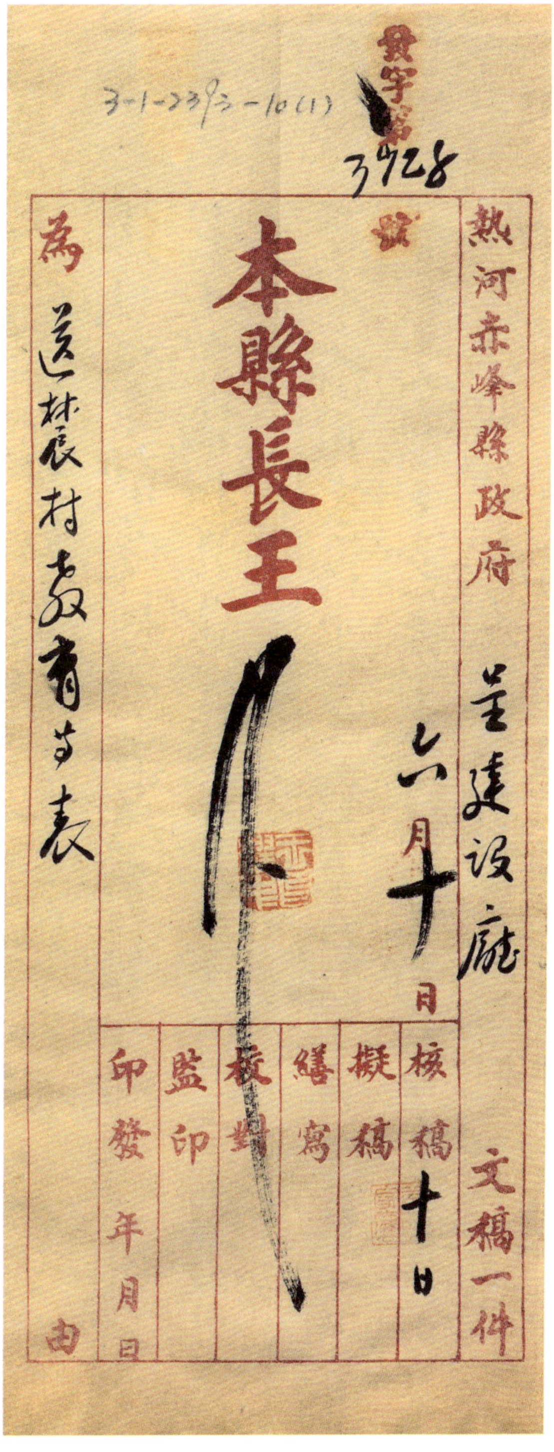

熱河赤峰縣政府

呈建设廳

文稿一件

本縣長王

六月十日

核稿 十日

擬稿

繕寫

校對

監印

印發 年 月 日

爲送林農村教育等表 由

二八〇　赤峰縣政府爲報送農村教育、農民經濟調查表事致熱河省建設廳呈稿（1929年6月10日）

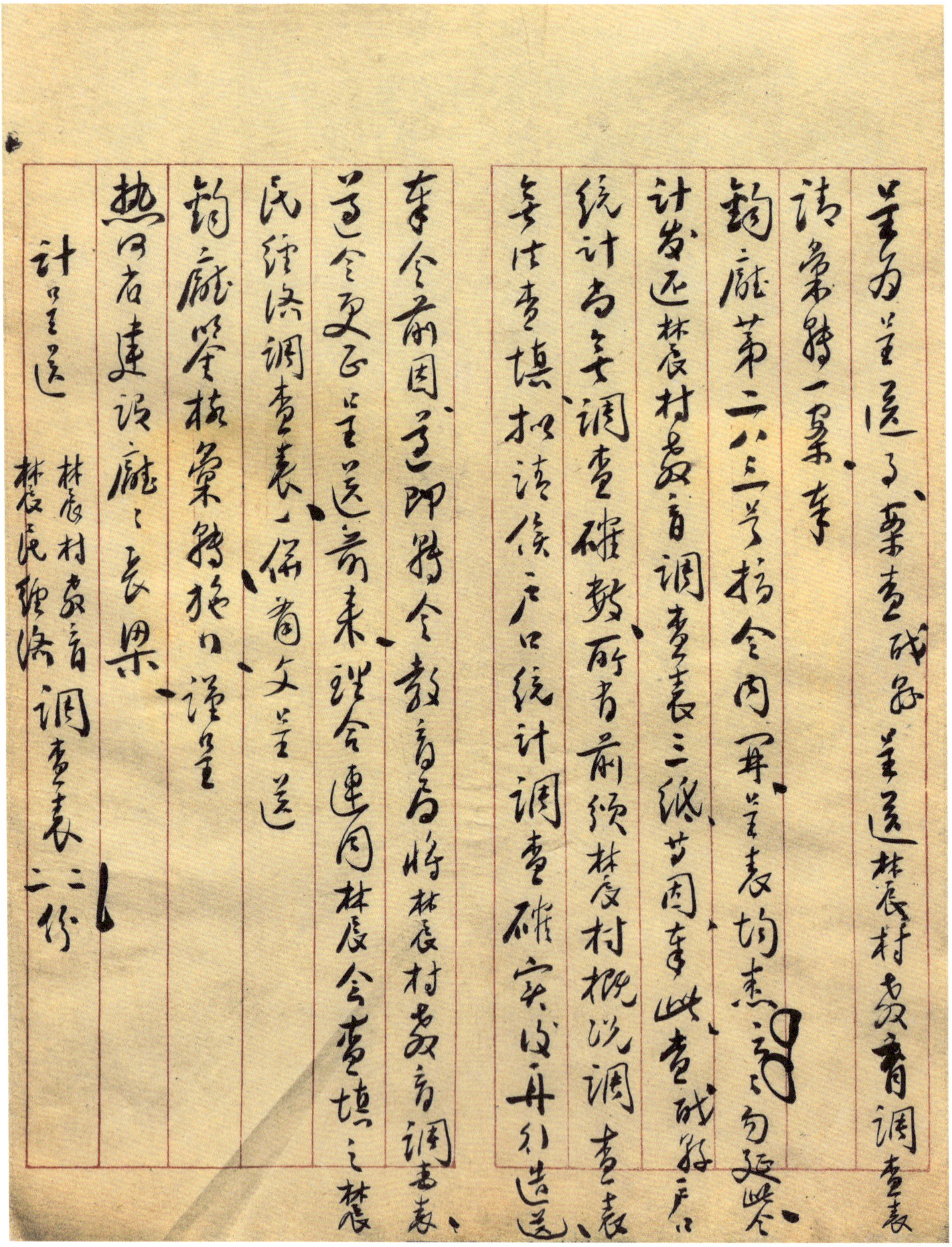
呈爲呈送事。案查職縣呈送林農村教育調查表請鑒核一案，奉
鈞廳第二八三號指令內開：呈表均悉。勿延。此令。計發還林農村教育調查表三紙。等因。奉此。查職縣戶口統計尚未調查確數，所有前頒林農村概況調查表無法查填，擬請俟戶口統計調查確實後再行造送。奉令前因，遵即轉令教育局將林農村教育調查表並令更正呈送前來，理合連同林農會查填之農民經濟調查表，一併備文呈送
鈞廳鑒核，轉飭施行。謹呈
熱河省建設廳廳長果
計呈送林農村教育、林農民經濟調查表二份

二八〇 赤峰縣政府爲報送農村教育、農民經濟調查表事致熱河省建設廳呈稿（1929年6月10日）

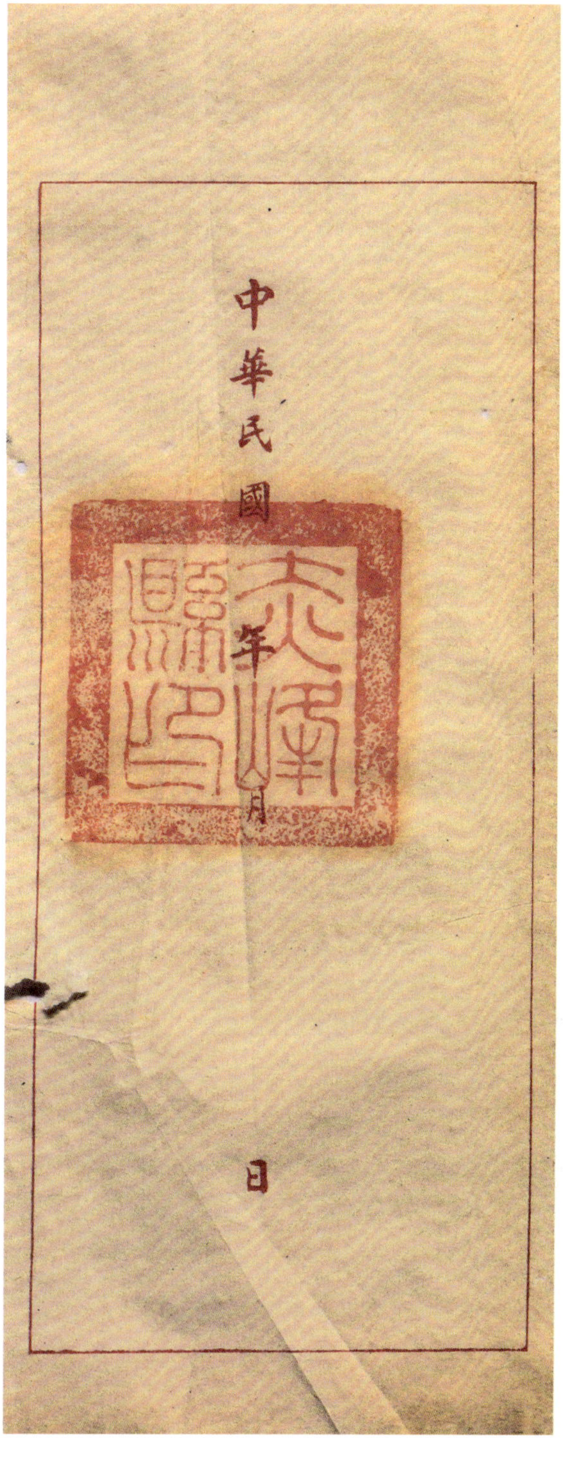
中華民國　年　月　日

二八〇　赤峰縣政府爲報送農村教育、農民經濟調查表事致熱河省建設廳呈稿（1929 年 6 月 10 日）

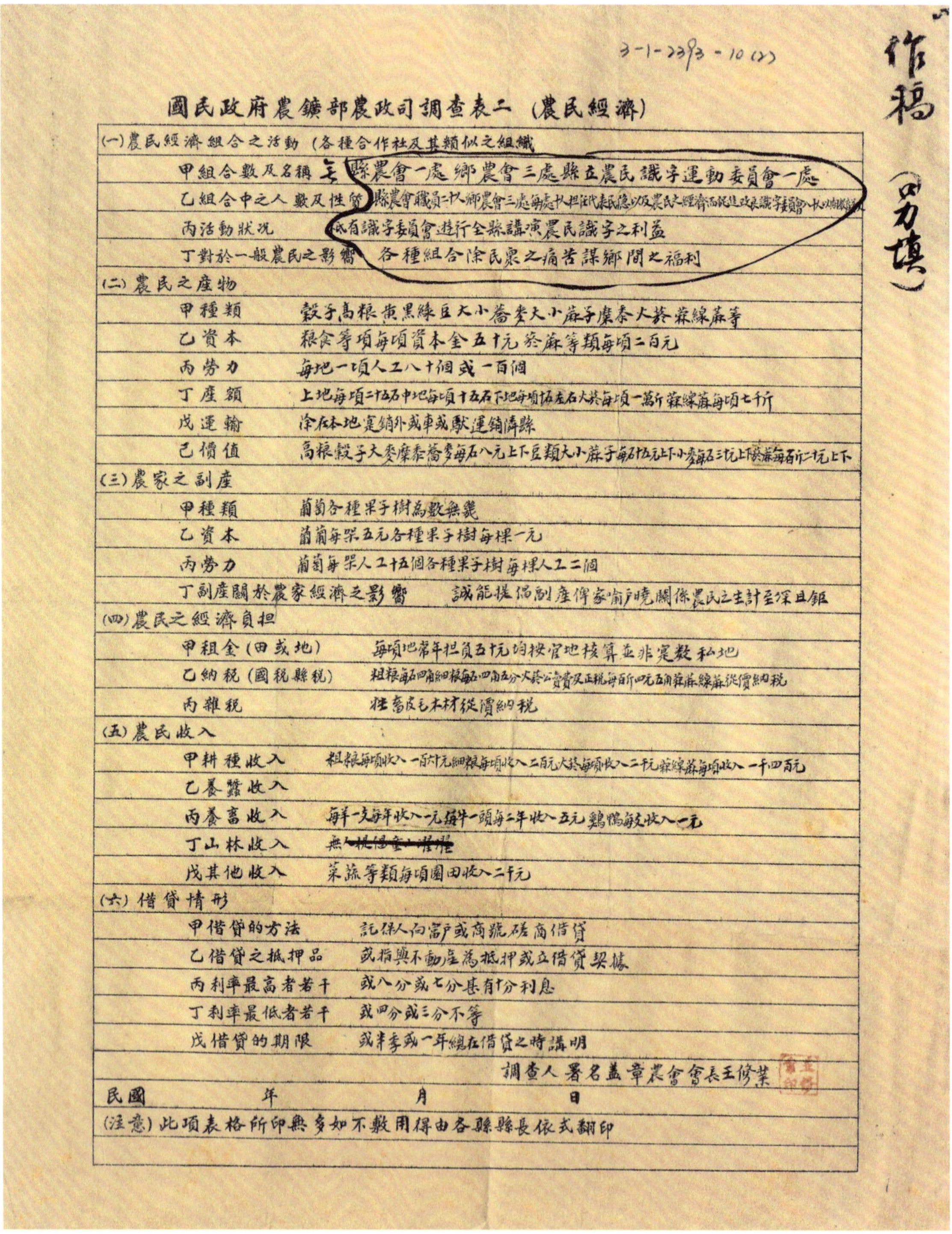

3-1-2393-10(2)

作稿（另填）

國民政府農鑛部農政司調查表二（農民經濟）

(一)農民經濟組合之活動（各種合作社及其類似之組織	
甲組合數及名稱	無 縣農會一處 鄉農會三處 縣立農民識字運動委員會一處
乙組合中之人數及性質	縣農會職員二十人鄉農會三處每處十人担任代表民隱以及農民之經濟而促進改良識字委員會八人以[illegible]
丙活動狀況	祇有識字委員會進行全縣講演農民識字之利益
丁對於一般農民之影響	各種組合除民衆之痛苦謀鄉間之福利
(二)農民之產物	
甲種類	穀子高粮黄黑綠豆大小蕎麥大小麻子糜黍大菸蘇線麻等
乙資本	粮食等項每頃資本金五十元菸麻等類每頃二百元
丙勞力	每地一頃人工八十個或一百個
丁產額	上地每頃二十五石中地每頃十五石下地每頃拾左右大菸每頃一萬斤蘇線麻每頃七千斤
戊運輸	除在本地裏銷外或車或馱運銷隣縣
己價值	高粮穀子大麥糜黍蕎麥每石八元上下豆類大小麻子每石十五元上下小麥每石三十元上下菸麻每百斤二十元上下
(三)農家之副產	
甲種類	葡萄各種果子樹爲數無幾
乙資本	葡萄每架五元各種果子樹每棵一元
丙勞力	葡萄每架人工十五個各種果子樹每棵人工二個
丁副產關於農家經濟之影響	誠能提倡副產俾家喻户曉關係農民之生計至深且鉅
(四)農民之經濟負担	
甲租金（田或地）	每頃地常年担負五十元均按官地核算並非寔數私地
乙納稅（國稅縣稅）	粗粮每石四角細粮每石四角五分大菸公賣費及正税每百斤四元五角蘇麻線麻從價納稅
丙雜稅	牲畜皮毛木材從價納稅
(五)農民收入	
甲耕種收入	粗粮每頃收入一百六十元細粮每頃收入二百元大菸每頃收入二千元蘇線麻每頃收入一千四百元
乙養蠶收入	
丙養畜收入	每羊一隻每年收入一元每牛一頭每二年收入五元鷄鴨每隻收入一元
丁山林收入	無
戊其他收入	菜蔬等類每頃園田收入二千元
(六)借貸情形	
甲借貸的方法	託保人向富户或商號磋商借貸
乙借貸之抵押品	或指與不動產爲抵押或立借貸契據
丙利率最高者若干	或八分或七分甚有十分利息
丁利率最低者若干	或四分或三分不等
戊借貸的期限	或半季或一年總在借貸之時講明

調查人署名蓋章　農會會長王修業　（印：王修業印）

民國　　年　　月　　日

（注意）此項表格所印無多如不敷用得由各縣縣長依式翻印

二八〇 赤峰縣政府爲報送農村教育、農民經濟調查表事致熱河省建設廳呈稿（1929年6月10日）

3-1-2393-7(2)

國民政府農鑛部農政司調查表三(農村教育)

熱河省 赤峰縣

全縣學校之統計	初等小學		初級小學校二十五處 女子初級小學校三處
	高等小學		小學校三處
	中學		中學校一處
	師範學校		師範講習所一處
	職業學校		職業學校商科一處
	補習學校		
	蒙塾		城鄉私塾共計六十五處
全縣受教育者之統計	就學者數	中等以下	男一千七百三十七人 女一百七十三人 兒童
		中等以上	男 女 兒童
	未就學者數		男八千一百五十二人 女六千一百二十四八 兒童
	各學年退學者數		男一百三十五人 女二十五人 兒童
	畢業生數	中等以下	男一百八十一人 女一十二人 兒童
		中等以上	男 女 兒童
	畢業後之工作		教育二十六人 農作五十二人 工四十四人
			商四十三人 兵十七人 其他十一人
	失學者若干		男七千二百四十三人 女五千三百七十六八 兒童
	識字者若干		男五千四百二十八人 女九百七十四人
	能閱淺近書報類者若干		男四千八百三十五人 女六百二十九人
	能讀普通論著者若干		男二千二百九十三人 女四百六十七人
	不識字者若干		男二萬八千六百四十七人女二萬四千五百三十六人 學齡兒童
閱覽書報及講演所之調查	有普通閱報室若干所		普通閱報室一所
	報的名稱		天津益世報 盛京時報 新天津報等
	農民每日閱報者占平均閱報人數百分之幾		每日閱報者二百四十九人農民占平均閱報人數百分之三
	設備如何		閱報室二間
	有圖書室若干所		
	農民閱書者平均占閱書人數百分之幾		
	有通俗講演所若干所		有通俗講演所一處
	農民聽演者平均每次若干		農民聽演者平均每次七十四人
	講演內容如何		普及教育 振興實業 改良社會等項
	學校課外與農民之關係		每校課外時常開懇親會以期學校教育與家庭教育互相聯絡故現在農民贊成學校者日多
	農民對學校之態度如何		從前農民因風氣不開反對學校者衆近來風氣漸開而贊成學校者日益增多矣
其他說明			

調查人署名蓋章 李翰臣

民國十八年六月七日

(注意)此項表格所印無多如不敷用得由各縣縣長依式翻印

二八一　立法院統計處爲查填教育、醫院、傳染病及政府職員等調查表事致赤峰縣政府公函（1929 年）

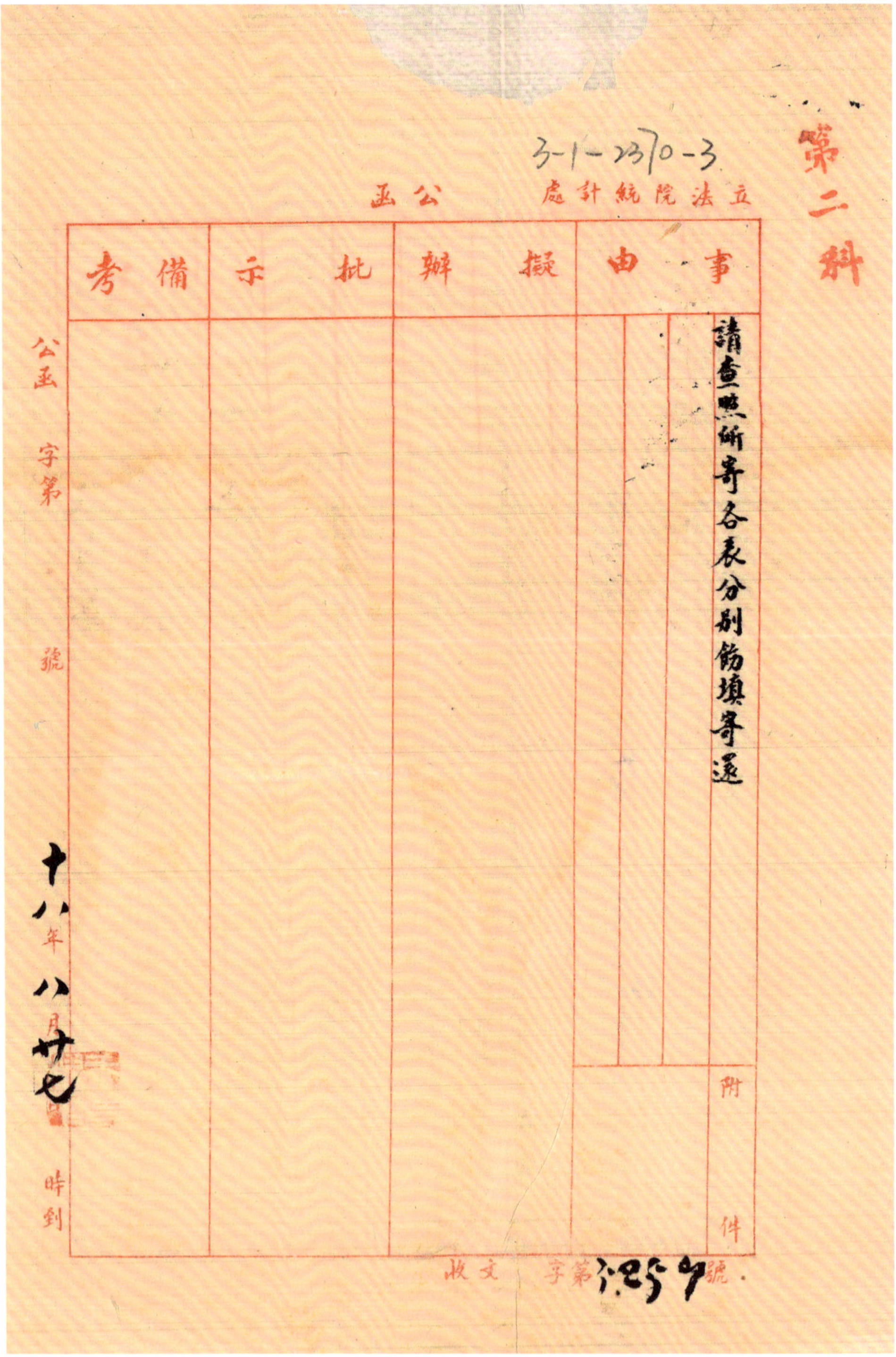
第二科

3-1-2370-3

立法院統計處　公函

事由	擬辦	批示	備考
請查照所寄各表分別飭填寄還			
附件			

公函　字第　號

十八年八月廿七日到

收文　字第2259號

二八一 立法院統計處爲查填教育、醫院、傳染病及政府職員等調查表事致赤峰縣政府公函（1929 年）

立法院統計處公函

統字第 九八四 號

逕啟者敝處職司編製全國政治法律經濟社會等項之統計事宜前經本院咨由行政院通令京內外各機關蒐集各項統計材料逕寄敝處以資參考在案茲寄上社會教育調查表初等教育調查表中等教育調查表各二份政府各機關職員調查表二份公路調查表二份（其里數以米達或公里計算）希查照飭填迅予寄還又醫院調查表二份每月傳染病調查表二份請煩

轉發所屬行政區內之各種醫院照式填寫送由

二八一　立法院統計處爲查填教育、醫院、傳染病及政府職員等調查表事致赤峰縣政府公函（1929年）

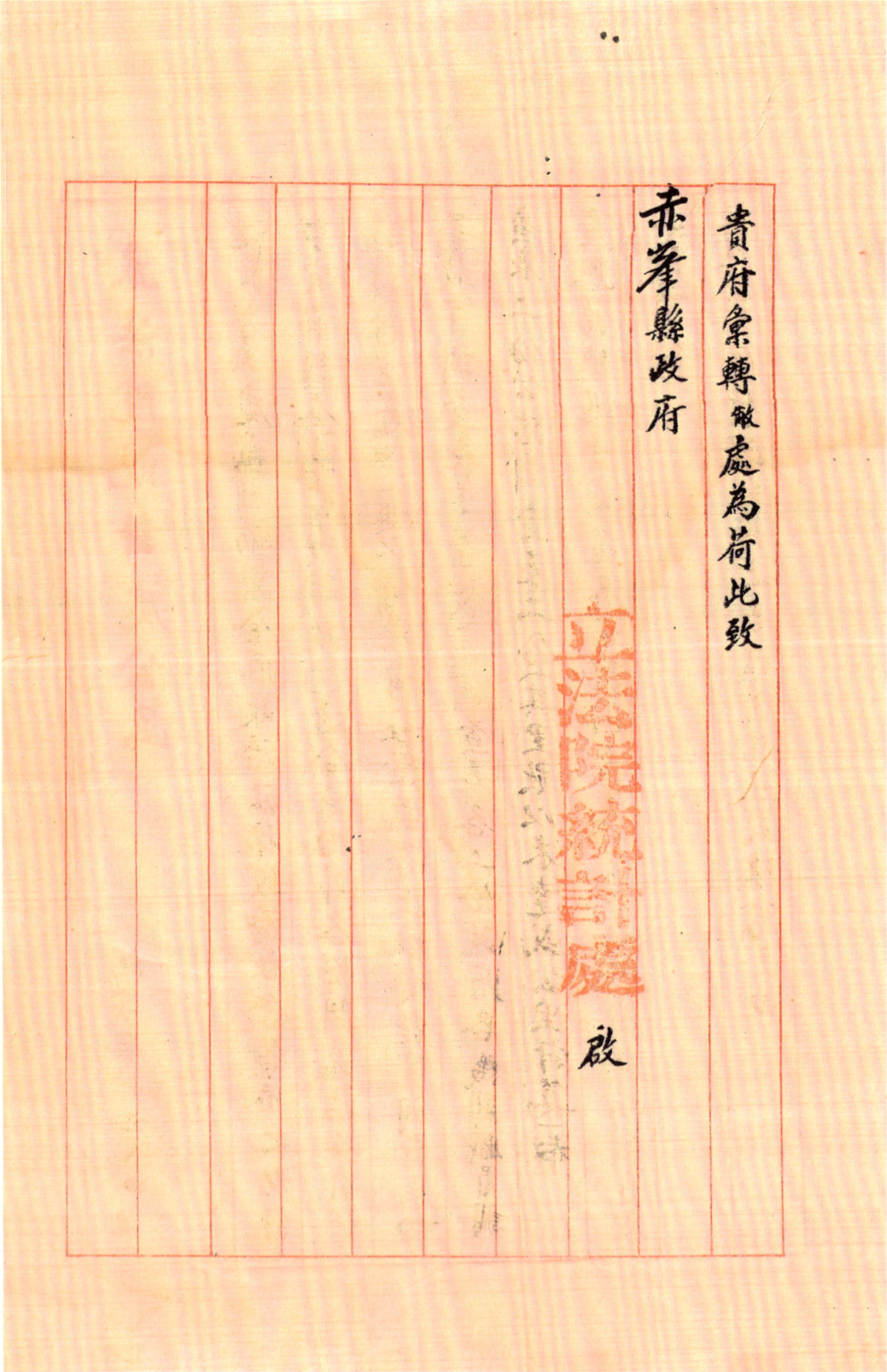

貴府彙轉敝處爲荷此致

赤峰縣政府

立法院統計處啟

二八一　立法院統計處爲查填教育、醫院、傳染病及政府職員等調查表事致赤峰縣政府公函（1929 年）

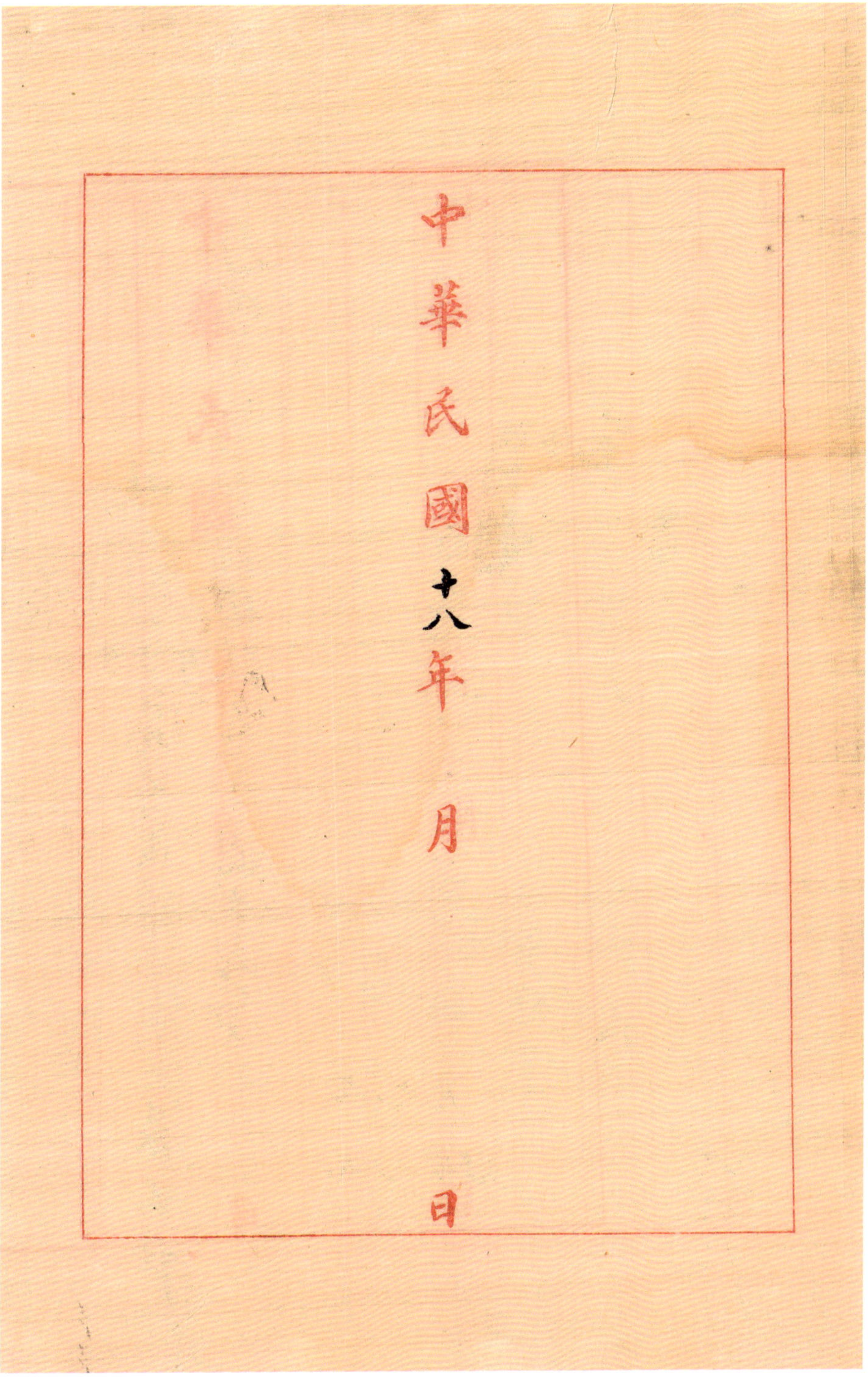
中華民國十八年　　月

日

二八二　赤峰縣政府爲報送教育、醫院、傳染病及政府職員調查表事致立法院統計處公函稿（1929年9月9日）

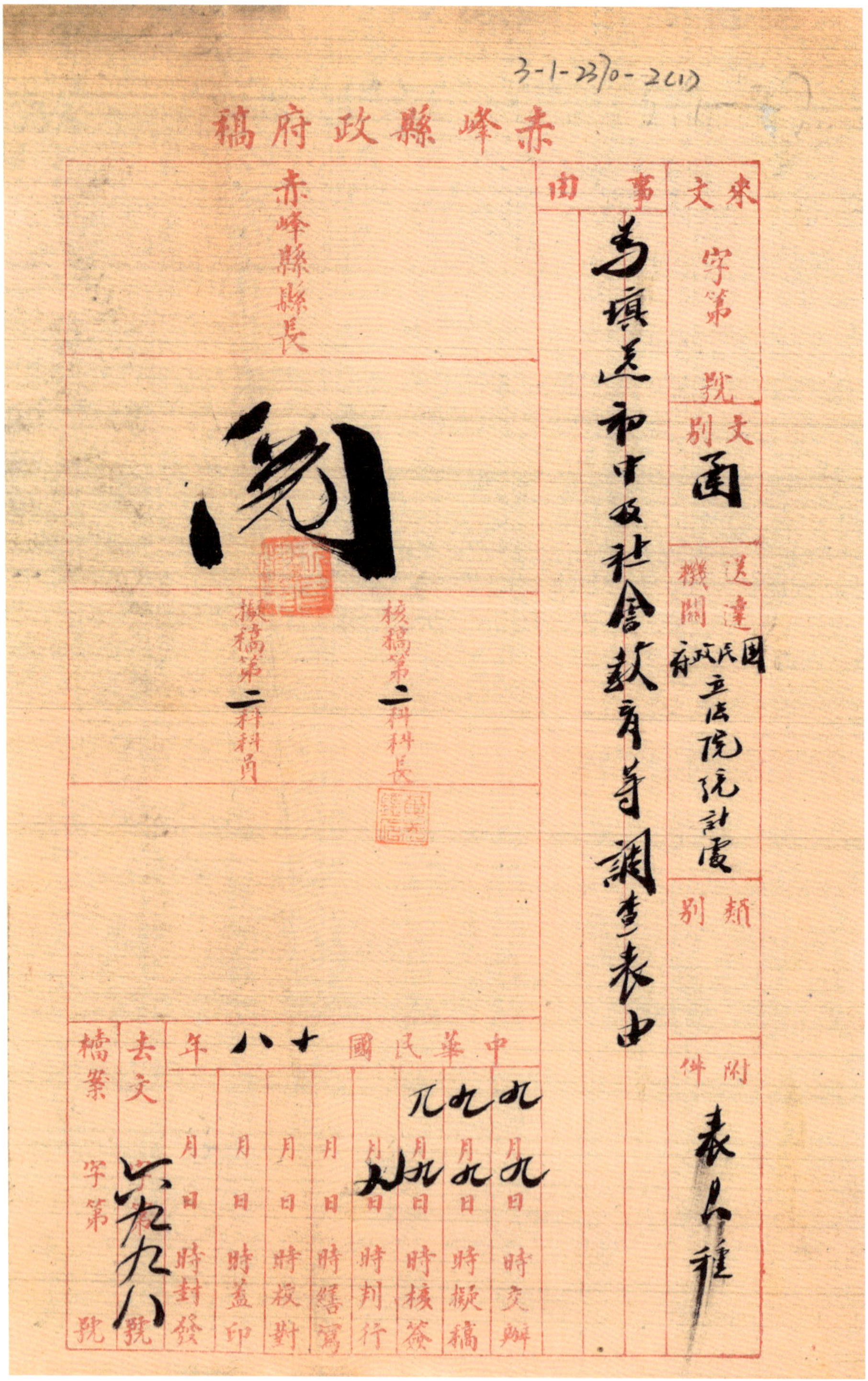

3-1-2370-2(1)

赤峰縣政府稿

來文　字第　號

文別　函

送達機關　國民政府立法院統計處

類別

附件　表五種

事由　為填送市中及社會教育等調查表由

赤峰縣縣長

閱

擬稿第二科科員

核稿第二科科長

中華民國十八年

九月九日時交辦

九月九日時擬稿

九月九日時核簽

九月九日時判行

月日時繕寫

月日時校對

月日時蓋印

月日時封發

去文　字第六九九八號

檔案

二八二 赤峰縣政府爲報送教育、醫院、傳染病及政府職員調查表事致立法院統計處公函稿（1929年9月9日）

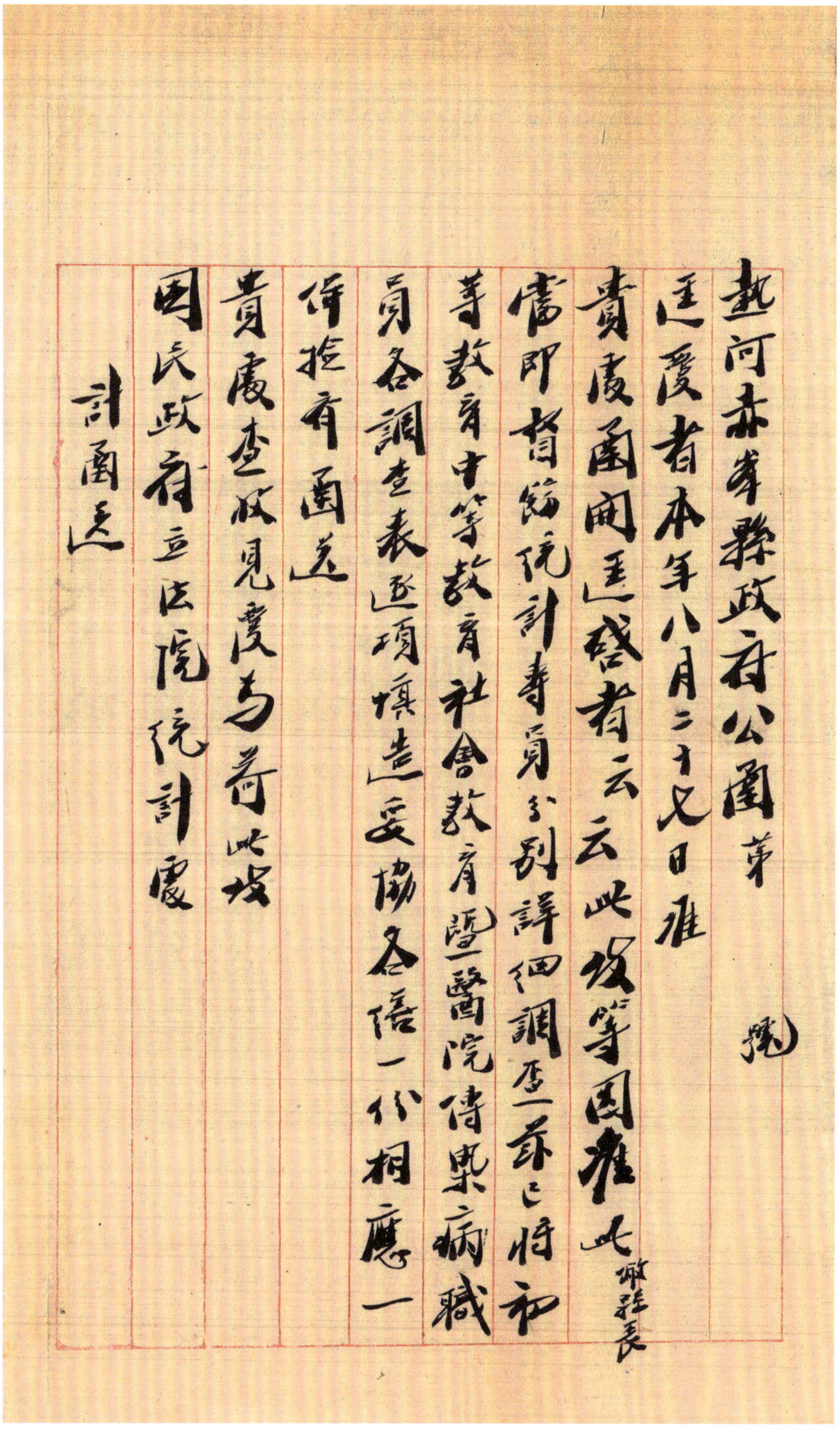

熱河赤峰縣政府公函 第 號

逕覆者本年八月二十七日准

貴處函開逕啓者云云此致等因准此 縣長

當即督飭統計專員分别詳細調查一并已將初

等教育中等教育社會教育暨醫院傳染病職

員各調查表逐項填造妥協各繕一份相應一

併檢同函送

貴處查收見覆爲荷此致

國民政府立法院統計處

計函送

二八二 赤峰縣政府爲報送教育、醫院、傳染病及政府職員調查表事致立法院統計處公函稿（1929年9月9日）

初等教育調查表一份
中等教育調查表一份
社會教育調查表一份
醫院調查表一份
傳染病調查表一份
職員調查表一份

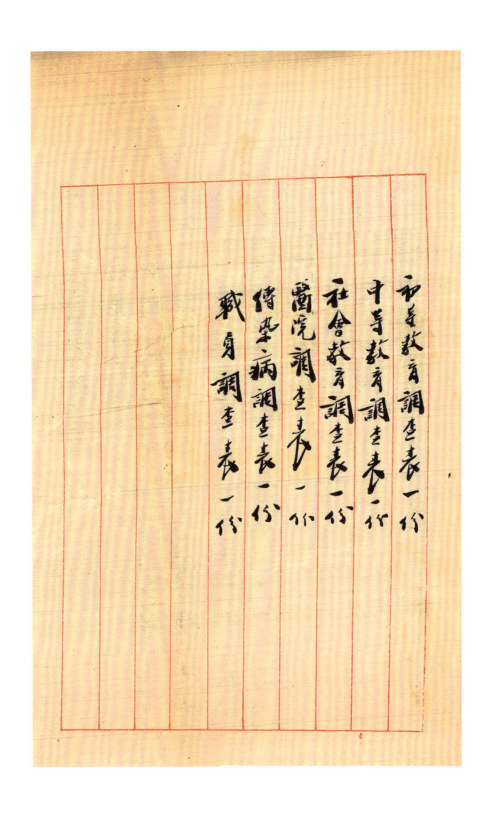

二八二　赤峰縣政府爲報送教育、醫院、傳染病及政府職員調查表事致立法院統計處公函稿（1929 年 9 月 9 日）

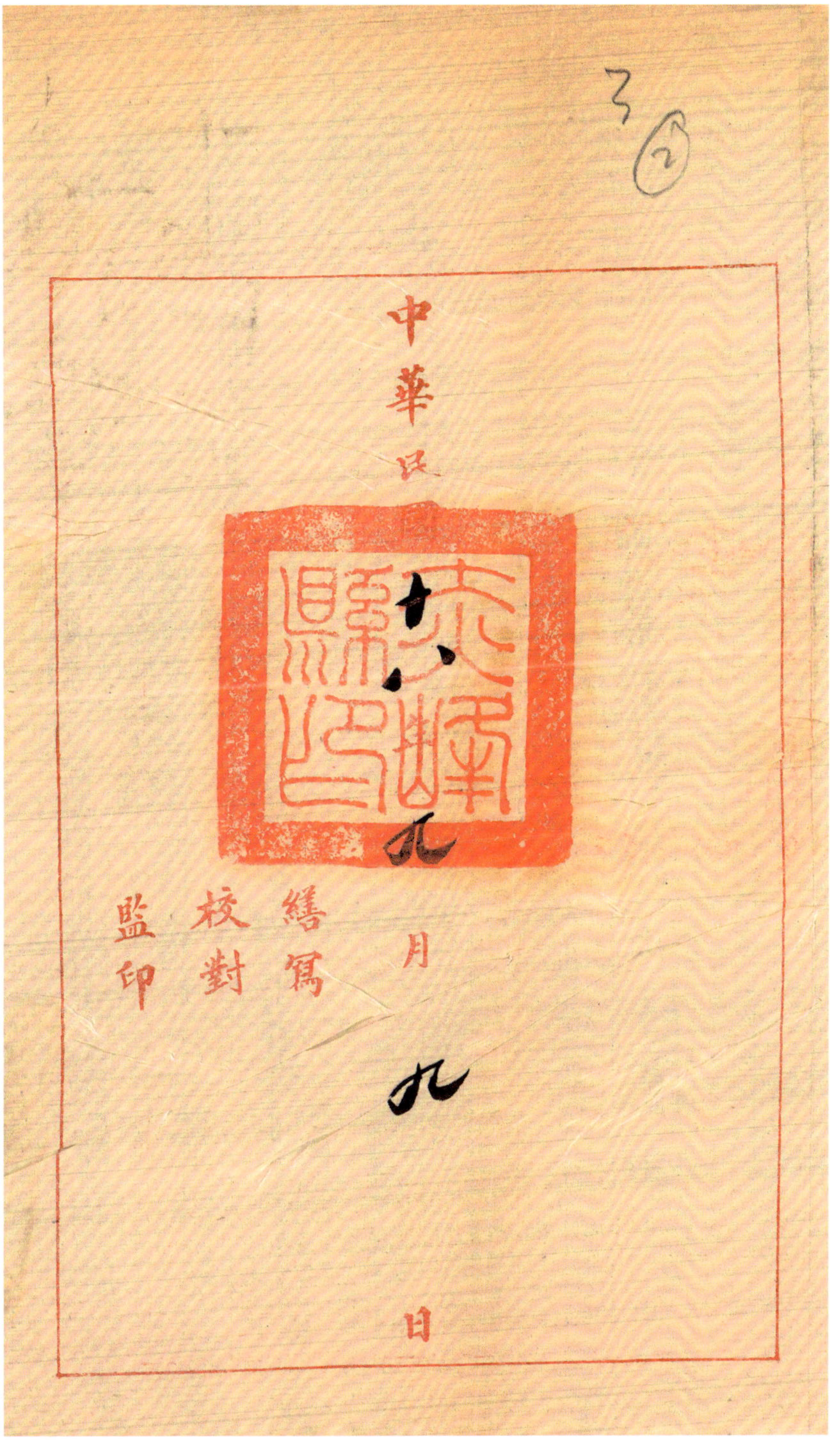
中華民國十八年九月九日

繕寫

校對

監印

赤峰縣印

二八二　赤峰縣政府爲報送教育、醫院、傳染病及政府職員調查表事致立法院統計處公函稿（1929年9月9日）

3-1-2270-2103

育字第一號

初等教育調查表

（以民國十七年八月一日起算）

國民政府立法院統計處製

省名熱河省　市或縣名赤峰縣　市長或縣長姓名王耀中　市或縣教育局局長簽名並蓋章李翰臣

填表時期民國十八年九月八日

本市或縣共有人口若干十四萬二千九百一十八　在六歲至十二歲之兒童共若干五萬四千四百八十八　全市或縣之公私及其他初等學校內共童子軍若干名

校別＼問題	全縣(或市)總共若干處	學生總共若干 男	學生總共若干 女	教員總共若干 男	教員總共若干 女	職員總共若干 男	職員總共若干 女	自開辦至今總共有畢業學生若干 男	自開辦至今總共有畢業學生若干 女	經費及資產若干（以國幣算） 歲入	經費及資產若干（以國幣算） 歲出	經費及資產若干（以國幣算） 資產註(1)	備考
1	2	3	4	5	6	7	8	9	10	11	12	13	14
公立幼稚園													
私立幼稚園													
教會幼稚園													
公立初級小學	28	1205	218	28		9		2325	166	12548	12548	3777	
公立高級小學													
公立完全小學	3	385		11		3		1583		5625	5625	1275	
私立初級小學													
私立高級小學													
私立完全小學													
教會初級小學													
教會高級小學													
教會完全小學	1	81		5		1		435					該校經費資產係由葉主教担負現因該主教回國以致無從查填
私塾	65	1495		65									
其他													

註（1）　資產包含基金建築物購置物等價格

說明：　填表自左向右爲之數字採用亞拉伯字

此表收到後於二星期內填清逕回立法院統計處

二八二　赤峰縣政府爲報送教育、醫院、傳染病及政府職員調查表事致立法院統計處公函稿（1929年9月9日）

10　　　　　　　　　　3-1-2370-2(3)

育字第二號

中等教育調查表

國民政府立法院統計處製

（自民國十七年八月一日起算）

省名熱河省　市或縣名赤峰縣　市長或縣長姓名王耀中　市或縣教育局局長簽名並蓋章李翰臣

填表員簽名並蓋章趙亮辰　填表時期民國十八年九月八日　全市或縣之公私及其他中學校內共有童子軍若干名

校別 ＼ 問題	全共縣（或市）若干總數	學生總共若干		教員總共若干		職員總共若干		自開辦至今總共有畢業生若干		圖書館共有若干處	總共有書籍若干部		經費及資產若干（以國幣算）			備考
		男	女	男	女	男	女	男	女	共處	中文	外國文	歲入	支出	資產（註1）	
1	2	3	4	5	6	7	8	9	10	11	12	13	14	15	16	17
公立初級中學	1	49		7		6		39			2	4	7008	7008	4814	
公立高級中學																
公立完全中學																
私立初級中學																
私立高級中學																
私立完全中學																
教會初級中學																
教會高級中學																
教會完全中學																
公立師範學校	1	36		5		2					3		1224	1224	94	該校係公立師範講習所
私立師範學校																
教會師範學校																
公立職業學校	1	99		2		2					4	1	1761	1761	215	該校係公立職業學校商科
私立職業學校																
教會職業學校																
公立補習學校																
私立補習學校																
教會補習學校																
其他中等學校																

註（1）資產包含基金建築物設備物等價格

說明：填表自左向右爲之數字採用亞拉伯字

此表收到後於二星期內填清送回立法院統計處

2370

二八二　赤峰縣政府爲報送教育、醫院、傳染病及政府職員調查表事致立法院統計處公函稿（1929年9月9日）

3-1-2370-2(4)

5

附育字第二號

社會教育調查表

國民政府立法院統計處製

（自民國十七年八月一日起算）

省名熱河省　市或縣名赤峰縣　市長或縣長姓名王耀中　市或縣教育局局長姓名李翰臣

填表員簽名並蓋章趙亮辰　填表時期民國十八年　九　月　八　日

類別＼問題	總共若干處	全年聽講人數		全年閲報人數		全年流覽人數		經費若干		備考
		男	女	男	女	男	女	歲入若干	歲出若干	
通俗教育館										
通俗書報社										
通俗演講所	1	4320	1008					544	544	
民衆茶社										
巡廻文庫										
小説流通社										
民衆閲報所	1			7200	1264	12556	2070			該所由教育同人經理向無經費
公共圖書館										
博物館										
公共體育場										
公園										
其他										

二八二　赤峰縣政府爲報送教育、醫院、傳染病及政府職員調查表事致立法院統計處公函稿（1929年9月9日）

2-1-2372-2(6)

衛字第一號

醫院調查表

民國十七年度

國民政府立法院統計處製

省名　　特別市名　　縣名　　市長或縣長姓名

調查員與塡表員簽名並蓋章　　塡表時期　　年　　月　　日

本市或縣共有正式西醫若干(註一)　　非正式西醫若干(註一)　　中醫若干

問題 / 醫院名稱	醫院類別（如普通或神經病院等別）	醫士人數	職員人數		院內能容病人若干	診治人數（包括就診出診數）				診愈人數（包括就診出診數）				死亡人數（包括就診出診數）				其他人數（包括就診出診數）				生產人數（包括院內院外）			經費（以國幣算）			備考
			看護員	其他職員		男	女	童	總數	男	女	童	總數	男	女	童	總數	男	女	童	總數	男	女	總數	來源	收入	支出	
1	2	3	4	5	6	7	8	9	10	11	12	13	14	15	16	17	18	19	20	21	22	23	24	25	26	27	28	29
中英診療所	普通	1				380	120	89	589	355	105	84	544	3	5	1	9	15	16	5	36							
[illegible]醫院	普通	1	2		8	200	200	100	500	150	150	90	390	5	4	1	10	50	40	10								

說明
(1) 凡由醫科大學或醫業專門學校畢業者皆爲正式西醫否則皆非正式西醫
(2) 調查員與塡表員由市長或縣長臨時派定
(3) 塡表自左向右爲之數字採用亞拉伯字
(4) 總數10當等於14,18,22,諸總數之和
(5) 此表由市或縣長轉致各院於收到後一星期清楚塡畢仍送還市或縣以便轉回立法院統計處

二八二　赤峰縣政府爲報送教育、醫院、傳染病及政府職員調查表事致立法院統計處公函稿（1929年9月9日）

衛字第二號

每月傳染病調查表

國民政府立法院統計處製

省名　　特別市名　　市或縣名　　地點　　醫院名稱　　院長姓名

本市或縣共有人口若干　　填表時期　　年　　月　　日

病名		一月		二月		三月		四月		五月		六月		七月		八月		九月		十月		十一月		十二月				備考
		每百人中		每百人中		每百人中		每百人中		每百人中		每百人中		每百人中		每百人中		每百人中		每百人中		每百人中		每百人中		每百人中		
中國名	英文或科學名	傳染人數	死亡人數	傳染人數	死亡人數	傳染人數	死亡人數	傳染人數	死亡人數	傳染人數	死亡人數	傳染人數	死亡人數	傳染人數	死亡人數	傳染人數	死亡人數	傳染人數	死亡人數	傳染人數	死亡人數	傳染人數	死亡人數	傳染人數	死亡人數	傳染人數	死亡人數	
1	2	3	4	5	6	7	8	9	10	11	12	13	14	15	16	17	18	19	20	21	22	23	24	25	26	27	28	29
	流行性感冒	15		3														1		1		1		2		1	1	
	腮腺炎					1																				3		
	阿米巴痢							2		5		25	1	10		3										8	1	
	腸熱症											1														1		
	百日咳	1																2								3		
	腦膜炎																			1	1							
	楊梅	1		1		1		1		2		1				1		1		1		1		1		3		

說明
(1) 本調查以民國十七年陽歷一月至十二月爲限
(2) 估計每月在本市或縣內每百人中被傳染之人數及因傳染而死亡人數
(3) 此表由市或縣長轉交各院長於收到後一星期清楚填畢仍送還縣或市以便轉回立法院統計處
(4) 填表自左向右爲之數字採用亞拉伯字
(5) 如一表不足填完一切傳染病時可用數表爲之

二八二　赤峰縣政府爲報送教育、醫院、傳染病及政府職員調查表事致立法院統計處公函稿（1929年9月9日）

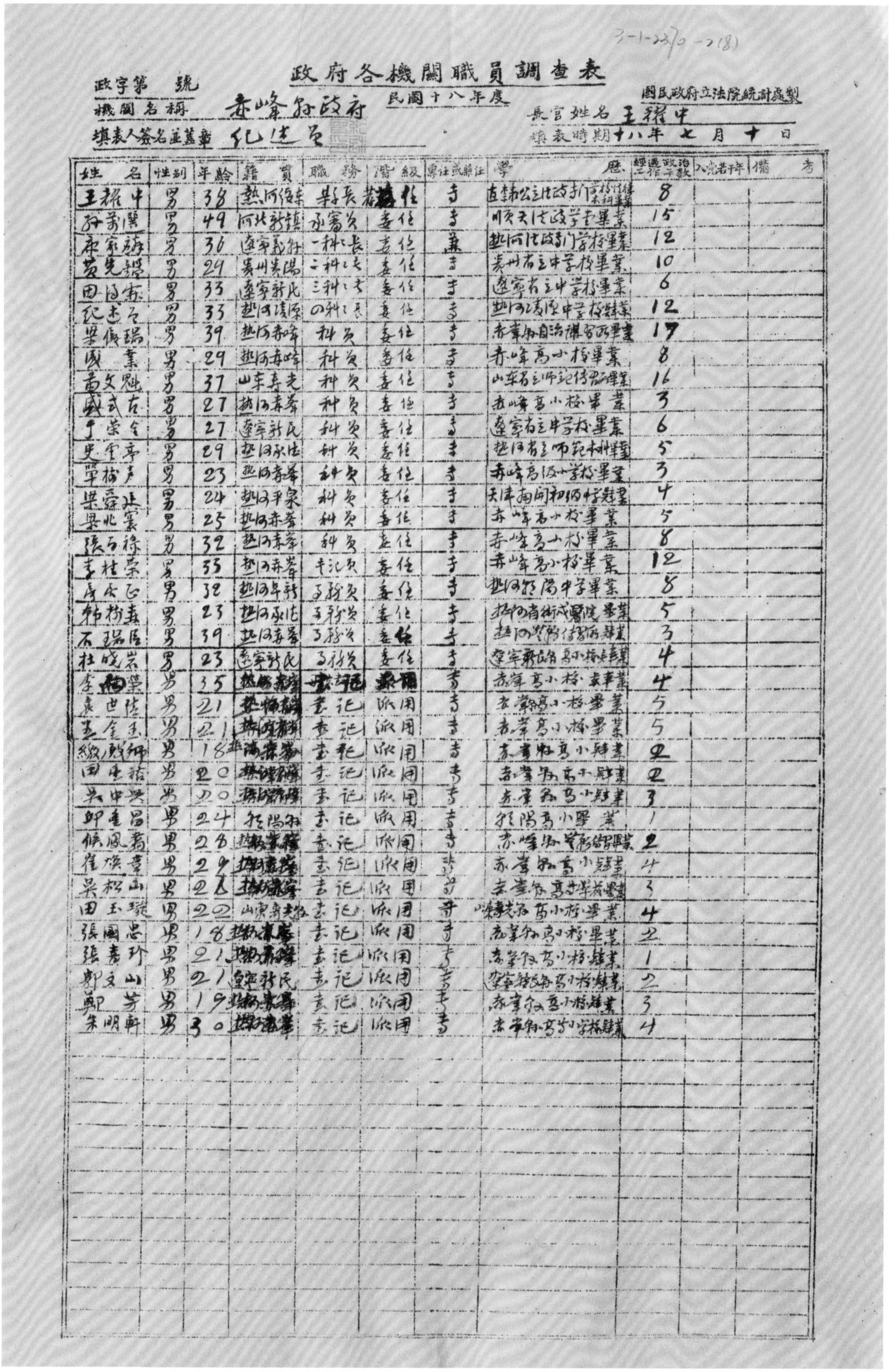

3-1-2270-2(8)

政府各機關職員調查表

政字第　號

機關名稱　赤峰縣政府　　民國十八年度　　國民政府立法院統計處製

長官姓名　王禎中

填表人簽名並蓋章　紀述堯

填表時期　十八年七月十日

姓名	性別	年齡	籍貫	職務	階級	專任或兼任	學歷	經過政治工作年數	入黨若干年	備考
王禎中	男	38	熱河綏東	縣長	薦任	專	直隸公立法政專門學校法律本科畢業	8		
[illegible]	男	49	河北新鎮	承審員	委任	專	順天法政學堂畢業	15		
康家[illegible]	男	36	遼寧義縣	一科科長	委任	兼	熱河法政專門學校畢業	12		
黃先[illegible]	男	29	貴州貴陽	二科科長	委任	專	貴州省立中學校畢業	10		
田[illegible]	男	33	遼寧新民	三科科長	委任	專	遼寧省立中學校畢業	6		
紀述堯	男	33	熱河凌源	四科科長	委任	專	熱河凌源中學校肄業	12		
梁[illegible]瑞	男	39	熱河赤峰	科員	委任	專	赤峰縣自治講習所畢業	17		
[illegible]業	男	29	熱河赤峰	科員	委任	專	赤峰高小校畢業	8		
[illegible]文魁	男	37	山東壽光	科員	委任	專	山東省立師範傳習所畢業	16		
盛武[illegible]	男	27	熱河赤峰	科員	委任	專	赤峰高小校畢業	3		
于榮全	男	27	遼寧新民	科員	委任	專	遼寧省立中學校畢業	6		
史雲亭	男	29	熱河承德	科員	委任	專	熱河省立師範講習科畢業	5		
[illegible]	男	23	熱河赤峰	科員	委任	專	赤峰高級小學校畢業	3		
梁[illegible]	男	24	熱河平泉	科員	委任	專	天津南開初級中學肄業	4		
[illegible]	男	25	熱河赤峰	科員	委任	專	赤峰高小校畢業	5		
張[illegible]	男	32	熱河赤峰	科員	委任	專	赤峰高小校畢業	8		
李桂榮	男	33	熱河赤峰	[illegible]	委任	專	赤峰高小校畢業	12		
[illegible]	男	32	熱河阜新	事務員	委任	專	熱河朝陽中學畢業	8		
[illegible]	男	23	熱河承德	事務員	委任	專	熱河省[illegible]醫院畢業	5		
[illegible]	男	39	熱河赤峰	事務員	委任	專	熱河[illegible]傳習所肄業	3		
杜曉岩	男	23	遼寧新民	事務員	委任	專	遼寧新民縣高小校肄業	4		
李[illegible]業	男	35	[illegible]	[illegible]	[illegible]	專	赤峰高小校畢業	4		
袁世[illegible]	男	21	[illegible]	書記	派用	專	赤峰縣高小校畢業	5		
[illegible]	男	21	[illegible]	書記	派用	專	赤峰高小校畢業	5		
[illegible]	男	18	[illegible]	書記	派用	專	赤峰縣高小肄業	2		
田[illegible]	男	20	[illegible]	書記	派用	專	赤峰縣高小肄業	2		
吳中[illegible]	男	20	[illegible]	書記	派用	專	赤峰縣高小肄業	3		
[illegible]	男	24	朝陽縣	書記	派用	專	朝陽高小畢業	1		
侯鳳翥	男	26	熱河赤峰	書記	派用	專	赤峰縣[illegible]畢業	2		
崔煥章	男	29	熱河赤峰	書記	派用	[illegible]	赤峰縣高小肄業	4		
吳松山	男	26	熱河赤峰	書記	派用	[illegible]	赤峰縣高等小學校畢業	3		
田玉璣	男	22	山東[illegible]	書記	派用	[illegible]	[illegible]高小校畢業	4		
張國忠	男	18	熱河赤峰	書記	派用	專	赤峰縣高小校畢業	2		
張喜珍	男	21	熱河赤峰	書記	派用	專	赤峰縣高小校肄業	1		
鄭文山	男	21	遼寧新民	書記	派用	專	遼寧新民縣高小校肄業	2		
鄭芳	男	19	熱河赤峰	書記	派用	專	赤峰縣高小校肄業	3		
朱明軒	男	30	熱河赤峰	書記	派用	專	赤峰縣高等小學校肄業	4		

二八三 熱河省建設廳爲查填外人在華開辦廠店及華洋合辦事業、聘用洋員等調查表事致赤峰縣政府訓令（1929年9月26日）

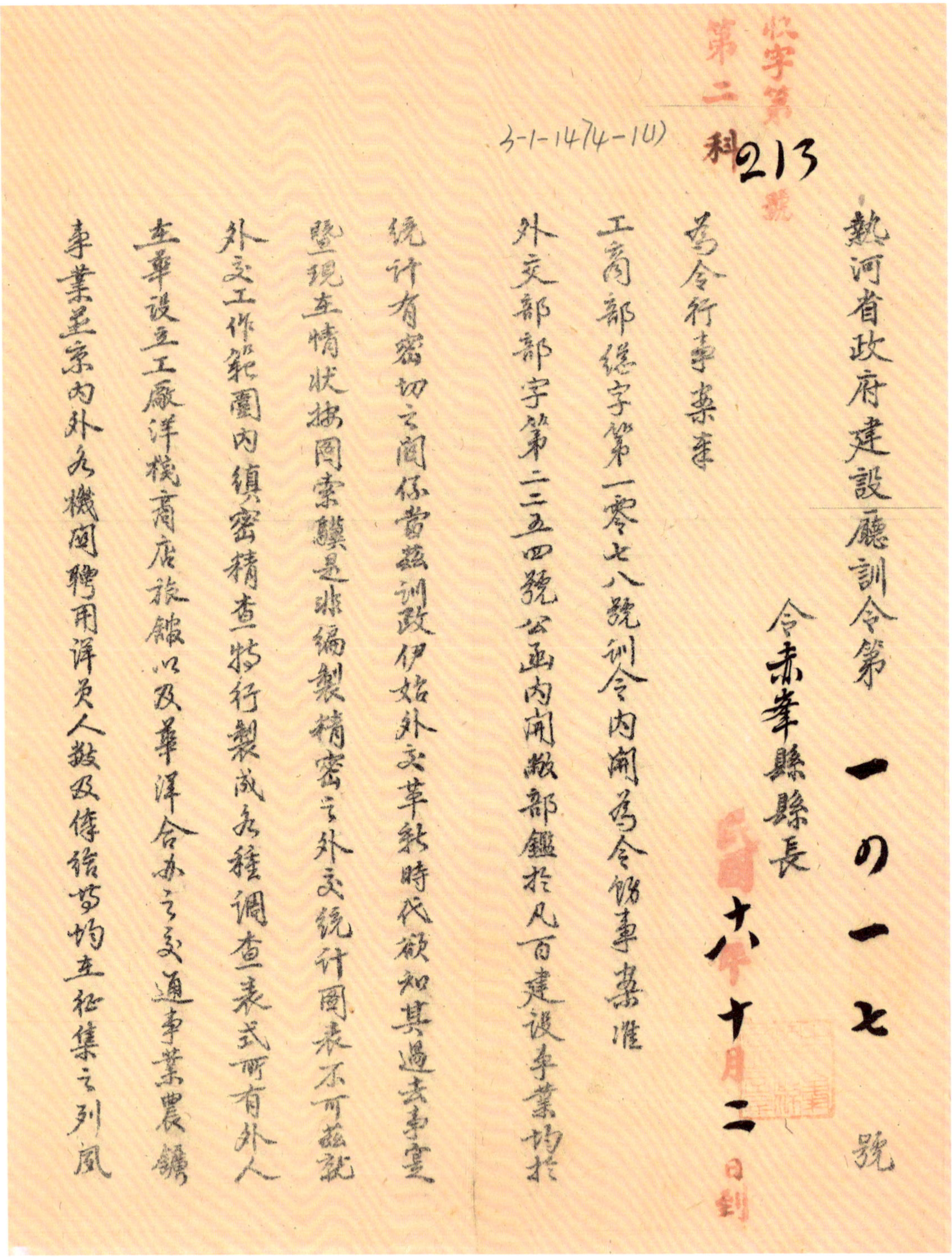

收字第213號
第二科
3-1-1474-(1)

熱河省政府建設廳訓令第一〇一七號
令赤峯縣縣長
爲令行事案准
工商部總字第一零七八號訓令內開爲令飭事案准
外交部部字第二三五四號公函內開敝部鑒於凡百建設事業均於
統計有密切之關係當茲訓政伊始外交革新時代欲知其過去事實
暨現在情狀按圖索驥是非編製精密之外交統計圖表不可茲就
外交工作範圍內須密精查特行製成各種調查表式所有外人
在華設立工廠洋棧商店旅館以及華洋合辦之交通事業農鑛
事業並京內外各機關聘用洋員人數及俸給等均在徵集之列風

民國十八年十月二日到

二八三　熱河省建設廳爲查填外人在華開辦廠店及華洋合辦事業、聘用洋員等調查表事致赤峰縣政府訓令（1929年9月26日）

荷貴部協力合作定必樂於贊許用特將敝部製定之調查表式
五種係分行外相應專函奉達至祈查照迅予飭所管科暨直屬各
機關依照所奉表式詳爲填明請煩於最近期内彙成賜下俾
得製成完整之統計表册供外交上參考之資等因並附調查表
式五種到部除咨復並分令外合亟檢發各該種表式各一紙令
仰該廳遵照依式查填早日具報以憑彙轉勿延此令 附發調查
表式五種等因旋奉
工商部總字第一一八七號訓令令催前因並飭先將洋員調查表
趕填具報等因除將省垣各機關並無聘用洋員暨分令各該
縣局照表查填 情形呈覆外合亟檢同原發調查表式五種

二八三　熱河省建設廳爲查填外人在華開辦廠店及華洋合辦事業、聘用洋員等調查表事致赤峰縣政府訓令（1929年9月26日）

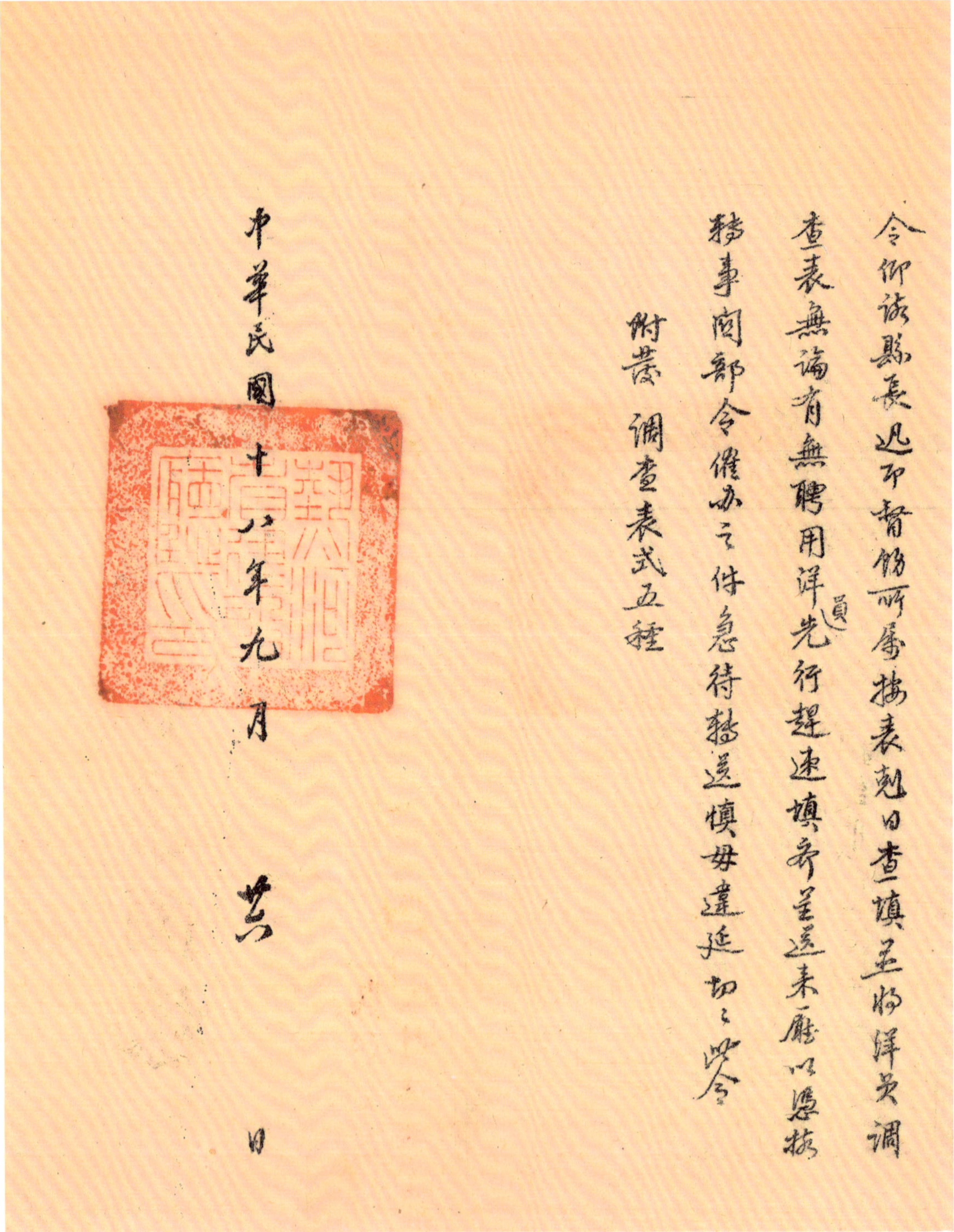

令仰該縣長迅即督飭所屬按表剋日查填並將洋員調查表無論有無聘用洋員先行提速填齊呈送來廳以憑核轉事關部令催辦之件急待轉送慎毋違延切切此令

附發調查表式五種

中華民國十八年九月　日

二八三 熱河省建設廳爲查填外人在華開辦廠店及華洋合辦事業、聘用洋員等調查表事致赤峰縣政府訓令（1929年9月26日）

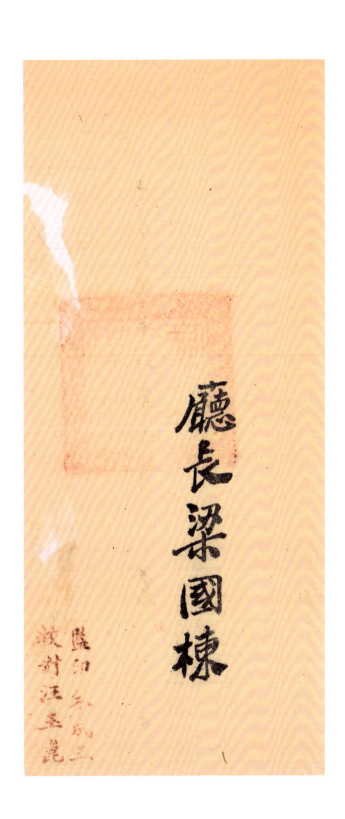

廳長梁國棟
監印李成三
校對汪丕昆

二八四　赤峰縣政府爲聲明未聘用洋員暨報送外人在華開設廠店調查表事致熱河省建設廳呈稿（1929年10月8日）

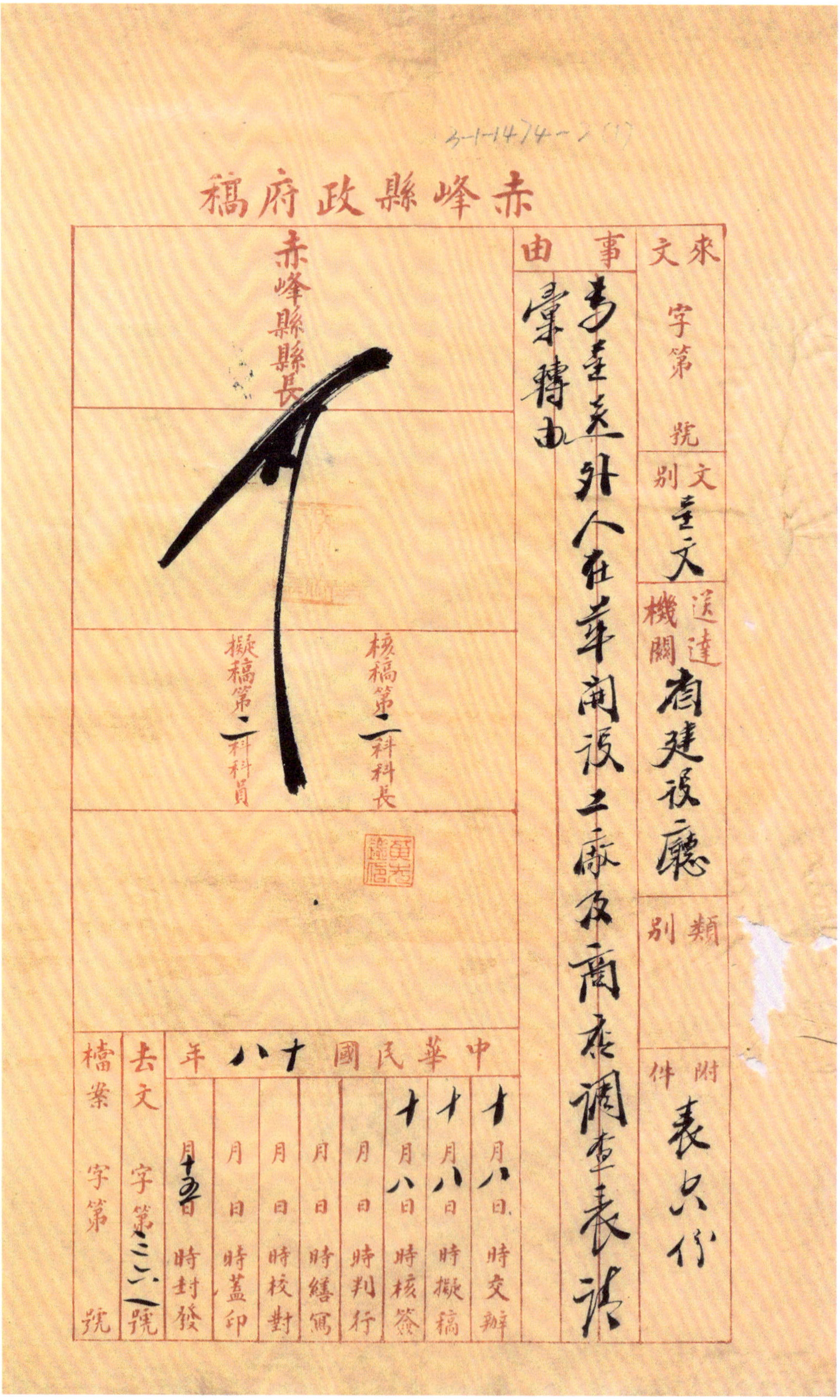

3-1-1474-2(1)

赤峰縣政府稿

來文	字第　號
文別	呈文
送達機關	省建設廳
類別	
附件	表只份

事由：爲呈送外人在華開設工廠及商店調查表請彙轉由

赤峰縣縣長

核稿第一科科長

擬稿第一科科員

中華民國十八年							
十月八日時交辦	十月八日時擬稿	十月八日時核簽	月日時判行	月日時繕寫	月日時校對	月日時蓋印	月十五日時封發

去文字第三二一號

檔案字第　號

二八四　赤峰縣政府爲聲明未聘用洋員暨報送外人在華開設廠店調查表事致熱河省建設廳呈稿（1929年10月8日）

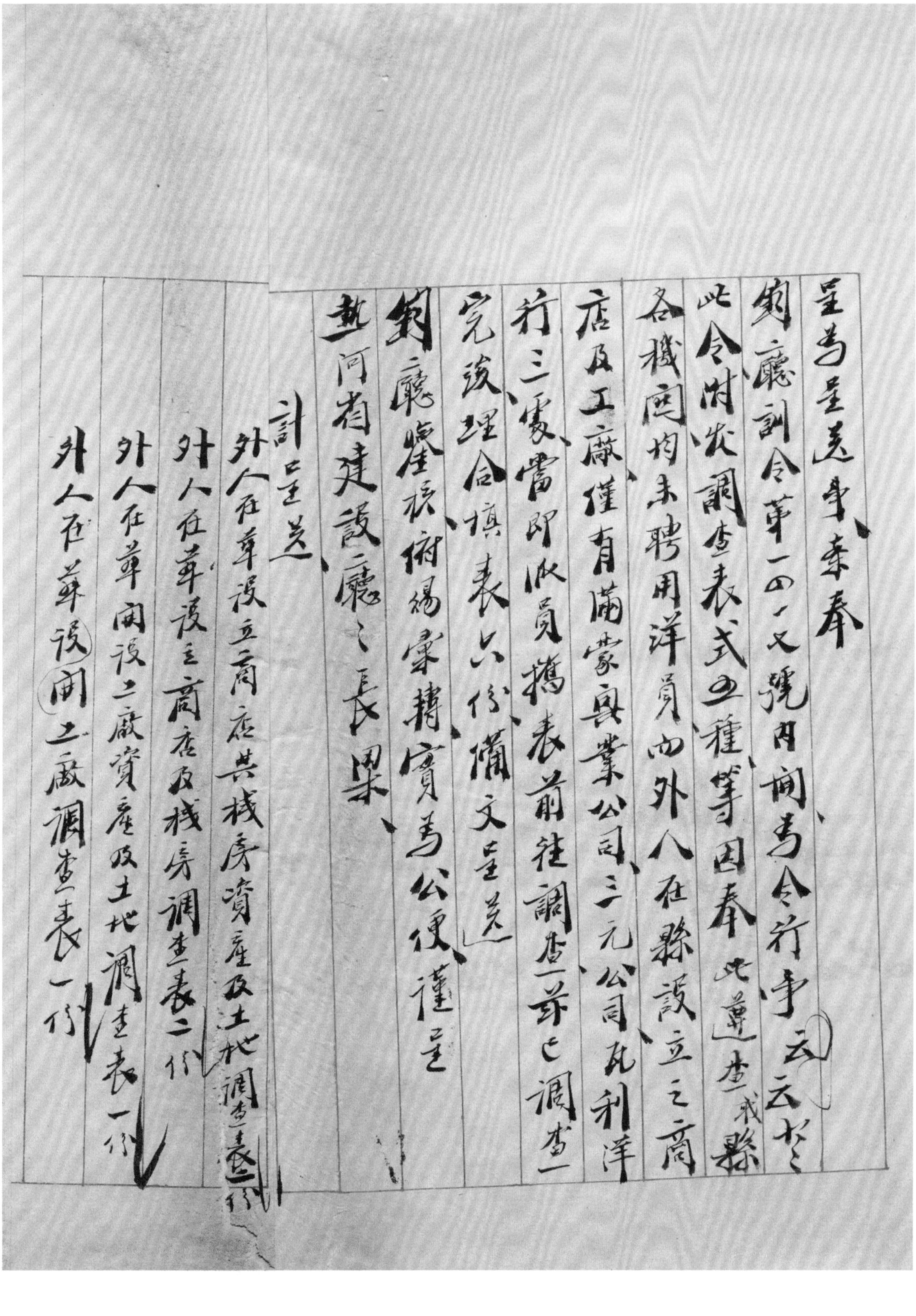
呈爲呈送事，案奉
鈞廳訓令第一四一八號内開：爲令行事，云云，等因。
此令附發調查表式五種等因，奉此，遵查職縣
各機關均未聘用洋員，而外人在縣設立之商
店及工廠僅有滿蒙興業公司、三元公司、瓦利洋
行三處，當即派員携表前往調查，兹已調查一
完竣，理合填表具文呈送
鈞廳鑒核，俯賜彙轉，實爲公便。謹呈
熱河省建設廳廳長梁
計呈送
外人在華設立商店及棧房資產及土地調查表一份
外人在華設立商店及棧房調查表二份
外人在華開設之廠資產及土地調查表一份
外人在華設開之廠調查表一份

二八四　赤峰縣政府爲聲明未聘用洋員暨報送外人在華開設廠店調查表事致熱河省建設廳呈稿（1929年10月8日）

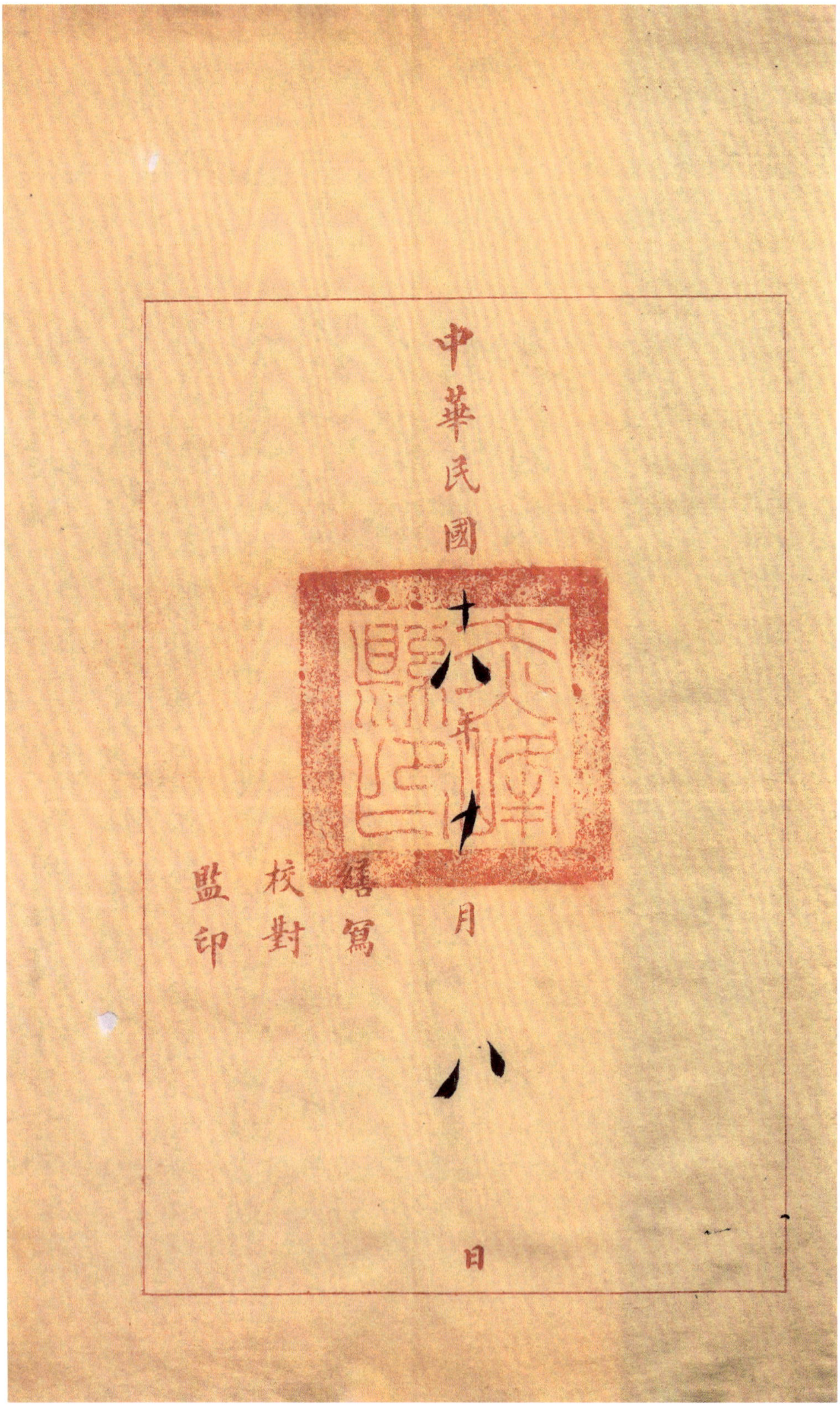

中華民國十八年十月八日

繕寫　校對　監印

二八四　赤峰縣政府爲聲明未聘用洋員暨報送外人在華開設廠店調查表事致熱河省建設廳呈稿（1929年10月8日）

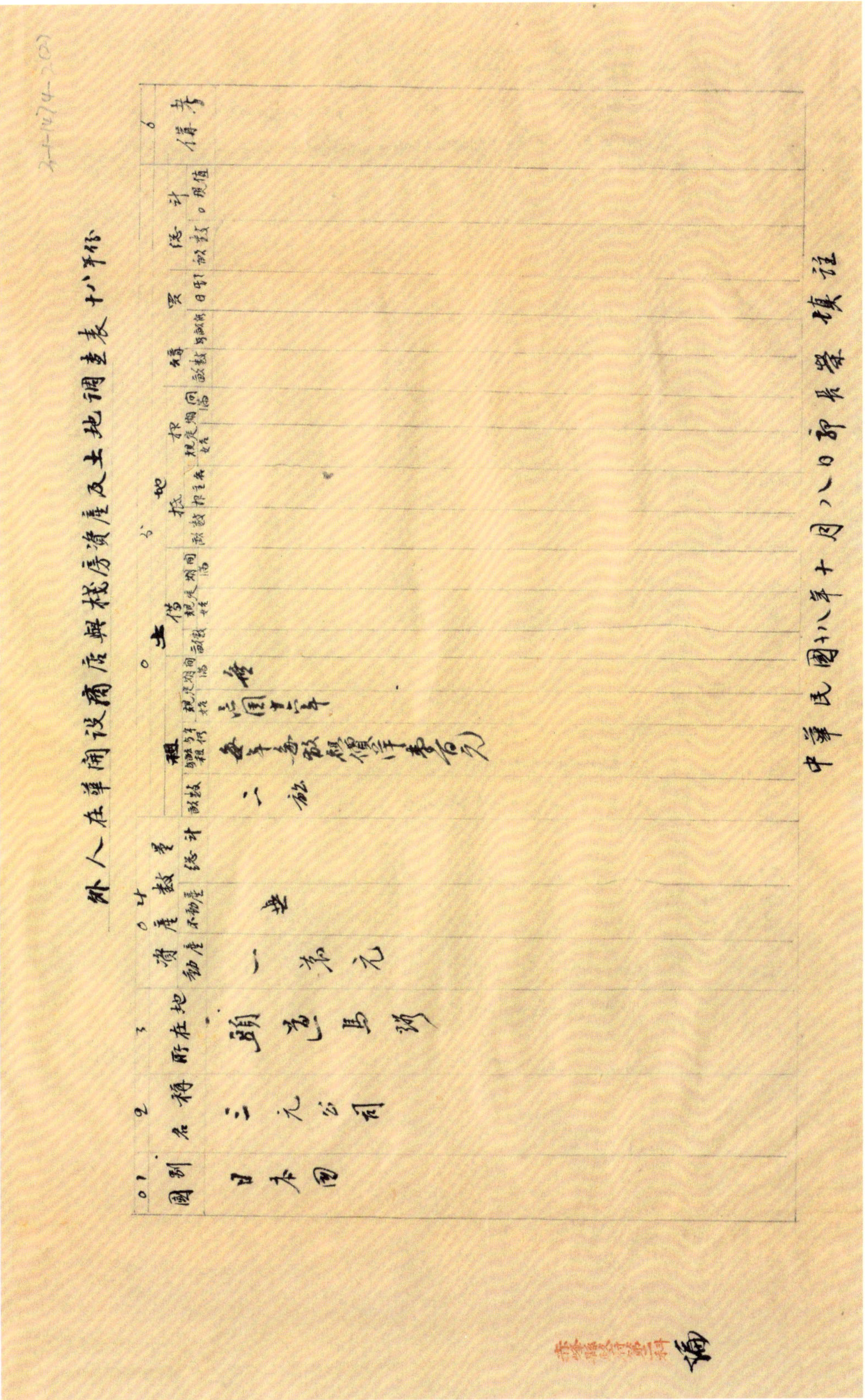

外人在華開設商店與棧房資產及土地調查表 十八年份

國别	名稱	所在地	資産數量 動産	資産數量 不動産	資産數量 總計	土地 租 畝數	土地 租 每年租價	土地 租 規定期間	土地 租 滿期	備考
日本國	三元公司	頭道馬路	一萬元	無		二畝	每年每畝租價洋壹百元	民國廿六年	無	

中華民國十八年十月八日郭長榮填註

赤峰縣政府第二科

二八四　赤峰縣政府爲聲明未聘用洋員暨報送外人在華開設廠店調查表事致熱河省建設廳呈稿（1929年10月8日）

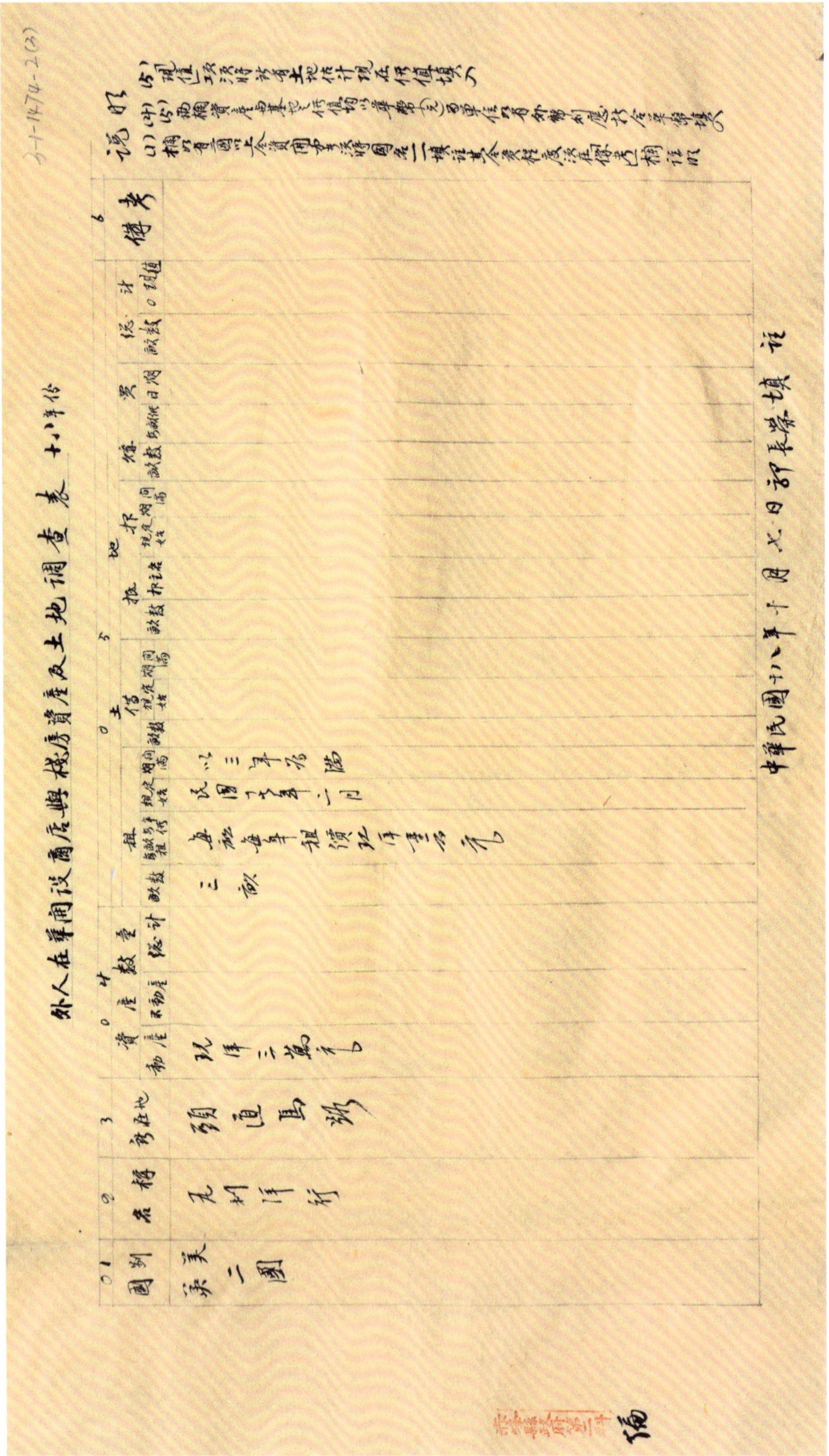

二八四 赤峰縣政府爲聲明未聘用洋員暨報送外人在華開設廠店調查表事致熱河省建設廳呈稿（1929 年 10 月 8 日）

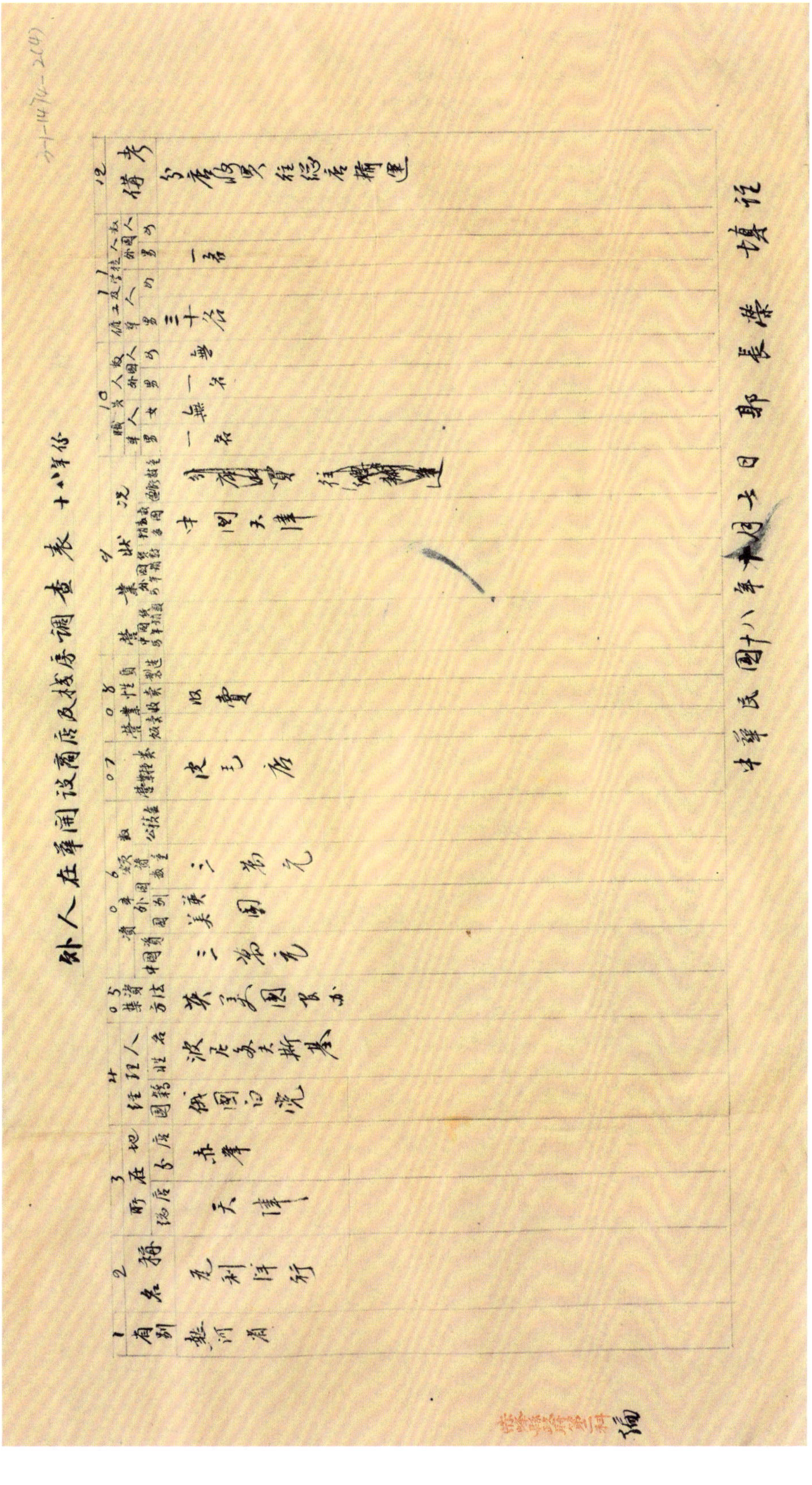

二八四　赤峰縣政府爲聲明未聘用洋員暨報送外人在華開設廠店調查表事致熱河省建設廳呈稿（1929 年 10 月 8 日）

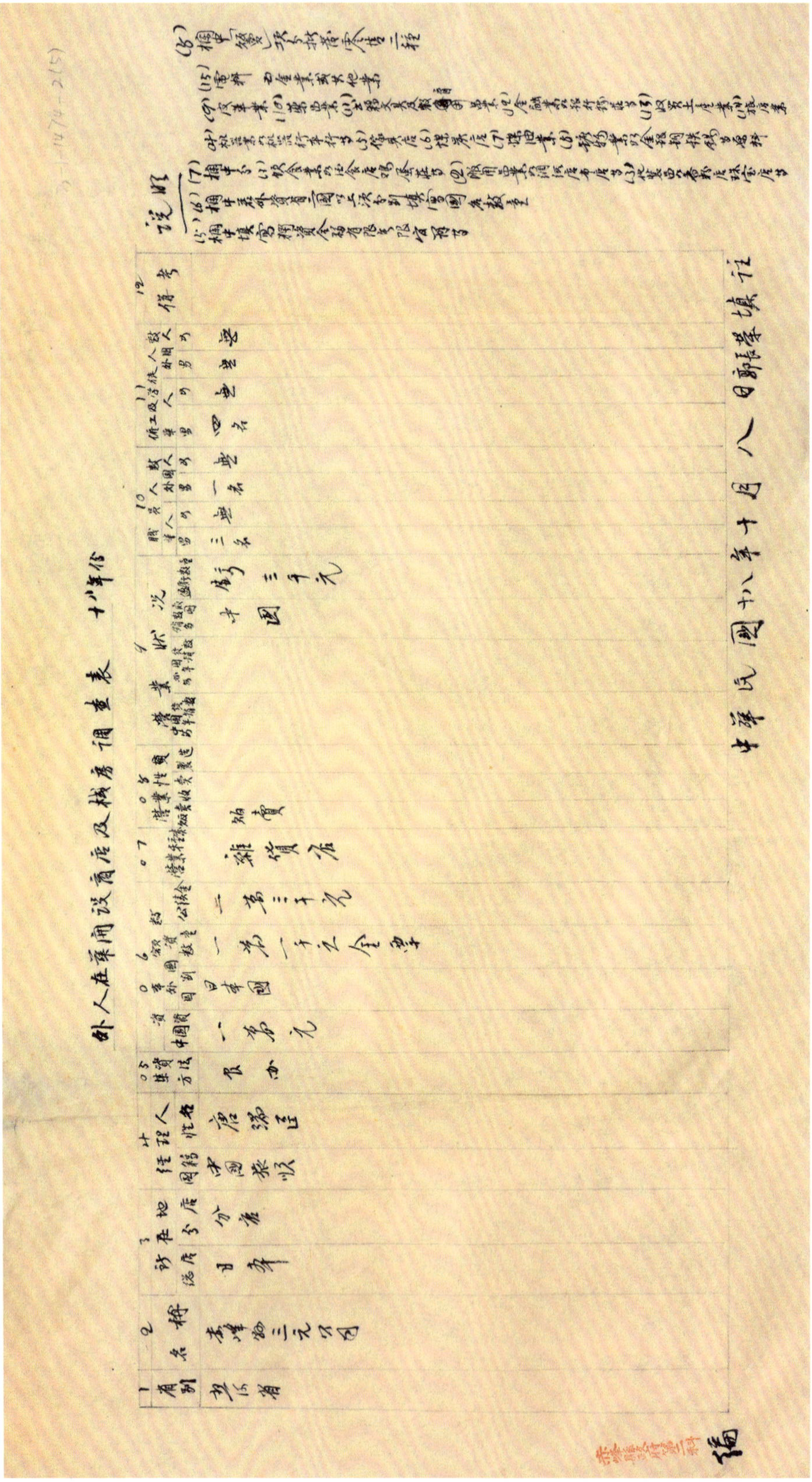

二八四　赤峰縣政府爲聲明未聘用洋員暨報送外人在華開設廠店調查表事致熱河省建設廳呈稿（1929年10月8日）

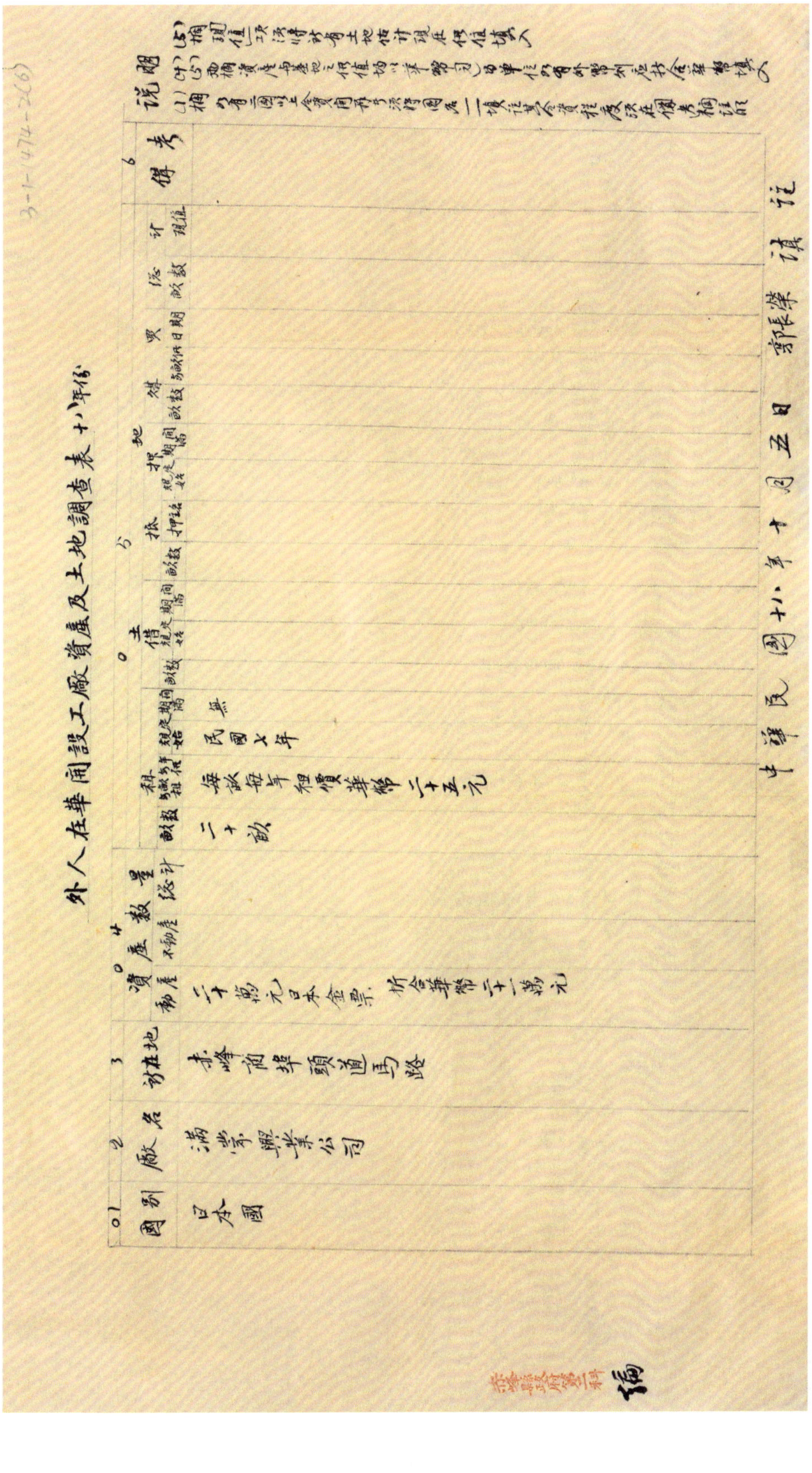

3-1-474-2(6)

外人在華開設工廠資產及土地調查表　十八年份

國別	廠名	所在地	資產數量：動產	不動產	總計	土地：租：畝數	每畝每年租價	規定始期	滿期	借：畝數	規定始期	滿期	抵押：畝數	押款	規定始期	滿期	購買：畝數	每畝價值	日期	總：畝數	計現值	備考
日本國	滿蒙興業公司	赤峰商埠頭道馬路	二十萬元日本金票　折合華幣二十一萬元			二十畝	每畝每年租價華幣二十五元	民國七年	無													

說明　(1)欄乃有二國以上合資開辦者須將國名一一填註，其合資程度須在備考欄註明。(2)(3)(4)(5)欄資產與基地之價值均以華幣（元）為單位，如有外幣則應折合華幣填入。(5)欄現值一項須將所有土地估計現在價值填入。

中華民國十八年十月五日　郭長榮　填註

赤峰縣政府第二科　編

二八四 赤峰縣政府爲聲明未聘用洋員暨報送外人在華開設廠店調查表事致熱河省建設廳呈稿（1929 年 10 月 8 日）

3-1-1474-2(7)

外人在華開設工廠調查表　十八年份

1 省別	2 市縣別	3 廠名	4 所在地	5 廠長或經理 國籍	5 廠長或經理 姓名	6 性質 公司	6 性質 會社	6 性質 獨資	6 性質 合辦	7 資本額數 華資	7 資本額數 外資	7 資本額數 公積金	8 出品 種類	8 出品 商標	8 出品 每年出品數量	8 出品 每年出品價值	8 出品 銷路區域	9 職員人數 男	9 職員人數 女	10 工人人數 男	10 工人人數 女	10 工人人數 童	11 工作時間 每日(小時)	11 工作時間 每夜(小時)	12 工資 職員每月 最高	12 工資 職員每月 最低	12 工資 工人每月 最高	12 工資 工人每月 最低	13 原料產地	14 發動力馬力	15 備考
熱河省	赤峰商埠頭道馬路	滿蒙興業公司	頭道馬路	日本	龍山	有限公司			官商合辦 日本		日本金票十五萬元	日本金票五萬元	甜草膏子	無	八萬六千四百斤	十二萬九千六百元	日本國	日人二名	中人二名	中男一十八	無	無	早六点起至晚六点爲止	無	金票一百六十元	金票五十元	華幣三十元	華幣十二元	赤峰	一百二十馬力	

說明
(6)欄內公司一項須註有限無限兩種「合辦」一項僅註國名
(7)(12)兩欄須註明單位如元或兩
(8)欄數量與價值二項須註明單位
(10)童工年在十四歲以下者

中華民國十八年十月五日　郭振業　填註

赤峰縣政府第二科　編

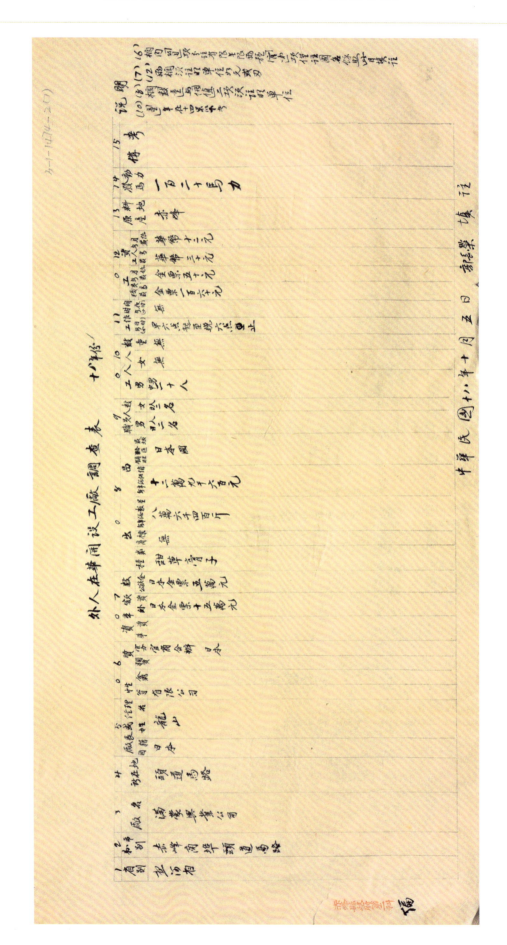

二八五　熱河省民政廳爲設立模範新村事致赤峰縣政府訓令（1929年9月20日）

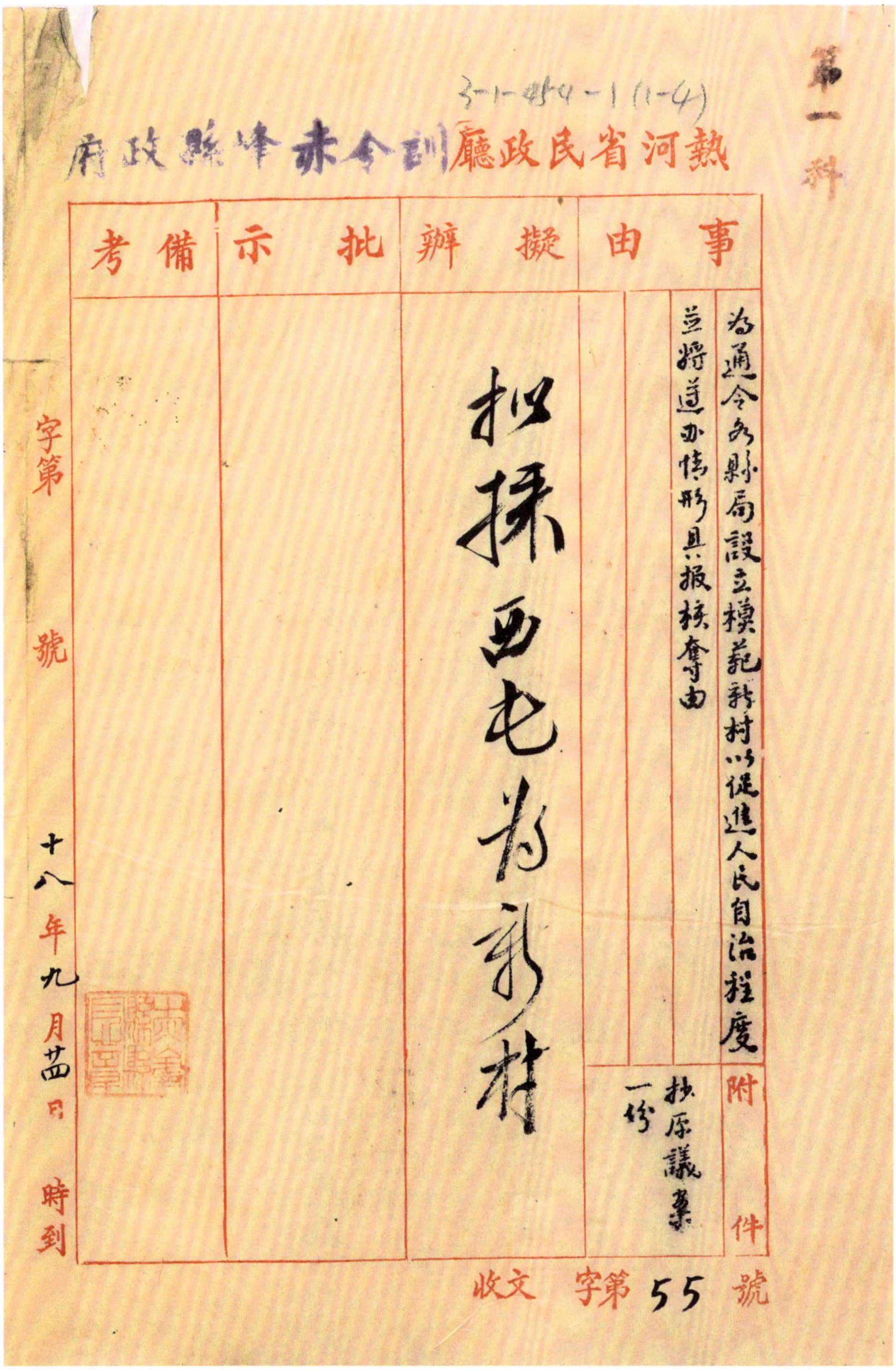

第一科

3-1-454-1(1-4)

熱河省民政廳訓令赤峰縣政府

事由	擬辦	批示	備考
爲通令各縣局設立模範新村以促進人民自治程度並將進办情形具报核奪由	擬採西屯爲新村		

附件：抄原議案一份

字第　號

十八年九月廿四日　時到

收文　字第55號

二八五　熱河省民政廳爲設立模範新村事致赤峰縣政府訓令（1929 年 9 月 20 日）

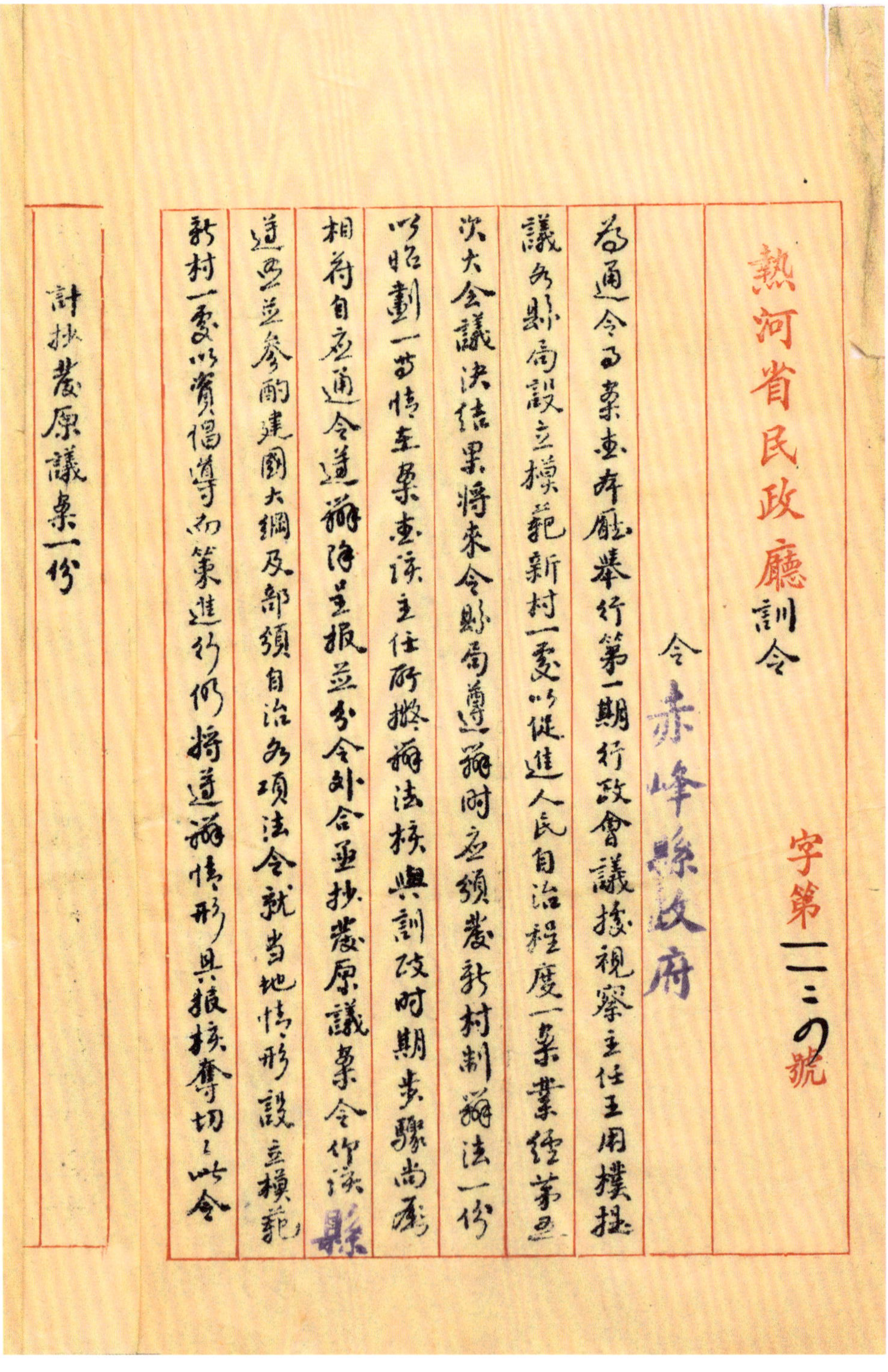

熱河省民政廳訓令　字第一三〇號

令赤峰縣政府

爲通令事案查本廳奉行第一期行政會議據視察主任王用樸提議各縣籌設立模範新村一處以促進人民自治程度一案業經第三次大會議決結果將來令縣籌遵辦附應須發新村制辦法一份以昭劃一等情查案查該主任所擬辦法核與訓政時期步驟尚屬相符自應通令遵辦除呈報並分令外合亟抄發原議案令仰該縣遵照並參酌建國大綱及部頒自治各項法令就當地情形設立模範新村一處以資倡導而策進行仍將遵辦情形具報核奪切切此令

計抄發原議案一份

二八五 熱河省民政廳爲設立模範新村事致赤峰縣政府訓令（1929年9月20日）

中華民國十八年九月廿日
邢克莊
監印王巨升
校對孫世泰

二八六　赤峰縣政府爲設立模範新村情形事致熱河省民政廳呈稿（1929年10月12日）

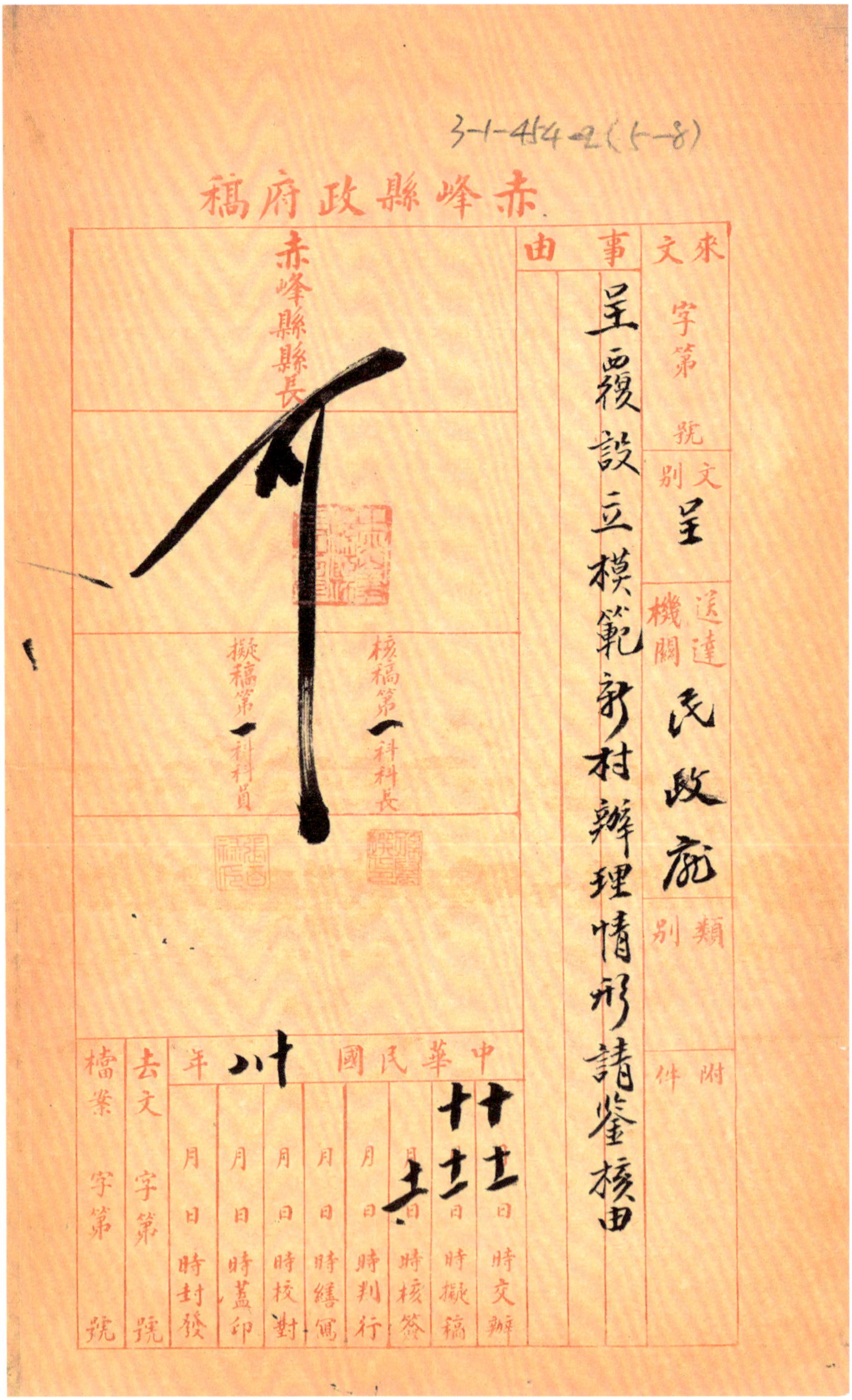

3-1-414-2（1-8）

赤峰縣政府稿

來文：字第　號
文別：呈
送達機關：民政廳
類別：
附件：
事由：呈覆設立模範新村辦理情形請鑒核由

赤峰縣縣長　行
核稿第一科科長
擬稿第一科科員

中華民國十八年　十月十二日
月　日　時交辦
月　日　時擬稿
月　日　時核簽
月　日　時判行
月　日　時繕寫
月　日　時校對
月　日　時蓋印
月　日　時封發
去文　字第　號
檔案　字第　號

二八六　赤峰縣政府爲設立模範新村情形事致熱河省民政廳呈稿（1929年10月12日）

呈爲呈覆事、本年九月二十四日奉
鈞廳訓令第一一二四號內開爲通令事、云云
此令計抄發原議案一份、等因奉此、查創
辦新村制一事、實爲促進人民自治根本要
政、職縣縣城西南、舊有村名西屯、人烟稠密、
房屋比連、往來交通、尤屬稱便、該村人民因
距縣城最近、以是讀書識字者頗多、縣長以該
村人民對于新政目睹耳聞、濡染日深、易於
訓練、當奉令之日、即佈告民衆週知、將該
西屯舊名取銷、改爲新村、以供全縣模範、並

二八六 赤峰縣政府爲設立模範新村情形事致熱河省民政廳呈稿（1929年10月12日）

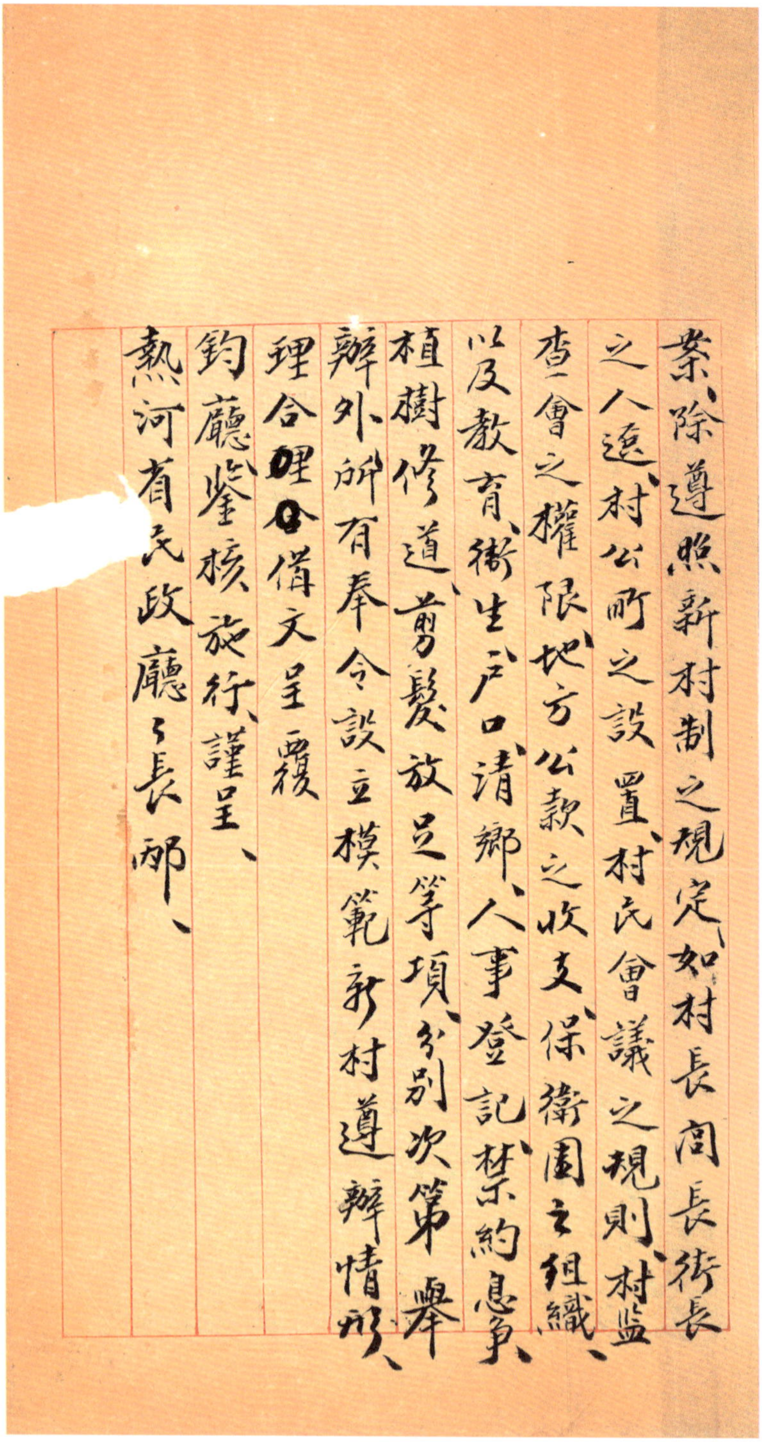

案，除遵照新村制之規定，如村長、閭長、街長之人選、村公所之設置、村民會議之規則、村監查會之權限、地方公款之收支、保衛團之組織，以及教育、衛生、戶口清鄉、人事登記、禁約息爭、植樹、修道、剪髮、放足等項，分別次第舉辦外，所有奉令設立模範新村遵辦情形，理合備文呈覆

鈞廳鑒核施行。謹呈

熱河省民政廳廳長鄒

二八六 赤峰縣政府爲設立模範新村情形事致熱河省民政廳呈稿（1929 年 10 月 12 日）

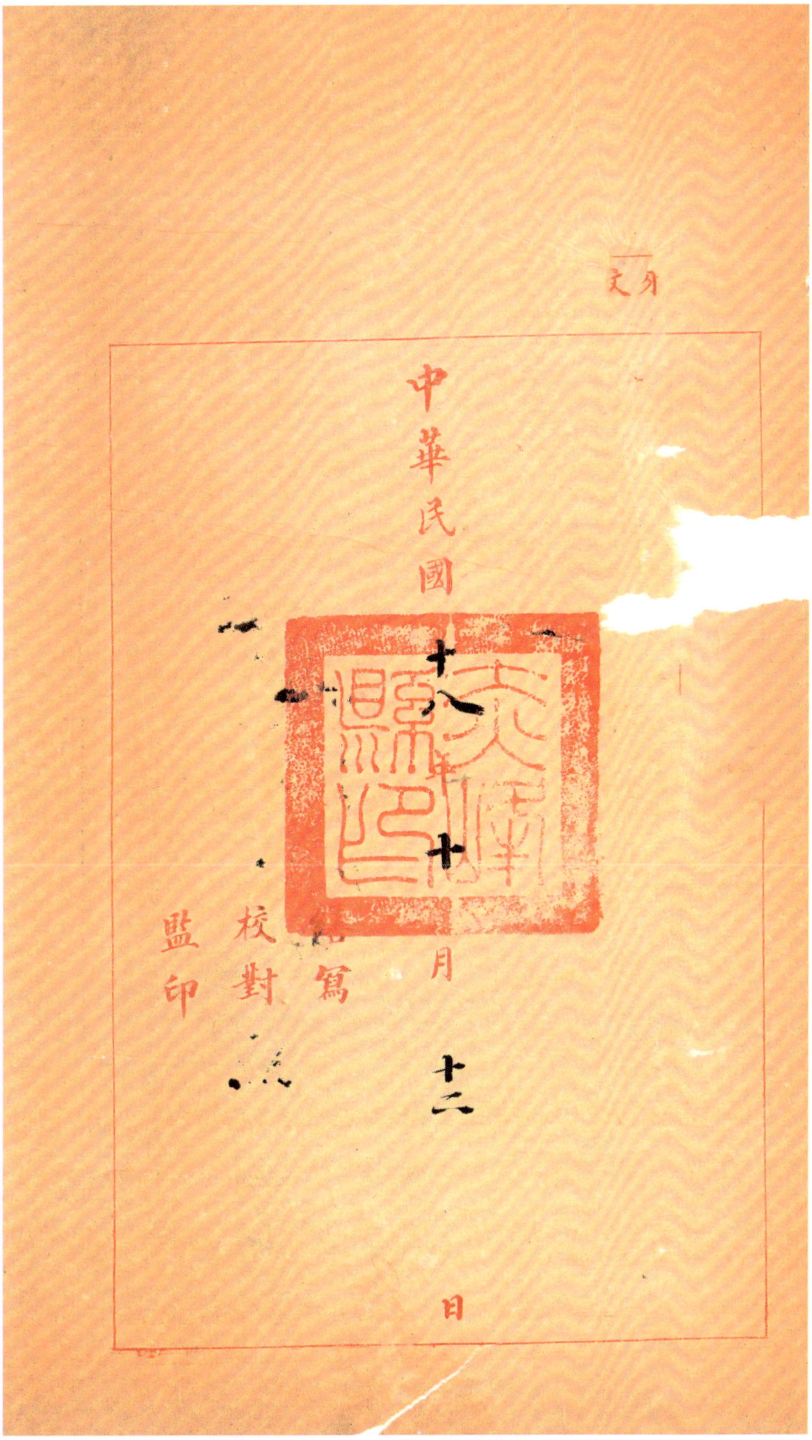

中華民國十八年十月十二日

赤峰縣印

繕寫 校對 監印

二八七 西南地村村長于和爲擬具試辦模範新村條件請核奪事致赤峰縣政府呈（1929 年 10 月）

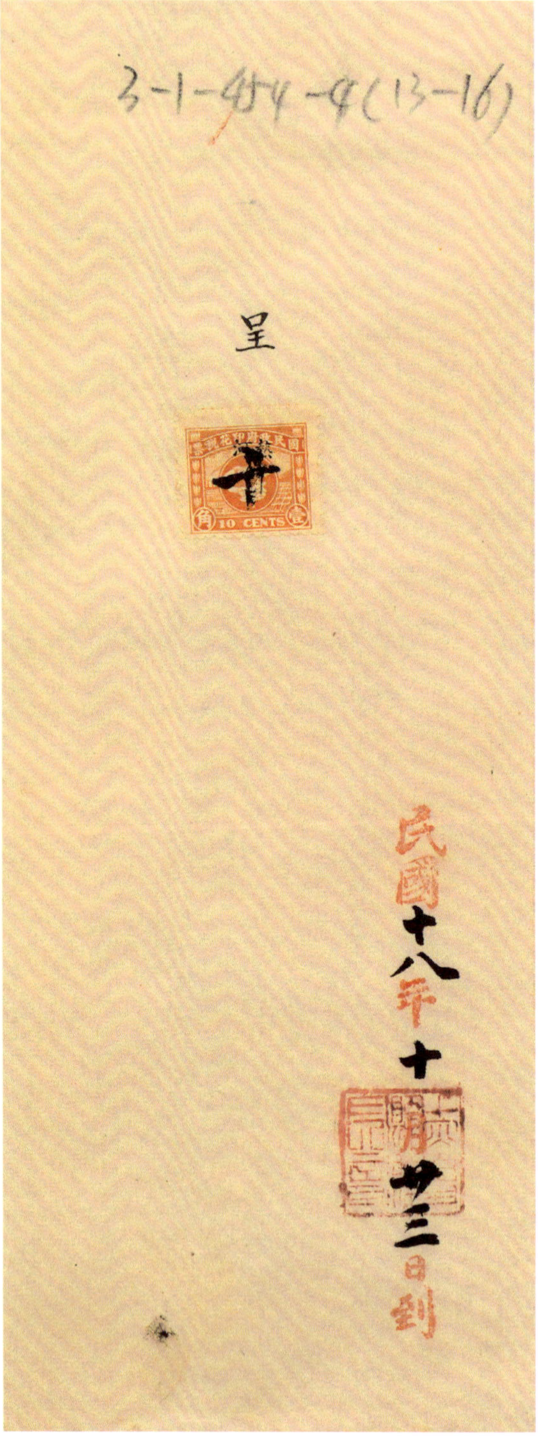

3-1-454-4(13-16)

呈

民國十八年十月廿三日到

二八七 西南地村村長于和爲擬具試辦模範新村條件請核奪事致赤峰縣政府呈（1929 年 10 月）

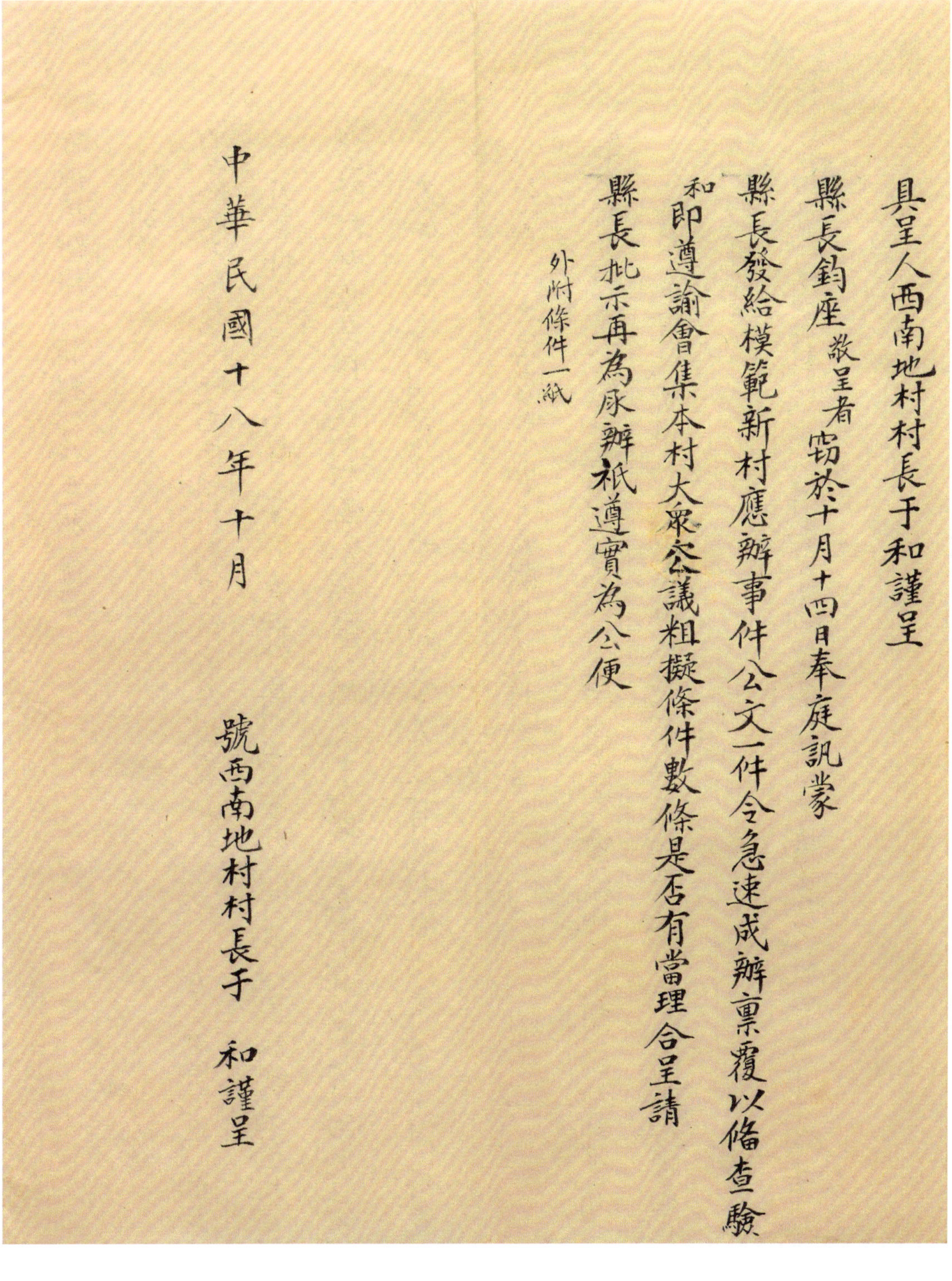

具呈人西南地村村長于和謹呈

縣長鈞座 敬呈者 竊於十月十四日奉 庭訊蒙

縣長發給模範新村應辦事件公文一件令急速成辦稟覆以備查驗

和即遵諭會集本村大衆公議粗擬條件數條是否有當理合呈請

縣長批示再為承辦祗遵實為公便

外附條件一紙

中華民國十八年十月

號西南地村村長于 和謹呈

二八七　西南地村村長于和爲擬具試辦模範新村條件請核奪事致赤峰縣政府呈（1929年10月）

謹擬試辦模範新村條件乞核奪

計開

第一條以屯陣舊有之西南地村劃界改名為模範新村以立自治之基礎為宗旨
因該村戶口較多尚有三十餘戶四外庄村尚密算為適中地點故設立於此

第二條村既改為模範新村五家為隣設隣長一人監視五家有踰越自治之法處
否二十五家為閭設閭長一人監視二十五家有踰越自治之法處否倘有違
犯自治之法者責成鄰長閭長隨時勸導

第三條選村中大戶有空閒房屋暫借三四間作為會議地點凡關於公益事情
得大家會議不准動武力不准懷私心本中正和平之道待表決時以多數
認可為要

第四條公議置村監一人得素孚鄉望品學端方者充之視察各事不至有廢
弛弊端

二八七　西南地村村長于和爲擬具試辦模範新村條件請核奪事致赤峰縣政府呈（1929 年 10 月）

第五條公議設書記兼會計一人經理收支款項不可有遺漏浮出糜費等弊
第六條辦理保衛團係各村保護各村凡干戈火鎗均可使用在試辦之初以儉省
為要
第七條該村向無學校公議設立模範新小學一處國家之富強首在教育議
聘請本村師範畢業品學兼優者充之至於經費屯約裏五牌外五牌共
畝捐一百八十頃公議由畝捐項下加派每畝歷年洋三分可得五百四十元
之數以三百元作學校教員夫役校具等經費其餘者作模範新村用人
之經費因鄉農會每畝派洋三分可諭飭取銷鄉農會款多有此不加多無此
不加少挹彼注茲使民戶不另出款而模範新村諸事亦有款成立庶為兩便
第八條公議演說員一人如衛生植樹修道剪髮放足一切關於日用當行公益事
項編成白話告白於鄰近各村隨時演說開導總期人民達於自法之目的
為要

二八七 西南地村村長于和爲擬具試辦模範新村條件請核奪事致赤峰縣政府呈（1929 年 10 月）

以上所擬之條件本係粗擬多有遺漏是否有當懇乞
縣長改正之以便祇遵

屯牌西南地村村副于和謹呈

二八七　西南地村村長于和爲擬具試辦模範新村條件請核奪事致赤峰縣政府呈（1929年10月）

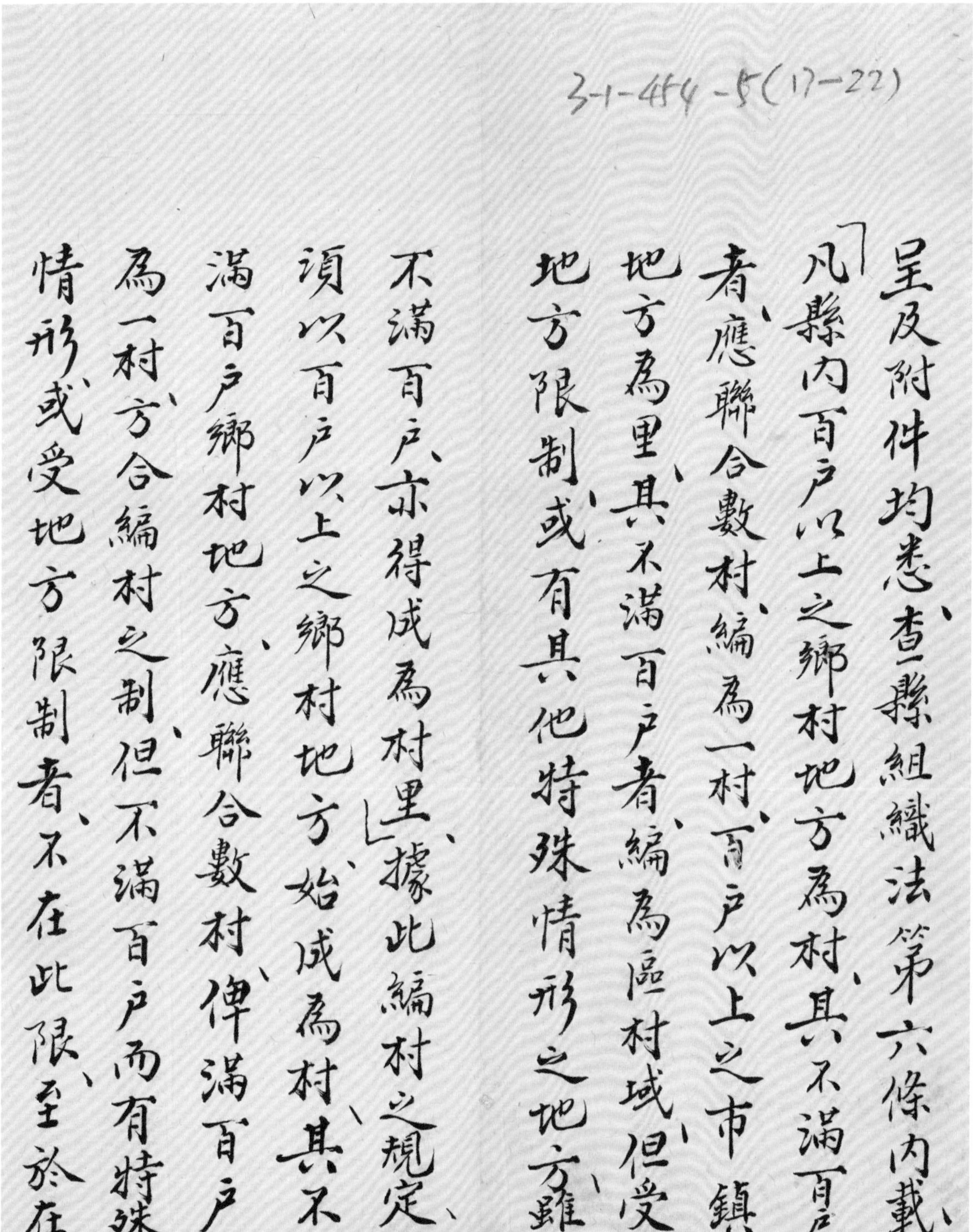

呈及附件均悉、查縣組織法第六條內載、「凡縣內百戶以上之鄉村地方為村、其不滿百戶者、應聯合數村編為一村、百戶以上之市鎮地方為里、其不滿百戶者編為區村域、但受地方限制或有其他特殊情形之地方、雖不滿百戶、亦得成為村里」、據此編村之規定、須以百戶以上之鄉村地方、始成為村、其不滿百戶鄉村地方、應聯合數村、俾滿百戶為一村、方合編村之制、但不滿百戶而有特殊情形、或受地方限制者、不在此限、至於在

二八七 西南地村村長于和爲擬具試辦模範新村條件請核奪事致赤峰縣政府呈（1929年10月）

市鎮地方滿百戶以上者、稱為里、故村與里為同等、不過就環境之不同而有區別耳、而村里之下、又分為閭鄰、係屬於村政統治之下、故縣組織法第九條內載、「村里居民以二十五戶為閭、五戶為鄰」、此為村里規定之大要、茲據呈遞條件、第一條、該村只有三十餘戶、尚不及村制規定之半、並查該村遠距縣城十里之外、更與新村制度大不相符、本府前次佈告、採擇三道街西屯為新村之原因、以該處為全縣交通便利適中地點、俾辦有成效、再

二八七　西南地村村長于和爲擬具試辦模範新村條件請核奪事致赤峰縣政府呈（1929 年 10 月）

施行全縣、且各鄉人民因事來縣者、多由該處經過、耳濡目染、耳聞目睹、自然易仿效、行是聞風興起、一倡百和、不待推辦而自辦矣、仰仍遵奉本政府指定地點、聯合該處素孚鄉望、實心辦事者、互相查照定章、切實奉行、是爲至要、至所請由畝捐項下抽款辦理學務一事、與章不合、不准、此批。

校

草擬

批發

二八八　赤峰縣公安局爲縣境公路興修完竣附送清單事致赤峰縣政府呈（1929年11月11日）

第二科
收字第967號
3-1-1478-34(1)
呈
民國十八年十一月十二日到

二八八　赤峰縣公安局爲縣境公路興修完竣附送清單事致赤峰縣政府呈（1929年11月11日）

呈為呈報奉令興修縣公路綫飭令各區修理完竣情形仰祈
鑒核事案奉
鈞府第六八號訓令開為令行事案奉
熱河省建設廳第一五五三號訓令內開為令行事案准
全國道路建設協會函開逕啓者本會秉承
先總理遺訓宣傳指導建設道路改良市政為職志上年調查各省道路築成通車者達七萬餘
里全賴各地熱心志士共同協助有此成績路政前途至為樂觀際此訓政時期普遍建設之秋
所有各省道路狀況行車概略車輛種類自應有周密之調查而促運輸之便利用特函請貴
廳通令所屬各該地築路辦事處以及長途汽車公司現各築成若干里程起訖地點通車時
日總理姓名公司地址均請分別詳細填寄上海勞神父路六零八號本會收登月刊以廣宣

二八八　赤峰縣公安局爲縣境公路興修完竣附送清單事致赤峰縣政府呈（1929年11月11日）

傳而利商運等由准此查熱屬汽車道前據各縣局先後呈報多數修理完竣惟道路狀況暨起訖地點迄未具報茲准前因除各長途汽車公司車輛種類經理姓名公司地址以及通車日期業經本廳分令各該公司自行分別填報俾免周折外所有該縣所屬已修好之汽車路由縣街至某縣管界止各若干里全縣總計共有若干里仰即詳細開單限五日內呈覆以憑彙寄切切此令等因奉此查奉令修築公路一案業經本府轉令該局遵照辦理在案迄今月餘究竟修築如何尚未據覆茲奉前因合亟令仰該局長遵照將本縣境內已修好之汽車路由縣街至某縣管界止各若干里全縣總計共有若干里詳細開單尅日呈覆以憑核轉切切此令等因奉此遵查前奉令發縣公路路綫清單遂即飭令各區公安分局等按照單開路綫督飭鄉民按段興修去後旋據各公安分局遵照興工修理完竣先後呈報前來局長覆查屬實正擬呈報間茲奉令

二八八　赤峰縣公安局爲縣境公路興修完竣附送清單事致赤峰縣政府呈（1929年11月11日）

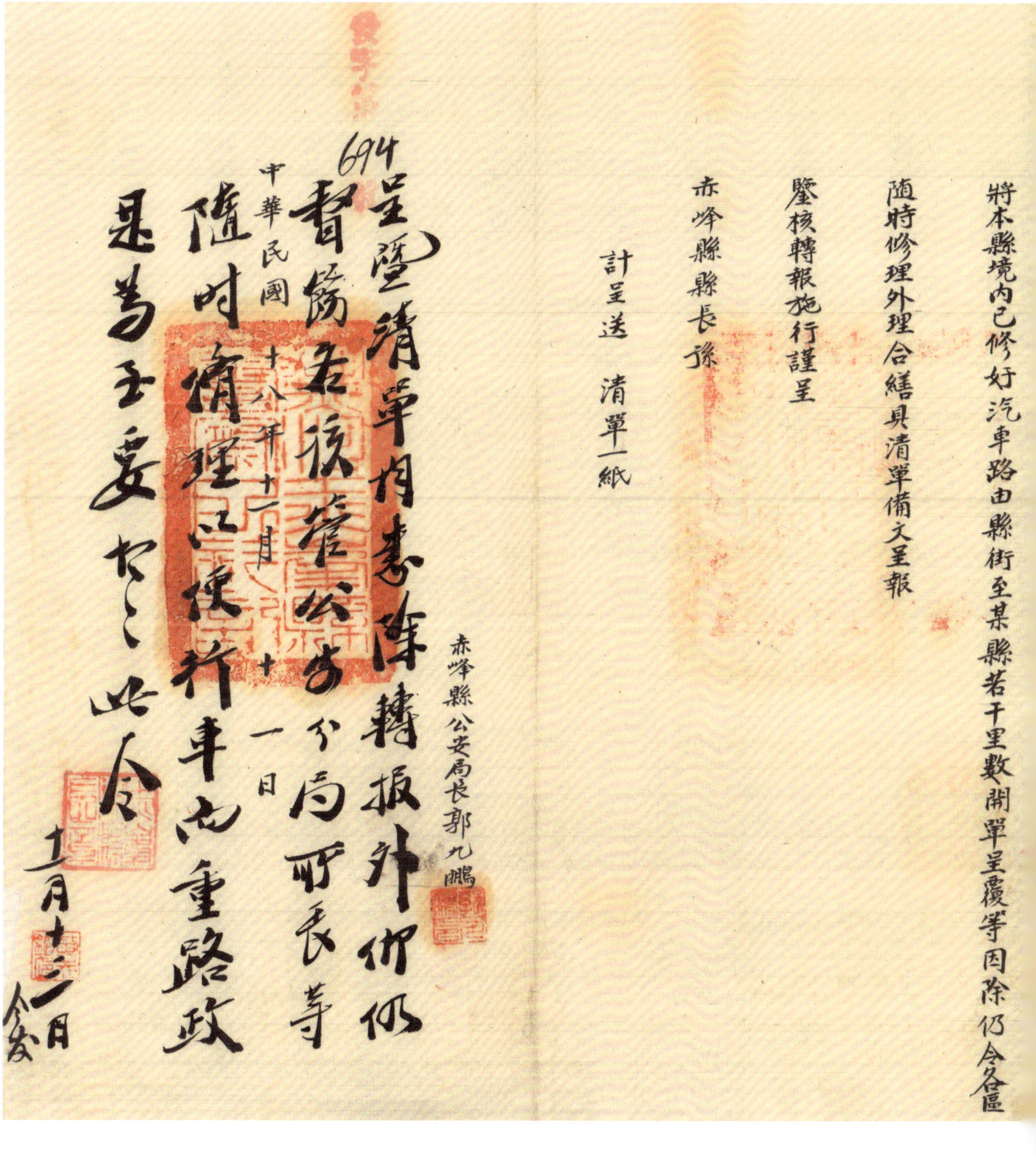

將本縣境內已修好汽車路由縣街至某縣若干里數開單呈覆等因除仍令各區
隨時修理外理合繕具清單備文呈報
鑒核轉報施行謹呈
赤峰縣縣長孫
計呈送　清單一紙
赤峰縣公安局長郭九鵬
中華民國十八年十一月十一日

694
呈暨清單均悉，準轉報外，仰仍督飭各該公安分局所長等隨時修理，以便行車而重路政，是爲至要，此令。
十一月十三日
令發

二八八　赤峰縣公安局爲縣境公路興修完竣附送清單事致赤峰縣政府呈（1929 年 11 月 11 日）

3-1-1478-3(2)

清單

二八八　赤峰縣公安局爲縣境公路興修完竣附送清單事致赤峰縣政府呈（1929年11月11日）

謹將各區修理汽車路由縣街至鄰縣管界里數開單恭呈

鑒核

計開

第一區汽車路由赤街東至莫力河建平界八十里

第五區汽車路由赤街西至倉頭霸梁圍場界一百八十里

第六區汽車路由赤街南至藥王廟村平泉界五十里

第二區汽車路由赤街北至林西街土城子二百四十里

全縣東西計二百六十里南北二百九十里共計五百五十里

二八八　赤峰縣公安局爲縣境公路興修完竣附送清單事致赤峰縣政府呈（1929年11月11日）

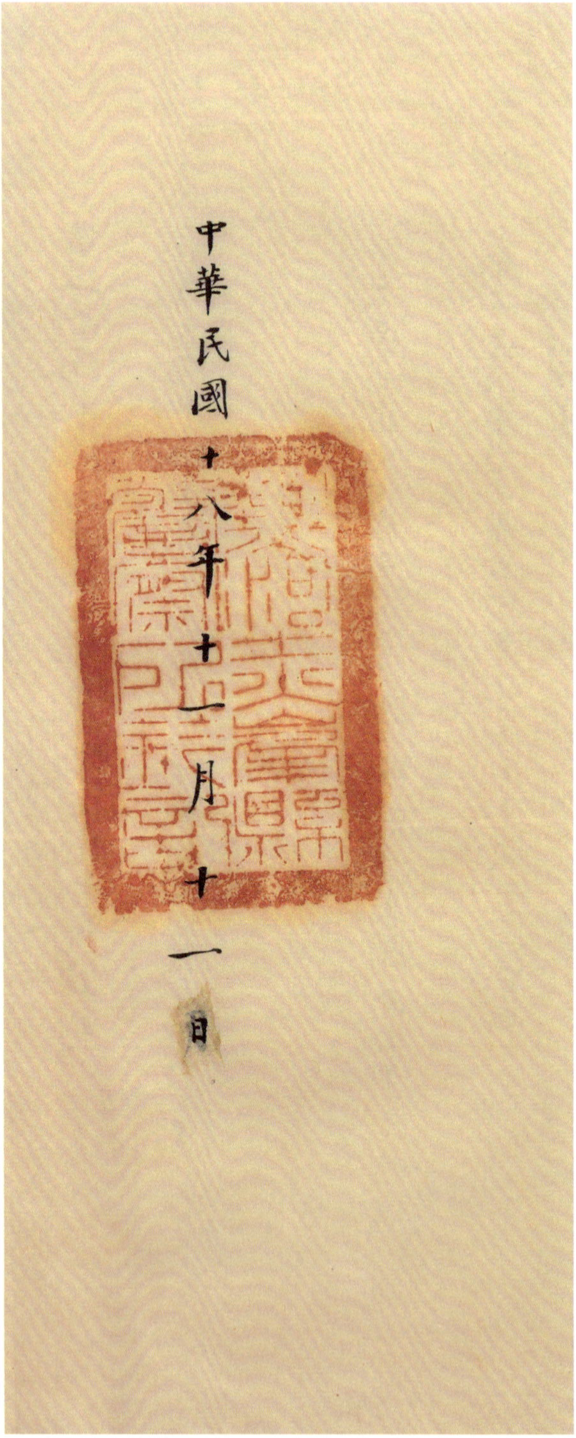
中華民國十八年十一月十一日

二八九　熱河省建設廳爲查填物産狀况暨工廠調查表事致赤峰縣政府訓令（1929年11月15日）

調查
填送

第二科

收字第1125號

熱河省政府建設廳訓令第一九七零號

令赤峰縣縣長

爲令行事案查前准

工商部工商訪問局函請調查物産狀况行銷情形一案送經訓令

各縣商會暨各縣局分別辦理在案兹復准

工商部工商訪問局訪字第二三三號函開逕啟者案查敝局對於國

內各省縣市物産行銷狀况一事曾經呈奉

工商部准令貴廳分飭所屬遵办查復在案惟查半年以來各

縣市寄來之調查表冊卷係自行填載詳畧既不相同格式各

難一致兹爲劃一手續起見特由敝局詳製表兩種表式（一）曰物産狀况

民國十八年十一月廿日到

二八九 熱河省建設廳爲查填物産狀況暨工廠調查表事致赤峰縣政府訓令（1929年11月15日）

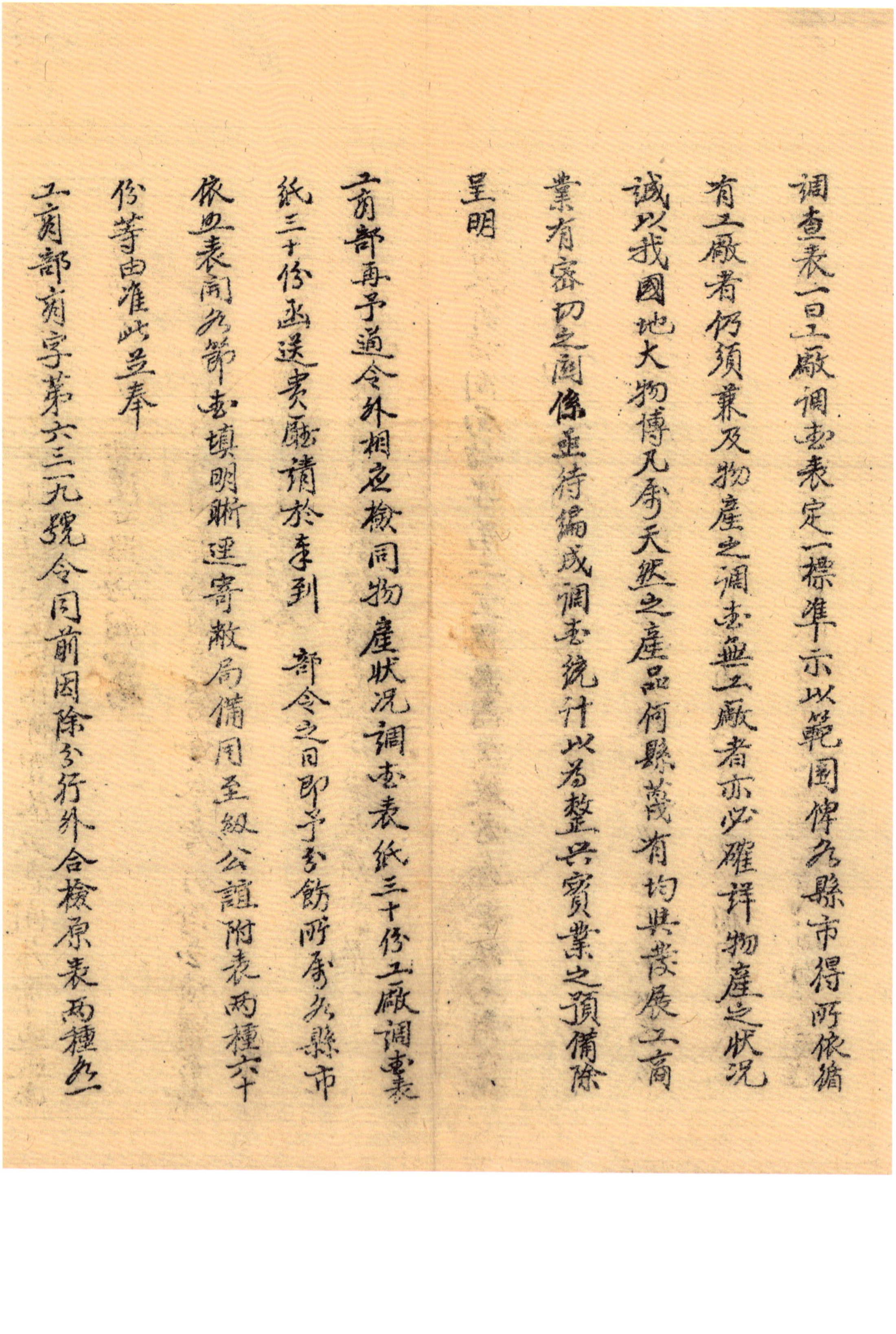

調查表一曰工廠調查表定一標準示以範圍俾各縣市得所依循
有工廠者仍須兼及物產之調查無工廠者亦必確詳物產之狀況
誠以我國地大物博凡屬天然之產品何縣蔑有均與發展工商
業有密切之關係亟待編成調查統計以為整興實業之預備除
呈明
工商部再予通令外相應檢同物產狀況調查表紙三十份工廠調查表
紙三十份函送貴廳請於奉到　部令之日即予分飭所屬各縣市
依照表內各節查填明晰逕寄敝局備用至紉公誼附表兩種六十
份等由准此並奉
工商部商字第六三一九號令同前因除分行外合檢原表兩種各一

二八九 熱河省建設廳爲查填物産狀況暨工廠調查表事致赤峰縣政府訓令（1929年11月15日）

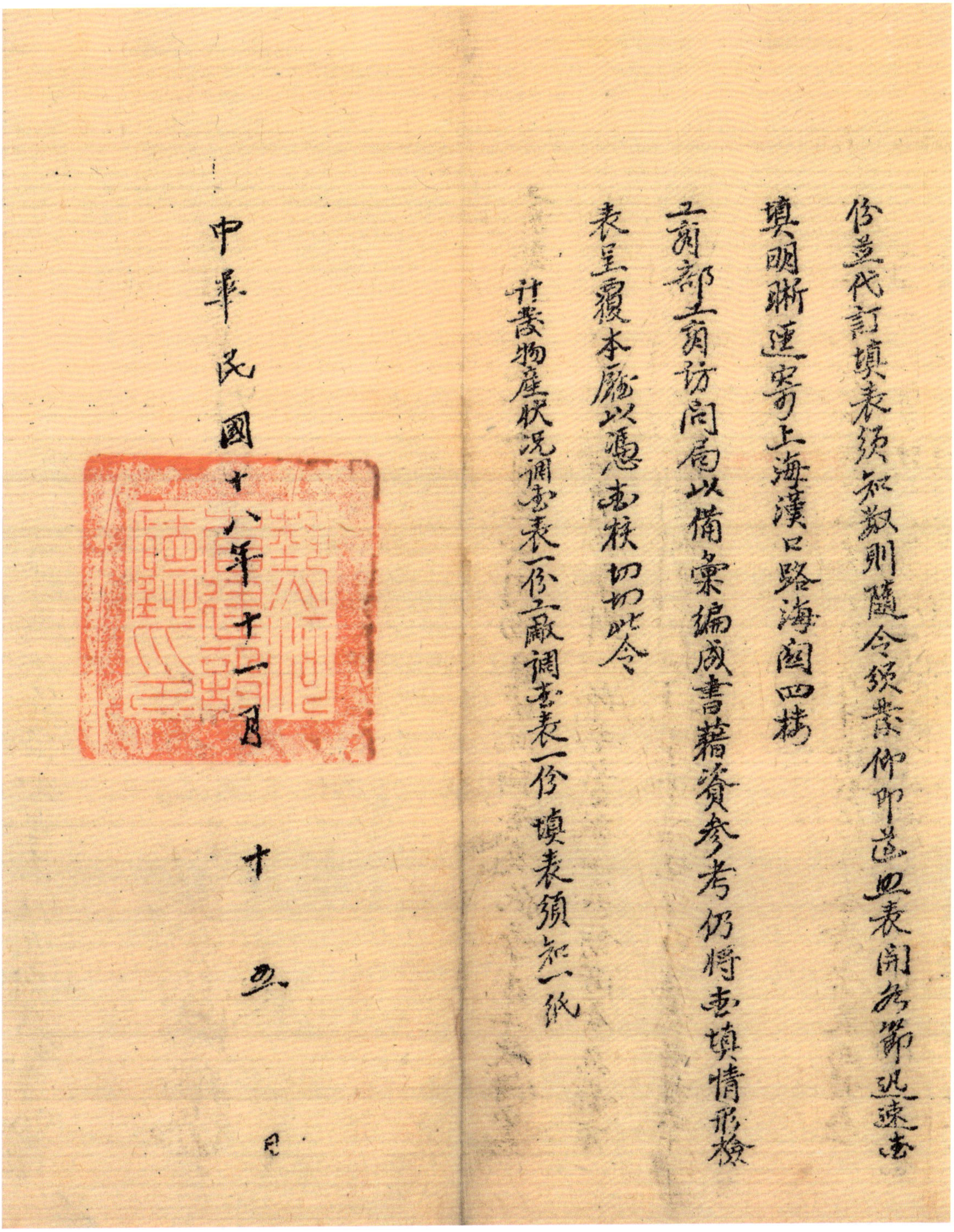

份並代訂填表須知數則隨令頒發仰即遵照表開各節迅速查
填明晰逕寄上海漢口路海關四樓
工商部工商訪問局以備彙編成書藉資參考仍將查填情形撿
表呈覆本廳以憑查核切切此令
計發物產狀況調查表一份工廠調查表一份 填表須知一紙

中華民國十八年十一月十五日

二八九 熱河省建設廳爲查填物産狀况暨工廠調查表事致赤峰縣政府訓令（1929 年 11 月 15 日）

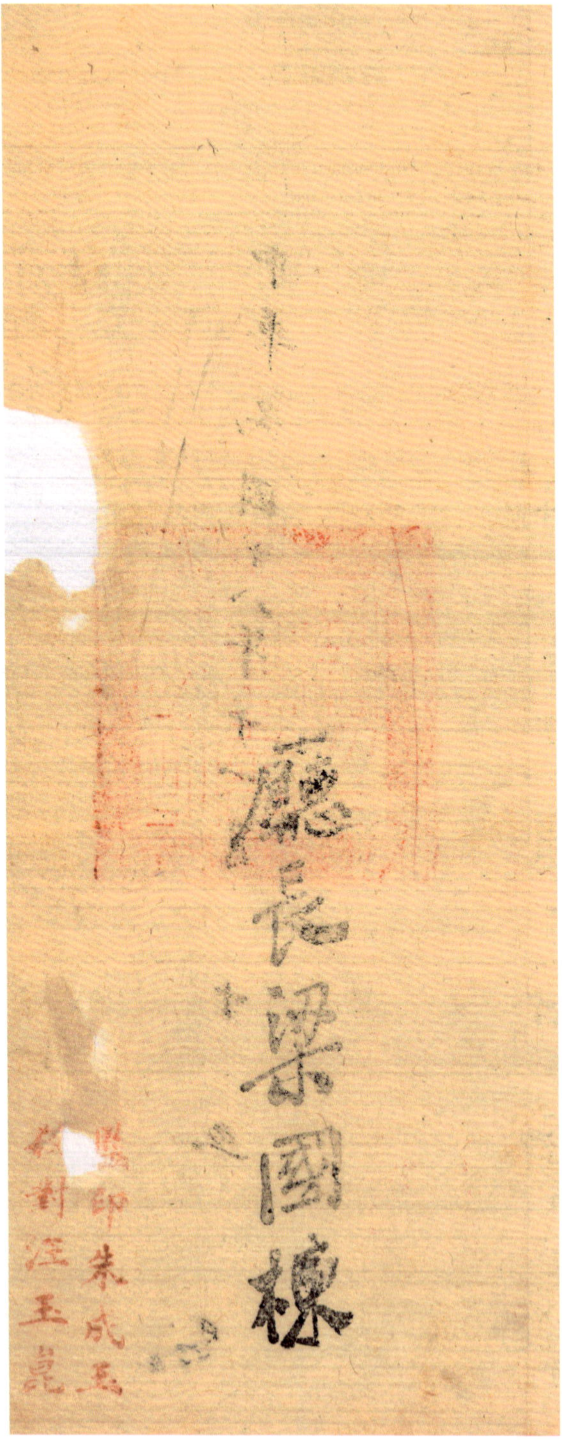
中華民國十八年十一月十五日

廳長梁國棟

監印朱成玉

校對汪玉崑

二八九 熱河省建設廳爲查填物産狀况暨工廠調查表事致赤峰縣政府訓令（1929年11月15日）

省
特別市
市縣
物產狀況調查表

品名	產額	每單位價值	總價值	用途	運輸方法 水運	陸運	行銷地點	銷數	近三年產額比較 增	減	有無同業競爭	捐稅數額	有無改良生產方法	備考
農業														
林產														
水產														
礦產														
家畜														
其他														

工商部工商訪問局製

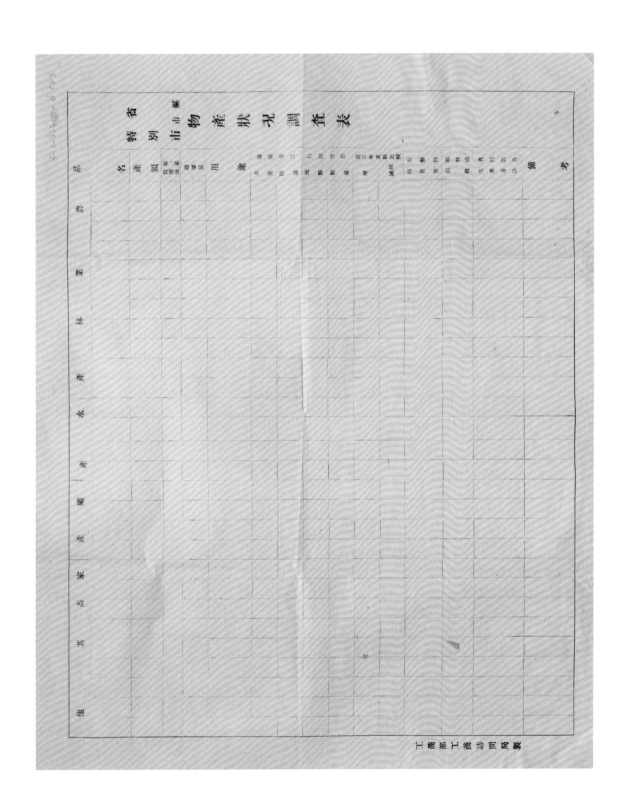

二八九 熱河省建設廳爲查填物産狀況暨工廠調查表事致赤峰縣政府訓令（1929 年 11 月 15 日）

省
特別市
市 縣
工廠調查表

工廠名稱	組織性質	資本	出品 名稱	出品 數量	出品 商標	原料 產地	原料 數量	原動力及機械	工人 人數 男女	工人 每工平均工資	工人 工作時間	銷路 地點	銷路 數量	運輸 水	運輸 陸	應納何捐稅	近三年營業狀況

備考

工商部工商訪問局製

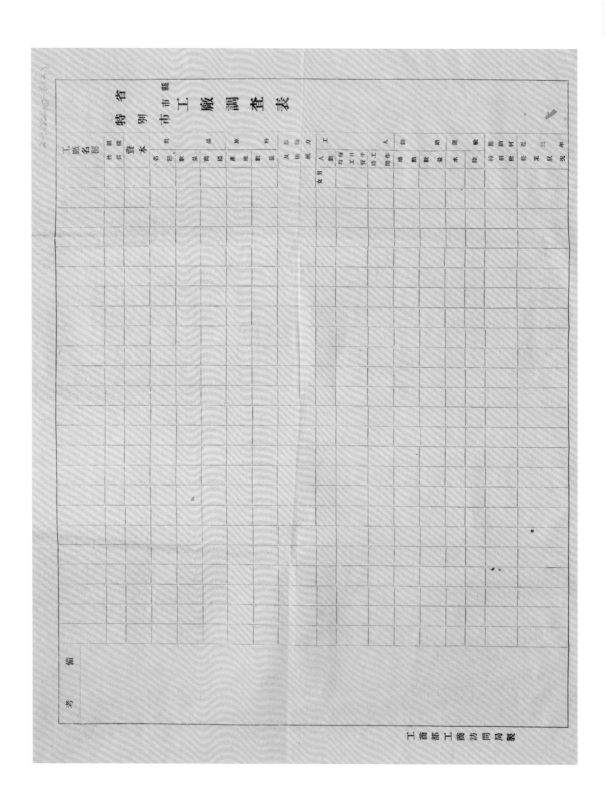

二八九 熱河省建設廳爲查填物産狀況暨工廠調查表事致赤峰縣政府訓令（1929 年 11 月 15 日）

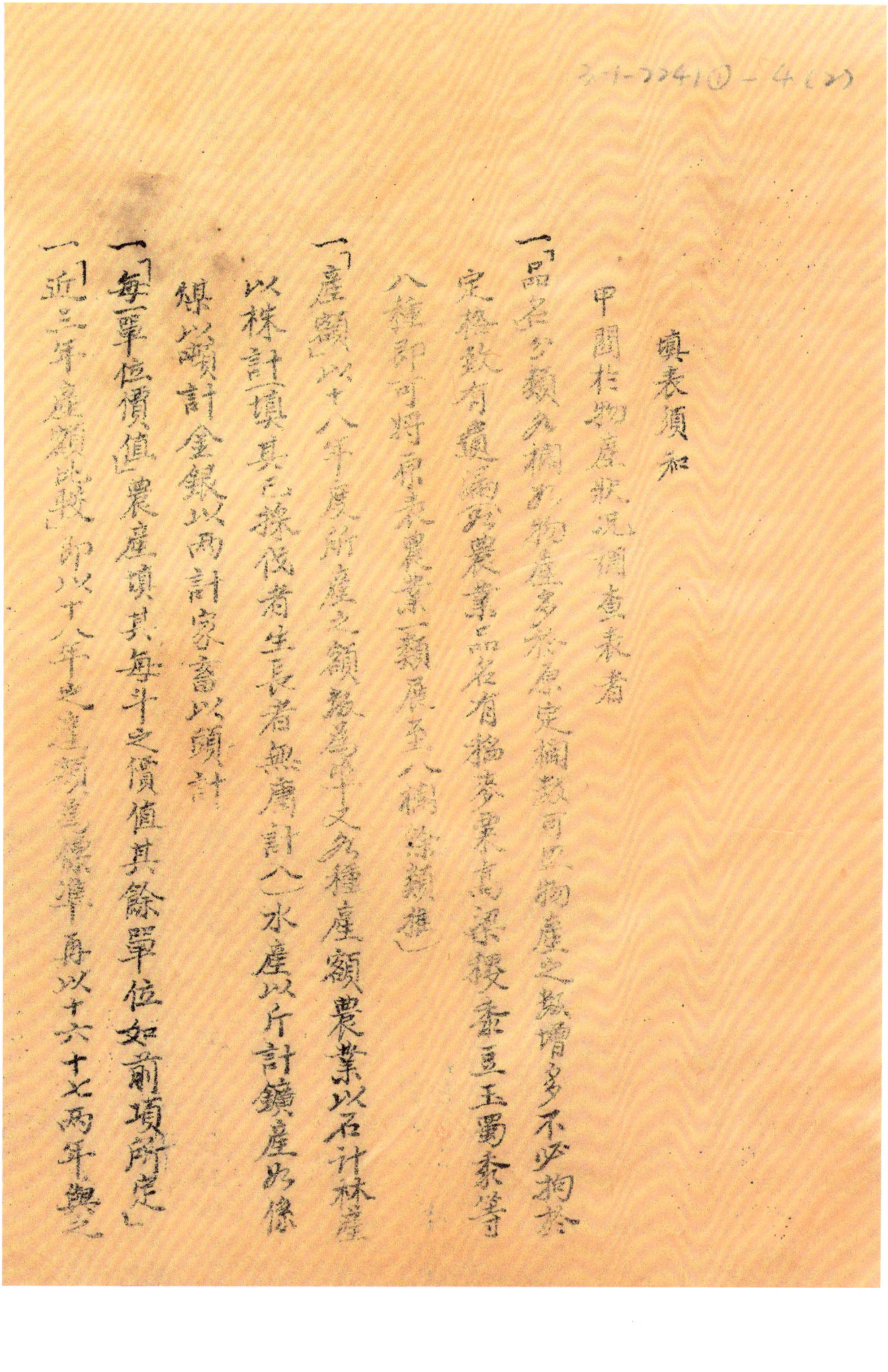

填表須知

甲關於物產狀況調查表者

一「品名」分類及編列物產名稱原定編數可照物產之類增多不必拘於
定格數有遺漏之農業品若有稻麥粟高粱稷黍豆玉蜀黍等
八種即可將原表農業一類展至八欄（餘類推）

一「產額」以十八年度所產之額按照若干分別各種產額農業以石計林產
以株計填其已採伐者生長者無庸計入水產以斤計礦產如係
煤以噸計金銀以兩計家畜以頭計

一「每單位價值」農產填其每斗之價值其餘單位如前項所定

一「近三年產額比較」即以十八年之產額爲標準再以十六十七兩年與之

二八九 熱河省建設廳爲查填物産狀况暨工廠調查表事致赤峰縣政府訓令（1929年11月15日）

比較或增或减分别於增减各欄詳細註明其數目

租額或捐税」租額除根租外應以每畝計算（同時於備考欄註明每畝生産若干）捐税應就各類單位捐税之實在數目詳細填註

乙 關於工廠調查表者

（一）組織性質 註明有限無限或兩合公司等

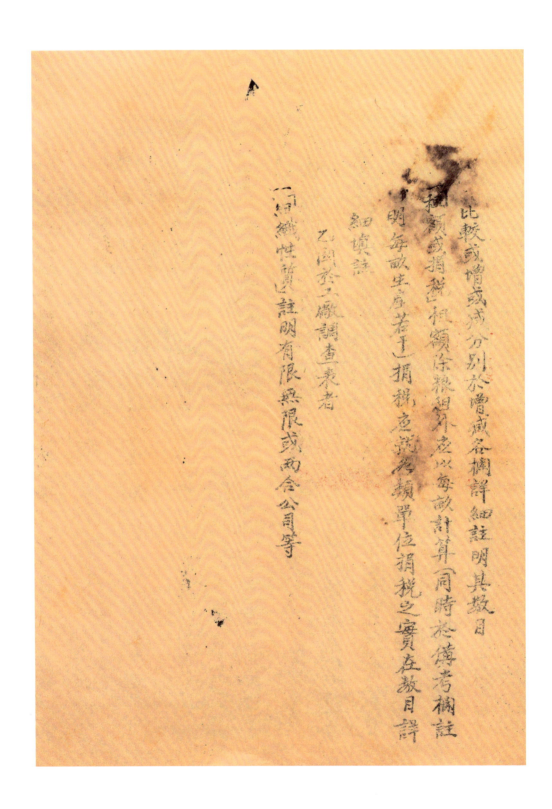

二九〇 赤峰縣政府爲報送物産狀況暨工廠調查表事致熱河省建設廳呈稿（1929 年 11 月 28 日）

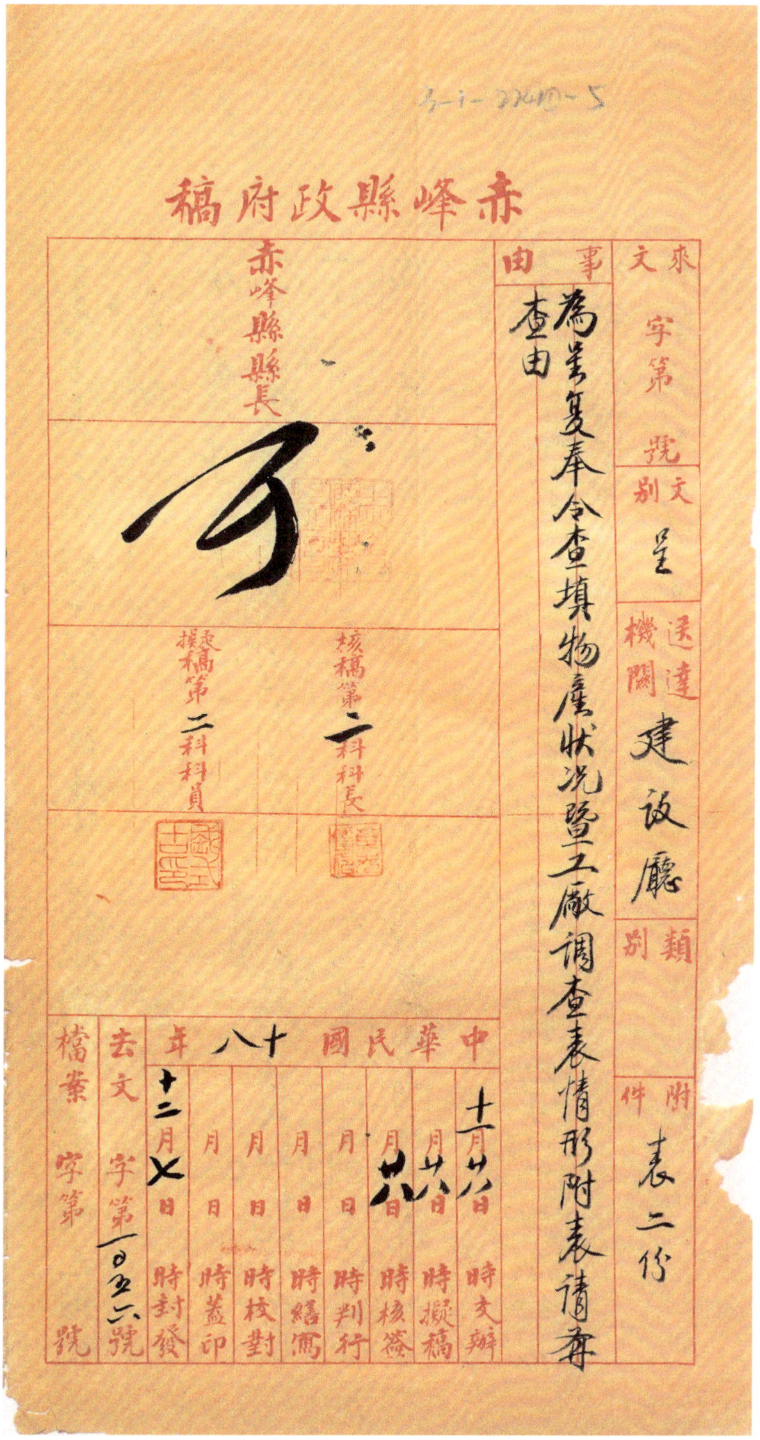

赤峰縣政府稿

來文 字第 號

文別 呈

送達機關 建設廳

類別

附件 表二份

事由 為呈復奉令查填物產狀況暨工廠調查表情形附表請查由

赤峰縣縣長 可

擬稿 第二科科員

核稿 第二科科長

中華民國十八年

十一月廿八日時交辦

月廿八日時擬稿

月廿八日時核簽

月日時判行

月日時繕寫

月日時校對

月日時蓋印

十二月七日時封發

去文 字第一百五六號

檔案 字第 號

二九〇 赤峰縣政府爲報送物産狀況暨工廠調查表事致熱河省建設廳呈稿（1929 年 11 月 28 日）

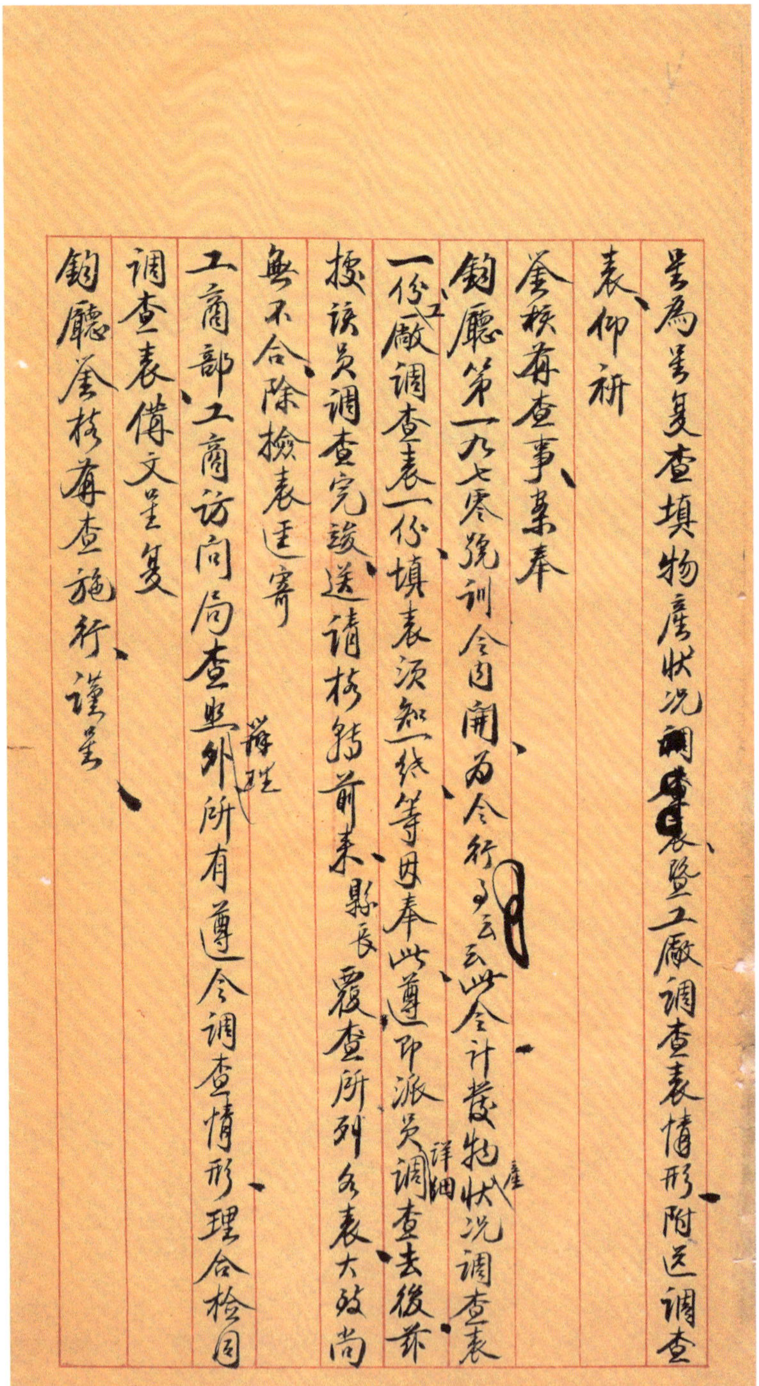
呈為呈復查填物產狀況調查表暨工廠調查表情形附送調查
表仰祈
鑒核備查事案奉
鈞廳第一九七零號訓令內開爲令行事云云此令計發物產狀況調查表
一份工廠調查表一份填表須知一紙等因奉此遵即派員詳細調查去後茲
據該員調查完竣送請核轉前來縣長覆查所列各表大致尚
無不合除檢表逕寄
工商部工商訪問局查照外所有遵令調查情形理合檢同
調查表備文呈復
鈞廳鑒核備查施行謹呈

二九〇　赤峰縣政府爲報送物産狀況暨工廠調查表事致熱河省建設廳呈稿（1929 年 11 月 28 日）

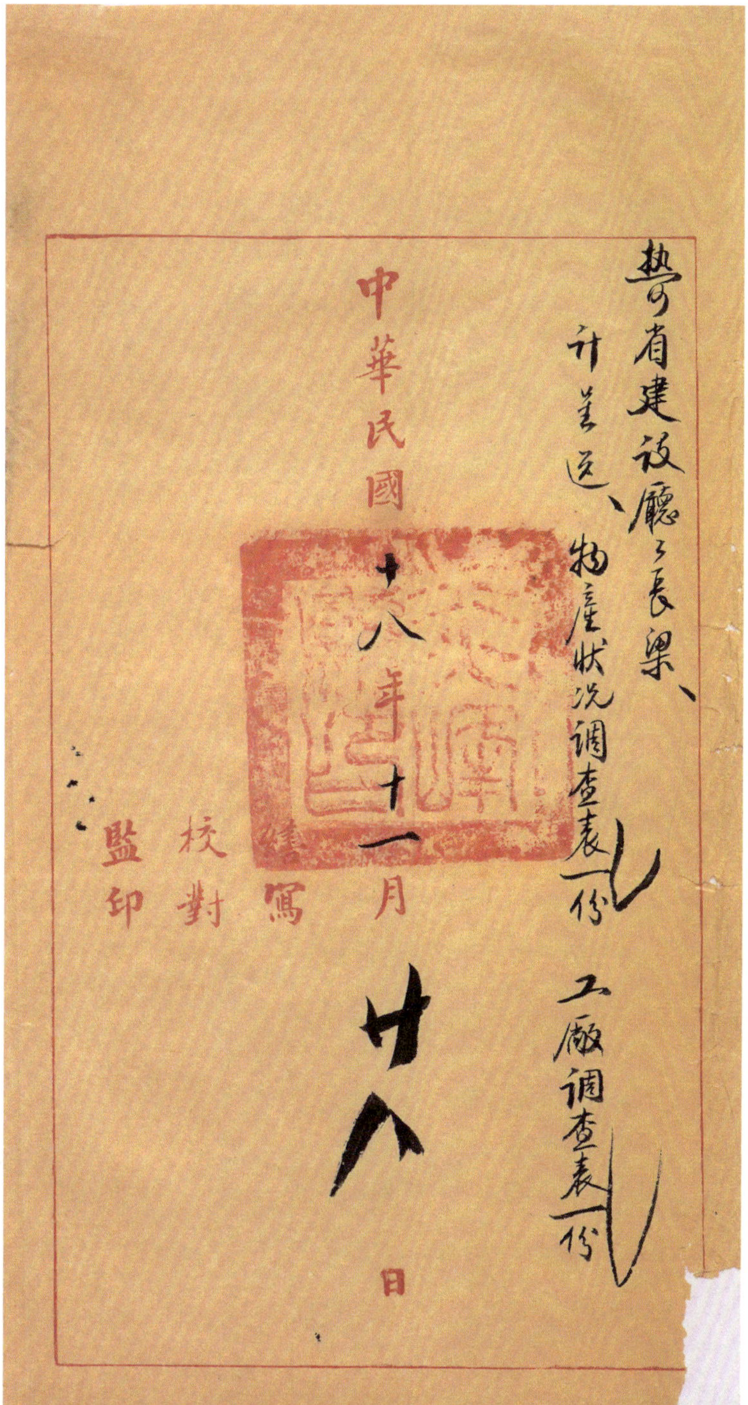
熱河省建設廳廳長梁
計呈送：物産狀況調查表一份
工廠調查表一份
中華民國十八年十一月廿八日
繕寫
校對
監印

二九〇 赤峰縣政府爲報送物産狀況暨工廠調查表事致熱河省建設廳呈稿（1929年11月28日）

熱河省赤峯縣物產狀況調查表

品	名	產額	每一單位價值 / 總價值	用途	運輸方法（水運／陸運）	行銷情形 地点	行銷情形 數量	近三年產額比較（增／減）	有無何種災害	租額或捐稅	有何改良生產方法	備考
農業	高粮	大概數目四萬五千石	七元 / 三十一萬五千元	喂養牲畜及釀酒	用車拉或牲畜駝及他种	行銷本地	輸出五千石 本地銷四萬石	因年景歉收十六十七十八三年皆不及產額	旱災及風災	每石稅值百抽一	赤峯農業幼稚墨守舊法並無改良生產方法	每畝平均能生產二斗
	穀子	大概數目十三萬五千石	八元 / 一百零八萬元	去皮用作食料	同前	同前	輸出二萬石 本地銷十一萬五千石	同前	旱災風災及虫災	同前		同前
	玉蜀黍	出產無幾	八元	食料	同前	同前		同前	旱災及風災	同前		同前
	小麥	大概數目六千三百石	三十元 / 十八萬九千元	磨面粉	同前	同前	輸出二千石 本地銷四千三百石	同前	同前	每石稅值百抽二		同前
	大麥	大概數目一萬八千石	八元 / 十四萬四千元	作酒麴子	同前	同前	輸出五千石 本地銷一萬三千石	同前	同前	每石稅值百抽一		同前
	元豆	大概數目二萬一千石	十三元 / 二十七萬三千元	榨油或喂養牲畜	同前	同前	輸出五千石 本地銷一萬六千石	同前	同前	每石稅值百抽五		同前
	黑豆	大概數目九千石	十元 / 九萬元	同前	同前	同前	輸出一千石 本地銷八千石	同前	同前	同前		同前
林產	楊木		寸厚板每丈[illegible]三元[illegible]	製造各項器俱	同前	同前				每根值百抽四附捐六成		查林木產量尚無調查碼數礙難填註合併聲明
	柳木		同前	同前	同前	同前						
	榆木		同前	同前	同前	同前						

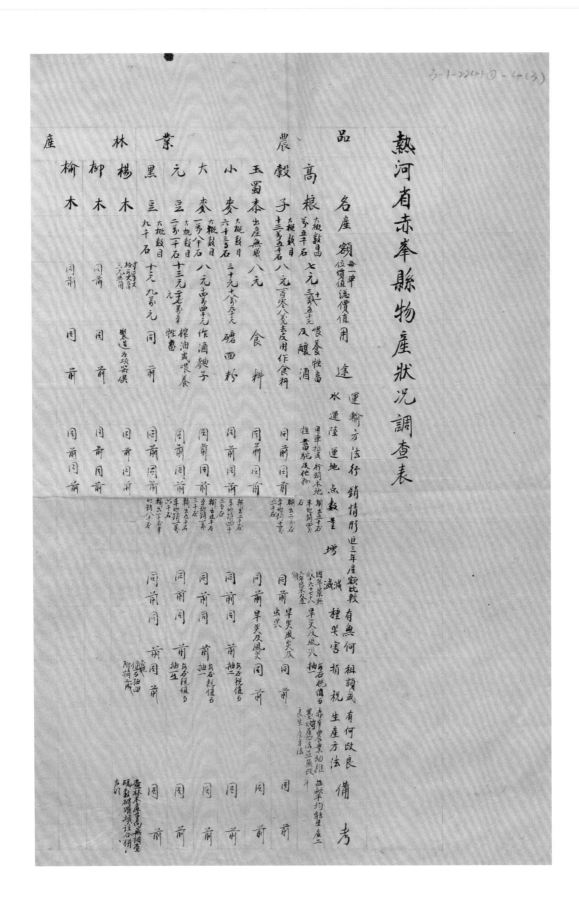

二九〇　赤峰縣政府爲報送物産狀况暨工廠調查表事致熱河省建設廳呈稿（1929年11月28日）

水産							赤峰並無水産合併聲明
礦産	煤礦	約三萬餘噸　每百斤三角　三萬六千元	燃料	用車拉或牲畜駝　行銷本地　三萬餘噸	北煤每噸稅五角　西煤每噸稅三角	無改良生産方法	近三年産額比較並無若何差數合併聲明
家畜	馬	約千餘匹　四十元　四萬餘元	駕車耕田或乘騎　皮可作工業原料	行銷本地及他縣	正稅值百抽四　雜捐值百抽二	無改良生産方法	查赤峰牲畜産額近三年比較若何或增或減均無調查概數碍難填註合併聲明
	騾	約八百餘匹　五十元　八千餘元	同前	同前	同前	同前	
	駝	約四百餘匹　八十元　三萬二千餘元	駝運貨物	同前	同前	同前	
	驢	約二千餘頭　十元　二萬餘元	同前	同前	同前	同前	
	牛	約一萬二千餘頭　二十元　二十四萬餘元	駕車及耕地　皮可作工業原料	同前	同前	同前	
	羊	約四萬七千餘隻　三元　十四萬一千餘元	肉可作食料　皮毛可作工業原料	同前	同前	同前	
	猪	約三萬九千三百餘口　十元　三十九萬三千餘元	肉可作食料	同前	同前	同前	
	鷄	約十萬餘隻　三角　三萬餘元	同前	同前		同前	
	鴨	約八萬餘隻　二角　一萬六千元	同前	同前		同前	
其他							

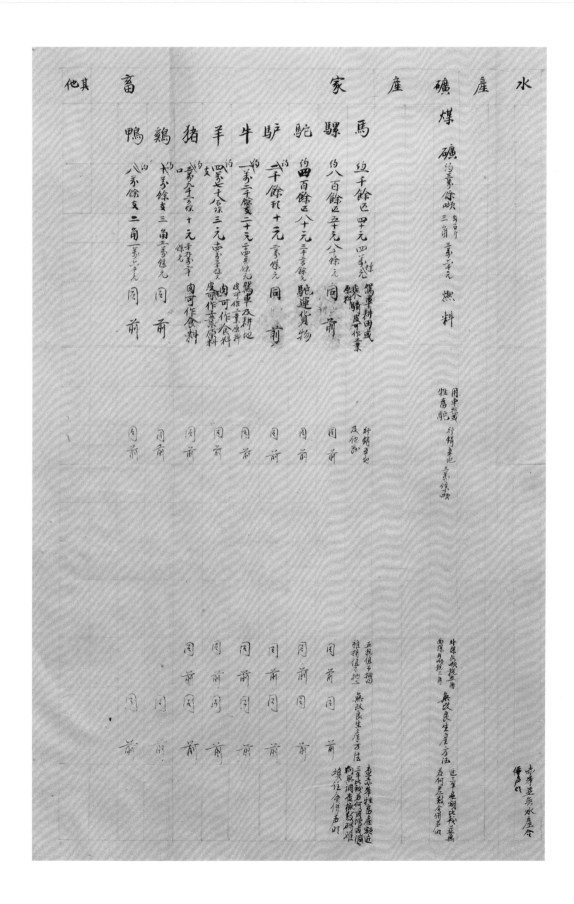

熱河省赤峯縣工廠調查表

工廠名稱	組織性質	資本	出品名稱	出品數量	出品商標	原料產地	原料數量	原動力及機械	工人數	每日平均工資	工作時間	工作地点	銷路數量	運輸水	運輸陸	應納何種捐稅	近三年營業狀況
赤峯電燈廠	有限	二千萬元	電燈	三千餘盞		美國		蒸汽力	廿三	十九元五角	自下午五点半起至上午五点半止	縣街					民國十五年虧大洋三千五百八十五元八角 民國十六年虧洋六千七百八十三元二角五分 民國十七年盈大洋七百八十二元四角四分

二九〇　赤峰縣政府爲報送物産狀況暨工廠調查表事致熱河省建設廳呈稿（1929年11月28日）

備考
查赤峰商業尚未發達工廠寥寥無幾僅有電燈廠一處係興業銀行承辦合併聲明

二九一　赤峰縣建設局爲組織成立暨啓用鈐記事致赤峰縣政府呈（1929年12月18日）

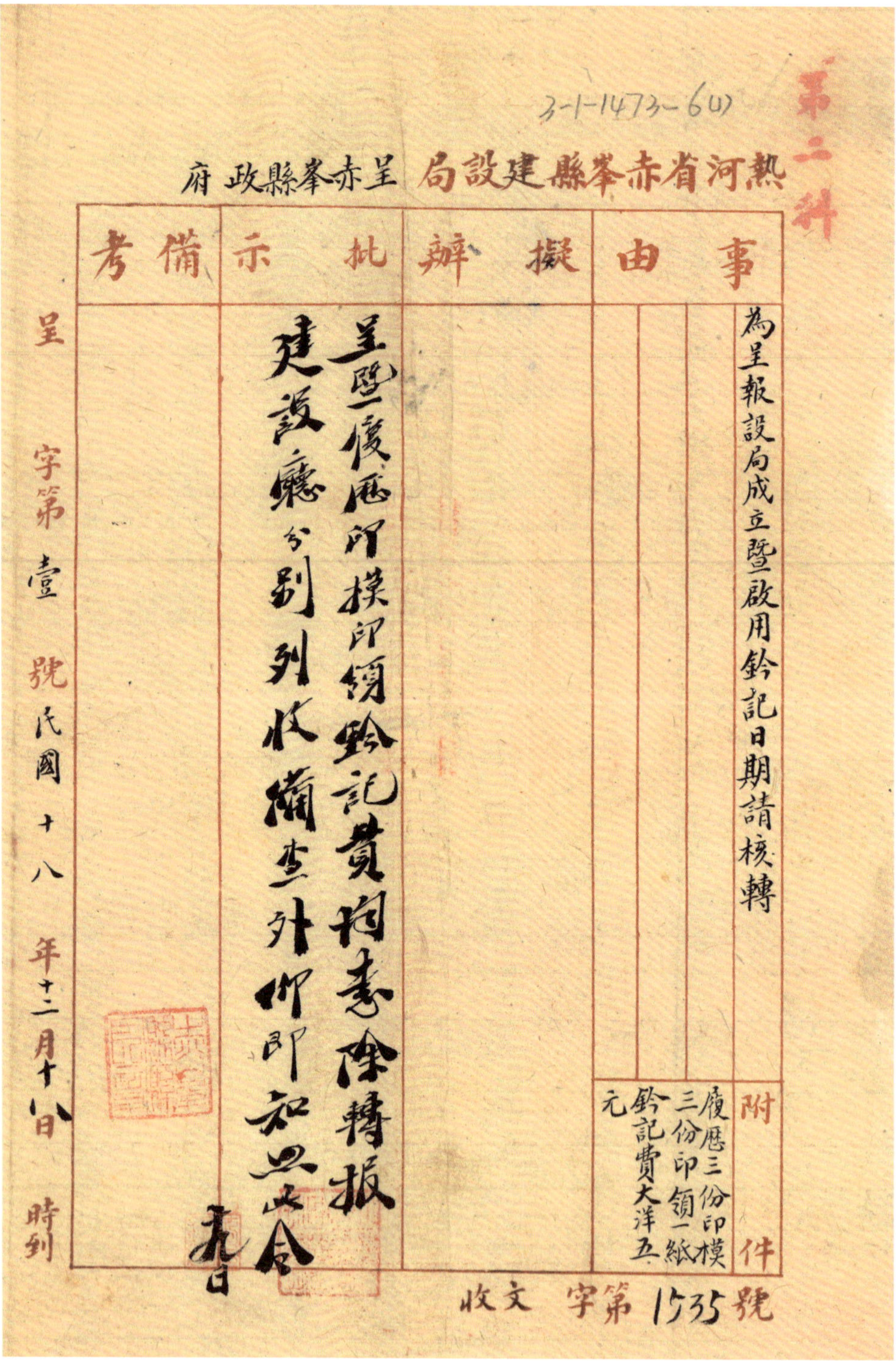

3-1-1473-6(1)

第二科

熱河省赤峯縣建設局　呈赤峯縣政府

事由	擬辦	批示	備考
為呈報設局成立暨啟用鈐記日期請核轉		呈暨履歷印模印領鈐記費均悉候轉報建設廳分別列收備查外仰即知照此令	

附件：履歷三份　印模三份　印領一紙　鈐記費大洋五元

呈　字第壹號

民國十八年十二月十八日時到

收文　字第1535號

二九一 赤峰縣建設局爲組織成立暨啓用鈐記事致赤峰縣政府呈（1929年12月18日）

呈為具報 職局組織成立及啟用鈐記日期附送履歷暨印模印領鈐記費欵仰祈
鑒核分别存轉事案奉
鈞府第一六七號訓令內開轉奉
熱河省建設廳第一八一五號訓令內開為令行事案查本廳前以各縣局建設局亟應
成立業經將熱河各縣建設局暫行組織條例暨施行細則連同該縣建設局鈐記一併
頒發令飭遵照在案所有該縣建設局局長一缺查有梁沛霖堪以試署俟辦理三個
月後著有成效再行呈請補實除委任暨呈報外合亟令仰該縣長遵照先令各令俟該
局長到縣時即將例則鈐記轉發該局長祗領迅即督飭將該縣建設局尅日組織成
立並將成立日期連同該局長詳細履歷二份一並呈報來廳勿延此令各等因奉此合亟
併案檢同鈐記并抄錄例則令發該局長祗領尅日遵奉組織成立一面將成立日期

二九一 赤峰縣建設局爲組織成立暨啓用鈐記事致赤峰縣政府呈（1929 年 12 月 18 日）

連同該局長詳細履歷繕造三份並鈐記費現洋五元一並呈繳來府以憑核轉勿延
切切此令計發鈐記一顆條例一份施行細則一份等因奉此遵即祇領按照條例進行
組織於本年十二月十七日組織成立因限於公地缺乏遂賃定華峯旅館院内房舍暫
行設局辦公奉發木質鈐記一顆文曰熱河省赤峯縣建設局鈐記亦於是日敬謹啟用
除分呈函知外理合連同印模印領履歷并鈐記費大洋五元一併備文呈請
鈞府鑒核俯賜分別存轉實為公便謹呈
赤峯縣政府縣長孫

計呈送
履歷三份　印模三份　印領一紙　鈐記費大洋五圓

赤峯縣建設局局長梁沛霖

二九一　赤峰縣建設局爲組織成立暨啓用鈐記事致赤峰縣政府呈（1929 年 12 月 18 日）

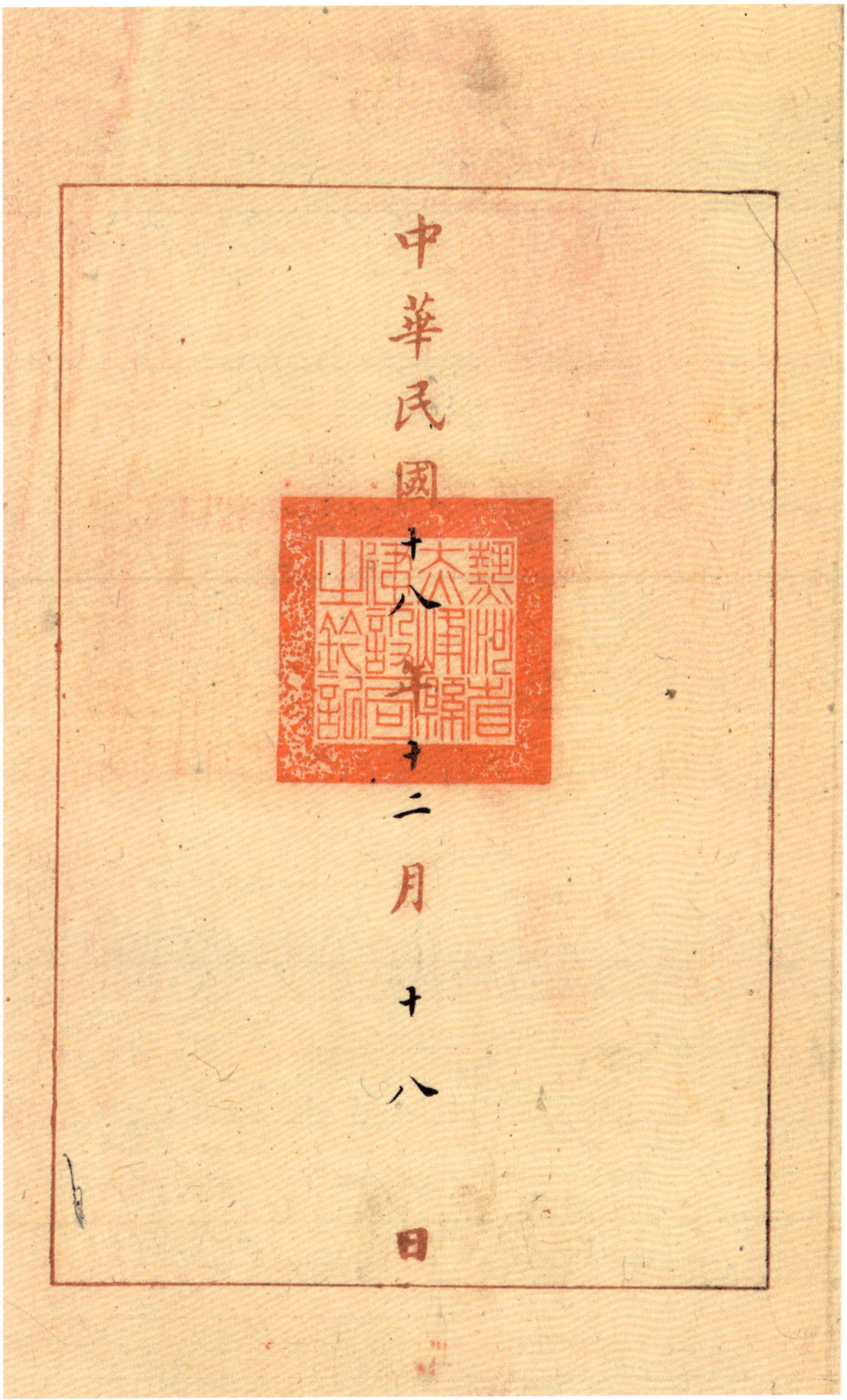
中華民國十八年十二月十八日

二九一　赤峰縣建設局爲組織成立暨啓用鈐記事致赤峰縣政府呈（1929 年 12 月 18 日）

二九一 赤峰縣建設局爲組織成立暨啓用鈐記事致赤峰縣政府呈（1929年12月18日）

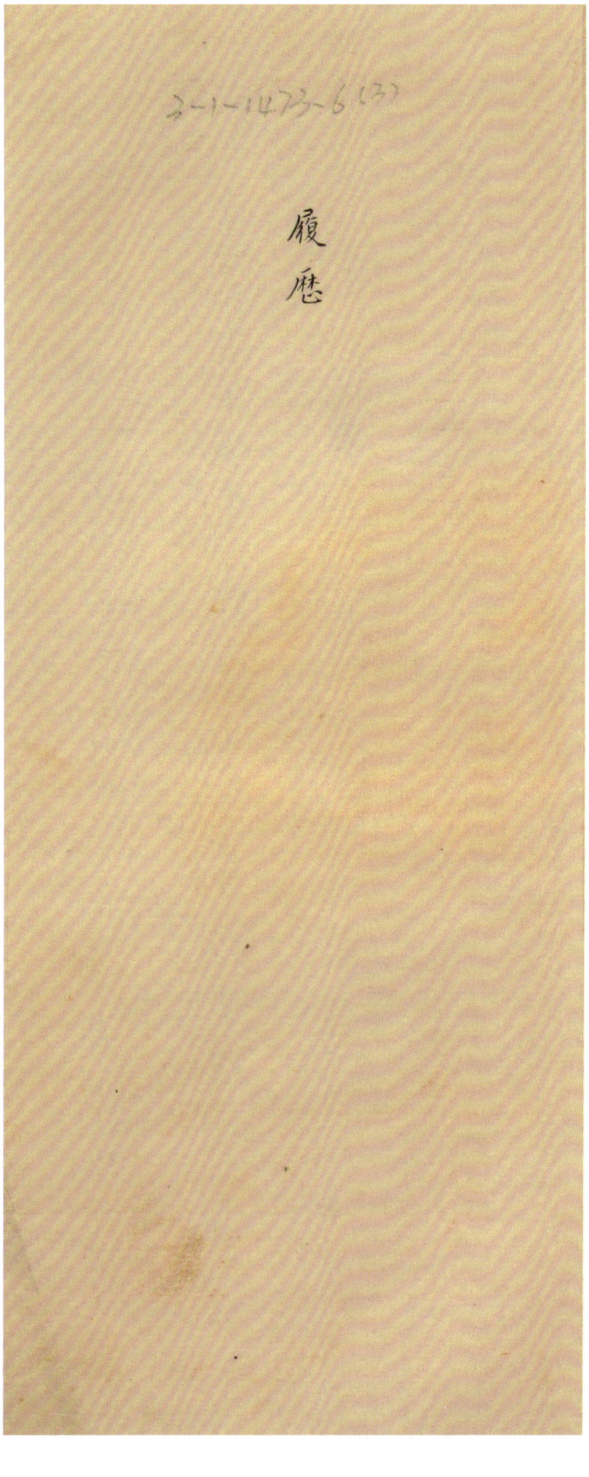
2-1-1473-6(3)

履歷

二九一　赤峰縣建設局爲組織成立暨啓用鈐記事致赤峰縣政府呈（1929年12月18日）

梁沛霖年四十歲熱河省平泉縣前清宣統二年考入甘肅省第二期陸軍講武堂肄業於三年四月畢業蒙甘肅常備軍第一標統兼堂長陸委充前隊第一排排長民國二年蒙改編陸軍第一師師長陸委充第一旅二團二營三連連長九年十月提升第一師一旅二團二營營長十年因剿陝匪有功蒙陸軍部特授五等文虎章陸軍步兵中校十一年二月督辦陸委充隴東鎮守使署補充團團長十二年三月因剿川匪頭部受傷蒙鎮守使張委充陝甘轉運檢查處處長十四年二月調委隴東涇川縣徵收局局長十五年十月辭職回籍十八年十一月二日蒙熱河省建設廳廳長梁委任為赤峰縣建設局局長現供斯職

二九二 熱河省教育廳爲趕速辦理識字運動事致赤峰縣政府訓令（1929年12月22日）

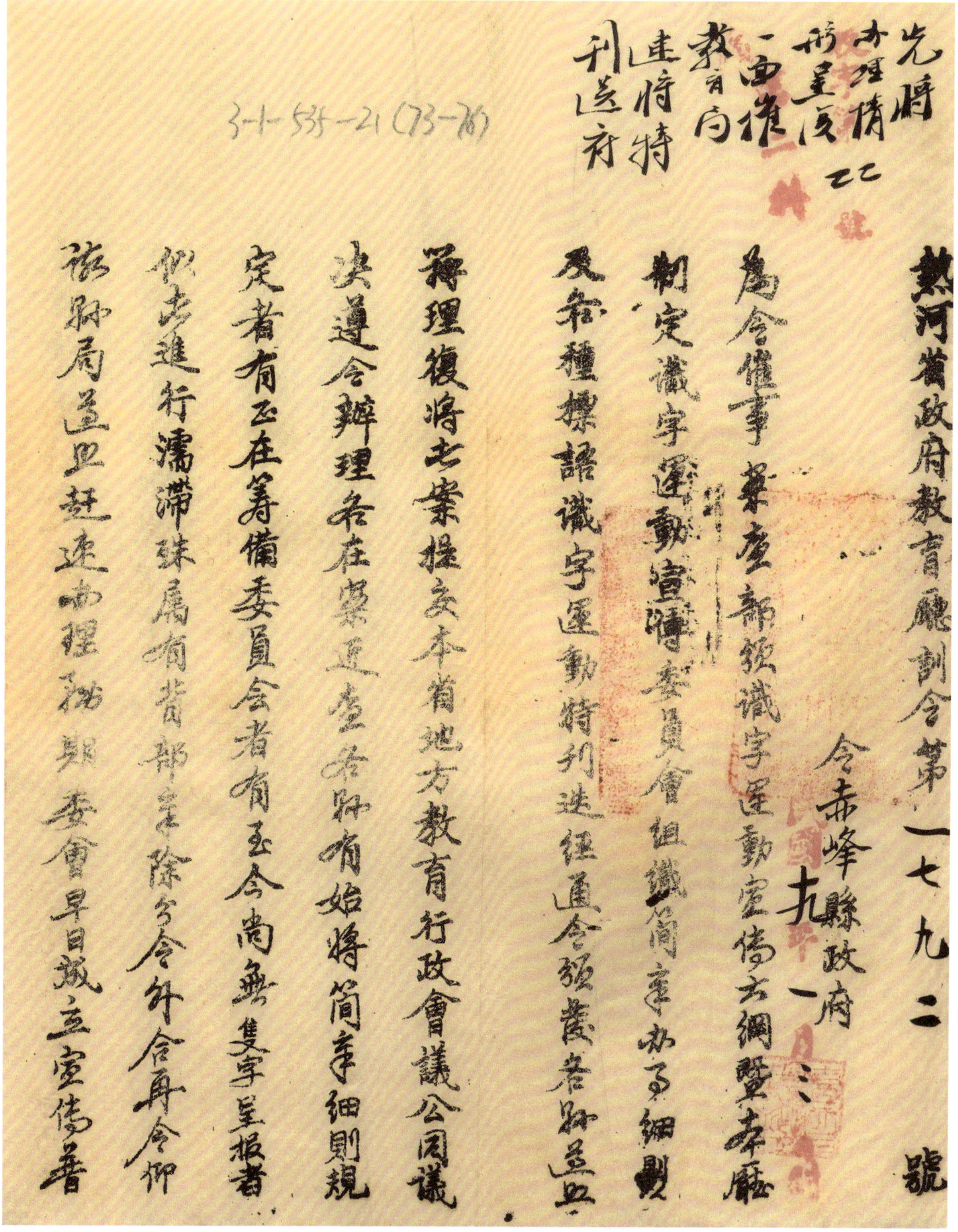
先將辦理情形呈復，一面催教育局速將特刊送府
3-1-535-21(73-76)
熱河省政府教育廳訓令第一七九二號
令赤峰縣政府
為令催事。案查部頒識字運動宣傳大綱暨本廳制定識字運動宣傳委員會組織簡章及辦事細則及各種標語、識字運動特刊，迭經通令頒發各縣並且籌理，復將此案提交本省地方教育行政會議公同議決，遵令辦理各在案。近查各縣有始將簡章細則規定者，有正在籌備委員會者，有至今尚無隻字呈報者，似此進行濡滯，殊屬有背部令。除分令外，合再令仰該縣局並且趕速辦理，剋期委會早日成立，宣傳普

二九二 熱河省教育廳爲趕速辦理識字運動事致赤峰縣政府訓令（1929年12月22日）

及全境達到人人識字目的本廳長有厚望焉仍將
近日進行情形具復查核切切此令

中華民國十八年十二月廿二日

廳長張翼廷

監印王重綱
校對趙延昶

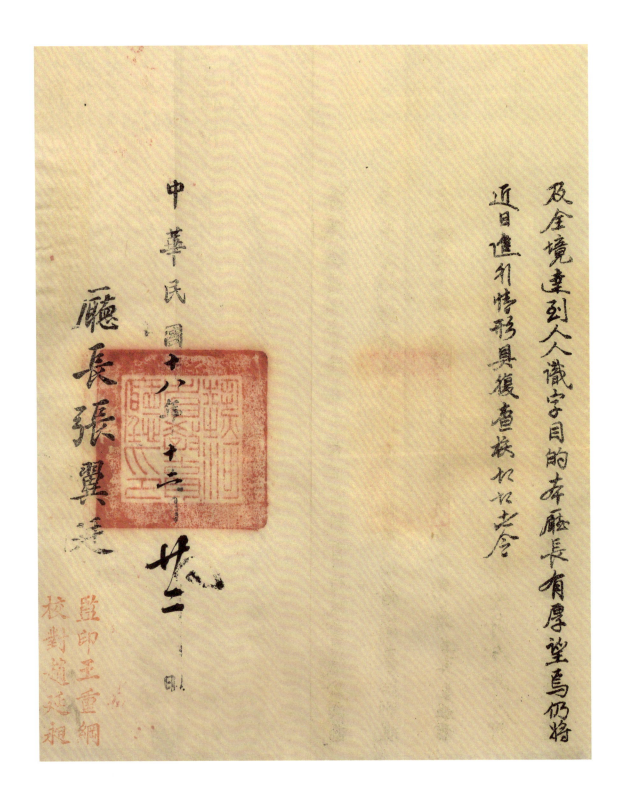

二九三　赤峰縣政府爲呈覆辦理識字運動情形事致熱河省教育廳呈稿（1930 年 1 月 4 日）

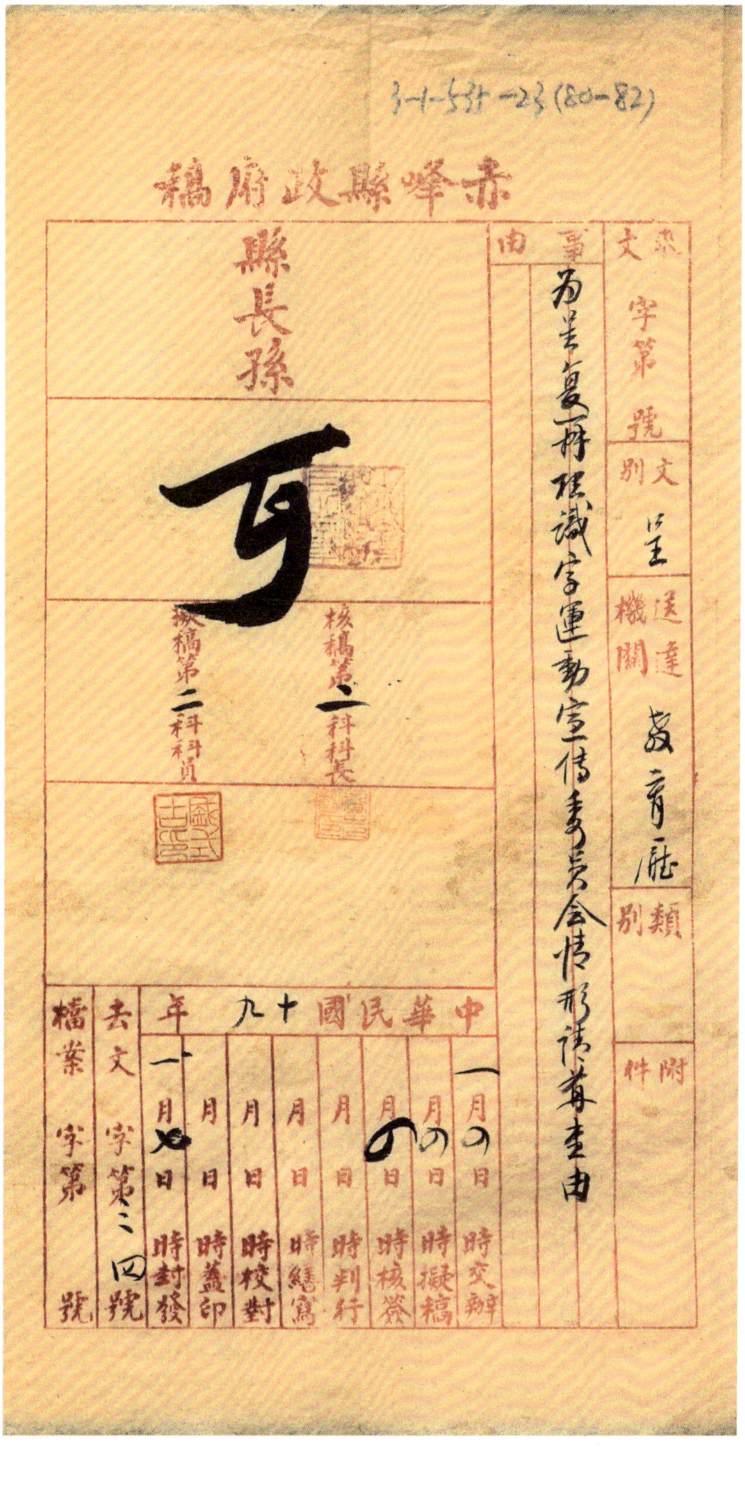
3-1-531-23 (80-82)

赤峰縣政府稿

縣長孫

可

核稿第二科科員

核稿第二科科長

文　字第　號

文別　呈

送達機關　教育廳

類別

附件

事由　為呈覆辦理識字運動宣傳委員會情形請鑒核由

中華民國十九年

一月四日　時交辦

一月四日　時擬稿

月四日　時核簽

月　日　時判行

月　日　時繕寫

月　日　時校對

月　日　時蓋印

一月七日　時封發

去文　字第二四號

檔案　字第　號

二九三　赤峰縣政府爲呈覆辦理識字運動情形事致熱河省教育廳呈稿（1930年1月4日）

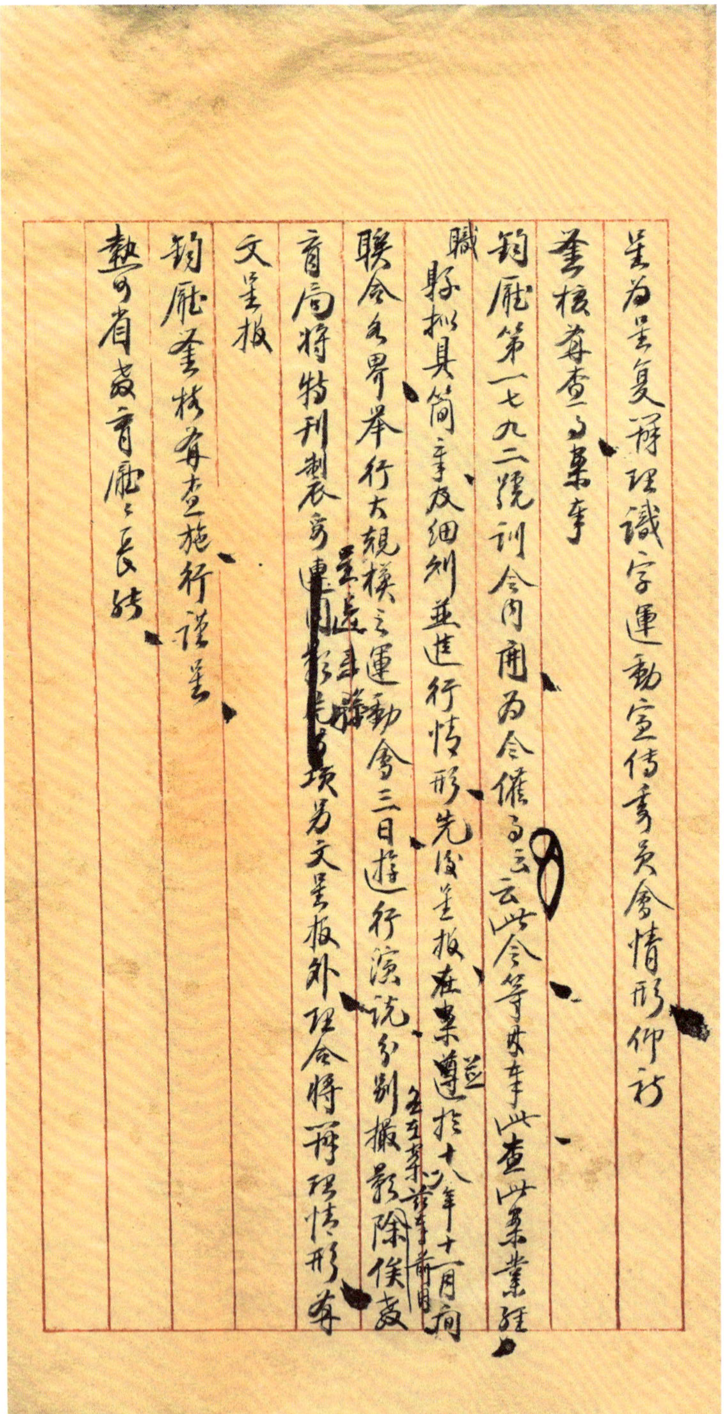
呈爲呈復辦理識字運動宣傳委員會情形，仰祈
鑒核備查事。
鈞廳第一七九二號訓令内開：爲令催事，云云。此令。等因。奉此。查此案業經
職縣擬具簡章及細則並進行情形先後呈報在案。茲遵於十八年十一月間
聯合各界舉行大規模之運動會三日，遊行演說，分別撒散，除俟
育局將特刊製表寄另案呈送，先行另文呈報外，理合將辦理情形備
文呈報
鈞廳鑒核備查施行。謹呈
熱河省教育廳廳長□

二九三　赤峰縣政府爲呈覆辦理識字運動情形事致熱河省教育廳呈稿（1930年1月4日）

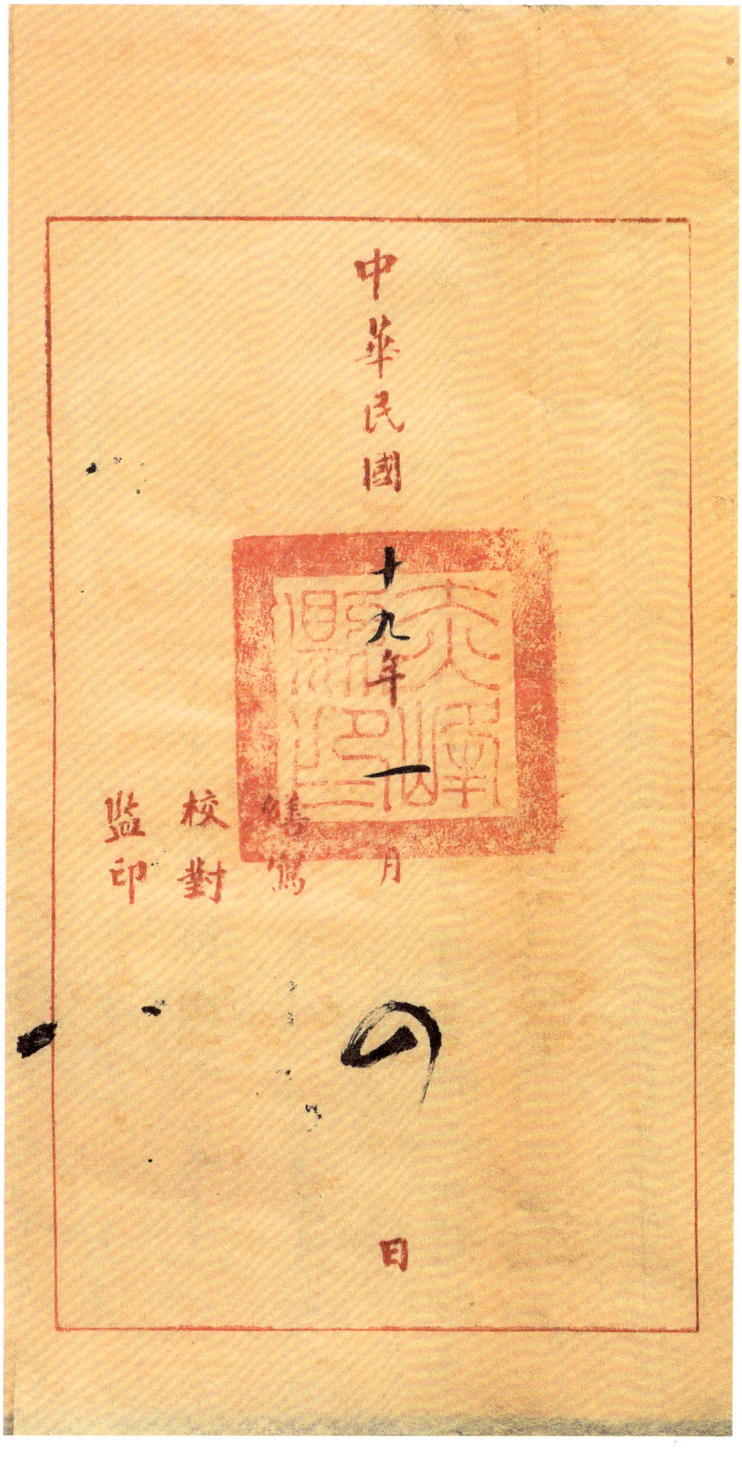

中華民國十九年一月四日

繕寫
校對
監印

二九四 赤峰縣政府爲各礦商不准自由行銷硝磺事致赤峰縣建設局訓令（1930年2月15日）

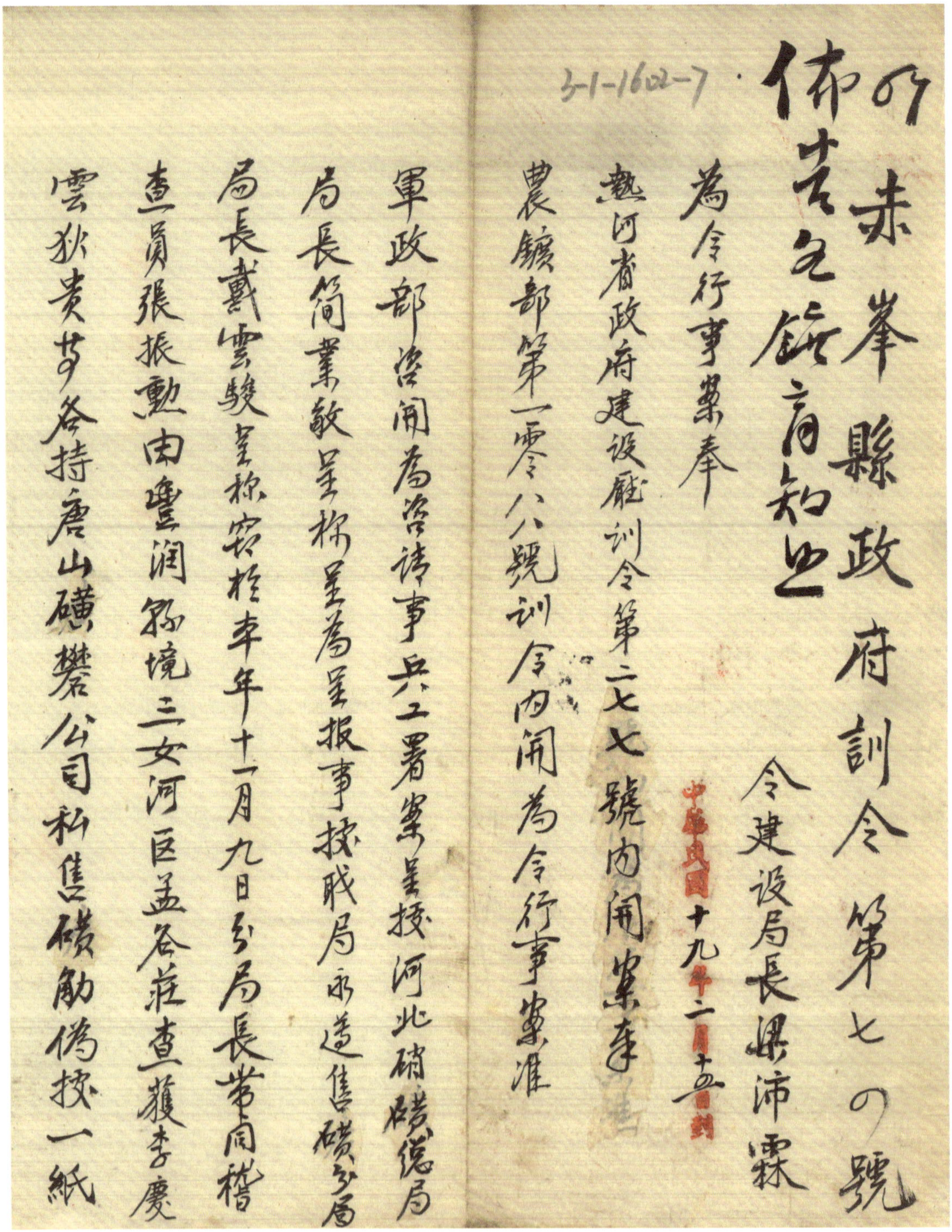

3-1-1612-7

07

赤峰縣政府訓令第七〇號

佈告已飭商知照

令建設局長楊沛霖

爲令行事案奉

熱河省政府建設廳訓令第二七七號內開案奉

農鑛部第一零公八號訓令內開爲令行事案准

軍政部咨開爲咨請事兵工署案呈據河北硝磺總局

局長簡業敏呈稱呈爲呈報事據職局派遣售磺分局

局長戴雲駿呈稱竊於本年十一月九日分局長帶同稽

查員張振勳由豐潤縣境三女河區孟各莊查獲李慶

雲狄貴芳各持唐山礦礬公司私售磺觔僞據一紙

中華民國十九年二月十五日到

二九四　赤峰縣政府爲各礦商不准自由行銷硝礦事致赤峰縣建設局訓令（1930年2月15日）

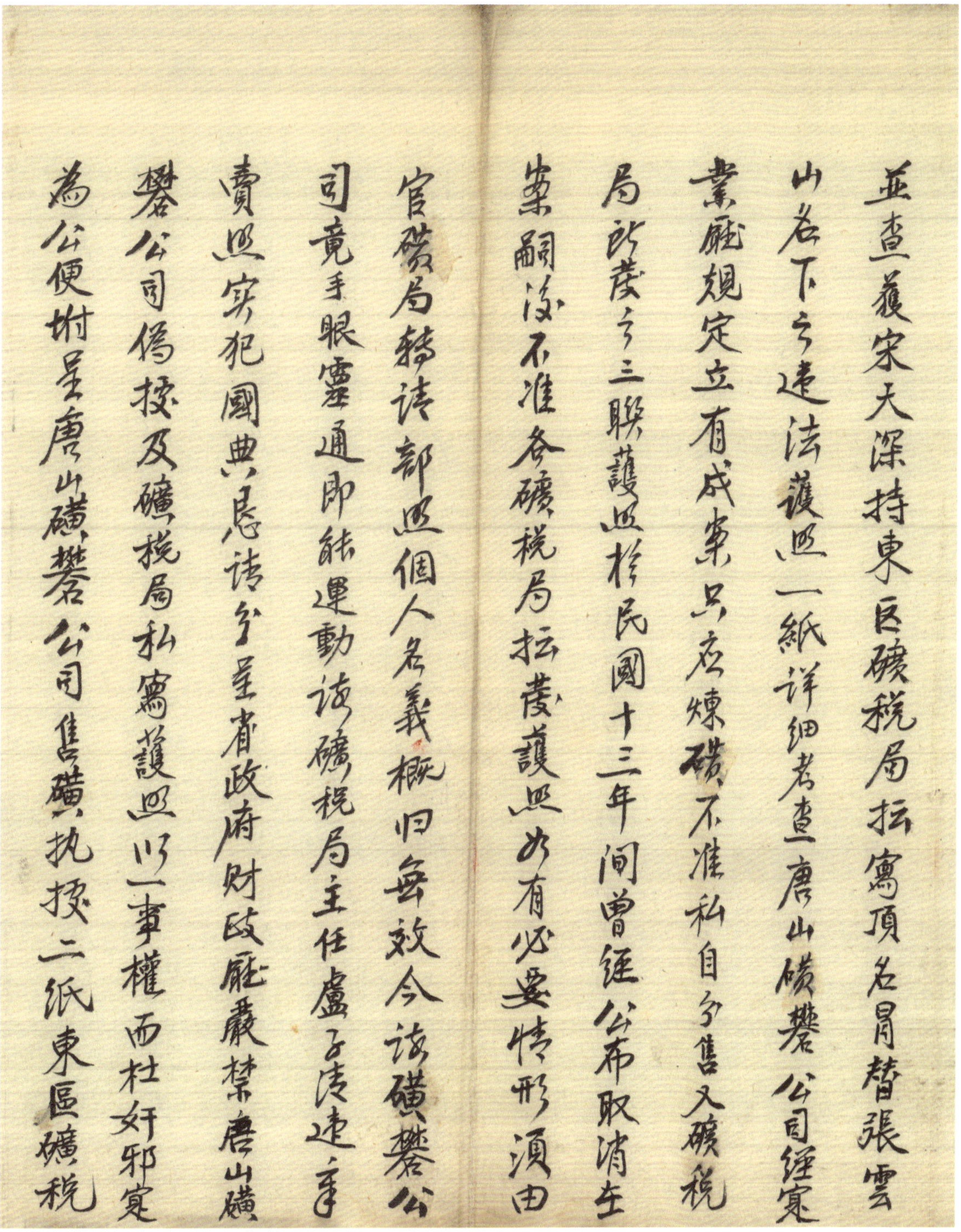
並查獲宋天深持東區礦稅局擅寫頂名冒替張雲
山名下之違法護照一紙詳細考查唐山礦礬公司經寔
業廳規定立有成案只應煉礬不准私自分售又礦稅
局所發之三聯護照於民國十三年間曾經公布取消在
案嗣後不准各礦稅局擅發護照如有必要情形須由
官礬局轉請部照個人名義概歸無效今該礦礬公
司竟手眼靈通即能運動該礦稅局主任盧子清違章
賣照實犯國典懇請分呈省政府財政廳嚴禁唐山礦
礬公司偽捺及礦稅局私寫護照以一事權而杜奸邪寔
爲公便附呈唐山礦礬公司售礦執據二紙東區礦稅

二九四　赤峰縣政府爲各礦商不准自由行銷硝磺事致赤峰縣建設局訓令（1930 年 2 月 15 日）

釐局護照一紙等情前來查硫磺一項為製造軍火原料與火硝同屬違禁物品自經軍財兩部設局專辦則凡營業商户自不能任其自由銷售限制綦嚴總為屬禁至運輸硝磺自本年新章規定除內地僅憑財部內字號運單外其在省外須領國府專運護照連同財部外字號運單方可通行從前則悉由鈞署印發運單取締至為重要乃該東區礦稅釐局擅出運磺護照唐山礦藝公司以營業商户復自由銷售硫磺均屬違反定章侵越權限殊於職局業務影響至鉅理合檢同查獲照據具文呈報鈞署鑒核擬懇咨行河北省政府分令財政農

二九四 赤峰縣政府爲各礦商不准自由行銷硝磺事致赤峰縣建設局訓令（1930年2月15日）

礦兩廳查案嚴行取締並咨復鈞署轉令知照究應
如何辦理仍祈指令祗遵等情附呈東區礦稅釐局運
磺護照一紙唐山磺礬公司售磺執據二紙到署轉請核
辦前來查各省硝磺係屬官營事業工商業戶有需要
時應聲明用途向本省硝磺局備領或請照採運不得自由
販賣良以硝磺爲製造軍火原料取締不得不嚴該唐山
磺礬公司以一營業商戶竟敢擅發執據自由售銷殊與
硝磺局之職務有礙若不亟予制止流弊所及不堪設
想據呈前情除咨行河北省政府轉飭財政農礦兩廳
分令東區礦稅釐局暨唐山磺礬公司嗣後不得直

二九四　赤峰縣政府爲各礦商不准自由行銷硝磺事致赤峰縣建設局訓令（1930年2月15日）

據領查護照一面咨請財政部通飭各省征收机関对
於公司商號之請領硝礦護照務須遵照國府運輸規
則办理不得逕自填發並飭河北硝礦總局隨時取締外
相應咨請貴部行知各地礦商関于硝礦兩項除特許
採採外其出品之銷售應得硝礦局之許可不准自由行銷
以重硝政而杜流弊等因准此合行令仰該廳轉飭各礦
商一律遵照此令等因奉此除分行外合行令仰該縣
長即便轉飭該縣建設局遵照併飭佈告該屬各礦商
一律週知此令等因奉此除佈告週知外合亟令仰該局
長遵照此令

二九四　赤峰縣政府爲各礦商不准自由行銷硝磺事致赤峰縣建設局訓令（1930年2月15日）

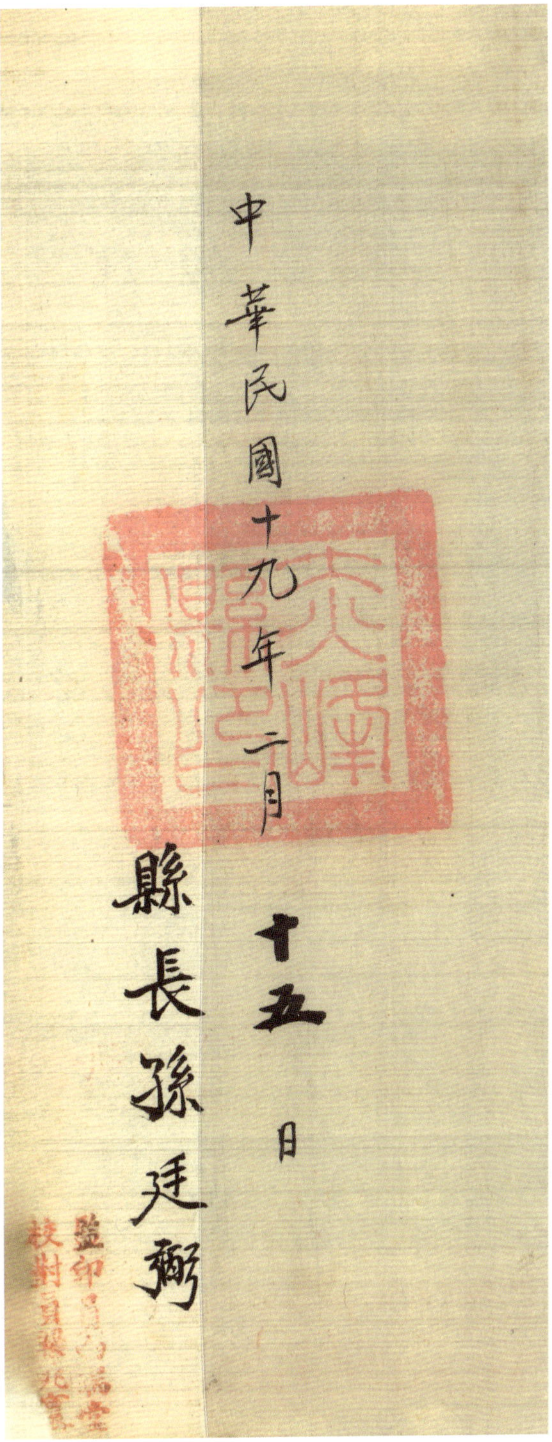

中華民國十九年二月十五日

縣長孫廷弼

監印
校對

二九五　熱河省政府爲轉知翁牛特左右兩旗出席蒙藏會議代表先行齊集瀋陽開會再赴南京事致赤峰縣政府電報（1930年2月28日）

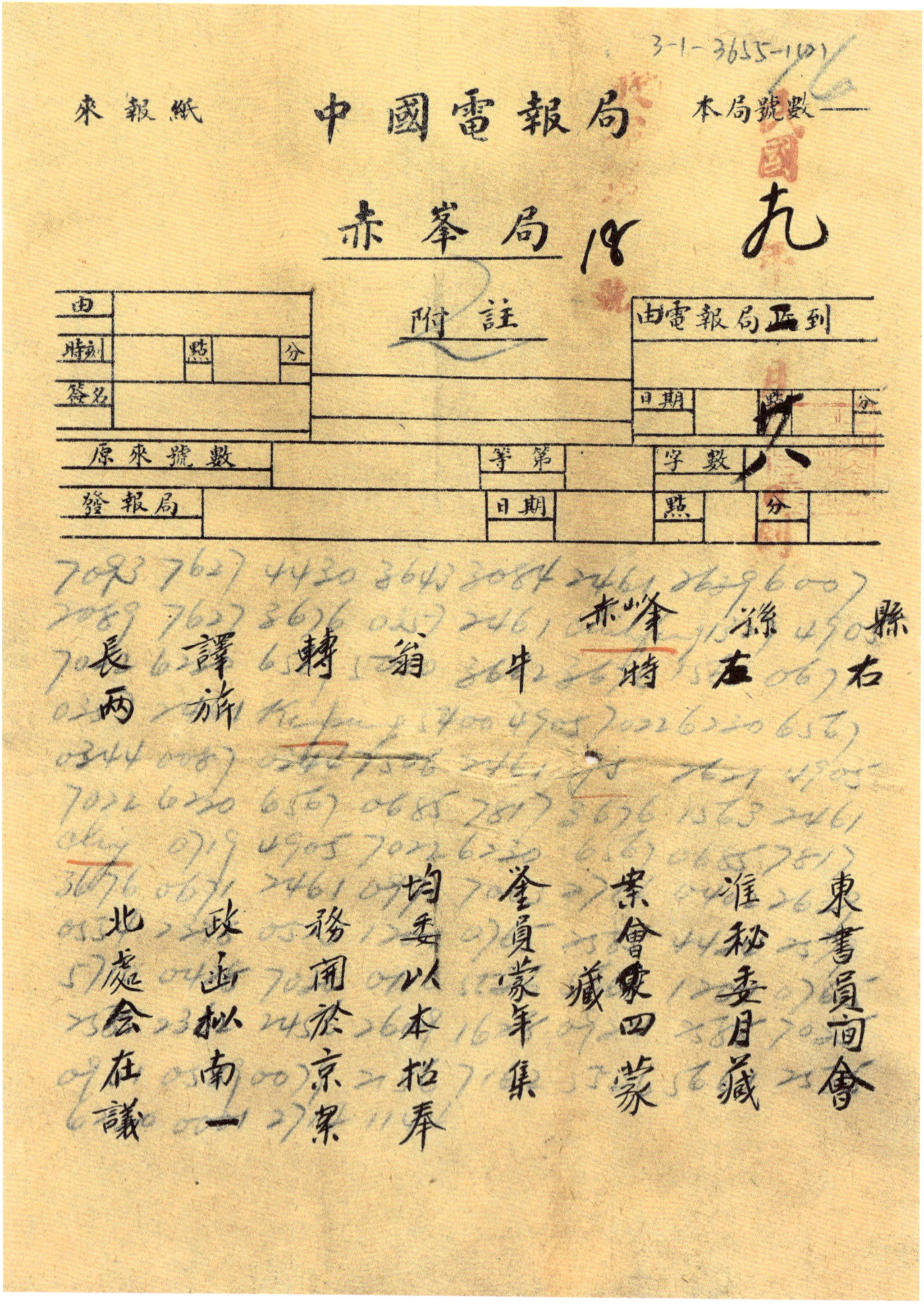

二九五　熱河省政府爲轉知翁牛特左右兩旗出席蒙藏會議代表先行齊集瀋陽開會再赴南京事致赤峰縣政府電報（1930 年 2 月 28 日）

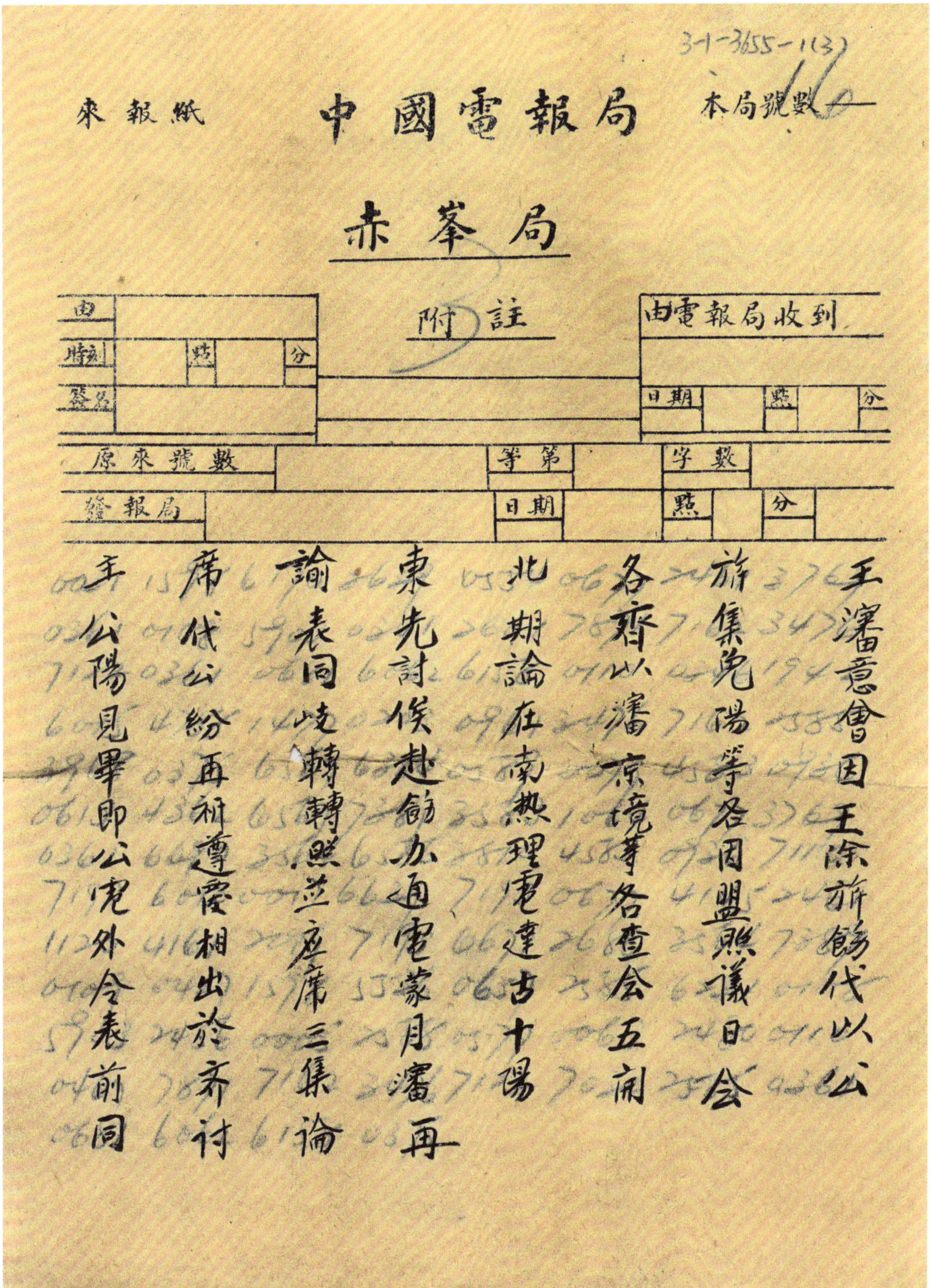
3-1-3655-1(3)

來報紙　中國電報局　本局號數 116

赤峯局

由　時刻　點　分　發局
附註
由電報局收到　日期　點　分
原來號數　等第　字數
發報局　日期　點　分

王濬意會因王除旂飭代以公
旂集免陽等各因盟照議日会
各齊以瀋京境等各查会五開
北期論在南熱理電達古十陽
東先討俟赴飭办通電蒙月瀋再
諭表同岐轉轉照並應席三集論
席代公紛再祈遵覆相出於齐讨
主公陽見畢即公電外令表前同

二九五　熱河省政府爲轉知翁牛特左右兩旗出席蒙藏會議代表先行齊集瀋陽開會再赴南京事致赤峰縣政府電報（1930 年 2 月 28 日）

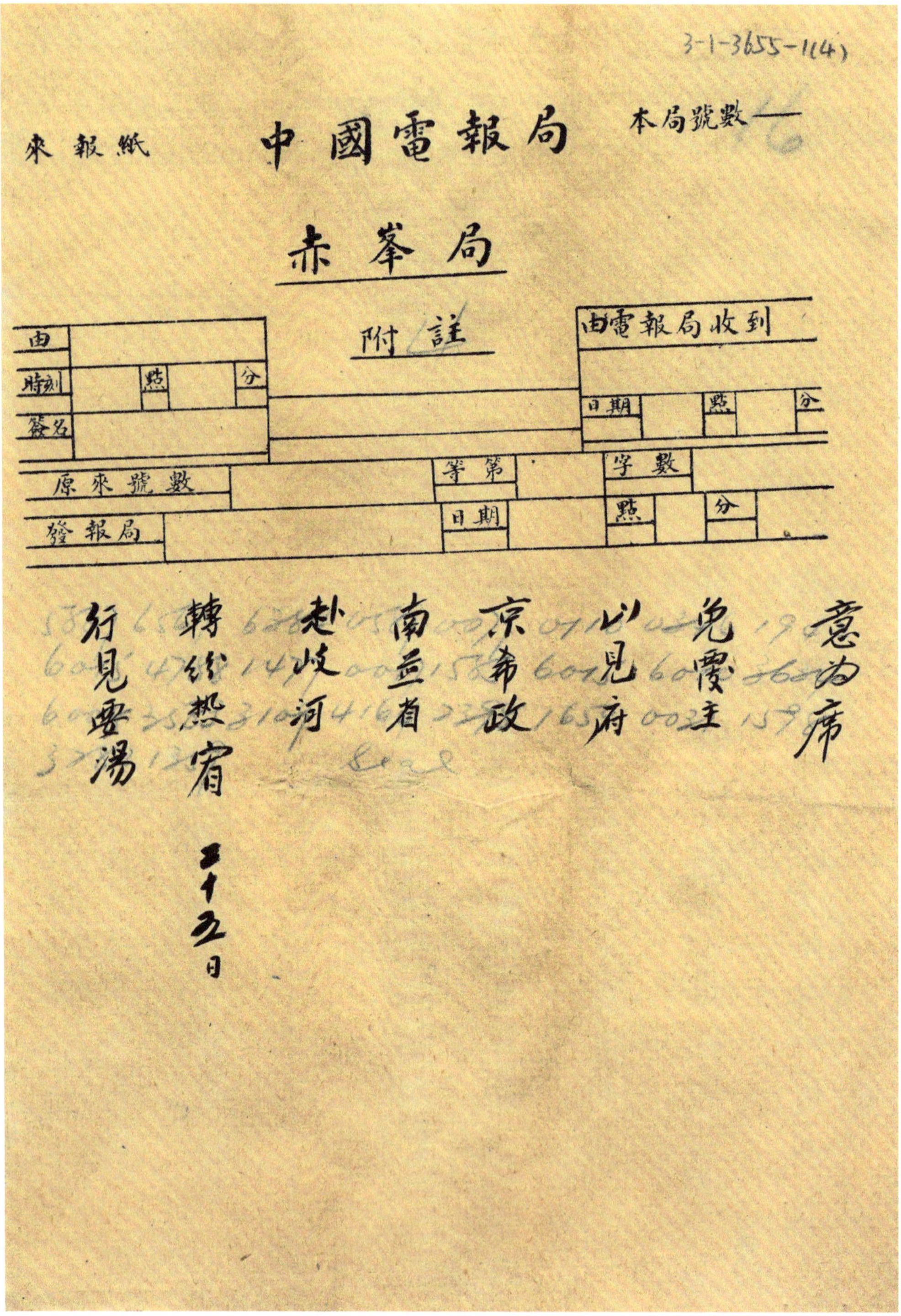

3-1-3655-1(4)

來報紙　中國電報局　本局號數——

赤峯局

由			附註	由電報局收到		
時刻	點	分		日期	點	分
簽名						
原來號數		等第		字數		
發報局		日期		點	分	

意爲席
免賫主
以見府
京希政
南並省
赴岐河
轉給熱宥
行見要湯

二十五日

二九五　熱河省政府爲轉知翁牛特左右兩旗出席蒙藏會議代表先行齊集瀋陽開會再赴南京事致赤峰縣政府電報（1930 年 2 月 28 日）

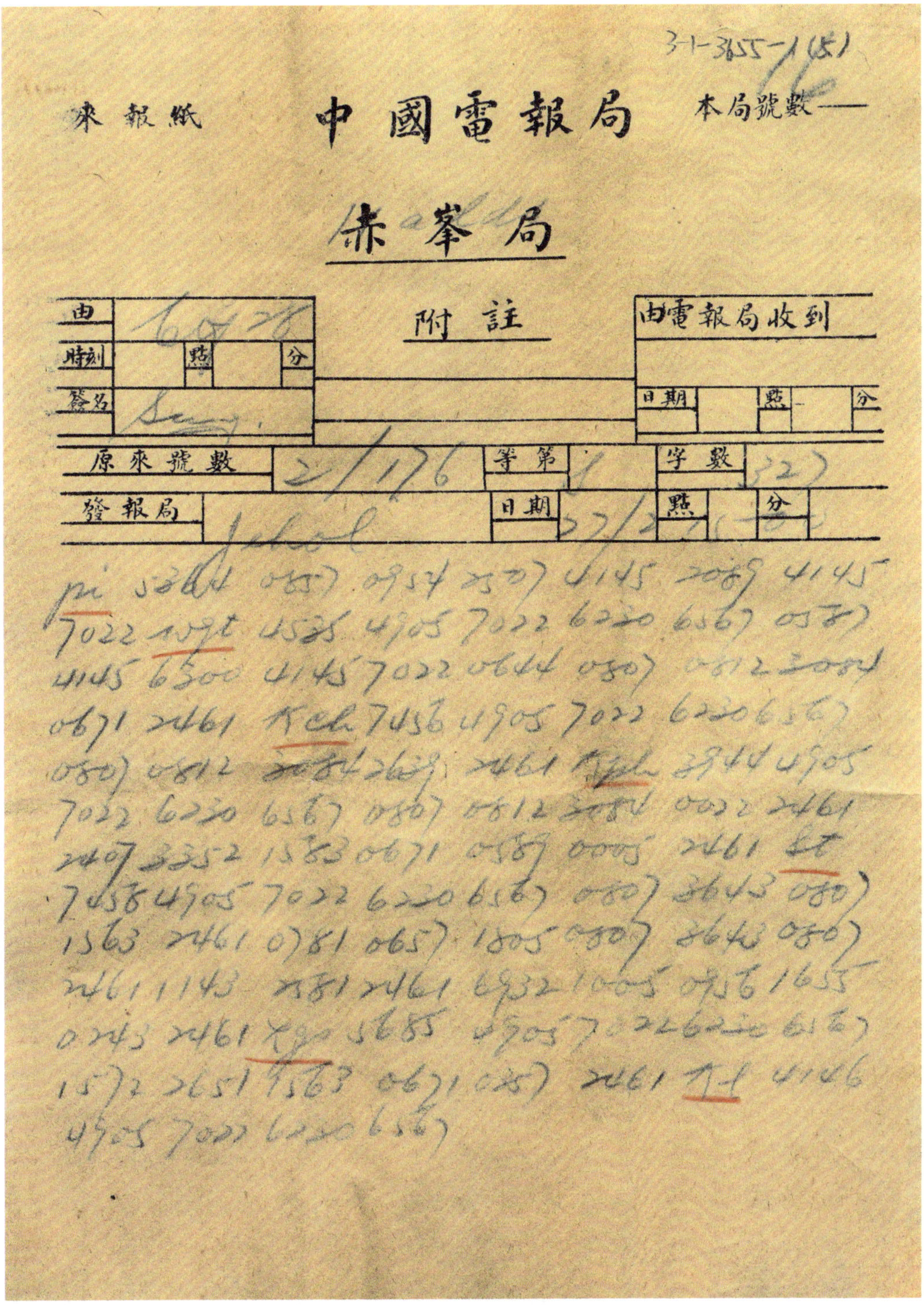

3-1-3655-1(5)
16

來報紙　　中國電報局　　本局號數——

赤峯局

由	6028	附註	由電報局收到
時刻	點　分		日期　點　分
簽名	Sung		

原來號數	2/176	字第		字數	327
發報局	Jehol	日期	27/2	點	分

pi 5844 0807 0954 2507 4145 2089 4145
7022 wgt 4525 4905 7022 6220 6567 0587
4145 6300 4145 7022 0644 0807 0812 2084
0671 2461 Kch 7456 4905 7022 6220 6567
0807 0812 2084 2629 2461 Kpl 2844 4905
7022 6220 6567 0807 0812 2084 0022 2461
2407 3352 1583 0671 0589 0005 2461 Lt
7458 4905 7022 6220 6567 0807 3643 0807
1563 2461 0781 0657 1805 0807 3643 0807
2461 1143 2881 2461 6932 1005 0956 1655
0243 2461 Kgo 5685 4905 7022 6220 6567
1572 2651 1563 0671 0257 2461 Tl 4146
4905 7022 6220 6567

二九六　赤峰市礦業聯合事務所爲造送十八年度煤礦礦産調查表事致赤峰縣建設局公函（1930年3月13日）

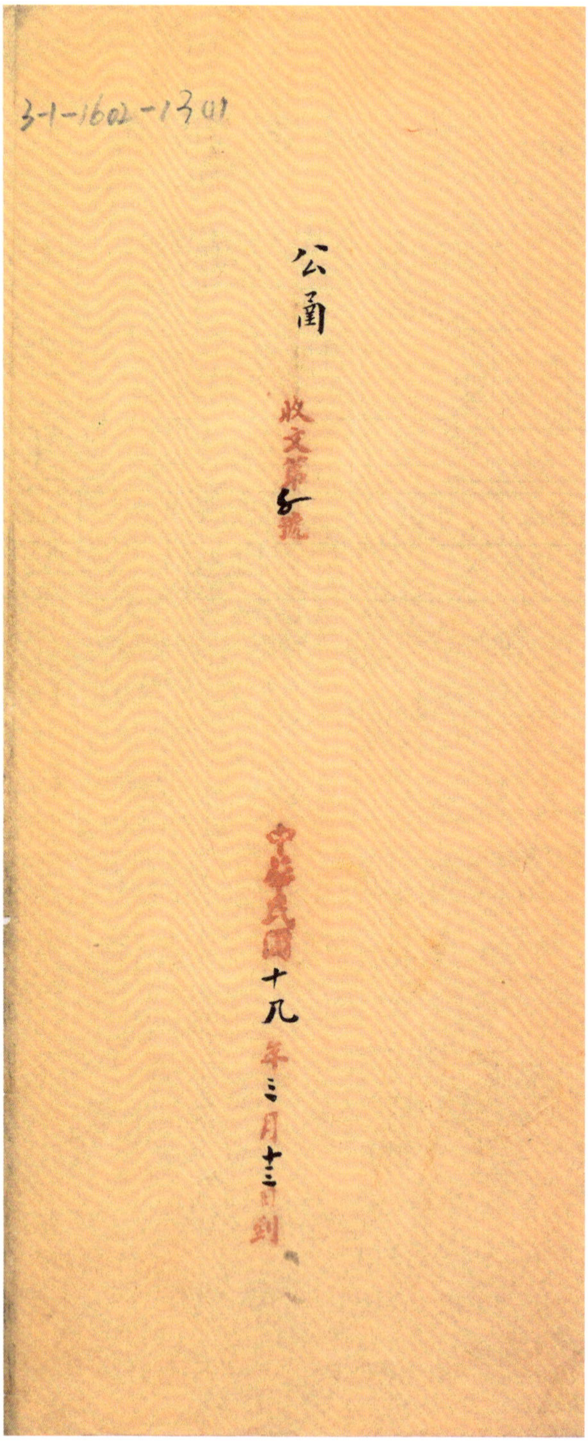
3-1-1602-1301

公函

收文第5號

中華民國十八年三月十三日到

二九六　赤峰市礦業聯合事務所爲造送十八年度煤礦礦産調查表事致赤峰縣建設局公函（1930年3月13日）

赤峰縣鑛業聯合事務所公函　第壹號

逕覆者案准

貴局第二號公函内開以奉

農鑛部令飭調查十八年度煤鑛産額時價等情准此遵即

按照表式填造齊全相應函送即希

查照爲荷此覆

赤峰縣建設局

計函送

十八年度煤鑛鑛産調查表九紙

二九六　赤峰市礦業聯合事務所爲造送十八年度煤礦礦産調查表事致赤峰縣建設局公函（1930 年 3 月 13 日）

赤峰縣鑛業聯合事務所主任李翰臣

中華民國十九年三月十三日

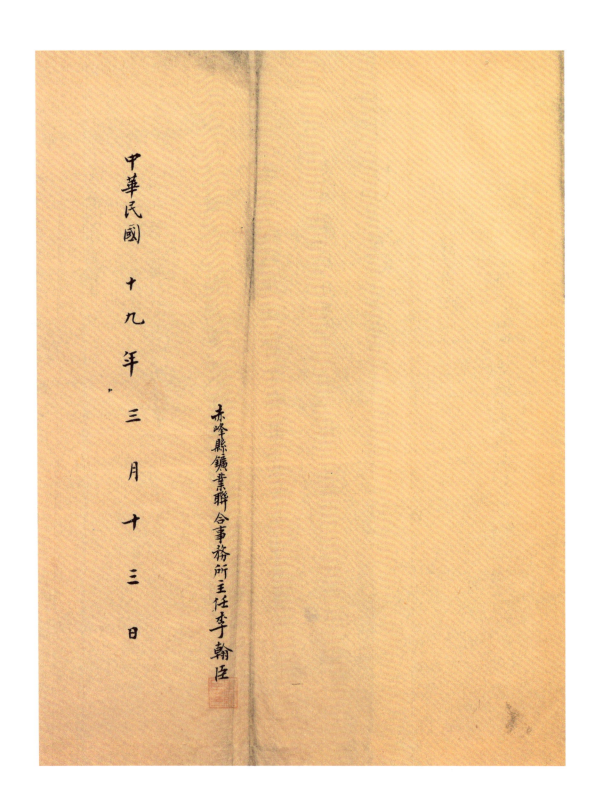

二九六　赤峰市礦業聯合事務所爲造送十八年度煤礦礦産調查表事致赤峰縣建設局公函（1930年3月13日）

赤峰縣建設局民國十八年度煤礦礦產調查表

調查員 郝[illegible]

公司或煤礦名稱：歸元煤礦

呈請人或代表人姓名：李[illegible]臣

月份	產額	每噸時價	銷售場所	備考
一月	三千五百噸	七元四角	本縣街	
二月	同	同	同	
三月	同	同	同	
四月	一千五百噸	同	同	
五月	同	同	同	
六月	同	同	同	
七月	同	同	同	
八月	同	同	同	
九月	同	同	同	
十月	三千五百噸	同	同	
十一月	同	同	同	
十二月	同	同	同	
計	三萬噸			

注意

一　產額應以噸爲單位，每噸合一千六百八十斤。

一　每噸時價應以市價爲準。

一　調查員應簽名蓋章。

二九六 赤峰市礦業聯合事務所爲造送十八年度煤礦礦産調查表事致赤峰縣建設局公函（1930年3月13日）

34-162-1313

赤峰縣建設局民國十八年度煤礦礦產調查表

調查員 柳清湖

公司或煤礦名稱	復興煤礦	呈請人或代表人姓名	王海
			潘秀

月份	產額	每噸時價	銷售場所
一月	五十噸	八元七角	本縣街及建平縣境
二月	同	同	同
三月	同	同	同
四月	三十噸	同	同
五月	同	同	同
六月	同	同	同
七月	同	同	同
八月	同	同	同
九月	同	同	同
十月	五十噸	同	同
十一月	同	同	同
十二月	同	同	同
計	四百八十噸		

注意

一 產額應以噸爲單位每噸合一千六百八十斤

一 每噸時價應以市價爲準

一 調查員應簽名蓋章

二九六 赤峰市礦業聯合事務所爲造送十八年度煤礦礦産調查表事致赤峰縣建設局公函（1930年3月13日）

赤峰縣建設局民國十八年度煤礦礦産調查表

調查員 柳清湖

公司或煤礦名稱 廣興煤礦　呈請人或代表人姓名 楊濟桂

月份	産額	每頓時價	銷售場所	備考
一月	七十頓	八元七角	本縣境及建平	
二月	同	同	同	
三月	同	同	同	
四月	四十頓	同	同	
五月	同	同	同	
六月	同	同	同	
七月	同	同	同	
八月	同	同	同	
九月	同	同	同	
十月	七十頓	同	同	
十一月	同	同	同	
十二月	同	同	同	
計	六百六十頓			

注意

一 産額應以頓爲單位每頓合一千六百八十斤

一 每頓時價應以市價爲準

一 調查員應簽名蓋章

二九六　赤峰市礦業聯合事務所爲造送十八年度煤礦礦産調查表事致赤峰縣建設局公函（1930年3月13日）

3-1-1602-13(5)

赤峰縣建設局民國十八年度煤礦礦產調查表

公司或煤礦名稱：大成煤礦

呈請人或代表人姓名：張抒蕃 湘 秀

月份	產額	每噸時價	銷售場所
一月	八十噸	六元七角	本縣西鄉
二月	同	同	同
三月	同	同	同
四月	同	同	同
五月	五十噸	同	同
六月	同	同	同
七月	同	同	同
八月	同	同	同
九月	同	同	同
十月	八十噸	同	同
十一月	同	同	同
十二月	同	同	同
計	七百八十噸		

此五十噸之數列入四月份欄內

調查員 柳清泚 [印]

注意

一 產額應以噸爲單位每噸合一千六百八十斤

一 每噸時價應以市價爲準

一 調查員應簽名蓋章

二九六 赤峰市礦業聯合事務所爲造送十八年度煤礦礦產調查表事致赤峰縣建設局公函（1930 年 3 月 13 日）

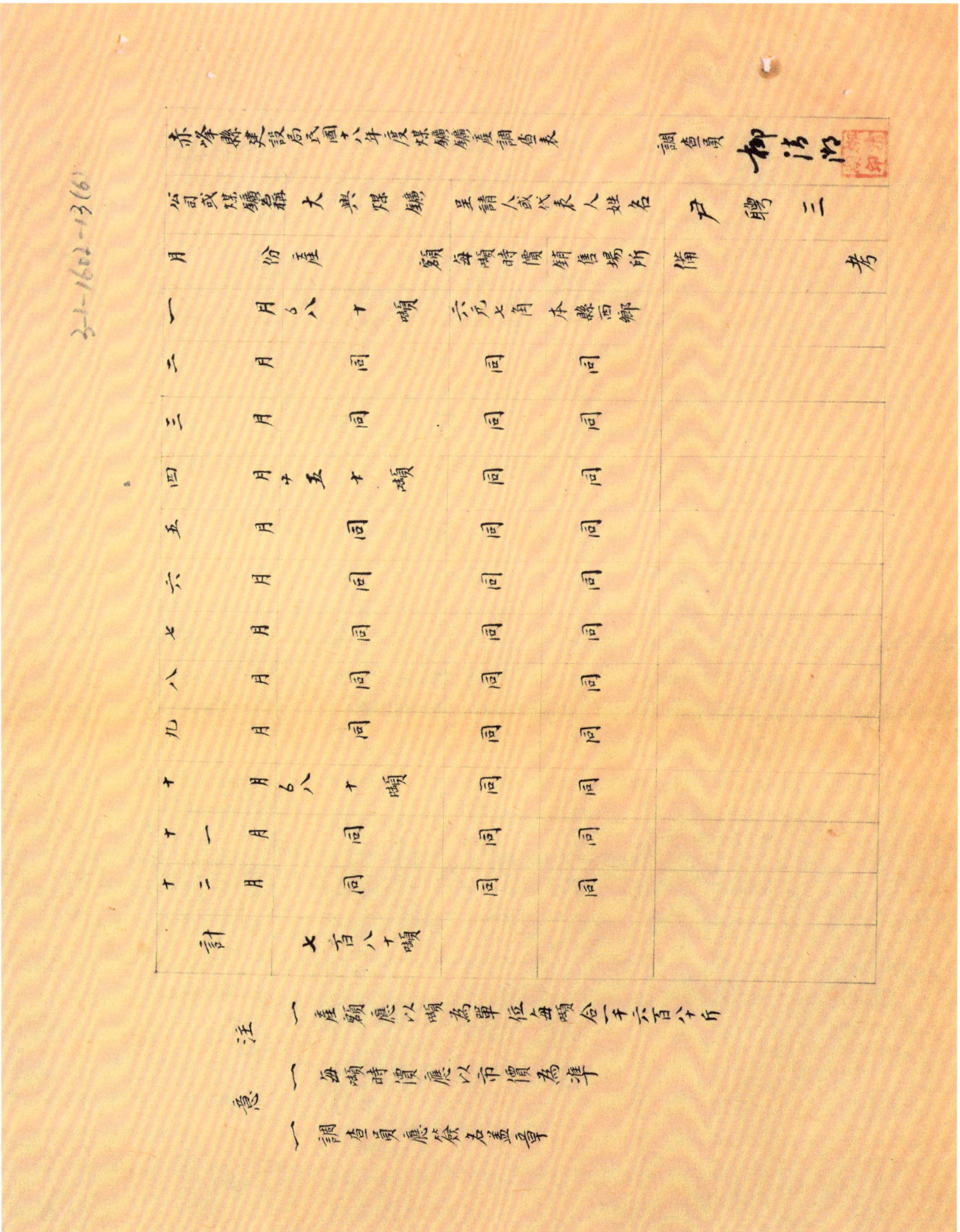

赤峰縣建設局民國十八年度煤礦礦產調查表

調查員 柳沅［?］（印）

公司或煤礦名稱	大興煤礦	呈請人或代表人姓名	尹鵬三	
月份	產額	每噸時價	銷售場所	備考
一月	七八十噸	六元七角	本縣西鄉	
二月	同	同	同	
三月	同	同	同	
四月	四五十噸	同	同	
五月	同	同	同	
六月	同	同	同	
七月	同	同	同	
八月	同	同	同	
九月	同	同	同	
十月	七八十噸	同	同	
十一月	同	同	同	
十二月	同	同	同	
計	七百八十噸			

注意

一 產額應以噸爲單位每噸合一千六百八十斤

一 每噸時價應以市價爲準

一 調查員應依式簽名蓋章

3-1-1602-13(6)

二九六　赤峰市礦業聯合事務所爲造送十八年度煤礦礦産調查表事致赤峰縣建設局公函（1930年3月13日）

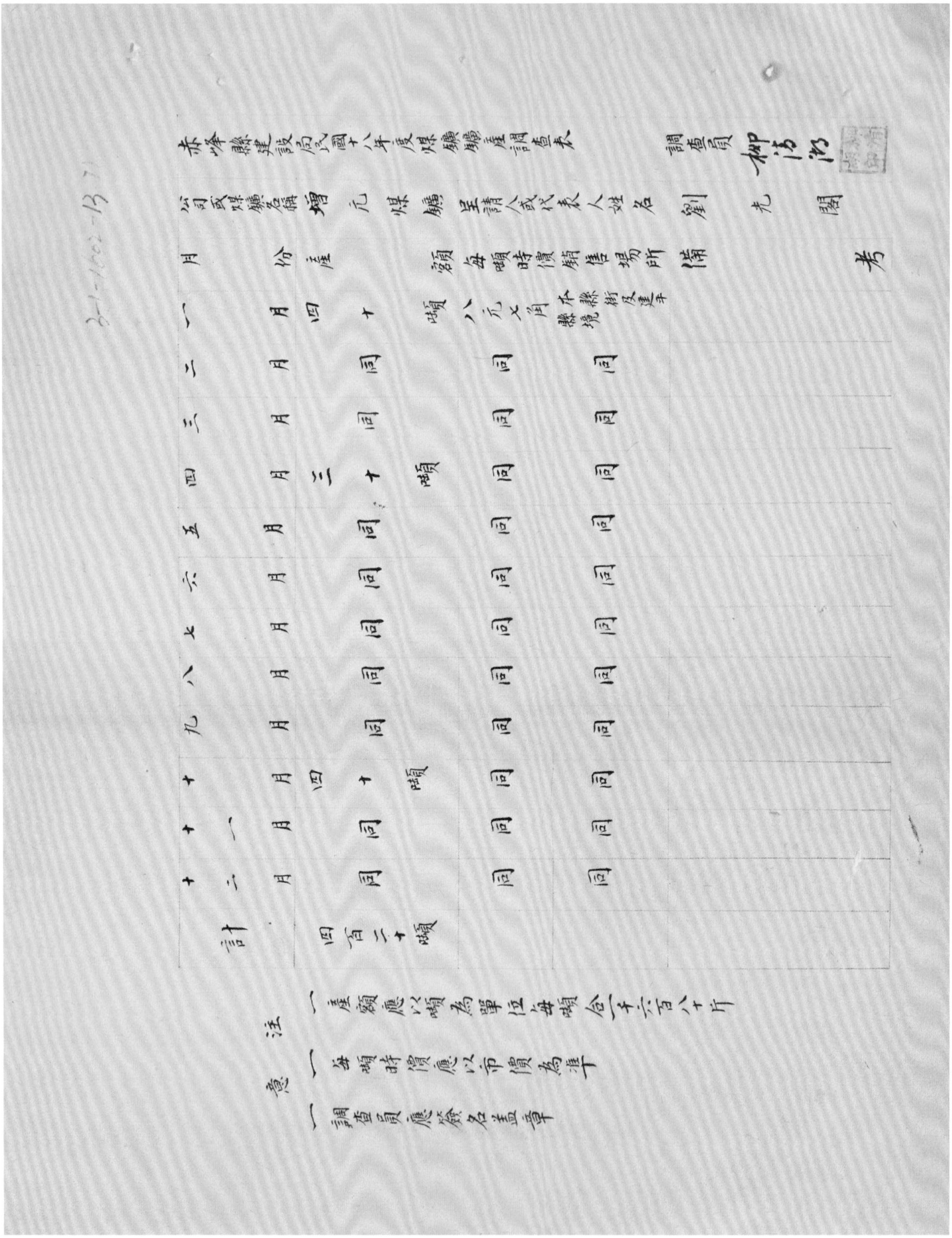

赤峰縣建設局民國十八年度煤礦礦產調查表

公司或煤礦名稱	增元煤礦	呈請人或代表人姓名	劉先閣

月份	產額	每噸時價	銷售場所	備考
一月	四十噸	八元之間	本縣縣街及建平縣境	
二月	同	同	同	
三月	同	同	同	
四月	三十噸	同	同	
五月	同	同	同	
六月	同	同	同	
七月	同	同	同	
八月	同	同	同	
九月	同	同	同	
十月	四十噸	同	同	
十一月	同	同	同	
十二月	同	同	同	
計	四百二十噸			

調查員　柳洪沩

注意

一　產額應以噸為單位每噸合一千六百八十斤

一　每噸時價應以市價為準

一　調查員應簽名蓋章

二九六 赤峰市礦業聯合事務所爲造送十八年度煤礦礦産調查表事致赤峰縣建設局公函（1930 年 3 月 13 日）

赤峰縣建設局民國十八年度煤礦礦產調查表

調查員 柳浩沁（印）

公司或煤礦名稱 東盛煤礦

呈請人或代表人姓名 尹翰章

月份	產額	每噸時價	銷售場所	備考
一月	八十五噸	八元七角	本縣街及建平縣境	
二月	同	同	同	
三月	同	同	同	
四月	五十噸	同	同	
五月	同	同	同	
六月	同	同	同	
七月	同	同	同	
八月	同	同	同	
九月	同	同	同	
十月	八十五噸	同	同	
十一月	同	同	同	
十二月	同	同	同	
計	八百一十噸			

注意

一 產額應以噸為單位每噸合一千六百八十斤

一 每噸時價應以市價為準

一 調查員應簽名蓋章

二九六 赤峰市礦業聯合事務所爲造送十八年度煤礦礦産調查表事致赤峰縣建設局公函（1930年3月13日）

赤峰縣建設局民國十八年度煤礦礦產調查表　　調查員 柳清湖（印：柳清湖印）

公司或煤礦名稱	富和順煤礦		
呈請人或代表人姓名	唐子英		
月份	產額	每噸時價	銷售場所
一月	五十五噸	六元七角	本縣西鄉
二月	同	同	同
三月	同	同	同
四月	三十噸	同	同
五月	同	同	同
六月	同	同	同
七月	同	同	同
八月	同	同	同
九月	同	同	同
十月	五十五噸	同	同
十一月	同	同	同
十二月	同	同	同
計	五百一十噸		
備考			

注意
一 產額應以噸為單位每噸合一千六百八十斤
一 每噸時價應以市價為準
一 調查員應簽名蓋章

二九六　赤峰市礦業聯合事務所爲造送十八年度煤礦礦産調查表事致赤峰縣建設局公函（1930年3月13日）

3-1-1602-13(10)

赤峰縣建設局民國十八年度煤礦礦產調查表　　調查員　柳清沏

公司或煤礦名稱	德元煤礦	呈請人或代表人姓名	毛貴卿	
月份	產額	每噸時價	銷售場所	備考
一月	一百三十噸	五元一角	本縣西鄉	
二月	同	同	同	
三月	同	同	同	
四月	七十噸	同	同	
五月	同	同	同	
六月	同	同	同	
七月	同	同	同	
八月	同	同	同	
九月	同	同	同	
十月	一百三十噸	同	同	
十一月	同	同	同	
十二月	同	同	同	
計	一千二百噸			

注意

一　產額應以噸爲單位每噸合一千六百八十斤

一　每噸時價應以市價爲準

一　調查員應簽名蓋章

二九七 赤峰縣政府爲凡於蒙旗地内辦礦暫行簡章公布後領照各礦務須遵章繳稅不得再納山分事致赤峰縣建設局訓令（1930年3月22日）

3-1-1602-12(1)

赤峯縣政府訓令第一七八號

令建設局

收文第139號

中華民國十九年三月廿二日到

為令行事案奉

熱河省政府第八一二號訓令内開為令行事案據熱河省政府建設

廳呈稱案據鑛商王佐臣劉連城等呈稱呈為違章浮收山分並送証明

文件請鑒核依法嚴行究辦事竊商等領採凌源南嘴含路溝等處

煤鑛業經呈准開採在案今春凌源喀喇沁東旂公無派委帶兵到鑛勒

令商人每百斤煤質代收山分大洋三分否則不准開採当經商等按

情電稟熱河財政廳並奉令候查在案嗣經財廳收鑛巻移交鈞

廳管轄靜候查辦迄今半年有餘想已委查明白正在檢辦間但該

二九七　赤峰縣政府爲凡於蒙旗地内辦礦暫行簡章公布後領照各礦務須遵章繳稅不得再納山分事致赤峰縣建設局訓令（1930年3月22日）

旂現在仍然飭令鑛商每百斤煤質代收山分大洋三分查與蒙旂地
内辦鑛簡章不符又查商等鑛地所佔區域均係漢民早由旂署價買
之地按年照章交納地面業主租金依例蒙旂公署應無再收鑛地區
產稅之權違論山分令該旂無不守國家所定條例不遵主管机關所
行文令竟敢便宜行事自為章程自命公無動用委員兵隊到鑛騷
擾人食馬秣索取餽儀外或尋隙封窑或私自科罰或捆人帶無押辦
種種不法行爲漢民受壓制已久罔敢角爭即如石灰鑿石燒炭以及
磚瓦盆等窑業此者倘無該旂准予開窑執照一經查覺即以私開
窑業論任意科罰此係前清陋規為親行條例所不許擬請查照蒙
旂地内辦鑛簡章收(取)銷蒙旂山分名目撰成佈告即發各縣飭帖通

二九七 赤峰縣政府爲凡於蒙旗地内辦礦暫行簡章公布後領照各礦務須遵章繳税不得再納山分事致赤峰縣建設局訓令（1930年3月22日）

衢俾衆週知一面嚴禁各旗無不得再發給開窰執照致與條例抵觸以妥窰戶生計而維實業進行至該旗令商等違章徵收煤鑛山分一節懇請提前辦理以保商人鑛業而裕國家稅收茲收該旗發給執照一紙隨呈送閱用資証明並請隨批發還以便繳回所如違章濫收山分並送証明文件緣由理合具文呈請鑒核批令祇遵等情據此查蒙旗地內辦鑛暫行簡章自民國十年十二月二十七日公布後因各蒙旗時有誤解迭經一再申明有案復查前項簡章第八條第三款後半段原文內載鑛商遵照第七第八兩條納稅後蒙旗不得藉故再抽山分暨其他名目稅捐又簡章第十三條內載在本簡章未公布以前業經核准給照之各鑛均仍照舊辦理又第十

二九七　赤峰縣政府爲凡於蒙旗地内辦礦暫行簡章公布後領照各礦務須遵章繳稅不得再納山分事致赤峰縣建設局訓令（1930 年 3 月 22 日）

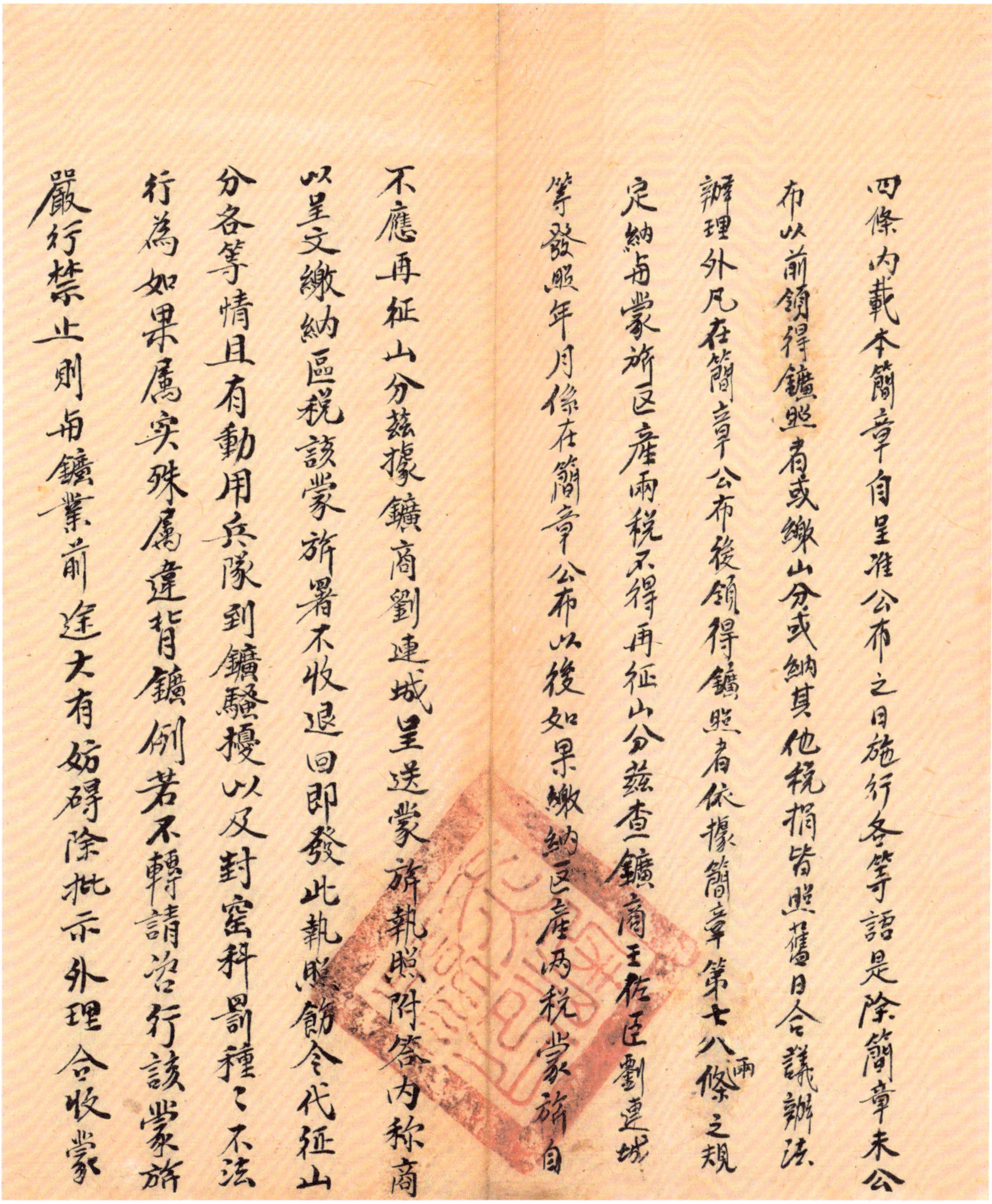
四條內載本簡章自呈准公布之日施行各等語是除簡章未公
布以前領得鑛照者或繳山分或納其他稅捐皆照舊日合議辦法
辦理外凡在簡章公布後領得鑛照者依據簡章第七八兩條之規
定納由蒙旗區產兩稅不得再征山分茲查鑛商王佐臣劉連城
等發照年月係在簡章公布以後如果繳納區產兩稅蒙旗自
不應再征山分茲據鑛商劉連城呈送蒙旗執照附答內稱商
以呈文繳納區稅該蒙旗署不收退回即發此執照飭令代征山
分各等情且有動用兵隊到鑛騷擾以及封窑科罰種種不法
行為如果屬實殊屬違背鑛例若不轉請咨行該蒙旗
嚴行禁止則由鑛業前途大有妨碍除批示外理合收蒙

二九七 赤峰縣政府爲凡於蒙旗地内辦礦暫行簡章公布後領照各礦務須遵章繳稅不得再納山分事致赤峰縣建設局訓令（1930年3月22日）

旗地内辦鑛轉行簡章及蒙旗所发代收山分執照一併抄呈據情鈞府鑒核俯錫轉咨喀喇沁東旗凡在民国十年十二月二十七日蒙旗地内辦鑛簡章公佈以後領照各鑛區務須依照簡章第八條第三款之規定辦理不將擅发執照强收山分並遵照簡章第九條對於蒙員阻撓者隨時制止以重鑛務實為公便謹呈計抄呈蒙旗地内辦鑛轉行簡章一份蒙旗所發代收山分執照一紙等情據此查蒙旗地内辦鑛定有專章早經明令公布乃該喀喇沁東旗竟不遵照定章擅发執照强收山分殊屬不合一旗各此深恐他旗效尤除指令並咨該旗立收執照撤銷及分別咨令外合行照抄簡章令仰

二九七　赤峰縣政府爲凡於蒙旗地内辦礦暫行簡章公布後領照各礦務須遵章繳稅不得再納山分事致赤峰縣建設局訓令（1930年3月22日）

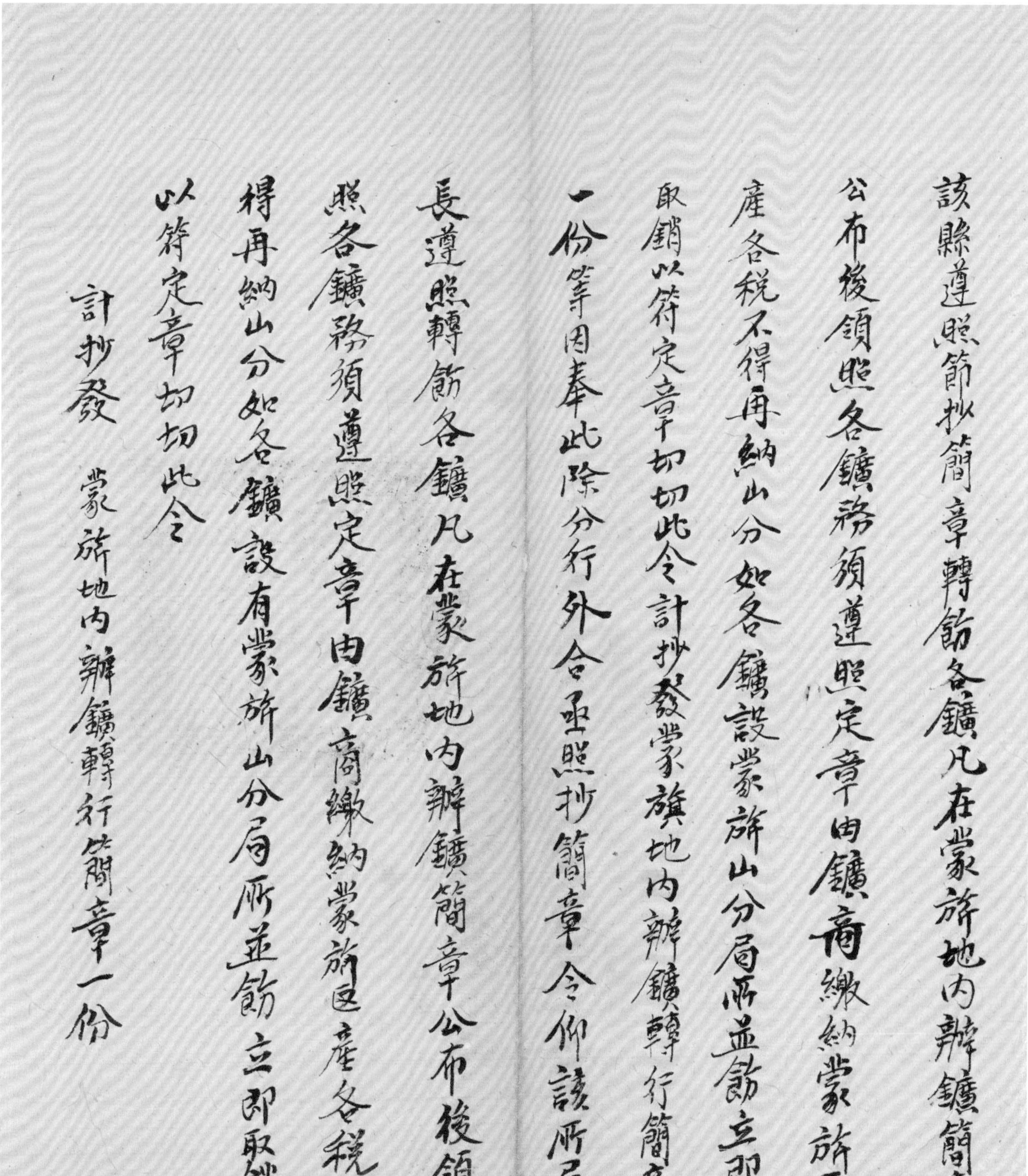
該縣遵照節抄簡章轉飭各鑛凡在蒙旗地内辦鑛簡章
公布後領照各鑛務須遵照定章由鑛商繳納蒙旗区
產各税不得再納山分如各鑛設蒙旗山分局所並飭立即
取銷以符定章切切此令　計抄發蒙旗地内辦鑛暫行簡章
一份等因奉此除分行外合亟照抄簡章令仰該所局
長遵照轉飭各鑛凡在蒙旗地内辦鑛簡章公布後領
照各鑛務須遵照定章由鑛商繳納蒙旗区產各税不
得再納山分如各鑛設有蒙旗山分局所並飭立即取銷
以符定章切切此令
計抄發　蒙旗地内辦鑛暫行簡章一份

二九七　赤峰縣政府爲凡於蒙旗地内辦礦暫行簡章公布後領照各礦務須遵章繳稅不得再納山分事致赤峰縣建設局訓令（1930 年 3 月 22 日）

中華民國十九年三月廿二日

縣長　孫廷弼

二九七 赤峰縣政府爲凡於蒙旗地内辦礦暫行簡章公布後領照各礦務須遵章繳税不得再納山分事致赤峰縣建設局訓令（1930 年 3 月 22 日）

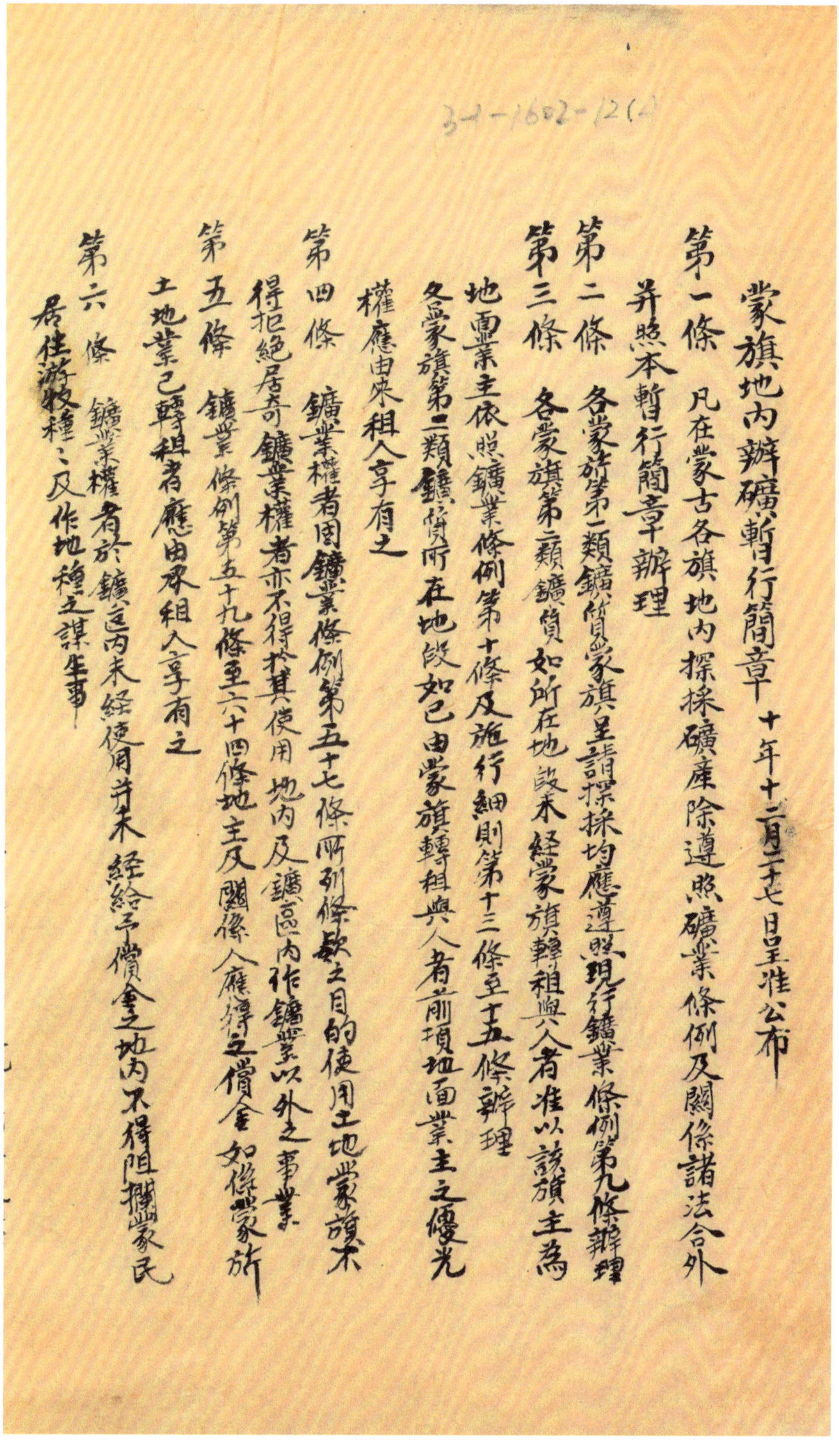

3-1-1602-12(1)

蒙旗地内辦礦暫行簡章 十年十二月二十七日呈准公布

第一條 凡在蒙古各旗地内探採礦產除遵照礦業條例及關係諸法令外并照本暫行簡章辦理

第二條 各蒙旗第一類礦質蒙旗呈請探採均應遵照現行礦業條例第九條辦理

第三條 各蒙旗第二類礦質如所在地段未經蒙旗轉租與人者准以該旗王為地面業主依照礦業條例第十條及施行細則第十三條至十五條辦理

各蒙旗第二類礦質所在地段如已由蒙旗轉租與人者前項地面業主之優先權應由原租人享有之

第四條 礦業權者因礦業條例第五十七條所列條款之目的使用土地蒙旗不得拒絕居奇 礦業權者亦不得於其使用地内及礦區内作礦業以外之事業

第五條 礦業條例第五十九條至六十四條地主及關係人應得之償金如係蒙旗土地業已轉租者應由原租人享有之

第六條 礦業權者於礦區内未經使用并未經給予償金之地内不得阻攔蒙民居住游牧種種及作地種之謀生事

二九七 赤峰縣政府爲凡於蒙旗地内辦礦暫行簡章公布後領照各礦務須遵章繳稅不得再納山分事致赤峰縣建設局訓令（1930 年 3 月 22 日）

第七條 鑛区稅除照鑛業條例第七十九條繳納外應照左列之稅額納與蒙旗

一 如鑛区為採鑛條例第六條第一類鑛質按年每畝納銀元一角其砂鉑砂金砂錫砂鉄之在河底者按年每長十丈納銀元一角第六條第二類鑛質按年每畝納銀元五分

二 如鑛区為採鑛前項之稅額均以二分計算

第八條 鑛産稅除照鑛業條例第八十一條繳納外應照左列之稅額納與蒙旗

一 鑛業條例第六條第一類鑛質按出産地平均市價十分之五

二 鑛業條例第六條第二類鑛質按出産地平均市價十分之三．五

三 現行鑛業條例所定稅率嗣後如另有增減之規定時第七第八兩條所定附加区産兩稅應比照例定稅率二分之一繳納并鑛商遵照第七第八兩條納稅後蒙旗不得藉故再抽山分暨其他名目稅捐

第九條 鑛商對於蒙旗暨增訂第七第八兩條加納区産兩稅如旗員旗民等有藉端阻撓所營鑛業情事除由主管官廳依法核辦外仍應由旗主分任保護之責并對於阻撓者隨時制止

二九七　赤峰縣政府爲凡於蒙旗地内辦礦暫行簡章公布後領照各礦務須遵章繳税不得再納山分事致赤峰縣建設局訓令（1930年3月22日）

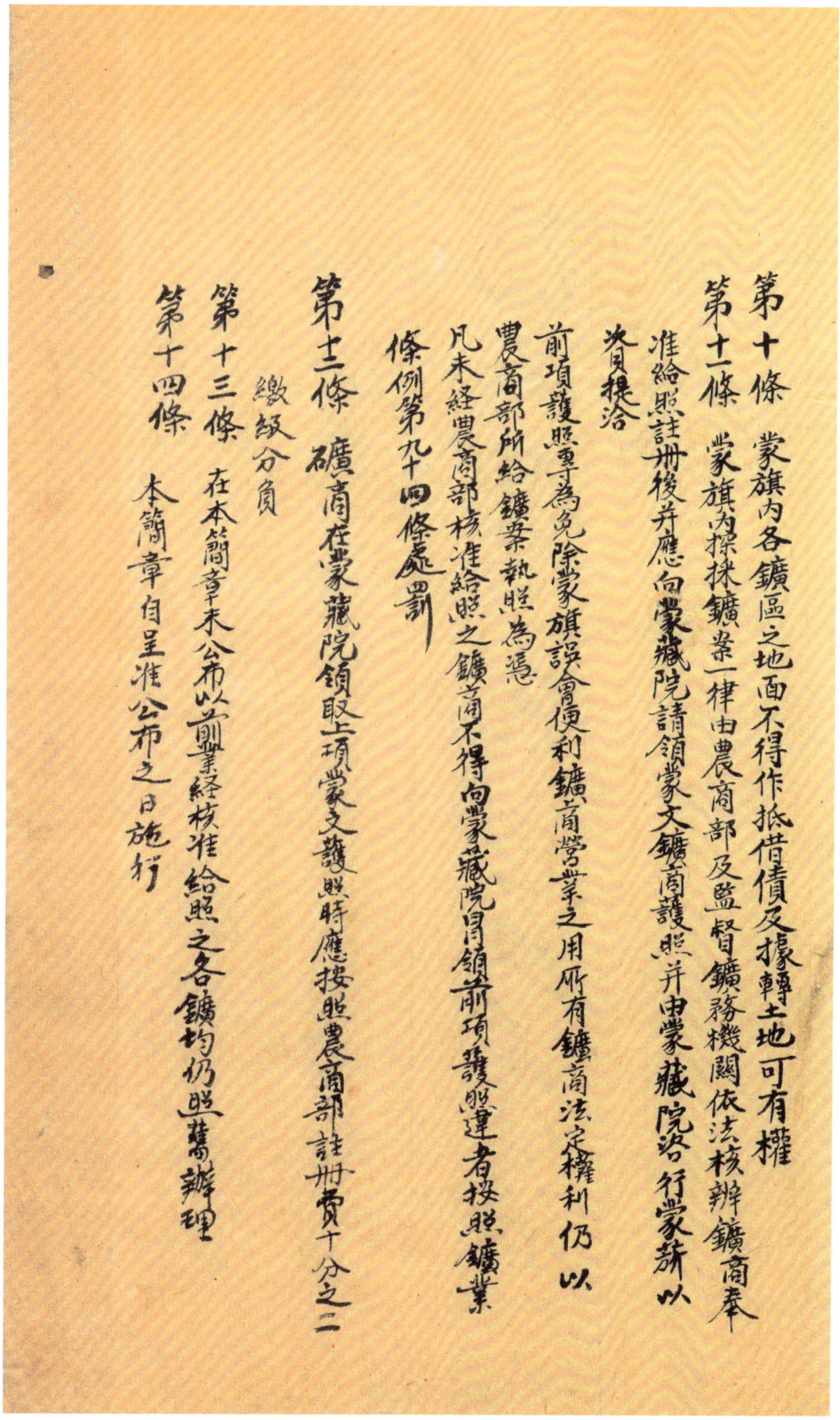

第十條　蒙旗內各鑛區之地面不得作抵借債及據轉土地可有權

第十一條　蒙旗內探採鑛案一律由農商部及監督鑛務機關依法核辦鑛商奉准給照註冊後并應向蒙藏院請領蒙文鑛商護照并由蒙藏院咨行蒙旗以資提洽

前項護照專為免除蒙旗誤會便利鑛商營業之用所有鑛商法定權利仍以農商部所給鑛案執照為憑

凡未經農商部核准給照之鑛商不得向蒙藏院自領前項護照違者按照鑛業條例第九十四條處罰

第十二條　鑛商在蒙藏院領取上項蒙文護照時應按照農商部註冊費十分之二繳納分負

第十三條　在本簡章未公布以前業經核准給照之各鑛均仍照舊辦理

第十四條　本簡章自呈准公布之日施行

二九八 翁牛特左旗公署爲請保存游牧土地維持蒙民生計事致赤峰縣政府咨（1930 年 4 月 1 日）

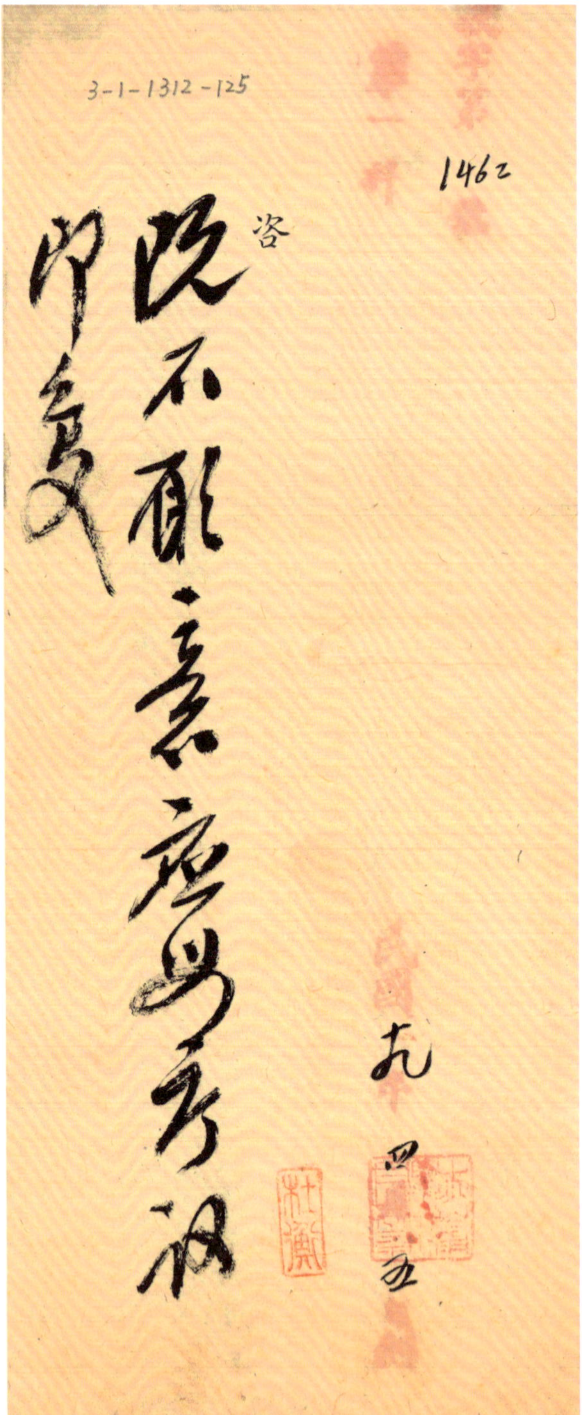
3-1-1312-125

1462

咨

二九八　翁牛特左旗公署爲請保存游牧土地維持蒙民生計事致赤峰縣政府咨（1930 年 4 月 1 日）

翁牛特左旗公署咨　　為

咨請保存游牧以容蒙生而濟永久事溯查敝旗轄境因自前清乾隆伊始設墾丈放烏丹一約分為四鄉共三十二牌凡將可墾荒地盡行開絕所有旗民移於不茅沙内居牧二百餘年僅存生息以至民國肇興例定開墾蒙荒迭奉熱河都統三令五申索要墾荒敝旗度此意旨多少不等似非報効不可之勢因此恐違定章無奈將境東界海力吐地方沿河所淤荒地報効一百方業於民國十六年春季經歸天山墾務局丈放又於十六七兩年奉准省政府專委王澤藩並兼委王縣長直接來旗仍復追索續報荒地認為烏丹迤東有須多平坦荒地等情復查烏丹迤東敝旗署原建之處環居數百民户無奈暫許指以羊羔山一帶續報二百方以維現狀迨至十七年秋間敝旗因烏丹附近實無可墾荒地

二九八 翁牛特左旗公署爲請保存游牧土地維持蒙民生計事致赤峰縣政府咨（1930 年 4 月 1 日）

況與旗民生計有碍故此擬定將前報効二百方改由海力吐先放西界向西一帶荒地抵換
用東境將西境換回以容蒙生當經咨請天山墾務局查明許可轉呈
省政府及墾務總局恩准允予抵換再免續報並電覆取銷烏丹設局歸天山丈放等
情奉此出具換段印文十八年夏間 敝 派員會同天山墾務局丈足二百方繪圖呈明
省政府以銷換段在案茲於本年三月十九號有
貴縣經界調查員鍾高委員忽來旗地查勘四稜山一帶面積土質暗訪此境有無可種蒙民
聞知投稟旗署 敝 旗當即派員到段切實追問原尾據高鍾委員所説奉令查勘如何作
用尚待上令二委去後旋據該處旗民數百户紛集署門籲懇連聲僉稱我輩貧民
危為流氓果如國家當然出此牧場我輩生無事業死無葬地活無依賴懇祈上達
政府施仁垂救挽回斯土保存一方蒙民生活則實不妄給旗主充差歷久之苦勞

二九八　翁牛特左旗公署爲請保存游牧土地維持蒙民生計事致赤峰縣政府咨（1930年4月1日）

而矣此請核奪以慰喁喁之望等情據此案查該處業蒙
省政府墾務總局核准換就留作牧養在案況查河南自黑塔子迤東平坦南北約二
三里或六七里不等東西至極邊約在十餘里均係城甸沙荒其中略有熟地均係旗
員旗民旗署之生計地其餘沙甸牧場各家分段執有稅契為據其河北自四稜山至王府西
南東西約在十餘里南北寬一二里或三五里不等面積一律城甸除此之外北大廟及棋杆
廟王府後梁迴迴沙坨若觀面積雖屬寬廣不能耕種該委所問由城址至黑塔子皆
係漢地不想悮指蒙界妄瀆官府虛著名目以瘠作肥陰謀險詐覬覦荒境誠所不解
若將此處公出丈放試請將旗民置之何地亟將換留此段情形及衆蒙民要求緣由
合併陳明相應咨請
貴縣政府查照希即維持以安蒙生而濟貧艱德莫大焉實級公誼此咨

二九八　翁牛特左旗公署爲請保存游牧土地維持蒙民生計事致赤峰縣政府咨（1930 年 4 月 1 日）

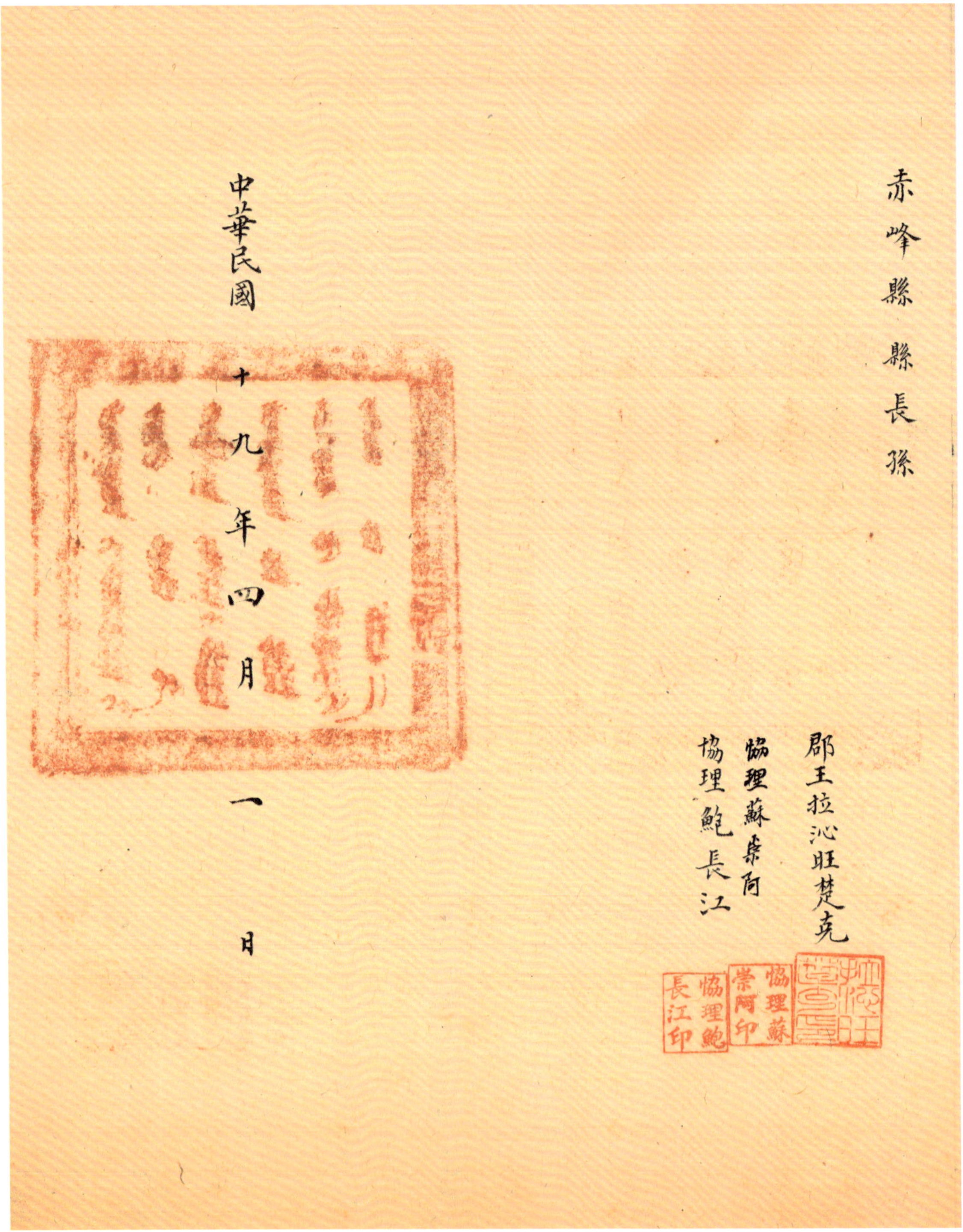
赤峯縣縣長孫

郡王拉沁旺楚克
協理蘇崇阿
協理鮑長江

中華民國十九年四月一日

二九九　赤峰縣教育局爲擬請將職業學校商科改組爲女子完全小學事致赤峰縣政府呈（1930年9月15日）

3-1-1429-1

已發

第二科

收字第　號

呈

民國十九年九月十五日到

令發

二九九　赤峰縣教育局爲擬請將職業學校商科改組爲女子完全小學事致赤峰縣政府呈（1930年9月15日）

呈為職業學校商科勢難續辦擬請改組女子完全小學以應要需而維教育事竊緣職
業學校商科第一班學生係於民國十六年八月二十二日上課扣至本年八月二十二日修業已經期
滿學生應授各科功課亦均各教授完竣除舉行畢業試驗外惟該校第一班既經畢業理宜
續招即行上課奈其中窒碍甚多不得不按照地方財力與環境及需要等情審酌改組以免
遲悞查該校設立之初因奉令設立職業學校後於農工商各科未審設立何科為宜因招集
前教育局內董事會開會議決設立商科呈報在案無如在校諸生平日慣於學校生活對於
社會一切職業概況殊覺漠然且赤街凡上中等各商號對於用人問題總以山西北平等處人員為
限凡係本地青年子弟向不歡迎近一二年間極力開導而界限終未能融化所以畢業諸生除
有力者赴北平升學外其餘諸生無正當服務之途以致續招二班報名者僅有數人且程度不等
及格者不過半數人數不足勢難上課幾經審酌殊難進行擬改組為農工各科似與社會教

二九九　赤峰縣教育局爲擬請將職業學校商科改組爲女子完全小學事致赤峰縣政府呈（1930 年 9 月 15 日）

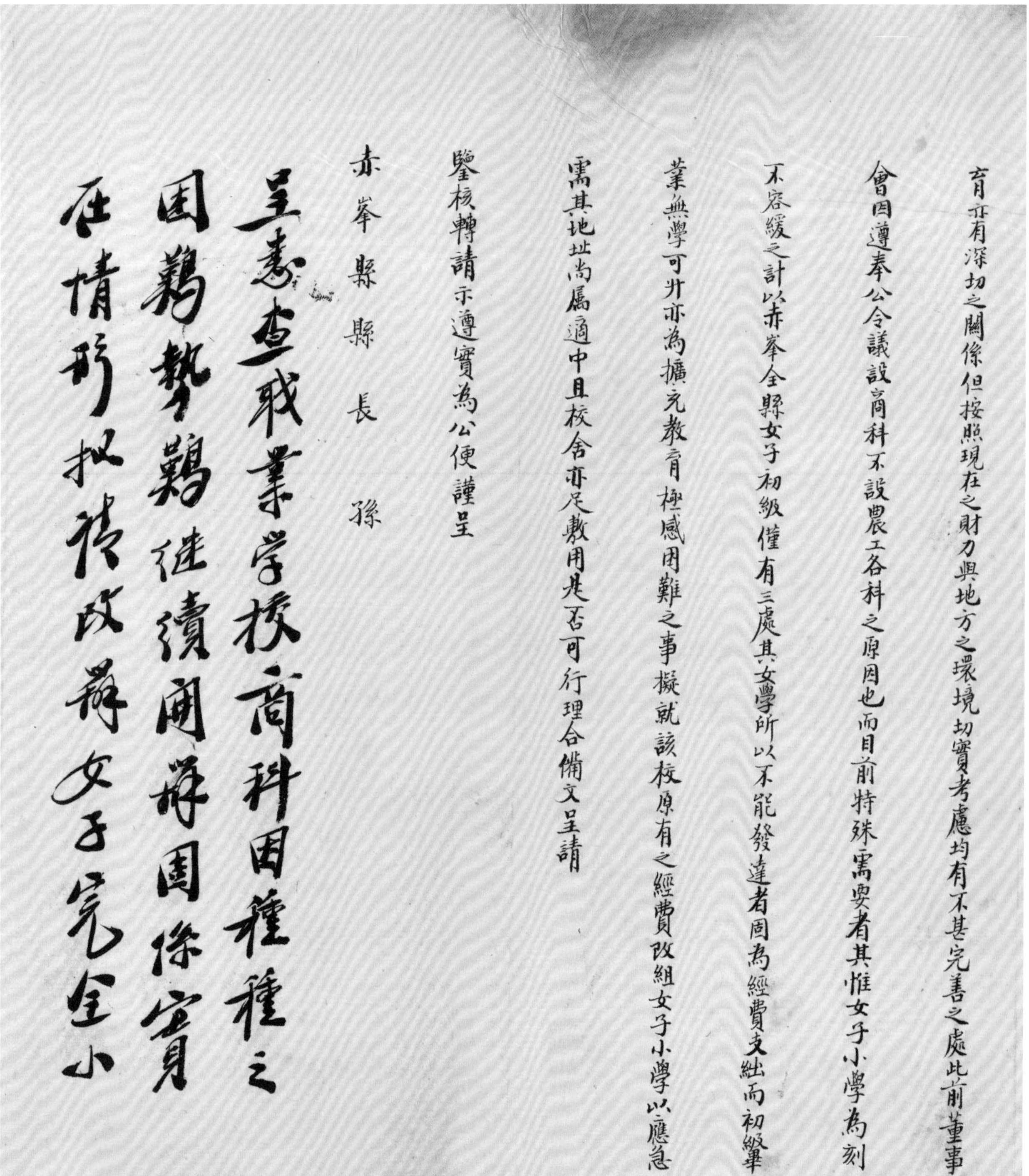
育亦有深切之關係但按照現在之財力與地方之環境切實考慮均有不甚完善之處此前董事
會因遵奉公令議設商科不設農工各科之原因也而目前特殊需要者其惟女子小學為刻
不容緩之計以赤峯全縣女子初級僅有三處其女學所以不能發達者固為經費支絀而初級畢
業無學可升亦為擴充教育極感困難之事擬就該校原有之經費改組女子小學以應急
需其地址尚屬適中且校舍亦足敷用是否可行理合備文呈請
鑒核轉請示遵實為公便謹呈
赤峯縣縣長孫

呈悉查職業學校商科因種種之
困難勢難繼續開辦因係實
在情形擬請改辦女子完全小

二九九 赤峰縣教育局爲擬請將職業學校商科改組爲女子完全小學事致赤峰縣政府呈（1930年9月15日）

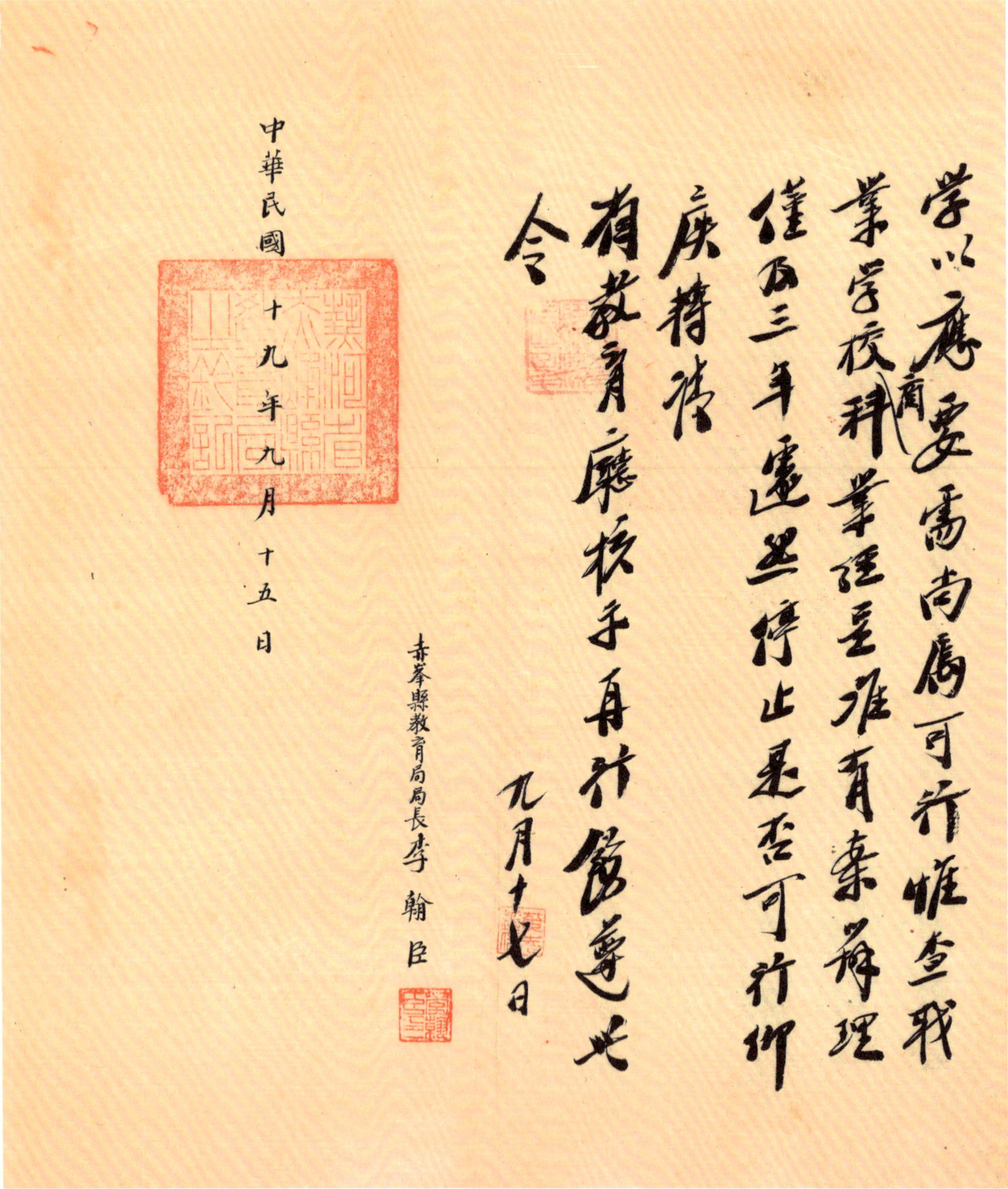
學以應要需尚屬可行惟查我
業學校商科業經呈准有案籌理
僅及三年遽然停止是否可行仰
候轉請
省教育廳核示再行飭遵此
令

九月十七日

赤峯縣教育局局長李翰臣

中華民國十九年九月十五日

三〇〇 熱河省教育廳爲准予將職業學校商科改組爲女子完全小學事致赤峰縣政府指令（1930年10月15日）

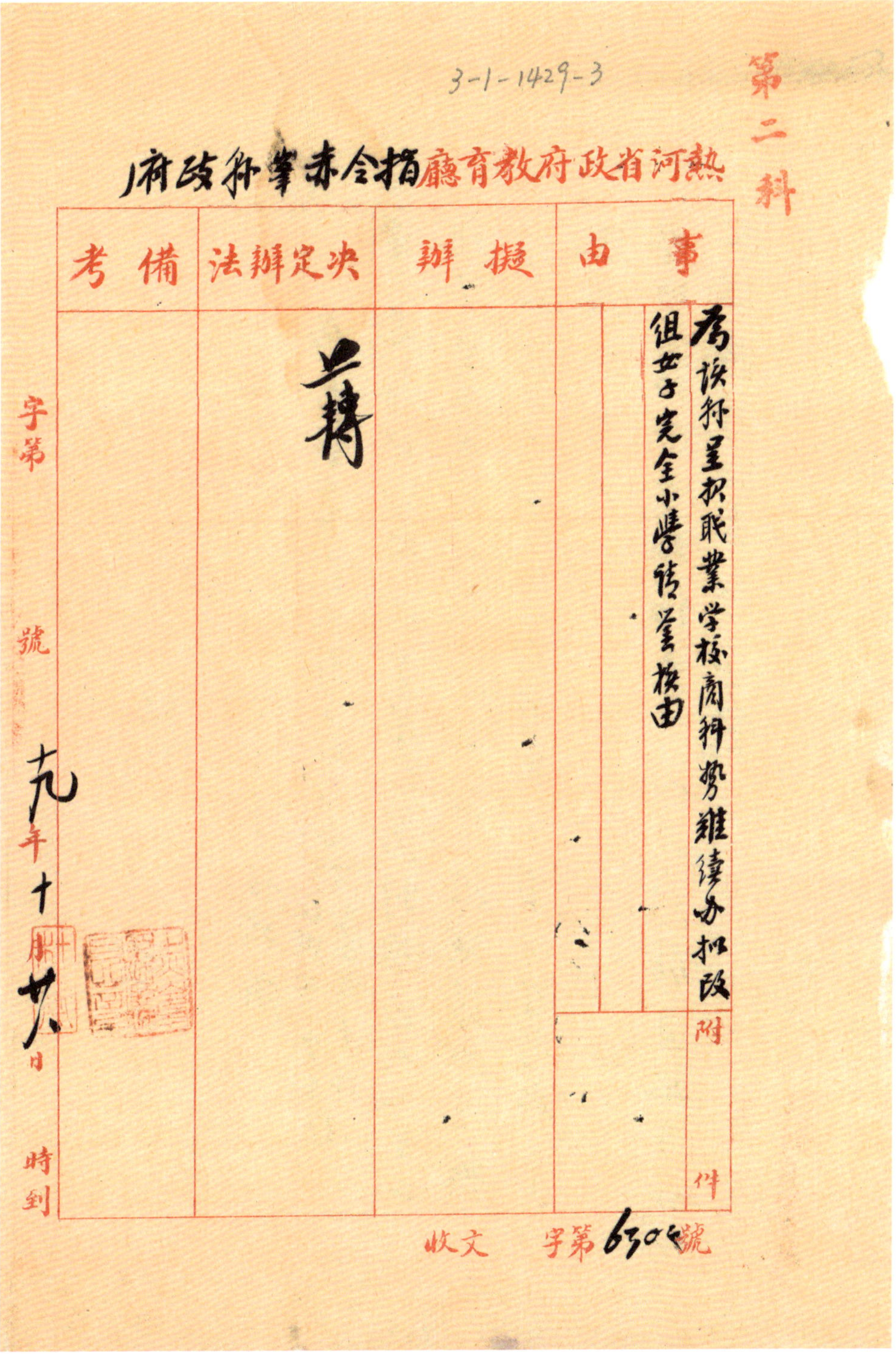

3-1-1429-3

第二科

熱河省政府教育廳指令赤峯縣政府

事由	擬辦	決定辦法	備考
爲該縣呈擬職業學校商科勢難續辦擬改組女子完全小學請鑒核由		並轉	

附件

字第　號

九年十月廿六日到　時

收文　字第6304號

三〇〇 熱河省教育廳爲准予將職業學校商科改組爲女子完全小學事致赤峰縣政府指令（1930 年 10 月 15 日）

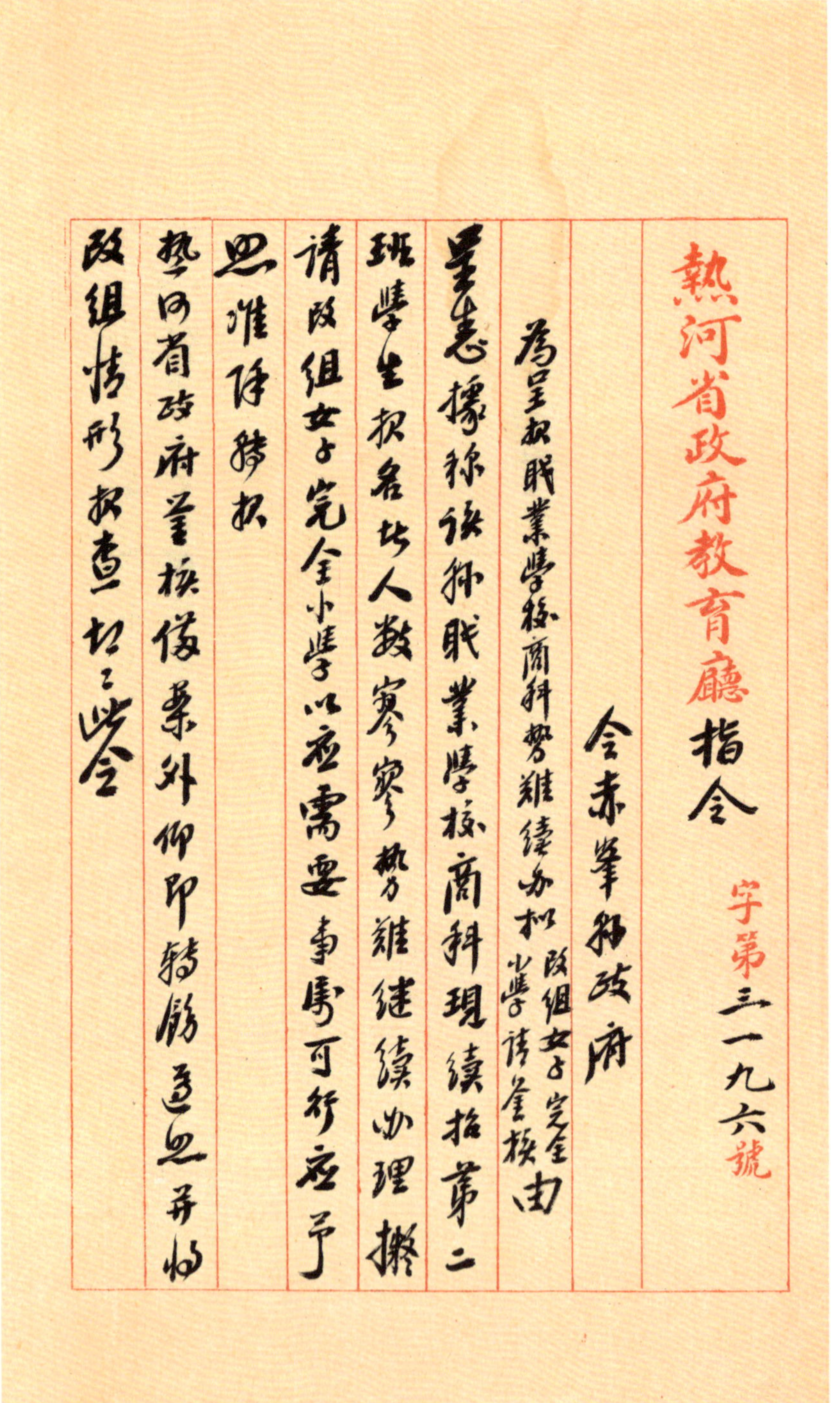

熱河省政府教育廳指令

字第三一九六號

令赤峰縣政府

爲呈報職業學校商科勢難續辦擬改組女子完全小學請備案由

呈悉。據稱該縣職業學校商科現續招第二班學生報名者人數寥寥，勢難繼續辦理，擬請改組女子完全小學以應需要，事屬可行，應予照准。除轉報

熱河省政府鑒核備案外，仰即轉飭遵照，并將改組情形報查。切切此令。

三〇〇　熱河省教育廳爲准予將職業學校商科改組爲女子完全小學事致赤峰縣政府指令（1930 年 10 月 15 日）

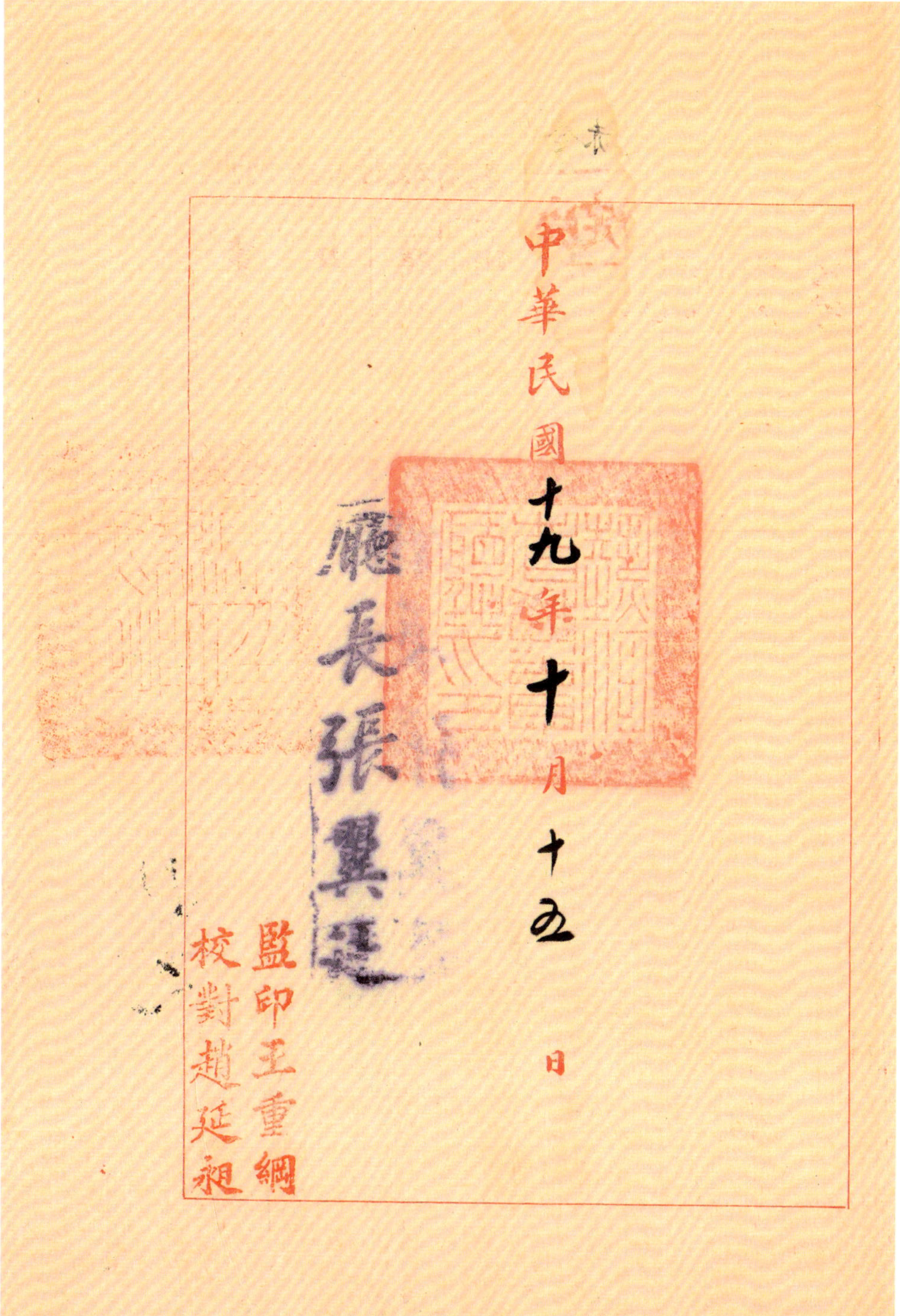

中華民國十九年十月十五日

廳長張翼廷

監印王重綱

校對趙延昶

三〇一　陸軍騎兵第十九旅司令部爲迅予籌辦軍需糧秣事致赤峰縣政府公函（1930 年 9 月 14 日）

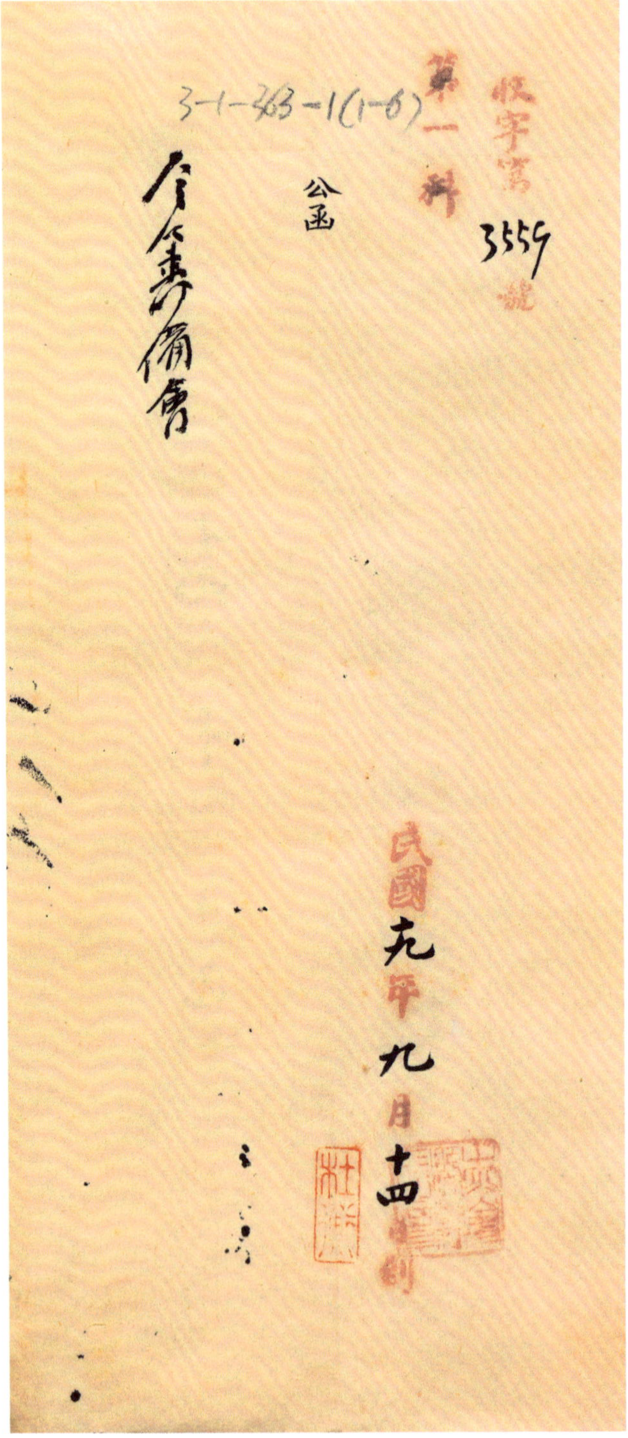

3-1-363-1(1-6)

第一科

收字第3559號

公函

民國十九年九月十四

三〇一　陸軍騎兵第十九旅司令部爲迅予籌辦軍需糧秣事致赤峰縣政府公函（1930年9月14日）

陸軍騎兵第十九旅司令部公函　需字第二二二號

逕啟者現值秋成所有敝
旅駐防各縣部隊自本年初秋起至來年秋季應需糧秣急應預籌以
濟軍需查駐防
貴縣境內部隊敝
旅旅部暨各團營連共官佐士兵夫二千員名計每月應需食粮九萬斤馬共一千
八百五十匹每月應需乾草五百五十五萬斤紅粮五百五十五石按長年十二個月計共需食粮一百零
八萬斤乾草六千六百六十萬斤馬料六千六百六十石除規定各團營連每月應用粮秣確數飭遵取
用外相應函達
貴縣希即
查照以上各數赶飭籌備處迅予籌辦俾資軍需至紉公誼此致
赤峰縣政府

三〇一　陸軍騎兵第十九旅司令部爲迅予籌辦軍需糧秣事致赤峰縣政府公函（1930 年 9 月 14 日）

中華民國十九年九月十四日

陸軍騎兵第十九旅旅長石文華

三〇二　赤峰縣臨時籌備會爲請令飭各區團及籌備分會趁秋成之際催齊軍警糧秣事致赤峰縣政府呈（1930 年 9 月 30 日）

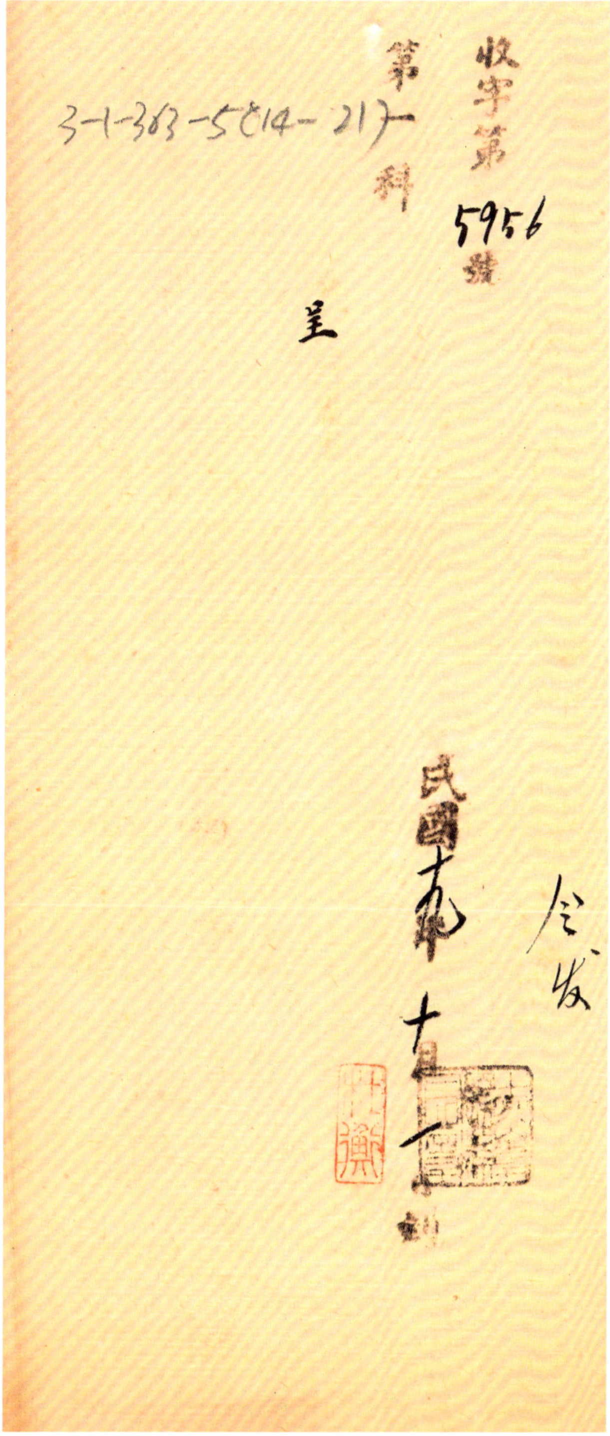
收字第5956號

第一科

3-1-383-5814-217

呈

民國十九年十月一日到

令发

三〇二 赤峰縣臨時籌備會爲請令飭各區團及籌備分會趁秋成之際催齊軍警糧秣事致赤峰縣政府呈（1930 年 9 月 30 日）

呈為呈請備案賞發佈告事竊查潑派二十年度軍警及保衛團所用糧
秣數目案奉
鈞府第四八九號訓令內開案准十九旅司令部函開敝旅旅部暨各團營
連共官佐士兵夫二千員名馬一千八百五十匹按十二個月共需食糧一百零八萬斤
乾草六百六十六萬斤馬料六千六百六十石赶飭籌備等因准此令仰該會赶
速籌辦等因奉此復准公安局函開各區公安分局並公安分所暨一二兩隊共
長警四百五十六名馬四百四十六匹十個月計算用小米二百七十三石六斗谷草
一百三十三萬八千斤馬料一千三百三十八石等因准此查第二區駐有十七旅營部
一連部三十二個月用小米二百零四石四斗谷草八十六萬四千斤馬料八百六十
四石全縣保衛團擬潑每畝谷草一斤紅糧一合常年用谷草七十萬斤紅糧七

三〇二　赤峰縣臨時籌備會爲請令飭各區團及籌備分會趁秋成之際催齊軍警糧秣事致赤峰縣政府呈（1930年9月30日）

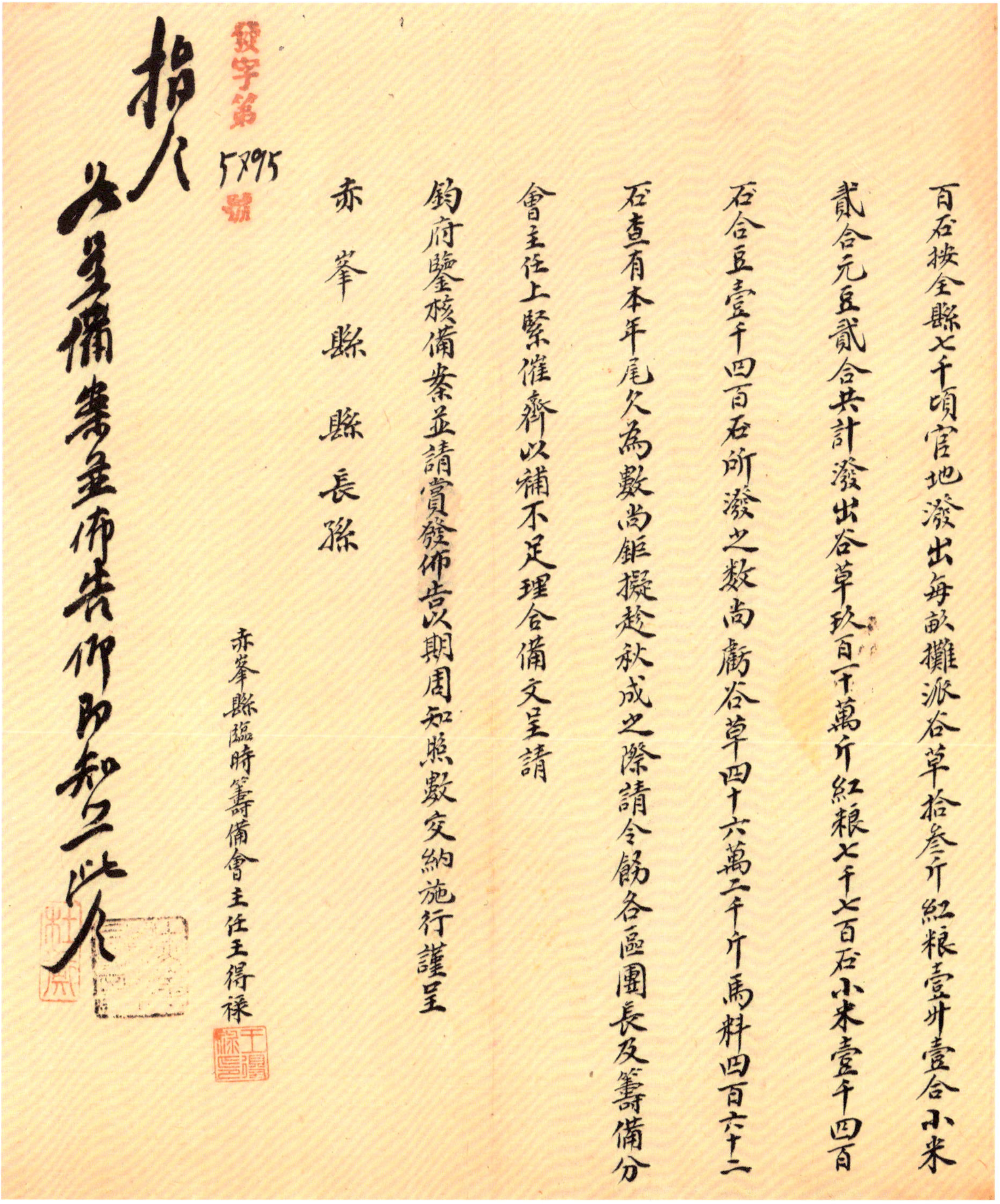

百石按全縣七千頃官地撥出每畝攤派谷草拾叁斤紅粮壹升壹合小米貳合元豆貳合共計撥出谷草玖百一十萬斤紅粮七千七百石小米壹千四百石合豆壹千四百石所撥之數尚虧谷草四十六萬二千斤馬料四百六十二石查有本年尾欠爲數尚鉅擬趁秋成之際請令飭各區團長及籌備分會主任上緊催齊以補不足理合備文呈請

鈞府鑒核備案並請賞發佈告以期周知照數交納施行謹呈

赤峯縣縣長孫

赤峯縣臨時籌備會主任王得祿

發字第5795號

指令

准予備案並佈告仰即知照此令

三〇二　赤峰縣臨時籌備會爲請令飭各區團及籌備分會趁秋成之際催齊軍警糧秣事致赤峰縣政府呈（1930 年 9 月 30 日）

中華民國十九年九月

三十

日

三〇三　赤峰縣臨時籌備會爲豁免烏丹約二百頃灾地糧秣事致赤峰縣政府呈（1930年11月17日）

三〇三　赤峰縣臨時籌備會爲豁免烏丹約二百頃灾地糧秣事致赤峰縣政府呈（1930年11月17日）

呈為呈覆事案奉
鈞府第五三三號訓令開為令行事案據烏丹約房身牌村副孫宗仁呈稱
為呈請恩准免徵粮秣以恤民艱而彰大德事竊緣烏丹中八下四老房
身牌於本年閏六月二十八日天降雹災損傷田苗盡成赤地禾稼未穫饑
饉荐臻該牌民戶流離過半雖有少數存在地戶亦皆不保生活幸蒙
仁憲體察民隱請求賑濟前已派委施放固屬功德無量然杯水車薪
終難有濟例如徵收畝捐籌備粮秣官車等項担負綦重在在需用孔亟
均難措辦無力應付擬懇仁天垂憐無告豁免催繳減輕担負庶免饑
寒之苦則民等有生之日如同再造矣為此不揣冒昧呈請縣長大人案下
恩准飭令籌備會照准免徵粮秣實為公便施行等情據此查該村副

三〇三 赤峰縣臨時籌備會爲豁免烏丹約二百頃灾地糧秣事致赤峰縣政府呈（1930年11月17日）

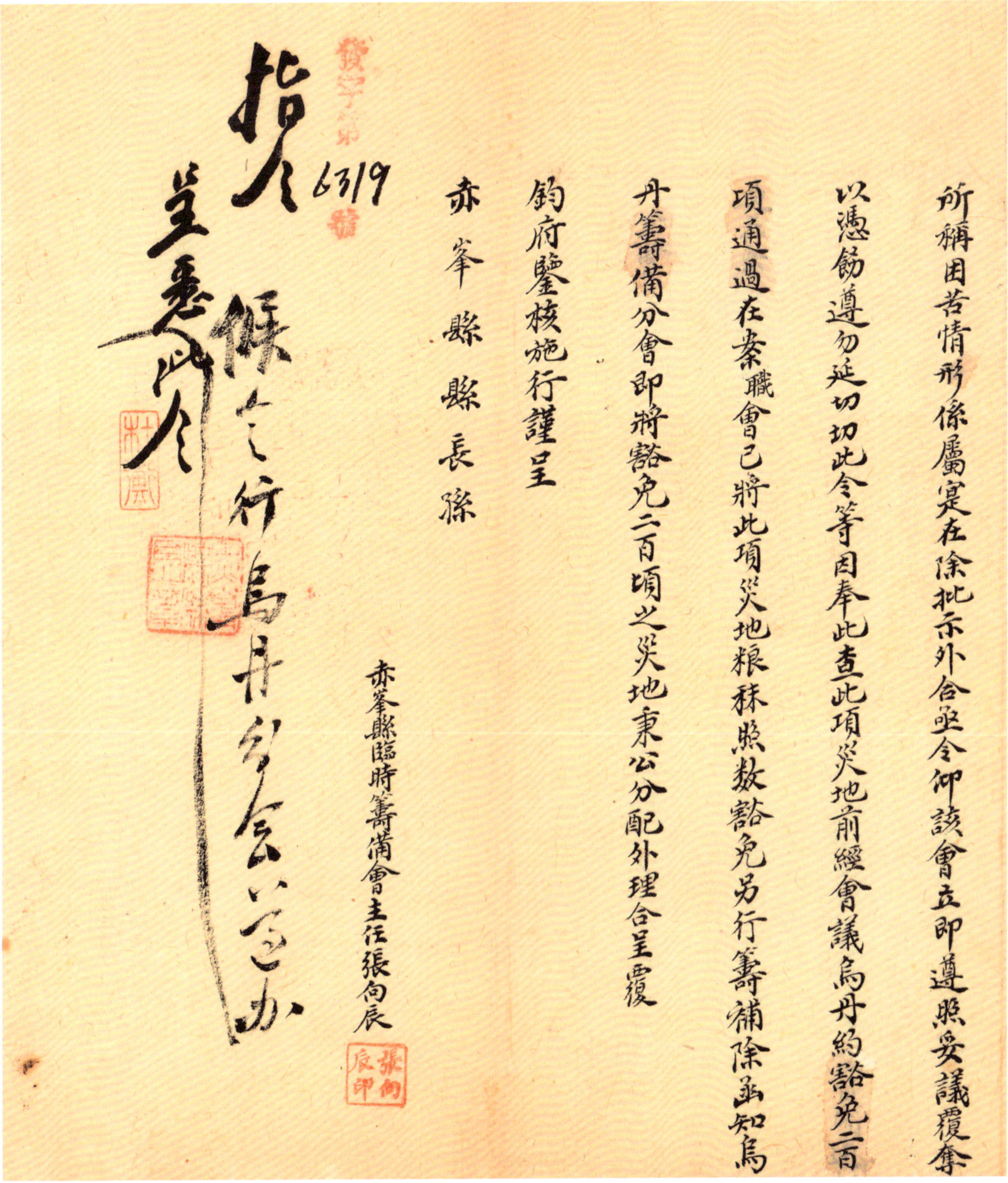

所稱困苦情形係屬寔在除批示外合亟令仰該會立即遵照妥議覆奪以憑飭遵勿延切切此令等因奉此查此項災地前經會議烏丹約豁免二百頃通過在案職會已將此項災地粮秣照數豁免另行籌補除函知烏丹籌備分會即將豁免二百頃之災地秉公分配外理合呈覆

鈞府鑒核施行謹呈

赤峯縣縣長孫

赤峯縣臨時籌備會主任張向辰（張向辰印）

指令 6319

呈悉。候令行烏丹分會以憑办。此令。

三〇三 赤峰縣臨時籌備會爲豁免烏丹約二百頃灾地糧秣事致赤峰縣政府呈（1930年11月17日）

中華民國十九年十一月 十七 日

三〇四 赤峰縣臨時籌備會爲造送十九年十一月九日至三十日收支糧秣數目四柱清摺事致赤峰縣政府呈（1930 年 12 月 15 日）

3-1-363-14(46-51)

收字第 6658 號

第 科

呈

民國 十九 十二 十五 到

令安

三〇四 赤峰縣臨時籌備會爲造送十九年十一月九日至三十日收支糧秣數目四柱清摺事致赤峰縣政府呈（1930 年 12 月 15 日）

呈爲呈報事竊謹將本年十一月份由九日接事起至三十日止各約送到粮秣分撥本城駐軍並公安局及本會食用各數目繕具四柱清摺理合備文呈送

鈞府鑒核存案備查施行謹呈

赤峰縣縣長孫

計呈送

四柱清摺一扣

赤峰縣臨時籌備會主任張向辰（印：張向辰印）

發字第1485號

指令

呈悉清摺存查此令

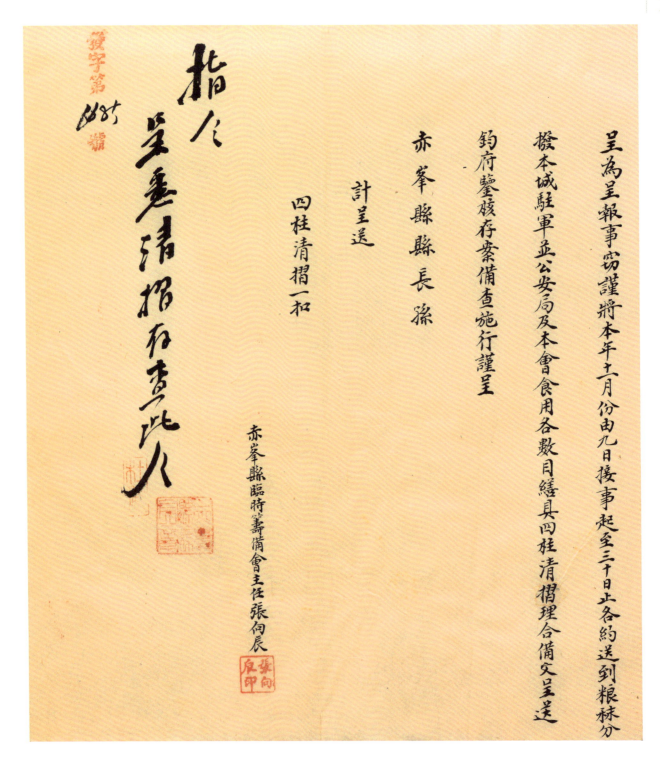

三〇四　赤峰縣臨時籌備會爲造送十九年十一月九日至三十日收支糧秣數目四柱清摺事致赤峰縣政府呈（1930 年 12 月 15 日）

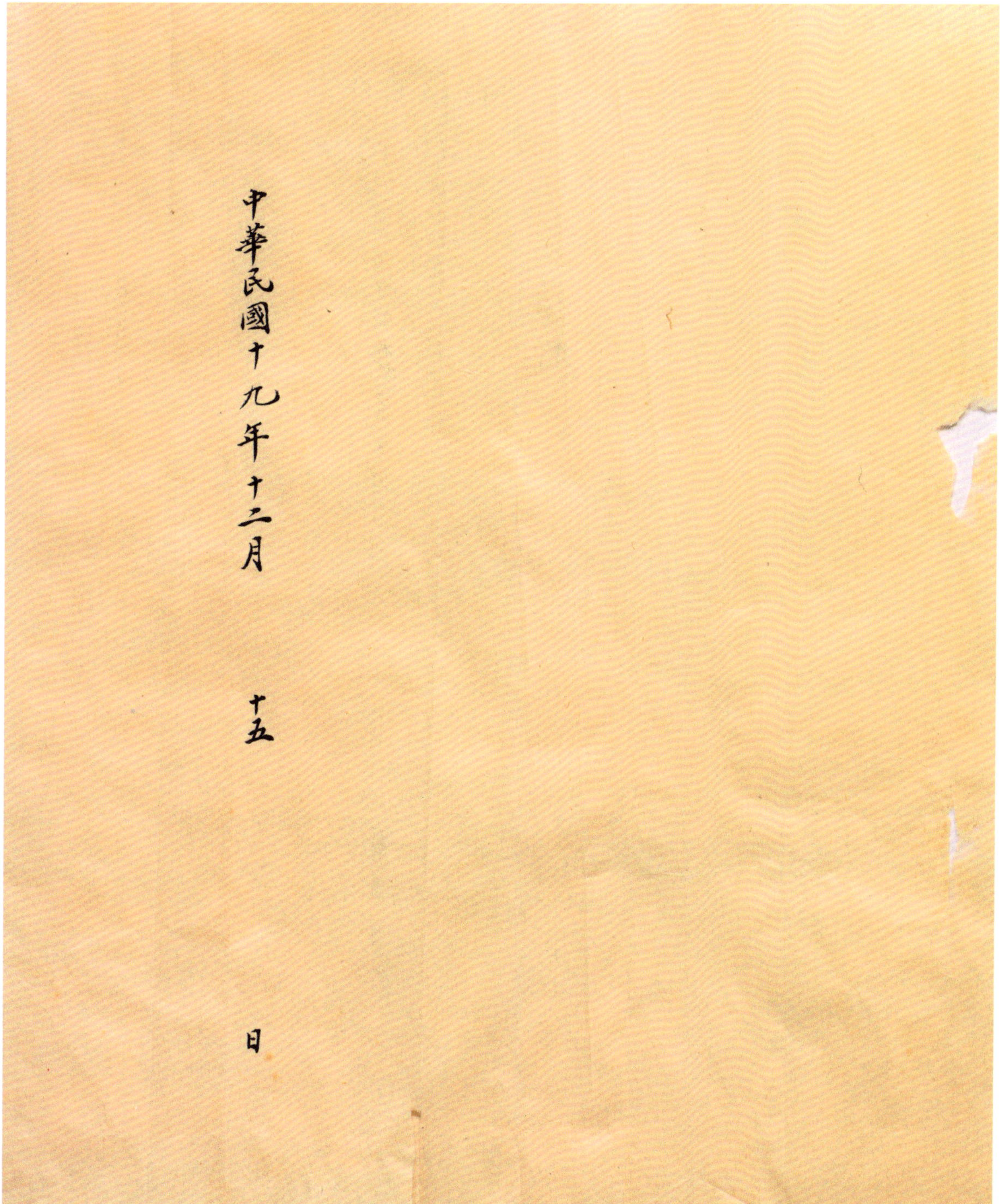

中華民國十九年十二月 十五 日

三〇四　赤峰縣臨時籌備會爲造送十九年十一月九日至三十日收支糧秣數目四柱清摺事致赤峰縣政府呈（1930年12月15日）

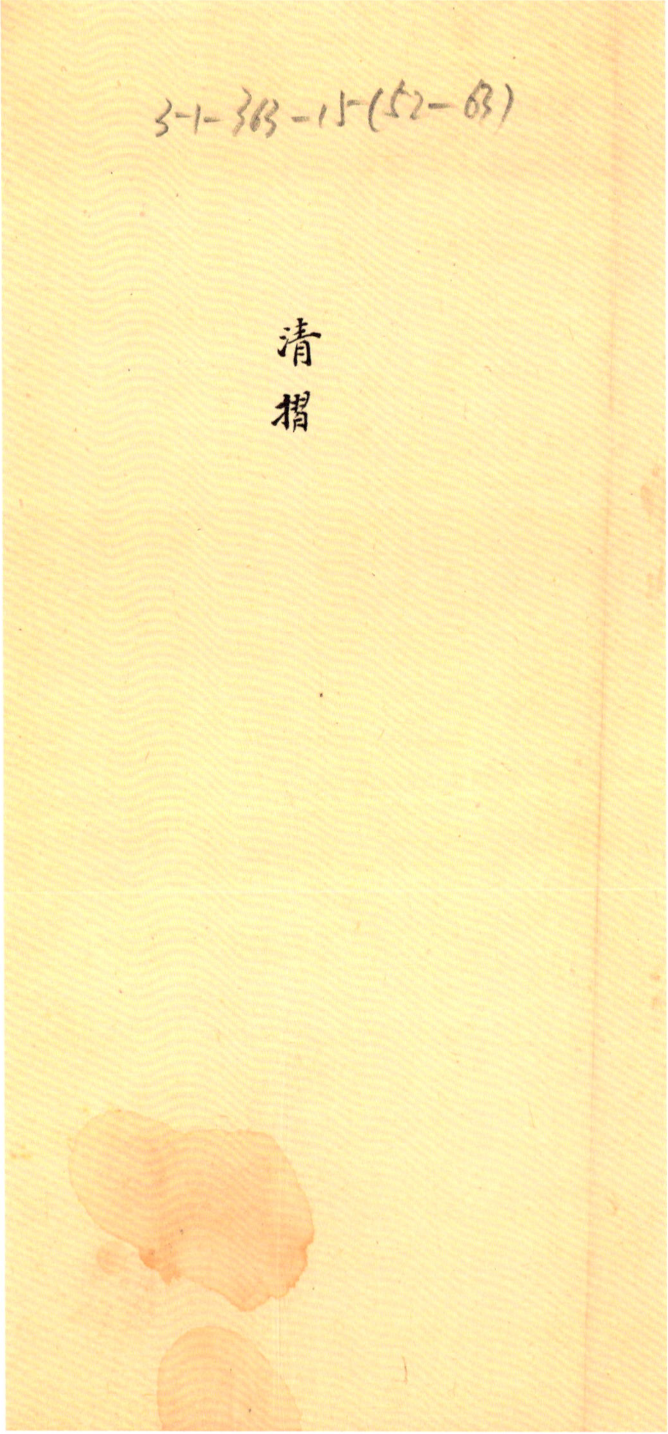
3-1-313-15(52-63)

清摺

三〇四 赤峰縣臨時籌備會爲造送十九年十一月九日至三十日收支糧秣數目四柱清摺事致赤峰縣政府呈（1930 年 12 月 15 日）

謹將十九年十一月份由九日接事起至三十日止收支粮秣數目繕具四柱清摺恭呈

鈞鑒

計開

舊管項下

一谷草貳千柒百柒拾斤

一紅粮拾石零柒斗玖升

一小米拾叁石柒斗捌升貳合

一合豆肆石玖斗肆升壹合

新收項下

一收谷草肆拾陸萬柒仟陸百柒拾伍斤

三〇四 赤峰縣臨時籌備會爲造送十九年十一月九日至三十日收支糧秣數目四柱清摺事致赤峰縣政府呈（1930年12月15日）

一收紅粮肆百壹拾貳石伍斗叁升捌合

一收小米叁拾陸石肆斗壹升伍合

一收合豆柒拾石零伍斗伍升壹合

開除項下

一除十九旅本城各團營用谷草肆拾貳萬零零陸拾伍斤

一除十九旅本城各團營用紅粮叁百伍拾伍石玖斗四升四合

一除十九旅本城各團營用合豆伍十叁石玖斗柒升捌合

一除十九旅第四團用小米壹斗

一除公安局用谷草壹萬叁仟捌百肆拾斤

一除公安局用紅粮拾伍石叁斗肆升

三〇四　赤峰縣臨時籌備會爲造送十九年十一月九日至三十日收支糧秣數目四柱清摺事致赤峰縣政府呈（1930年12月15日）

一除公安局用小米叁石叁斗伍升伍合

一除公安局用合豆貳石叁斗貳升捌合

一除縣政府用谷草肆仟陸百叁拾斤

一除縣政府用紅粮伍石陸斗叁升

一除縣政府用合豆壹石零壹升

一除東北軍購馬處用谷草伍千壹百伍拾柒斤

一除第一區團來街辦公用谷草捌拾斤

一除第一區團來街辦公用紅粮捌升

一除第二區團來街辦公用谷草壹百貳拾伍斤

一除第二區團來街辦公用紅粮壹斗壹升

三〇四　赤峰縣臨時籌備會爲造送十九年十一月九日至三十日收支糧秣數目四柱清摺事致赤峰縣政府呈（1930 年 12 月 15 日）

一除第三區團來街辦公用谷草叁百貳拾斤
一除第三區團來街辦公用紅粮叁斗壹升伍合
一除第五區團來街辦公用谷草柒百陸拾斤
一除第五區團來街辦公用紅粮捌斗肆升伍合
一除第六區團來街辦公用谷草陸百柒拾斤
一除第六區團來街辦公用紅粮陸斗五升
一除本會用谷草伍千玖百貳拾斤
一除本會用紅粮捌石貳斗壹升
一除本會用小米貳石零五升壹合
一除本會用合豆壹石壹斗

三〇四　赤峰縣臨時籌備會爲造送十九年十一月九日至三十日收支糧秣數目四柱清摺事致赤峰縣政府呈（1930 年 12 月 15 日）

實在項下

一存谷草壹萬捌仟捌百柒拾捌斤

一存紅粮叁拾陸石貳斗零肆合

一存小米肆拾肆石陸斗玖升壹合

一存合豆拾柒石零柒升陸合

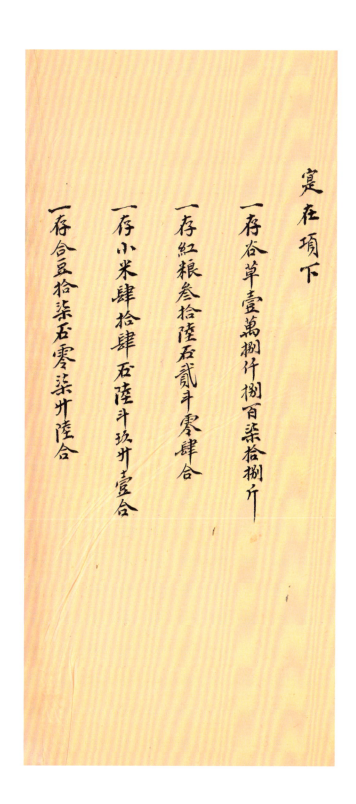

三〇五 赤峰縣礦業聯合事務所爲填報赤峰縣礦産表事致赤峰縣政府呈（1930 年 10 月 14 日）

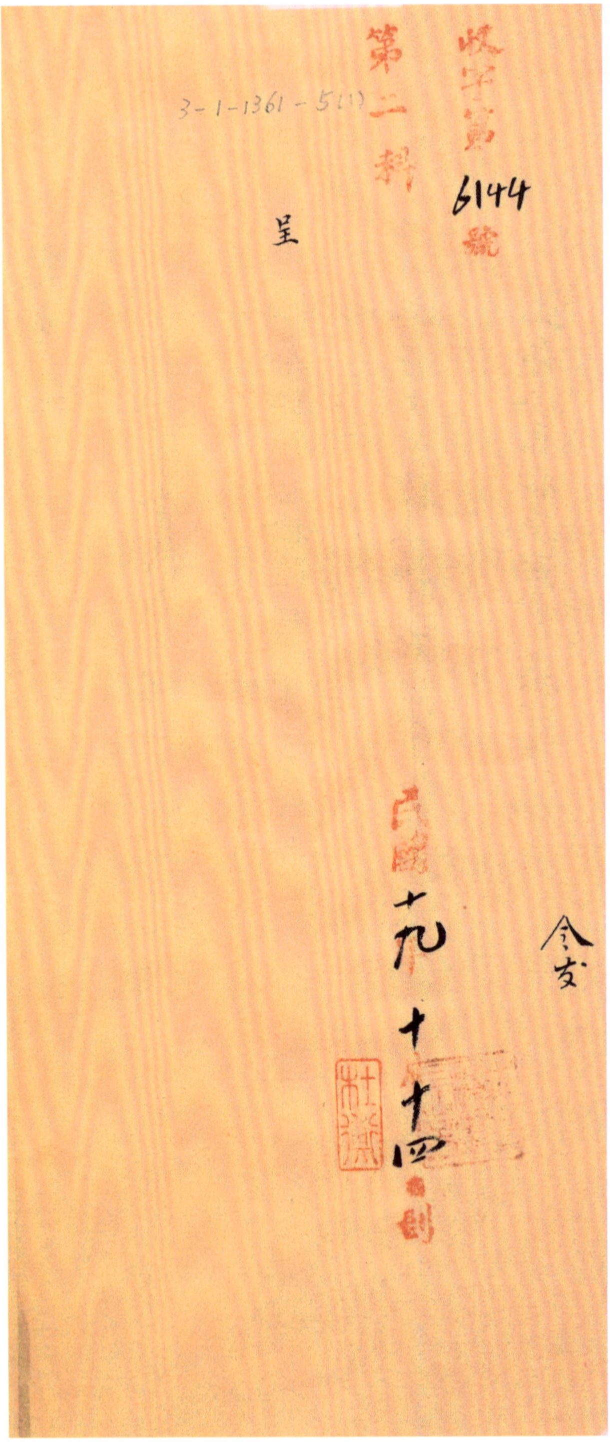

收字第6144號

第二科

3-1-1361-51(1)

呈

民國十九 十月十四日

三〇五　赤峰縣礦業聯合事務所爲填報赤峰縣礦産表事致赤峰縣政府呈（1930年10月14日）

呈爲呈送事竊奉
鈞府訓令第五一三號內開案奉
東北交通委員會第一五一七號訓令內開爲令行事本會現因審訂鐵路網計畫關於
所擬鐵路沿線各縣面積人口及農鑛各產均須切實調查茲製定調查表式五份又獸
產數量問單一份應即分別調查詳細填註寄送本會以資參考除咨省政府外
令亟檢同調查表問單令仰該府迅行填報爲要此令附調查表五份問單一份等因奉此
除分行外合亟照抄鑛產表一份令仰該主任遵照詳細調查限文到五日內填報來府以
憑彙轉勿延此令計抄發調查表一份復奉
鈞府訓令第五三三號令催從速查填各等因奉此遵將該項表格依式填齊理合備
文呈送恭請

三〇五　赤峰縣礦業聯合事務所爲填報赤峰縣礦産表事致赤峰縣政府呈（1930 年 10 月 14 日）

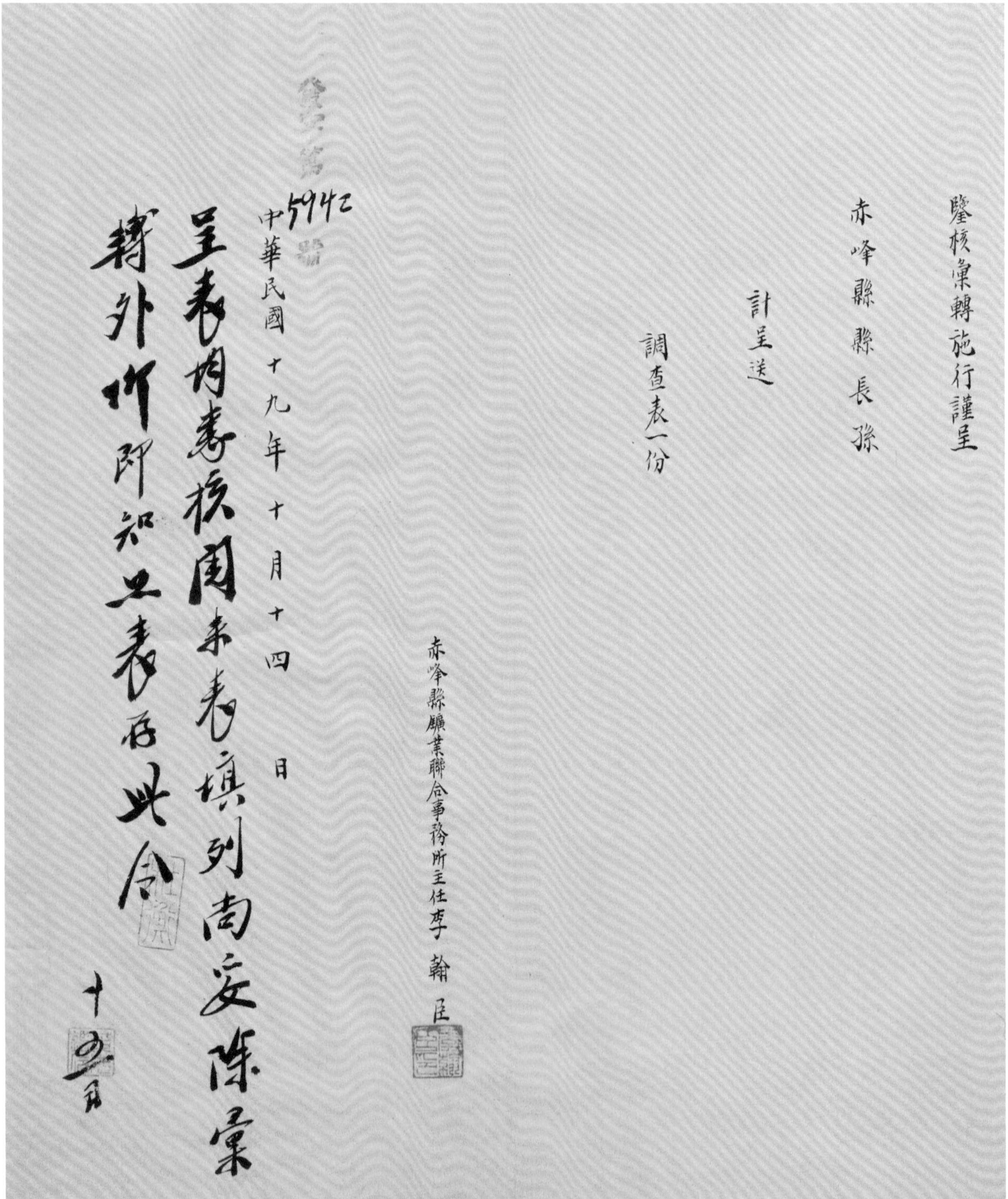

鑒核彙轉施行謹呈
赤峰縣縣長孫
計呈送
調查表一份
赤峰縣礦業聯合事務所主任李翰臣
中華民國十九年十月十四日
收文第5942號
呈表均悉核閱來表填列尚妥除彙
轉外仰即知照表存此令
十月十五日

三〇五　赤峰縣礦業聯合事務所爲填報赤峰縣礦産表事致赤峰縣政府呈（1930年10月14日）

作稿

3-1-1361-5(2)

熱河省赤峰縣礦產表

年度	在開採中者			尚未開採者			備考
	種類	坐落地名	全年出產噸數	種類	坐落地名	蓄積量（公噸）	
十八年	柴煤	縣東鄉西元寶山	二萬五千噸	柴煤	縣東鄉東元寶山	五十餘噸	
同	同	縣東鄉東元寶山	四百噸	硬煤	縣西鄉鄧家溝	七十餘噸	
同	同	同	三百噸	同	縣西鄉馬家南山	同	
同	同	同	同	同	縣西鄉于子溝	五十餘噸	
同	同	同	二百五十噸	同	縣西鄉老煤窰溝	七十餘噸	
同	硬煤	縣西鄉柳條子溝	一千噸	同	縣北鄉上府	八十餘噸	
同	同	縣西鄉王子墳	四百噸	同	縣西鄉姚家溝	七十餘噸	
同	同	縣西鄉老煤窰溝	六百噸				
同	同	縣西鄉老鴿子山	五百噸				

附記：1. 每噸等於一千六百七十五斤（庫平制）
2. 每平方公里等於一十六頃（營造尺制）

填報機關赤峰礦業聯合事務所
填報者主任李翰臣

三〇六 熱河省政府爲迅即派員協同興業銀行催清貸款事致赤峰縣政府電報（1930 年 11 月 4 日）

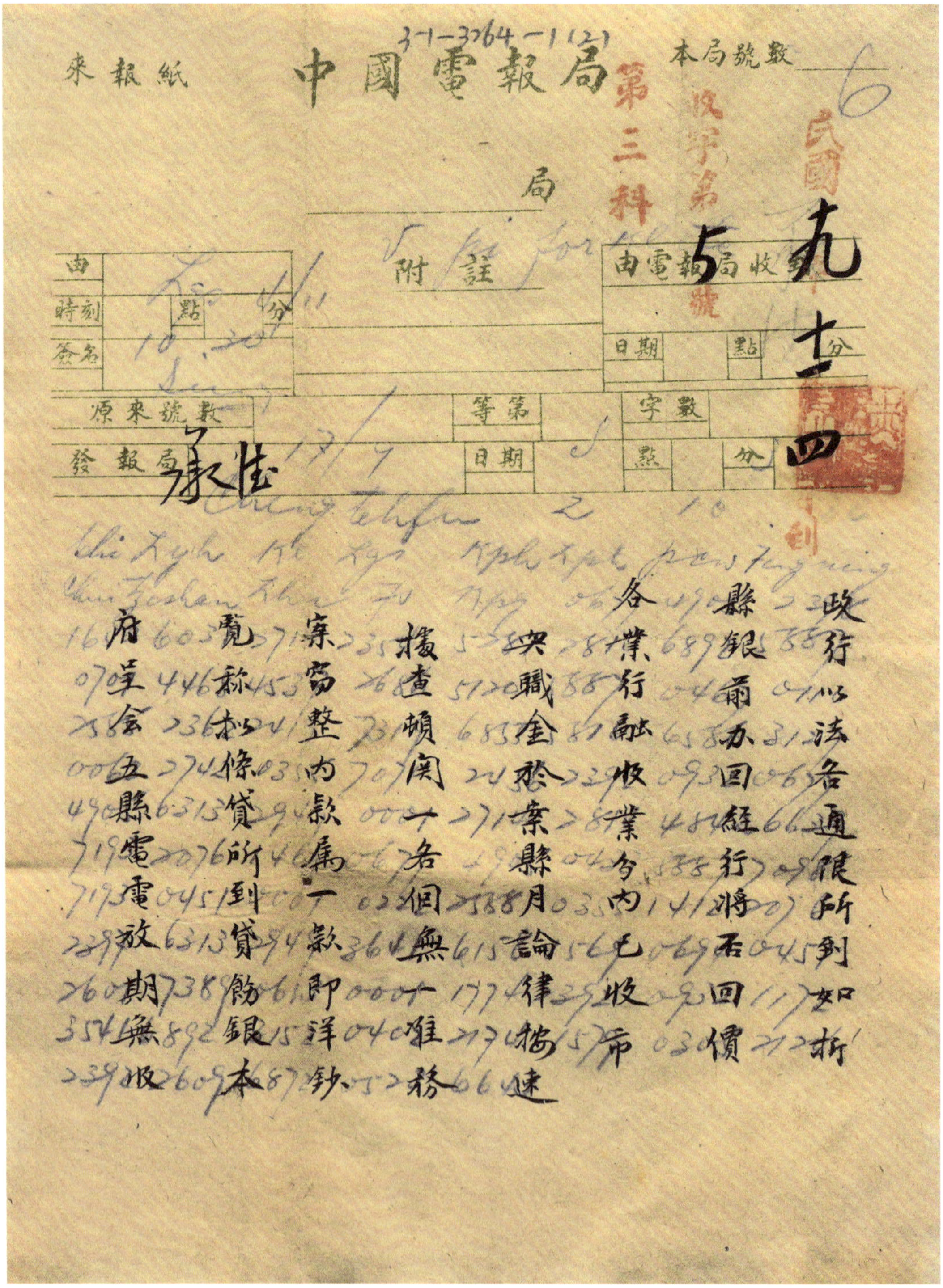

三〇六　熱河省政府爲迅即派員協同興業銀行催清貸款事致赤峰縣政府電報（1930 年 11 月 4 日）

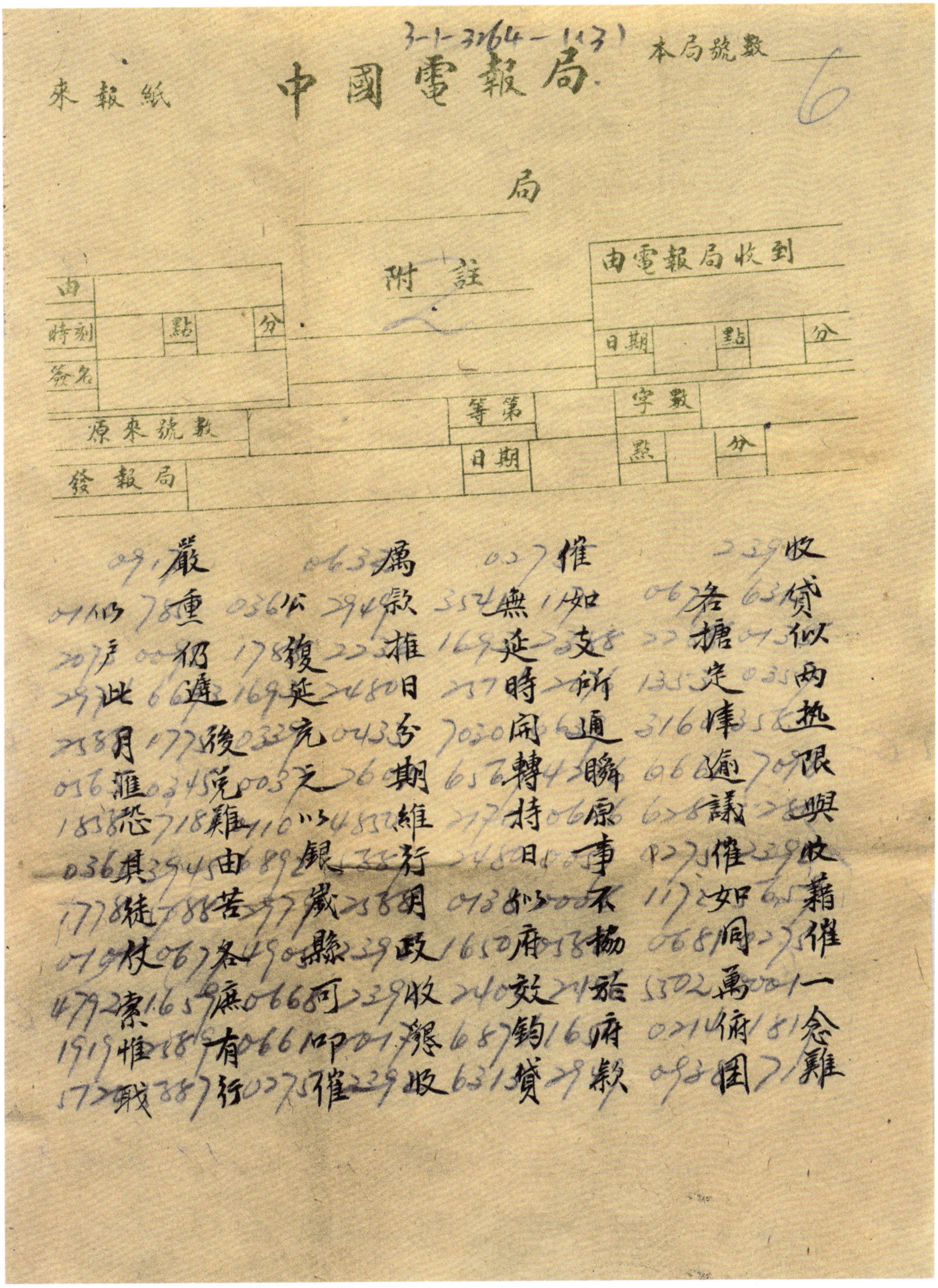

三〇六 熱河省政府爲迅即派員協同興業銀行催清貸款事致赤峰縣政府電報（1930年11月4日）

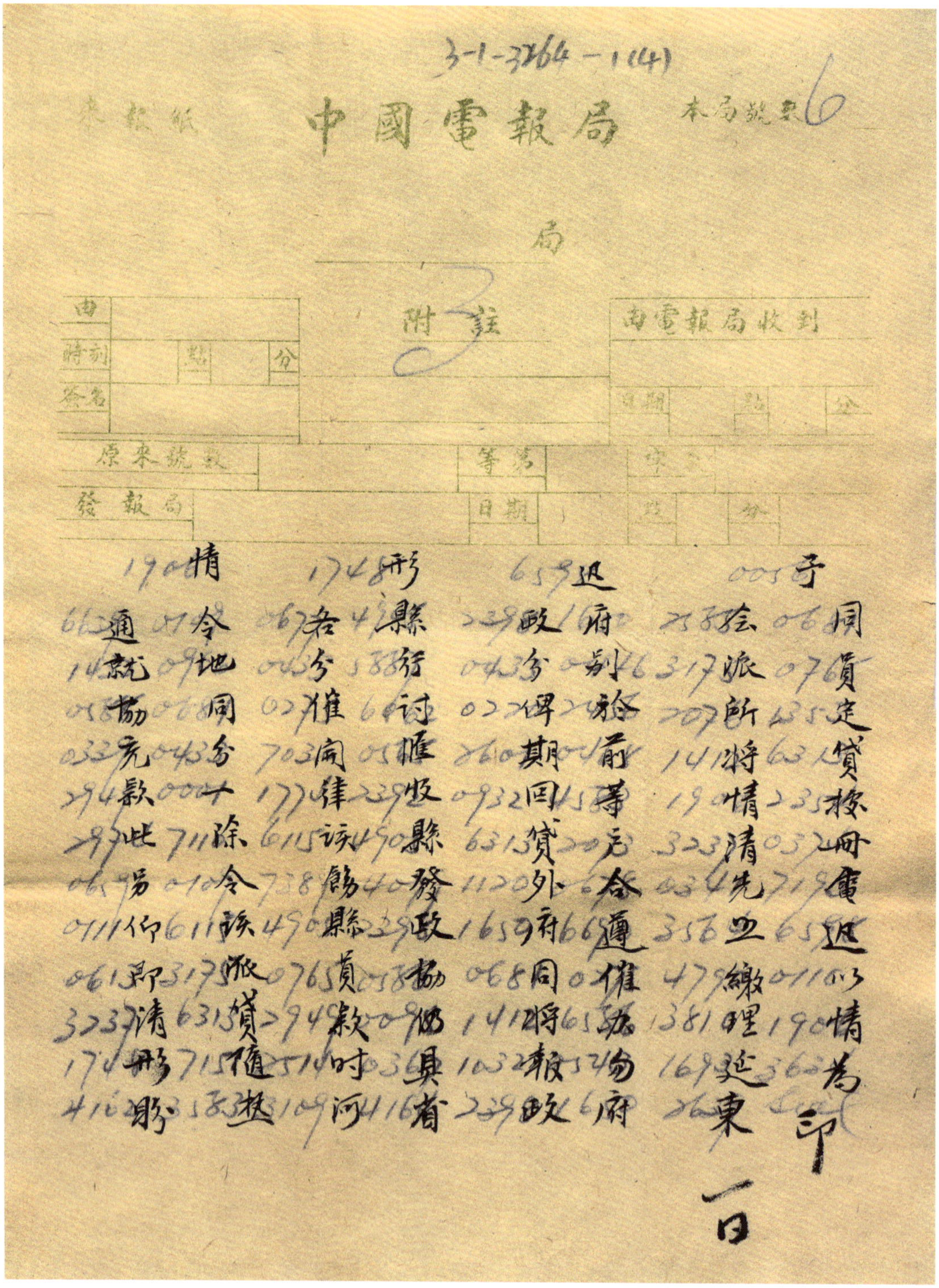

三〇七 赤峰縣政府爲縣内商號所欠興業銀行貸款均能如期收回事致熱河省政府呈稿（1930 年 11 月 8 日）

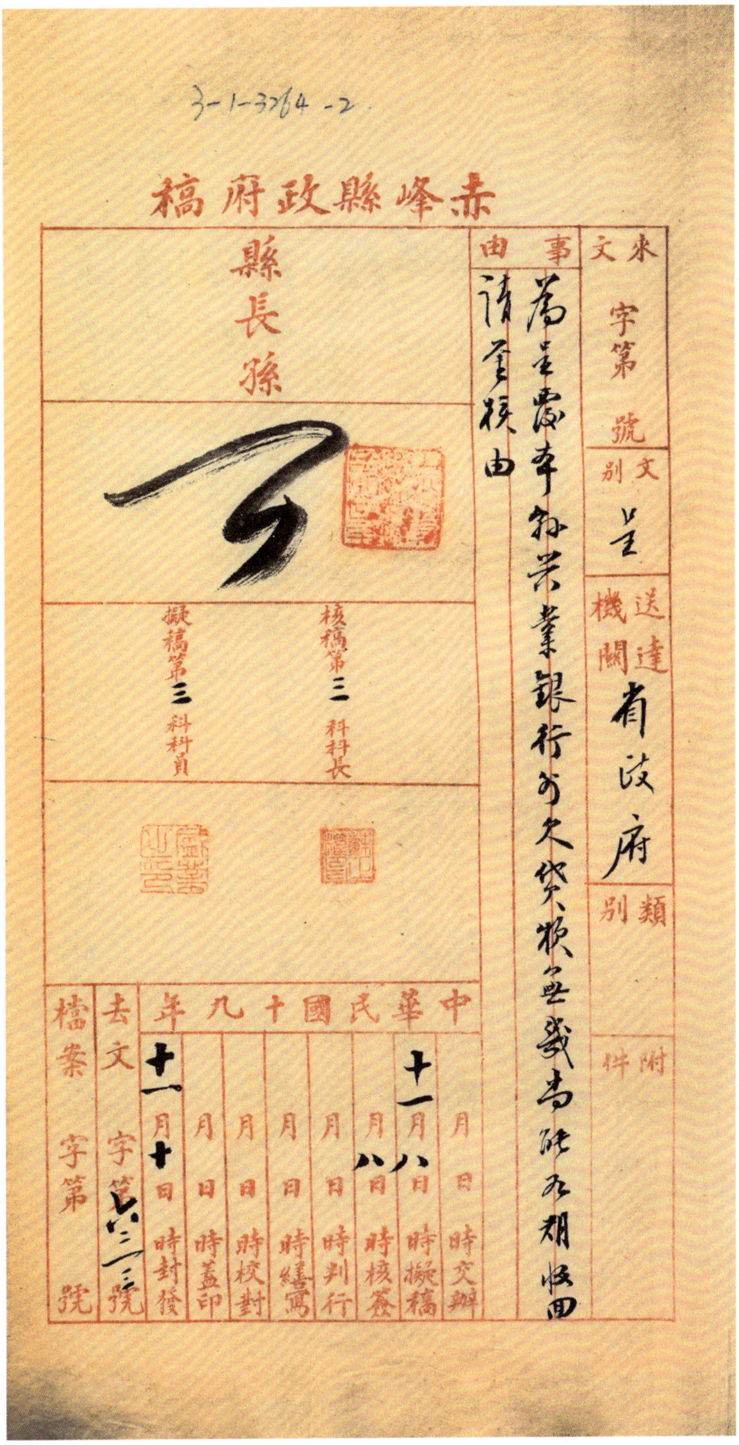
3-1-3264-2

赤峰縣政府稿

來文 字第 號

文別 呈

送達機關 省政府

類別

事由 爲呈覆本縣興業銀行所欠貸款無幾尚能如期收回 請查核由

附件

縣長孫

擬稿第三科科員

核稿第三科科長

中華民國十九年

十一月八日 時擬稿

八日 時核簽

十一月十日 時封發

去文 字第 [illegible] 號

檔案 字第 號

三〇七　赤峰縣政府爲縣内商號所欠興業銀行貸款均能如期收回事致熱河省政府呈稿（1930 年 11 月 8 日）

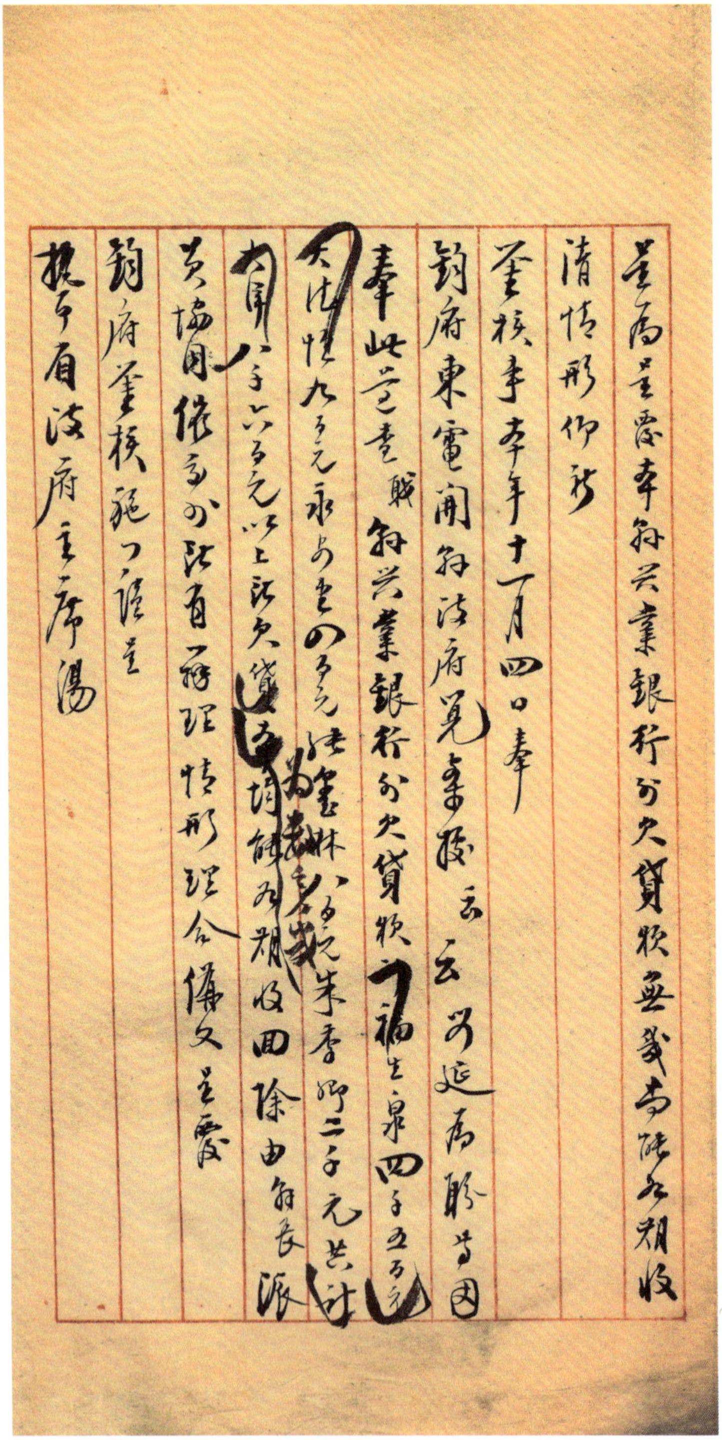

三〇七　赤峰縣政府爲縣内商號所欠興業銀行貸款均能如期收回事致熱河省政府呈稿（1930 年 11 月 8 日）

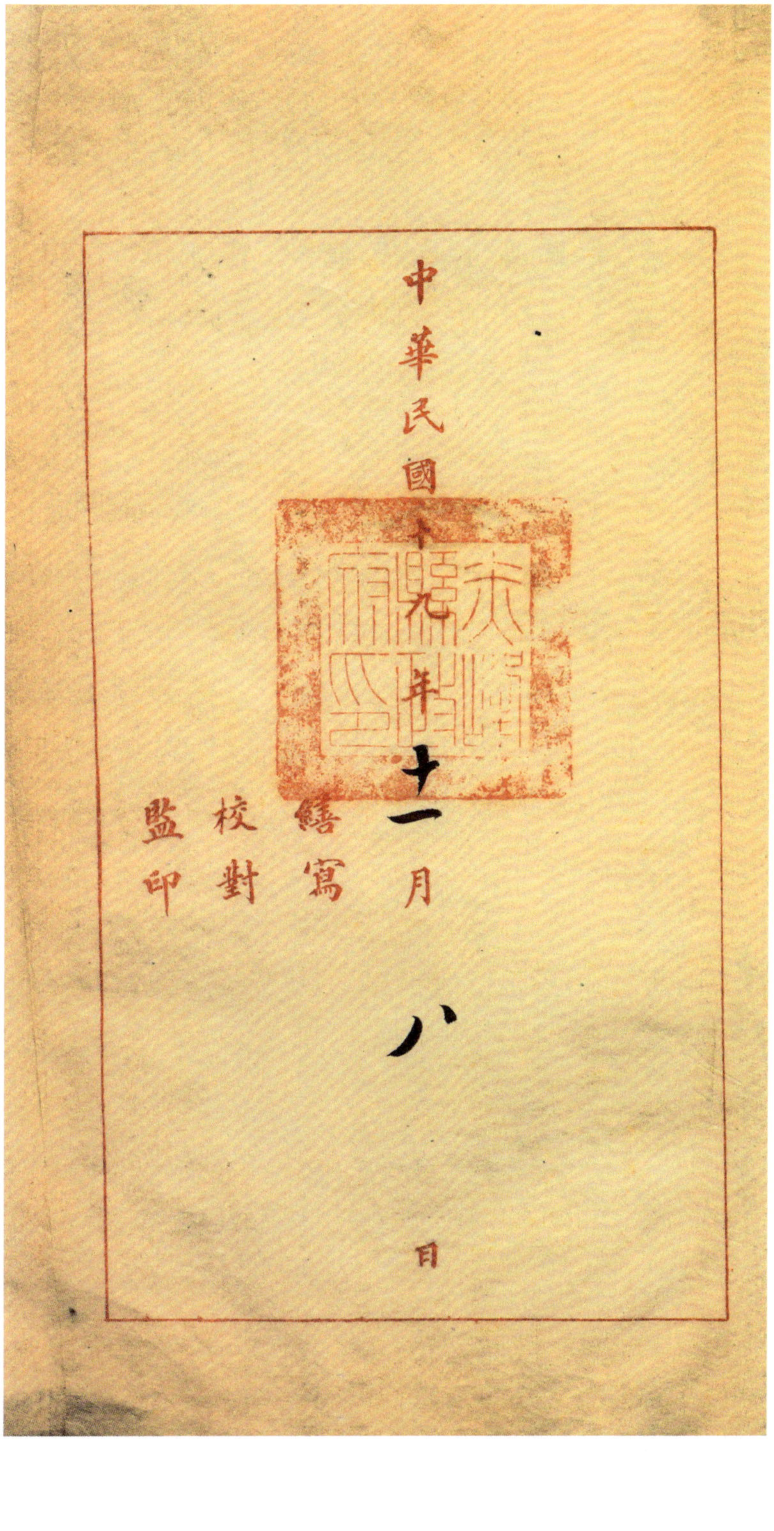

三〇八　赤峰縣公安局爲擬定辦事細則祈鑒核轉報事致赤峰縣政府呈（1930 年 11 月 15 日）

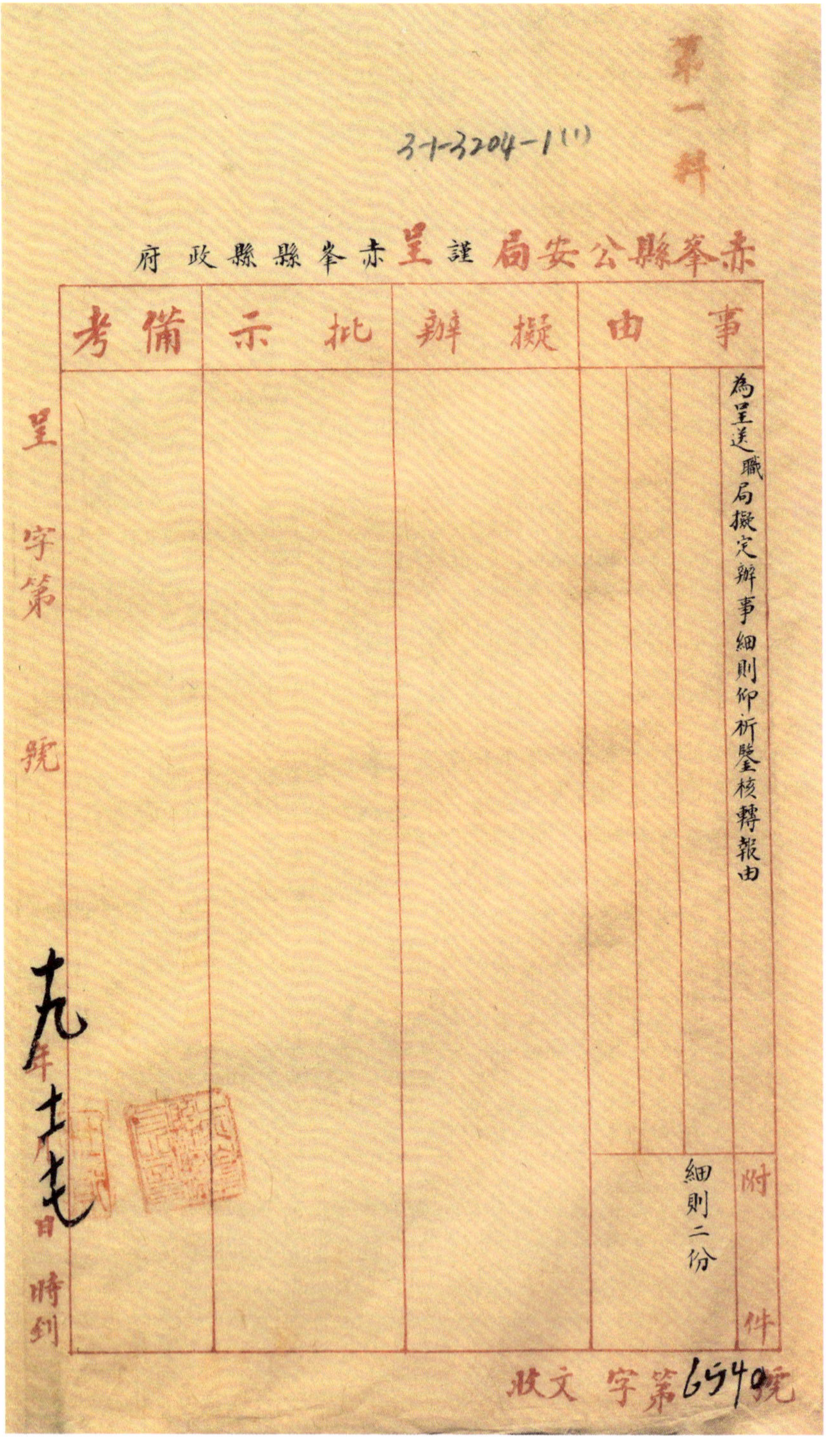
第一件

31-3204-1(1)

赤峯縣公安局謹呈赤峯縣縣政府

事由	擬辦	批示	備考
為呈送職局擬定辦事細則仰祈鑒核轉報由			
附件：細則二份			

呈　字第　號

十九年十一月十七日　時刻

收文　字第6540號

三〇八　赤峰縣公安局爲擬定辦事細則祈鑒核轉報事致赤峰縣政府呈（1930年11月15日）

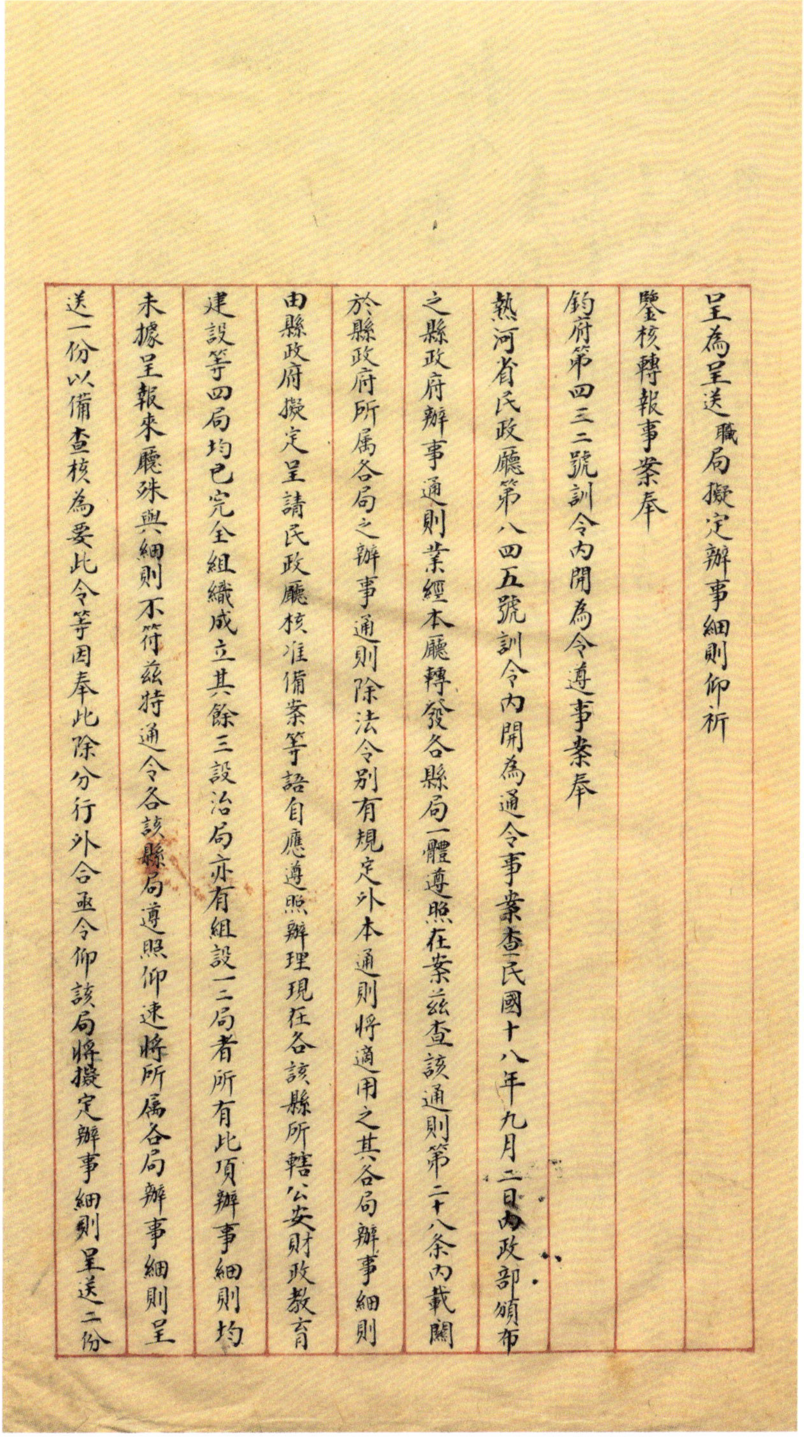
呈為呈送職局擬定辦事細則仰祈
鑒核轉報事案奉
鈞府第四三二號訓令內開為令遵事案奉
熱河省民政廳第八四五號訓令內開為通令事案查民國十八年九月二日內政部頒布
之縣政府辦事通則業經本廳轉發各縣局一體遵照在案茲查該通則第二十八条內載關
於縣政府所屬各局之辦事通則除法令別有規定外本通則將適用之其各局辦事細則
由縣政府擬定呈請民政廳核准備案等語自應遵照辦理現在各該縣所轄公安財政教育
建設等四局均已完全組織成立其餘三設治局亦有組設一二局者所有此項辦事細則均
未據呈報來廳殊與細則不符茲特通令各該縣局遵照仰速將所屬各局辦事細則呈
送一份以備查核為要此令等因奉此除分行外合亟令仰該局將擬定辦事細則呈送二份

三〇八　赤峰縣公安局爲擬定辦事細則祈鑒核轉報事致赤峰縣政府呈（1930 年 11 月 15 日）

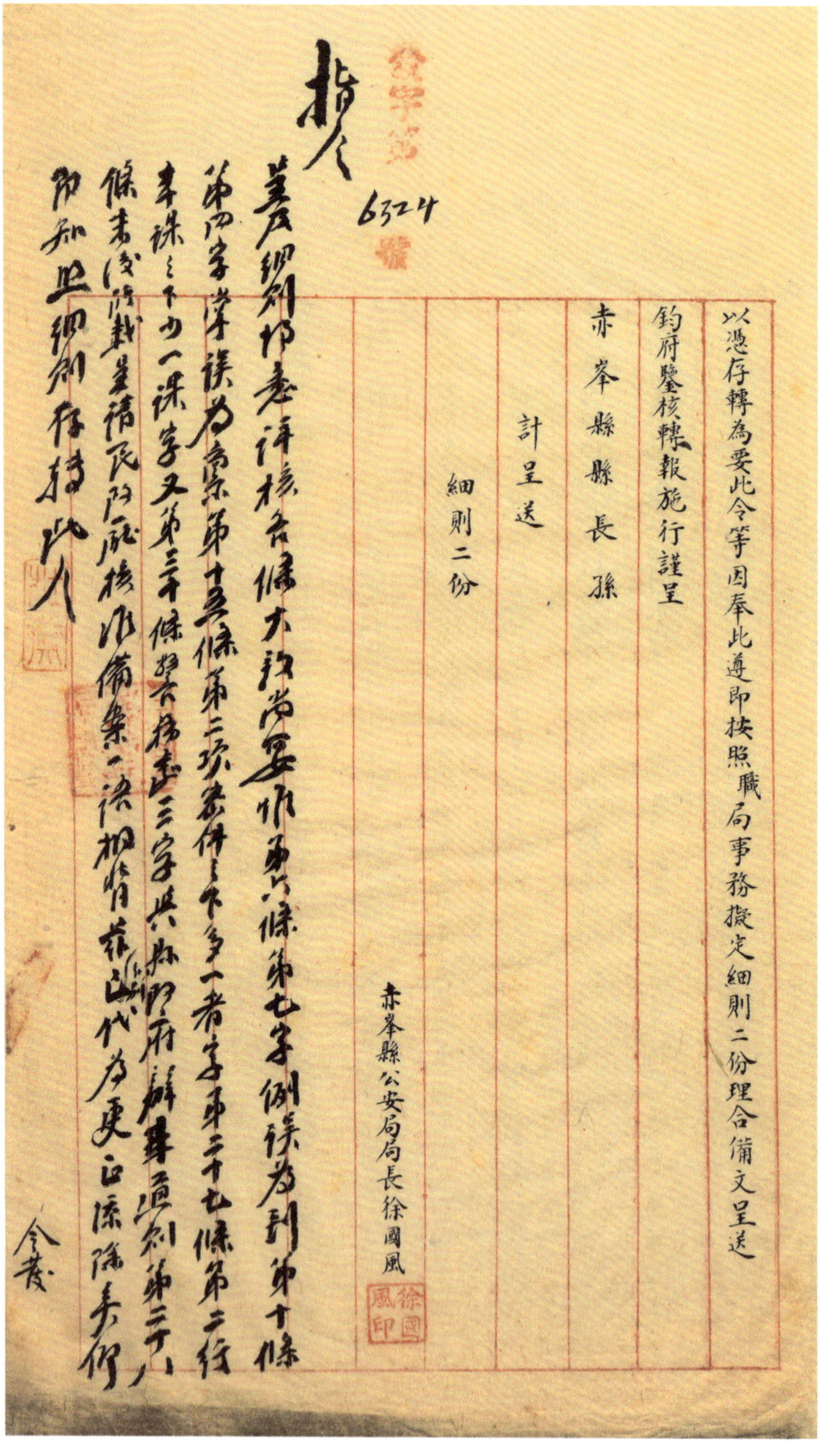

以憑存轉為要此令等因奉此遵即按照職局事務擬定細則二份理合備文呈送

鈞府鑒核轉報施行謹呈

赤峯縣縣長孫

計呈送

細則二份

赤峯縣公安局局長徐國風

徐國風印

指令

6324號

呈及細則均悉詳核各條大致尚妥惟第六條第七字例誤為列第十條第四字業誤為當第十五條第二項末行件下多一者字第二十七條第二行末緝字下少一緝字又第三十條務長官三字與本府所轄市局辦事通則第二十八條未經詳載呈請民政廳核准備案之法相背並仰更正除備案外仰即知照細則存轉此令

令發

三〇八　赤峰縣公安局爲擬定辦事細則祈鑒核轉報事致赤峰縣政府呈（1930年11月15日）

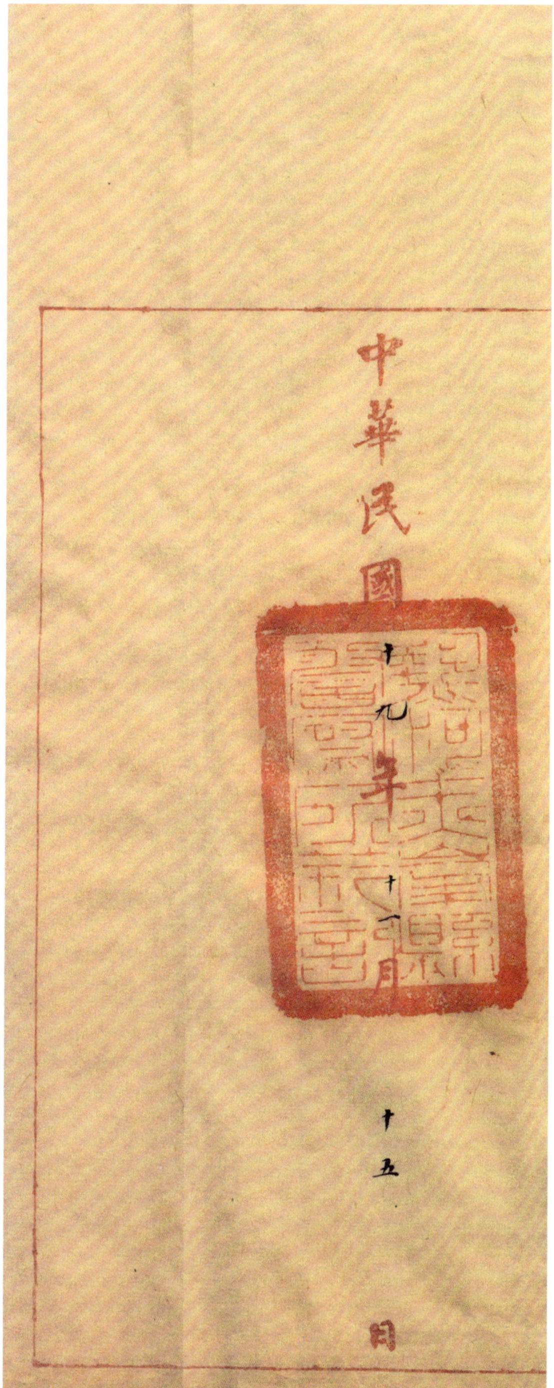
中華民國十九年十一月十五日

三〇八　赤峰縣公安局爲擬定辦事細則祈鑒核轉報事致赤峰縣政府呈（1930年11月15日）

3-1-3204-1(2)

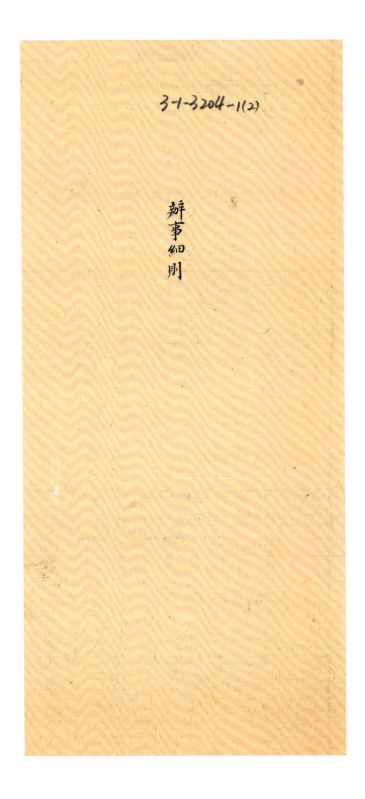

辦事細則

三〇八　赤峰縣公安局爲擬定辦事細則祈鑒核轉報事致赤峰縣政府呈（1930年11月15日）

熱河省赤峯縣公安局施行細則

第一章　總則

第一條　本細則依警長警士服務規程第六十九條規定之

第二條　公安局辦事除適用警長警士服務規程外依細則之規定

第二章　局長

第三條　局長對于局内及所轄分局分所須以文字表示意思時以局令行之

第四條　關於局内行政事務局長召集局務會議

第五條　局長因事故不能執行職務時得派總務課長臨時代行

第三章　局務會議

第六條　公安局每週開例會一次於星期一行之但于必要時經總務課長之請求得由局長召集臨時會議

第七條　局務會議以局長為主席局長因事不能出席時得指定總務課長為主席

三〇八 赤峰縣公安局爲擬定辦事細則祈鑒核轉報事致赤峰縣政府呈（1930 年 11 月 15 日）

第八條 局務會議課長課員督查員等均得列席但事關外區者分局長分所長亦得來局參加

第九條 會議事項如左

一上級機關委辦事項

二直轄分局分所建議事項

三本局職員建議事項

四所轄職員任免事項

五民衆團體請願事項

六地方緊急事項

七關聯兩科之處分事項

八其他重要事項

第十條 各課所稟事務適用各縣公安局組織規程之規定

三〇八　赤峰縣公安局爲擬定辦事細則祈鑒核轉報事致赤峰縣政府呈（1930年11月15日）

第十一條　各課課長對于下列各款負其責任

一稽查本課人員擔任事務有無侵越或推諉

二稽查本課人員有無怠忽及其他不正行為

三稽查本課繕發文件有無積壓或遺漏

四本課人員辦事上質疑事項為明確之指示遇有第一款至第三款及其他必要之處置時應隨時報告局長

第十二條　某課事繁時得由局長諭令他課職員協助之

第十三條　凡關係二課之公文函件應由各課課長先行會商辦法不能決定則提出局務會議議決後由關係較重之一課擬稿再由各課長會核

第十四條　公安局應設收發處派專員收發文件每日下午四時以前到文應于當日書簿送閱四時以後到文於次日書簿送閱但重要文件隨到隨送不在此例

第十五條　收受文件應依下列各款辦理

三〇八 赤峰縣公安局爲擬定辦事細則祈鑒核轉報事致赤峰縣政府呈（1930 年 11 月 15 日）

一來件稱公安局或某課者由收發處開封

二來件稱密件者或僅稱局長者送請局長開封

三除第一款外其已開封文件應屬于各課職掌者由開封人送回收發處

第十六條 收受文件附有現金或有價證券應送總務課主管人員核收於來文空白處註明收訖月日蓋章並填發收證轉給繳款人收執

第十七條 凡到文由收發專員摘由編號登錄轉呈局長核閱後交各課辦理

第十八條 承辦員接收文件除要件必須請示辦法一時不能規定外每一文件簡單者以一日為限繁重者以三日為限其應速辦者隨到隨發不在此例

第十九條 課員擬稿訖應書名蓋章送交課長核閱蓋章再呈局長畫行

第二十條 公安局文件除公布外所有職員均應嚴守秘密不得將稿件借給外人觀覽

第二十一條 凡經局長畫行稿件立即交繕繕畢須先校對再行用鈐遂即連同文稿送由收發處摘由編號登入發文簿並將應發文件及附件逐一點清再行

三〇八　赤峰縣公安局爲擬定辦事細則祈鑒核轉報事致赤峰縣政府呈（1930 年 11 月 15 日）

封發同時將原稿隨發文簿送管卷員歸卷

第二十二條　管卷員接受收發處交來原稿應按發文簿當日所發文件逐一點清依文件之性質分別編號歸卷妥為保管

第二十三條　公安局應置職員登記簿登記所轄職員姓名及其他任免月日

第四章　辦公時間及假期

第二十四條　辦公時間夏秋上午八時至十二時下午一時至五時春冬季上午九時至十二時下午一時至四時但局長於必要時得延長之

第二十五條　休假日期依國民政府法令之規定但局長於必要時得命職員全部或一部照常辦公

第二十六條　公安局應置畫到簿職員每日到局須親筆畫到每日送局長查閱

第二十七條　公安局應置請假簿職員有因事故不能到局辦公時各課長應向局長請假課員以下應向本課長請假轉呈局長均登載請假簿每日送局長

三〇八 赤峰縣公安局爲擬定辦事細則祈鑒核轉報事致赤峰縣政府呈（1930年11月15日）

查閱

以上兩條各種簿冊均歸總務課保存

第二十八條 凡星期日局內職員須輪流值星並置值星簿將本星期值星員司姓名開

呈局長核閱

第二十九條 在辦公時間內除接洽公事外不得接見賓客

第五章 附則

第三十條 本細則如有未盡事宜得由警務處修正之

第三十一條 本細則自奉令核准之日施行

三〇九 赤峰縣商會爲填送赤峰縣獸産表及獸産問單事致赤峰縣政府呈（1930 年 11 月 18 日）

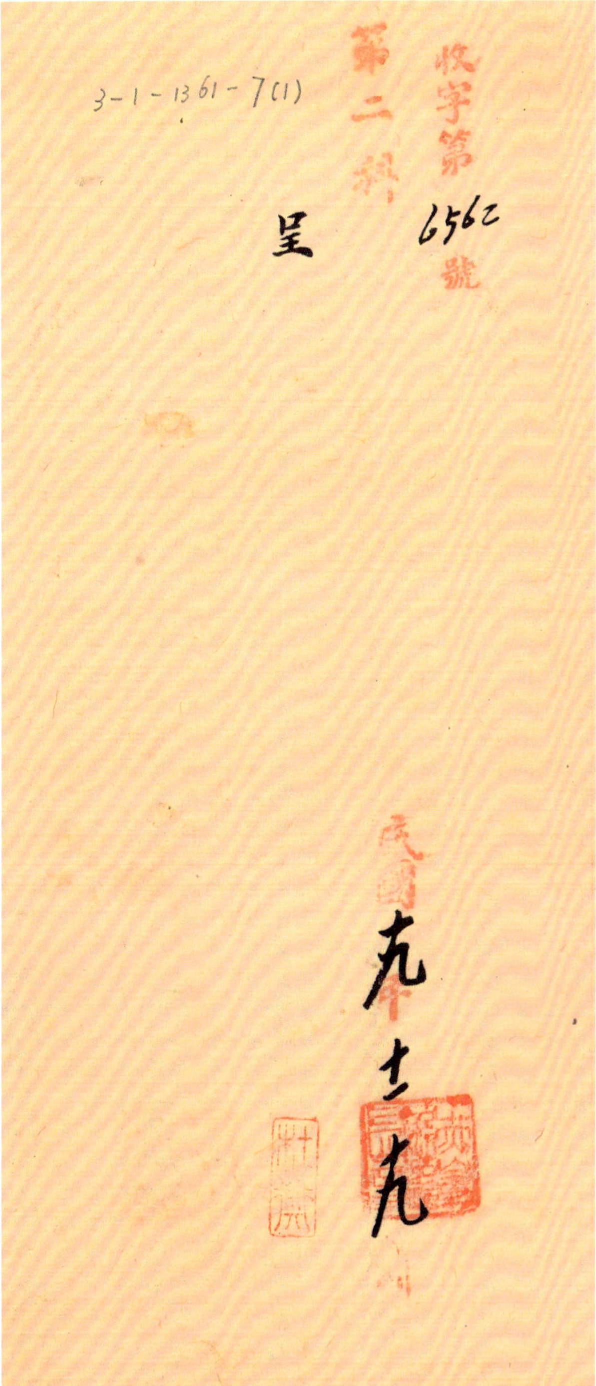
3-1-1361-7(1)

第二科

收字第6562號

呈

民國十九年十一月十九日

三〇九 赤峰縣商會爲填送赤峰縣獸産表及獸産問單事致赤峰縣政府呈（1930年11月18日）

呈為呈送事案奉
鈞府訓令轉奉
東北交通委員會令開現因審訂鉄路綱計畫關於所擬鉄路
沿線各縣面積人口及農礦各產均須切實調查以資參考除咨
省政府外合亟檢同調查表開單令仰迅速填報為要等因令
即遵照詳細調查填報來府以憑彙轉等因奉此遵將奉發
獸產表及獸產問單調查明晰分別填報咨覆惟人口面積一覽
表無隸於屬會事項無憑查填理合具文呈送
鑒核彙轉施行謹呈
赤峰縣政府

三〇九　赤峰縣商會爲填送赤峰縣獸産表及獸産問單事致赤峰縣政府呈（1930年11月18日）

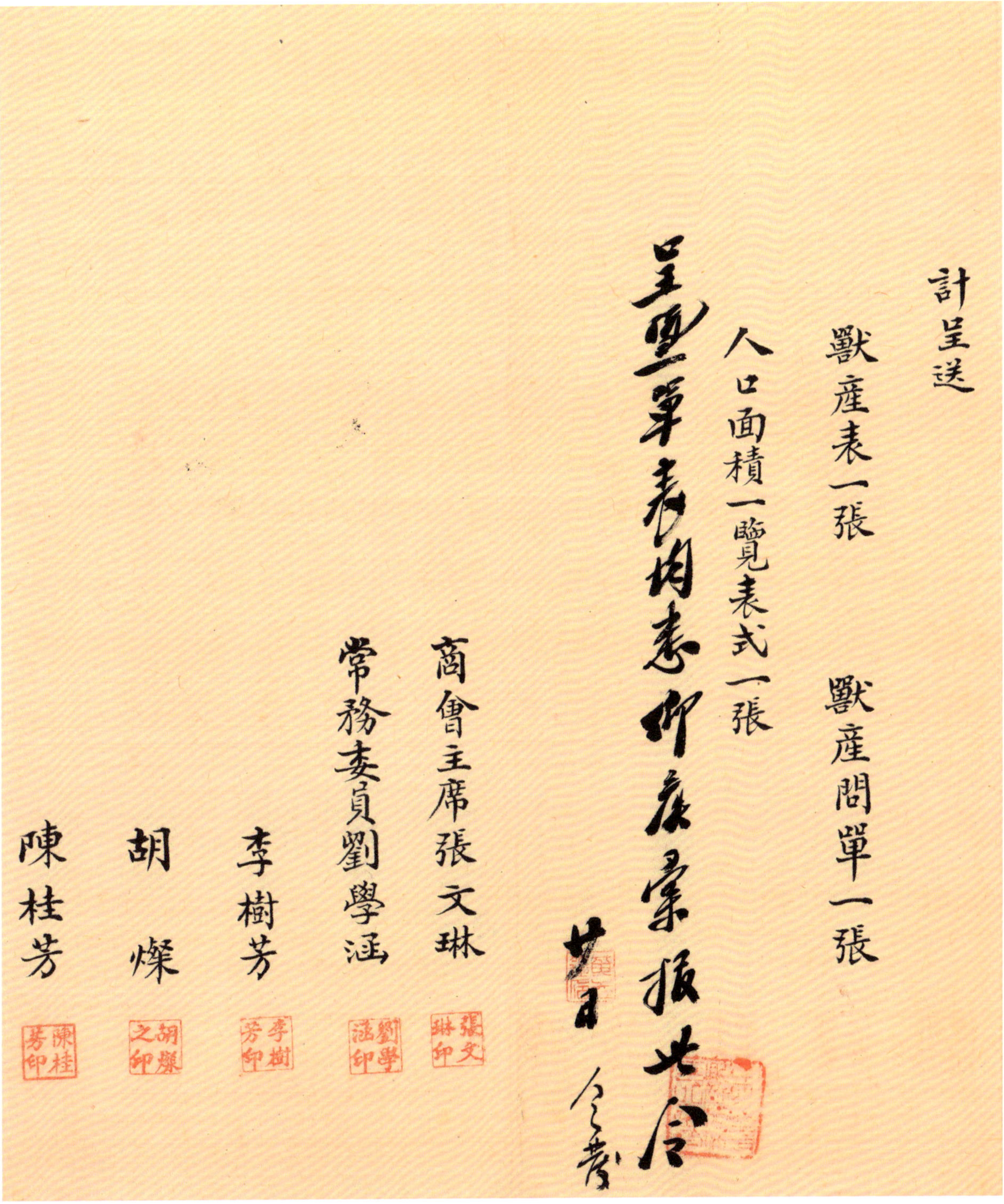

計呈送
獸産表一張　獸産問單一張
人口面積一覽表式一張

呈暨單表均悉，仰候彙報。此令
廿日

商會主席張文琳
常務委員劉學涵
李樹芳
胡燦
陳桂芳

三〇九　赤峰縣商會爲填送赤峰縣獸産表及獸産問單事致赤峰縣政府呈（1930 年 11 月 18 日）

中華民國十九年十一月十八日

熱河赤峰縣商會鈐記

三〇九 赤峰縣商會爲填送赤峰縣獸産表及獸産問單事致赤峰縣政府呈（1930年11月18日）

存稿

3-1-1361-7(2)

熱河省赤峰縣獸產表

年度	牛		羊		馬		猪		騾		驢		合計		獸毛	獸皮	合計
	共有頭數	出口數	共有頭數	出口數	共有頭數	出口數	共有頭數	出口數	共有頭數	出口數	共有頭數	出口數	共有頭數	出口數	出產噸數	出產噸數	
民國十八年	二萬頭		二十二萬一千頭		八千匹		六十一萬口		六千頭		二萬頭		八十八萬五千頭		六百一十二噸	五十噸	六百六十二噸

附記：1每噸等於1675斤(庫平制)　3獸毛連鬃類在內
2每平方公里等於16頃(營造尺制)　4獸皮連野獸皮在內

本縣不靠通商口岸無直接出口獸類每年入市買賣數量約十分之一惟絨毛皮張多銷天津由洋商販之出口

三〇九 赤峰縣商會爲填送赤峰縣獸産表及獸産問單事致赤峰縣政府呈（1930年11月18日）

佟福

獸産問單

熱河省赤峰縣

問	答
該縣有無廟會習慣	本縣並無廟會習慣
廟會係何時舉行	無
廟會在何處舉行	無
每年參與廟會之獸類共約多少頭	無
該縣每年出口獸類共約多少頭	並無直接出口獸類
該縣每年共産獸毛多少噸	六百一十二噸
該縣每年共産獸皮（野獸皮在內）多少噸	五十噸
該縣獸毛獸皮多在何處出售	羊絨羊毛羊皮多銷天津羊皮亦銷錦縣牛馬驢羊皮多在本縣銷售

附記 每噸等于一千六百七十五斤（庫平制）
每年方公里等于一十六頃（營造尺制）

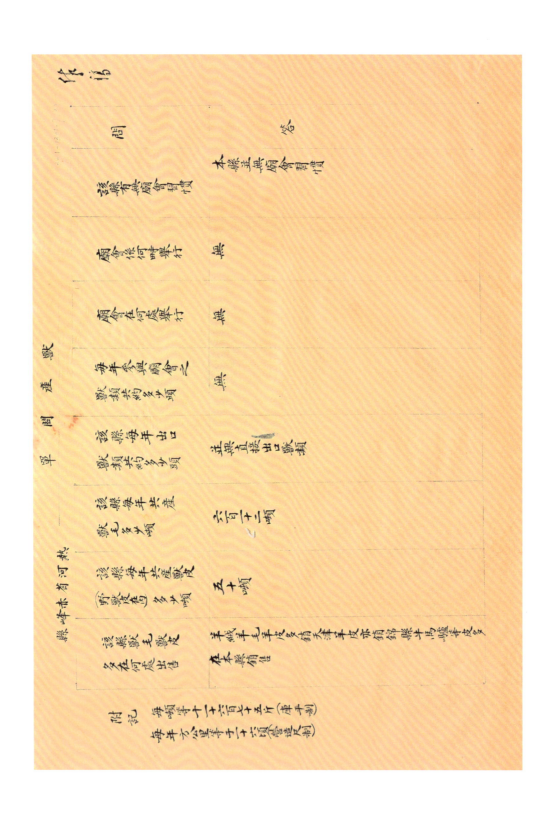

三一〇　赤峰縣政府爲抄發留美農科大學碩士張鴻鈞改良農業改善農具之條陳仰遵照辦理事致赤峰縣建設局訓令（1931 年 1 月 18 日）

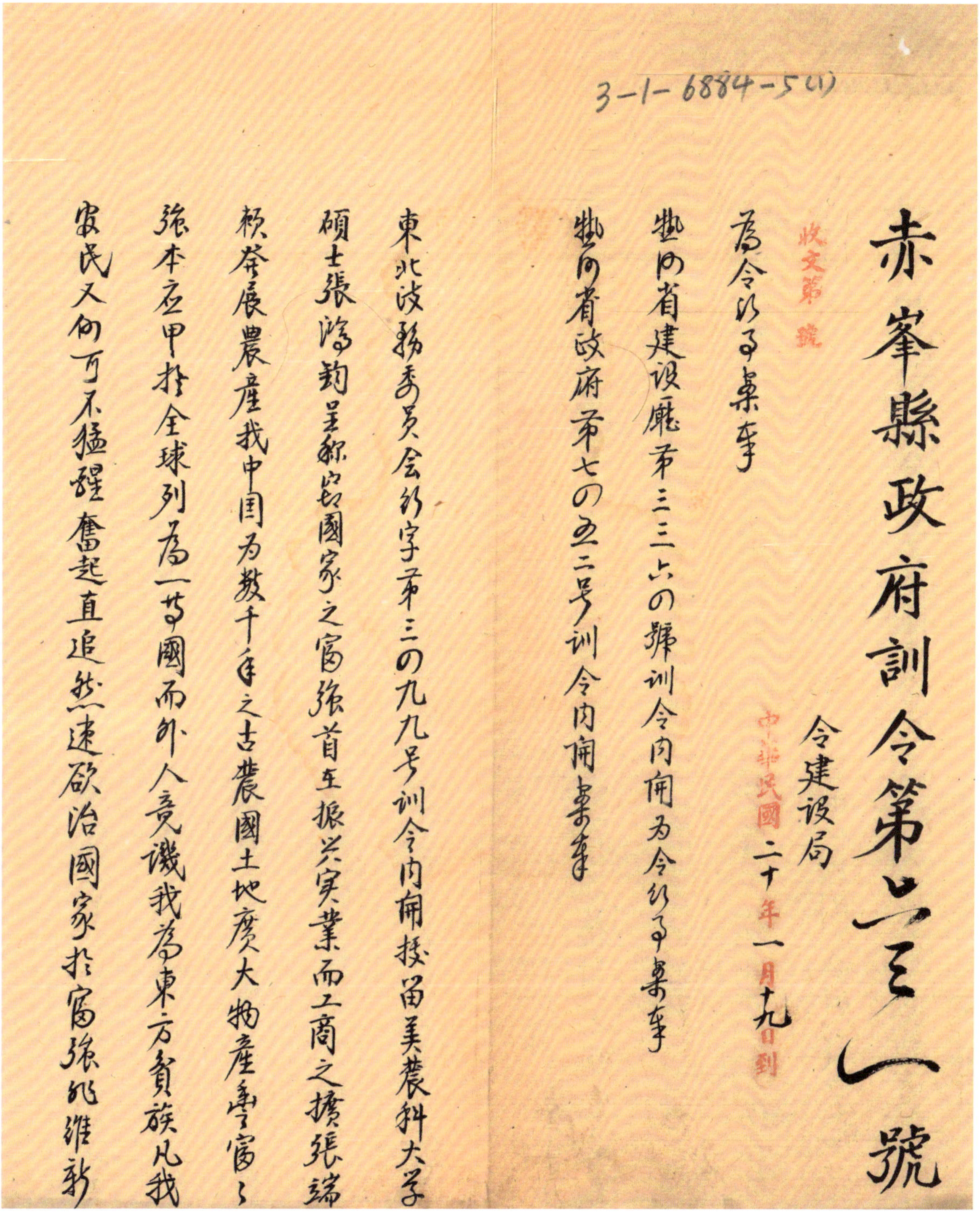

3-1-6884-5(1)

赤峯縣政府訓令第六三一號

令建設局

收文第　號

中華民國二十年一月十九日到

為令行事案

奉熱河省建設廳第三三六〇號訓令內開為令行事案

奉熱河省政府第七〇五二號訓令內開案奉

東北政務委員會行字第三〇九九號訓令內開接留美農科大學

碩士張鴻鈞呈稱竊以國家之富强首在振興實業而工商之擴張端

賴發展農產我中國為數千年之古農國土地廣大物產豐富〻

强本應甲於全球列為一等國而外人竟譏我為東方貧族凡我

農民又何可不猛醒奮起直追然速欲治國家於富强非維新

三一〇　赤峰縣政府爲抄發留美農科大學碩士張鴻鈞改良農業改善農具之條陳仰遵照辦理事致赤峰縣建設局訓令（1931年1月18日）

農政不為功解决人民之生計非改良農產難為力乃查我國農
產迄今依然守旧改良農業之人材尚屬缺乏旧式笨拙之農
具仍未改革大多數之荒地既乏開墾無限量之荒山猶未栽植牧養
牲畜未曾改换良種蠶桑等業又在停滞時间播種鋤草為
肥田之新法未能實行試验種植稻田為厚利之農產旋又
假手外人舊農夫開墾荒地毫無速工作省使費之技能老農
户種植熟田尤無省人工增產量之學術農夫經濟不足既缺
農業銀行之接濟農業改良乏術更無模範農產之仿效故
近年來地方金融奇緊人民生計均感窘困國家財政空虛軍
政費用不敷支絀要無非農業不改良農產不發展之所

三一〇　赤峰縣政府爲抄發留美農科大學碩士張鴻鈞改良農業改善農具之條陳仰遵照辦理事致赤峰縣建設局訓令（1931 年 1 月 18 日）

由致也我中国人民依赖性成非强政府大力提倡改良农业
终无进行之时今幸值
主席励精图治凡关于国计民生之要政莫不次第举办兴
安特区创办屯垦东北大学添设农科整顿农政业经维
新之基础提倡农业仍须改良之手续查该屯垦区所购欧
美农具仅适用开垦荒地仍不适宜于播种镰锄与钩从前新购
西洋农具发生同一之障碍欲扫除舶来农具不适宜之障碍
必须自设工厂制造适用之农具钧前曾发明特别改良各种
播种锄地等机业经呈送农矿厅考验在案如果考验适
用自应督民力广为制造供给全国农事之需要增加

三一〇 赤峰縣政府爲抄發留美農科大學碩士張鴻鈞改良農業改善農具之條陳仰遵照辦理事致赤峰縣建設局訓令（1931年1月18日）

地方農業之產量俾維解決人民之生計且可速致國庫之豐
盈值此商業蕭條工業不振之際而欲富國裕民除改良
農業別無救濟之善策鈞從事農業有年爰本匹夫有
責之義務謹將農業改良之管見草擬造就人材改良農具
各項辦法分別條陳繕清附後以供查閱而備採擇可否施
行之處出自鈞裁等情並附呈條陳一件到會查吾國本以農
業立國東北各省近年開發蒙荒墾民日衆尤宜以人力補
助地力之不及採取各種最新之方法督飭進行以裕國富而資
發展該碩士所擬各項辦法具有條理自宜各就地方之所宜分
別採擇俾收實效除批示並分令外合行抄發原條陳令仰

三一〇 赤峰縣政府爲抄發留美農科大學碩士張鴻鈞改良農業改善農具之條陳仰遵照辦理事致赤峰縣建設局訓令（1931 年 1 月 18 日）

查照办理附抄件等因奉此除分行外合行照抄原件令仰該
廳查照办理並轉飭民廳及各商会一体遵照此令附抄件
一份等因奉此除分行外合行照抄原件令仰該縣查照办
理並轉飭所属一体遵照此令附抄發原件存同日復奉
熱河省民政廳訓令第一〇八七号令同前因各等因奉此合
亟抄發原件令仰該局遵照此令
計抄發原件一份

三一〇　赤峰縣政府爲抄發留美農科大學碩士張鴻鈞改良農業改善農具之條陳仰遵照辦理事致赤峰縣建設局訓令（1931 年 1 月 18 日）

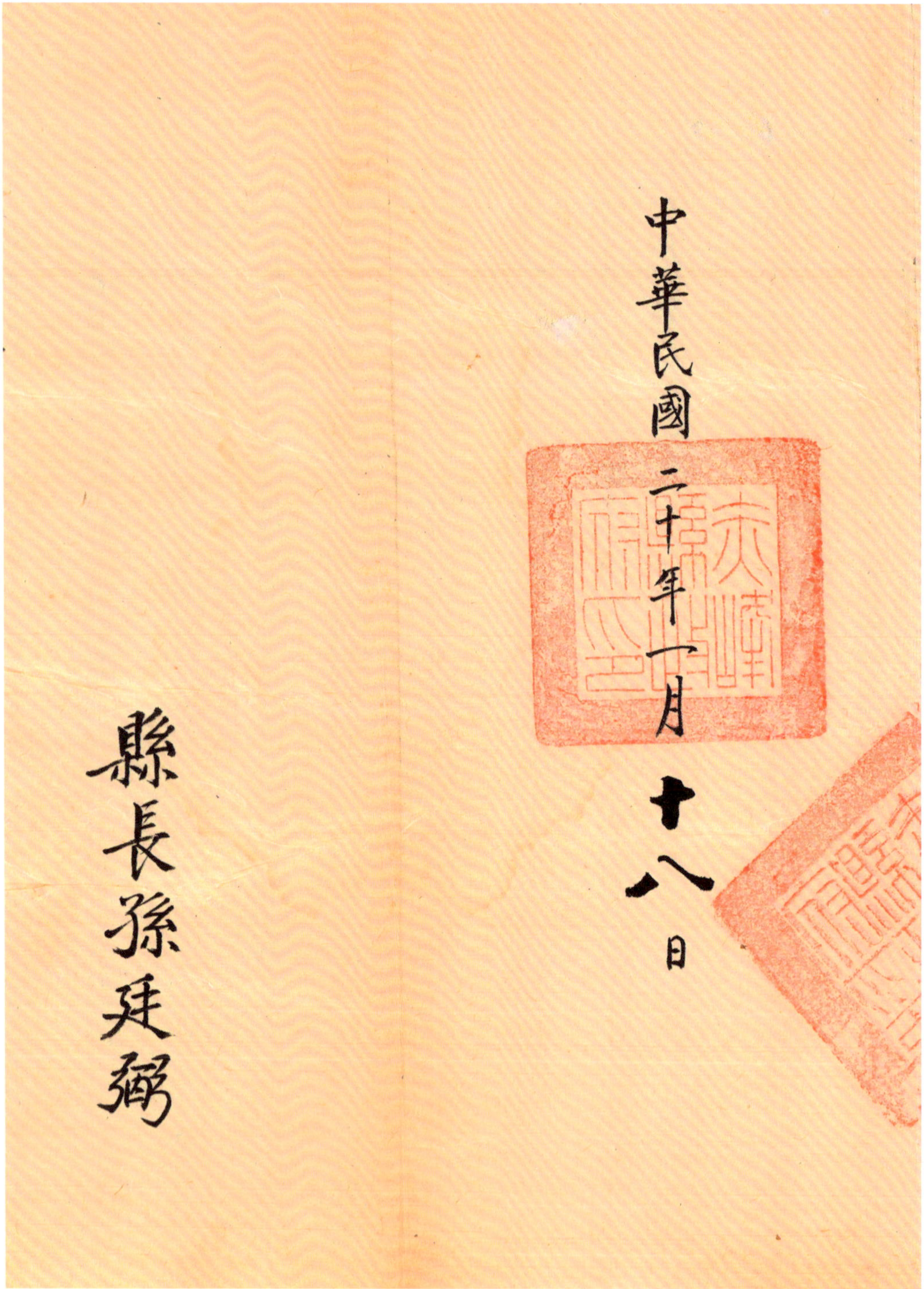

中華民國二十年一月十八日

縣長孫廷弼

三一〇 赤峰縣政府爲抄發留美農科大學碩士張鴻鈞改良農業改善農具之條陳仰遵照辦理事致赤峰縣建設局訓令（1931年1月18日）

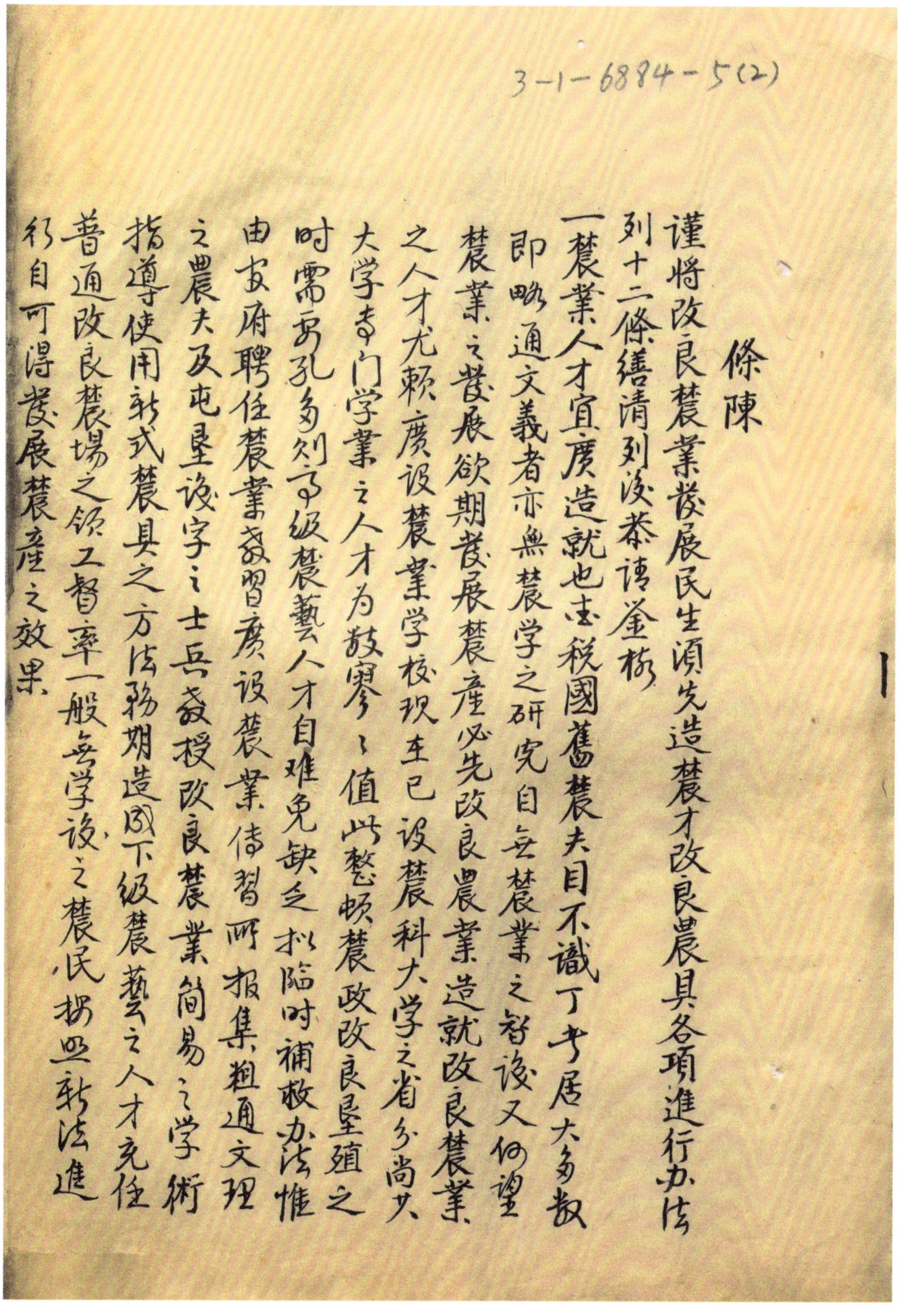

3-1-6884-5(2)

條陳

謹將改良農業發展民生須先造農才改良農具各項進行办法列十二條繕清列後恭請鑒核

一農業人才宜廣造就也查我國舊農夫目不識丁者居大多數即略通文義者亦無農学之研究自無農業之智識又何望農業之發展欲期發展農產必先改良農業造就改良農業之人才尤賴廣設農業学校現在已設農科大学之省分尚少大学專门学業之人才為数寥寥值此整頓農政改良墾殖之时需要孔多則下級農藝人才自難免缺乏擬臨时補救办法惟由省府聘任農業教習廣设農業傳習所招集粗通文理之農夫及屯墾識字之士兵教授改良農業簡易之学術指導使用新式農具之方法務期造成下級農藝之人才充任普通改良農場之領工督率一般無学識之農民按照新法進行自可得發展農產之效果

三一〇 赤峰縣政府爲抄發留美農科大學碩士張鴻鈞改良農業改善農具之條陳仰遵照辦理事致赤峰縣建設局訓令（1931年1月18日）

二改良農具宜自製造也現在耕耘墾殖仍沿用數千年之農式農具笨拙異常空費多數之人工遲悞種植之時期又何望産量之增加欲期節省人工減輕苦勞工作迅速不誤時期非購改良農具不足以資進行但中国各省均無設立改良農具之製造廠我東三省近年來農民均購歐美墾犁圓耙鐵磙等具以資開墾調查哈爾濱萬国農具公司每年所售農具約須不下數百萬元之多吳家屯墾区購買其他洋行之農具為數亦復甚夥如中國終不自行設立改良農器製造廠勢必利權外溢且歐美所造之播種鋤鐘中耕封壠等机均不適宜東北之種植是我東省亟自設改良農具製造廠之必要查先總理建国方畧實業計劃有設立農器製造廠一條内載欲開發廢地改良農地以向力歸於農乃列農器之需必甚多中国工價甚廉煤鐵亦富故須自製造一切農器

三一〇　赤峰縣政府爲抄發留美農科大學碩士張鴻鈞改良農業改善農具之條陳仰遵照辦理事致赤峰縣建設局訓令（1931 年 1 月 18 日）

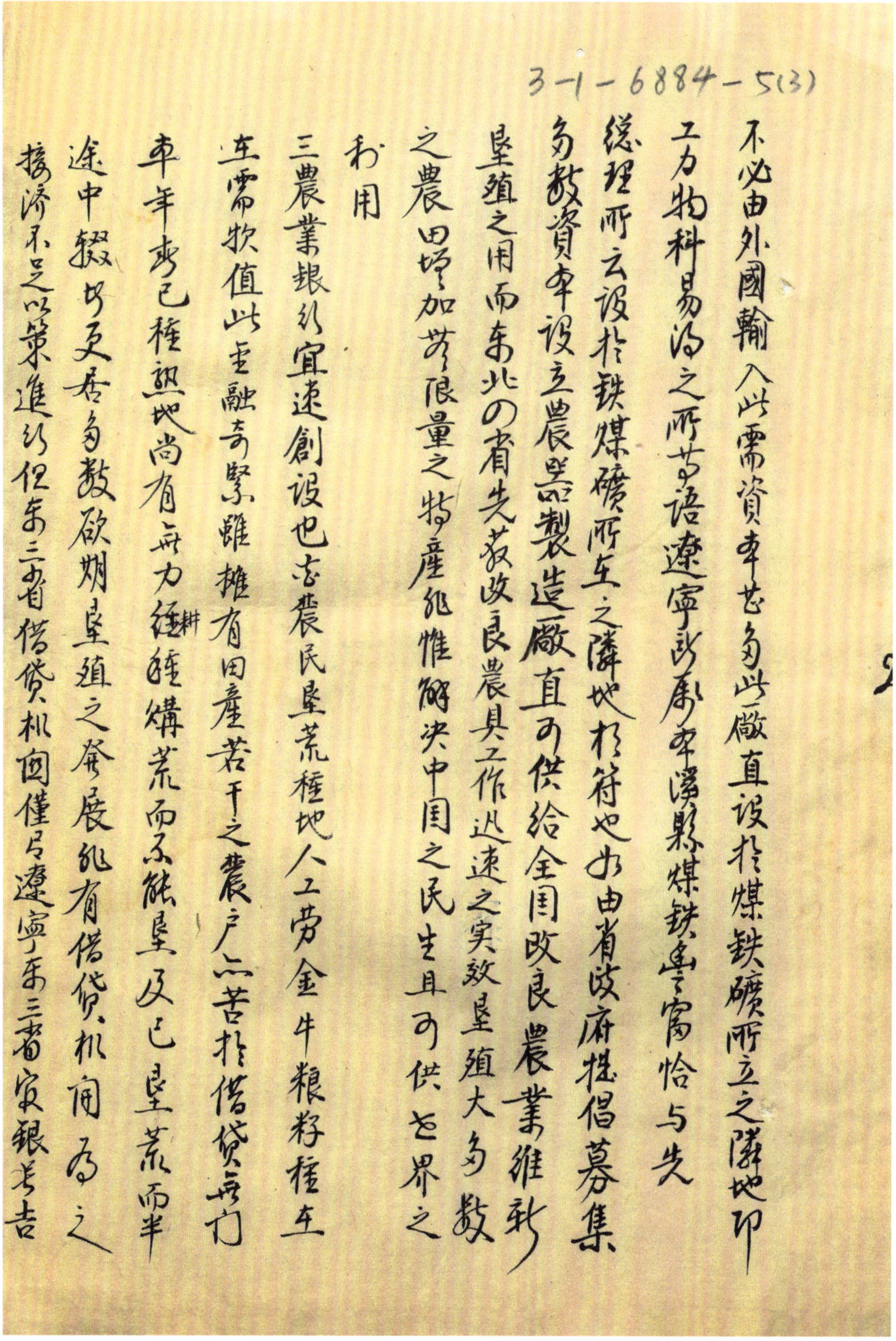
3-1-6884-5(3)

不必由外國輸入此需資本甚多此廠直設於煤鐵礦所立之附地即工力物料易得之所查遼寧本溪縣煤鐵豐富恰与先總理所云設於鐵煤礦所在之附地相符也如由省政府提倡募集多數資本設立農器製造廠直可供給全国改良農業維新墾殖之用而東北四省先獲改良農具工作迅速之实效墾殖大多數之農田增加無限量之物產能惟解决中国之民生且可供世界之利用

三農業銀行宜速創設也查農民墾荒種地人工勞金牛粮籽種在在需款值此金融奇緊雖擁有田產若干之農户亦苦於借貸無門本年或已種熟地尚有無力耕種構荒而不能墾及已墾荒而半途中輟者更居多數欲期墾殖之發展能有借貸機關為之接濟不足以策進行但東三省借貸機關僅有遼寧東三省官銀號吉

三一〇 赤峰縣政府爲抄發留美農科大學碩士張鴻鈞改良農業改善農具之條陳仰遵照辦理事致赤峰縣建設局訓令（1931年1月18日）

林永衡安順局龍江廣信公司及中國銀行交通銀行邊業銀行及其他各私立銀行均放款於繁盛城鎮之商号工廠均係信用借款互相保證向不借款於散在鄉間之農戶各銀行号已漸成歷久不變之習慣欲接濟農民之困乏增進農業之發展自應仿照東西各國特設農業銀行專為接濟農民墾殖之需要創办農業銀行国計民生攸関似應仿照瀋海鐵路公司遼寧紡紗廠之組織方法办理之擬先由东三省各銀行号先行支配各撥出款項若干萬元作為官股以為基金再行勸募大資本家加入資本（國海外華僑）或募集地方零户籌資成立例如官股認納五百萬元商股亦募五百萬元或官股一千萬元商股亦募一千萬元如果湊二千萬元再行發行紙幣二千萬元統計四千萬元由遼寧設總行由吉江兩省及熱河特別区各設分行通融地方接濟農民則墾殖之發達可立見功效倘各銀行号無力撥接募集民股無效請由政府締結外債亦屬有利無害放款之方法由該行先行調查各縣各處生熟土地分別土質之優劣價值之多寡為放款之額須以土地作抵押

三一〇 赤峰縣政府爲抄發留美農科大學碩士張鴻鈞改良農業改善農具之條陳仰遵照辦理事致赤峰縣建設局訓令（1931 年 1 月 18 日）

3-1-6884-5(4)

仍沿用互保之方法如有拖欠仍追互保或拍賣抵押之土地則銀行自無意外之損失較貸與商工尚有例外之虞爲尤穩固土地之抵押品愈多則銀行之信用愈大農民之墾殖愈推廣而政府之收入捐税課賦愈增多

四模範農場宜速分設也 查我國農民墨守舊法農學不講農事不修毫不知有改良之辦法欲期改良農業必先創設改良農場俾一般農民自親眼見改良農場之利益方可以動觀感而資仿效擬先由省城附近劃撥官有土地一處（如無官地租用民地亦可）創設省立模範農場 聘農業專門人才充任場長購置最新式適宜東北種植之改良農具所有農場之組織人員之支配經費之多寡統由場長計劃並造出入概算書呈明農礦廳核准後即行成立而爲各縣農業之模範現在東北大學已設農科所有農科學生除上課外亦可由該農場練習改良農具之使用方法俟省立模範農

三一〇　赤峰縣政府爲抄發留美農科大學碩士張鴻鈞改良農業改善農具之條陳仰遵照辦理事致赤峰縣建設局訓令（1931 年 1 月 18 日）

場成立後再行飭知各縣縣長　勸導殷實農户私立改良農場藉
資他農之仿效由該縣予以維持之方法倘無私立改良農場者由
該縣長督飭該農會組織縣立模範農場以便四鄉農民之觀模
農場用地自可暫租附城左近民有之土地開辦經費由該縣農會籌
辦之通常用費由農場之收入撥充之該縣場長由該會會長兼充
之另用改良農業技術員一名充該農場之領工所有租用土地若干僱
用農夫若干及購置改良農具數目及組織進行方法亦統由該場長
計劃並造出入概算書分報農礦廳及省立模範總場考核之如計劃
不周及擬進行辦法失宜由總場修正之以資照辦而勵進行
五墾殖公司應勸舉辦地土星散農民孤居曠野恒遭盜賊之害新移
難民無房居住又無安插之所如廣招墾民非先建築房間借有住所
不足以資進行據外人調查東三省及內蒙東部未開荒地尚有二千七
百萬畝有奇如專指貧民小户操手開墾則大段荒地勢必開闢無
期欲期迅速之墾殖請由政府妥擬開墾大段荒地獎勵章程招集

三一〇　赤峰縣政府爲抄發留美農科大學碩士張鴻鈞改良農業改善農具之條陳仰遵照辦理事致赤峰縣建設局訓令（1931 年 1 月 18 日）

3-1-6884-5(5)

斗

大资本家设立大规模之農場或由農民联络若干户組織垦務公司於大段荒内先行劃分段落设立村屯並修围墙購领槍械藉以自衛防盗建築房间安插移来难民牲畜籽種均由垦殖公司预備一切則难民既得安居更聽該公司之不患垦殖無人公司既立愈多安插移民愈易难民与公司互相利用自可立見垦殖之發展

六佳良籽種宜廣選擇也稻粱菽麥黍稷各種種子之美惡悶係產量之增減成分之優劣且欲改良農產必先選擇佳種乃我國舊農尚無選擇之智識而农府亦乏改善之提倡查美國農政維新对於選種特別注意種子之繁殖各省農科大學均設有農場各按照本處之氣候及土之性質研究種子之繁殖而獲佳良之效果又須經該農部之考驗該農民種植之後每年又有穗選粒選風選水選之各種才法其產量之豐富实賴良種之選擇近年来我國購買美國棉花種子及玉蜀黍種子種植較本國原種

三一〇　赤峰縣政府爲抄發留美農科大學碩士張鴻鈞改良農業改善農具之條陳仰遵照辦理事致赤峰縣建設局訓令（1931年1月18日）

之收獲產量增多至大豆高粱均為东三省之特產更應特別注
意而日本在公主嶺更校之農場選擇四粒黄大豆近数年已著佳
良成效選種之關係亦可概見我东省值此整飭農務之时自應仿
照美國之選種办法办理以期農業之改進
七栽種樹株應因地施植也查东北各屬禿山隙地隨在多有植樹
為不可緩之要政前經農礦廳指令催办在案但農民之智識既鮮
恐不察土宜無論何種隨便栽植耗資塞責仍難完善氣候温
暖之区應栽果樹天氣稍寒之處應栽葉樹查遼寧所屬金復海
蓋鳳岫寛安錦寧廣文等縣栽植桃李杏梅蘋果雜梨無不適
宜按調查所得每畝地所栽之蘋果梨樹十年後每年可獲現洋二
三百元之厚利除了大山巔外山坡漫山溝堐田畔均可栽植菓樹如
栽其他木材雜樹則期長利微豈不可惜至遼瀋鉄開通桓　清
輯臨安海东西豐等縣所有山荒均宜植柞養蠶繅絲亦屬出產
之大宗而為利源之所在昌梨法康懷双遼通等縣已植之樹僅

三一〇　赤峰縣政府爲抄發留美農科大學碩士張鴻鈞改良農業改善農具之條陳仰遵照辦理事致赤峰縣建設局訓令（1931年1月18日）

5

有楊柳為數無多至洮南洮安瞻榆開通突泉鎮東安廣七縣竟無植樹僅有天然之山杏茨榆毛桑而已西北一帶係沙漠區域風高氣燥雨量減少更應多植樹株障風致雨以為之補救吉江兩省多處天然之樹人煙較稠之地現已砍伐殆盡仍應人力植樹原有大宗天然之樹堪供給材料者不可盡行伐盡似可保留一部份以備需要東北各省土地性質不同氣候亦異均應因地制宜分別栽種樹株以闢莫大之利源

八、牧養牲畜宜換良種也查我國從前之牧養豬羊牛馬均係中國數千年遺傳之原種體量均小無大發育之可能欲期牲畜之改良非選購歐美佳良之豬羊牛馬傳種不足以資改良查美國豬白克什尔配合適宜之養料肥長迅速喂養十二個月可獲肉量三百磅美國美力奴羊一隻每年除養育羊羔外尚可剪毛十餘斤至二十斤之重量每斤約值現洋一元左右較牧中國舊有之綿羊利增十倍美國肉斤黑非

三一〇 赤峰縣政府爲抄發留美農科大學碩士張鴻鈞改良農業改善農具之條陳仰遵照辦理事致赤峰縣建設局訓令（1931年1月18日）

得及印特好恩每頭可有二三千磅之重量美國馬配爾芹伯勒金克來斯得勒均異常高大肥壯用之於農乃則有中國兩馬之力用之於戰場得馳驅迅速之效敵國外患為國家應有之預備倘遇交戰時期彼則馬大强壯我則馬小力微不待交戰已有彼强我弱之狀態我東北比近强隣改良馬種尤為不可緩之要件是則改良牧養自應官府提倡於前俾農民次第舉辦於後藉獲無限富源而立國家强盛之基礎

九、栽桑養蠶 宜急進行也溯自后嫘教民養蠶為東西外國蠶桑之先進迄今返行衰落殊屬可惜東北為蠶業適宜之區前數年遼寧省女學師範校內附設蠶業學校養成蠶桑女學人才以備各縣栽桑養蠶之預備現在蠶桑女校竟已停辦而從前造就已成蠶桑女生置於無用之地值此整頓農業之時仍應由政府妥擬限制各農戶栽桑若干及籌備養蠶手續辦法通飭各縣大小村屯一律照辦俾婦女亦得良善之職業開闢農村之富源

三一〇　赤峰縣政府爲抄發留美農科大學碩士張鴻鈞改良農業改善農具之條陳仰遵照辦理事致赤峰縣建設局訓令（1931年1月18日）

下牧草肥地宜試種植也查我东省農民牧養牲畜僅恃人工放於漫山荒野俾牲畜自食天然之草向無人力之種植則牧養自無發達之希望美國農家对於改良牧草特別注意擇所種之地以四分之一種草四分之三種田例如種地百畝即種草二十五畝也全国一致無稍反異該農部每年春季特派專員分赴各省勸導其演說謂云我美國之生活賴有此土地而可以保存土地於不磽薄者惟賴有此牧養草之種植致功大家仍照種地百分之二十五種牧草保存土肥為聯等語可見該政府提倡種草關係至重故按該牧養草每年可割三次其草亦值之價格与種田無甚懸殊種草種田互相輪流牧養牧畜獲利不少而土地可保肥沃誠屬一舉兩得請由政府飭知農民試種牧草以保土地之不薄而發牧養之大利且尤有要者近年来陸軍所用馬草咸徵農民之谷草但谷草之養料不佳故歐美各國均不用谷草喂馬亦可概見且东省徵集各縣谷草其交通不便之縣運輸尤

三一〇　赤峰縣政府爲抄發留美農科大學碩士張鴻鈞改良農業改善農具之條陳仰遵照辦理事致赤峰縣建設局訓令（1931年1月18日）

難攄變通辦法，嗣後陸軍駐在地之縣份，飭知農會，廣種牧草，供給軍用，俾牧草養料充足，且無運輸之困難。

土、推廣稻田宜獎自種也。查各縣稻田均假於朝鮮人之種植，始則租種，繼則延期不退，終則設法圖賴，土地爲其所有。稻田不及早收回本省農民自種，則貽害無窮。且朝鮮已屬於日本之統治，將來鮮人愈來愈多，侵占土地，奪我主權，難免不起重大之交涉。是則農民私租與朝鮮人之種稻，應限期勒令逐漸收回自種，以保主權。但我東省農民對於放水種稻、下水除草頗不習慣，應由政府設法獎勸，如本省人能收回稻田自種者，皆免或減少幾年之水利，藉資提倡，或招集江浙習慣種稻之農民種植之。務期已來之鮮人，現定短期租種，期滿不准再租，自必回鮮；倘不能歸，准其入中國國籍，亦非不可；其未來者，概不准再來租種稻田，以防後患。遼寧所屬輯、臨、通、桓、寬、安、柳、海等縣之稻田，多半在山澗小河之流域，尚無大段稻田。如吉、江兩省松、圖、牡、嫩等江之兩岸及其他之河流

三一〇 赤峰縣政府爲抄發留美農科大學碩士張鴻鈞改良農業改善農具之條陳仰遵照辦理事致赤峰縣建設局訓令（1931年1月18日）

3-1-6884-5(8)

垦種稻田之大土地若夥均宜由官府对種農田廣種稻田於国计民生均有俾益

十二、改進農事宜責成農会也　本省立農務総会如務必设農務分会均為農業之机関会長会董自有農事之責任凡我農民有何应興应革之重要均应由農会督饬办理以上所拟十一项条件均属改進農業之主要请由農礦厅道饬各縣農会会長招集農民会议農業傳習所之設立如何組织改良農具由何處購置模範農場如何設立佳良籽種如何選擇牧養牲畜如何改良栽種树株如何插植先行查明氣候及土性適宜之树株凡有稻田之縣分更须查明轄鲜人之数目租地若干及年期能否收回自種俾获獎勵牧草肥地能否试種栽桑養蚕能否实行逐一详查妥拟办法分别呈报農礦厅農務総会省立模範農場等核饬遵以促進行農事而专責成

三一一 赤峰電燈廠爲造具書圖懇轉請注册給照事致赤峰縣政府公函（1931年2月13日）

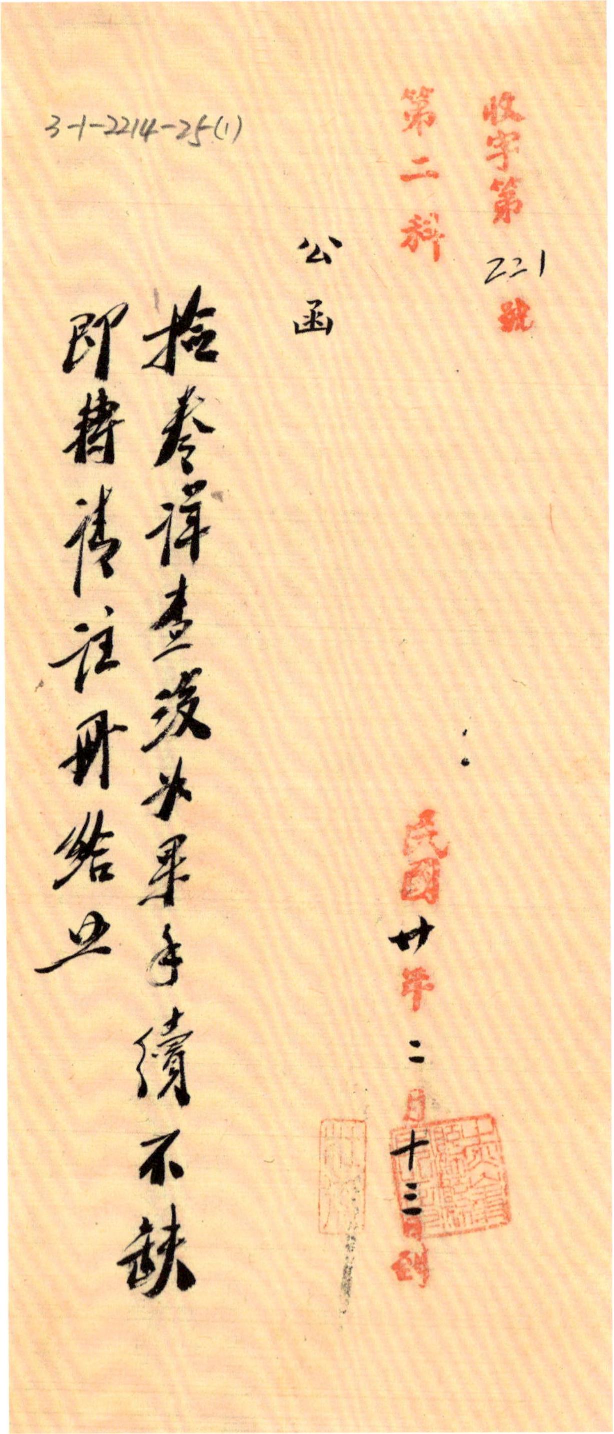

三一一 赤峰電燈廠爲造具書圖懇轉請注册給照事致赤峰縣政府公函（1931 年 2 月 13 日）

赤峰電燈廠公函

逕啟者案准

貴政府公函奉

熱河建設廳轉奉

建設委員會第三九二號訓令茲經重訂電氣事業註冊規則十八條

及表式八種業以會令公佈並呈奉

行政院令准備案此後電氣事業人呈請註册事宜務須遵照新頒

規則辦理並發規則表式等因轉行到廠 敝廠屬於民營電業性質

自應呈請註册以符規則第赤峰電燈廠係於民國十五年開始售

燈原為公民丁文化所創造尚未備齊開燈旋因資本支絀停止進行

三一一　赤峰電燈廠爲造具書圖懇轉請注册給照事致赤峰縣政府公函（1931 年 2 月 13 日）

隨由熱河興業銀行單獨投資全部收買繼續開辦惟查赤峰地居邊塞交通困難一切機件電料均購自天津長途輸運所費不貲加以本廠為熱河興業銀行所附設經商民要求征收電費暫以興業紙幣為本位比較現銀尚有虧折故所定電費較之內地畧為增高現因地方凋敝燈數無多所用鍋爐亦小難以多帶燈頭因而近年營業有絀無盈茲准前因相應造具各項書圖函請

貴府查核加具意見轉請註册給照至為紉感此致

赤峰縣政府

計函送

電氣事業註册聲請書三本

三一一　赤峰電燈廠爲造具書圖懇轉請注册給照事致赤峰縣政府公函（1931 年 2 月 13 日）

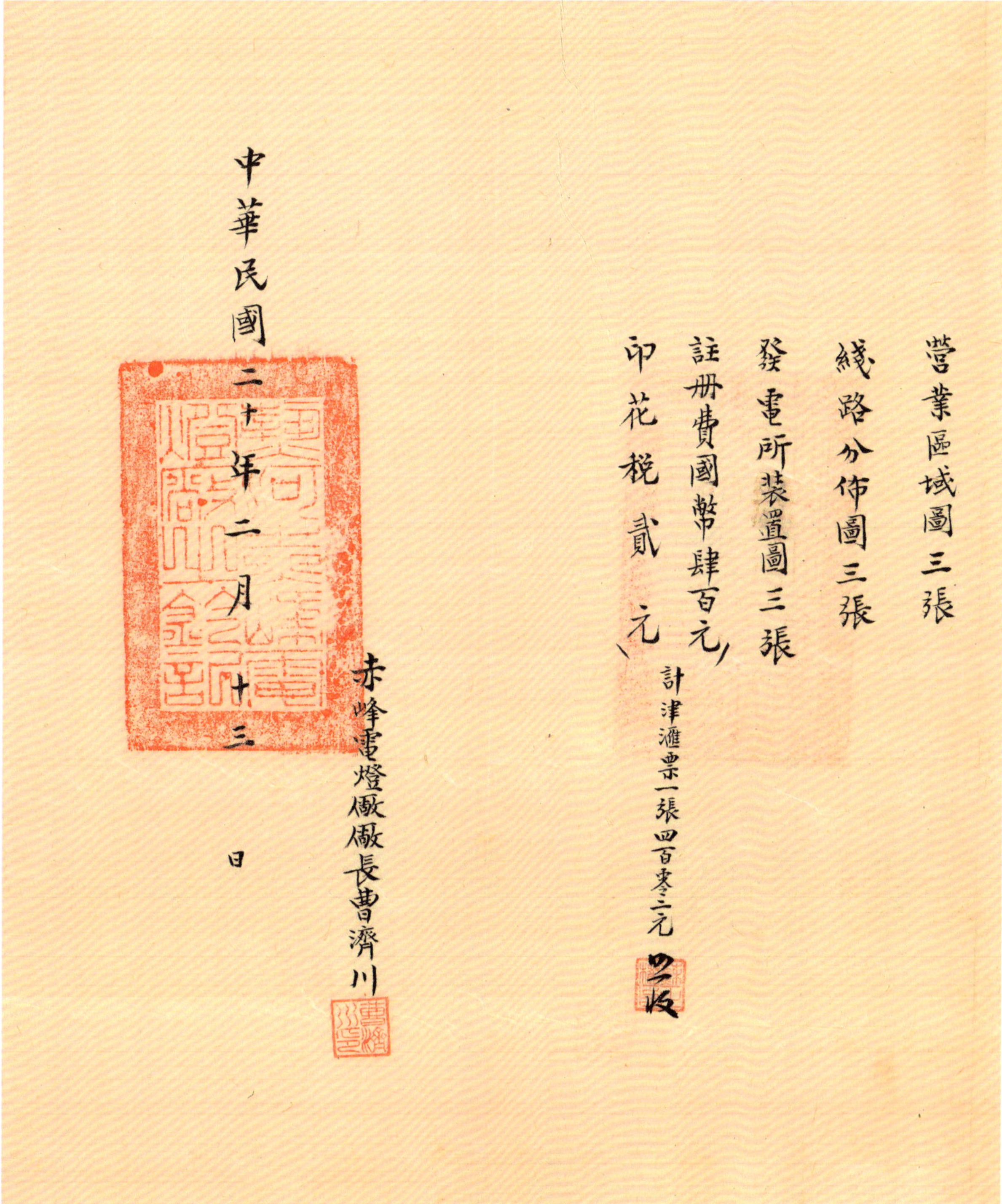

營業區域圖三張
綫路分佈圖三張
發電所裝置圖三張
註册費國幣肆百元
印花稅貳元
計津滙票一張四百零二元

中華民國二十年二月十三日

赤峰電燈廠廠長曹濟川

三一一 赤峰電燈廠爲造具書圖懇轉請注册給照事致赤峰縣政府公函（1931 年 2 月 13 日）

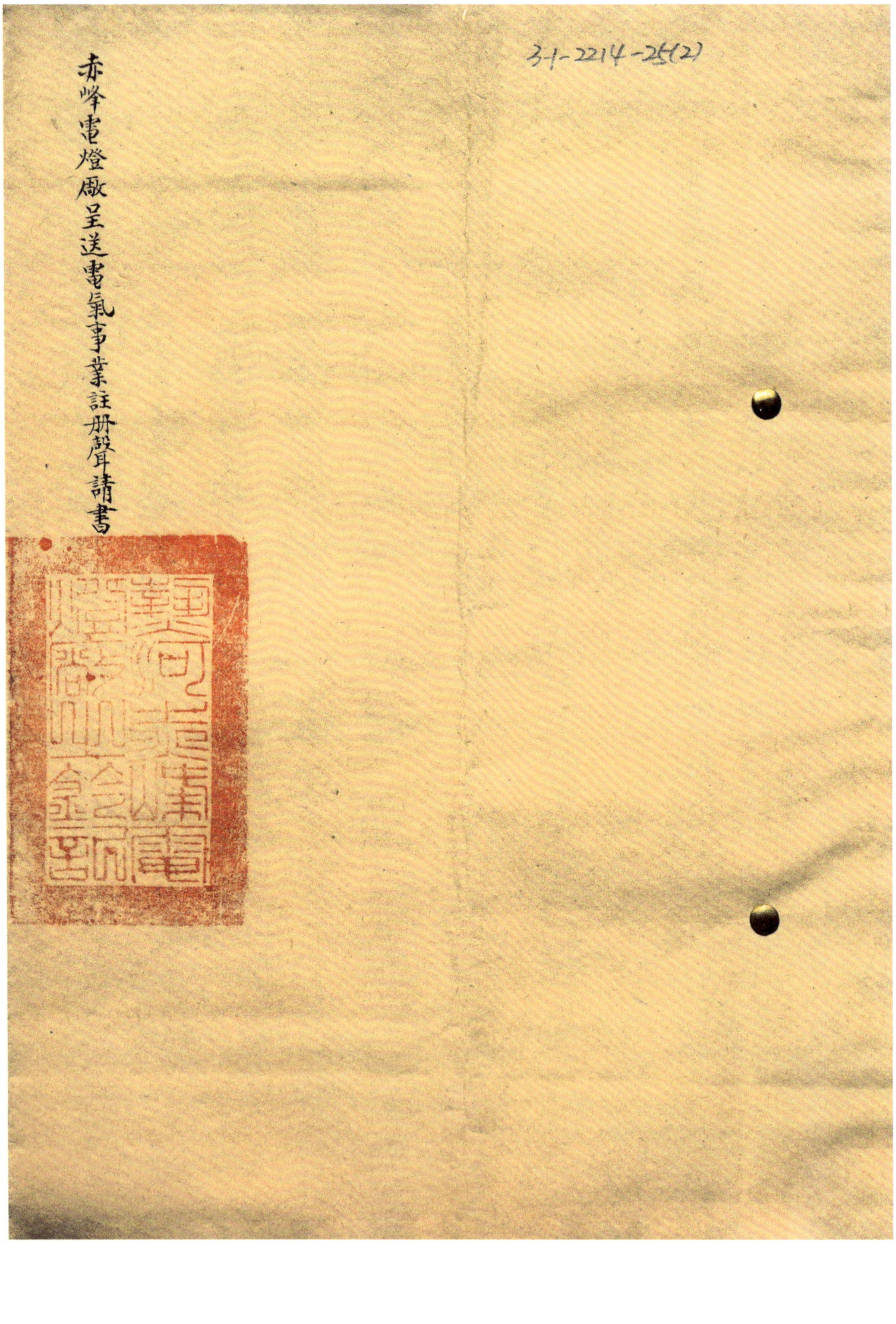
31-2214-25(2)

赤峰電燈廠呈送電氣事業註册聲請書

三一一　赤峰電燈廠爲造具書圖懇轉請注册給照事致赤峰縣政府公函（1931年2月13日）

3-1-2214-25(3)

企業意見書

(一) 名稱及組織

熱河省赤峰縣電燈廠獨資營業

(二) 發電所及事務所所在地

赤峰縣城内五道街

(三) 事業種類

專營電燈事業

(四) 資本總額及籌集方法

國幣二十萬元全數繳足由熱河興業銀行單獨投資

(五) 營業區域

赤峰縣城内各街市閭巷

廠長曹濟川 曹濟川　　民國二十年一月　日

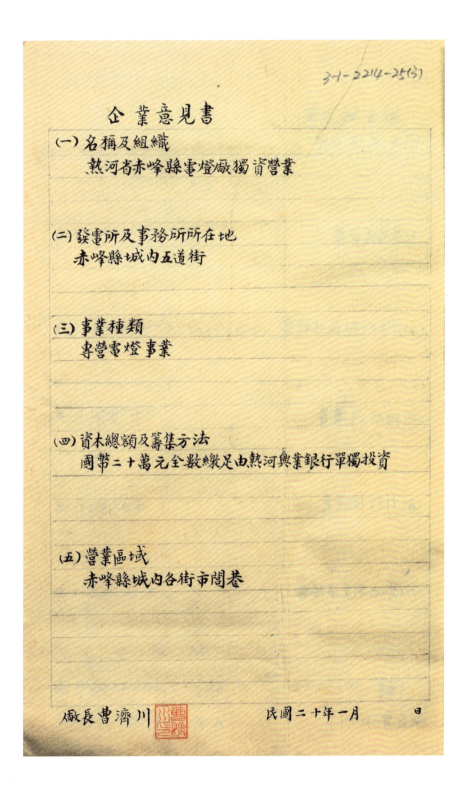

三一一 赤峰電燈廠爲造具書圖懇轉請注册給照事致赤峰縣政府公函（1931年2月13日）

3-1-2214-25(4)

創業概算書

(一)土地購用費		
(二)房屋建築費	五八五四七元	五角
(三)發電所機器設備費	一〇三一五二元	二角
(四)綫路設備費	二一一九七元	五角
(五)材料輸運費	五五六四元	〇角
(六)其他創業事務費	一一五三八元	八角
總　計	二〇〇〇〇〇元	〇角

廠長曹濟川（印）　民國二十年一月　日

三一一　赤峰電燈廠爲造具書圖懇轉請注册給照事致赤峰縣政府公函（1931 年 2 月 13 日）

收入概算書

				月收	年收
(一)電燈					
(甲)包燈制	10支光	981盞	每月1元0角	981元0角	11772元0角
	16支光	894盞	1元5角	1341元0角	16092元0角
	20支光	23盞	1元8角	41元4角	496元8角
	25支光	46盞	2元0角	92元0角	1104元0角
	32支光	86盞	2元2角	184元2角	2270元4角
	50支光	16盞	3元0角	48元0角	576元0角
	100支光	11盞	4元0角	44元0角	528元0角
	150支光	3盞	5元5角	16元5角	198元0角
(乙)用表制	年用	15000碼	每碼3角6分	450元0角	5400元0角
(二)電力					
(三)雜收					
(甲)表租					
(乙)裝燈電料				128元6角	1543元8角
總計				3331元7角	39981元0角

廠長曹濟川［印］　　民國二十年一月　日

三一一 赤峰電燈廠爲造具書圖懇轉請注册給照事致赤峰縣政府公函（1931年2月13日）

31-2214-25(5)

支出概算書

	月支		年支	
(一)折舊 機械器具年提百分之十五 房屋年提百分之五	1791元	6角	21499元	
(二)官利 無				
(三)薪水	257元		3084元	
(四)工資	621元		7452元	
(五)原動燃料月用151噸每噸12元	1812元		21744元	
(六)消耗費	444元	3角	5332元	
(七)修理費	267元	6角	3211元	2角
(八)雜支	266元	6角	3200元	
總計	5460元	1角	65522元	2角

廠長曹濟川（印）　　民國二十年一月　日

三一一　赤峰電燈廠爲造具書圖懇轉請注册給照事致赤峰縣政府公函（1931年2月13日）

工程計畫書

(一)發電容量	(甲)機量總數	120 基羅瓦特
	(乙)常用機量	65 基羅瓦特
	(丙)預備機量	55 基羅瓦特
(二)原動力	(甲)原動機種類及方式	康邦卧式機
	(乙)原動機數目	一座200馬力
	(丙)燃料種類	柴煤每日約用8500斤
	(丁)鍋鑪數目	一座受熱面積150方尺125汽壓
	(戊)水力機之水位	
	(己)其他要點	
(三)電氣方式	(甲)電流方式	交流214週率50週波
	(乙)電壓	
	(子)發電電壓	3300伏而脱　三相三綫
	(丑)輸電電壓	2200伏而脱　二相二綫
	電綫種類	膠皮包綫傳送綫總路6號分路6號至14
	(寅)配電電壓	125伏而脱　二相二綫
	電綫種類	膠皮包綫最大6號最小18號
	(卯)輸電變壓器之總容量	120開維愛
	配電變壓器之總容量	4開維愛
	(辰)接户電壓(1)電燈用	100伏而脱　二相二綫
	(2)電力用	
	(3)其他	
(四)工程步驟	(甲)擬向何廠購機	
	(乙)全部工程需幾個月完成	
	(丙)預計何年何月開機	
	(丁)預計每度電需耗燃料若干	
	(戊)預計每度電成本若干	
	(己)預計幾年後可添若干機量	

主任技術員章國泰（印）　　民國二十年一月　日

三一一 赤峰電燈廠爲造具書圖懇轉請注册給照事致赤峰縣政府公函（1931年2月13日）

3-1-2214-25(6)

營業章程概要

(一)每日送電時間　自日暮時送電至天明止電

(二)詳細電價表及其他應徵各費

包月燈電費表

五百支光	每盞大洋十二元
三百支光	每盞大洋八元
二百支光	每盞大洋六元五角
一百五十支光	每盞大洋五元五角
一百支光	每盞大洋四元
五十支光	每盞大洋三元
三十二支光	每盞大洋二元二角
二十五支光	每盞大洋二元
二十支光	每盞大洋一元八角
十六支光	每盞大洋一元五角
十二支光	每盞大洋一元三角
十支光	每盞大洋一元

計量燈電費表

每碼電收大洋三角六分

(一)裝電表者每月以二十碼為起碼不滿二十碼者亦按二十碼收費多則按碼增加

(二)點二十盞以上之户方可裝置電表

(三)其他關於電氣事業人與用户相互間之權利及義務

(一)燃燈日期本廠備有點燈証須簽名蓋章以免錯悮

(二)包月燈凡初裝及增裝或變燭力不滿一月者其電費均按日核算惟銷燈時須在月底前五日到廠領取銷燈証註明銷燈如逾燃不及一月者亦照一個月納費

(三)一包月燈電費按國曆核算勿論月之大小均為一月每月電費須於二十五日以前交清計量者查表後即行交清

(四)本廠收入款項均以銀大洋為本位如用紙幣須按市價滙水折算

(五)一本廠供給外綫定為四十碼如裝三盞以下者供給二十碼銷燈時外綫材料本廠一律撤回

(六)本廠派人查驗各燃户屋內之電路或電燈器件以及電燈情形時須持有本廠檢查証方准查驗

廠長曹濟川（印）　　民國二十年一月　日

三一一　赤峰電燈廠爲造具書圖懇轉請注册給照事致赤峰縣政府公函（1931年2月13日）

首席聲請人及主任技術員履歷書

(一)首席聲請人	(甲)姓名曹濟川年五十四歲山西汾城縣籍
	(乙)學歷
	(丙)經驗 曾充張家口元亨茶莊經理現充赤峰興業分銀行經理兼赤峰電燈廠廠長
(二)主任技術員	(甲)姓名章國泰年四十歲河北天津縣籍
	(乙)學歷 北洋鐵工廠初班畢業北洋工業學校電氣科畢業
	(丙)經驗 民國二年二月任充唐山啟新洋灰公司電氣科管理至民國五年改充張家口華北電燈公司技師八年兼充山海關電燈公司技師十一年又兼充大同電燈公司技師至十五年任充赤峰電燈廠主任技術員現任斯職

廠長曹濟川（印）　　民國二十年一月　日

三一一　赤峰電燈廠爲造具書圖懇轉請注册給照事致赤峰縣政府公函（1931年2月13日）

3-1-2214-25(7)

赤峰縣政府對於設立電氣事業意見書

(一)當地人口及户數	本城人口總計二萬一千八百一十九口户口總計四千七百八十九户
(二)當地商業情形及主要出產	商業蕭條出產以皮毛為大宗
(三)創設電氣事業之主旨	以便利為主旨
(四)營業區域內有何工業需用電力之可能及預測各業所需馬力數	並無可需用電力之工業
(五)貨物運輸方法及是否便利	運輸貨物以車馱並不便利
(六)從前該地已否設有電氣事業現在已否停辦及停辦年月	無
(七)對於所呈營業區域圖及所定電價之意見	營業區域圖頗屬完善所定電價亦不為高
(八)其他事項	

民國二十年一月　日

三一一　赤峰電燈廠爲造具書圖懇轉請注册給照事致赤峰縣政府公函（1931年2月13日）

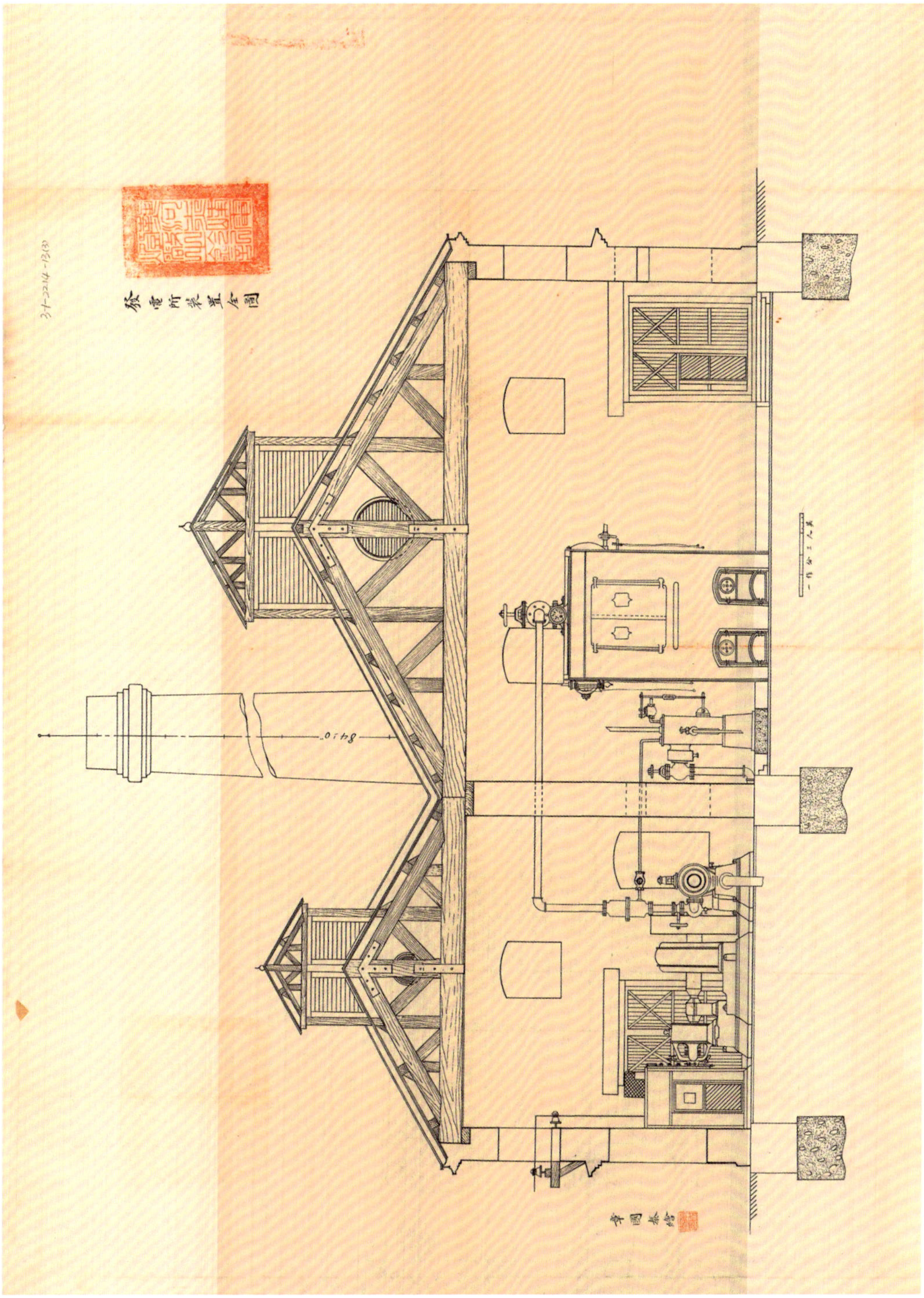

三一一　赤峰電燈廠爲造具書圖懇轉請注册給照事致赤峰縣政府公函（1931年2月13日）

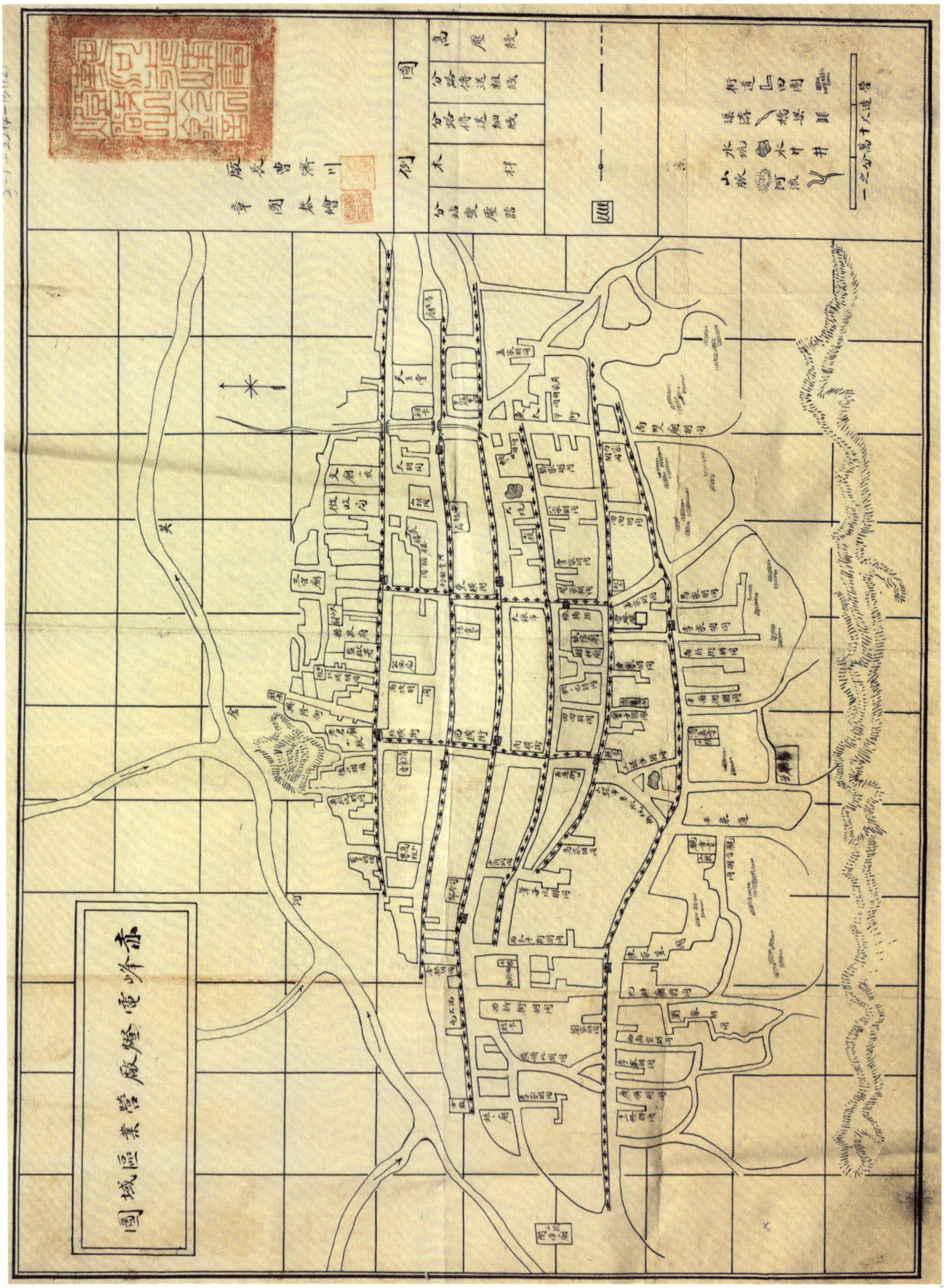

三一二 熱河省民政廳爲成立外交部駐熱河特派員辦公處事致赤峰縣政府訓令（1931 年 3 月 17 日）

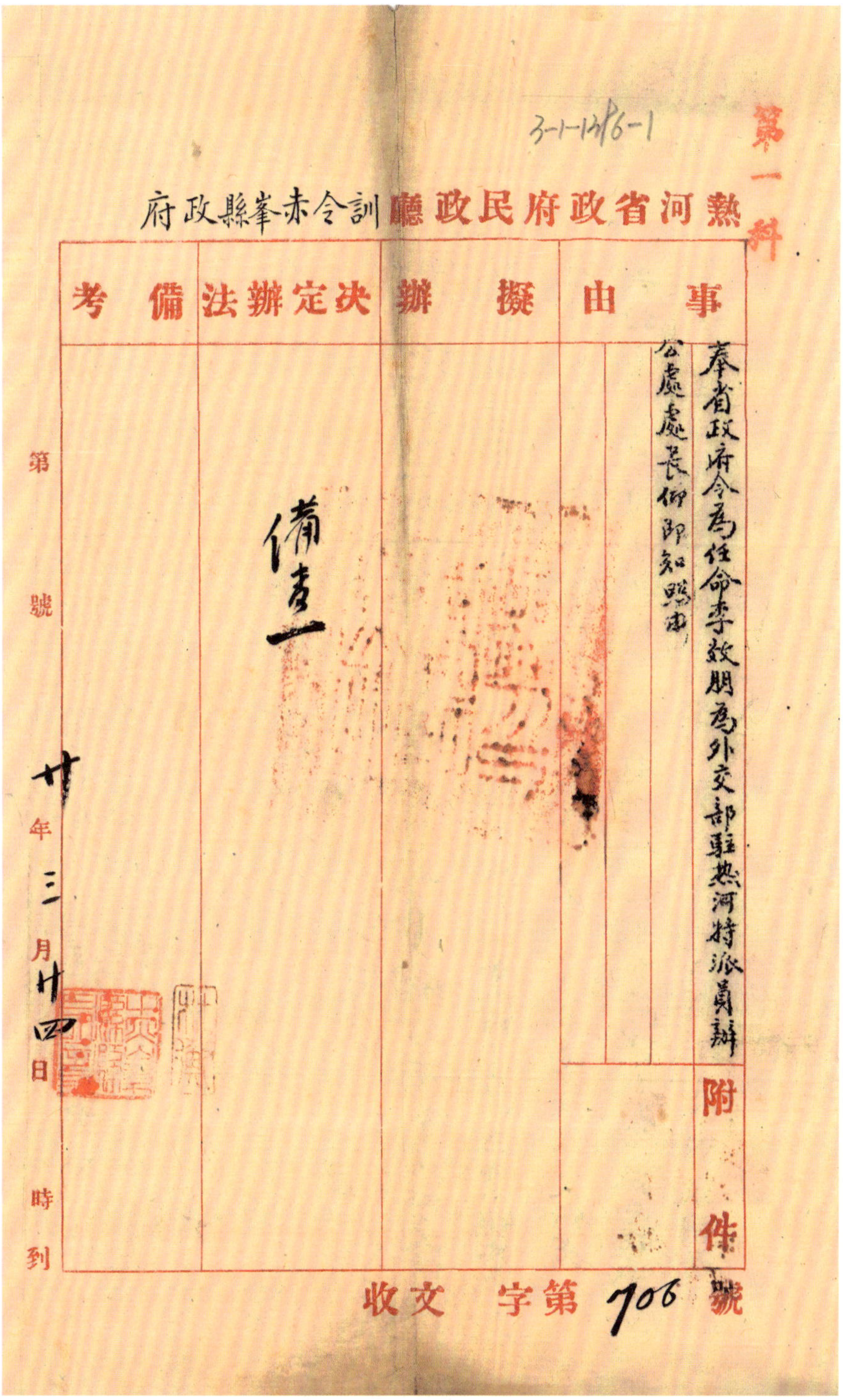
3-1-1216-1

第一科

熱河省政府民政廳訓令赤峯縣政府

事由	擬辦	決定辦法	備考
奉省政府令爲任命李敎朋爲外交部駐熱河特派員辦公處處長仰即知照由		備查	
附件			

第 號

廿年三月廿四日 時到

收文 字第706號

三一二 熱河省民政廳爲成立外交部駐熱河特派員辦公處事致赤峰縣政府訓令（1931 年 3 月 17 日）

熱河省政府民政廳訓令 字第二六六號

令赤峯縣政府

爲令知事案奉

熱河省政府第五五九號訓令內開案查前准

外交部咨開各省特派交涉署限期一律裁撤等因奉

東北政務委員會令開前因遵於十九年五月間將駐赤峯熱河交涉

署裁撤所有交涉事務統由赤峯縣政府接辦業經呈報在案惟查

赤峯縣地方前經闢爲商埠并駐有日本領事凡遇交涉事件若

無相當專員負責辦理不足以收指臂之效擬與東北取一致辦法成

立外交部駐熱河特派員辦公處并委前熱河交涉員李毅綱爲

三一二 熱河省民政廳爲成立外交部駐熱河特派員辦公處事致赤峰縣政府訓令（1931年3月17日）

辦公處處長當即提出本府委員會決議通過除呈報及任命外
合亟令仰該廳知照并轉飭所屬一體知照此令等因奉此除分行外合
行令仰該縣知照并飭所屬一體知照此令

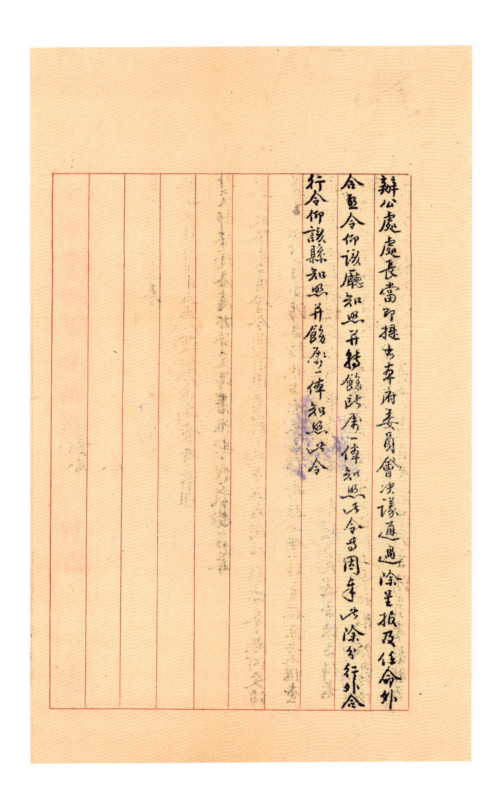

三一二 熱河省民政廳爲成立外交部駐熱河特派員辦公處事致赤峰縣政府訓令（1931年3月17日）

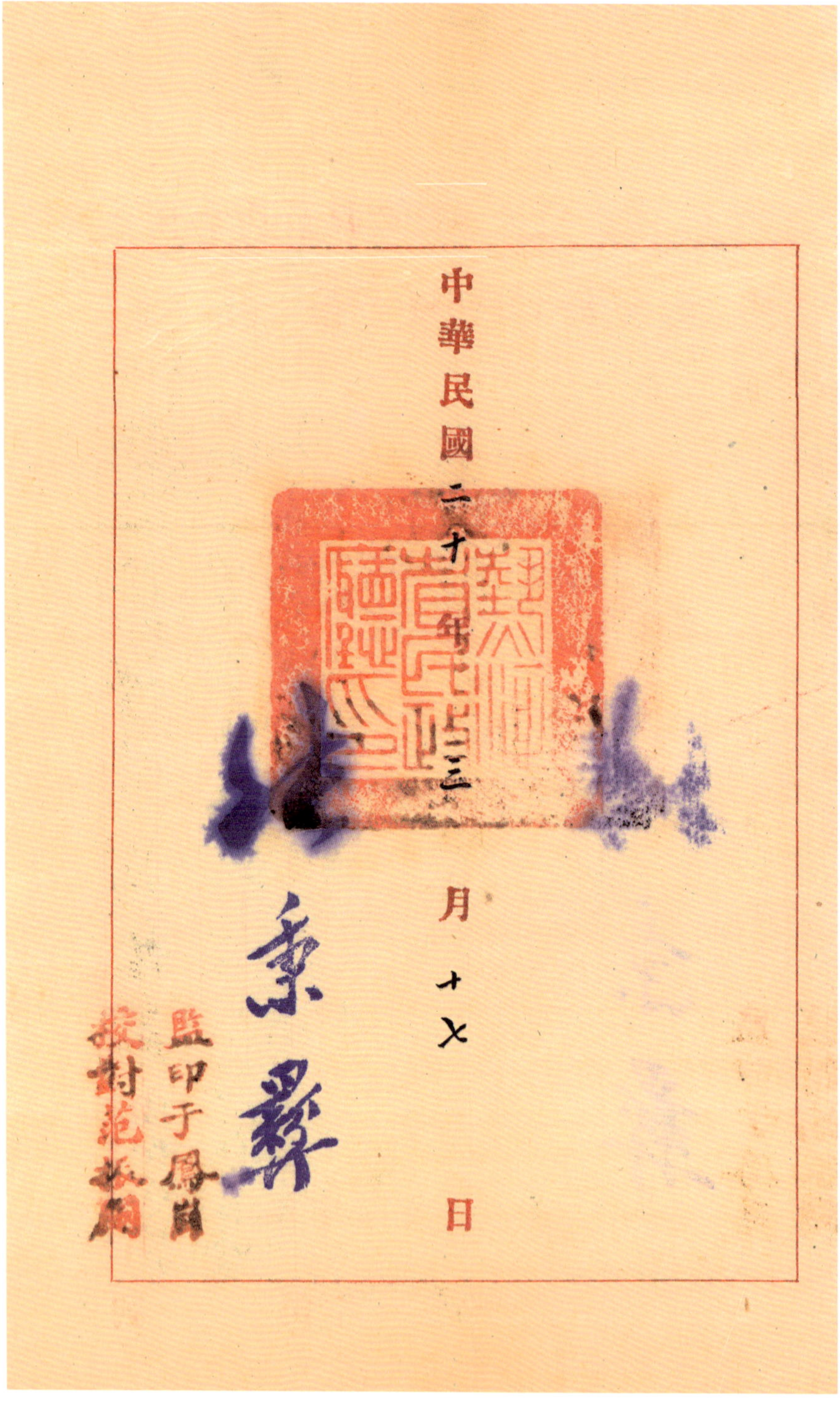
中華民國二十年三月十七日
秉彝
監印于鳳岡
校對范振綱

三一三 熱河省民政廳爲查填土地面積調查表事致赤峰縣政府訓令（1931年3月16日）

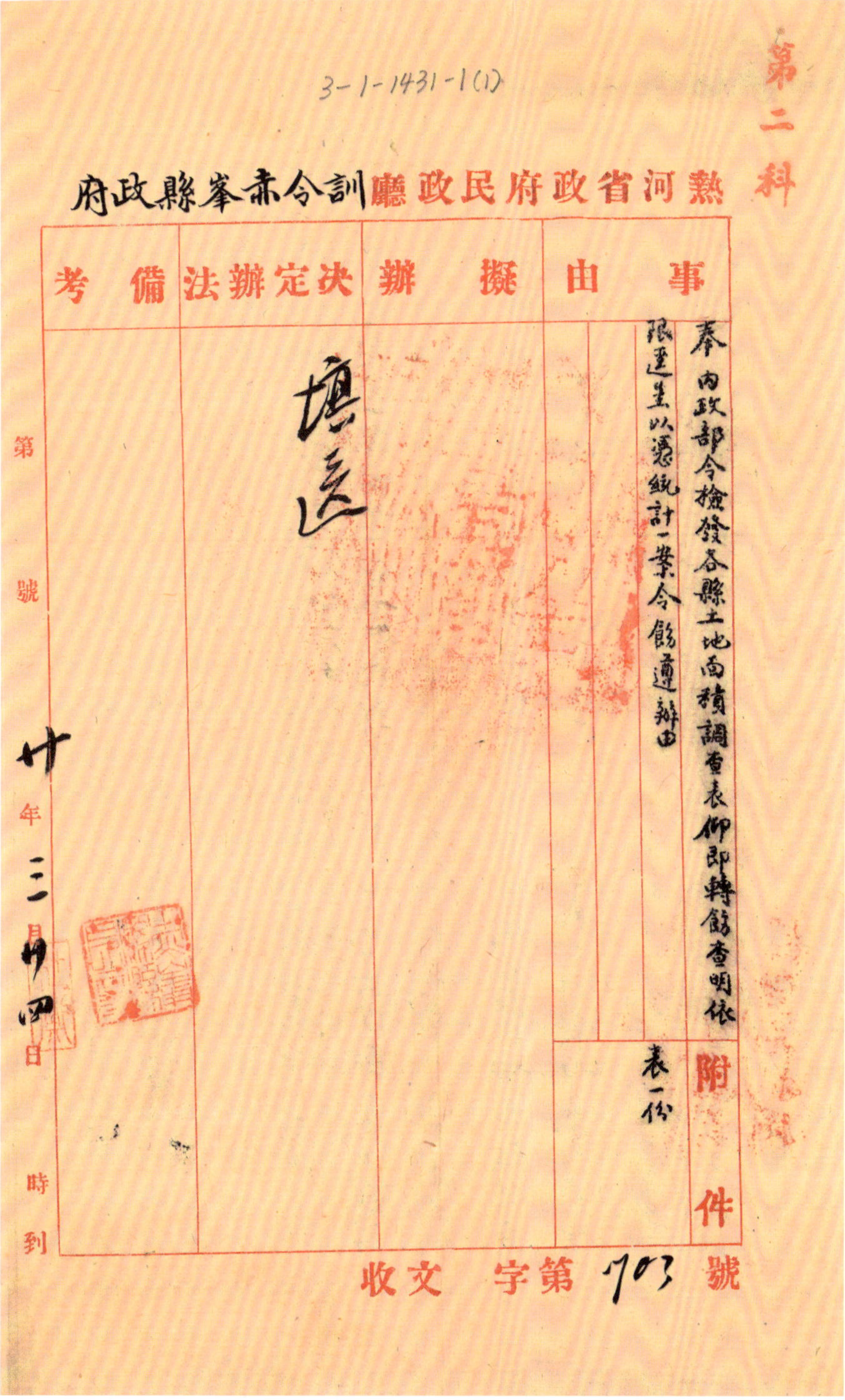
第二科

3-1-1431-1(1)

熱河省政府民政廳訓令赤峰縣政府

事由	擬辦	決定辦法	備考
奉內政部令檢發各縣土地面積調查表仰即轉飭查明依限呈送以憑統計一案令飭遵辦由	填送		

附件：表一份

第　號

廿年三月十四日　時到

收文　字第703號

三一三 熱河省民政廳爲查填土地面積調查表事致赤峰縣政府訓令（1931 年 3 月 16 日）

熱河省政府民政廳訓令 字第二六三號

令赤峰縣政府

爲令行事案奉
內政部統字第四號訓令內開為令飭事查土地為立國要素面積廣
袤自應洞悉無遺我國幅幀遼闊向未經精確測丈土地實數至今尚難詳
知現在人材缺乏國帑未充實地測量固屬力有未逮而事關國本亦何
能視為緩圖惟有先就歷來沿革於可能範圍內設法調查俾作參
考之資按各縣轄境面積或經丈量有案或已詳載誌乘或為官
廳紳民估計所得凡此種種均足供土地面積之參試猶未彙集統計
不難有所比較知其概略本部為明瞭全國各縣土地面積以為政府

三一三 熱河省民政廳爲查填土地面積調查表事致赤峰縣政府訓令（1931年3月16日）

施政標準起見，用將調查項目製成表格，附以說明，除分别咨令外，合行
檢同表格二十份，令仰該廳即便轉飭所屬各縣政府按照表列各項並
參照說明情形確實查填，限文到一月内填齊，由縣逕呈本部，以
憑統計而綱數提，毋任稽延。此令。計發各縣土地面積調查表等
因。奉此，除分行外，合亟照表油印，令發該縣，遵照查填，仍送由本
廳彙轉，以昭一致，勿延。此令。

計抄發各縣土地面積調查表一份

三一三　熱河省民政廳爲查填土地面積調查表事致赤峰縣政府訓令（1931 年 3 月 16 日）

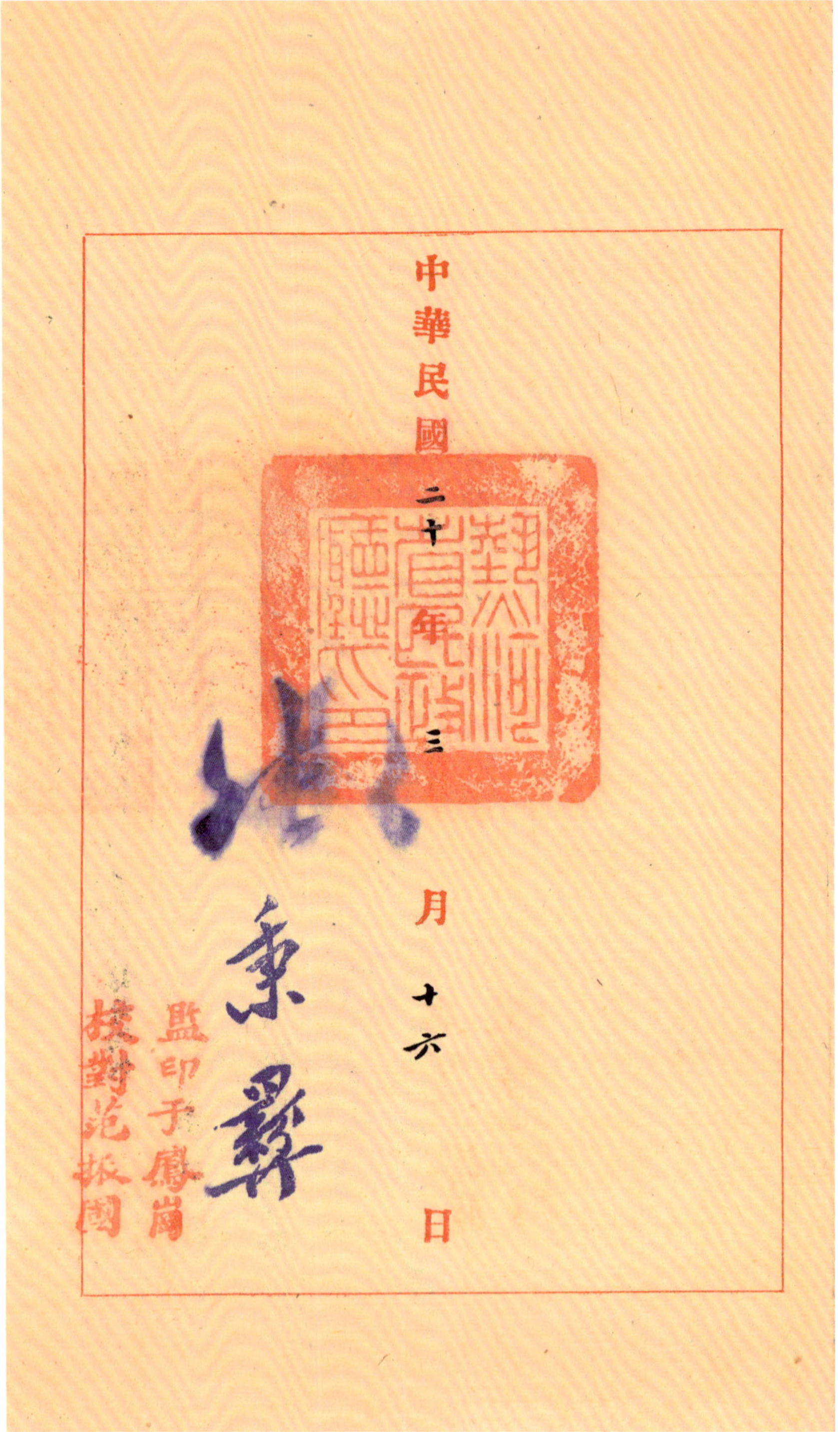
中華民國二十年三月十六日

[illegible]秉彝

監印于鳳崗

校對范振國

三一四 赤峰縣政府爲報送土地面積調查表事致熱河省民政廳呈稿（1931 年 3 月 26 日）

赤峰縣政府稿

縣長孫（簽）

擬稿第二科科員

核稿第二科科長

來文字第 號

文別：呈

送達機關：民政廳

事由：爲呈送土地面積調查表請鑒核由

類別

附件：表二份

中華民國二十年

三月廿六日 時交辦

月廿六日 時擬稿

月廿六日 時核稿

月 日 時判行

月 日 時繕寫

月 日 時校對

月 日 時蓋印

三月廿八日 時封發

去文字第七三六號

檔案字第 號

三一四　赤峰縣政府爲報送土地面積調查表事致熱河省民政廳呈稿（1931年3月26日）

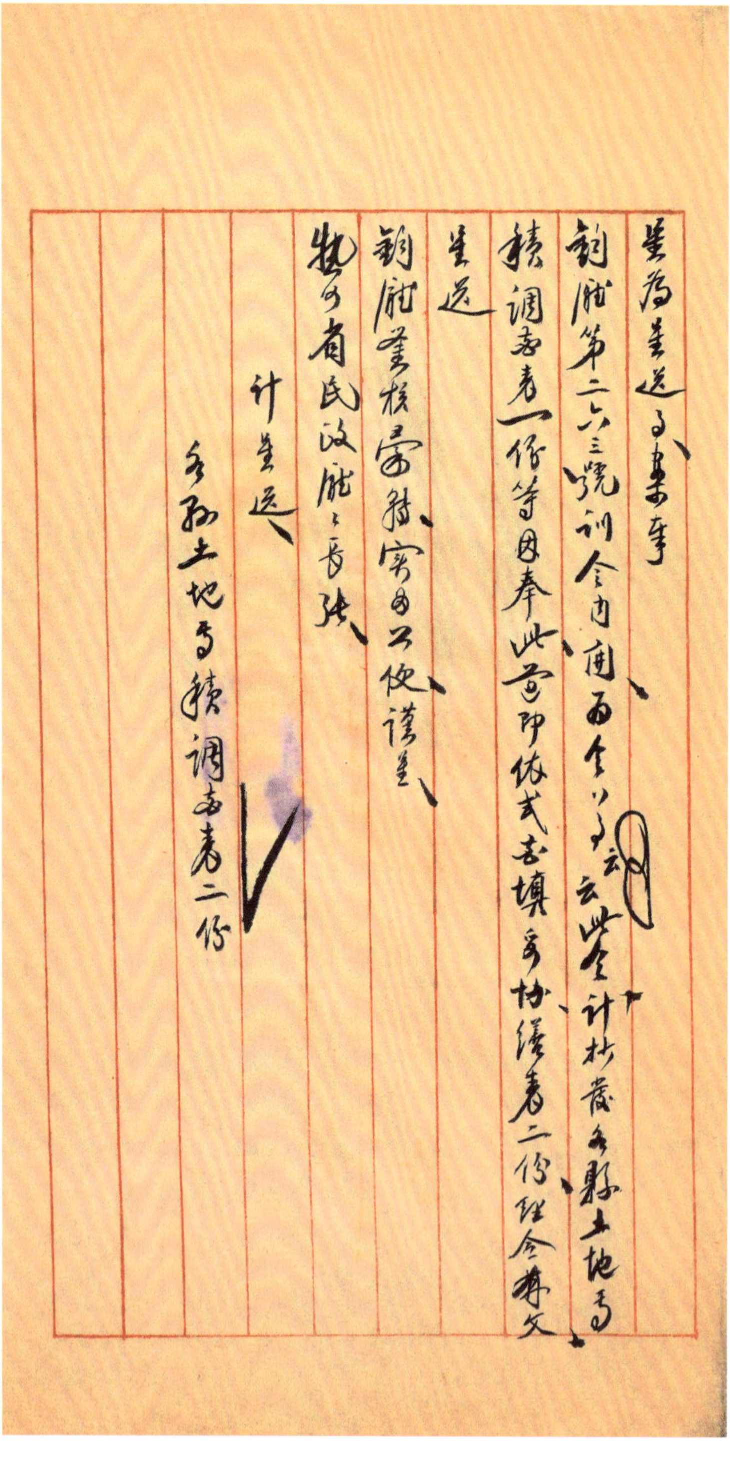

呈為呈送查表事。
鈞廳第二六三號訓令內開：為令知事，云云，此令。計抄發本縣土地面積調查表一份等因。奉此，當即依式查填，並抄繕表二份，理合備文
呈送
鈞廳鑒核彙辦，實為公便。謹呈
熱河省民政廳廳長張
計呈送
本縣土地面積調查表二份

三一四 赤峰縣政府爲報送土地面積調查表事致熱河省民政廳呈稿（1931年3月26日）

中華民國二十年三月廿六日

赤峰縣政府印

繕寫

校對

監印

三一四 赤峰縣政府爲報送土地面積調查表事致熱河省民政廳呈稿（1931年3月26日）

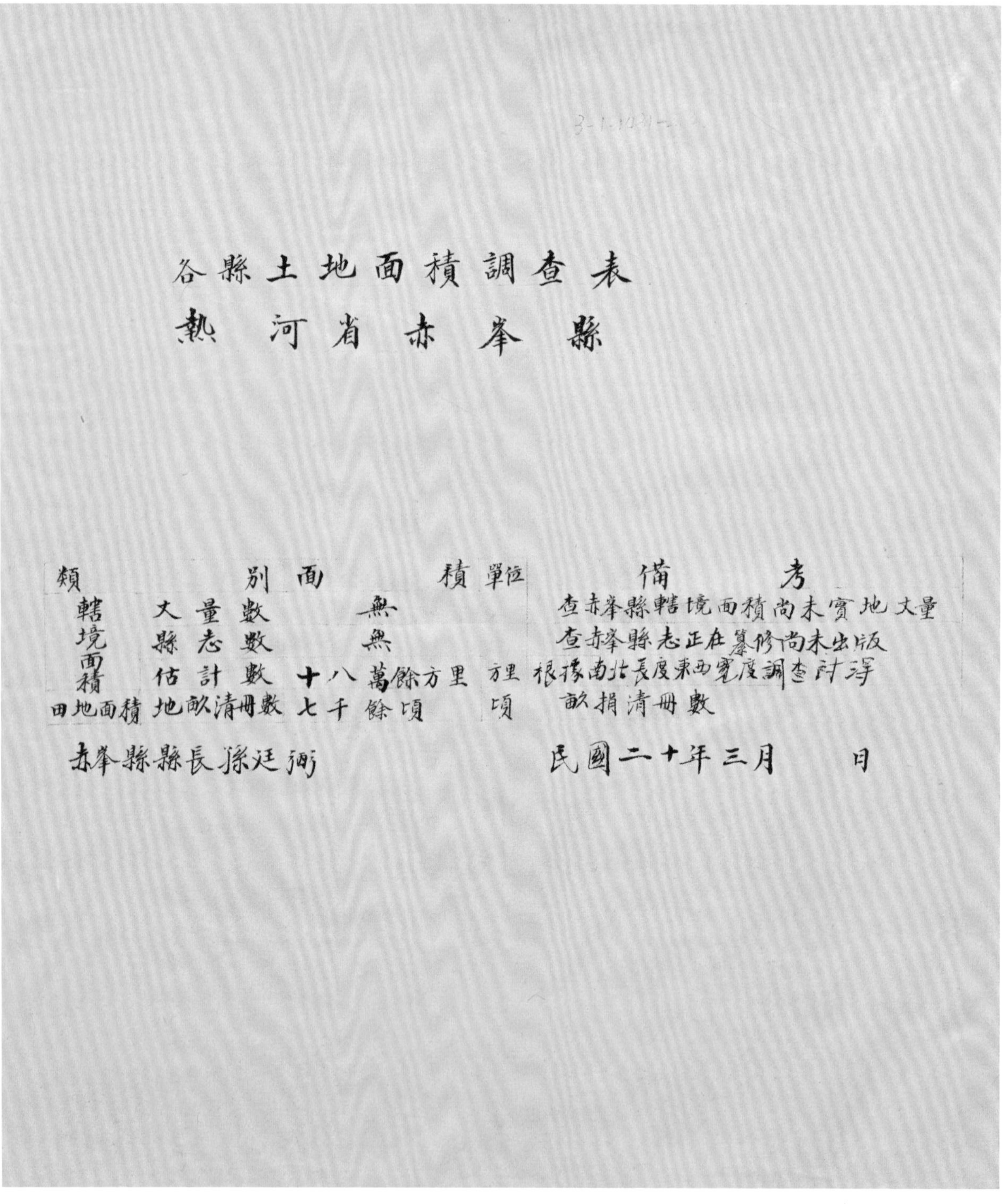

各縣土地面積調查表

熱河省赤峰縣

類別		面積	單位	備考
轄境面積	大量數	無		查赤峰縣轄境面積尚未實地丈量
	縣志數	無		查赤峰縣志正在纂修尚未出版
	估計數	十八萬餘方里	方里	根據南北長度東西寬度調查計得
田地面積	地畝清冊數	七千餘頃	頃	畝捐清冊數

赤峰縣縣長孫廷弼　　民國二十年三月　日

三一五 赤峰縣教育局爲女子完全小學開學授課事致赤峰縣政府呈（1931年3月29日）

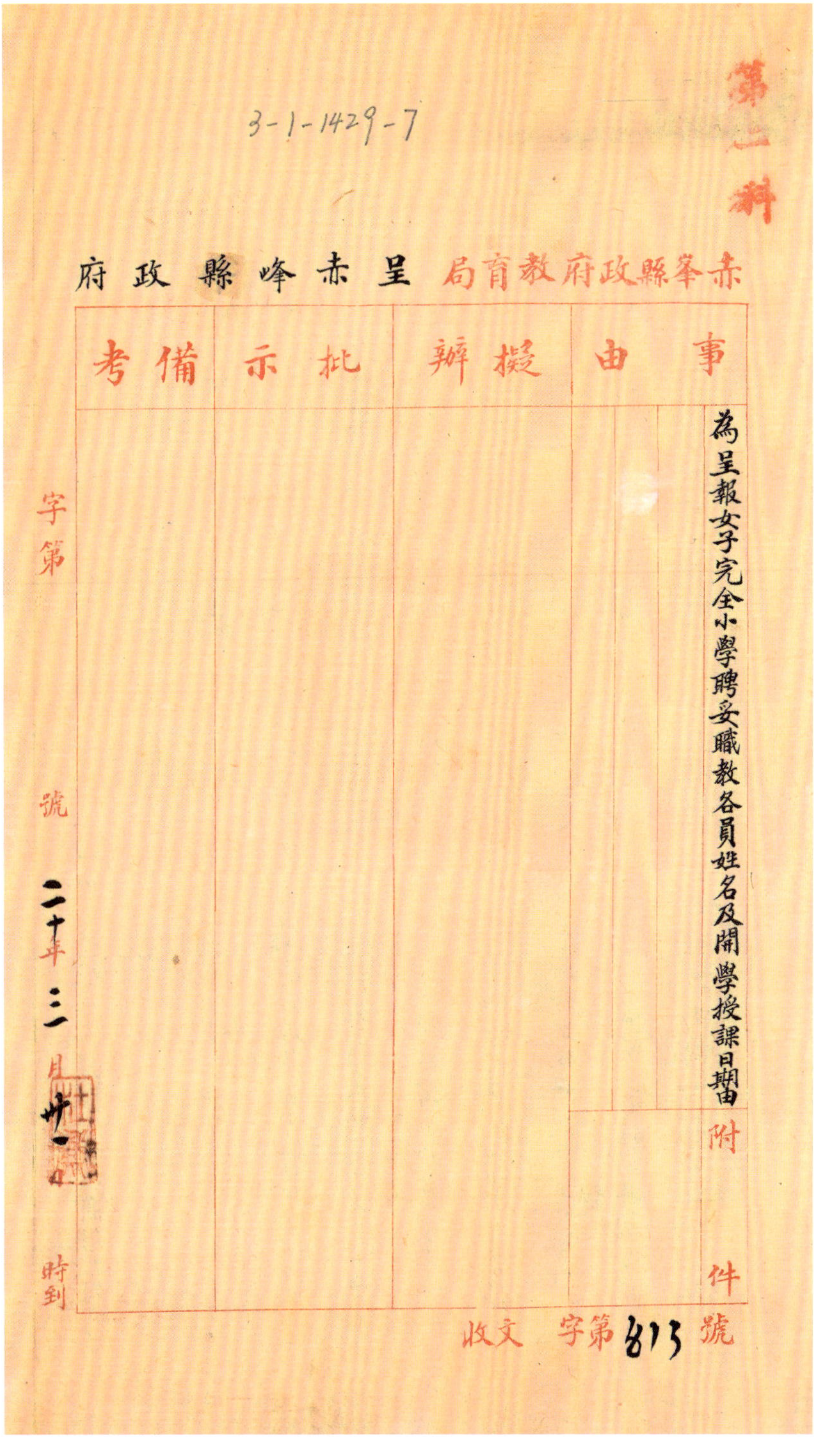
第一科

3-1-1429-7

赤峰縣政府教育局 呈 赤峰縣政府

事由	擬辦	批示	備考
爲呈報女子完全小學聘妥職教各員姓名及開學授課日期由			

附件

字第 號

二十年三月廿一日 時到

收文 字第813號

三一五　赤峰縣教育局爲女子完全小學開學授課事致赤峰縣政府呈（1931年3月29日）

呈為呈報事竊緣職局前曾按照地方之需要社會之情形請將職業學校商科改組
為女子完全小學以謀女子教育之發展等情業經呈奉
鈞府訓令第五六六號轉奉
熱河省教育廳第三一九六號指令照准在案當由職局於本年一月十二日聘妥綏遠
省立女子師範畢業生賈玉琴女士為該校高級主任教員聘妥熱河省立女子師
範傳習所畢業生丁趙桂華女士為該校校長聘妥赤峰師範傳習所畢業生徐
顯宗為該校初級正教員赤峰師範傳習所畢業生李德鄰為該校初級副教員彼
時因高級教員與校長一在順德一在熱河及至三月十五日始行到校茲於三月二十日舉行
開學禮式二十一日由校長教員編制學級二十二日正式上課除轉飭該校擬具簡章連
同職教員生各表造報來局以憑轉呈外所有辦理情形暨開學日期除分呈

三一五　赤峰縣教育局爲女子完全小學開學授課事致赤峰縣政府呈（1931年3月29日）

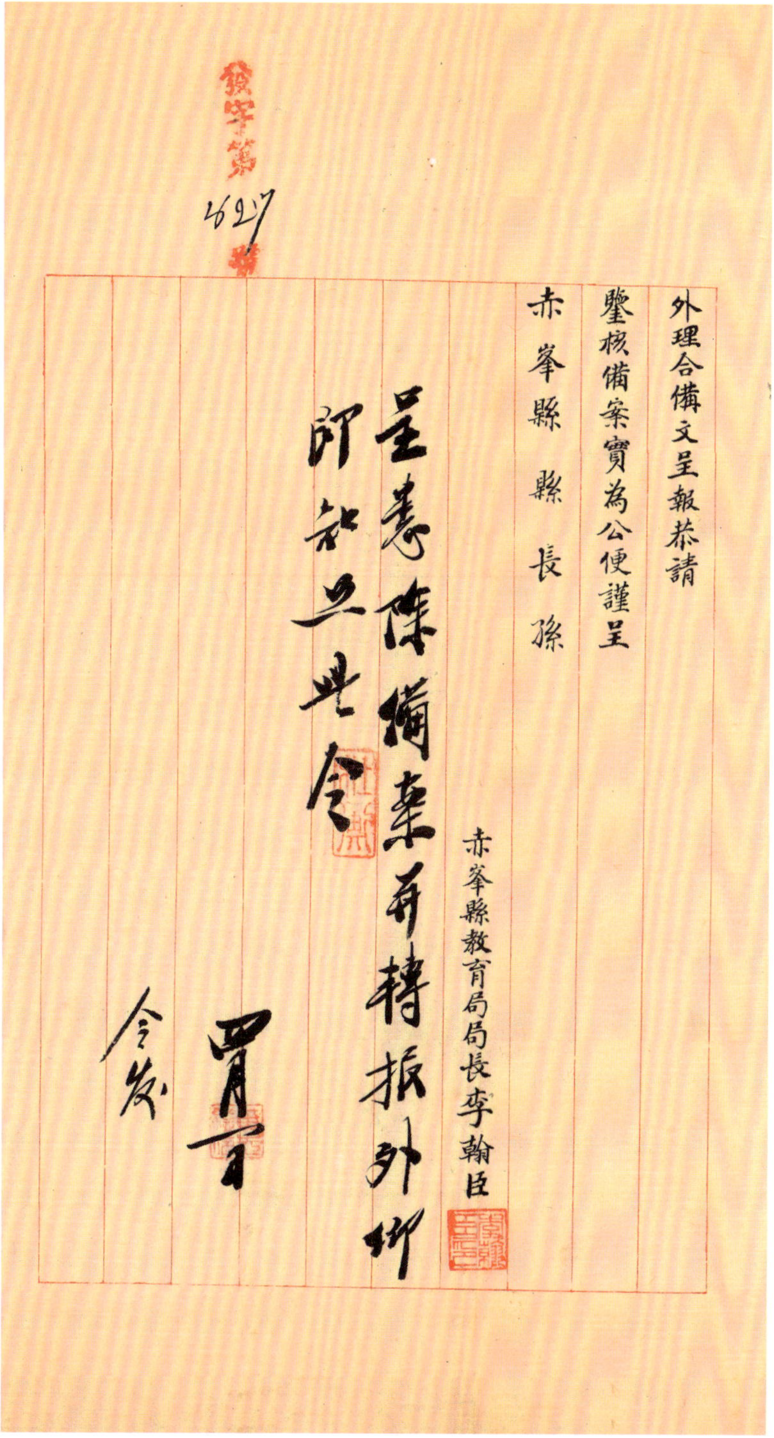

發字第6217號

外理合備文呈報恭請

鑒核備案實為公便謹呈

赤峰縣縣長孫

赤峰縣教育局局長李翰臣

呈悉准備案并轉報外仰即知照此令

令發

三一五　赤峰縣教育局爲女子完全小學開學授課事致赤峰縣政府呈（1931年3月29日）

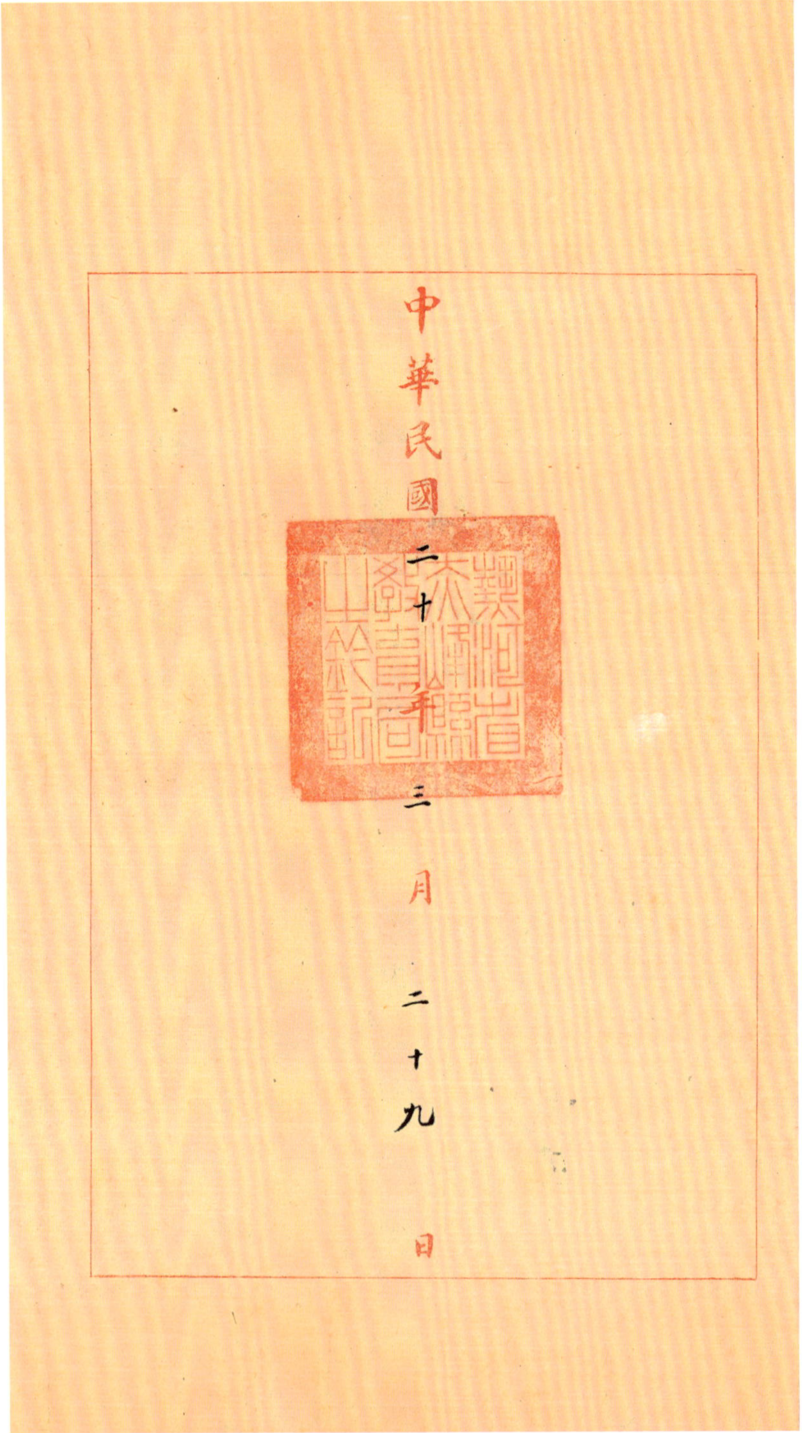
中華民國二十年三月二十九日

熱河省赤峰縣教育局鈐記

三一六 赤峰縣政府爲閆毓瑛任縣立女子完全小學校長事委任令稿（1931 年 11 月 8 日）

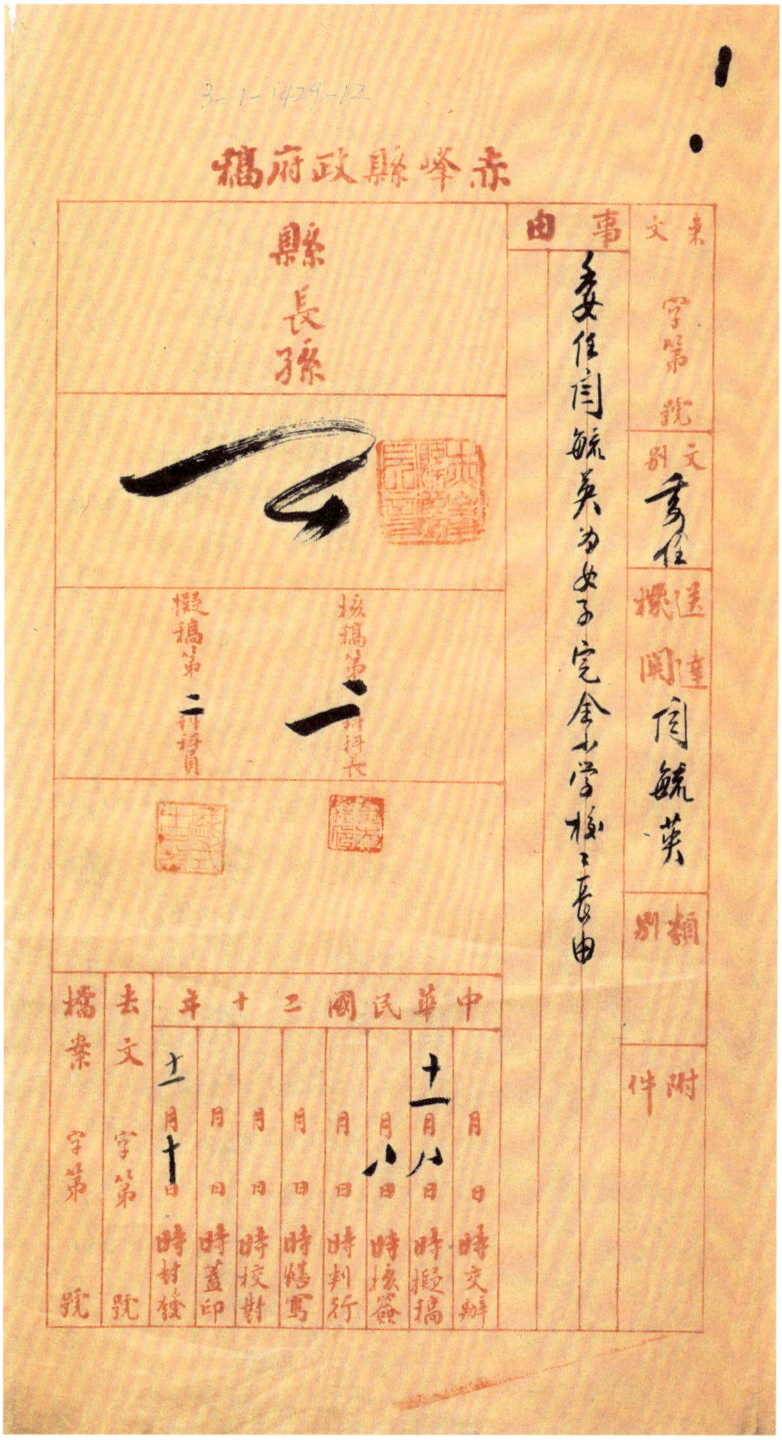

三一六 赤峰縣政府爲閆毓瑛任縣立女子完全小學校長事委任令稿（1931 年 11 月 8 日）

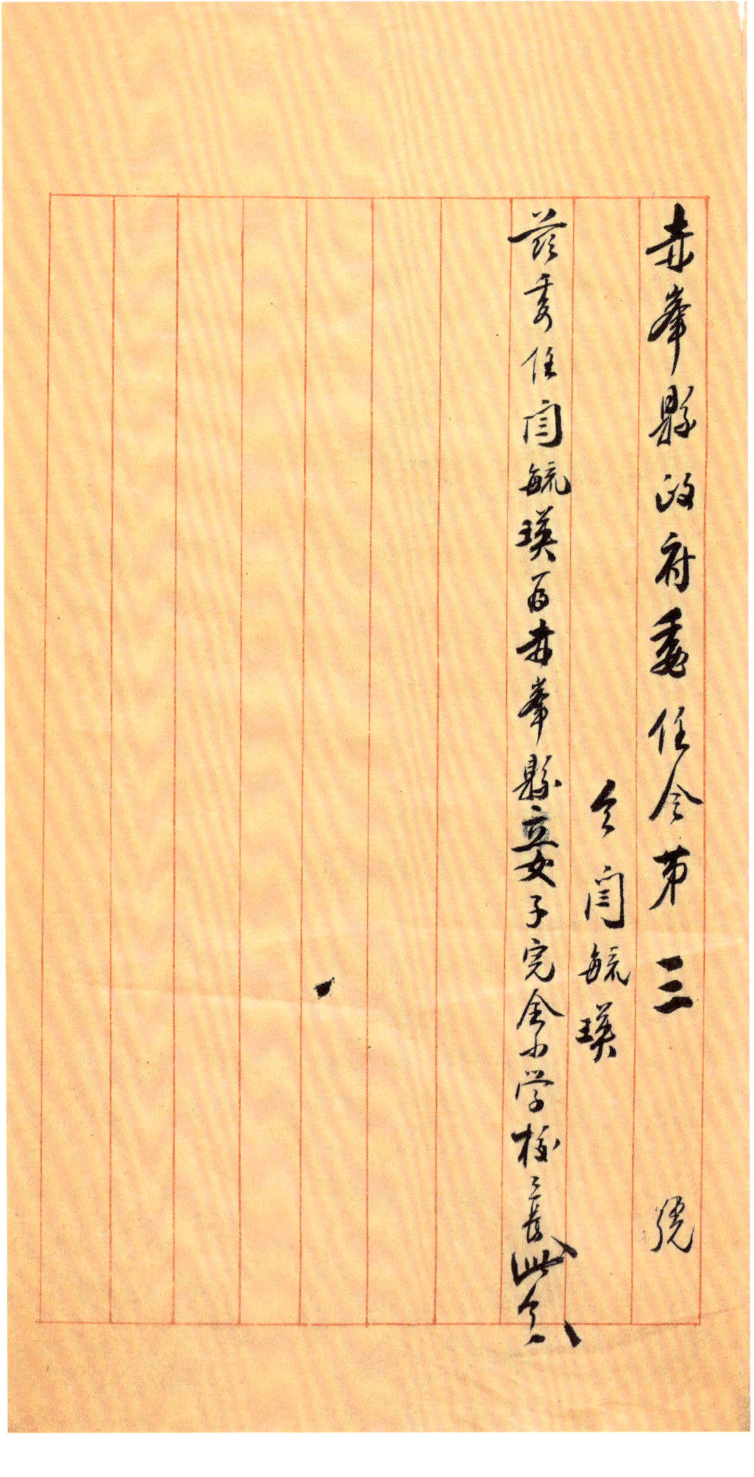

赤峰縣政府委任令第三　　號

令閆毓瑛

茲委任閆毓瑛爲赤峰縣立女子完全小学校校長此令

三一六　赤峰縣政府爲閆毓瑛任縣立女子完全小學校長事委任令稿（1931 年 11 月 8 日）

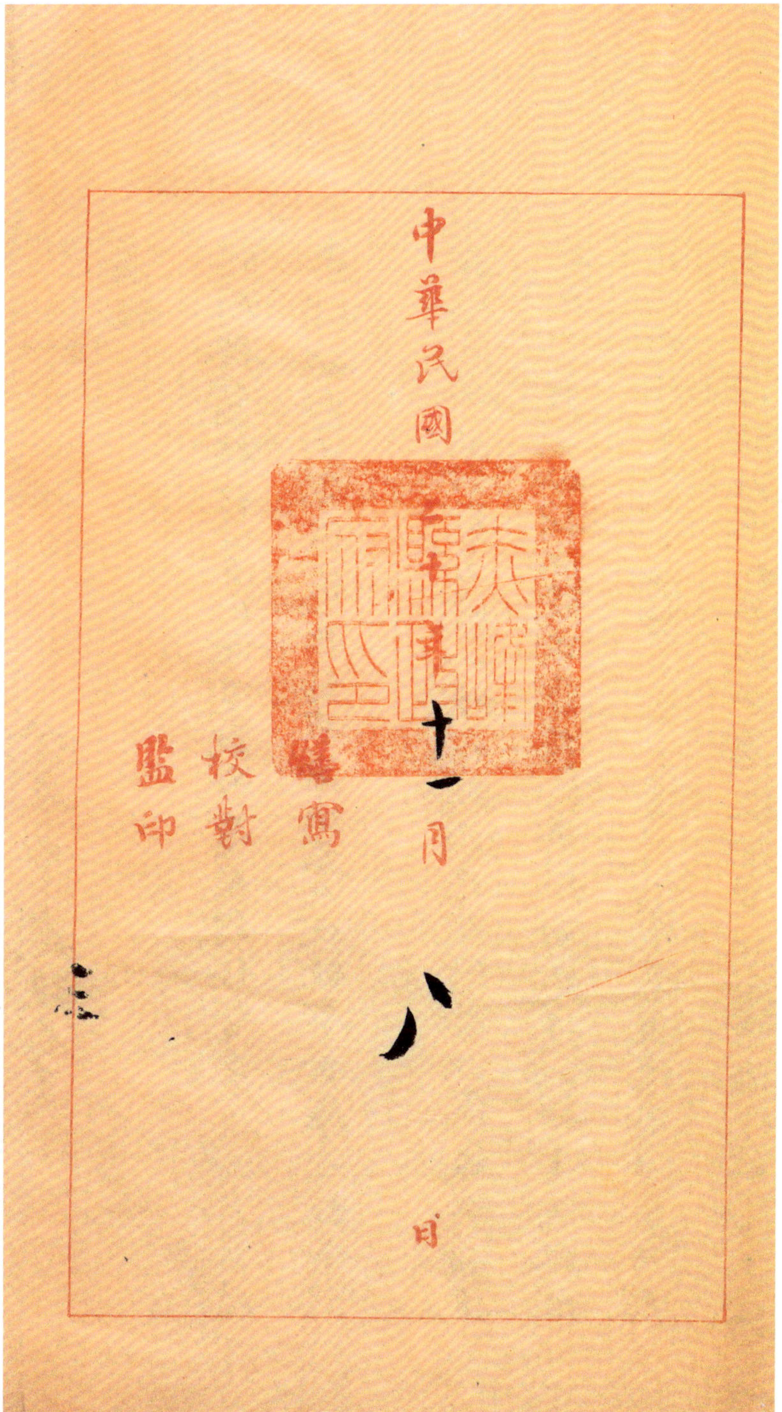

中華民國　十一月　八　日

繕寫　校對　監印

三

三一七 熱河省建設廳爲各機關解繳公款改填收款證事致赤峰縣政府訓令（1931 年 4 月 28 日）

3-1-1600-5(1)

熱河省政府建設廳訓令第 八〇六 號

令赤峯建設局長

收文第202號

中華民國二十年五月五日到

案准

熱河興業銀行公函內開逕啟者查敝行係營業機關凡屬經手匯款向係開給匯票爲取匯水並以代理省金庫之故對於各機關呈解公款另填一種收款證免收匯費以示優異惟近查各處解繳公款除財政廳暨派出所各局建設廳所屬各機關均係填開收款證外其餘各處多有以機關名義填開匯票者究竟孰爲公款孰爲私款既屬無從辨別即敝行匯水收入亦因之損失甚鉅茲爲整頓敝行營業起見擬請轉令所屬各機關嗣

三一七　熱河省建設廳爲各機關解繳公款改填收款證事致赤峰縣政府訓令（1931 年 4 月 28 日）

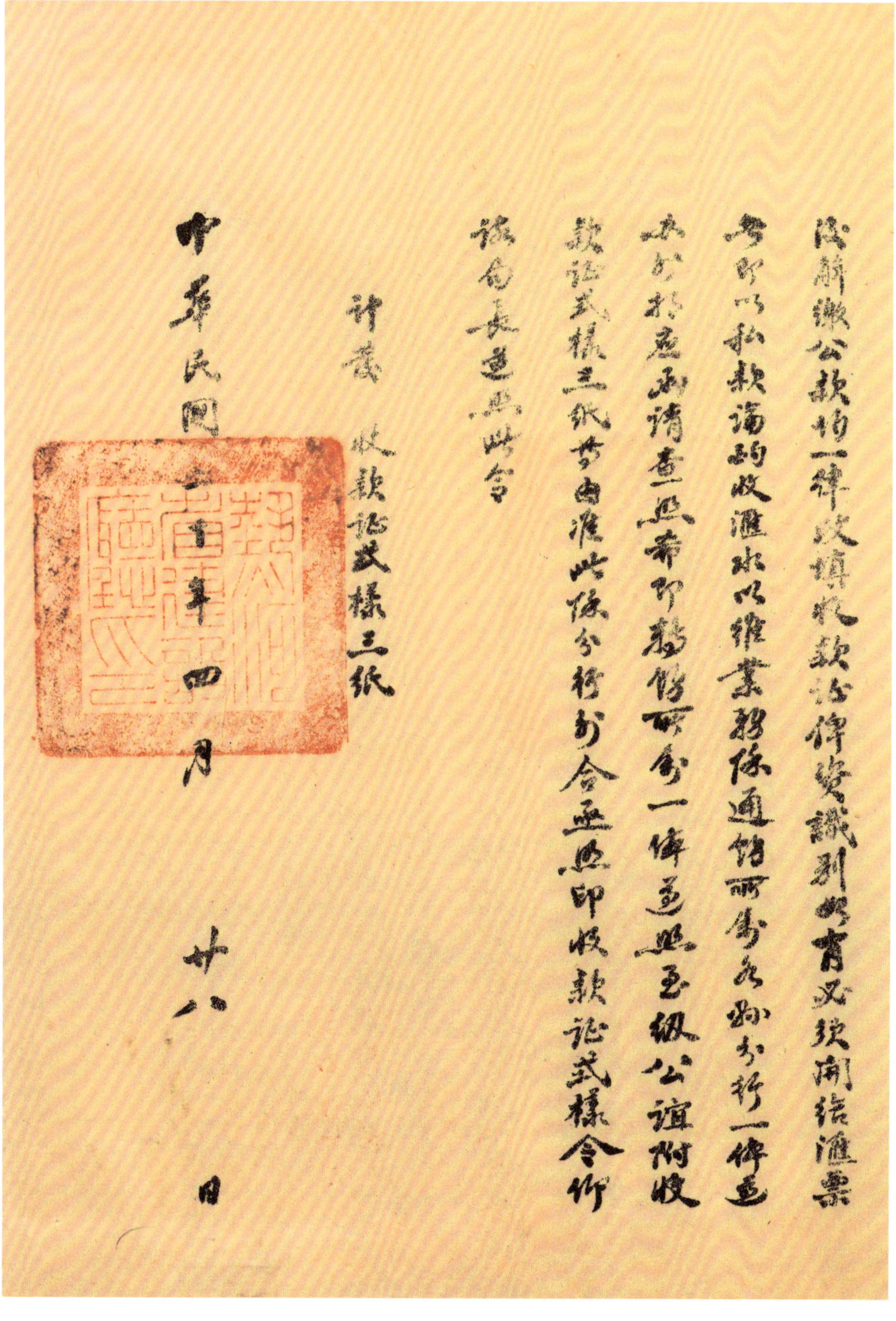
凡解繳公款均一律改填收款證俾資識別嗣後如有必須開給匯票
者即以私款論倘收匯水以維業務係通飭所屬各縣分行一律照
辦外特爲函請查照希即轉飭所屬一律遵照並級公誼附收
款證式樣三紙等由准此除分行外合亟照印收款證式樣令仰
該局長遵照此令

計發　收款證式樣三紙

中華民國二十年四月廿八日

三一七 熱河省建設廳爲各機關解繳公款改填收款證事致赤峰縣政府訓令（1931年4月28日）

廳長李樹春

監印沈子驊

校對楊炳琛

三一七 熱河省建設廳爲各機關解繳公款改填收款證事致赤峰縣政府訓令（1931年4月28日）

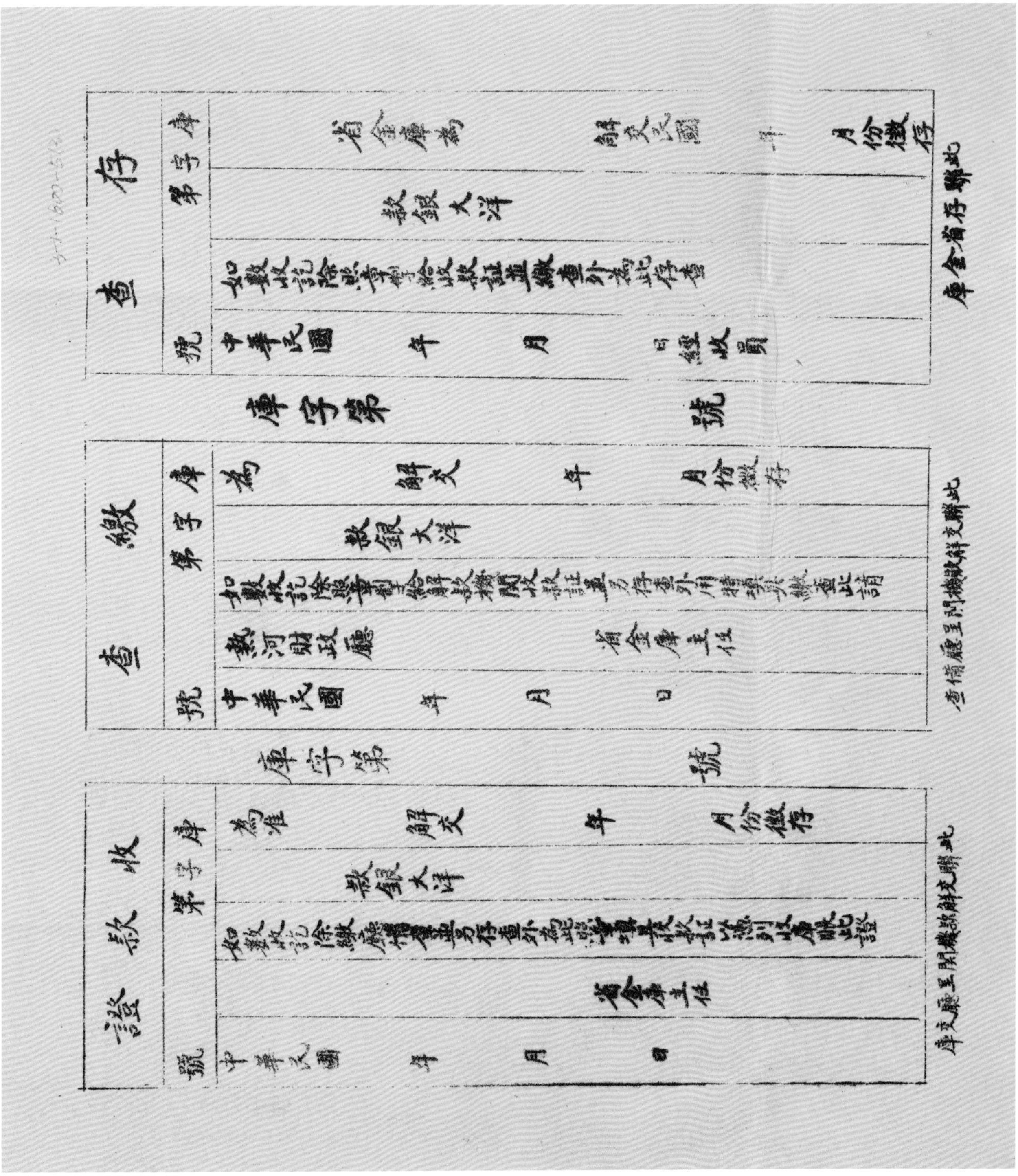

存查 庫字第 號

中華民國 年 月 日經收員

繳查 庫字第 號

熱河財政廳

中華民國 年 月 日

收款證 庫字第 號

中華民國 年 月 日

三一八 熱河省財政廳爲商民買賣交易務須按法價行使興業銀行鈔票事致赤峰縣政府訓令（1931年4月17日）

3-1-1363-6

第三科

熱河省財政廳訓令赤峰縣政府

事由	擬辦	決定辦法	備考
准興業銀行函爲赤峰縣境内鈔票毛荒請轉飭赤峰縣政府及徵收局力予維持令即遵照傳知商民按照法價行使由			
附件			

令 字第 號

二十年四月廿五日 時到

收文 字第363號

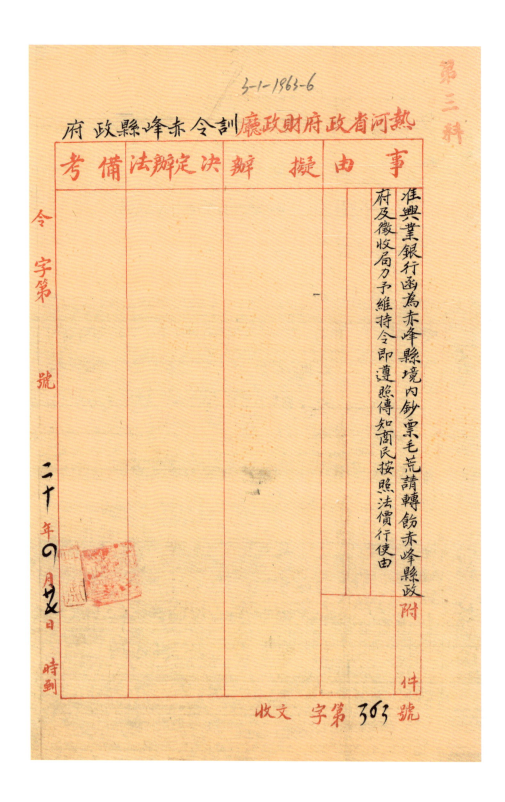

三一八　熱河省財政廳爲商民買賣交易務須按法價行使興業銀行鈔票事致赤峰縣政府訓令（1931 年 4 月 17 日）

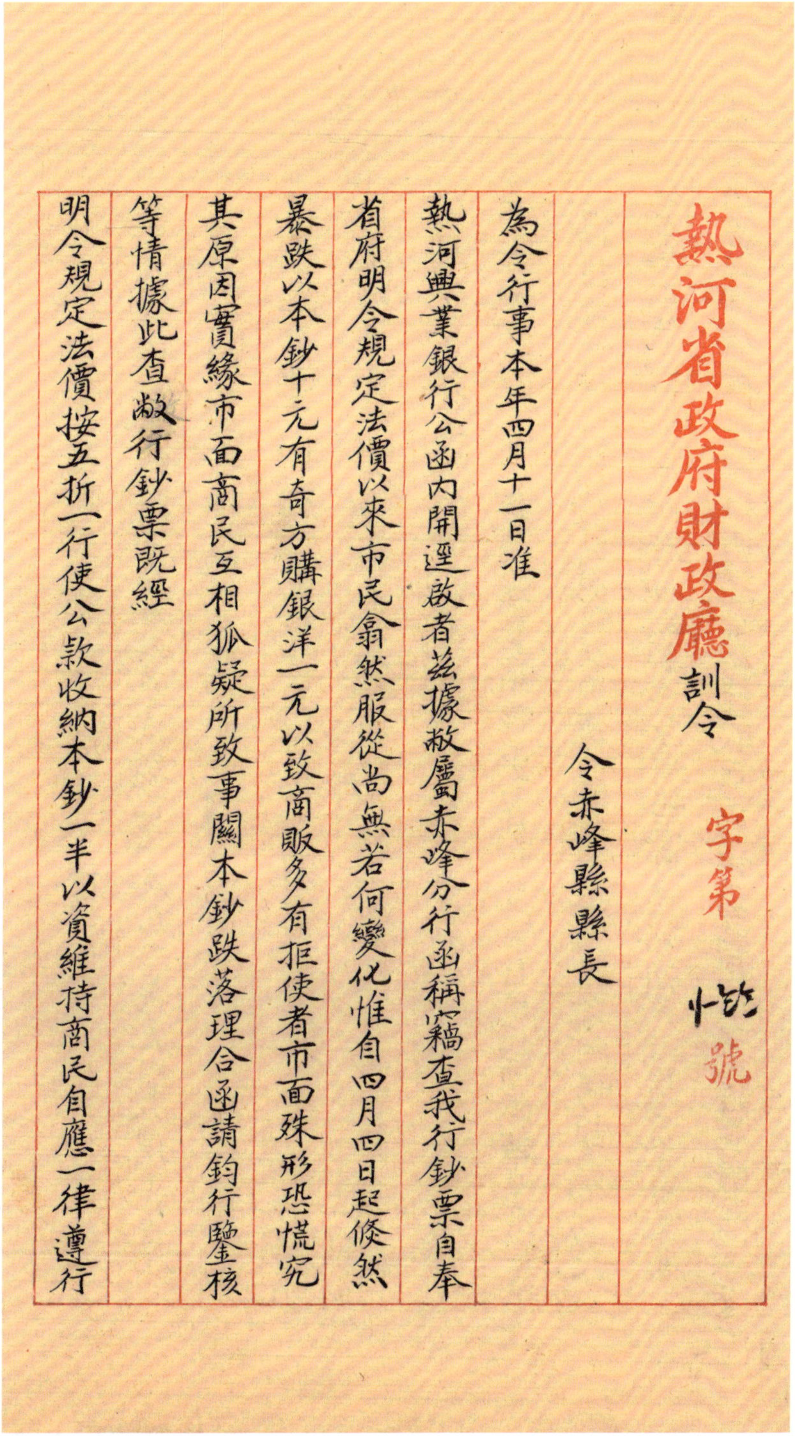

熱河省政府財政廳訓令　字第[illegible]號

令赤峰縣縣長

為令行事本年四月十一日准

熱河興業銀行公函內開逕啟者茲據敝屬赤峰分行函稱竊查我行鈔票自奉

省府明令規定法價以來市民翕然服從尚無若何變化惟自四月四日起倏然

暴跌以本鈔十元有奇方購銀洋一元以致商販多有拒使者市面殊形恐慌究

其原因實緣市面商民互相狐疑所致事關本鈔跌落理合函請鈞行鑒核

等情據此查敝行鈔票既經

明令規定法價按五折一行使公款收納本鈔一半以資維持商民自應一律遵行

三一八　熱河省財政廳爲商民買賣交易務須按法價行使興業銀行鈔票事致赤峰縣政府訓令（1931年4月17日）

以符功令詎意赤峰縣境内商民竟不明瞭大義互相狐疑以致鈔票暴跌市面恐慌惟以救行刻下在外流通票額已不足九十萬元之數現正籌備兑現辦法不久當可實現除函飭赤峰分行向商會詳加解釋外相應函請貴廳查照希即轉飭赤峰縣政府及徵收局對於救行鈔票力予協助維持曉諭商民安心行使勿再驚擾自誤以維金融而安市面實級公誼此致等因准此查本省興鈔前以價格毛荒業經省政府定為五元折一通飭所屬遵照並經本廳籌擬分期抽籤兑現辦法呈請核示不日即可實行是此項紙幣既有一定法價復能按期兑換現洋凡我商民自應一律按照法價行使何得稍有抑勒故違通案准函前因合行令仰該縣長遵照迅即傳諭商民嗣後買賣交易均應一律按照法價行使倘有私行低減或拒不收用情事一經查明即以擾

三一八 熱河省財政廳爲商民買賣交易務須按法價行使興業銀行鈔票事致赤峰縣政府訓令（1931 年 4 月 17 日）

亂金融論從重治罪以重金融切切此令

三一八 熱河省財政廳爲商民買賣交易務須按法價行使興業銀行鈔票事致赤峰縣政府訓令（1931年4月17日）

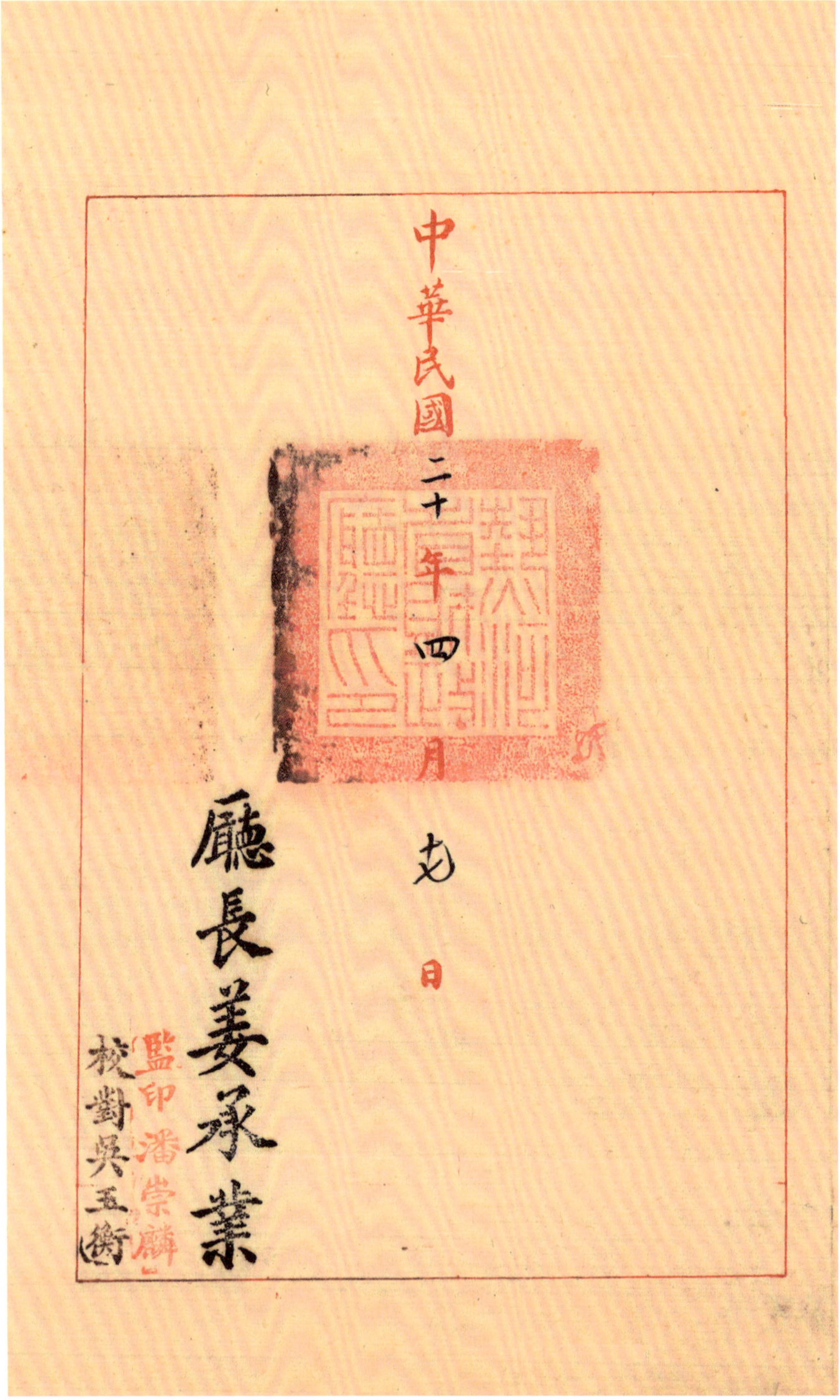
中華民國二十年四月十七日

廳長姜承業

監印潘崇麟

校對吳玉衡

三一九　赤峰縣政府爲興業銀行發行新匯兑券并與舊票一律通匯津遼事致赤峰縣建設局訓令（1931 年 5 月 18 日）

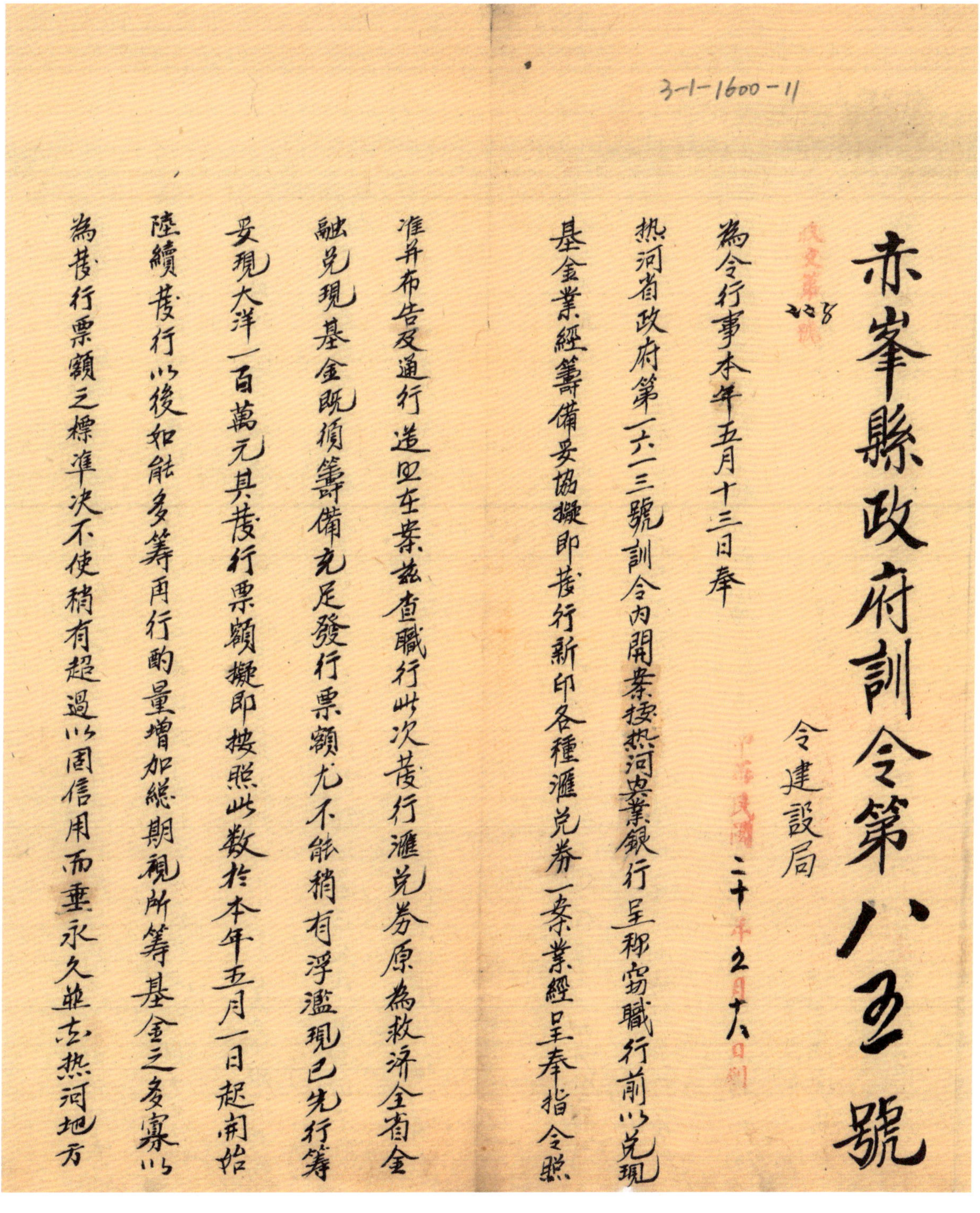
3-1-1600-11

赤峯縣政府訓令第八五號

令建設局

收文第228號

中華民國二十年五月十八日到

為令行事本年五月十三日奉

热河省政府第一六一三號訓令內開案據热河興業銀行呈稱竊職行前以兑現

基金業經籌備妥協擬即發行新印各種滙兑券一案業經呈奉指令照

准并布告通行遵照在案茲查職行此次發行滙兑券原為救济全省金

融兑現基金既須籌備充足發行票額尤不能稍有浮濫現已先行籌

妥現大洋一百萬元其發行票額擬即按照此數於本年五月一日起開始

陸續發行以後如能多籌再行酌量增加總期視所籌基金之多寡以

為發行票額之標準決不使稍有超過以固信用而垂永久並查热河地方

三一九 赤峰縣政府爲興業銀行發行新匯兑券并與舊票一律通匯津遼事致赤峰縣建設局訓令（1931 年 5 月 18 日）

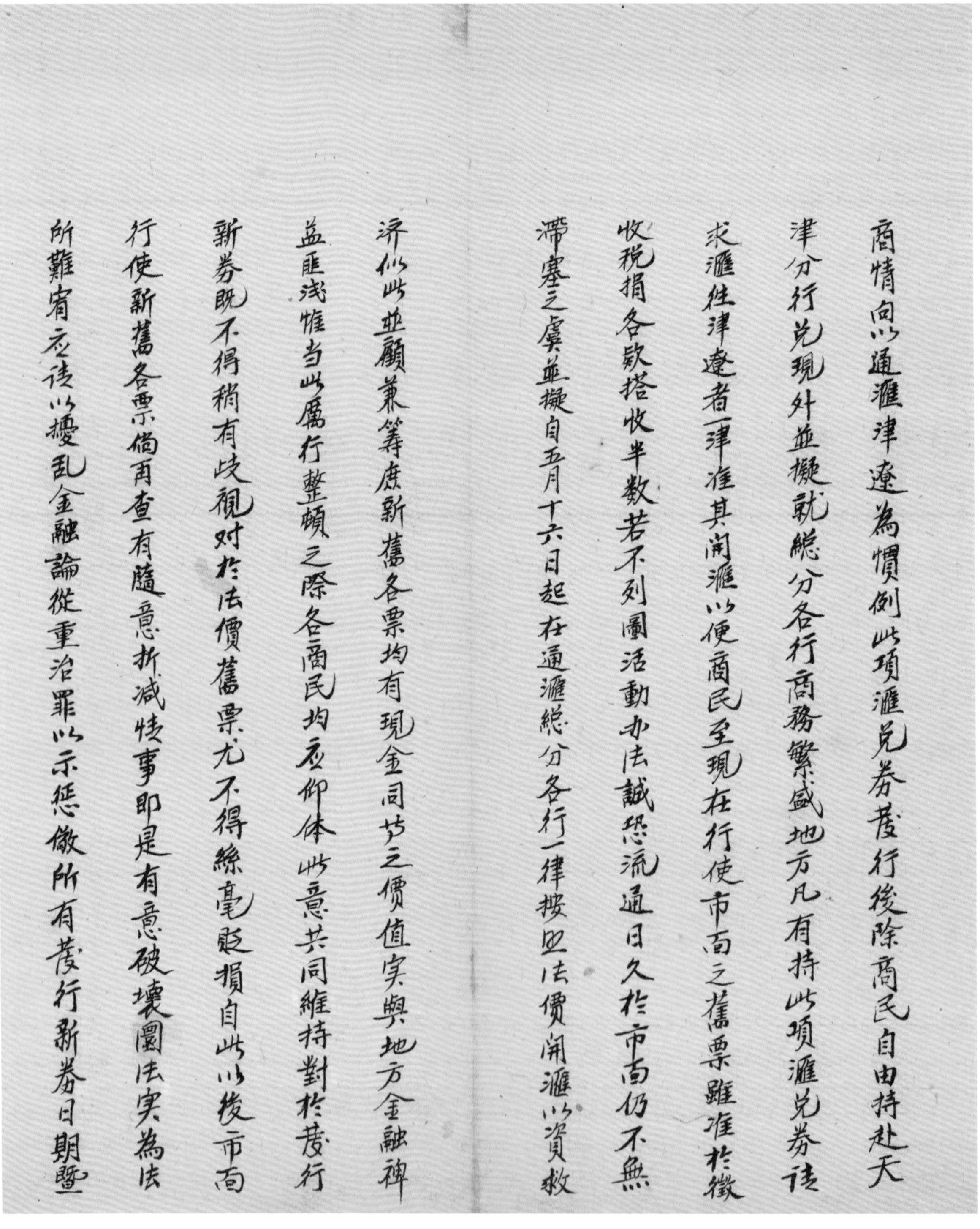
商情向以通滙津遼為慣例此項滙兌劵發行後除商民自由持赴天
津分行兌現外並擬就總分各行商務繁盛地方凡有持此項滙兌劵請
求滙往津遼者一律准其開滙以便商民至現在行使市面之舊票雖准於徵
收稅捐各款搭收半數若不別圖活動辦法誠恐流通日久於市面仍不無
滯塞之虞並擬自五月十六日起在通滙總分各行一律按照法價開滙以資救
濟似此並顧兼籌庶新舊各票均有現金同等之價值實與地方金融裨
益匪淺惟當此厲行整頓之際各商民均應仰体此意共同維持對於發行
新劵既不得稍有歧視对於法價舊票尤不得絲毫貶損自此以後市面
行使新舊各票倘再查有隨意折減情事即是有意破壞圜法实為法
所難宥應請以擾乱金融論從重治罪以示懲儆所有發行新劵日期暨

三一九　赤峰縣政府爲興業銀行發行新匯兑券并與舊票一律通匯津遼事致赤峰縣建設局訓令（1931年5月18日）

維持舊票辦法理合具文呈請鈞府鑒核俯賜頒發布告曉諭商
民並通令各機關轉飭所屬一体遵照實為公便等情據此除指令呈悉據
稱該行籌足兑現基金一百萬元於五月一日開始陸續發行新印各種滙兑
券並於五月十六日起不分新發滙兑券暨五元折一舊券凡往總分各行所
在地一律通滙津遼各處等情該行悉心擘畫以謀商民便利應准如呈照
辦除分行并布告週知外合亟檢同布告十五張隨令發交該行查收
仰即轉飭擇要張貼并將办理情形隨時具報查核此令印發并分行暨
布告週知外合亟檢同布告十八張令仰該縣遵照迅即飭屬擇要張貼具
報此令計發佈告十六張等因奉此除將佈告擇要張貼并分行外合亟
令仰該局遵照此令

三一九　赤峰縣政府爲興業銀行發行新匯兑券并與舊票一律通匯津遼事致赤峰縣建設局訓令（1931 年 5 月 18 日）

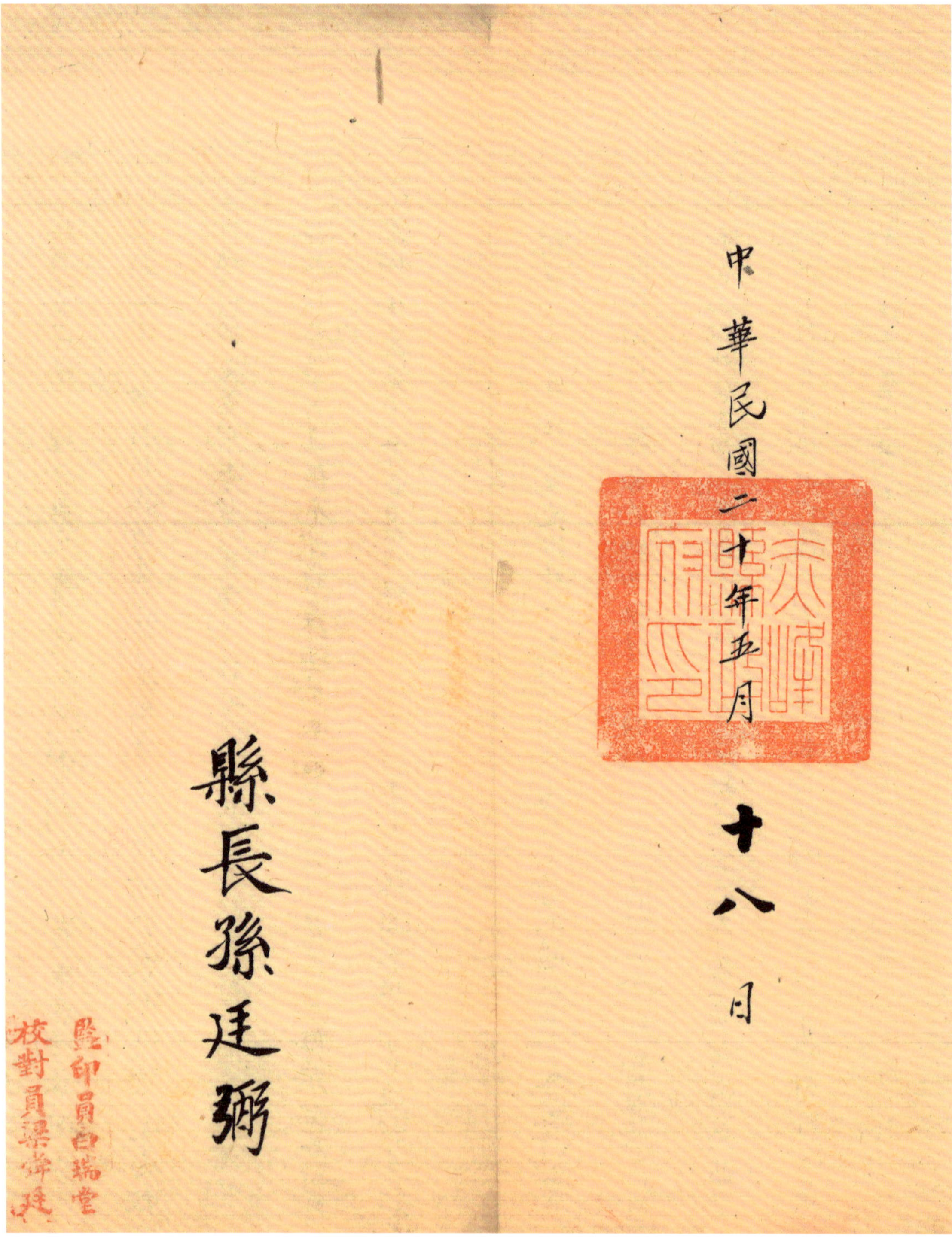

中華民國二十年五月十八日

縣長孫廷弼

監印員白瑞堂

校對員梁舜廷

三二〇 赤峰縣教育局爲鄉村師範學校成立并開課事致赤峰縣政府呈（1931 年 8 月 4 日）

第二科

赤峰縣政府教育局呈赤峰縣政府

事由	擬辦	批示	備考
呈為呈報師範講習所改組鄉村師範學校情形暨開課日期由			

附件

字第 號

廿年八月十八日 時到

收文 字第1325號

三二〇　赤峰縣教育局爲鄉村師範學校成立并開課事致赤峰縣政府呈（1931 年 8 月 4 日）

呈為呈報事竊緣師範講習所於民國十八年十一月第一班學生畢業後即行籌劃改組鄉村師範學校以符定章及至本年四月初間業經改組竣事並由本局聘委北平民國大學縣治專修科畢業生姜作民為該校主任教員聘委熱河區立師範學校畢業生郭明為該校教員均係專任茲於本年四月十五日舉行開學禮式十六日正式上課學生共計四十八名本屆暑假舉行試驗尚稱合格除轉飭該校擬具簡章連同職教員生各表造報來局以憑轉呈外所有辦理情形暨開課日期除分呈外理合備文呈報恭請

鑒核備案實為公便謹呈

赤峯縣縣長孫

赤峯縣教育局局長李翰臣

282

呈悉除轉報外仰即知照此令

十九日

令发

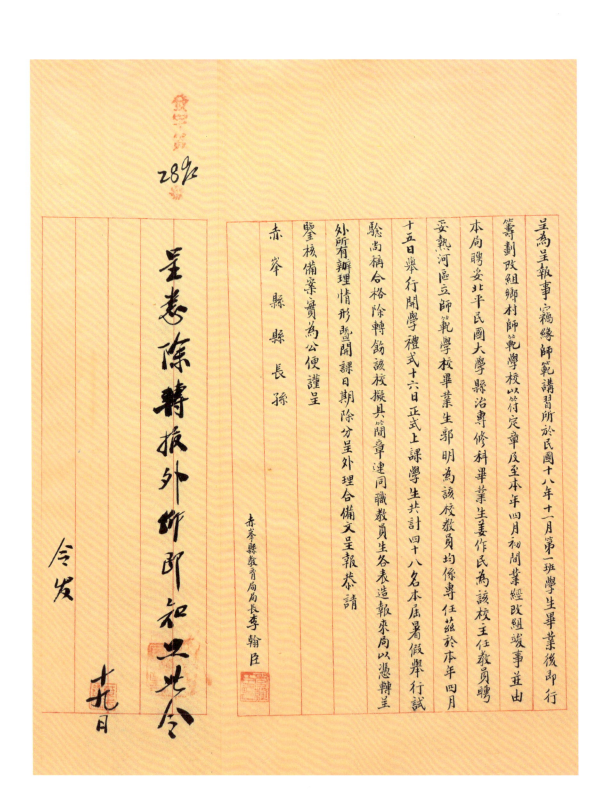

三二〇　赤峰縣教育局爲鄉村師範學校成立并開課事致赤峰縣政府呈（1931 年 8 月 4 日）

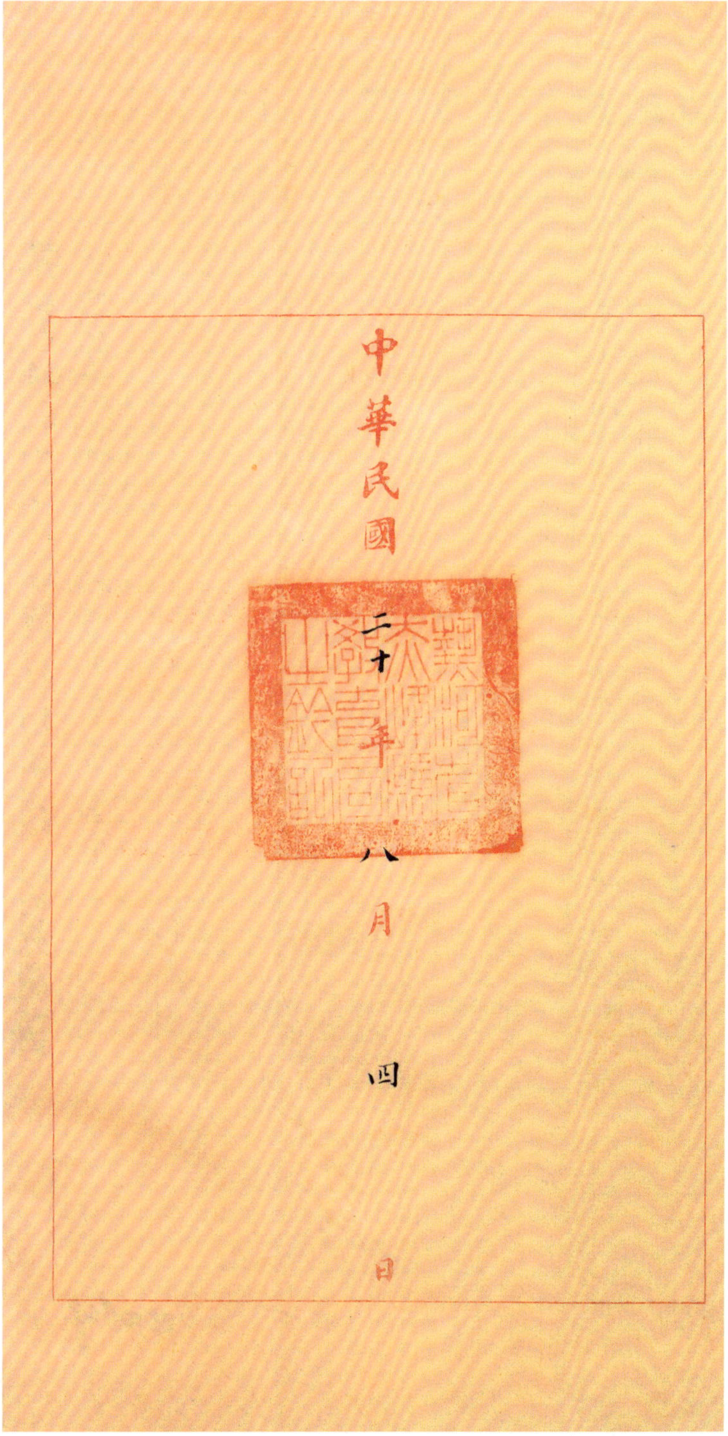

中華民國二十年八月四日

三二一　熱河省政府爲興業銀行天津分行暫停匯兑券兑現仍舊通匯事致赤峰縣政府訓令（1931 年 10 月 11 日）

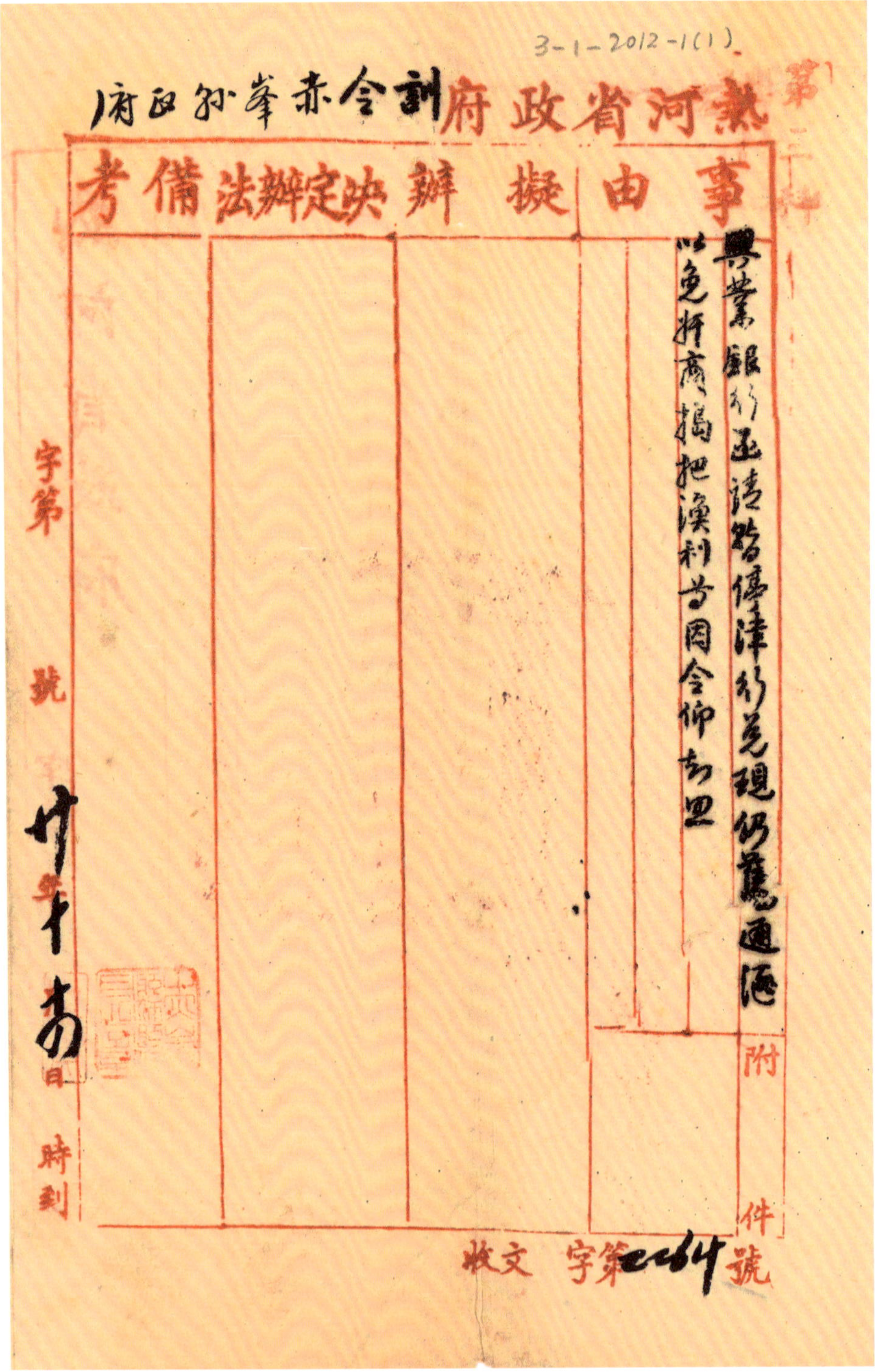
3-1-2012-1(1)

熱河省政府訓令赤峰縣政府

事由	擬辦	決定辦法	備考
興業銀行函請暫停津行兑現仍舊通匯以免奸商搗把漁利等因令仰知照			

附件

收文　字第2264號

字第　號

廿年十月十一日　時到

三二一 熱河省政府爲興業銀行天津分行暫停匯兑券兑現仍舊通匯事致赤峰縣政府訓令（1931年10月11日）

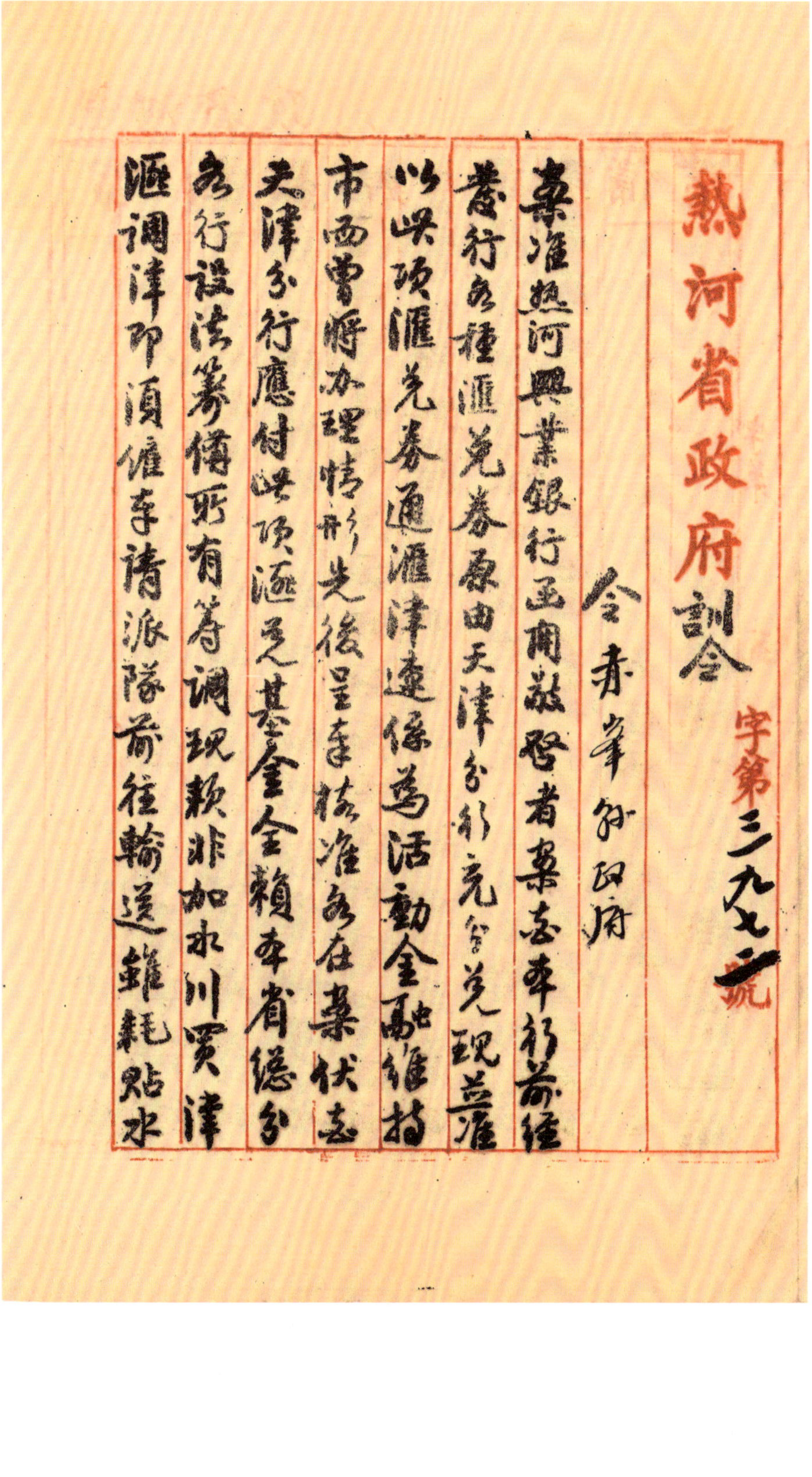

熱河省政府訓令 字第三九七二號

令赤峰縣政府

案准熱河興業銀行函開：敬啓者，案查本行前經發行各種匯兌券，原由天津分行兌換兌現，並灌以此項匯兌券通匯津遼，係爲活動金融，維持市面，曾將辦理情形先後呈奉核准各在案。伏查天津分行應付此項匯兌之基金，全賴本省總分各行設法籌備，所有籌調現款，非加水川買津匯調津，即須僱車請派隊前往輸送，雖耗貼水

三二一　熱河省政府爲興業銀行天津分行暫停匯兑券兑現仍舊通匯事致赤峰縣政府訓令（1931 年 10月 11 日）

運貨爲數不貲祗以信用攸關未敢稍事擬斷
乃近來考查省垣及各路一般奸商竟不論津
埠有無現款用途一經持有此項匯兑券即行
赴津兑現得回現款或以低價搜買匯兑券
仍復持向津行兑取現款或由郵局開津付匯
票售取貼水藉以從中漁利以致每千元經匯
復搗弄即可獲利益數十元之多大利所在
本省商賈趨之若鶩莫可遏止似此情形在本
行應付兑現日見虧賠反俾奸商搗弄之机日
獲厚利亟應思現洋運津漫無限度之向忽於本月

三二一 熱河省政府爲興業銀行天津分行暫停匯兑券兑現仍舊通匯事致赤峰縣政府訓令（1931年10月11日）

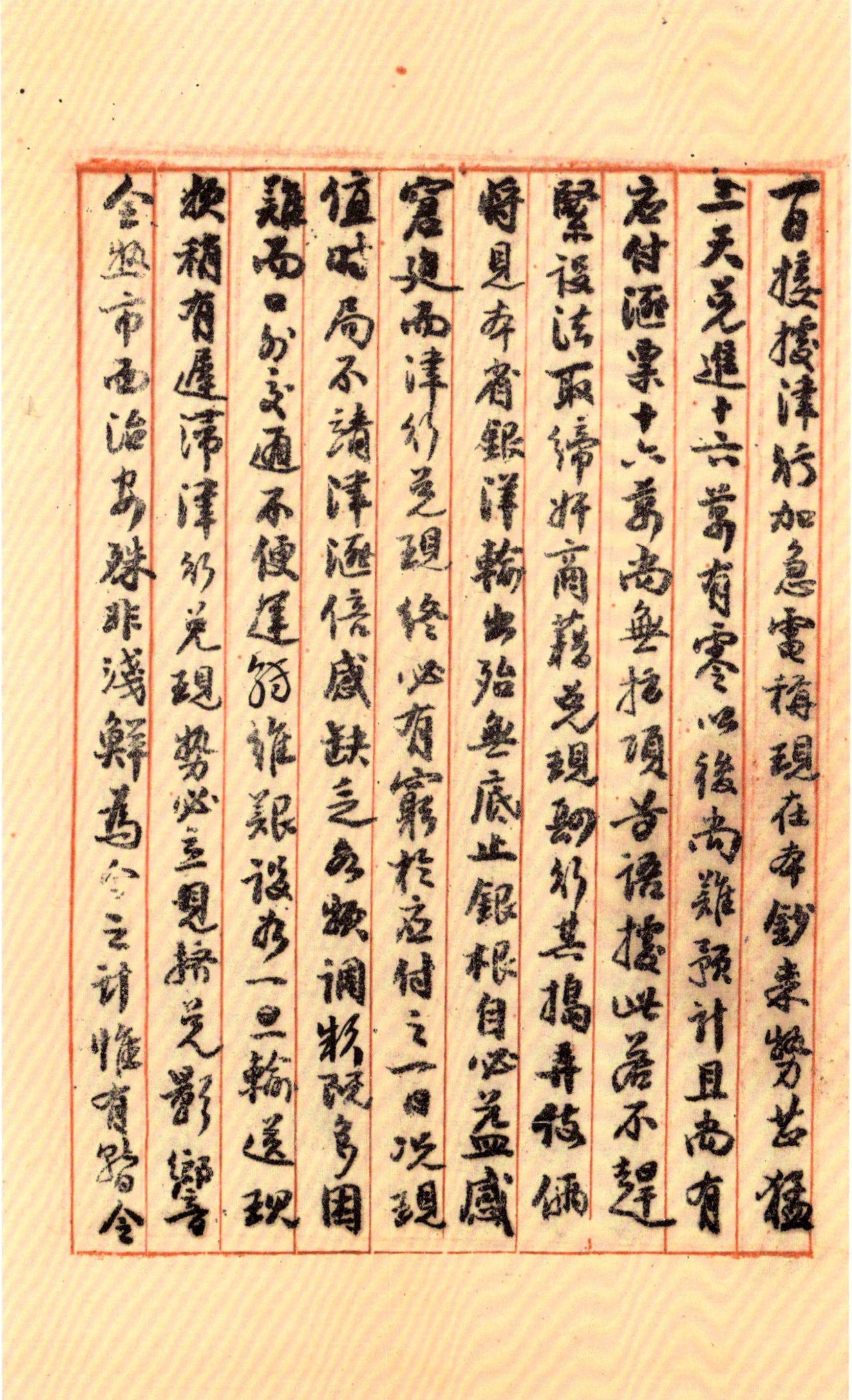
頃接津行加急電稱現在本鈔來勢甚猛
三天之進十六萬有零以後尚難預計且尚有
應付匯票十六萬尚無抵頭等語據此若不趕
緊設法取締將商號兑現鈔行其搗弄伎倆
將見本省銀洋輸出殆無底止銀根自必益感
窘迫而津行兑現終必有窮於應付之一日况現
值時局不靖津匯倍感缺乏無從調撥隨處困
難而口外交通不便運輸維艱設有一旦輸送現
款稍有遲滯津行兑現勢必立見擠兑影響
金融市面治安殊非淺鮮爲今之計惟有暫令

三二一　熱河省政府爲興業銀行天津分行暫停匯兑券兑現仍舊通匯事致赤峰縣政府訓令（1931 年 10月 11日）

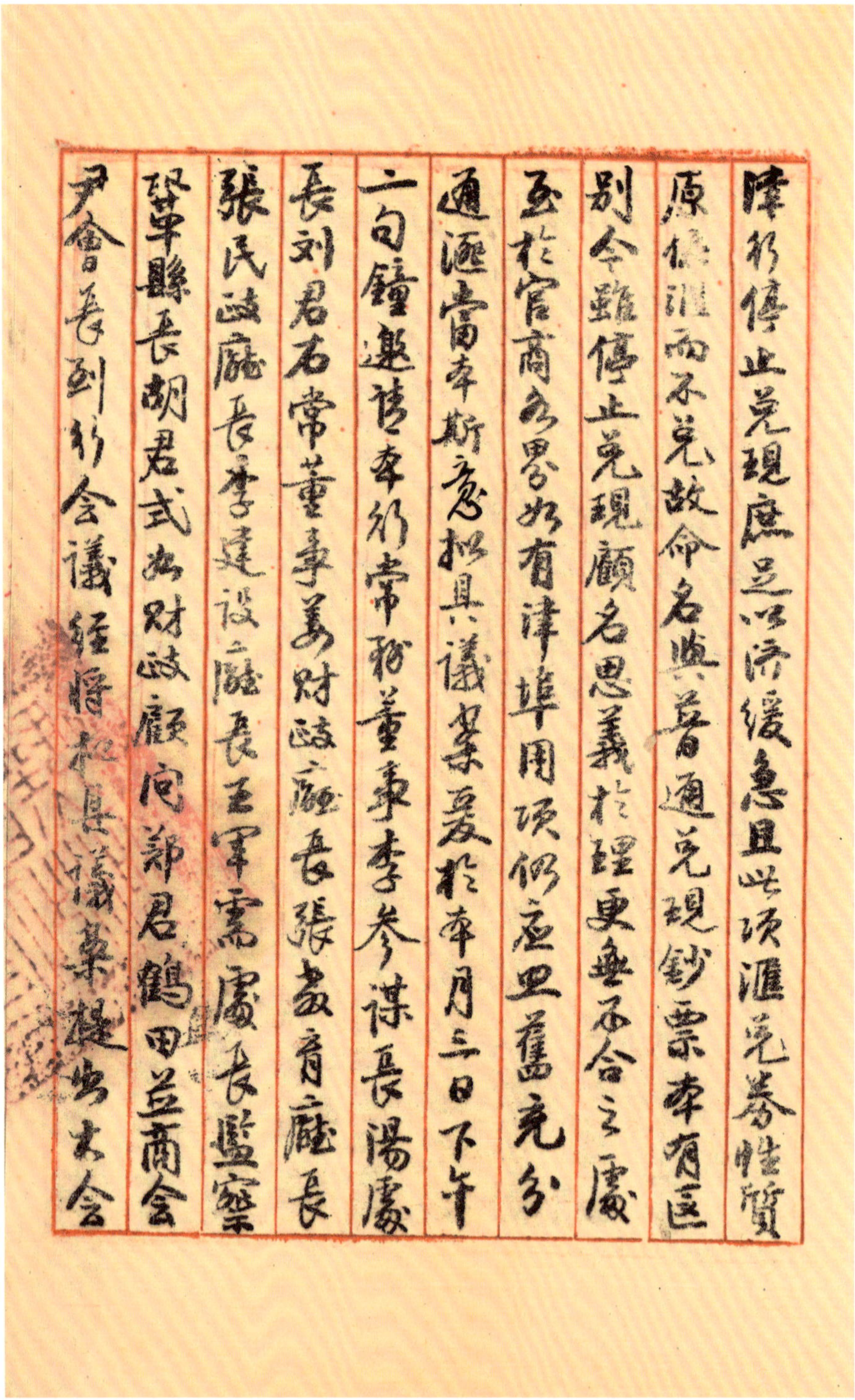
津行停止兑現庶足以济缓急且此项汇兑券性質原係汇而不兑故命名與普通兑現钞票本有区别今雖停止兑現顧名思義於理更無不合之處至於官商各界如有津埠用项仍應照舊充分通汇當本斯意拟具議案爰於本月三日下午二句鐘邀请本行常務董事李参谋長湯處長刘君石常董事姜财政廳長張教育廳長張民政廳長李建設廳長王軍需處長監察署縣長胡君式如财政廳何鄭君鶴田並商会尹會長到行会議經將拟具議案提出本会

三二一 熱河省政府爲興業銀行天津分行暫停匯兑券兑現仍舊通匯事致赤峰縣政府訓令（1931年10月11日）

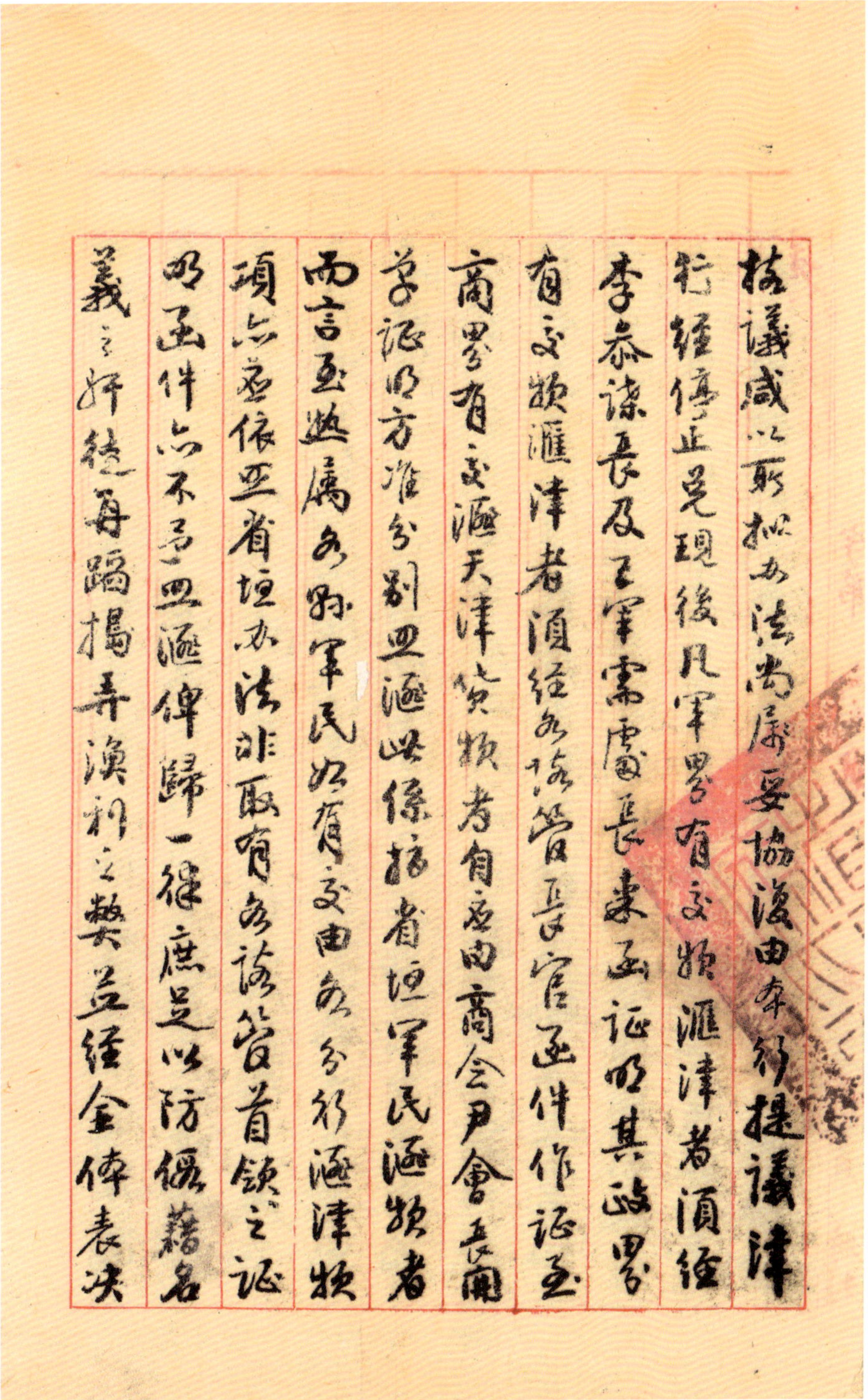

據議咸以所擬辦法尚屬妥協請由本行提議津行經停止兑現後凡軍署有交撥匯津者須經參謀長及軍需處長來函證明其政署有交撥匯津者須經主管長官函件作証至商界有交匯天津款項者自應由商會尹會長函等證明方准分別照匯此係指省垣軍民匯款者而言至外縣各縣軍民如有交由各分行匯津款項亦應依照省垣辦法非取有各該管首領之証明函件亦不予照匯俾歸一律庶足以防假藉名義之弊從每蹈揭弄漁利之弊並經全體表決

三二一 熱河省政府爲興業銀行天津分行暫停匯兑券兑現仍舊通匯事致赤峰縣政府訓令（1931年10月11日）

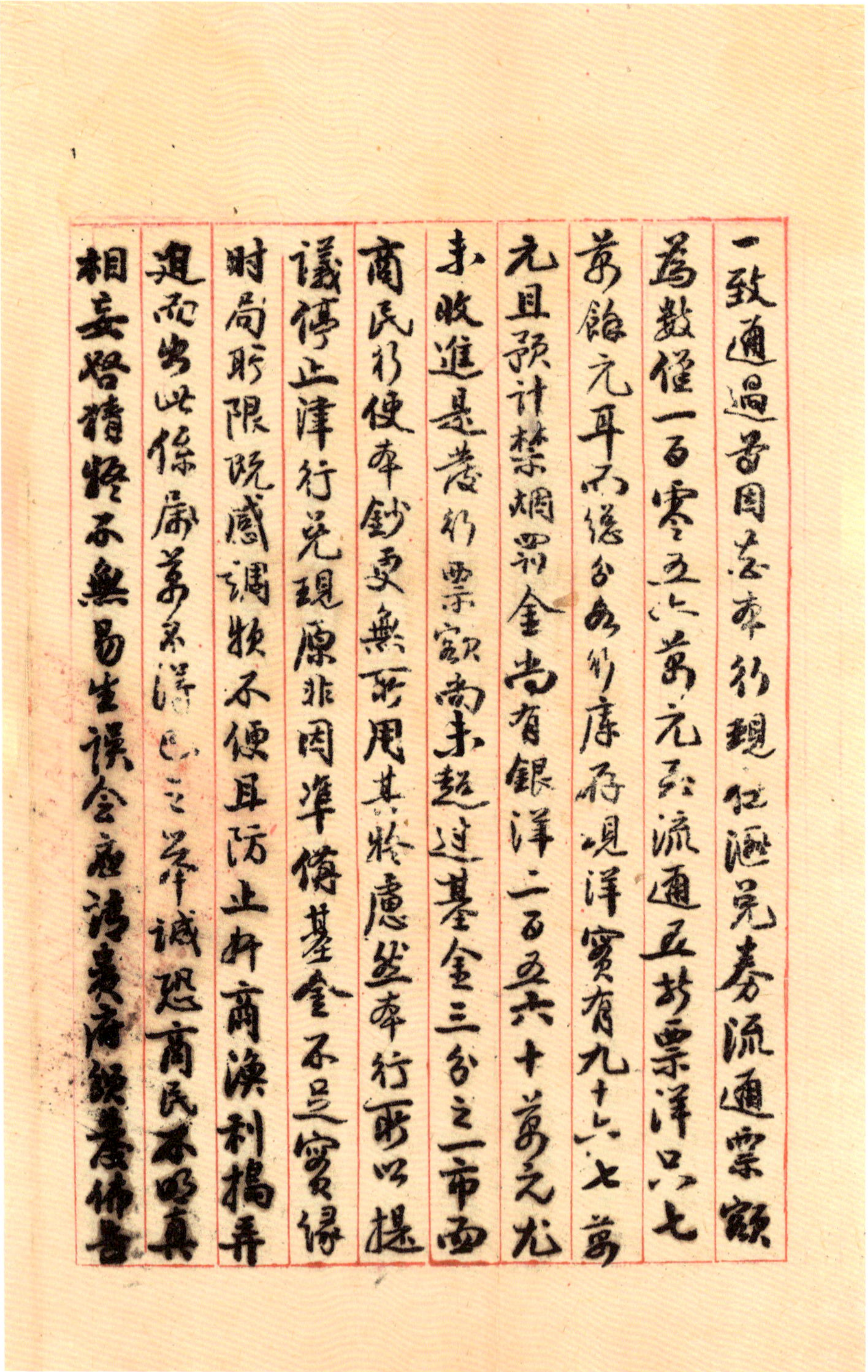
一致通過查因本行現在兌券流通票額
爲數僅一百零五六萬元在流通五部票洋只七
萬餘元耳而總分各行庫存現洋實有九十六七萬
元且預計禁烟罰金尚有銀洋二百五六十萬元尤
未收進是發行票欵尚未超過基金三分之一市面
商民行使本鈔更無所畏其將慮及本行所以提
議停止津行兌現原非因準備基金不足實緣
時局所限既感調撥不便且防止奸商漁利搗弄
退而出此係屬萬不得已之舉誠恐商民不明真
相妄啓猜疑不無易生誤會應請貴府轉飭佈告

三二一　熱河省政府爲興業銀行天津分行暫停匯兑券兑現仍舊通匯事致赤峰縣政府訓令（1931年10月11日）

曉諭闔屬商民，奉行準備基金，本極十分充足，暫財停兌情非得已，嗣後買賣交易、完納稅捐，對於此項匯兌券仍應視同現洋，一律行使收受，不得稍有歧視；如敢驕行貶損票價，藉便私圖漁利，定以擾亂金融論，從重治罪，決不寬貸。倘興業銀行人員如查有以公款買賣營業或搗弄舖盤情事，亦准由各該商民據實指控，一經查實證明，自應嚴予加倍重懲，以儆效尤。如是，各有正軌可循，而全省金融自不難日臻鞏固矣。並經通令各廳處、各縣政府、各征收機關、商會，暨咨行

三二一　熱河省政府爲興業銀行天津分行暫停匯兑券兑現仍舊通匯事致赤峰縣政府訓令（1931年10月11日）

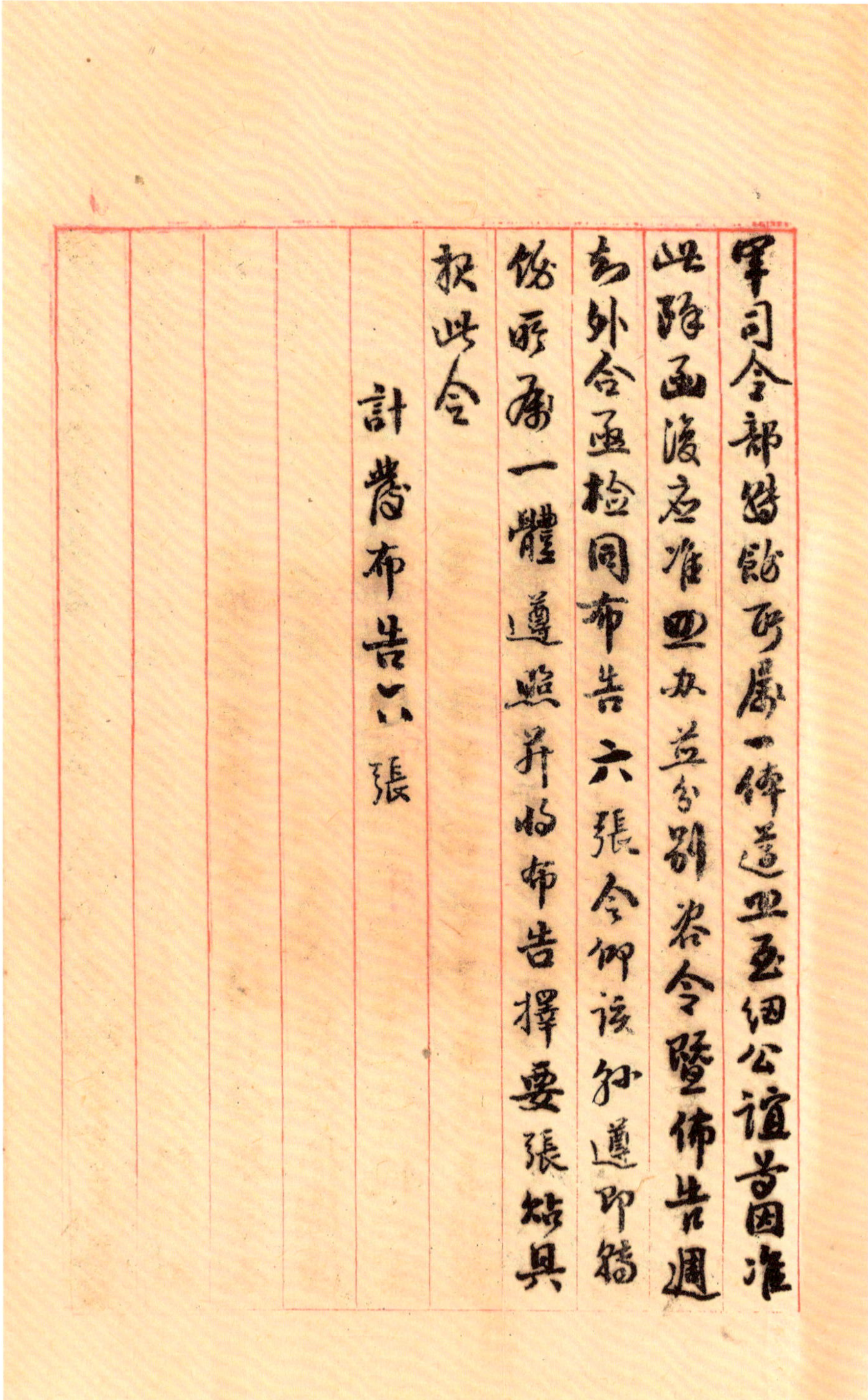
軍司令部飭所屬一律遵照至紉公誼等因准
此除函復應准照辦並分别咨令暨佈告週
知外合亟檢同布告六張令仰該縣遵即轉
飭所屬一體遵照并將布告擇要張貼具
報此令
計發布告六張

三二一　熱河省政府爲興業銀行天津分行暫停匯兑券兑現仍舊通匯事致赤峰縣政府訓令（1931年10月11日）

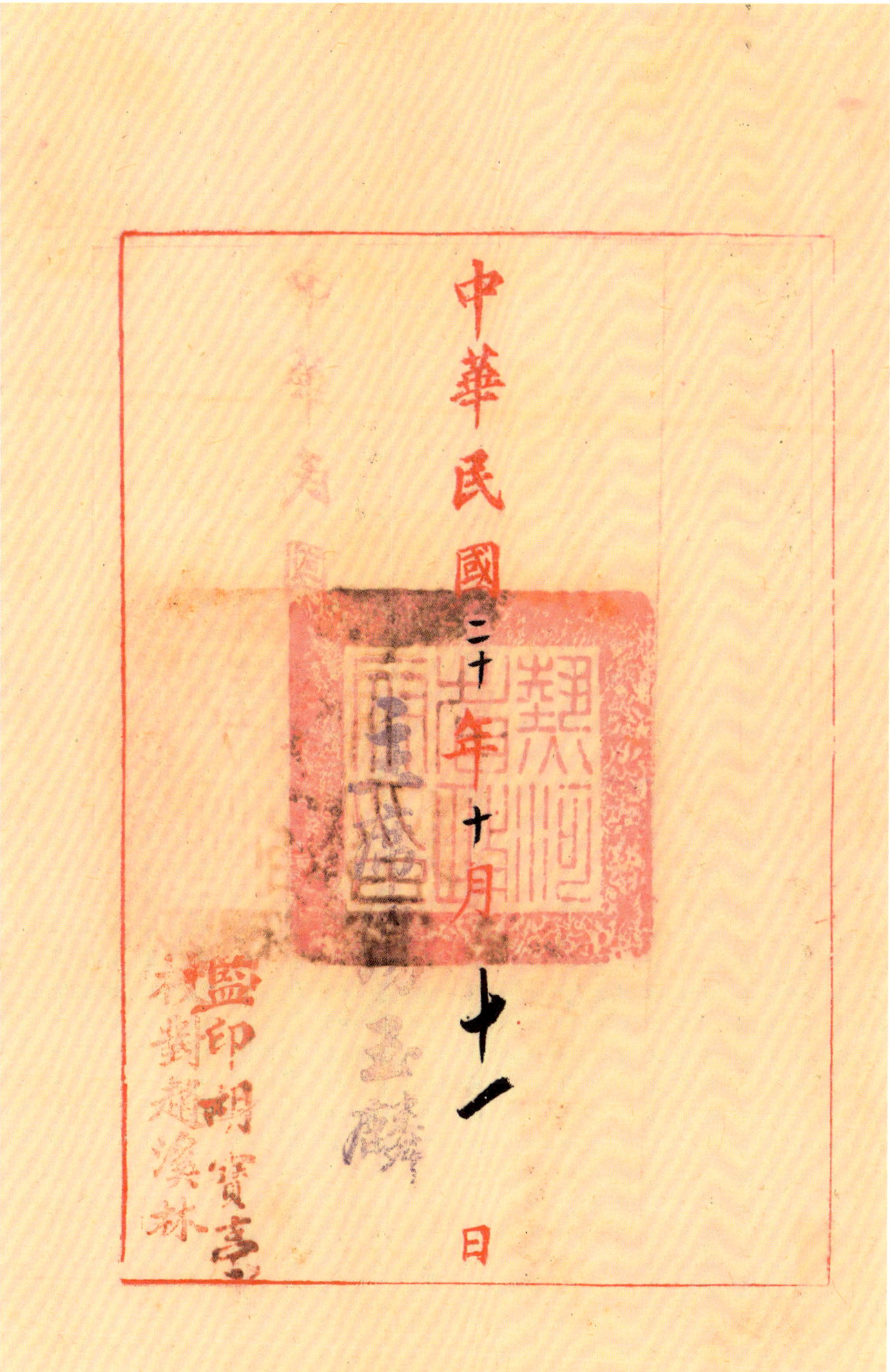

三二一　熱河省政府爲興業銀行天津分行暫停匯兑券兑現仍舊通匯事致赤峰縣政府訓令（1931 年 10 月 11 日）

3-1-2012-1(2)

熱河省政府布告 第一四號

為布告事案准熱河興業銀行函稱敬啟者案查本行前經發行各種匯兑券原由天津分行充分兑
現並准以此項匯兑券通匯津遠係為活動金融維持市面曾將辦理情形先後呈奉核准各在案伏
查天津分行應付此項匯兑基金全賴本省總分各行設法籌備所有籌調現款非加水川資津匯調
津即須雇車請隊前往輸送雖耗貼水運費為數不貲祇以信用攸關未敢稍事鬆懈乃近來致查省
垣及各縣一般奸商竟不論津埠有無現款用途一經持有此項匯兑券即行赴津兑現得回現款或
以低價摟買匯兑券仍復持向津行兑取現款或由熱自閙津付匯票售取貼水藉以從中漁利以故每千元經反復
搗弄即可獲利益數十元之多大利所在不肖商販趨之若鶩莫可遏止似此情形在本行應付兑現
日見虧賠反假奸商搗弄之機日獲厚利正患現洋運津將無限度之間忽於本月一日接據津行加
急電稱現在本鈔來勢甚猛三天兑進十六萬有零以後尚難預計且尚有應付匯票十六萬尚無指
項等語據此若不趕緊設法取締奸商藉兑現肆行其搗弄技倆將見本省銀洋輸出殆無底止銀根
自必益感窘迫而津行兑現終必有窮於應付之一日况現值時局不靖津匯倍感缺乏各行調款既
多困難而口外交通不便運轉維艱設如一旦輸送現款稍有遲滯津行兑現勢必立見擠兑影響
全熱市面治安殊非淺鮮為今之計惟有暫令津行停止兑現庶足以濟緩急且此項匯兑券性質原
係匯而不兑故命名與普通兑現鈔票本有區別今雖停止兑現顧名思義於理更無不合之處至於官商
各界如有津埠用項仍應照舊充分通匯當本斯意擬具議案爰於本月三日下午二句鐘邀請本行
常務董事李參謀長湯處長劉君石常董事姜財政廳長張教育廳長張民政廳長李建設廳長王軍
需處長監察范縣長胡君式如財政顧問鄭君鶴田並商會尹會長到行會議經將擬具議案提出大
會核議咸以所擬辦法尚屬妥協復由本行提議津行經停止兑現後凡軍界有交款匯津者須經李
參謀長及王軍需處長來函證明其政界有交款匯津者須經各該管長官函件作證至商界有交匯
天津貸款者自應由商會尹會長開單證明方准分別照匯此係指省垣軍民匯款者而言至熱屬各

三二一 熱河省政府爲興業銀行天津分行暫停匯兑券兑現仍舊通匯事致赤峰縣政府訓令（1931年10月11日）

縣軍民如有交由各分行匯津款項亦應依照省垣辦法非取有各該管首領之證明函件亦不予照
匯俾歸一律庶足以防假借名義之奸徒再蹈揭弄漁利之弊並經全體表決一致通過等因查本行現
在匯兑券流通票額為數僅一百零五六萬元至流通五折票洋只七萬餘元耳而總分各行庫存現
洋實有九十六七萬元且預計禁烟罰金尚有銀洋二百五六十萬元猶未收進是發行票額尚未超
過基金三分之一市面商民行使本鈔更無所用其疑慮然本行所以提議停止津行兑現原非因準
備基金不足實緣時局所限既感調款不便且防止奸商漁利揭弄迴而出此實屬萬不得已之舉誠
恐商民不明真相妄啟猜疑不無易生誤會應請貴府頒發布告曉諭闔屬商民本行準備基金本極
十分充足暫時停兑情非得已嗣後買賣交易完納稅捐對於此項匯兑券仍應視同現洋一律行使
收受不得稍有歧視如敢暗行貶損票價藉便私圖漁利足以擾亂金融論從重治罪決不寬貸倘興
業銀行人員如查有以公款買賣營業或揭弄錢盤情事亦准由各該商民據實指控一經查實證明
自應嚴予加倍重懲以警效尤如是各有正軌可循而全省金融自不難日臻鞏固矣並請通令各廳
處各縣政府各徵收機關商會暨咨行軍司令部轉飭所屬一體遵照至紉公誼等因准此除函復應
准照辦並分別咨令外合亟出示布告仰闔屬商民人等一體知悉此次該行停止津行兑現并非因準備
基金不足實為整頓金融防杜奸商揭把漁利起見尚屬正當辦法況該行前後所發行之新舊鈔券
統共為數僅壹百壹拾餘萬元而籌妥之基金實已超過流通票額兩倍以上應付匯款自屬綽有餘
裕更無所用其疑慮今雖暫行停止兑現而津熱通匯仍復照舊辦理於該商民行使此項匯兑券並無絲毫
不便且完納稅捐一律照常收受尤不得稍有歧視經此次出示後爾商民人等一切買賣交易對於
此項匯兑券自應視同現洋一律行使倘敢拒絕收受定按軍法從事其奸商如有暗行折扣或私
加貼水無論為數多寡一經查覺定以擾亂金融論嚴予懲處決不稍寬其各凜遵勿違切切此布

主席湯玉麟

中華民國二十年十月 日

三二二　熱河全省鹽務管理總局爲協助設立鹽務分支局卡并督促組織鹽棧事致赤峰縣政府訓令（1931 年 11 月 2 日）

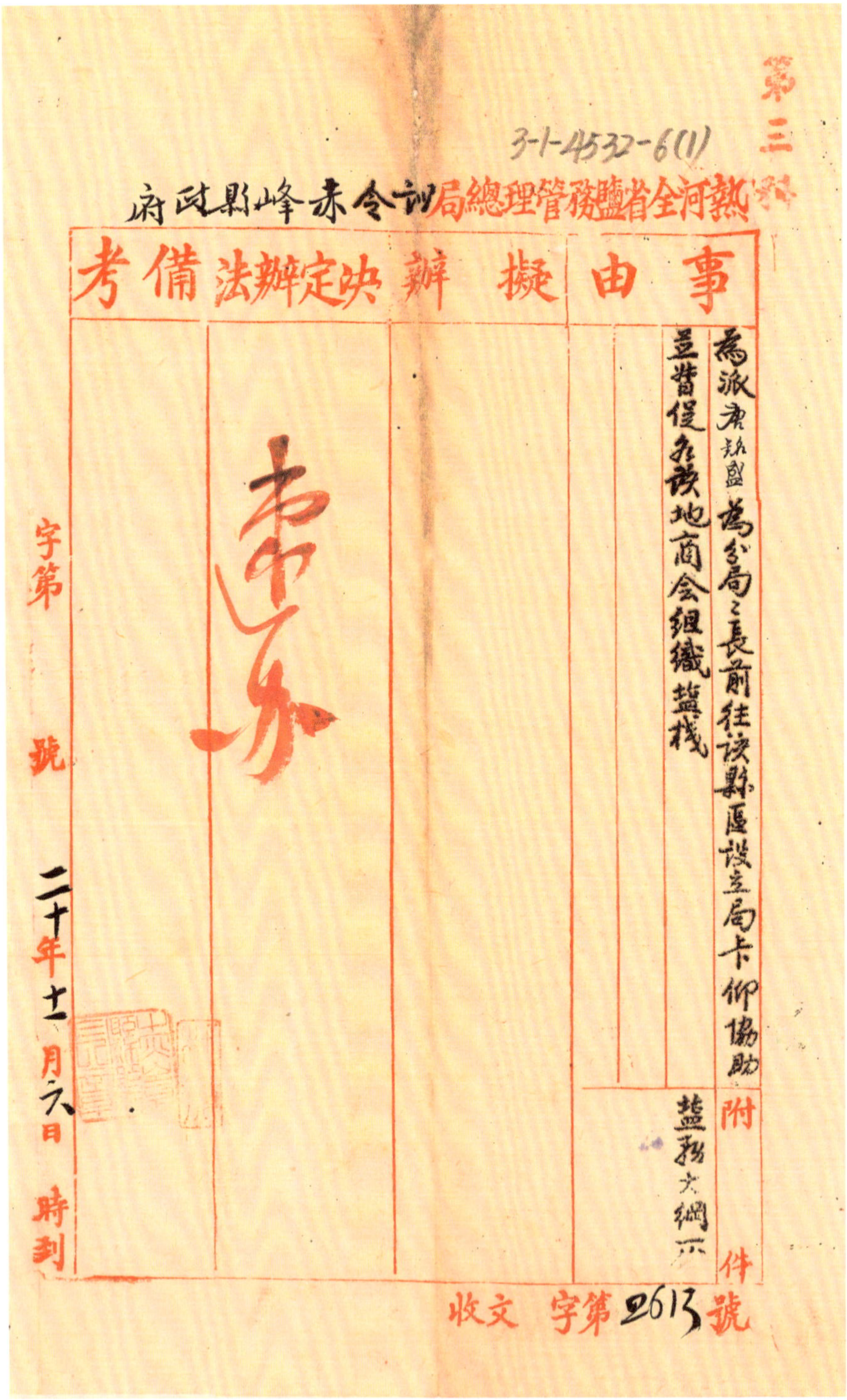

第三科

3-1-4532-6(1)

熱河全省鹽務管理總局訓令赤峰縣政府

事由	擬辦	決定辦法	備考
為派唐執盛為分局局長前往該縣區設立局卡仰協助並督促各該地商会組織鹽棧			

附件：鹽務大綱六

二十年十一月六日時到

字第　號

收文　字第2613號

三二二 熱河全省鹽務管理總局爲協助設立鹽務分支局卡并督促組織鹽棧事致赤峰縣政府訓令（1931 年 11 月 2 日）

熱河全省鹽務管理總局訓令 字第 八 號

令赤峰縣政府

為令行事案查本局辦理熱河全省鹽務大綱業經呈奉

省政府核准在案此項大綱第二條内開總局酌量各縣各設

治區情形於必要地點設置分支局卡秉承總局之命

管理各該縣區鹽務又第四條内開總局對於各縣區

食用鹽觔責成各地商會招集資本組織總分鹽棧

售賣並令飭各縣區督促進行等語現已委派唐致盛

為赤峰全鹽務管理分局局長前往該縣設立分支局卡合

三二二　熱河全省鹽務管理總局爲協助設立鹽務分支局卡并督促組織鹽棧事致赤峰縣政府訓令（1931 年 11 月 2 日）

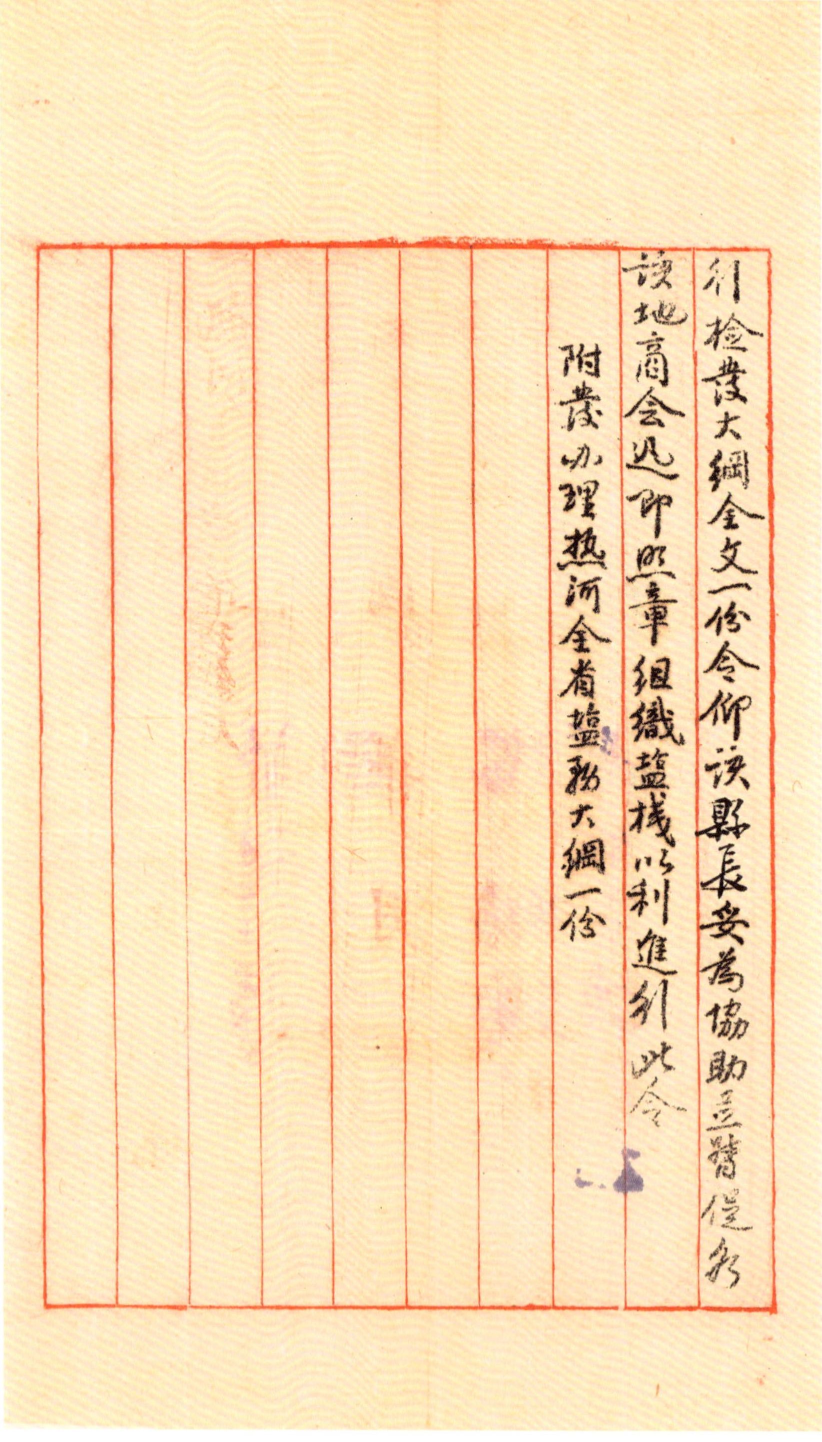

行檢發大綱全文一份令仰該縣長妥爲協助並督促飭
該地商會迅即照章組織鹽棧以利進行此令
附發辦理熱河全省鹽務大綱一份

三二二　熱河全省鹽務管理總局爲協助設立鹽務分支局卡并督促組織鹽棧事致赤峰縣政府訓令（1931 年 11 月 2 日）

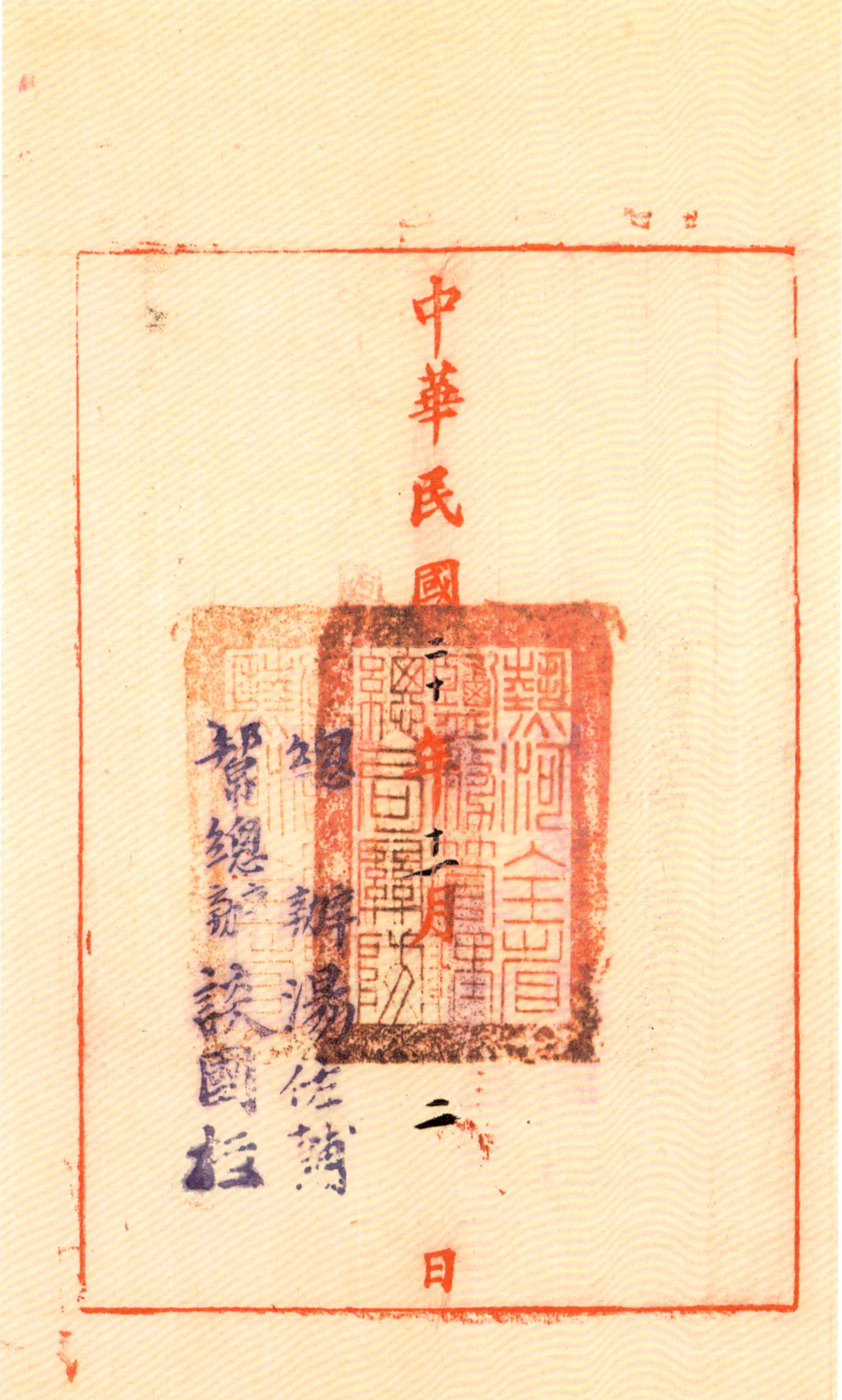
中華民國二十年十一月二日

總辦湯佐輔

幫總辦談國桓

三二二 熱河全省鹽務管理總局爲協助設立鹽務分支局卡并督促組織鹽棧事致赤峰縣政府訓令（1931年11月2日）

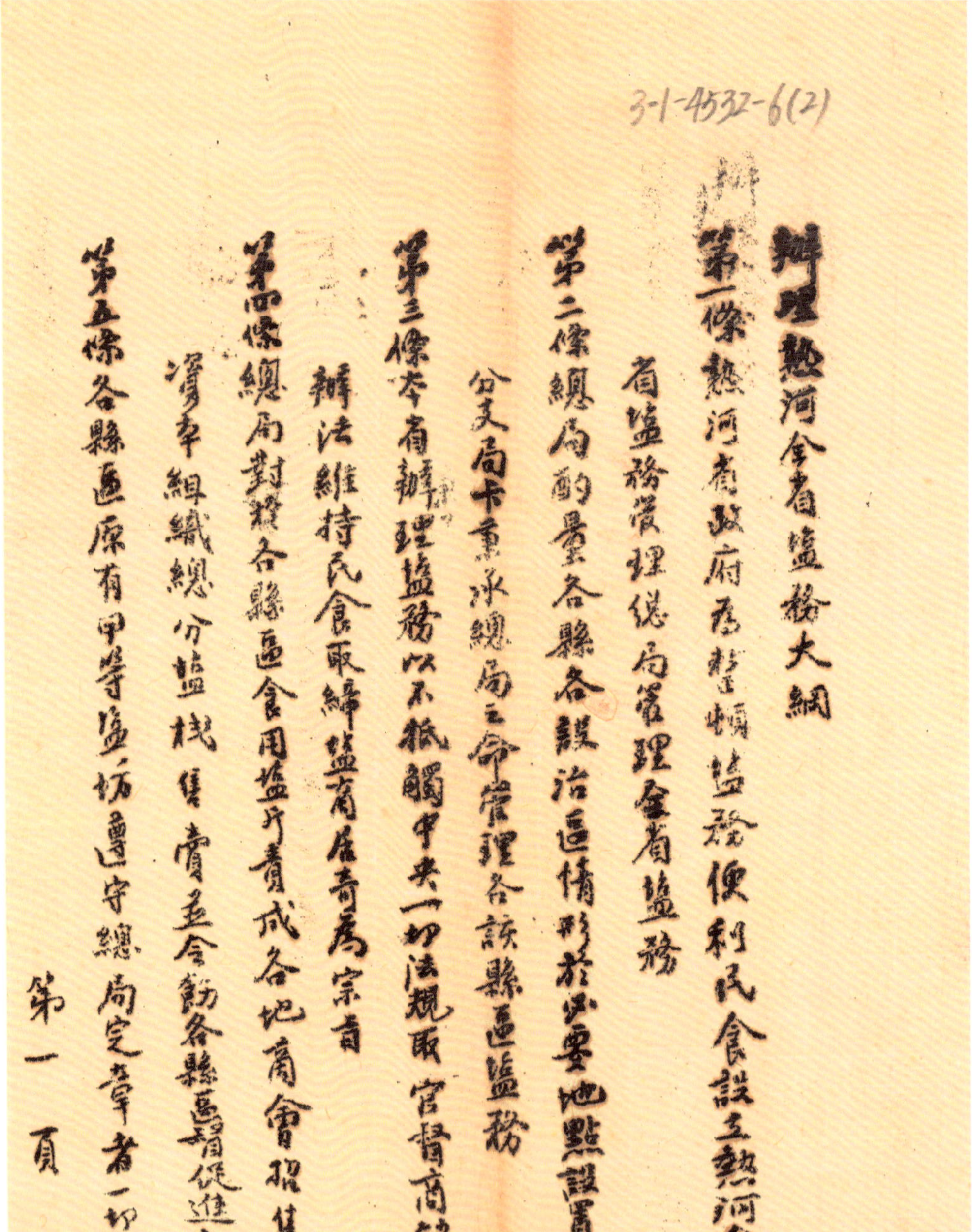

3-1-4532-6(2)

辦理熱河全省鹽務大綱

第一條 熱河省政府爲整頓鹽務便利民食設立熱河公省鹽務管理總局管理全省鹽務

第二條 總局酌量各縣各設治區情形於必要地點設置分支局卡秉承總局之命管理各該縣區鹽務

第三條 本省辦理鹽務以不抵觸中央一切法規取官督商銷辦法維持民食取締鹽商居奇爲宗旨

第四條 總局對於各縣區食用鹽斤責成各地商會招集資本組織總分鹽棧售賣並令飭各縣區督促進行

第五條 各縣區原有甲等鹽店坊遵守總局定章者一切待

第一頁

三二二　熱河全省鹽務管理總局爲協助設立鹽務分支局卡并督促組織鹽棧事致赤峰縣政府訓令（1931年11月2日）

通興鹽棧同

第六條　各縣區所有銷鹽商店遵守總局定章者分等認爲整賣或零賣之鹽商其原有乙丙等鹽坊亦同此待遇

第七條　鹽棧及甲等鹽坊得以前往産鹽地方採運鹽斤整賣零賣各等鹽商祇准由鹽棧或甲等鹽坊購買不得直接前往産鹽地方採運但履行一切法定手續經分局許可者不在此限

第八條　各縣區前往産鹽地運銷鹽斤來本省境内售賣之車户馱户遵守總局定章者亦得直接採運

三二二 熱河全省鹽務管理總局爲協助設立鹽務分支局卡并督促組織鹽棧事致赤峰縣政府訓令（1931年11月2日）

3-1-4532-6(3)

但祇准售於鹽棧或甲等鹽坊，不得售於零賣鹽商。

第九條 違犯第七條第八條之規定者，總局得取締之。

第十條 凡攜運鹽斤到境時，須在入境之第一局卡報領運鹽執照，注明重量及銷售地點，始准行銷，違者以私鹽論。

第十一條 鹽棧鹽坊及零賣賣鹽商均應向各分局就近按等分別報領鹽業牌照，始准營業。

第十二條 凡由鹽棧及甲等鹽坊售出鹽斤，每百斤應繳納特許費二元。

第十三條 凡鹽棧及甲等鹽坊收入鹽斤，概照通行慣例以司馬秤計算，出售鹽斤一律以領行公秤計算，違者有罰

第二頁

三二二 熱河全省鹽務管理總局爲協助設立鹽務分支局卡并督促組織鹽棧事致赤峰縣政府訓令（1931年11月2日）

鹽應若定之配辦法
第十四條 各代藏甲等鹽坊之棧存鹽由鹽務會同甲等鹽坊
分擔（無甲等鹽坊之處設乙等代辦處之）呈由該管地方
支局轉請總局核准施行
第十五條 鹽棧及甲等鹽坊運銷商販以及鹽商應需
等仍應遵守中央所定法規自行繳納捐稅
第十六條 本省現行食鹽稅依照法定辦法試辦三個月有
成效時再行呈請省政府通令各屬一律仿照
第十七條 運銷商人如有私運偷漏等弊應由總局從嚴處罰
本章程隨時修訂之

三二三 熱河全省警務處、省民政廳爲填造普通醫院調查表事致赤峰縣政府會令（1931 年 9 月 15 日）

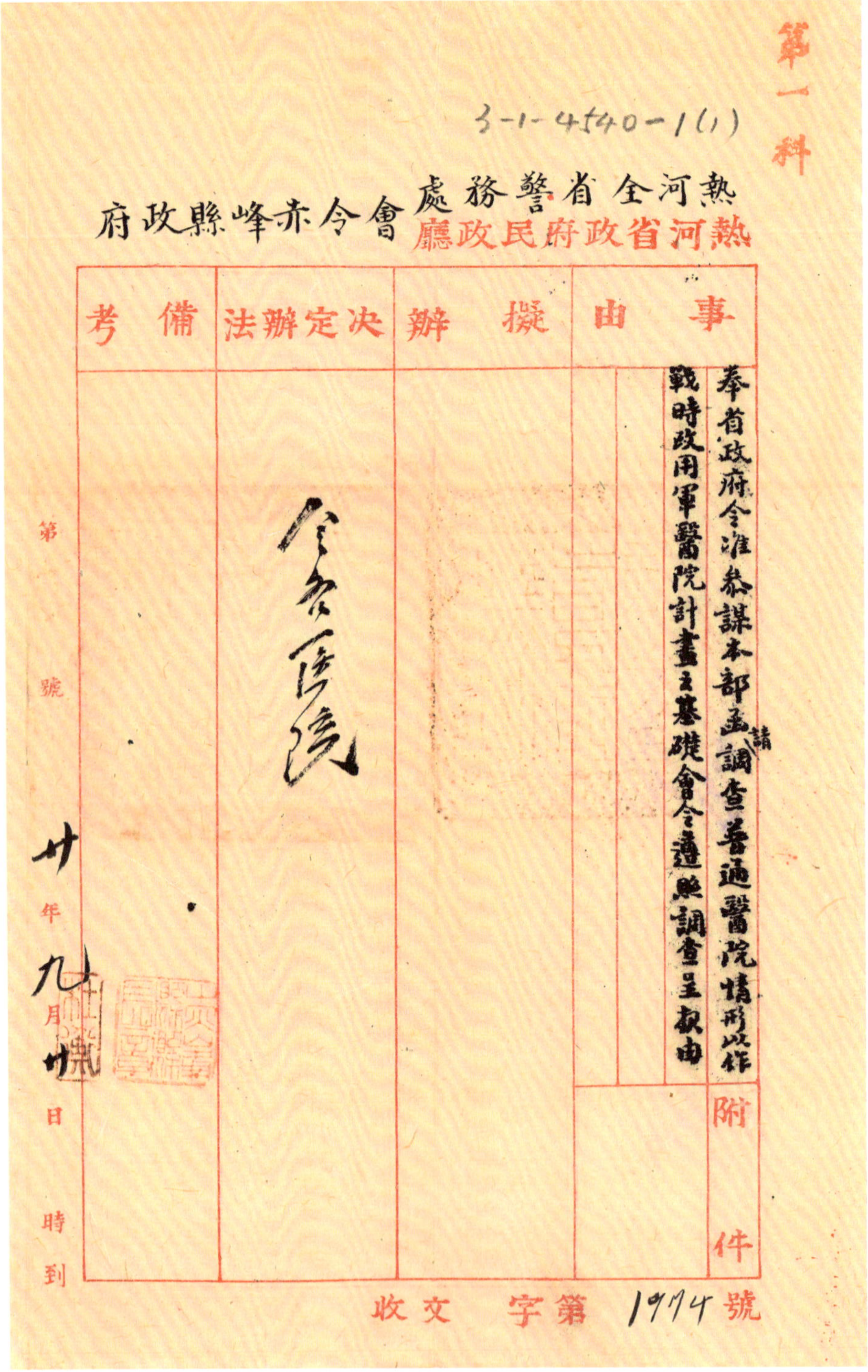
第一科

3-1-4540-1(1)

熱河全省警務處
熱河省政府民政廳 會令赤峰縣政府

事由	擬辦	決定辦法	備考
奉省政府令准參謀本部函請調查普通醫院情形以作戰時改用軍醫院計畫之基礎會令遵照調查呈報由		令各醫院	第　號 廿年九月廿日　時到
附件			

收文　字第1774號

三二三　熱河全省警務處、省民政廳爲填造普通醫院調查表事致赤峰縣政府會令（1931年9月15日）

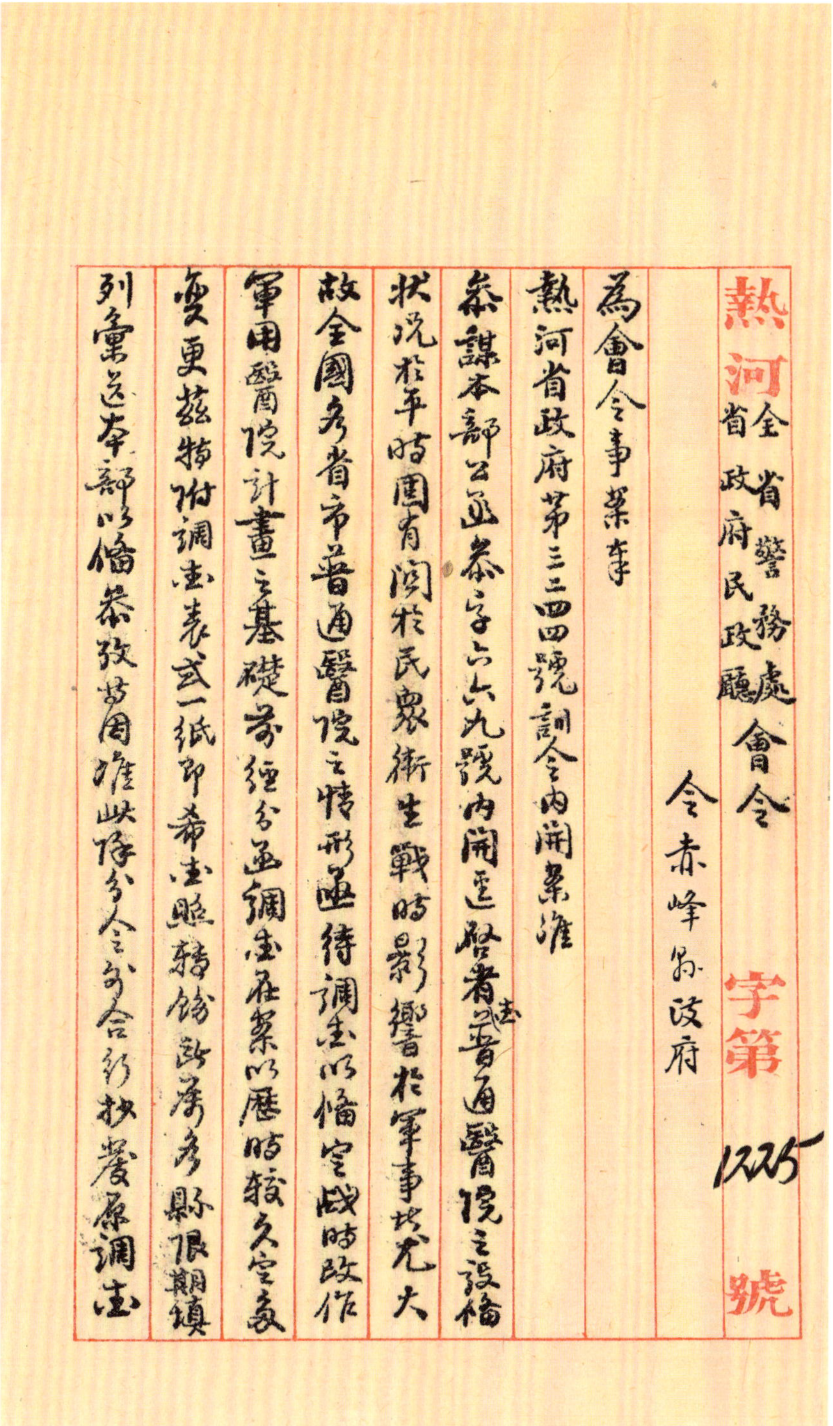

熱河全省警務處、省政府民政廳會令　字第1225號

令赤峰縣政府

爲會令事案奉

熱河省政府第三三四四號訓令內開案准

參謀本部公函參字六六九號內開查各省普通醫院之設備

狀況於平時固有關於民衆衛生戰時影響於軍事尤大

故全國各省市普通醫院之情形亟待調查以備宣戰時改作

軍用醫院計畫之基礎前經分函調查在案以歷時較久宜爰

更茲特附調查表式一紙即希查照轉飭所屬各縣限期填

列彙送本部以備參考等因准此除分令外合行抄發原調查

三二三　熱河全省警務處、省民政廳爲填造普通醫院調查表事致赤峰縣政府會令（1931年9月15日）

表令仰該廳遵照會同警務處分飭各縣限文到半月內
調查明確照表填註彙送來府以憑核轉此令附抄調查表
一份等因奉此除分行外合亟令仰該縣遵照於文到半月內將
調查詳情依式造表填送以憑彙轉勿稍片延爲要此令
計抄發普通醫院調查表一紙

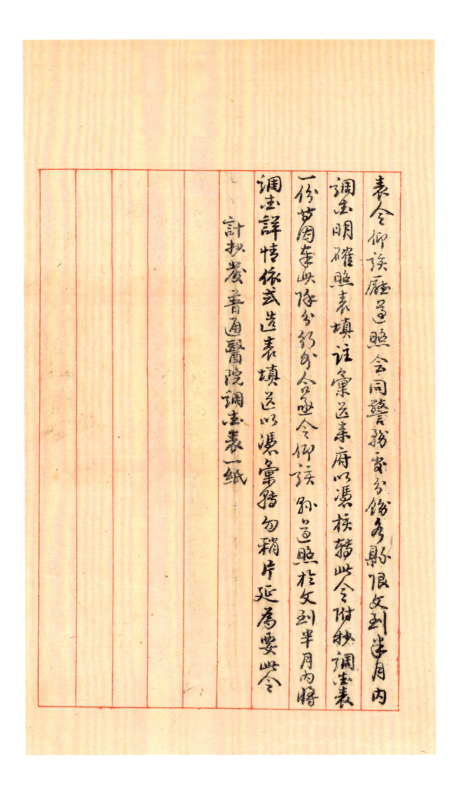

三二三 熱河全省警務處、省民政廳爲填造普通醫院調查表事致赤峰縣政府會令（1931 年 9 月 15 日）

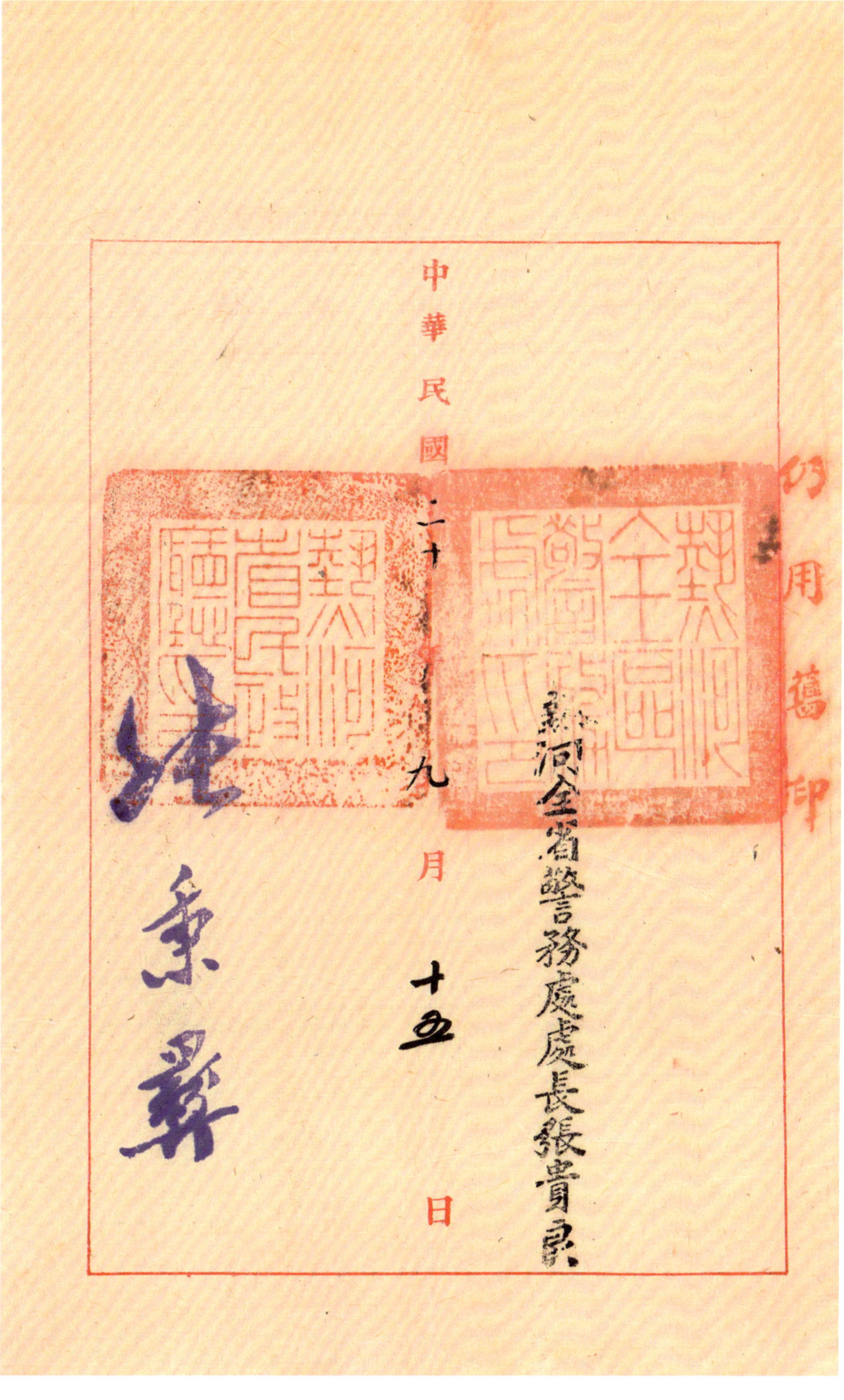
仍用舊印
熱河全省警務處處長張貴泉
中華民國二十 九月十五日
陸秉彝

三二三　熱河全省警務處、省民政廳爲填造普通醫院調查表事致赤峰縣政府會令（1931年9月15日）

3-1-4540-1(2)

普通醫院調查表

民國　年　月　日製

名稱	
地點	
院長醫師姓名及畧歷	
院内組織	
藥品器具完備與否	
每月診治病人若干	
院内能收容病人若干	
每月需用藥品材料費若干	
每月消耗巨大之藥品材料爲何其價值若干	
每月經常費若干	
備攷	

查填者　　縣市

三二四　赤峰縣政府爲報送普通醫院調查表事致熱河全省警務處、省民政廳呈稿（1931 年 11 月）

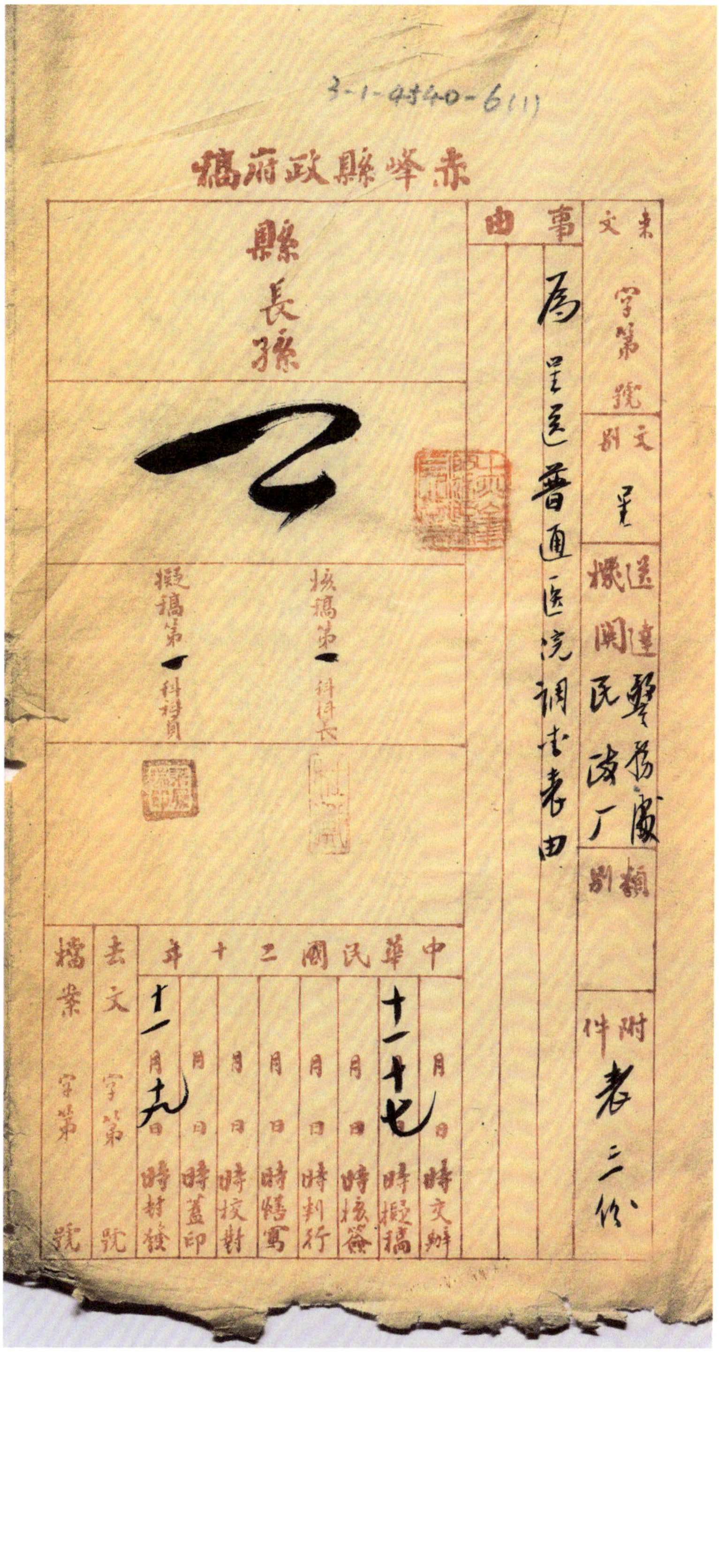
3-1-4340-6(1)

赤峰縣政府稿

縣長孫

來文 字第 號

文別 呈

送達機關 警務處 民政廳

類別

事由 爲呈送普通醫院調查表由

附件 表二份

擬稿第一科科員

核稿第一科科長

中華民國二十年

十一月十七日 時擬稿

月 日 時文辦

月 日 時核簽

月 日 時判行

月 日 時繕寫

月 日 時校對

月 日 時蓋印

十一月九日 時封發

去文 字第 號

檔案 字第 號

三二四 赤峰縣政府爲報送普通醫院調查表事致熱河全省警務處、省民政廳呈稿（1931年11月）

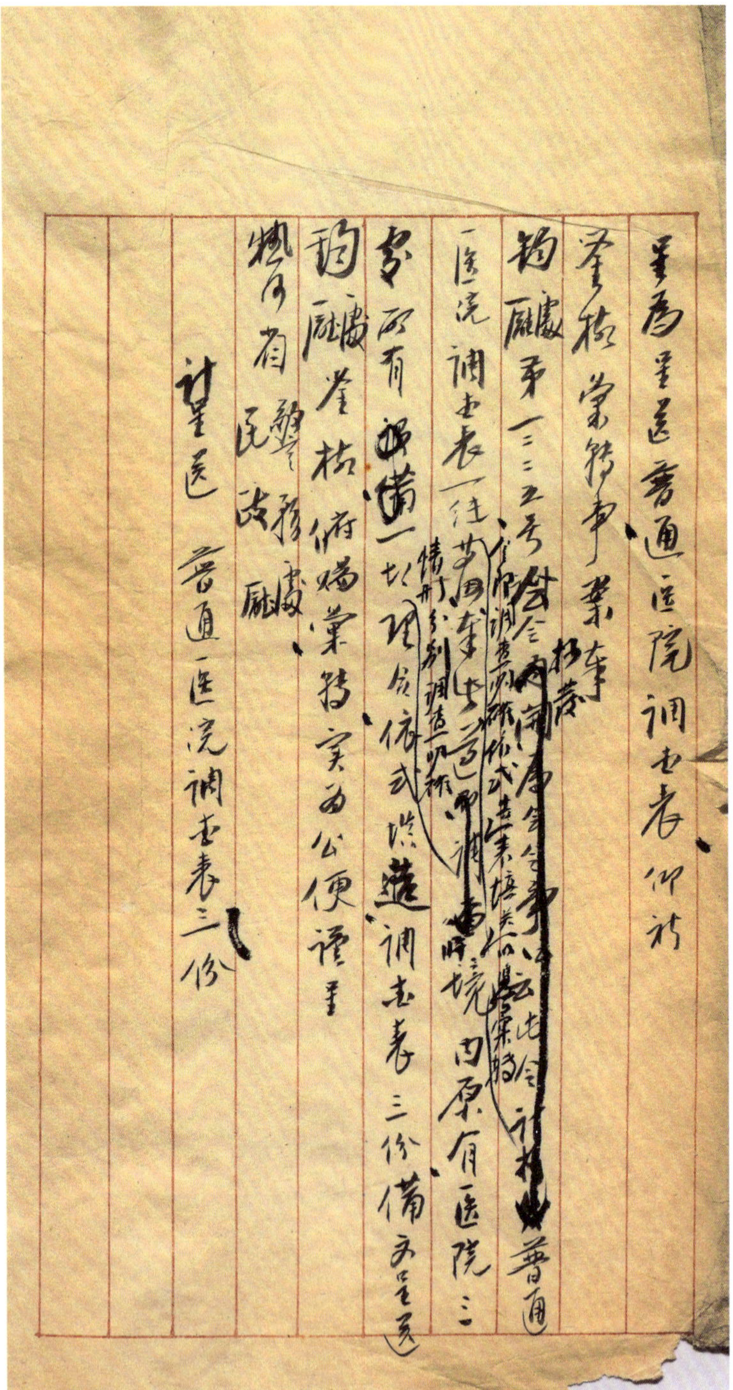
呈為呈送普通医院調查表仰祈
鑒核彙轉事。案奉
鈞廳處第一三二五号訓令內開……普通
一医院調查表一紙……本縣境內原有医院三
處，所有……理合依式填造調查表三份，備文呈送
鈞廳處鑒核，俯賜彙案轉呈，實為公便。謹呈
熱河省民政廳、警務處
計呈送普通医院調查表三份

三二四　赤峰縣政府爲報送普通醫院調查表事致熱河全省警務處、省民政廳呈稿（1931 年 11 月）

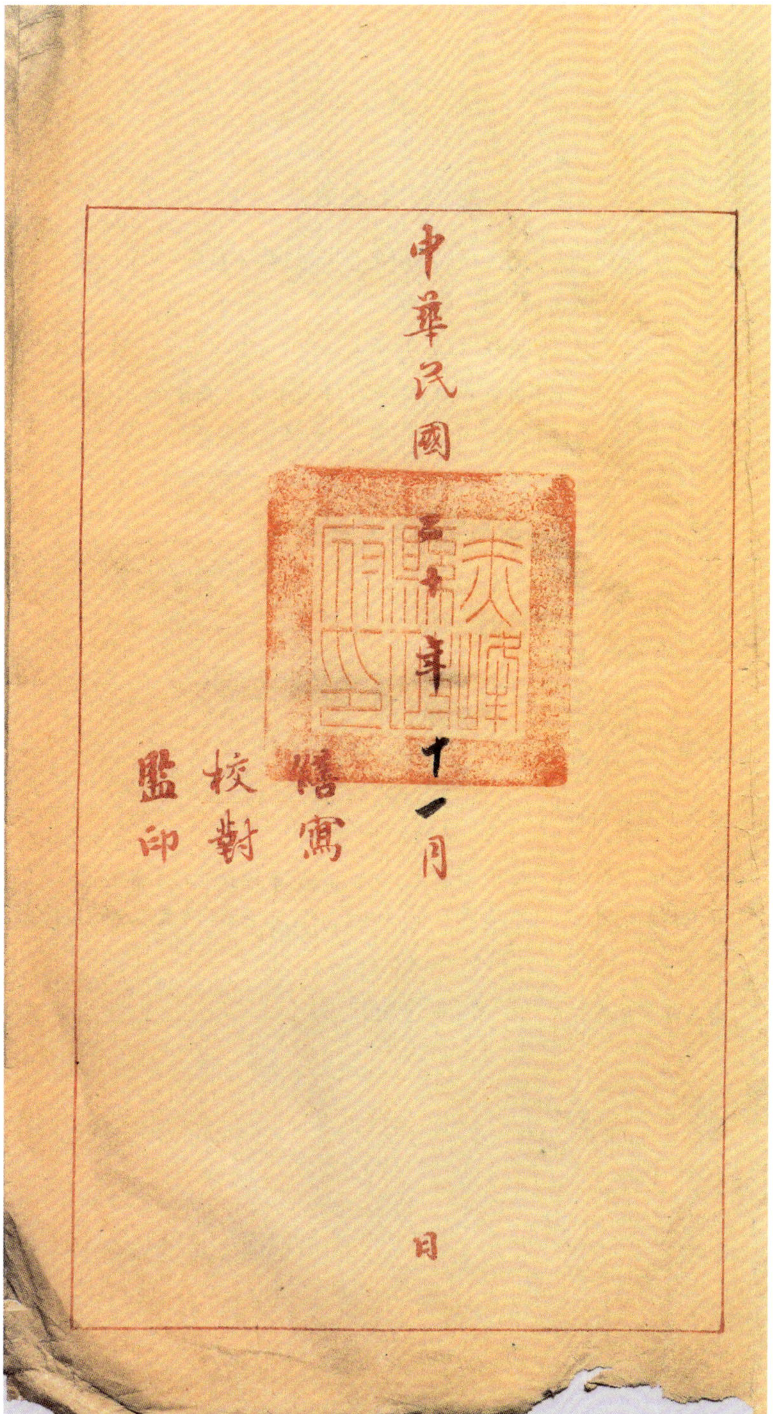

三二四 赤峰縣政府爲報送普通醫院調查表事致熱河全省警務處、省民政廳呈稿（1931 年 11 月）

3-1-4540-6(2)

普通醫院調查表

民國二十年十月三十一日製

名稱	中英葯房
地點	赤峰三道街中間
院長 姓名及畧歷 醫師	田李莊山東濟南齊魯大學醫科畢業赴歐駐比利時華工第一號醫院醫師
院内組織	調劑室治療室診斷室
葯品器具完備與否	粗備
每月診治病人若干	七十名
院内能收容病人若干	可容十人
每月需用材料費若干	三百元
每月消耗巨大之葯品材料爲何其價值若干	玖稚紗葯棉繃帶絆瘡膏黄碘緑碘黄士林酒精石炭酸鉍育下矾毛地黄酒及各種注射葯價值二百元
每月經常費若干	二百五十元
備考	

查填者赤峰縣

三二五　赤峰縣建設局爲具報全縣國道地圖及占用民地清册等事致赤峰縣政府呈（1931年12月5日）

第二科

3-1-1432-32(1)

熱河省赤峯縣建設局　呈　赤峰縣

事由	擬辦	批示	備考
呈為遵令修築國道完竣將圖說暨計畫意見書呈送由			
附件：計畫意見書二份　國道佔用民地清摺二份　全縣國道地圖二份			

呈　字第　號

二十年十二月五日　時到

收文　字第3000號

三二五　赤峰縣建設局爲具報全縣國道地圖及占用民地清册等事致赤峰縣政府呈（1931年12月5日）

呈為遵令修築國道完竣將圖說暨計畫意見書呈送仰祈
鑒核存轉事竊本年十月二十六日案奉
鈞府第三八一號訓令內開為令遵事案查前奉
省建設廳電令修築道路以利交通等因一案業經本府分令各區保衛
團興修復委該員為監修專員逐段監修並將修築道路路線起止地
點保護方法暨完竣日期呈報各在案茲奉
熱河省建設廳第二一九三號指令內開呈悉除彙案轉報外仰即將所
修各路線起訖地點長若干里寬若干丈及經過之區村鄉鎮山脈河流與
鄰封銜接地點分別繪製詳圖加以說明呈送核辦勿延切切此令等因奉
此合亟令仰該員遵照迅即前往所修各路線將起訖地點長若干里寬

三二五　赤峰縣建設局爲具報全縣國道地圖及占用民地清册等事致赤峰縣政府呈（1931年12月5日）

若干丈及經過之區村鄉鎮山脈河流與鄰封銜接地點分别繪製詳圖加以説明限文到五日内呈送來府以憑核轉勿延為要切切此令等因奉此遵即督同技術員等分往各路勘修遂於十一月間前後陸續業經呈報在案茲遵令繪製全縣國道詳圖暨計畫書附加意見呈送除將圖説計畫書附呈外理合備文呈送

鈞府鑒核俯賜存轉施行謹呈

赤峰縣政府縣長孫

計呈

計畫意見書二份

國道佔用民地清摺二份

三二五　赤峰縣建設局爲具報全縣國道地圖及占用民地清册等事致赤峰縣政府呈（1931年12月5日）

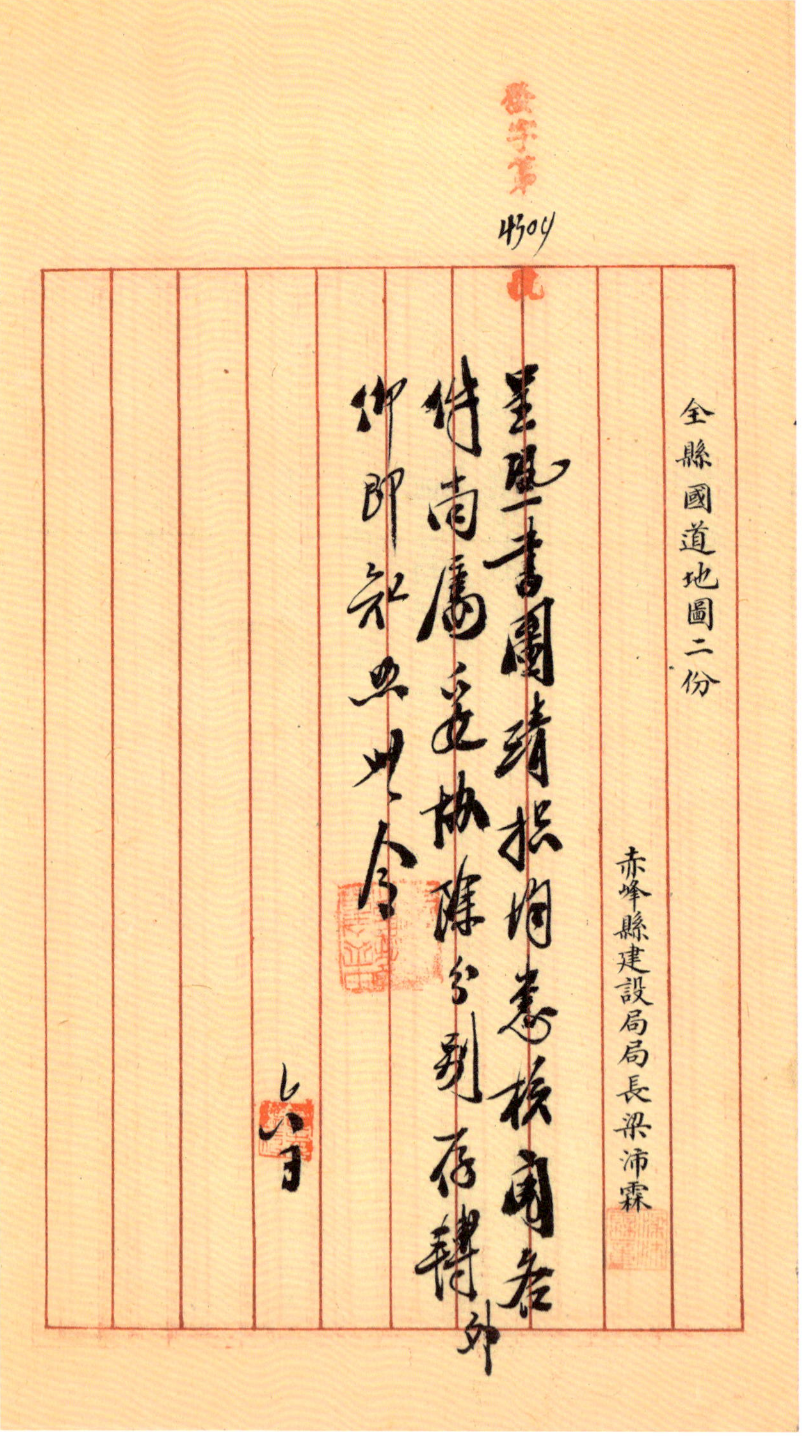

發字第4304號

全縣國道地圖二份

赤峰縣建設局局長梁沛霖

呈暨書圖清摺均悉。核閱各

符，尚屬妥協，除分別存轉外，

仰即知照。此令。

三二五　赤峰縣建設局爲具報全縣國道地圖及占用民地清册等事致赤峰縣政府呈（1931 年 12 月 5 日）

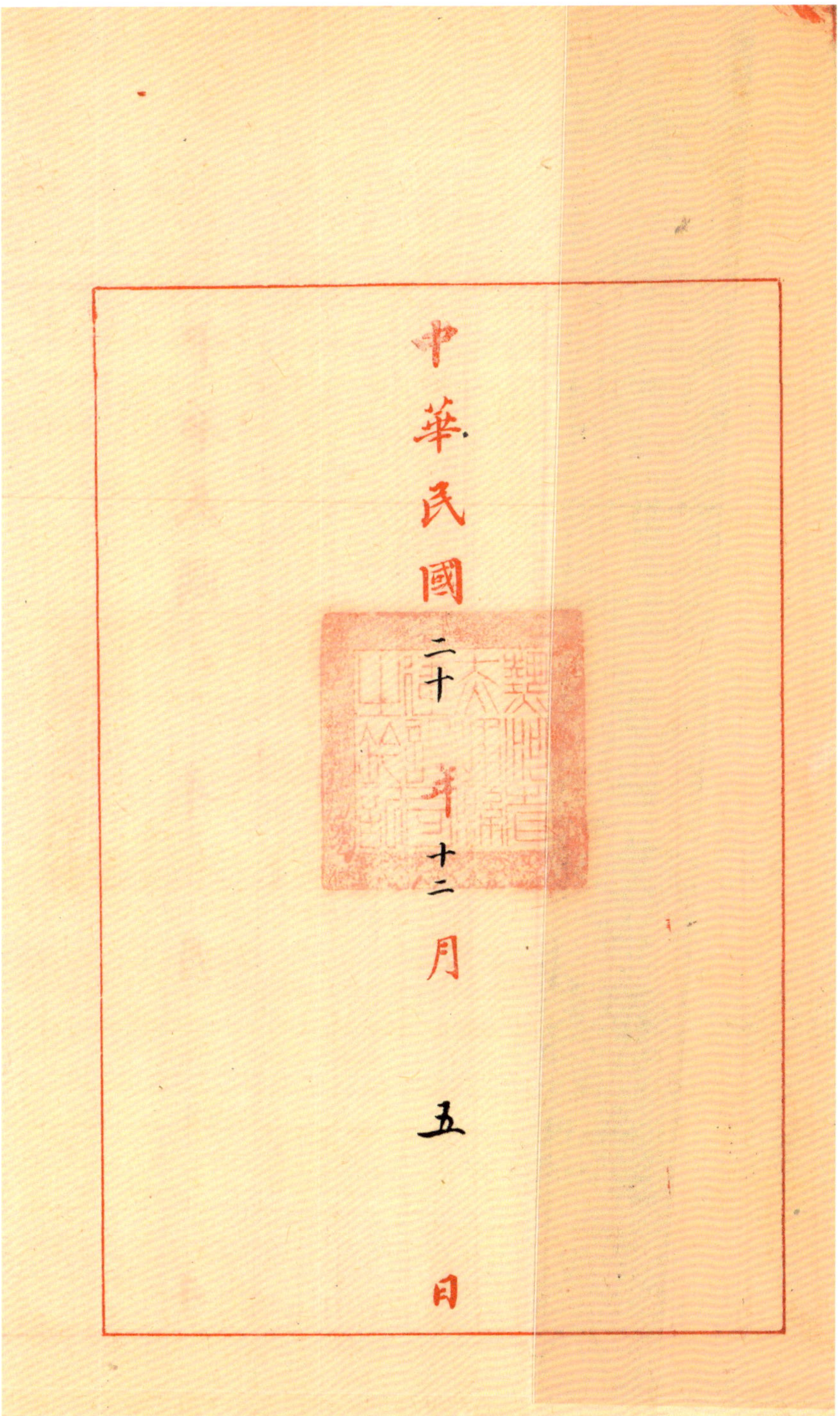
中華民國二十年十二月五日

三二五 赤峰縣建設局爲具報全縣國道地圖及占用民地清册等事致赤峰縣政府呈（1931 年 12 月 5 日）

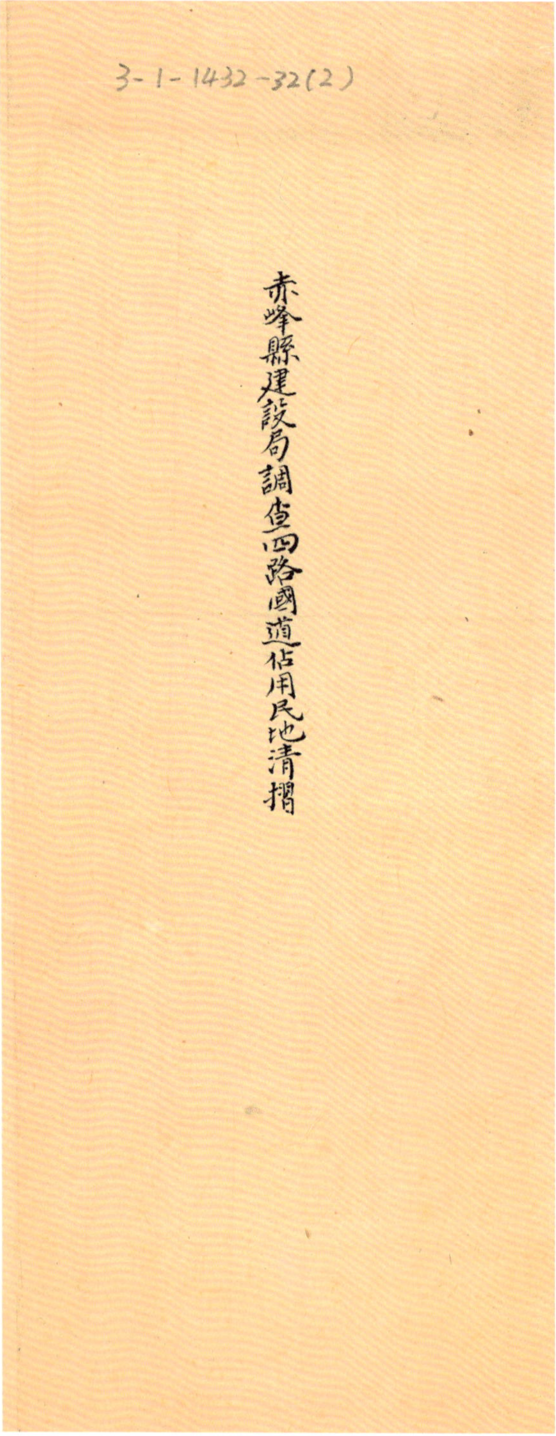
3-1-1432-32(2)

赤峰縣建設局調查四路國道佔用民地清摺

三二五　赤峰縣建設局爲具報全縣國道地圖及占用民地清册等事致赤峰縣政府呈（1931年12月5日）

赤峰縣建設局謹將民國二十年調查各路佔用地畝數及照地等則估計價目呈開

鑒核

計開

(一)東路第一區四甲四道井子村南佔用民地列左

尚　發民地一畝　李興貴民地二分　李　有民地七分　楊　興民地一畝　褚　貴民地五分

高　發民地四畝　董　才民地一畝

第一區一甲孟家店村佔用民地如次

李　成民地五分　孟憲和民地一畝　滕　合民地五分　鄒玉清民地五分　王鳳桐民地五分

唐俊奎民地五分　王　清民地二畝

第一區一甲梁家店新地村

三二五　赤峰縣建設局爲具報全縣國道地圖及占用民地清册等事致赤峰縣政府呈（1931年12月5日）

王　顯民地三畝　梁國士民地四畝　梁九鵬民地五分

第一區一甲松木頭溝及海利蘇溝扎蘇台三村

姜福清民地四畝　周連城民地二畝　范　有民地一畝　張　義民地一畝　許殿文民地一畝

李　恆民地三畝

第一區一甲張家窩鋪村

周存禮民地一畝　盛連永民地一畝　盛連功民地一畝五分　李寡婦民地五畝　李向榮民地三畝

李向華民地六畝　周　和民地一畝五分　高　發民地五畝

以上所佔民地均係中下地每畝估計大洋三元

(二)西路第一區七甲西龍王廟迤西佔用民地如次

西龍王廟價地三分　楊福春民地二分　李茂永民地三分　李東文民地二分　李茂祥民地三分

三二五　赤峰縣建設局爲具報全縣國道地圖及占用民地清册等事致赤峰縣政府呈（1931年12月5日）

李翰俊民地三分　李茂坤民地三分　孫廷桂民地三分　許寬民地二分　張鳳池民地一分
李福榮民地一分　溫有民地三分
第一區十八甲古都河及三叉口兩村
杜永昌民地三分　李富有民地二十畝
第一區二十甲桃來吐及山前兩村
項福信民地三分五厘　盧志民地三分　范文民地三分五厘
第五區十七甲南灣子村西及猴頭溝村西猴河子西至水泉子溝村東
王發財民地四畝二分　莊培鑫民地三十五畝
第五區二十甲畫匠溝門村迤東
莊培鑫民地二十五畝

三二五　赤峰縣建設局爲具報全縣國道地圖及占用民地清册等事致赤峰縣政府呈（1931年12月5日）

以上所佔民地係中等地每畝估計大洋五元

(三)南路第一區十一甲二十里堡村南佔用民地如次

祖萬財民地一段一畝　尚海民地一段一畝　尹廣福民地一段一畝二分　周廷俊民地一段四分　崔福民地一段一畝

阮增福民地二段六畝　董清榮民地一段一畝　王發才民地一段五分

以上所佔民地係中等地每畝估計大洋五元

第一區十一甲羊草溝門及南大營兩村

劉春生民地三段九畝　王貴廷民地一段二畝　劉永祥民地一段一畝　王起民地一段五分

以上所佔民地係下等地每畝估計大洋二元五角

(四)北路第三區姜家窩舖村佔用民地如次

姜姓民地六畝

三二五　赤峰縣建設局爲具報全縣國道地圖及占用民地清册等事致赤峰縣政府呈（1931年12月5日）

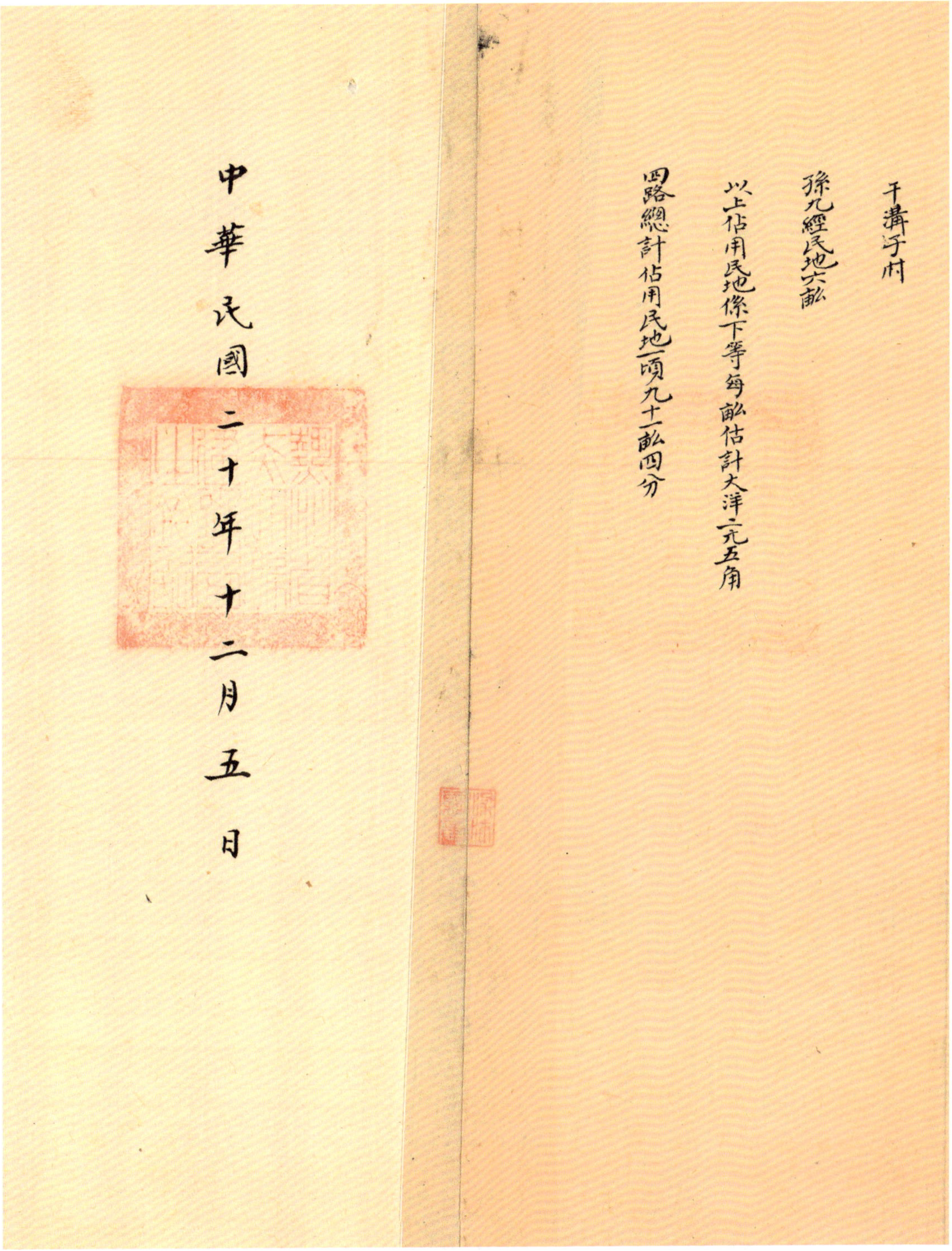
干溝子村
孫九經民地六畝
以上佔用民地係下等每畝估計大洋二元五角
四路總計佔用民地一頃九十一畝四分
中華民國二十年十二月五日

三二五　赤峰縣建設局爲具報全縣國道地圖及占用民地清册等事致赤峰縣政府呈（1931 年 12 月 5 日）

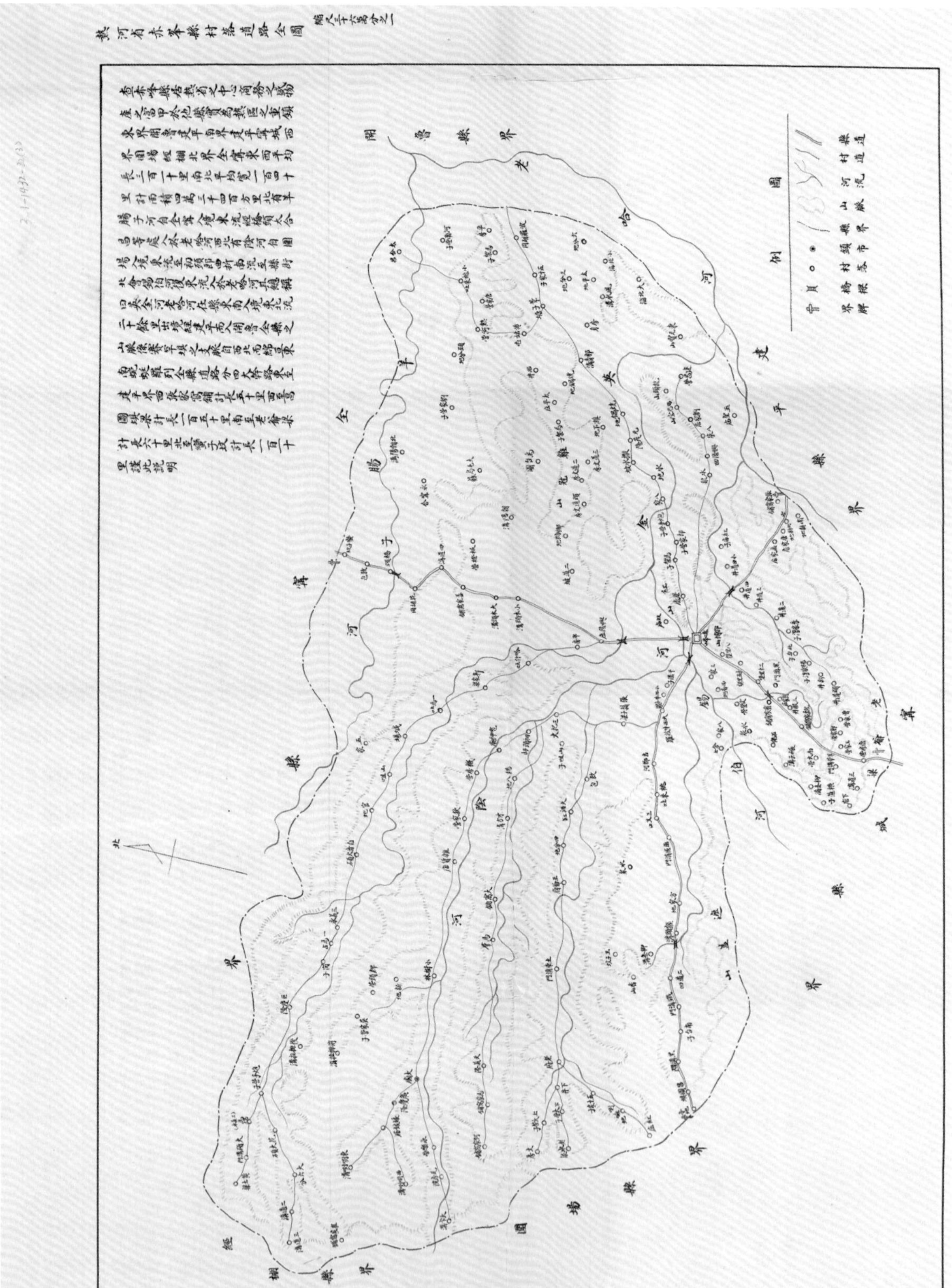

三二六　赤峰縣教育局爲呈送赤峰縣立女子完全小學校印模事致赤峰縣政府呈（1932 年 1 月 12 日）

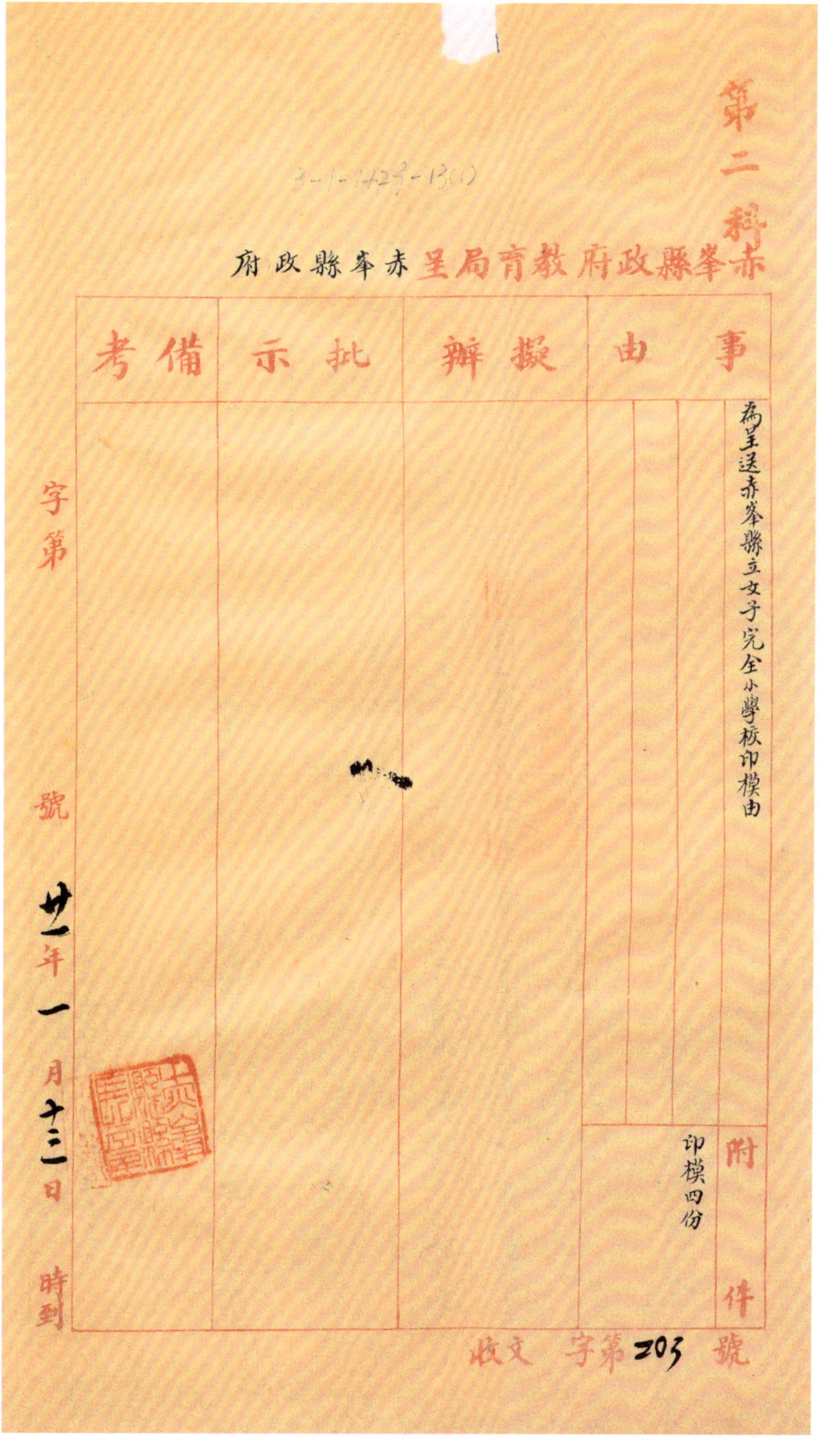

第二科

赤峯縣政府教育局呈赤峯縣政府

事由	擬辦	批示	備考
爲呈送赤峯縣立女子完全小學校印模由			
附件：印模四份			

字第　號

廿一年一月十三日時到

收文　字第203號

三二六 赤峰縣教育局爲呈送赤峰縣立女子完全小學校印模事致赤峰縣政府呈（1932年1月12日）

呈爲呈報事竊緣赤峰縣立女子完全小學校於二十年三月二十日組織成立業經呈報並蒙

鈞府第五六六號訓令轉奉

熱河省教育廳第三一九六號指令照准各在案自應查照部頒教育機關印信頒發辦法刊發鈐記

以資信守業經本局遵照

鈞府第五一七號訓令轉奉

熱河省教育廳第二七七四號訓令抄發部製委任鈐記圖式刊就木質鈐記一顆文曰赤峰縣立女子

完全小學校之鈐記於本年一月五日轉發該校祗領啟用並飭拓具印模呈報來局以憑轉呈在案茲

據該校將拓具印模呈送來局理合檢同印模備文呈報恭請

鑒核轉呈實爲公便謹呈

赤峰縣縣長孫

三二六　赤峰縣教育局爲呈送赤峰縣立女子完全小學校印模事致赤峰縣政府呈（1932年1月12日）

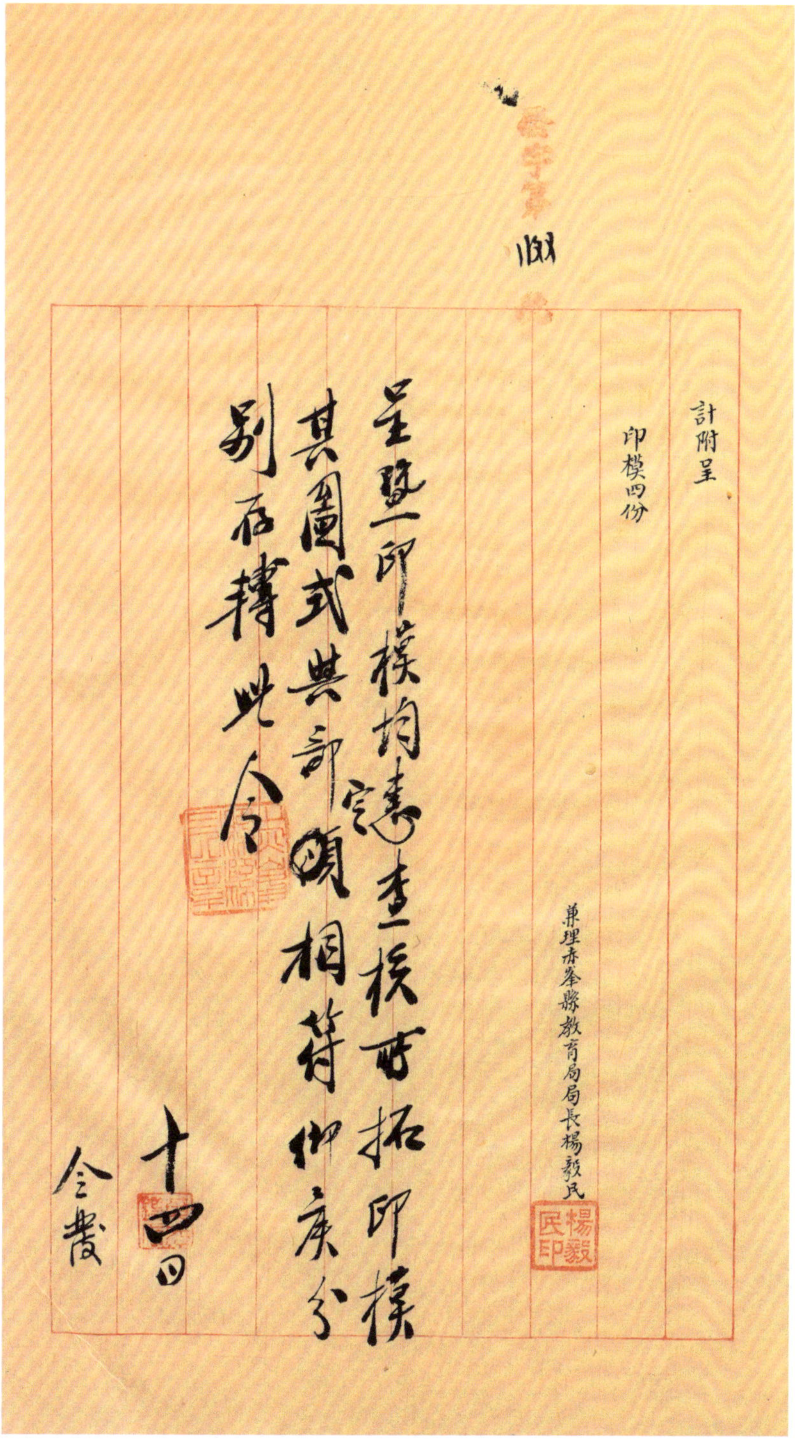

計附呈
印模四份

兼理赤峰縣教育局局長楊毅民

呈暨印模均悉查核所拓印模其圖式與部定頒相符仰候分別存轉此令
十四日
令發

三二六 赤峰縣教育局爲呈送赤峰縣立女子完全小學校印模事致赤峰縣政府呈（1932年1月12日）

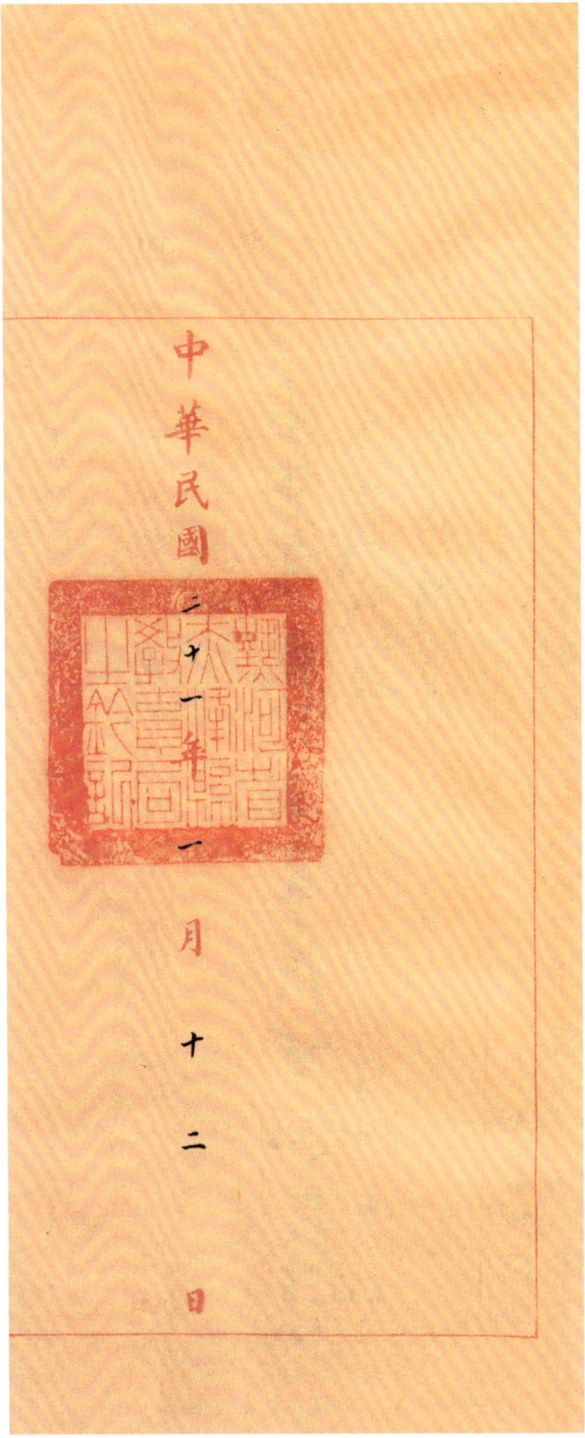

中華民國二十一年一月十二日

三二六 赤峰縣教育局爲呈送赤峰縣立女子完全小學校印模事致赤峰縣政府呈（1932年1月12日）

3-1-1429-13(2)

謹將奉令刊發本校之鈐記一顆拓具印模恭呈

鑒核

三二七 熱河省建設廳爲火速查明具報需用電杆數目以便安設電話事致赤峰縣政府訓令（1932 年 1 月 17 日）

熱河省政府建設廳訓令第　號

收字第卌八號

第二科

令赤峰縣政府

爲令遵事。查本省地方遼闊，山川脩阻，道路窵遠，交通不便，傳達消息，非有電話不足以資靈通。值此分交緊迫，自應積極籌設，藉備應用。在縣尚應將由該縣至鄰縣界若干里，所轄共有幾區，某區距縣城、某區距某區各若干里，統共需電桿若干棵，火速查明，預備足數，分別開單呈報到廳，以憑核办。其電線鉤盤業由省垣備齊，亟待桿料齊全，即行工作。除分令外，合亟令仰該縣遵照辦理，尅日具報。案關電政，勿稍玩延。切切此令。

廿一年一月十七日

3-1-1080-1(1-4)

三二七　熱河省建設廳爲火速查明具報需用電杆數目以便安設電話事致赤峰縣政府訓令（1932年1月17日）

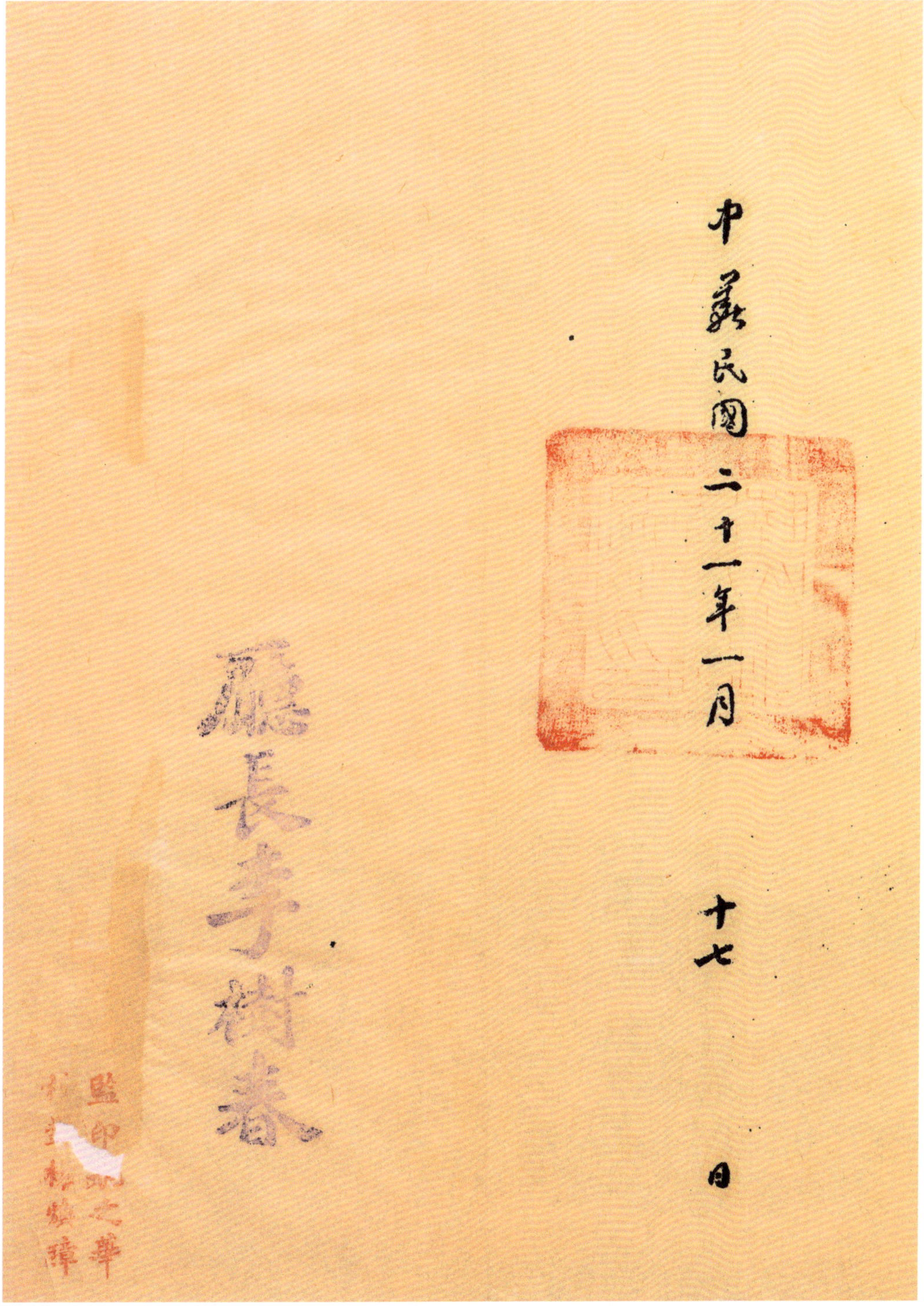

中華民國二十一年一月十七日

廳長李樹春

監印[illegible]之華

校[illegible]璋

三二八　技術員徐保年爲造送安設電話所需電杆數目清單及電話綫路圖事致赤峰縣政府呈（1932年2月1日）

34-1080-1(9-13)

收字第406號

第二科

呈

[illegible]第564號

民國廿一年二月一日到

三二八　技術員徐保年爲造送安設電話所需電杆數目清單及電話綫路圖事致赤峰縣政府呈（1932 年 2 月 1 日）

為呈覆事案奉
鈞府第三十號訓令以轉奉
熱河省建設廳第一一八號訓令內開查本省地方遼闊山川修阻道路窎遠交通
不便傳達消息非有電話不足以資靈通值此外交緊迫自應積極籌設藉備
應用合亟令仰該員遵照即行前往電報局妥為接洽將本縣至隣縣界若干
里所轄五區某區距縣城某區距某區各若干里統共需電桿若干棵計劃明確限
五日內開列清單具覆以憑核轉等因奉此技術員遵即前往電局當與何局長接洽據
云綫路用桿每里約需七根或因地形關係尚須加添幫樁頂柱至於各區距離敝局不甚
詳悉等語查各區距縣里數及各區與各區相距里數及所需桿數另列清單並繪具
草圖理合具文呈覆

三二八　技術員徐保年爲造送安設電話所需電杆數目清單及電話綫路圖事致赤峰縣政府呈（1932年2月1日）

鑒核施行謹呈

赤峰縣政府縣長孫

附清單一紙　草圖一張

呈遞清單草圖均悉，查赤峯幅幀遼闊，該員竟能於限期內將全縣所需電桿數目計劃並協繪圖呈報，足見辦事認真，殊堪嘉許，除轉報外，仰即知照。此令

技術員徐保年

中華民國二十一年二月一日

三二八　技術員徐保年爲造送安設電話所需電杆數目清單及電話綫路圖事致赤峰縣政府呈（1932年2月1日）

34-1050-33(114-121)

清單

三二八　技術員徐保年爲造送安設電話所需電杆數目清單及電話綫路圖事致赤峰縣政府呈（1932 年 2 月 1 日）

謹將本縣至隣縣界並各區區團部駐在地點相距里數以及所需桿數理合開具清單

恭呈

鑒核

計開

本縣東界建平至界七十里

本縣北界全寧至界一百里

本縣西界圍場至界一百四十里

本縣南界寧城至界四十里

第一區區團部駐西南地距街三十里

第二區區團部駐五家距街七十里

三二八 技術員徐保年爲造送安設電話所需電杆數目清單及電話綫路圖事致赤峰縣政府呈（1932年2月1日）

第三區區團部駐城場距街七十里
第四區區團部駐初頭朗距街六十里
第五區區團部駐老府鎮距街一百二十里
由縣城至二區相距七十里計需桿四百九十根
第二區至三區相距一百三十里計需桿九百一十根
第三區至四區相距四十五里計需桿三百一十五根
第四區至五區相距九十五里計需桿六百六十五根
第五區至一區相距一百三十里計需桿九百一十根
以上共計四百七十里共計需桿三千二百九十根

三二八　技術員徐保年爲造送安設電話所需電杆數目清單及電話綫路圖事致赤峰縣政府呈（1932年2月1日）

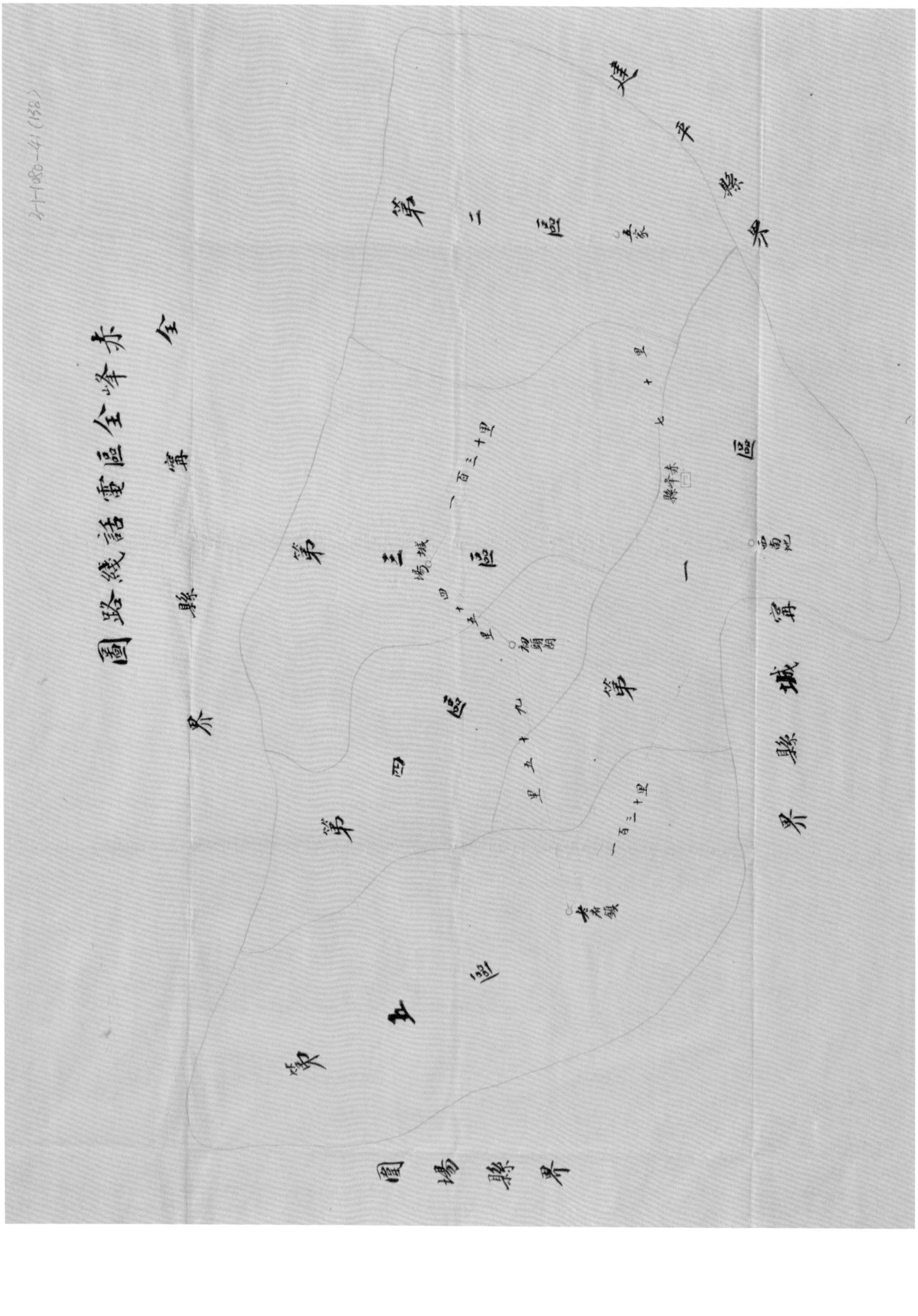

三二九　赤峰縣政府爲上海戰事我軍大勝事致赤峰縣財政局訓令（1932 年 3 月 12 日）

收字第15號

3-1-2751-7

赤峰縣政府訓令第一零六號

令財政局

爲令行事案奉

熱河省政府主席兼司令湯佳電內開連日據淞滬警備司
令部電元日午敵在紀家橋一帶激戰大勝敵傷亡千餘人日
退不支又上海市政府豔電敵軍屢攻屢敗傷亡極多我軍陣
線進展又上海電局通電三月三日午後我軍克復瀏河敵傷
亡萬餘人又金委員鼎臣由南京來電支日我軍大捷殲敵二
萬且將渠帥白川擊斃現敵方下半旗誌哀我方則燃放爆竹
慶賀勝利瀏河真茹俱經克復各等語合電通知等因奉

三二九 赤峰縣政府爲上海戰事我軍大勝事致赤峰縣財政局訓令（1932 年 3 月 12 日）

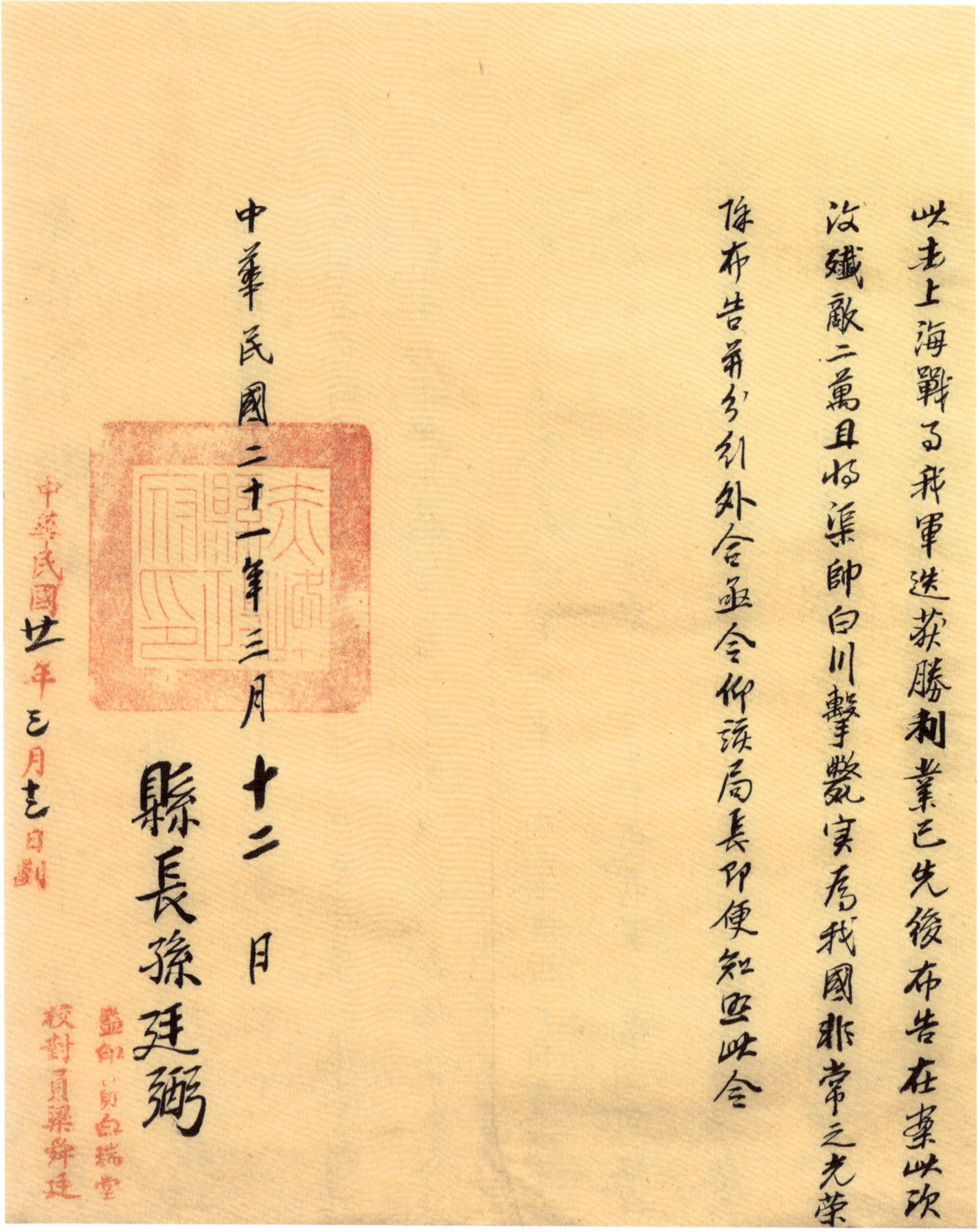
以去上海戰事我軍迭獲勝利業已先後布告在案此次
汝殲敵二萬且將渠帥白川擊斃實爲我國非常之光榮
除布告并分行外合亟令仰該局長即便知照此令

中華民國二十一年三月十二日

縣長孫廷弼

中華民國廿年三月十二日劃

監印員白瑞堂
校對員梁舜廷

三三〇　熱河省民政廳爲遵照種痘條例舉行春季種痘事致赤峯縣政府訓令（1932 年 3 月 27 日）

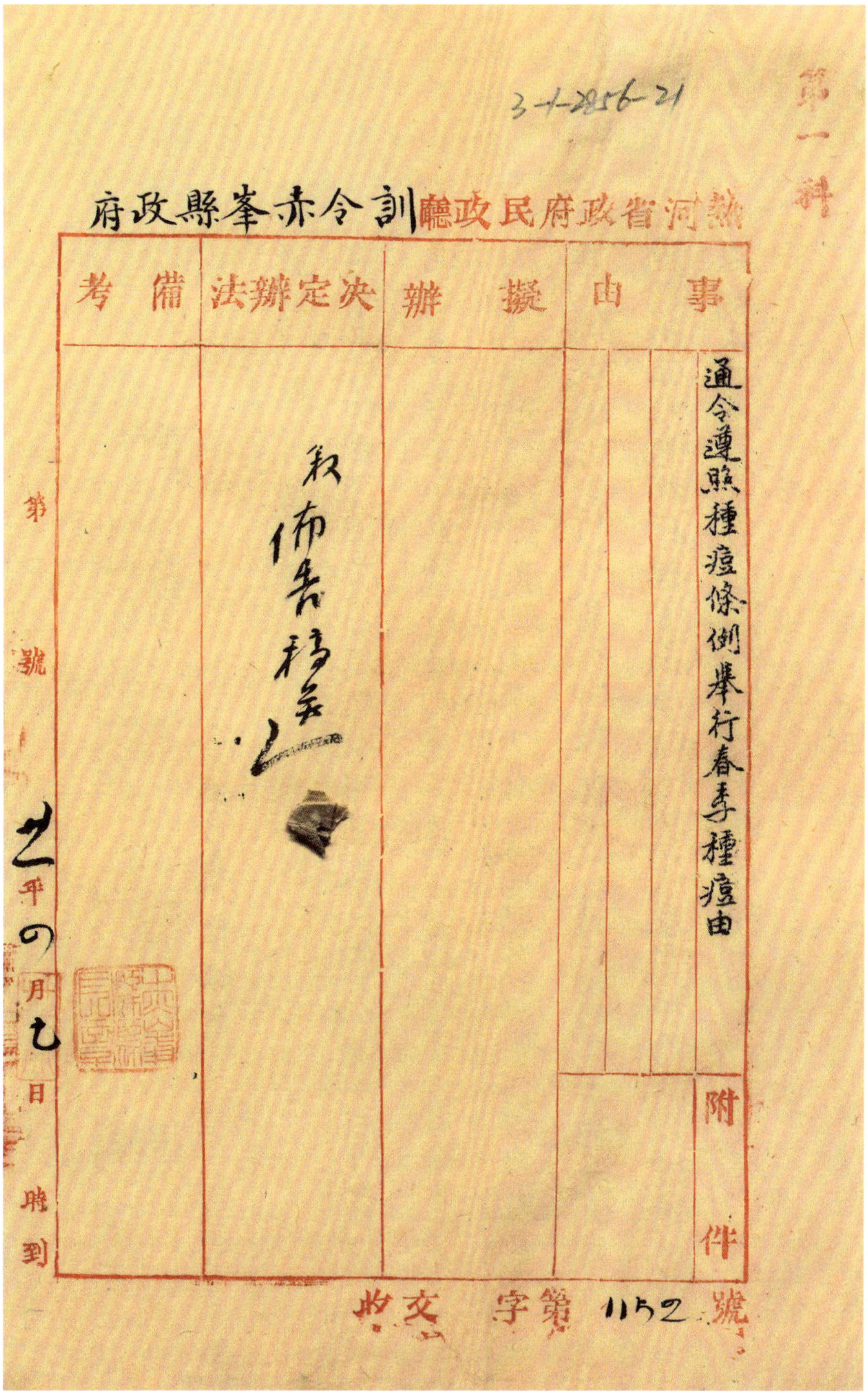

3-1-2856-21

第一科

熱河省政府民政廳訓令赤峯縣政府

事由	擬辦	決定辦法	備考
通令遵照種痘條例舉行春季種痘由		叙佈告存查	

附件

第　號

廿一年四月九日收到

收文字第 1152 號

三三〇 熱河省民政廳爲遵照種痘條例舉行春季種痘事致赤峰縣政府訓令（1932年3月27日）

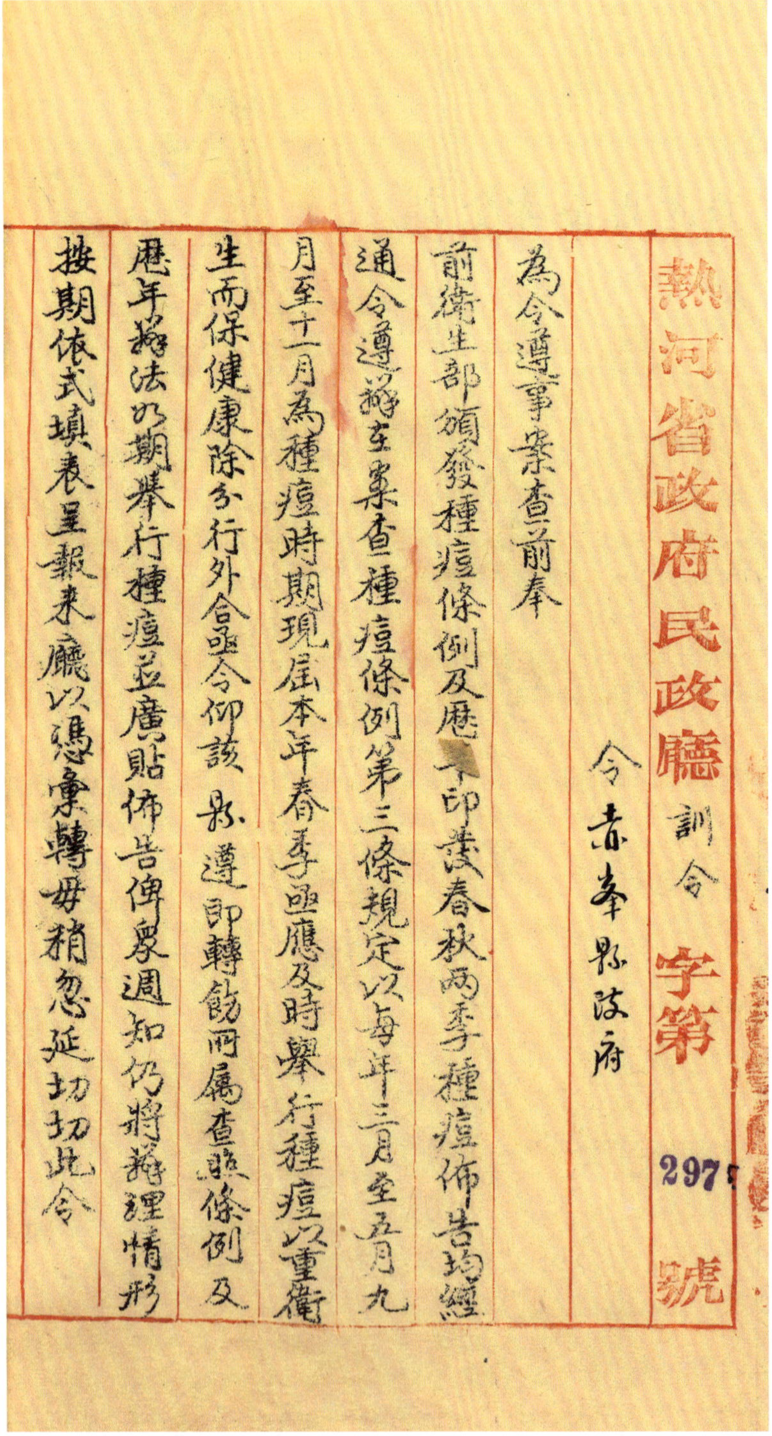
熱河省政府民政廳訓令 字第 297 號

令赤峰縣政府

為令遵事案查前奉

前衛生部頒發種痘條例及歷年印發春秋兩季種痘佈告均經

通令遵辦在案查種痘條例第三條規定以每年三月至五月九

月至十一月為種痘時期現屆本年春季亟應及時舉行種痘以重衛

生而保健康除分行外合亟令仰該縣遵即轉飭所屬查照條例及

歷年辦法如期舉行種痘並廣貼佈告俾衆週知仍將辦理情形

按期依式填表呈報來廳以憑彙轉毋稍忽延切切此令

三三〇 熱河省民政廳爲遵照種痘條例舉行春季種痘事致赤峰縣政府訓令（1932年3月27日）

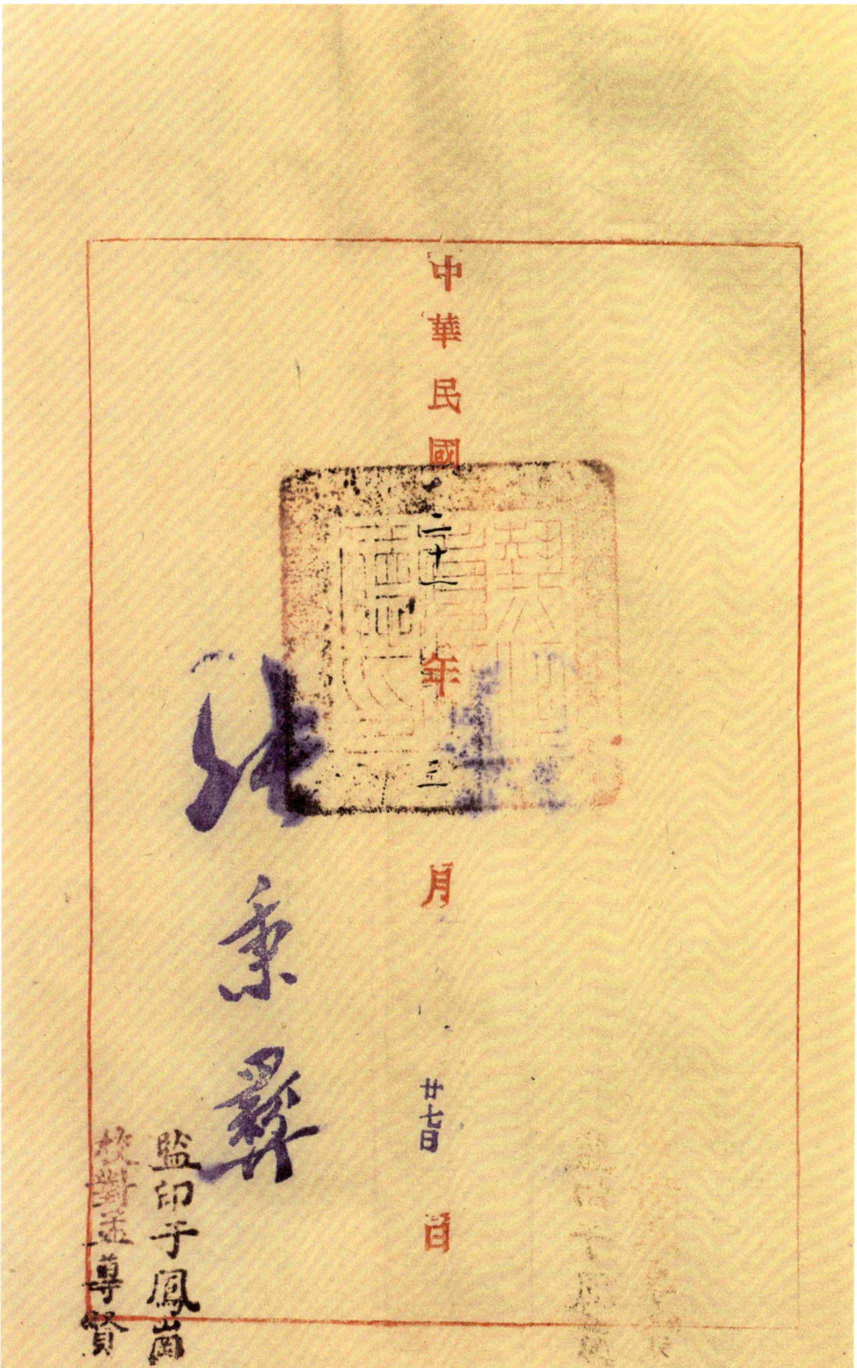

三三一 醫士田季莊、李景融爲會報春季種痘情形事致赤峰縣政府呈（1932年7月26日）

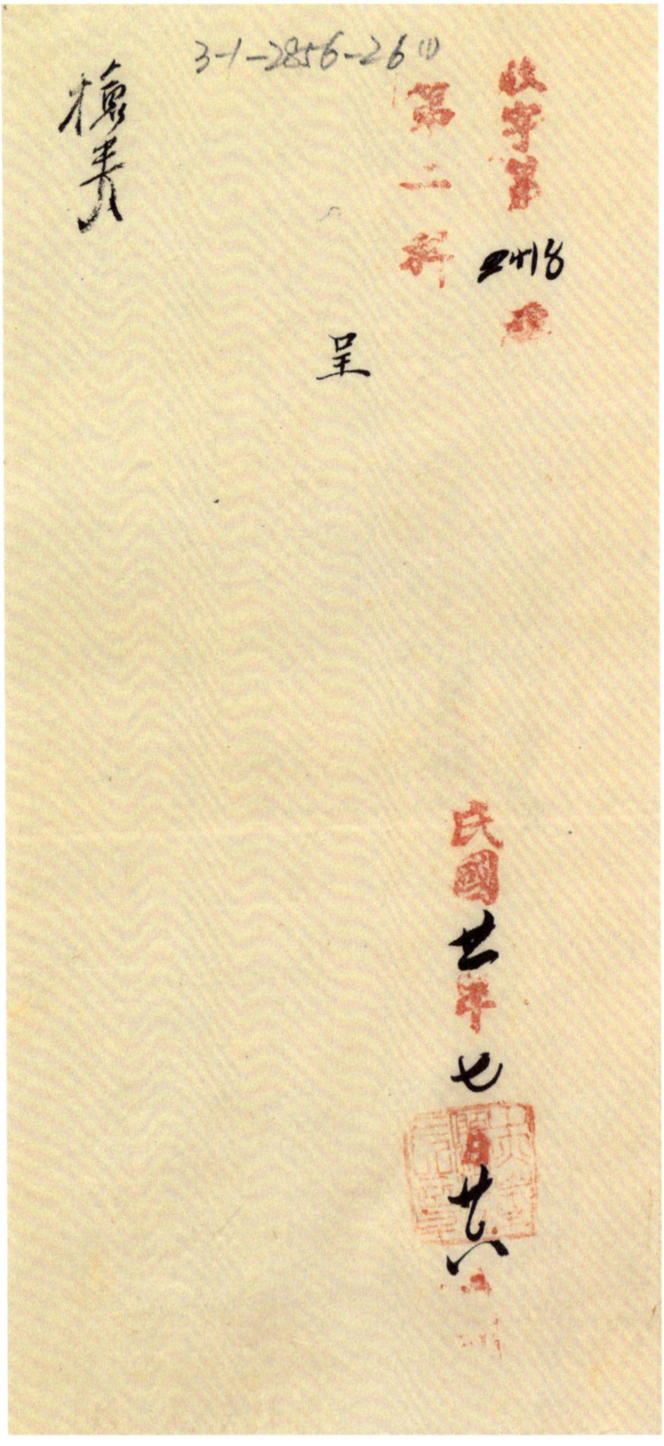
3-1-2856-26(1)

第二科

收字第2418號

呈

民國廿一年七月廿六

三三一　醫士田季莊、李景融爲會報春季種痘情形事致赤峰縣政府呈（1932年7月26日）

呈為會報本年春季種痘情形填具種痘表送請
鑒核彙轉事案奉
鈞府令開為令亟通知該醫士遵照前發表式迅將去年秋季及
本年春季種痘經過情形查填送呈來府以憑彙轉毋延為要
等因奉此醫士等遵查赤峰每年秋季天氣寒冷甚早又
兼人民習慣成性秋季均不種痘業已呈報在案理合將本年
春季種痘經過情形以並填具種痘表六份具文呈送
鈞府鑒核彙轉施行謹呈
赤峰縣主席孫
計呈送種痘表六份

三三一 醫士田季莊、李景融爲會報春季種痘情形事致赤峰縣政府呈（1932年7月26日）

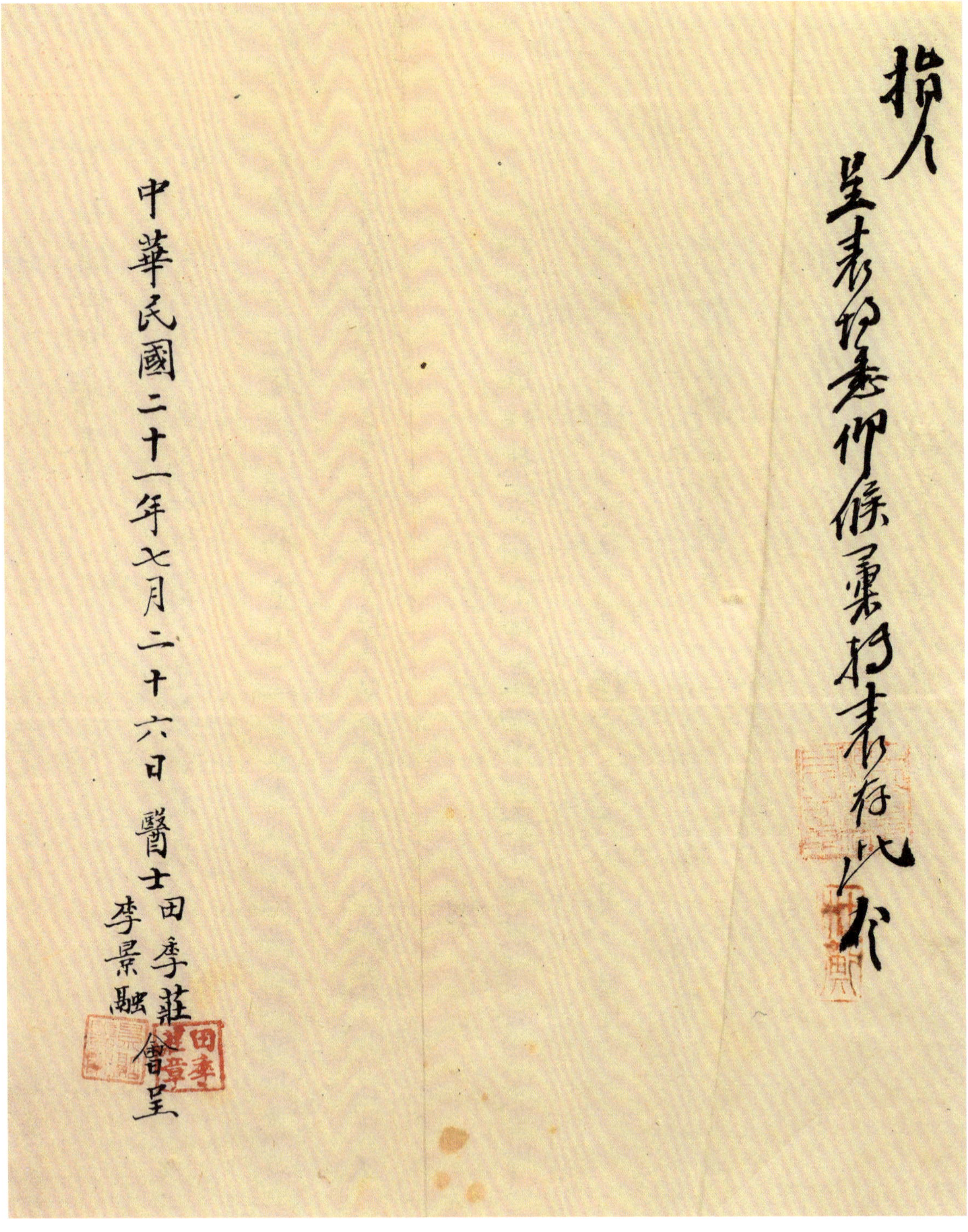

指令
呈表均悉仰候彙轉表存此令

中華民國二十一年七月二十六日 醫士田季莊
李景融會呈

三三一 醫士田季莊、李景融爲會報春季種痘情形事致赤峰縣政府呈（1932年7月26日）

中英葯房種痘統計表

民國二十一年二月一日起至七月一日止

地名		熱河省第一期 男	熱河省第一期 女	熱河省第一期 合計	第二期 男	第二期 女	第二期 合計	備考
赤峰縣	善感	三五	一五	五十	一三	一七	三十	
	不善感	無	無	無	無	無	無	
第一回	緩期	無						
	補種 善感	無						
	補種 不善感	無						
	合計 善感	無						
	合計 不善感	無						
說明								

三三一 醫士田季莊、李景融爲會報春季種痘情形事致赤峰縣政府呈（1932年7月26日）

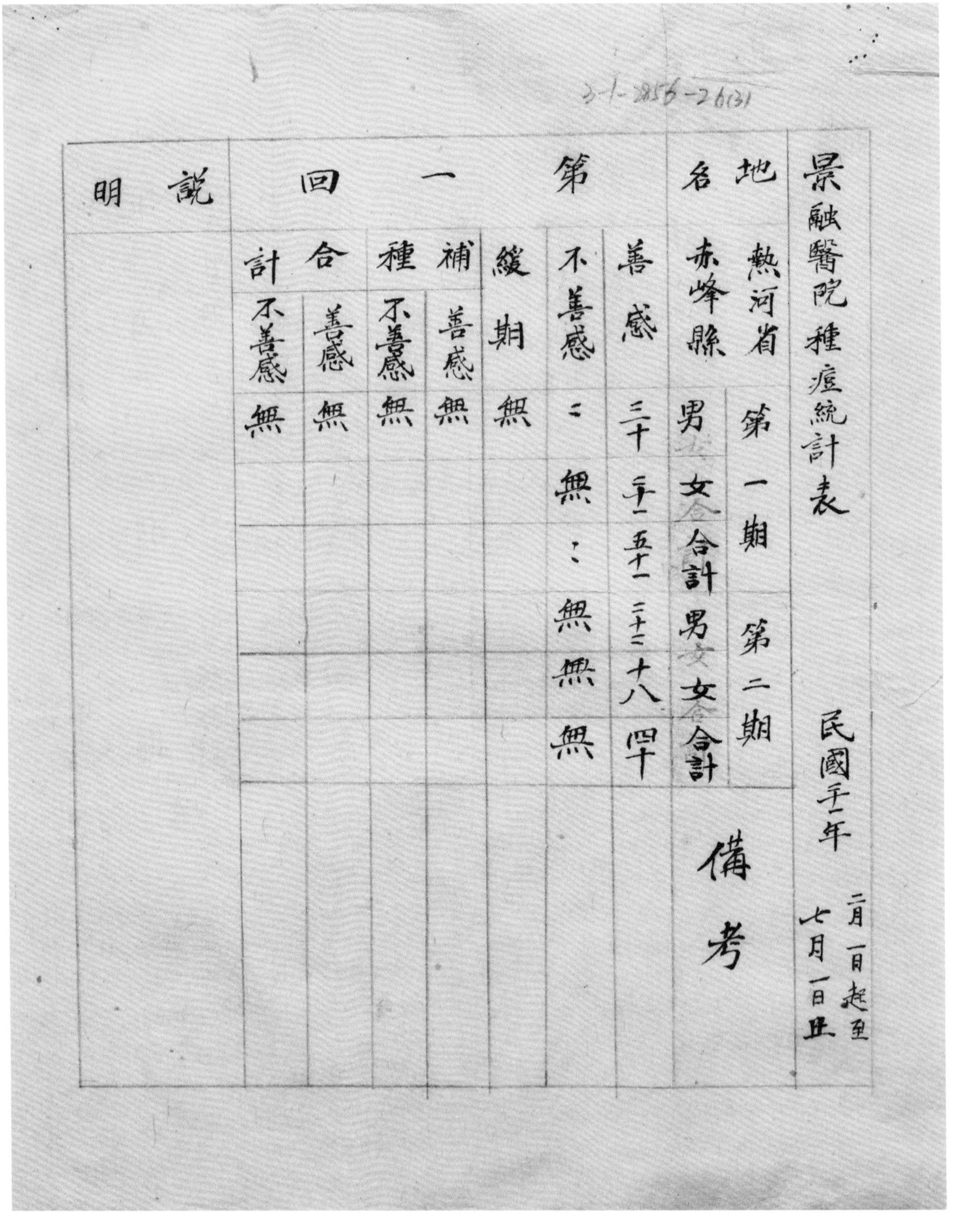

3-1-2856-26131

景融醫院種痘統計表

民國廿一年二月一日起至七月一日止

地名	第一期			第二期			備考
熱河省赤峰縣	男	女	合計	男	女	合計	
第一回 善感	三十	二十一	五十一	二十二	十八	四十	
第一回 不善感	二	無	二	無	無	無	
第一回 緩期	無						
第一回 補種 善感	無						
第一回 補種 不善感	無						
第一回 合計 善感	無						
第一回 合計 不善感	無						
說明							

三三一 醫士田季莊、李景融爲會報春季種痘情形事致赤峰縣政府呈（1932年7月26日）

3-1-2856-26(4)

同濟医院種痘統計表 民國廿一年六月一日起至七月一日止

地名	熱河省赤峰縣	第一期 男	第一期 女	第一期 合計	第二期 男	第二期 女	第二期 合計	備考
第一回	善感	四二	六	四八	二五	二二	四七	
	不善感	無	0	0	0	0	0	
	緩期	0	0	0	0	0	0	
	補種 善感	0	0	0	0	0	0	
	補種 不善感	0	0	0	0	0	0	
	合計 善感	四二	六	四八	二五	二二	四七	
	合計 不善感	0	0	0	0	0	0	
說明								

三三二　赤峰縣商會爲東北事變後火柴行銷是否仍受專賣條例限制事致赤峰縣政府呈（1932 年 4 月 13 日）

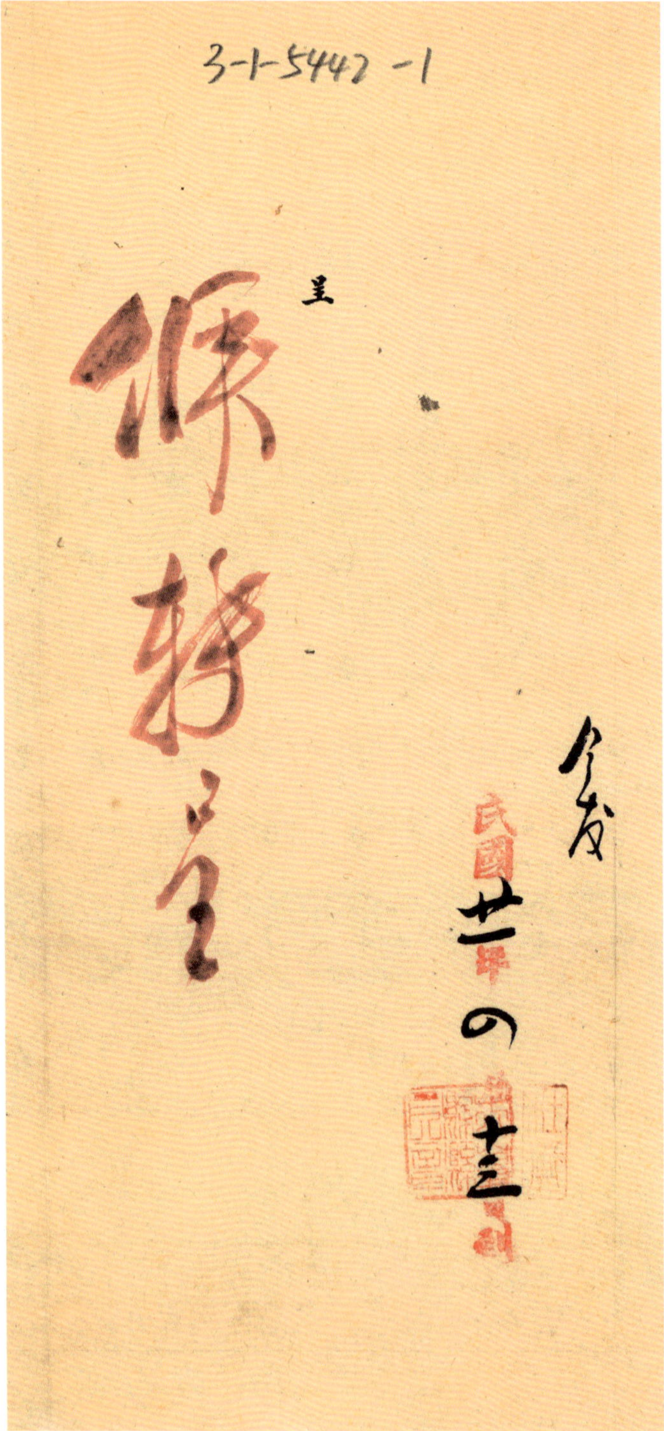
3-1-5442-1

呈

令發

民國廿一年四月十三

三三二 赤峰縣商會爲東北事變後火柴行銷是否仍受專賣條例限制事致赤峰縣政府呈（1932年4月13日）

呈為呈請事業查東北火柴專賣條例第一條東北政務委員會在遼吉黑熱四省境內有火柴專賣權第二條為實行火柴專賣設立火柴專賣局主管火柴專賣事宜第四條非專賣局所賣之火柴不得在東北四省境內行銷第十六條專賣印花由火柴同業會向專賣局請領發給火柴廠於製成火柴裝包時粘貼之第三十條如有私賣未貼印花之火柴應分別處罰並沒收其火柴等條文規定乃施行未久東北發生事變東北政委會已不在東三省境內行使專賣權惟熱河地方既無專賣火柴製造廠而現時東北各火柴廠製成之火柴已無印花自不能認為東北專賣局所賣之火柴其平津各廠製成之火柴照章復不能在熱河境內行銷以是熱省火柴來源斷絕第火柴為民生日用之必需品任何時間不能缺乏前者購買貼花之火柴每盒印花二釐或四釐於平民經濟已蒙

三三二　赤峰縣商會爲東北事變後火柴行銷是否仍受專賣條例限制事致赤峰縣政府呈（1932年4月13日）

重大之影響至今并貼花火柴亦無處購買於日常生活益感困難之增加况火柴專賣創始於東北爲全國各省所無現時東三省既不能行使專賣權只熱河一隅未便獨存特種之稅制究竟東北政委會所設之專賣局是否停辦何種火柴應認爲東北專賣之火柴市場需要火柴責成何廠製造由平津運銷各處輸入之火柴可否准其行銷抑或仍受東北專賣條例之限制商民莫知適從理合備文呈請伏乞

鑒核俯賜轉呈施行謹呈

赤峰縣政府

商會主席張文琳（張文琳印）

常務委員劉學涵（劉學涵印）

三三二　赤峰縣商會爲東北事變後火柴行銷是否仍受專賣條例限制事致赤峰縣政府呈（1932 年 4 月 13 日）

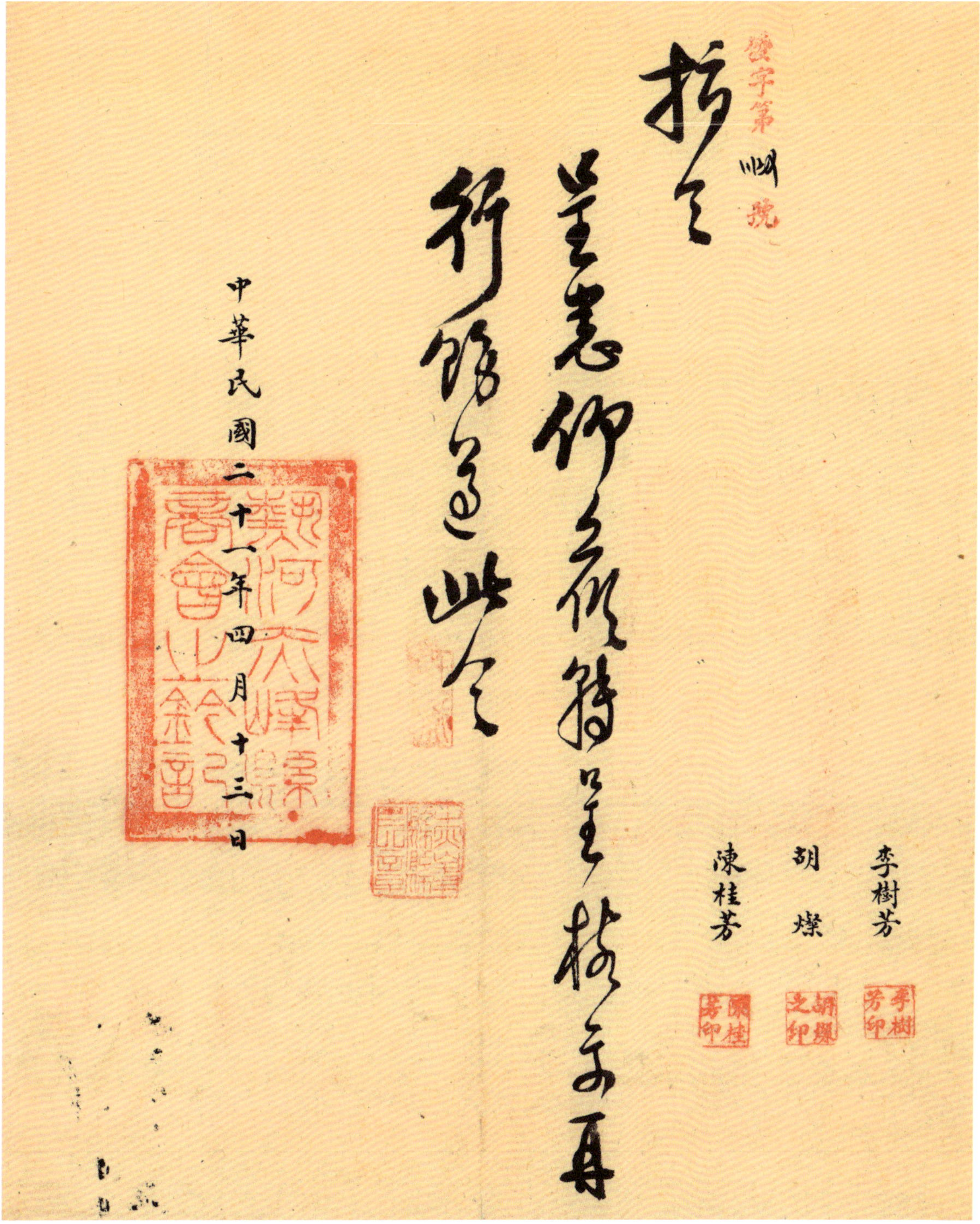

三三三 赤峰縣立初級中學校爲造送學生各科優良成績物品數目一覽表事致赤峰縣政府呈（1932 年 4 月 13 日）

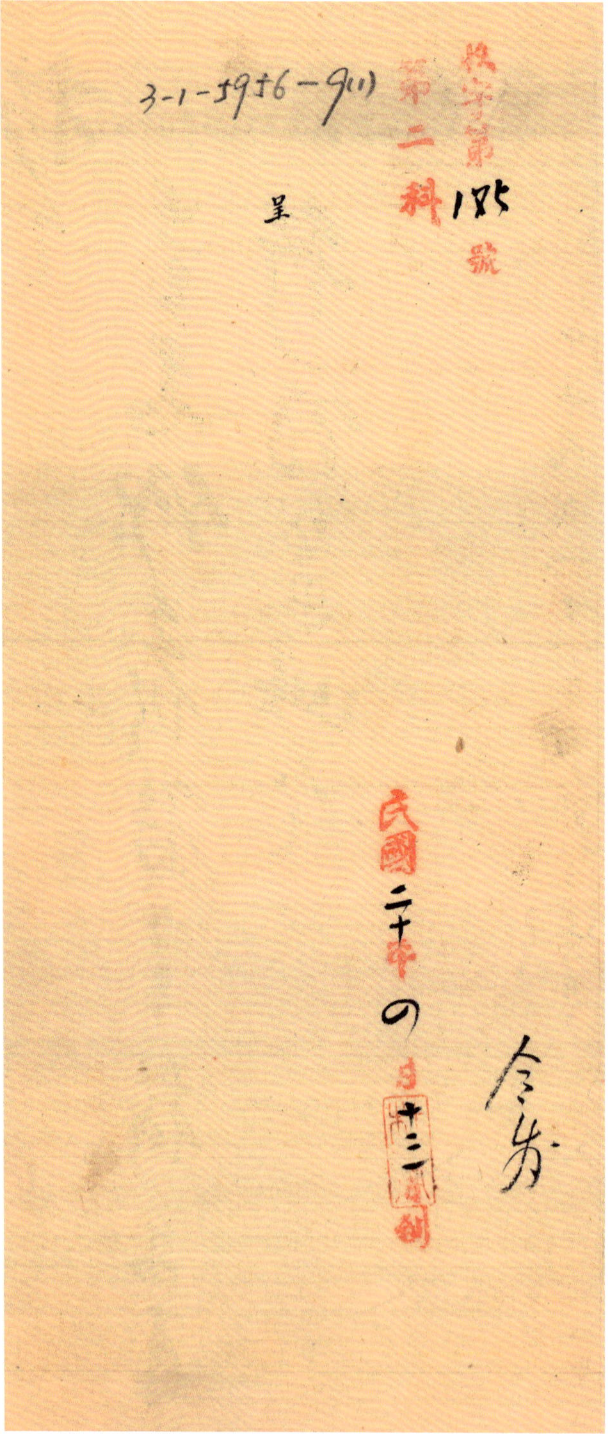
3-1-5956-911

校字第二科185號

呈

民國二十一年四月十三日

三三三 赤峰縣立初級中學校爲造送學生各科優良成績物品數目一覽表事致赤峰縣政府呈（1932年4月13日）

呈爲遵令呈送學生各科優良成績物品數目一覽表三份仰乞
鑒核轉呈事案奉
鈞府第三八四號訓令内開爲令行事案奉
熱河省教育廳第一八七二號訓令内開爲令行事查本省省縣學生成績展覽會亟應籌備舉行以資觀摩而定考
成業經令行在案兹擬定熱河全省學生成績展覽會組織大綱暨徵集出品辦法細則呈奉
省政府第一九八零號指令内開呈件均悉當經提交本府委員會第九十一次會議決議通過仰遵照辦理等因奉此
合行頒發熱河全省學生成績展覽會組織大綱暨徵集出品辦法細則令仰該縣遵照並轉飭所屬遵照詳擬
辦法切實籌備定期舉行各該縣學生成績展覽會以資觀摩並應按照徵集出品辦法細則擇尤呈廳以便彙
交全省學生成績展覽會展覽爲要切切此令計發熱河全省學生成績展覽會組織大綱暨徵集出品辦法細則
各一份等因奉此除分行外合亟照抄原件令仰該校長遵照會同教育局長詳擬辦法切實籌備定期舉行本縣

三三三　赤峰縣立初級中學校爲造送學生各科優良成績物品數目一覽表事致赤峰縣政府呈（1932年4月13日）

學生成績展覽會以資觀摩並按照徵集出品辦法選擇優良成績呈送來府以憑轉呈事關整頓教育萬勿敷衍為要切切此令計抄發熱河全省學生成績展覽會組織大綱暨徵集出品辦法細則各一份等因奉此除本縣學生成績展覽會舉行日期開會情形經教育局呈報外茲檢選職校學生各科優良成績共五百九十六件分別列表妥為包封因重量過大不便郵寄業已覓僱妥車運行帶省呈送

教育廳理合檢同學生各科優良成績物品數目一覽表三份備文呈請

鑒核轉呈實為公便謹呈

赤峰縣政府縣長孫

計呈送

學生成績物品數目一覽表三份

熱河省赤峰縣立初級中學校校長楊毅民

楊毅民印

三三三　赤峰縣立初級中學校爲造送學生各科優良成績物品數目一覽表事致赤峰縣政府呈（1932 年 4 月 13 日）

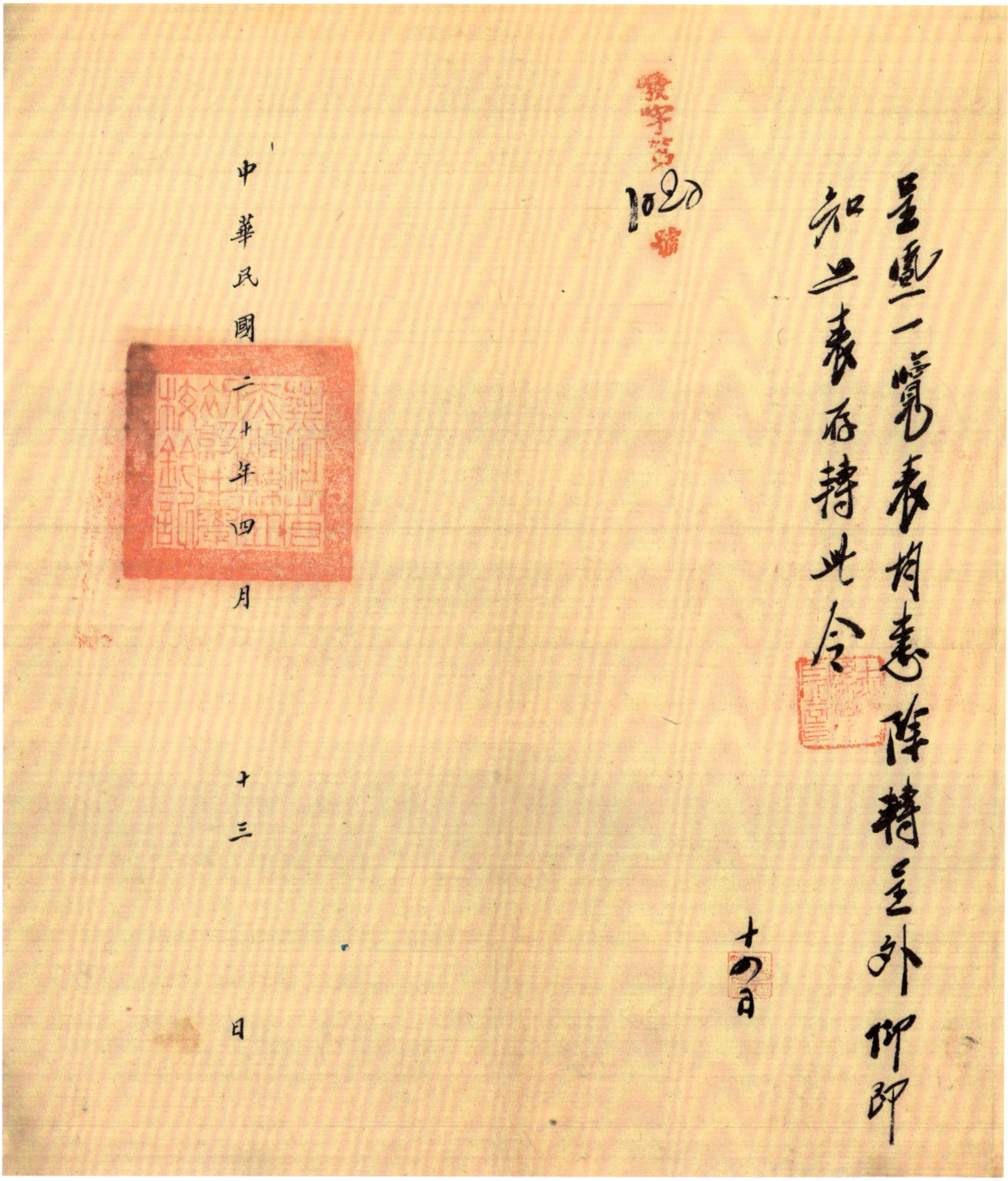
呈送一覽表均悉。除轉呈外，仰即知照。表存轉。此令。

十四日

發字第1020號

中華民國二十年四月十三日

三三三　赤峰縣立初級中學校爲造送學生各科優良成績物品數目一覽表事致赤峰縣政府呈（1932 年 4 月 13 日）

3-1-5956-9(2)

熱河省赤峯縣立初級中學校學生成績物品數目一覽表

三三三　赤峰縣立初級中學校爲造送學生各科優良成績物品數目一覽表事致赤峰縣政府呈（1932 年 4 月 13 日）

熱河省赤峯縣立初級中學校學生成績物品數目一覽表

物品	數目	備考
各科試卷	六十七本	
歷史副本	四十本	
黨義副本	四十本	
地理副本	十三本	
英文副本	五十一本	
自然科副本	六十二本	
算學副本	二十八本	
植物標本	十四種	

三三三　赤峰縣立初級中學校爲造送學生各科優良成績物品數目一覽表事致赤峰縣政府呈（1932年4月13日）

3-1-5916-9(4)

刻石	二十七塊
刻石樣本	一冊
刻竹	二十三件
鉛筆畫	三十一幅
水彩畫	七十四幅
習字	二十條
中國畫	十一幅
自然圖解	二十五幅
歷史表解	二幅
黨義表解	四幅

三三三　赤峰縣立初級中學校爲造送學生各科優良成績物品數目一覽表事致赤峰縣政府呈（1932 年 4 月 13 日）

英文表解	四幅
生理掛圖	六幅
地理掛圖	九幅
通草工	七件
堆棉工	四件
麥稭工對聯	六付
貼紙工	二十件
貼紙對聯	一付
國文成績	六冊
總計	五百九十六件

三三三 赤峰縣立初級中學校爲造送學生各科優良成績物品數目一覽表事致赤峰縣政府呈（1932年4月13日）

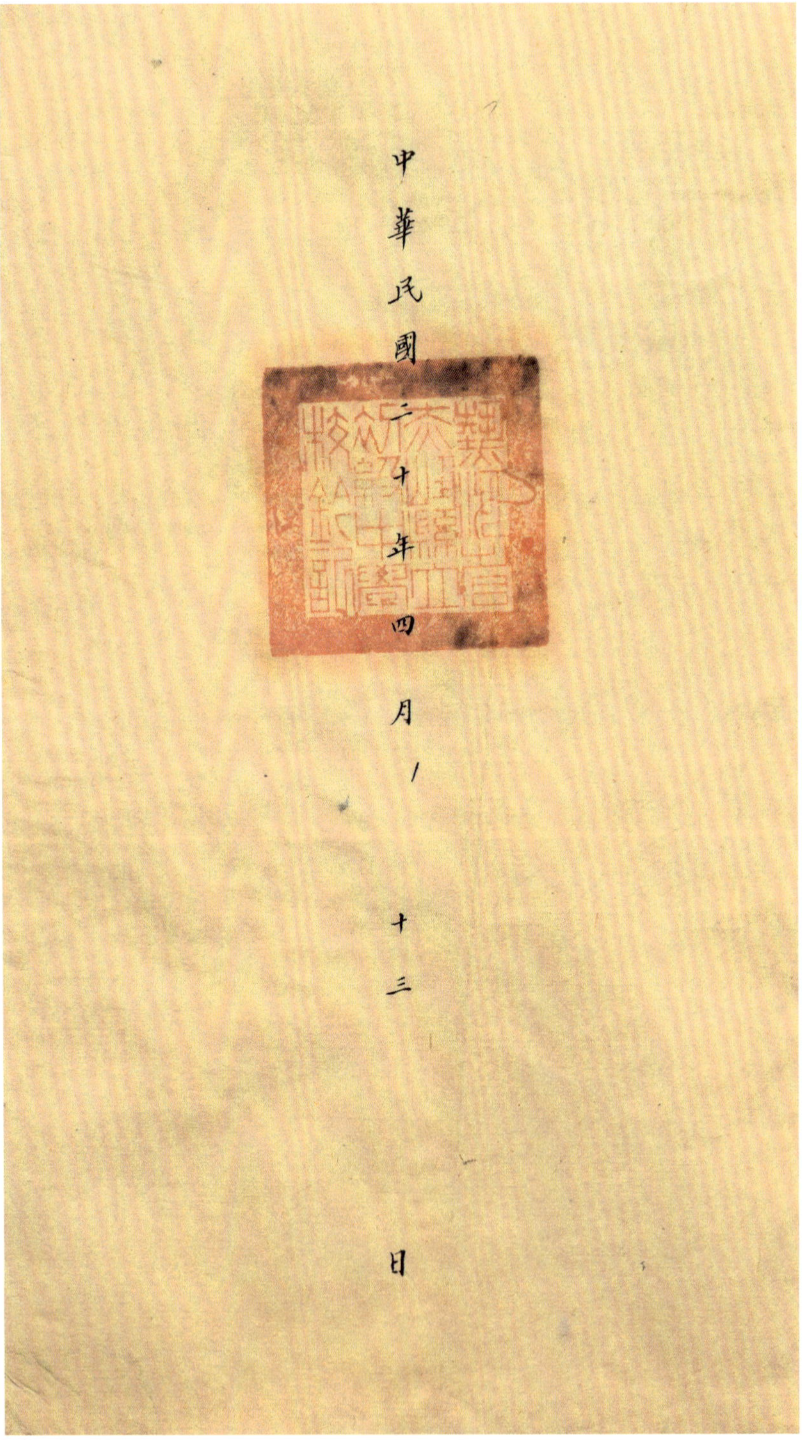

中華民國二十年四月十三日

三三四　熱河省建設廳爲查填益蟲益鳥調查表事致赤峰縣政府訓令（1931年9月17日）

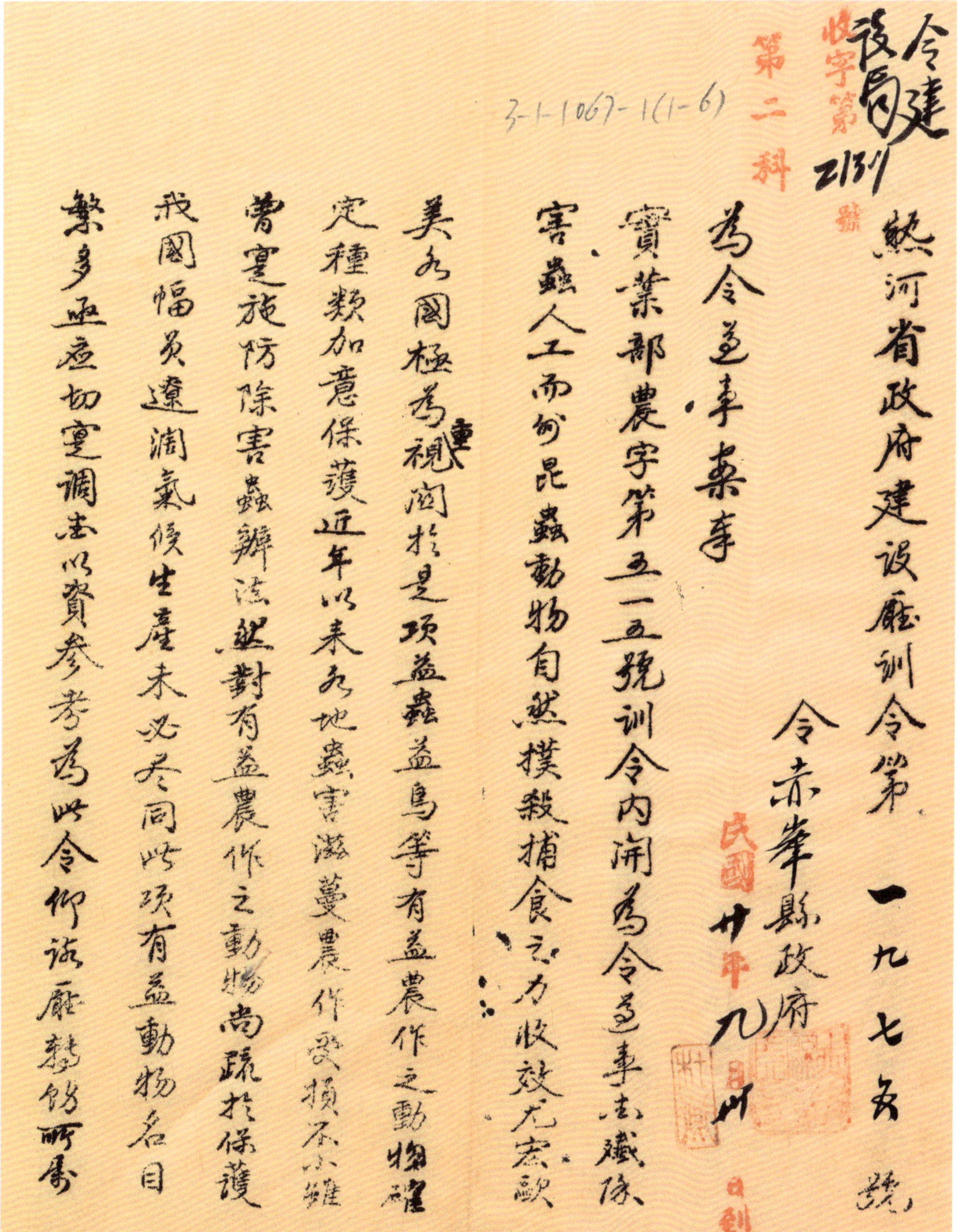
令建設局
收字第2131號
第二科
3-1-1067-1(1-6)

熱河省政府建設廳訓令第一九七五號
令赤峰縣政府
為令遵事案奉
實業部農字第五一五號訓令內開為令遵事查驅除
害蟲人工而外昆蟲動物自然撲殺捕食之力收效尤宏歐
美各國極為重視關於是項益蟲益鳥等有益農作之動物確
定種類加意保護近年以來各地蟲害滋蔓農作受損不小雖
曾實施防除害蟲辦法然對有益農作之動物尚疏於保護
我國幅員遼濶氣候生產未必盡同此項有益動物名目
繁多亟應切實調查以資參考為此令仰該廳轉飭所屬

民國廿年九月卅日到

三三四 熱河省建設廳爲查填益蟲益鳥調查表事致赤峰縣政府訓令（1931年9月17日）

為農事機關迅將益蟲益鳥及有益農作之動物種類習
性及實際有益情形分別詳細列表呈由該廳報部以便制
定保護益蟲益鳥規章而維農業是為至要此令復奉
實業部第六零八號訓令內開為令遵事查調查益蟲益
鳥由主管機關列表飭屬查填具報前由本部通令有案嗣
據各省陸續呈送表式前來經詳加審核列表辦法式樣既
不一致於將來統計及考核上殊多不便茲為劃一表式起見另
行製定表式除分令外合行檢同表式令仰該廳遵速印發飭
屬依式查填彙報以便查考此令附表式一紙各等因奉此除分令外
合行抄發原表令仰該縣遵照並轉飭所屬依式查填呈送來廳以憑彙轉此令

三三四　熱河省建設廳爲查填益蟲益鳥調查表事致赤峰縣政府訓令（1931年9月17日）

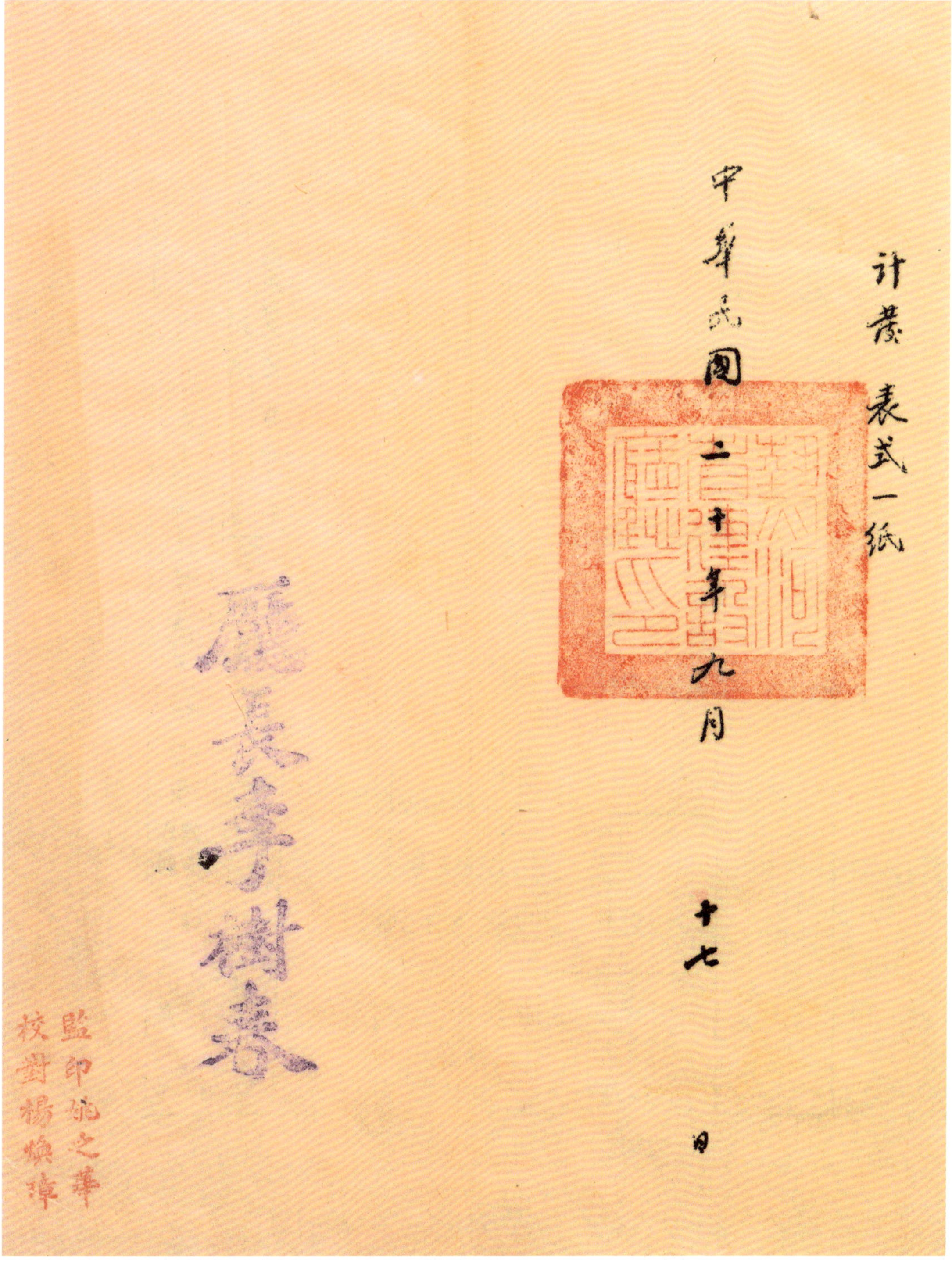

計發
表式一紙

中華民國二十年九月十七日

廳長　李樹春

監印　施之華
校對　楊煥璋

三三四 熱河省建設廳爲查填益蟲益鳥調查表事致赤峰縣政府訓令（1931年9月17日）

5-1-1007-19(64)

縣益蟲益鳥等調查報告表

民國二十　年　月　日調查填报

類別（益蟲或益鳥）	名稱：俗名	名稱：學名	形態	習性	實際有益情形	備考

說明

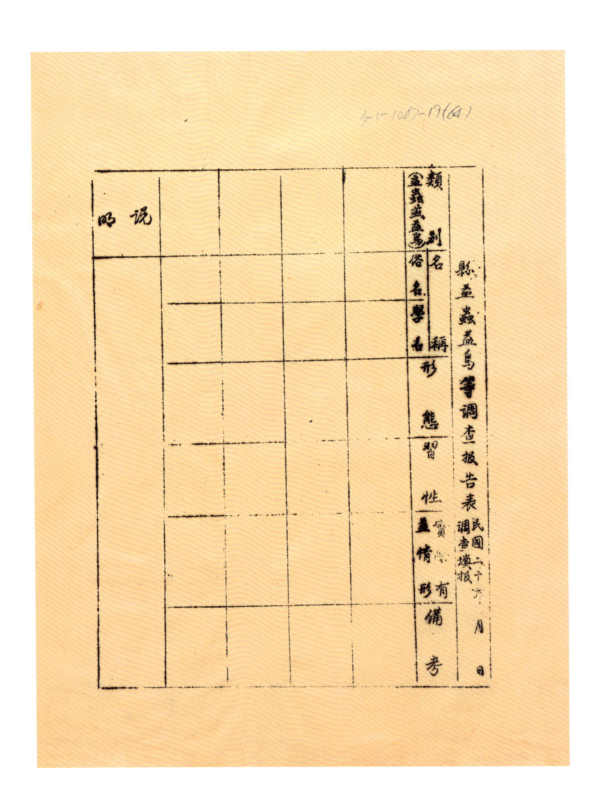

三三五　赤峰縣建設局爲查填益蟲益鳥調查表事致赤峰縣政府呈（1932年4月14日）

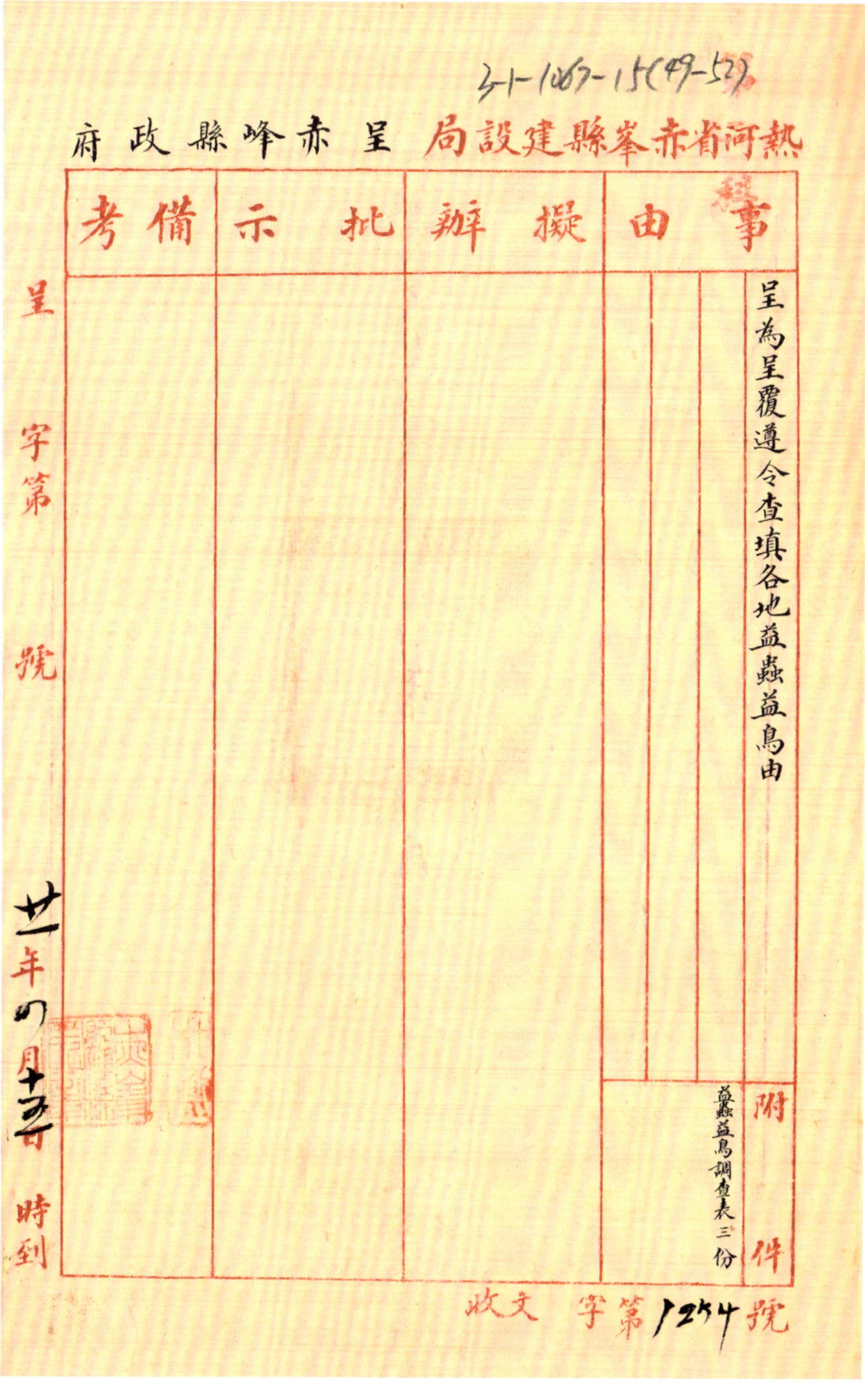

3-1-1067-15(49-52)

熱河省赤峯縣建設局　呈　赤峰縣政府

事由	擬辦	批示	備考
呈為呈覆遵令查填各地益蟲益鳥由			
附件：益蟲益鳥調查表三份			

呈　字第　號

廿一年四月十三日　時到

收文　字第1254號

三三五　赤峰縣建設局爲查填益蟲益鳥調查表事致赤峰縣政府呈（1932年4月14日）

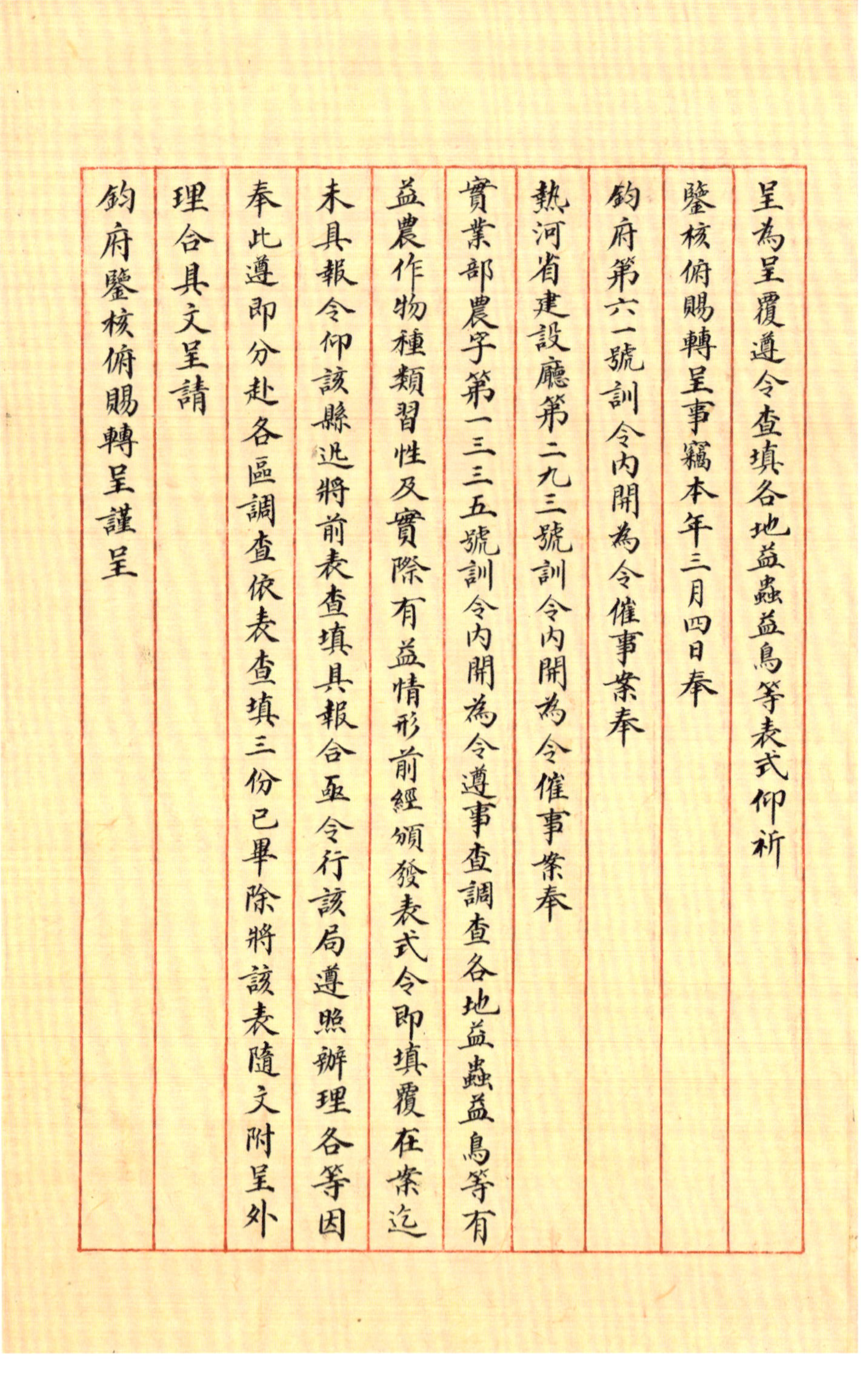
呈為呈覆遵令查填各地益蟲益鳥等表式仰祈
鑒核俯賜轉呈事竊本年三月四日奉
鈞府第六一號訓令內開為令催事案奉
熱河省建設廳第二九三號訓令內開為令催事案奉
實業部農字第一三三五號訓令內開為令遵事查調查各地益蟲益鳥等有
益農作物種類習性及實際有益情形前經頒發表式令即填覆在案迄
未具報令仰該縣迅將前表查填具報合亟令行該局遵照辦理各等因
奉此遵即分赴各區調查依表查填三份已畢除將該表隨文附呈外
理合具文呈請
鈞府鑒核俯賜轉呈謹呈

三三五　赤峰縣建設局爲查填益蟲益鳥調查表事致赤峰縣政府呈（1932年4月14日）

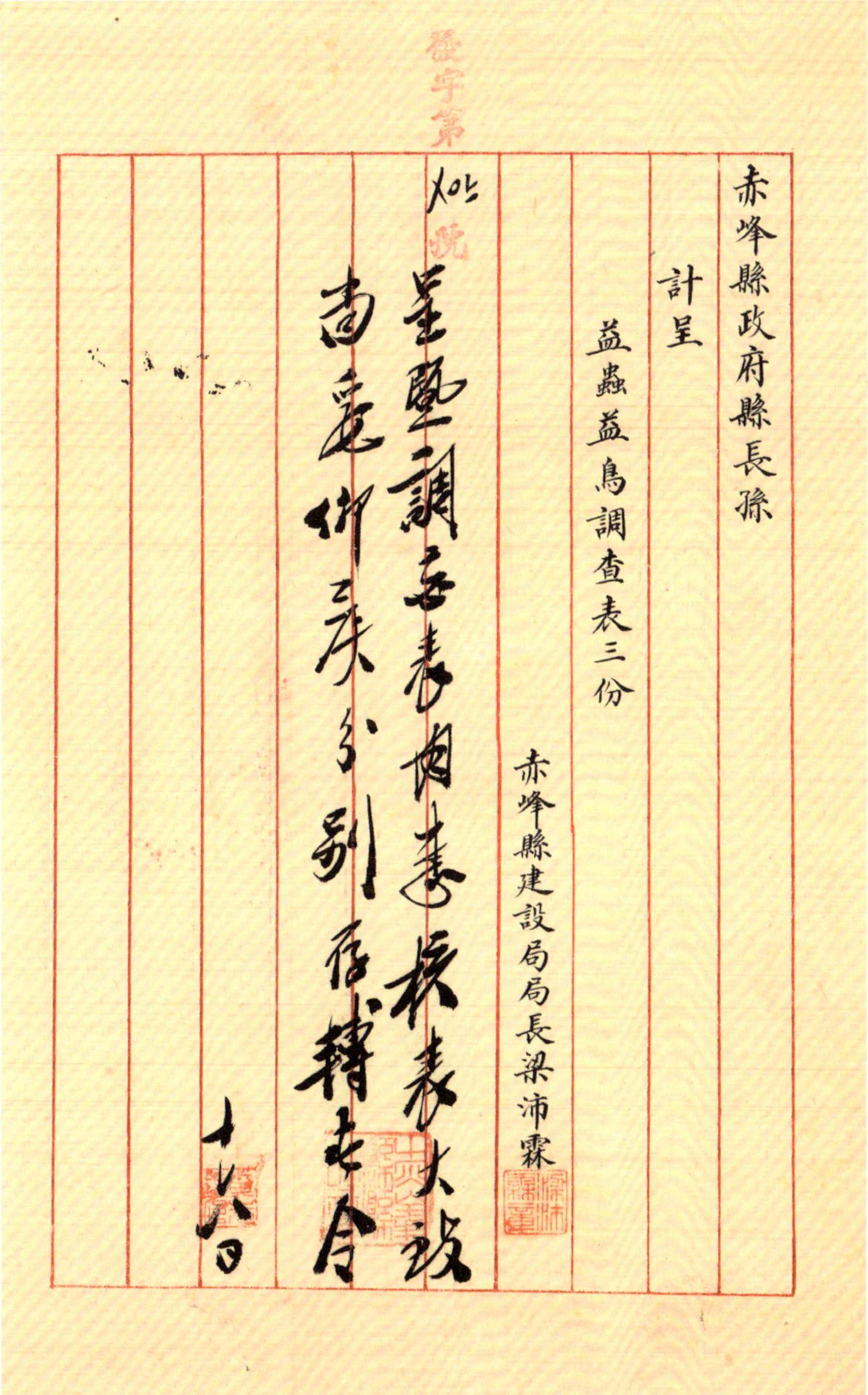

發字第　號

赤峰縣政府縣長孫

計呈

益蟲益鳥調查表三份

赤峰縣建設局局長梁沛霖

呈暨調查表均悉，核表大致尚覺可用，准予存轉。此令

十六日

三三五　赤峰縣建設局爲查填益蟲益鳥調查表事致赤峰縣政府呈（1932 年 4 月 14 日）

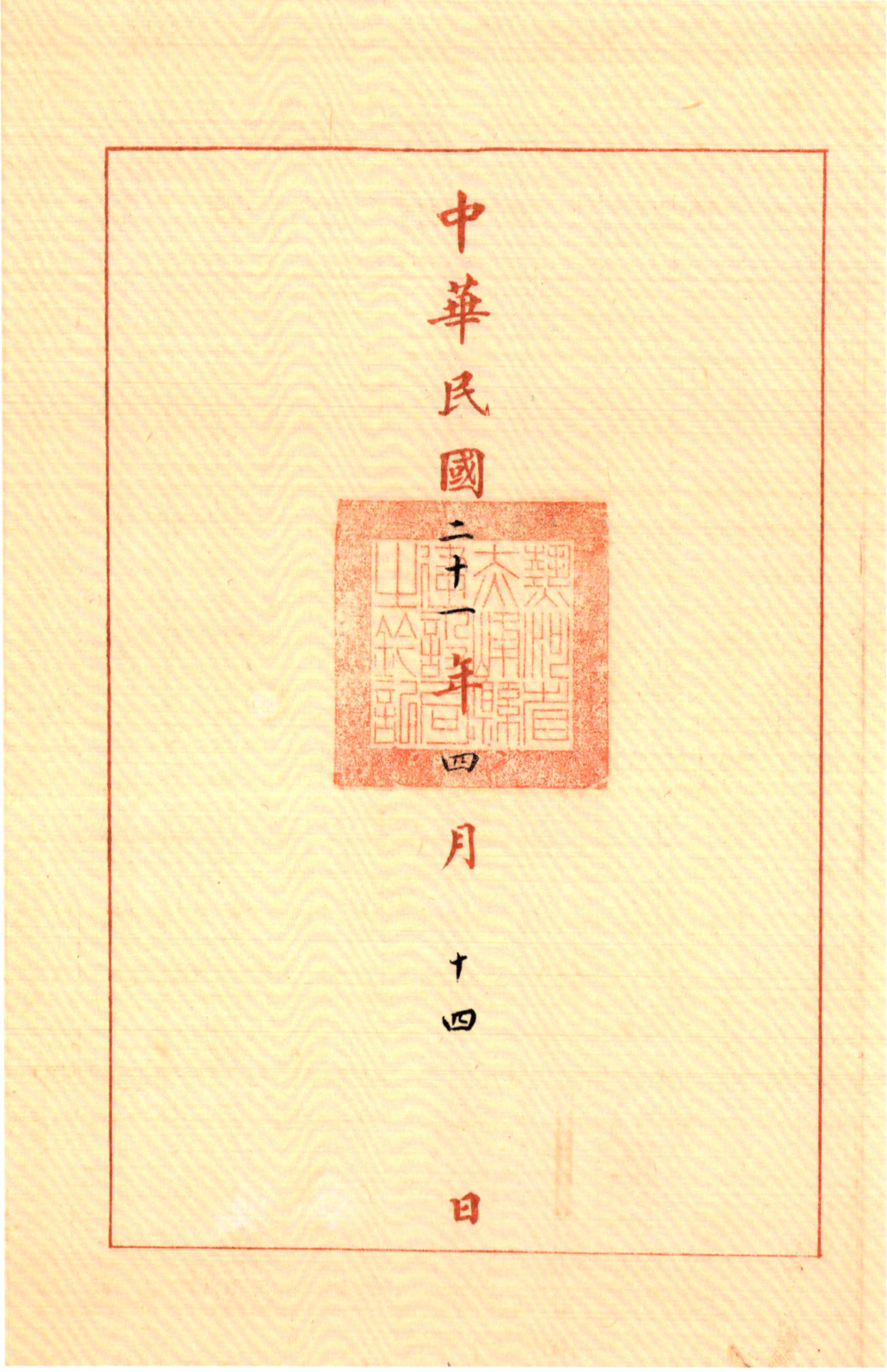

中華民國二十一年四月十四日

三三五　赤峰縣建設局爲查填益蟲益鳥調查表事致赤峰縣政府呈（1932年4月14日）

3-1-1067-13（105）

赤峰縣益蟲益鳥等調查報告表

民國二十一年四月六日調查填報

類別	益蟲或益鳥俗名	學名	形態	性習	實際有益情形	備考
益鳥	烏鴉	鴉	全體羽毛黑色形如喜鵲	性善合群喜居森林善營巢啼叫	恒千百成群飛落田間捕食害蟲或合群啼叫則害蟲聞聲自退	
益鳥	小燕	燕	羽黑頷紫尾如歧剪	性好偶居喜居廬舍營巢樑間	飛翔空際捕食害蟲且無損於農作物故農家皆視為益鳥	
益蟲	蛤蟆	蛙	口大善鳴兩眉凸起有四足善跳躍	性喜居水中與卑濕之地且似怒氣故古人有蛙怒之語	恒伏稻田中張其口用其眉吸取害蟲則蟲落其口中其眉汁即蟬蘇	
益蟲	氣不憤	無	昆蟲類全體黑色腹有節能屈曲其行甚速	喜居土壤中	每見螟螣害蟲等即以喙咬斷害蟲之身	
說明						

三三六 赤峰縣建設局爲補繪益蟲益鳥標本圖樣請存轉事致赤峰縣政府呈（1932年8月8日）

3-1-1067-6(18-21)

第二科

熱河省赤峰縣建設局呈赤峰縣政府

事由	擬辦	批示	備考
為奉令補繪益蟲益鳥標本圖樣請鑒核存轉			令發

附件：圖樣三紙

呈 字第 號

廿一年八月九日 時

收文 字第2610號

三三六　赤峰縣建設局爲補繪益蟲益鳥標本圖樣請存轉事致赤峰縣政府呈（1932 年 8 月 8 日）

呈為補繪益蟲益鳥標本圖樣仰祈
鑒核備轉事竊於七月二十九日奉
鈞府訓令第一七二號内開為令行事案奉本府轉報益蟲益鳥標本採獲
困難可否准予免送請鑒核一案茲奉
熱河省建設廳第一三二七號指令内開呈悉既據稱現值天氣炎熱該
縣益蟲益鳥標本無法採獲始准緩送仍應按原報表列益蟲益鳥先
行補繪圖樣二份呈送來廳以憑彙轉此令等因奉此合亟令仰該局遵
照按原報表列益蟲益鳥先行補繪圖樣三份呈送來府以憑核轉為要此
令等因奉此除遵即飭令查案補繪圖樣隨文附呈外理合檢同圖樣
三紙具文送請

三三六　赤峰縣建設局爲補繪益蟲益鳥標本圖樣請存轉事致赤峰縣政府呈（1932年8月8日）

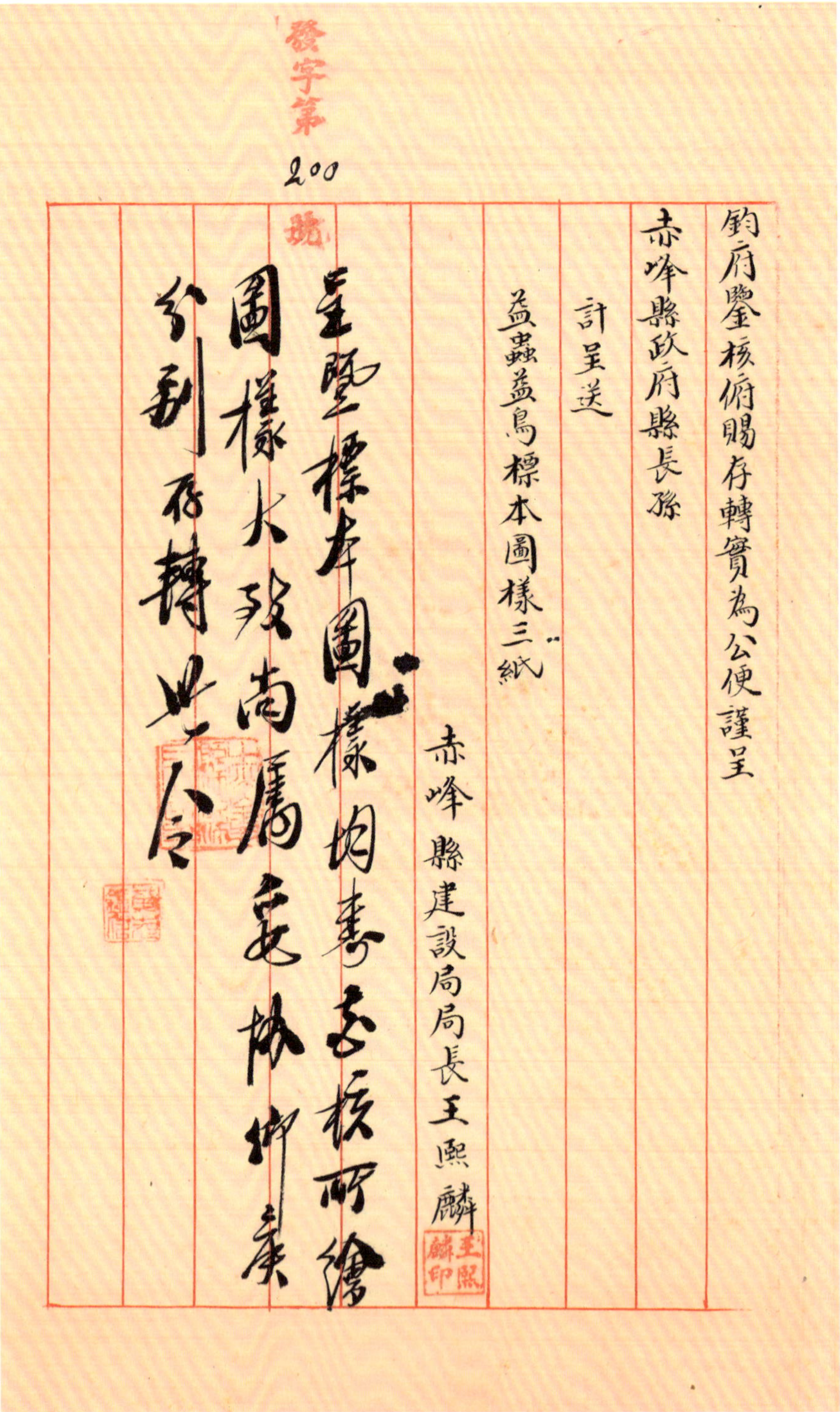

發字第200號

鈞府鑒核俯賜存轉實為公便謹呈

赤峰縣政府縣長孫

計呈送

益蟲益鳥標本圖樣三紙

赤峰縣建設局局長王熙麟

王熙麟印

呈暨標本圖樣均悉查核所繪圖樣大致尚屬妥協仰候分別存轉此令

三三六　赤峰縣建設局爲補繪益蟲益鳥標本圖樣請存轉事致赤峰縣政府呈（1932年8月8日）

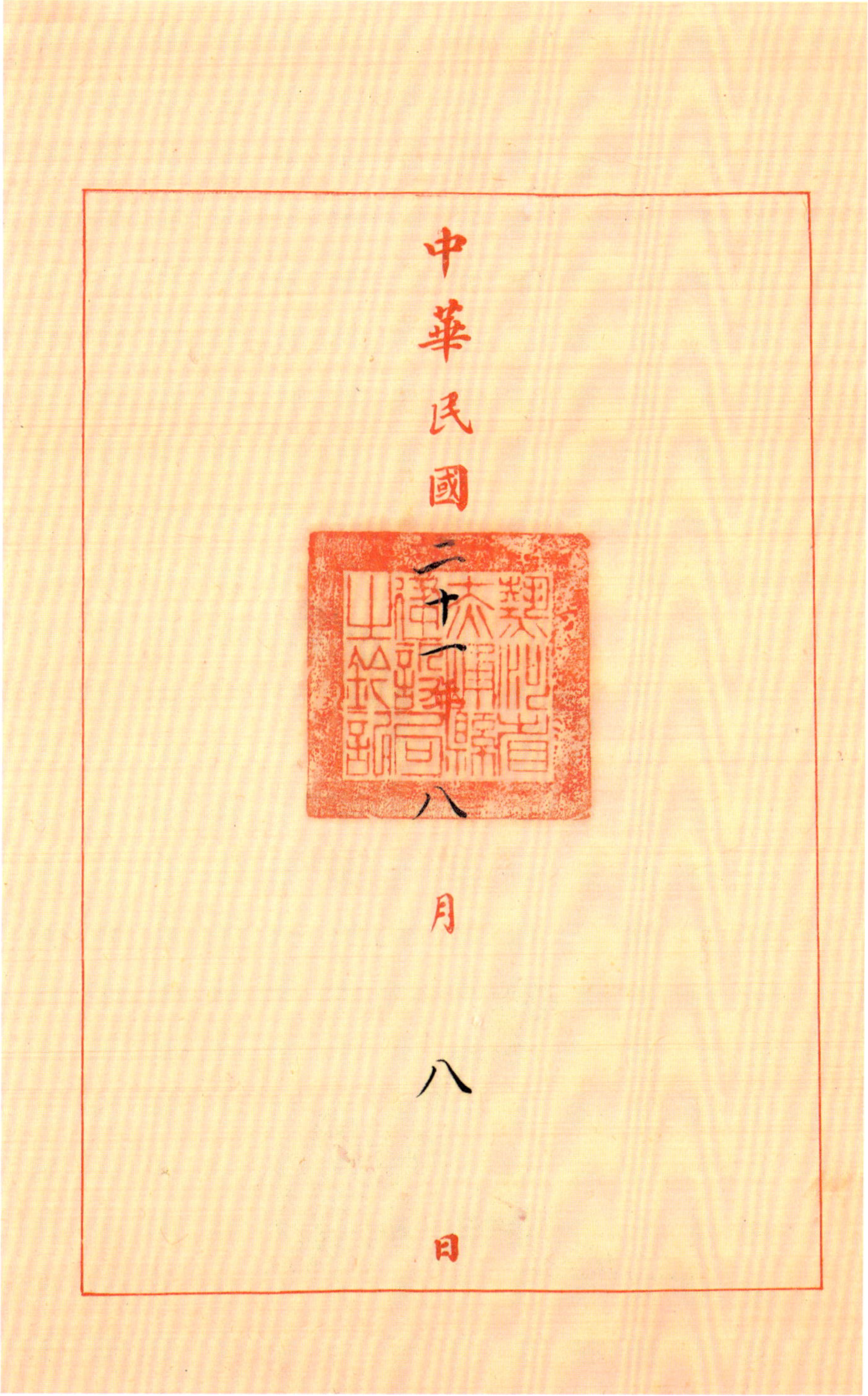
中華民國二十一年八月八日

三三六　赤峰縣建設局爲補繪益蟲益鳥標本圖樣請存轉事致赤峰縣政府呈（1932 年 8 月 8 日）

三三七　赤峰縣財政局爲具報新任局長苗文魁接鈐視事日期請轉呈事致赤峰縣政府呈（1932 年 5 月 8 日）

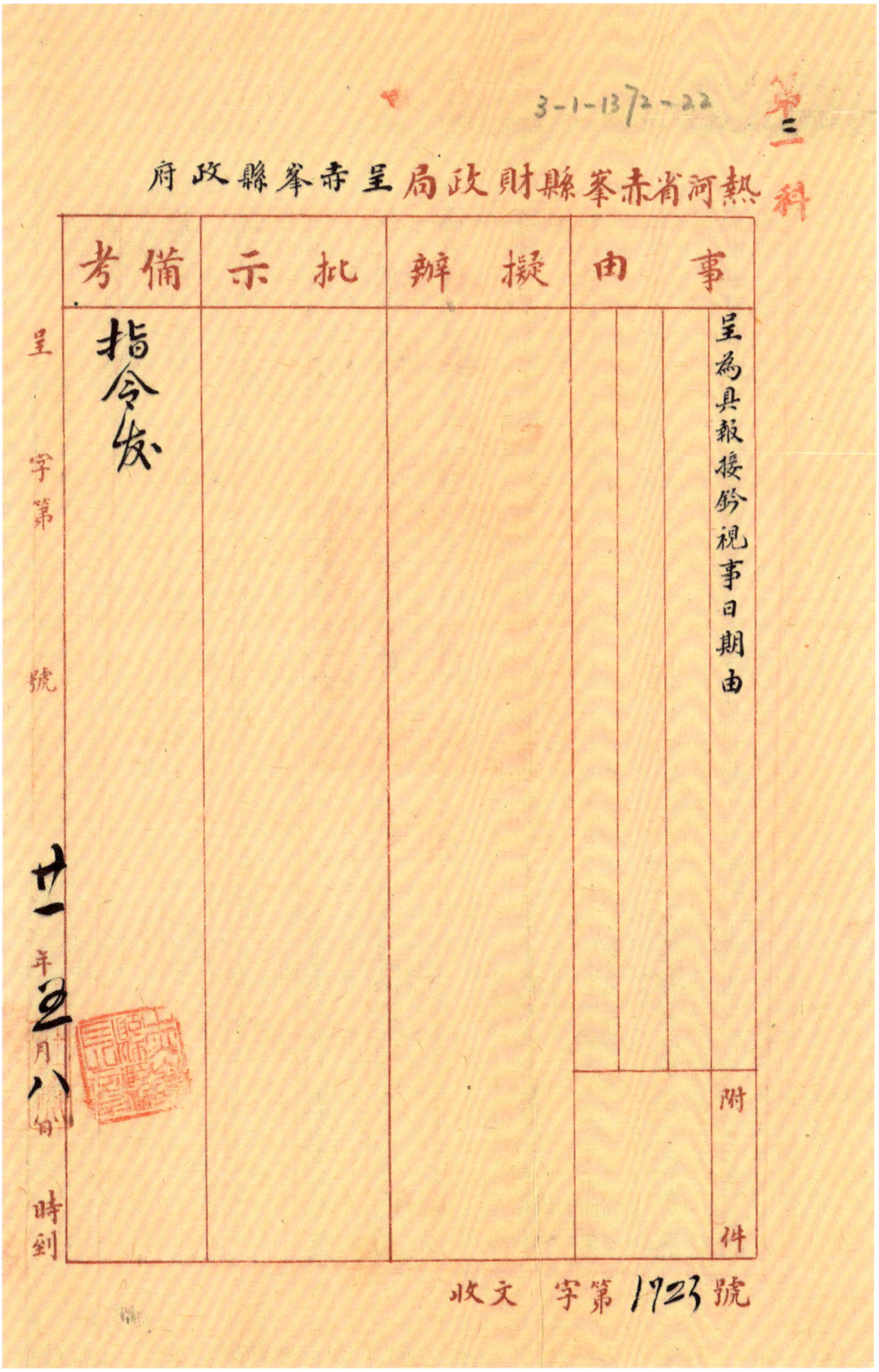
3-1-1372-22

第三科

熱河省赤峯縣財政局呈赤峯縣政府

事由	擬辦	批示	備考
呈為具報接鈐視事日期由			指令發
附件			

呈　字第　號

廿一年五月八日　時到

收文　字第1723號

三三七 赤峰縣財政局爲具報新任局長苗文魁接鈐視事日期請轉呈事致赤峰縣政府呈（1932年5月8日）

呈為具報接鈐視事日期仰祈
鑒核轉呈事本年四月二十二日奉
熱河省政府財政廳第二七五八號訓令內開為訓令事案查該縣前財政局長梁廷棟
辦事因循難期振作業經撤差並飭該縣縣長照章改選在案茲據該縣長孫廷弼呈
報依法選出該員等三人檢同履歷送請考詢前來現經本廳詳加考詢以該員資歷尚
稱合格堪以委任除檢同該員履歷呈報
省政府備案並指令該縣知照外合亟填發委任狀令仰該員遵照迅即回縣赴局接收任
事所有該局鈐記文卷票照及征存款項官有物品等項逐一接收清楚依限造具册結
呈由該縣政府轉送來廳以憑查核嗣後對於該縣地方財政務須隨時秉承該縣縣長認
真整頓妥慎辦理勿負委任仍先將接鈐任事日期呈由縣政府轉報備查此令附發委任狀

三三七　赤峰縣財政局爲具報新任局長苗文魁接鈐視事日期請轉呈事致赤峰縣政府呈（1932年5月8日）

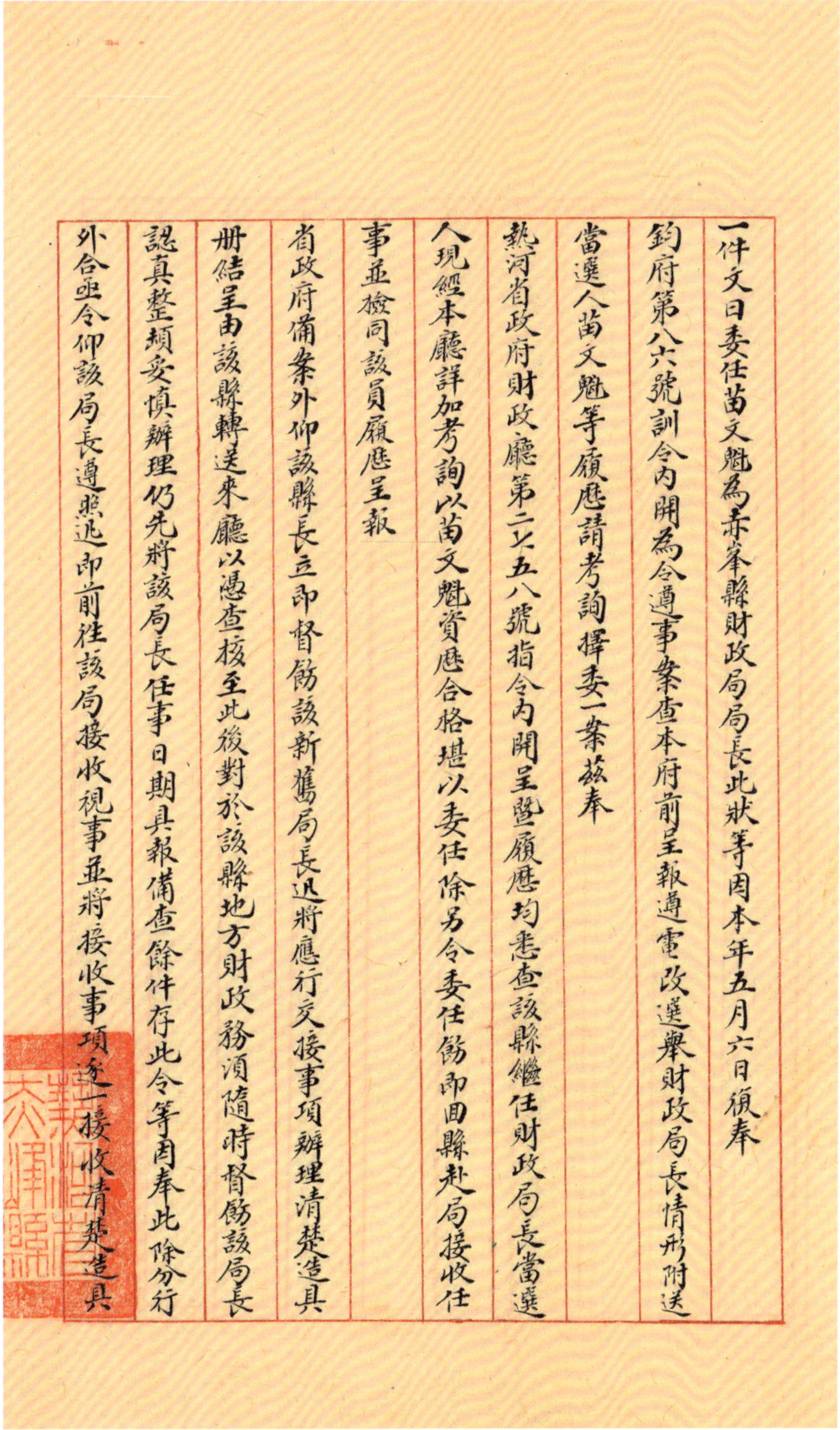
一件文曰委任苗文魁爲赤峯縣財政局局長此狀等因本年五月六日領奉
鈞府第八六號訓令內開爲令遵事案查本府前呈報遵電改選舉財政局長情形附送
當選人苗文魁等履歷請考詢擇委一案茲奉
熱河省政府財政廳第二七五八號指令內開呈暨履歷均悉查該縣繼任財政局長當選
人現經本廳詳加考詢以苗文魁資歷合格堪以委任除另令委任飭即由縣赴局接收任
事並檢同該員履歷呈報
省政府備案外仰該縣長立即督飭該新舊局長迅將應行交接事項辦理清楚造具
冊結呈由該縣轉送來廳以憑查核至此後對於該縣地方財政務須隨時督飭該局長
認真整頓妥慎辦理仍先將該局長任事日期具報備查餘件存此令等因奉此除分行
外合亟令仰該局長遵照迅即前往該局接收視事並將接收事項逐一接收清楚造具

三三七　赤峰縣財政局爲具報新任局長苗文魁接鈐視事日期請轉呈事致赤峰縣政府呈（1932年5月8日）

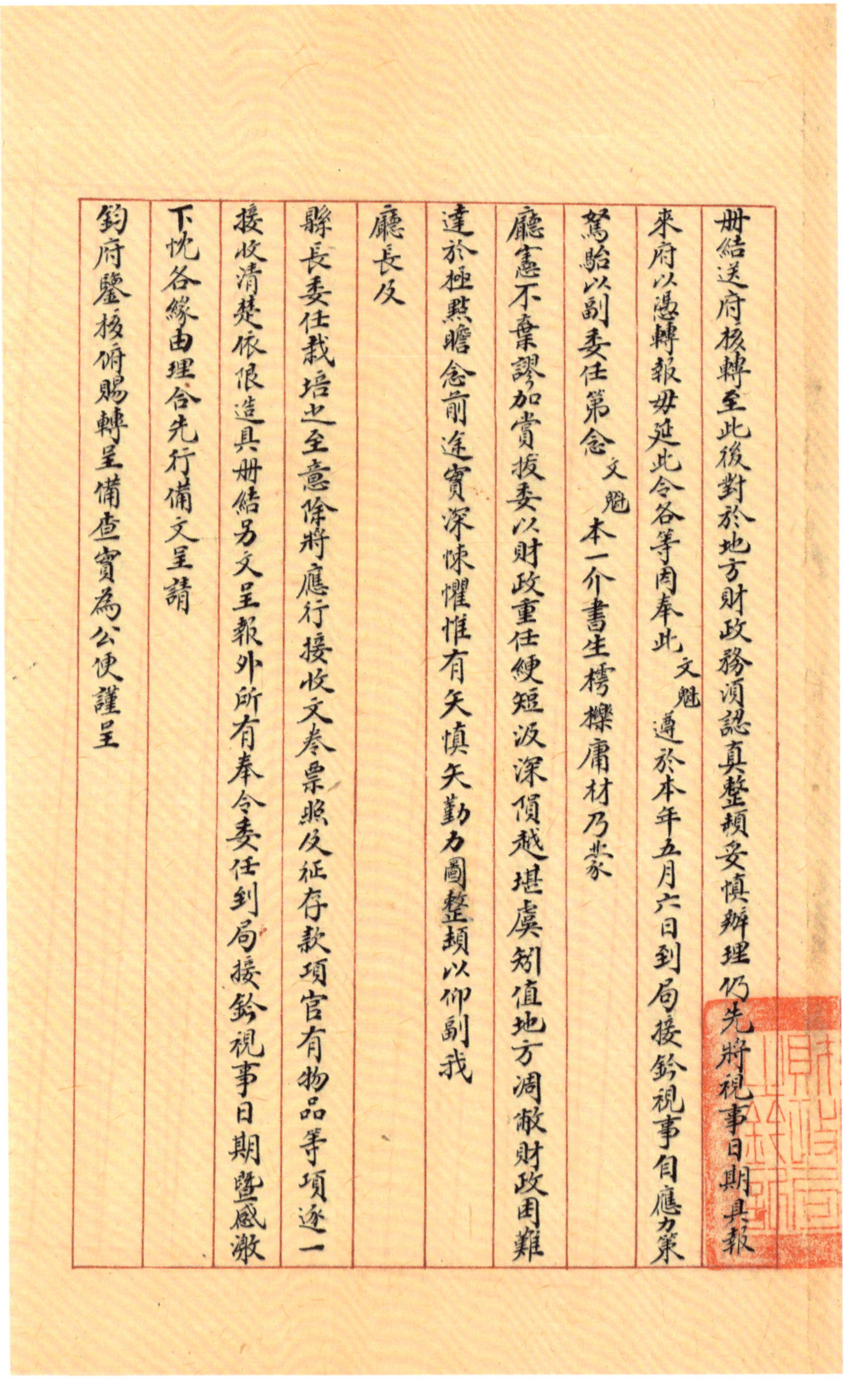
册結送府核轉至此後對於地方財政務須認真整頓妥慎辦理仍先將視事日期具報
來府以憑轉報毋延此令各等因奉此文魁遵於本年五月六日到局接鈐視事自應力策
駑駘以副委任第念文魁本一介書生樗櫟庸材乃蒙
廳憲不棄謬加賞拔委以財政重任綆短汲深隕越堪虞矧值地方凋敝財政困難
達於極點瞻念前途實深悚懼惟有矢慎矢勤力圖整頓以仰副我
廳長及
縣長委任栽培之至意除將應行接收文卷票照及征存款項官有物品等項逐一
接收清楚依限造具册結另文呈報外所有奉令委任到局接鈐視事日期暨感激
下忱各緣由理合先行備文呈請
鈞府鑒核俯賜轉呈備查實爲公便謹呈

三三七　赤峰縣財政局爲具報新任局長苗文魁接鈐視事日期請轉呈事致赤峰縣政府呈（1932年5月8日）

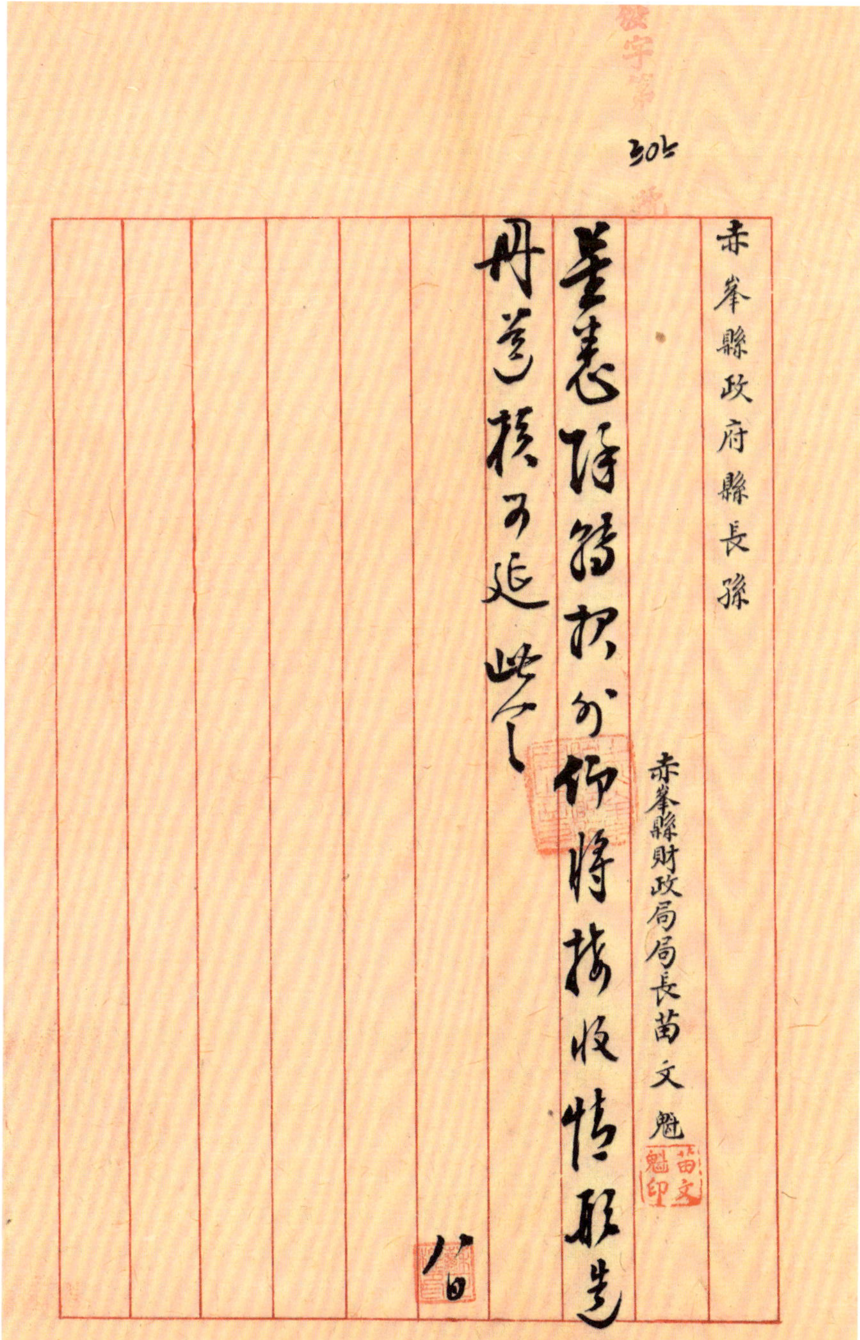

305

赤峯縣政府縣長孫

赤峯縣財政局局長苗文魁（苗文魁印）

呈悉。據報接收，仰將接收情形造冊送核可也。此令

行

三三七　赤峰縣財政局爲具報新任局長苗文魁接鈐視事日期請轉呈事致赤峰縣政府呈（1932年5月8日）

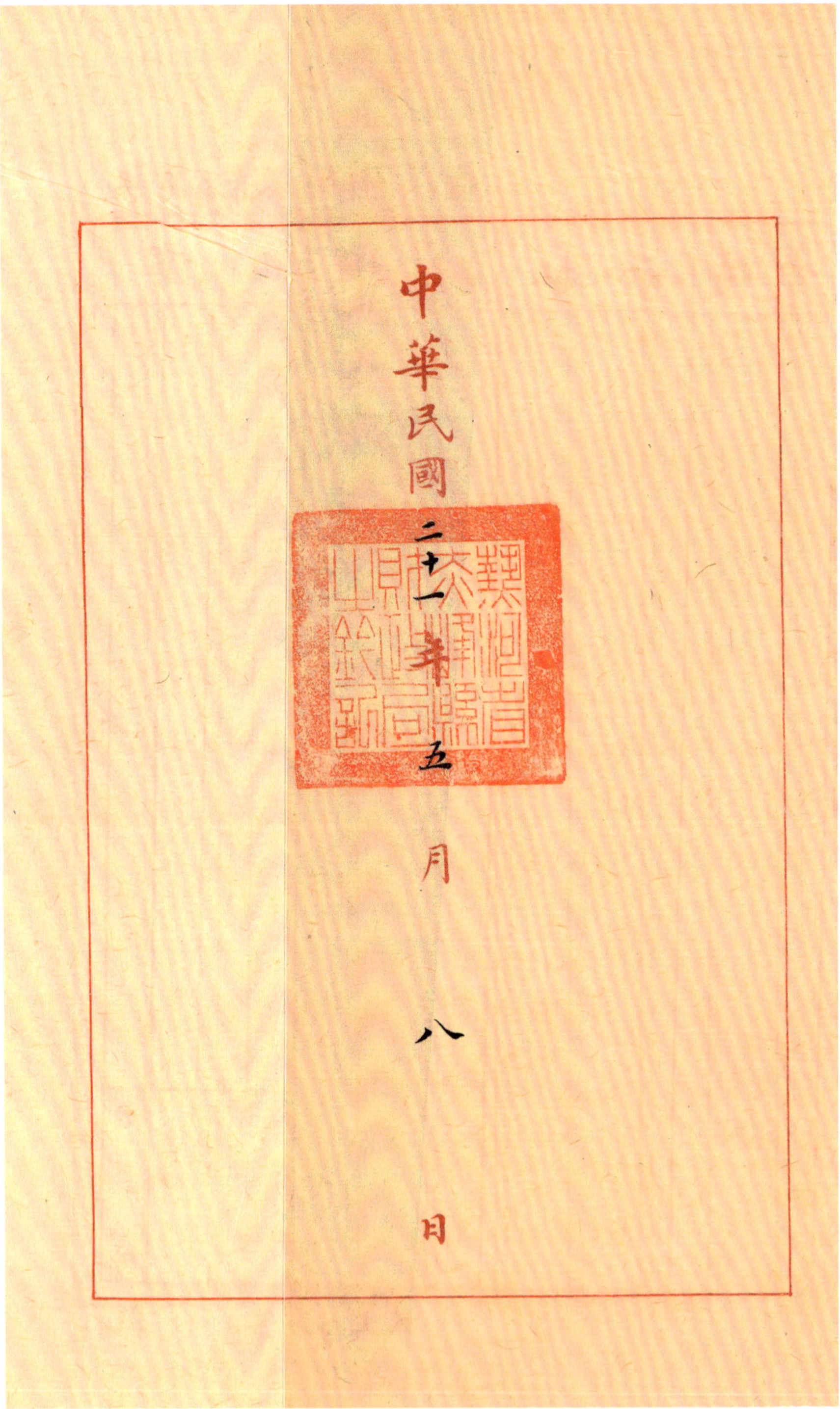
中華民國二十一年五月八日

三三八　赤峰縣政府爲廣集製造防毒面具所用胡桃殼等原料事致赤峰縣建設局訓令稿（1932 年 5 月 16 日）

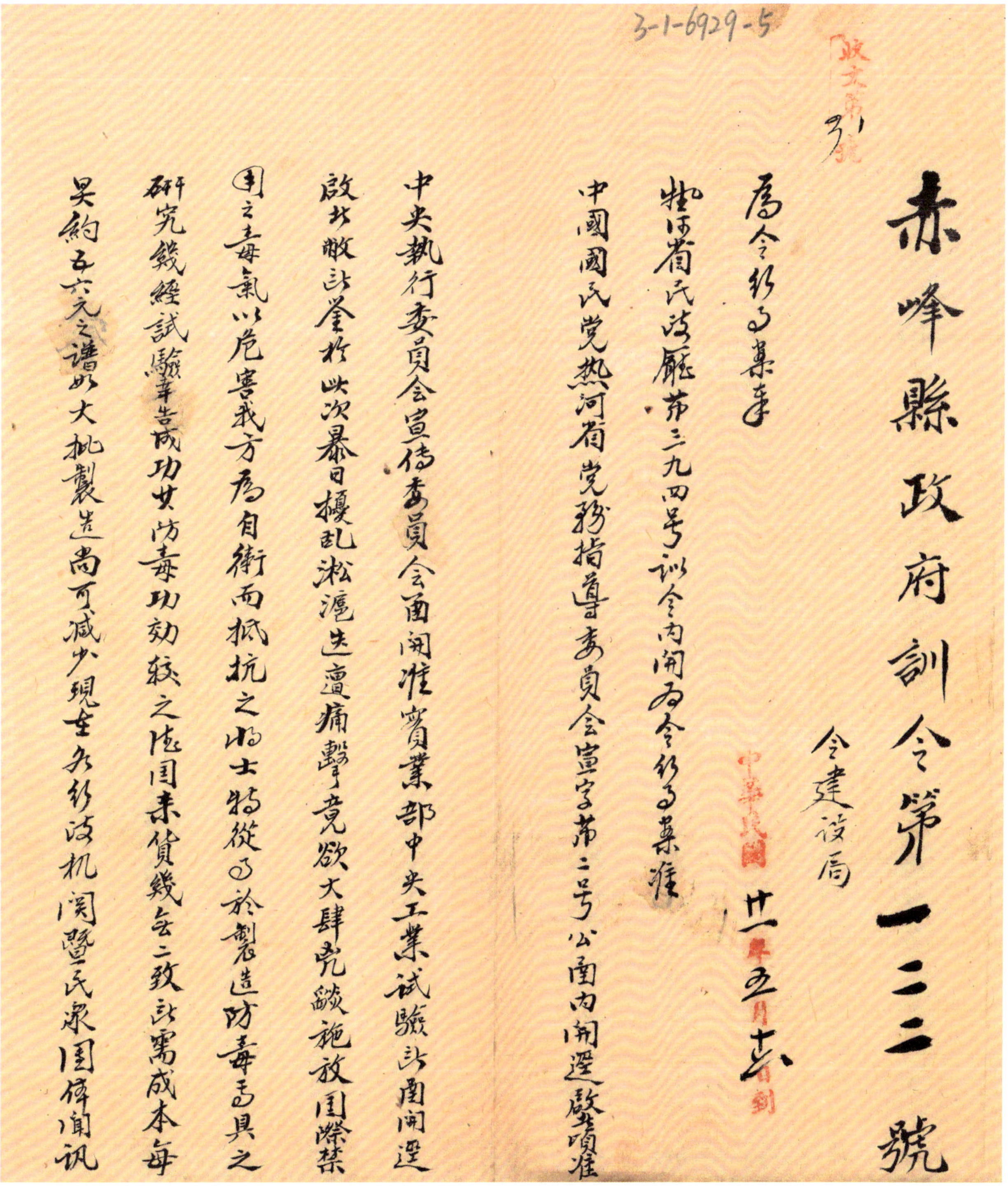
3-1-6929-5

政文第　號

赤峰縣政府訓令第一二二號

令建設局

中華民國廿一年五月十六日

爲令行事案奉河省民政廳第三九四号訓令內開爲令行事案准

中國國民党熱河省党務指導委員會宣字第二号公函內開逕啓者准

中央執行委員會宣傳委員會函開准實業部中央工業試驗所函開逕啓者我敵此次暴日擾乱淞滬先遭痛擊竟欲大肆兇燄施放国際禁用之毒氣以危害我方爲自衛而抵抗之將士特從事於製造防毒面具之研究幾經試驗幸告成功其防毒功効較之德国來貨幾無二致其需成本每具約五六元之譜如大批製造尚可減少現在各行政机関暨民衆团体聞訊

三三八　赤峰縣政府爲廣集製造防毒面具所用胡桃殼等原料事致赤峰縣建設局訓令稿（1932年5月16日）

捐款向敝所定製贈送前方將士應用者已有多起。惟前方需要此項面具甚鉅，非少數人之力量所能濟事，必須多方踴躍購贈，或勸勉民衆捐款定製，以作慰勞用品，庶衆擎易舉，收效甚大。如荷慨予贊助，即請派員或逕函敝所接洽可也。除分函外，相應函請查照，飭行所屬知照等由。准此，當經本會派員前往接洽，復據該所張澤垚君云稱：防毒面具製造原料大宗為炭酸氣，含有炭酸氣成分者，以果核為最多，椰子殼最佳，胡桃殼及其他各果之核實次之。惟椰子產在南洋，購運不便；胡桃殼、果核等，以平時視同廢物，常作燃薪，積存實少，採運甚難。希望本會轉告各地，所有上項果核及胡桃殼等，可踴躍送至該所，備作製造面具之原料等語。據此，應函達查照，並希廣為宣傳，以俾有果核、椰子殼、胡桃殼等類原料者，可送至該所製造用

三三八　赤峰縣政府爲廣集製造防毒面具所用胡桃殼等原料事致赤峰縣建設局訓令稿（1932年5月16日）

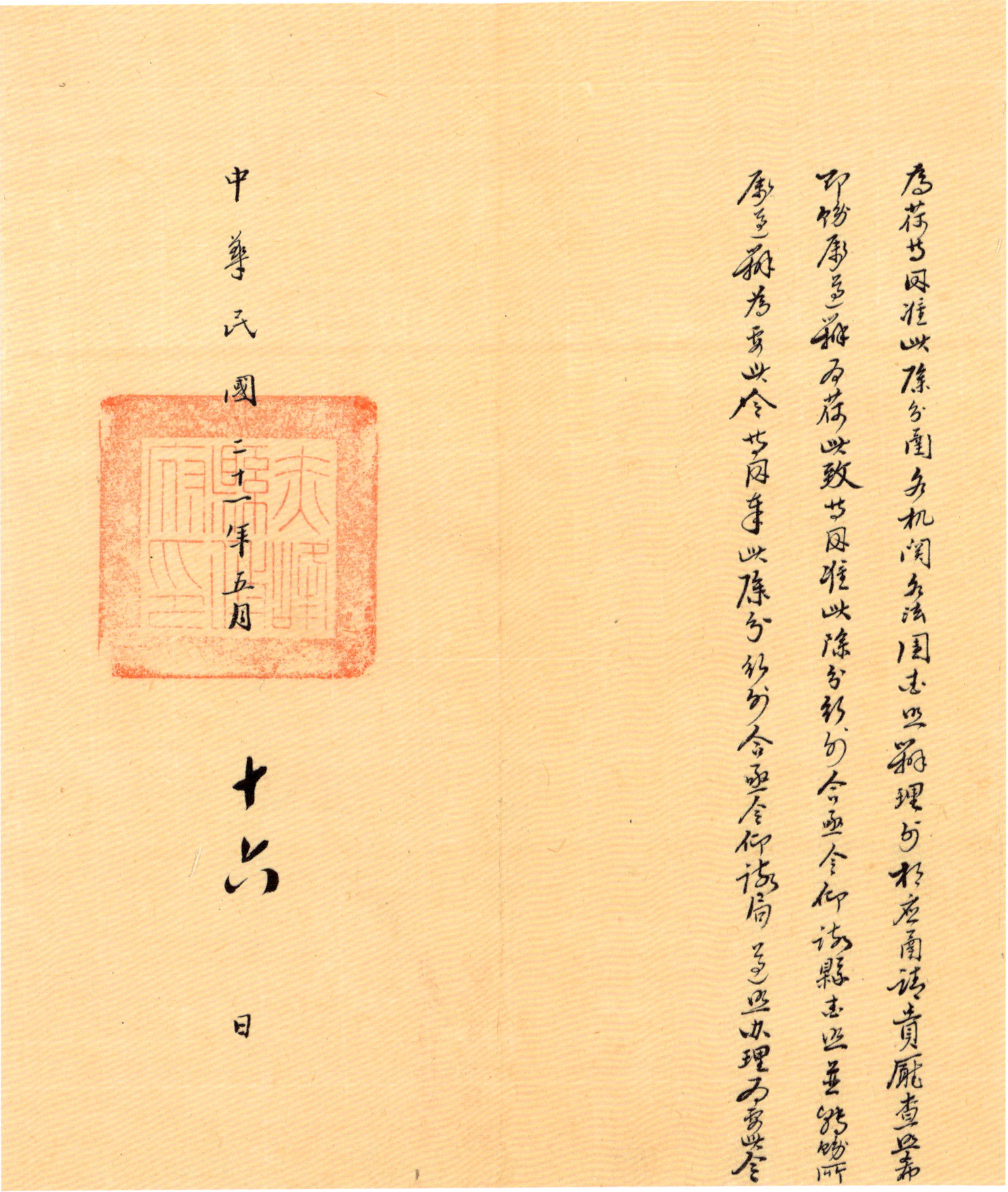

為荷等因准此除分函各机関各法團查照辦理外相應函請貴廳查照希
即轉飭屬遵辦為荷此致等因准此除分別令行外合亟令仰該縣查照並轉飭所
屬遵辦為要此令等因奉此除分別分令外合亟令仰該局遵照辦理為要此令

中華民國二十一年五月十六日

三三八 赤峰縣政府爲廣集製造防毒面具所用胡桃殼等原料事致赤峰縣建設局訓令稿（1932年5月16日）

縣長孫廷弼

監印員白瑞堂

校對員梁舜廷

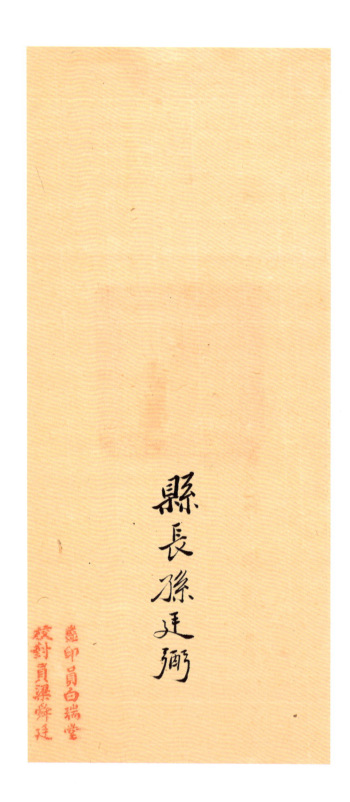

三三九　赤峰縣教育局爲彙送民衆學校學生畢業成績表事致赤峰縣政府呈（1932 年 6 月 9 日）

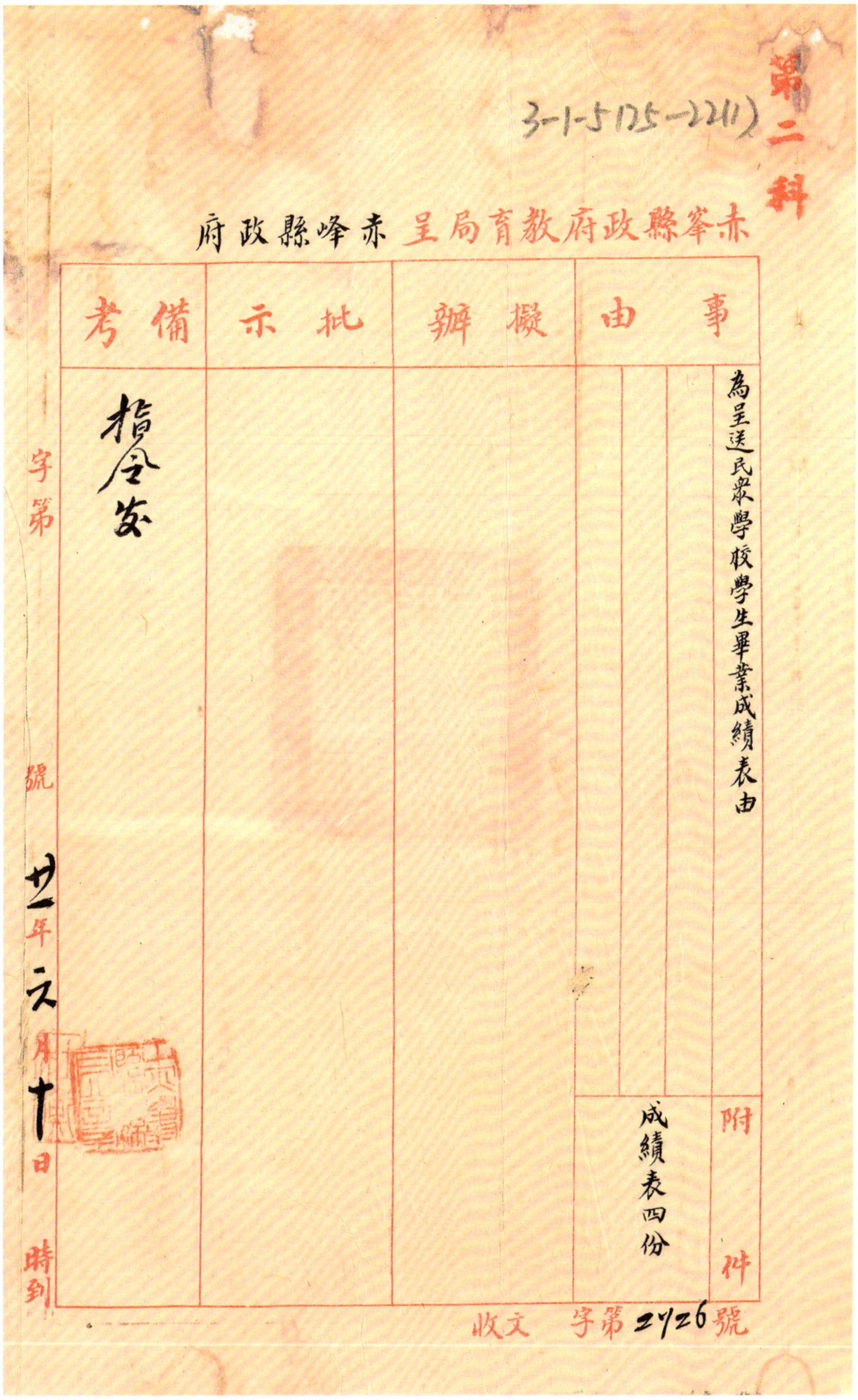

第二科

3-1-5125-2211

赤峰縣政府教育局呈 赤峰縣政府

事由	擬辦	批示	備考
為呈送民衆學校學生畢業成績表由			指令安
附件：成績表四份			

字第　號

廿一年六月十日　時到

收文　字第2126號

三三九 赤峰縣教育局爲彙送民衆學校學生畢業成績表事致赤峰縣政府呈（1932年6月9日）

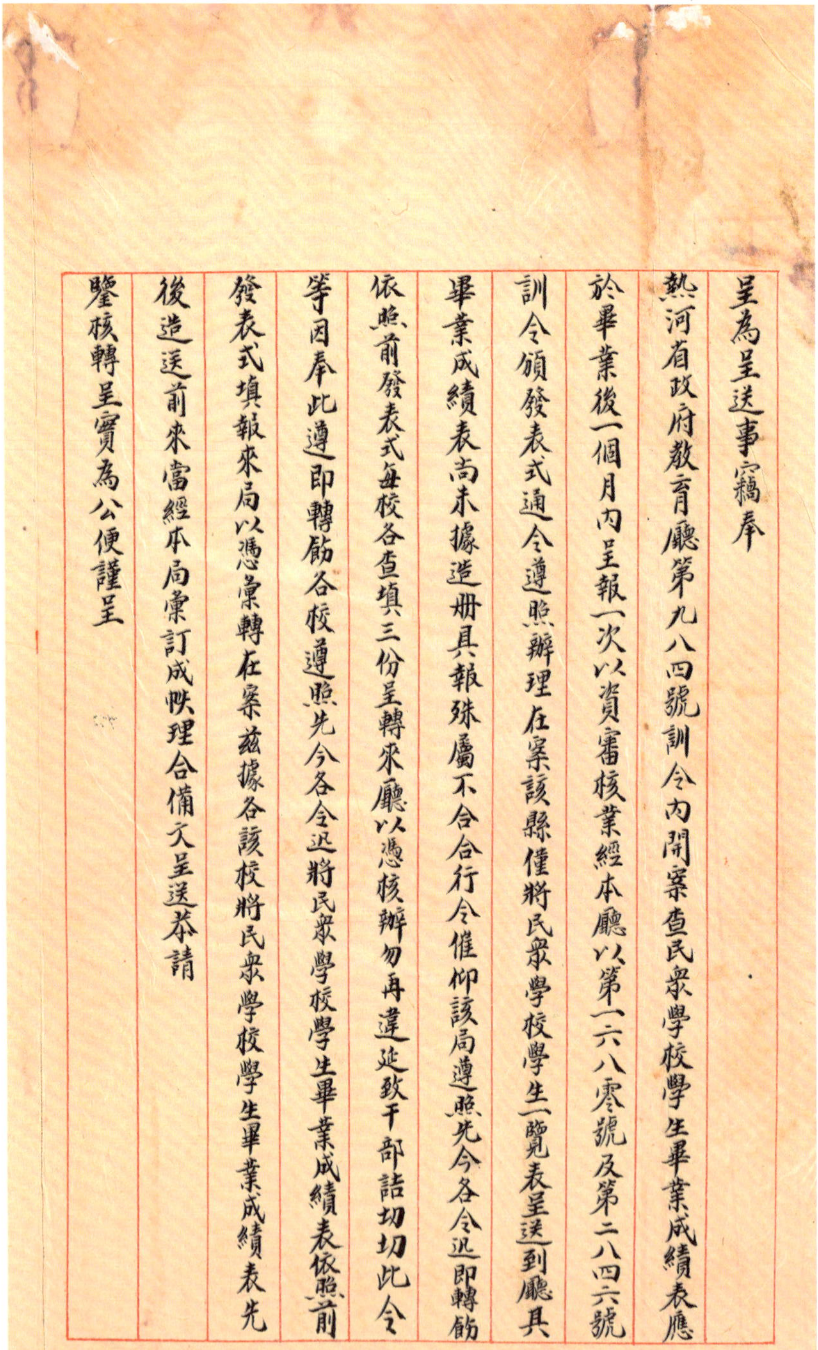

呈為呈送事竊奉
熱河省政府教育廳第九八四號訓令內開案查民衆學校學生畢業成績表應
於畢業後一個月內呈報一次以資審核業經本廳以第一六八零號及第二八四六號
訓令頒發表式通令遵照辦理在案該縣僅將民衆學校學生一覽表呈送到廳其
畢業成績表尚未據造冊具報殊屬不合合行令催仰該局遵照先今各令迅即轉飭
依照前發表式每校各查填三份呈轉來廳以憑核辦勿再違延致干部詰切切此令
等因奉此遵即轉飭各校遵照先今各令迅將民衆學校學生畢業成績表依照前
發表式填報來局以憑彙轉在案茲據各該校將民衆學校學生畢業成績表先
後造送前來當經本局彙訂成帙理合備文呈送恭請
鑒核轉呈實為公便謹呈

三三九　赤峰縣教育局爲彙送民衆學校學生畢業成績表事致赤峰縣政府呈（1932 年 6 月 9 日）

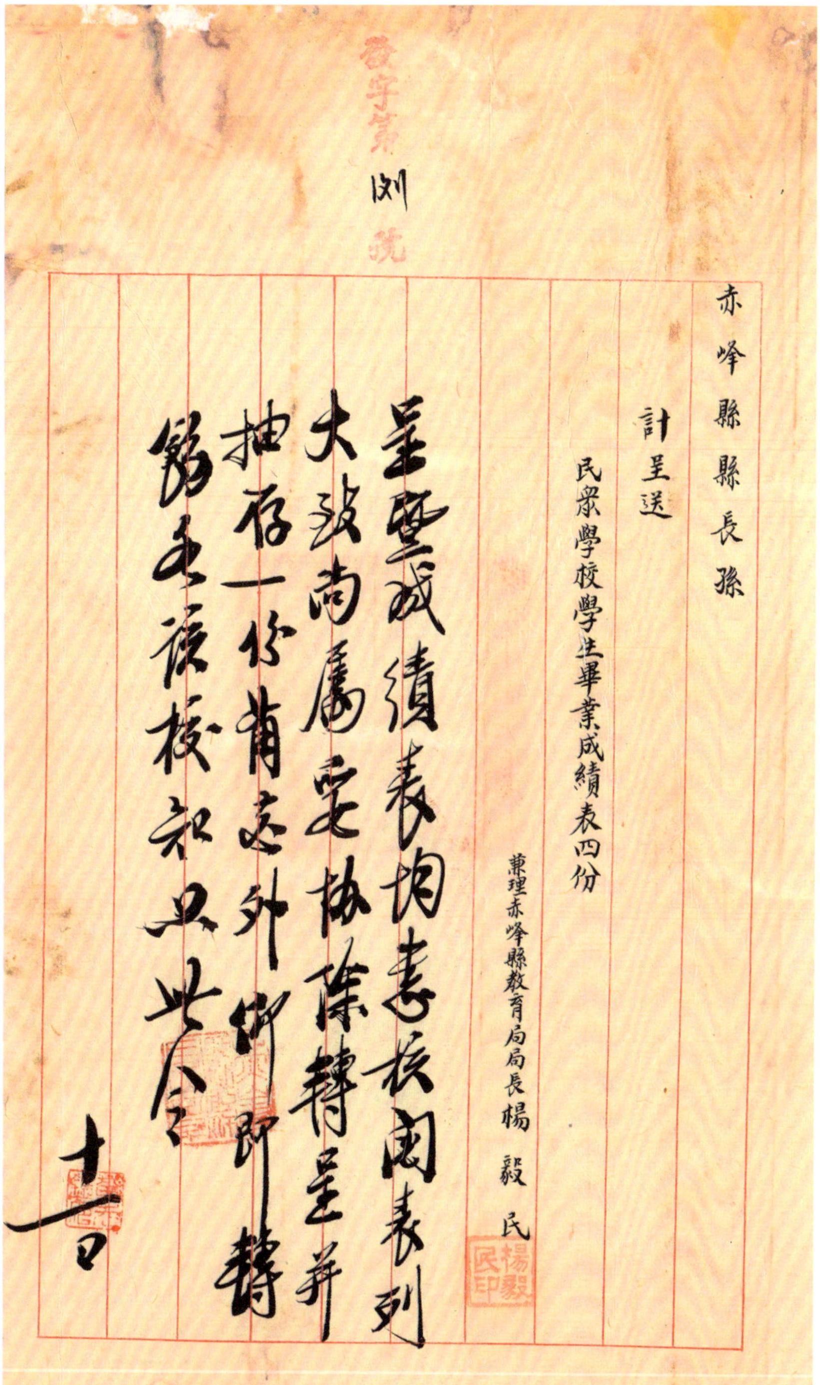
發字第　號

赤峰縣縣長孫

計呈送

民衆學校學生畢業成績表四份

兼理赤峰縣教育局局長楊毅民

呈暨成績表均悉，表列

大致尚屬妥協，除轉呈並

抽存一份備查外，仰即轉

飭各該校知照。此令。

十日

三三九　赤峰縣教育局爲彙送民衆學校學生畢業成績表事致赤峰縣政府呈（1932年6月9日）

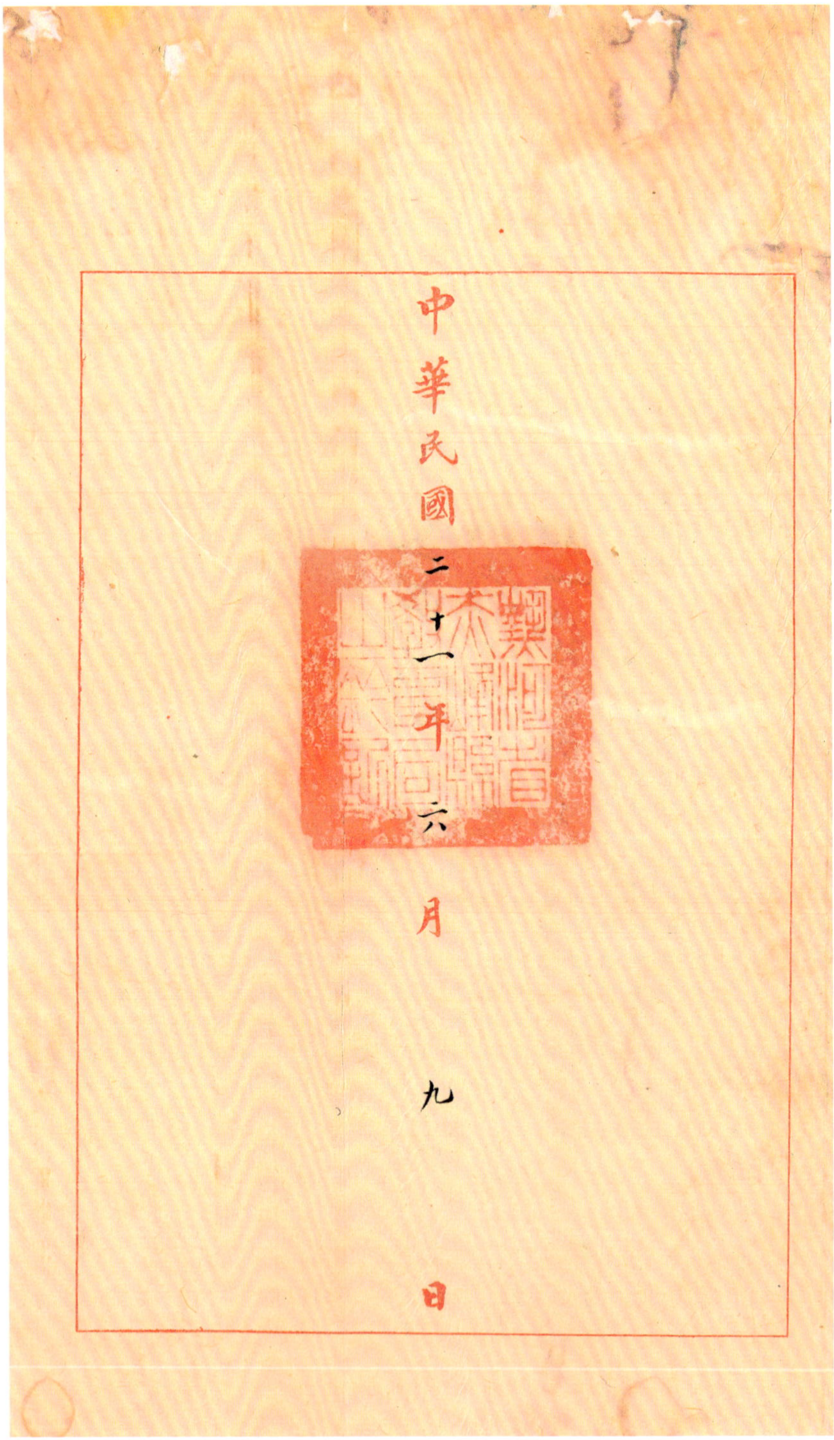
中華民國二十一年六月九日

三三九　赤峰縣教育局爲彙送民衆學校學生畢業成績表事致赤峰縣政府呈（1932年6月9日）

3-1-5125-22(2)

熱河省赤峰縣教育局彙送民衆學校學生畢業成績表

三三九　赤峰縣教育局爲彙送民衆學校學生畢業成績表事致赤峰縣政府呈（1932年6月9日）

熱河省赤峰縣教育局附設第一民衆學校畢業成績表

學科分數／姓名	三民主義	識字	珠算（或筆算）	其他	總計	平均	備考
趙順	60	75	70		205	68	
袁子順	70	80	70		220	73	
張林	60	90	60		210	70	
張全	80	80	60		220	73	
韓德才	70	90	70		230	76.7	
安富榮	80	100	80		260	86.7	
毛廣舉	60	90	60		210	70	
祁富	60	80	70		210	70	
于永生	60	76	70		206	68.7	

三三九 赤峰縣教育局爲彙送民衆學校學生畢業成績表事致赤峰縣政府呈（1932年6月9日）

魯萬林	60	90	60		210	70	
周玉山	80	80	70		230	76.7	
羅殿元	80	90	80		250	83	
李永和	60	76	80		216	72	
高有	60	90	70		220	73	
王發	80	80	70		230	76.7	
張志信	80	100	60		240	80	
李德	70	100	80		250	83	
田有	60	70	60		190	63	
姜永昌	60	76	70		206	68.7	

附註

一、各縣所造表之大小應以此表式之大小為準

二、補習學校亦可適用此表惟須將第一欄之民衆學校改為補習學校

三、第一欄民衆學校上之空格須填註某機關或某校附設或某縣第幾字樣

三三九　赤峰縣教育局爲彙送民衆學校學生畢業成績表事致赤峰縣政府呈（1932年6月9日）

3-1-5125-72(3)

熱河省赤峰縣教育局附設第一民衆學校畢業成績表

學科 分數 姓名	三民主義	識字	珠算（或筆算）	其他	總計	平均	備考
初守仁	80	80	70		230	76.7	
初守誠	70	90	80		240	80	
張鶴亭	60	80	60		200	66.7	
袁士俊	60	78	60		198	66	
楊萬福	70	80	70		220	73	

三三九 赤峰縣教育局爲彙送民衆學校學生畢業成績表事致赤峰縣政府呈（1932年6月9日）

附註

一、各縣所造表之大小應以此表式之大小爲準

二、補習學校亦可適用此表惟須將第一欄之民衆學校改爲補習學校

三、第一欄民衆學校上之空格須填註某機關或某校附設或某縣第幾字樣

三三九 赤峰縣教育局爲彙送民衆學校學生畢業成績表事致赤峰縣政府呈（1932年6月9日）

3-1-5125-22(4)

熱河省赤峯縣縣立初級中學校附設第二民衆學校畢業成績表

姓名＼分數＼學科	三民主義	識字	珠算（或筆算）	其他	總計	平均	備考
張振桐	80	80	60		220	73	
劉風起	60	90	60		210	70	
王恩榮	60	70	60		190	63	
周一鳴	60	80	60		200	66.7	
吳文選	60	76	70		206	68.7	
安永平	80	80	60		220	73	
黃民強	80	100	60		240	80	
于志和	70	90	70		230	76.7	
王雲	80	100	70		250	83	

三三九　赤峰縣教育局爲彙送民衆學校學生畢業成績表事致赤峰縣政府呈（1932 年 6 月 9 日）

馮玉清	60	80	70		210	70	
尹永生	70	90	60		220	73	
徐文和	60	78	60		198	66	
劉洪興	60	70	60		190	63	
馬如玉	70	80	60		210	70	
藍田生	60	90	60		210	70	
胡明	60	70	60		190	63	
向文	71	68	68		207	69	
于清泉	60	80	60		200	66.7	
王福來	60	70	70		200	66.7	

附註

一、各縣所造表之大小應以此表式之大小爲準

二、補習學校亦可適用此表惟須將第一欄之民衆學校改爲補習學校

三、第一欄民衆學校上之空格須填註某機關或某校附設或某縣第幾字樣

三三九　赤峰縣教育局爲彙送民衆學校學生畢業成績表事致赤峰縣政府呈（1932 年 6 月 9 日）

熱河省赤峯縣縣立職業學校商科附設第三民衆學校畢業成績表

姓名＼學科＼分數	三民主義	識字	珠算（或筆算）	其他	總計	平均	備考
楊德	80	70	60		210	70	
王玉	70	80	60		210	70	
張發	60	80	60		200	66.7	
李林	60	60	60		180	60	
王寶山	60	70	60		190	63	
王寶琳	60	76	60		196	65	
陶福	60	100	80		240	80	
宋萬福	80	70	80		230	76.7	
鄧玉	70	70	60		200	66.7	

三三九　赤峰縣教育局爲彙送民衆學校學生畢業成績表事致赤峰縣政府呈（1932年6月9日）

傒玉發	70	60	60		190	63	
王萬喜	60	100	80		240	80	
張太然	70	80	80		230	76.7	
夏殿生	80	100	80		260	86.7	
張殿玉	60	70	70		202	67	
劉仁	60	100	60		220	73	
楊永昌	70	60	60		190	63	
喬萬林	60	80	80		220	73	
題成康	80	80	60		220	73	
劉祥	60	76	60		196	65	

附註

一、各縣所造表之大小應以此表式之大小爲準

二、補習學校亦可適用此表惟須將第一欄之民衆學校改爲補習學校

三、第一欄民衆學校上之空格須填註某機關或某校附設或某縣第幾字樣

三三九 赤峰縣教育局爲彙送民衆學校學生畢業成績表事致赤峰縣政府呈（1932年6月9日）

3-1-5125-22(6)

熱河省赤峯縣縣立職業學校商科附設第三民衆學校畢業成績表

學科／分數／姓名	三民主義	識字	珠算（或筆算）	其他	總計	平均	備考
董德仁	60	80	60		200	66.7	
李達源	60	76	70		206	68.7	
段玉林	80	80	60		220	73	
喬成章	70	80	60		210	70	
鄧文祥	60	78	60		198	66	
閆德林	60	80	70		210	70	
曹守廉	60	70	60		190	63	
張永和	60	80	60		200	66.7	
張萬福	80	80	60		220	73	

三三九 赤峰縣教育局爲彙送民衆學校學生畢業成績表事致赤峰縣政府呈（1932年6月9日）

楊永泰	60	90	60		210	70
胡寶	60	80	80		220	73

附註

一、各縣所造表之大小應以此表式之大小為準

二、補習學校亦可適用此表惟須將第一欄之民衆學校改為補習學校

三、第一欄民衆學校上之空格須填註某機關或某校附設或某縣第幾字樣

三三九　赤峰縣教育局爲彙送民衆學校學生畢業成績表事致赤峰縣政府呈（1932年6月9日）

3-1-5125-22177

熱河省赤峯縣縣立第一小學校附設第四民衆學校畢業成績表

學科／分數／姓名	三民主義	識字	珠算（或筆算）	其他	總計	平均	備考
陳璧和	60	76	80		216	72	
樊芳遠	80	80	60		220	73	
張奎	80	100	80		260	86.7	
王占鰲	60	100	60		220	73	
李振聲	60	76	60		196	65	
馬祥	70	80	80		230	76.7	
卜子良	60	70	60		190	63	
劉子元	70	90	60		220	73	
王曉秋	80	100	80		260	86.7	

三三九　赤峰縣教育局爲彙送民衆學校學生畢業成績表事致赤峰縣政府呈（1932年6月9日）

李文翰	80	80	80		240	80
胡樹聲	60	80	60		200	66.7
郝世五	70	70	60		200	66.7
祁澤民	80	100	40		220	73
張子功	60	80	80		220	73
吳仲三	80	70	70		220	73
王克勤	60	70	60		190	63
王義	60	80	60		200	66.7
李順	40	100	60		200	66.7
白雲深	40	80	60		180	60

附註

一、各縣所造表之大小應以此表式之大小為準

二、補習學校亦可適用此表惟須將第一欄之民衆學校改為補習學校

三、第一欄民衆學校上之空格須填註某機關或某校附設或某縣第幾字樣

三三九 赤峰縣教育局爲彙送民衆學校學生畢業成績表事致赤峰縣政府呈（1932年6月9日）

3-1-5125-22(8)

熱河省赤峰縣縣立第一小學校附設第四民衆學校畢業成績表

學科 分數 姓名	三民主義	識字	珠算（或筆算）	其他	總計	平均	備考
馬爽軒	60	80	80		220	73	
馮子靜	80	82	60		222	74	
吳仲連	70	80	60		210	70	

三三九　赤峰縣教育局爲彙送民衆學校學生畢業成績表事致赤峰縣政府呈（1932年6月9日）

附註

一、各縣所造表之大小應以此表式之大小為準

二、補習學校亦可適用此表惟須將第一欄之民衆學校改爲補習學校

三、第一欄民衆學校上之空格須填註某機關或某校附設或某縣第幾字樣

三三九 赤峰縣教育局爲彙送民衆學校學生畢業成績表事致赤峰縣政府呈（1932 年 6 月 9 日）

3-1-5125-22(19)

熱河省赤峯縣立第二小學校附設第五民衆學校畢業成績表

姓名＼學科＼分數	三民主義	識字	珠算（或筆算）	其他	總計	平均	備考
李長發	60	80	70		210	70	
高成業	80	100	60		240	80	
趙得福	60	70	60		190	63	
王百祿	80	80	60		220	73	
劉全旺	60	80	60		200	66.7	
臧財	60	100	80		240	80	
王有	80	80	80		240	80	
閆惠	60	70	60		190	63	
張發	60	76	60		196	65	

三三九 赤峰縣教育局爲彙送民衆學校學生畢業成績表事致赤峰縣政府呈（1932年6月9日）

雷雨田	60	80	60		200	66.7	
孫振聲	80	100	60		240	80	
苗長青	80	76	60		216	72	
夏日新	60	90	60		210	70	
初毓秀	60	76	60		196	65	
李少白	60	80	60		200	66.7	
李青山	80	100	80		260	86.7	
崔芳	80	80	60		220	73	
張瑞亭	60	80	60		200	66.7	
姜鴻恩	60	80	80		220	73	

附註

一、各縣所造表之大小應以此表式之大小為準

二、補習學校亦可適用此表惟須將第一欄之民衆學校改為補習學校

三、第一欄民衆學校上之空格須填註某機關或某校附設或某縣第幾字樣

三三九 赤峰縣教育局爲彙送民衆學校學生畢業成績表事致赤峰縣政府呈（1932年6月9日）

3-1-5125-22(10)

熱河省赤峯縣縣立第二小學校附設第五民衆學校畢業成績表

學科 分數 姓名	三民主義	識字	珠算（或筆算）	其他	總計	平均	備考
陶文彬	80	100	60		240	80	
陶學謙	60	80	60		200	66.7	
韓如愈	60	76	80		216	72	
馬漢林	60	80	80		220	73	
高全玉	80	80	80		240	80	
許諾	60	100	60		220	73	

三三九　赤峰縣教育局爲彙送民衆學校學生畢業成績表事致赤峰縣政府呈（1932年6月9日）

附註

一、各縣所造表之大小應以此表式之大小為準
二、補習學校亦可適用此表惟須將第一欄之民衆學校改為補習學校
三、第一欄民衆學校上之空格須填註某機關或某校附設或某縣第幾字樣

三三九　赤峰縣教育局爲彙送民衆學校學生畢業成績表事致赤峰縣政府呈（1932 年 6 月 9 日）

3-1-5175-22(11)

熱河省赤峯縣縣立第三小學校附設第六民衆學校畢業成績表

學科 分數 姓名	三民主義	識字	珠算（或筆算）	其他	總計	平均	備考
趙明	75	60	70		210	70	
楊得春	81	80	60		221	73.7	
池永貴	80	75	70		230	76.7	
趙寶祿	50	75	75		200	66.7	
李蔚如	60	80	80		220	73.3	
孫起	80	70	80		230	76.7	
劉宏遠	80	80	60		220	73.3	
梁巨起	60	80	60		200	66.7	
王仲三	80	100	60		240	80	

三三九 赤峰縣教育局爲彙送民衆學校學生畢業成績表事致赤峰縣政府呈（1932年6月9日）

倪慶瑞	80	70	60		210	70
張守德	60	80	100		240	80
張守義	70	100	60		230	76.7
李瑞林	60	80	80		220	73.3
高宗起	80	60	100		240	80
孫玉	60	100	80		240	80

中華民國二十一年六月九日

三四〇 翁牛特左旗札薩克郡王拉沁旺楚克協理蘇崇阿鮑長江爲請設法剿除匪患維持治安事致赤峰縣政府咨（1932 年 7 月 3 日）

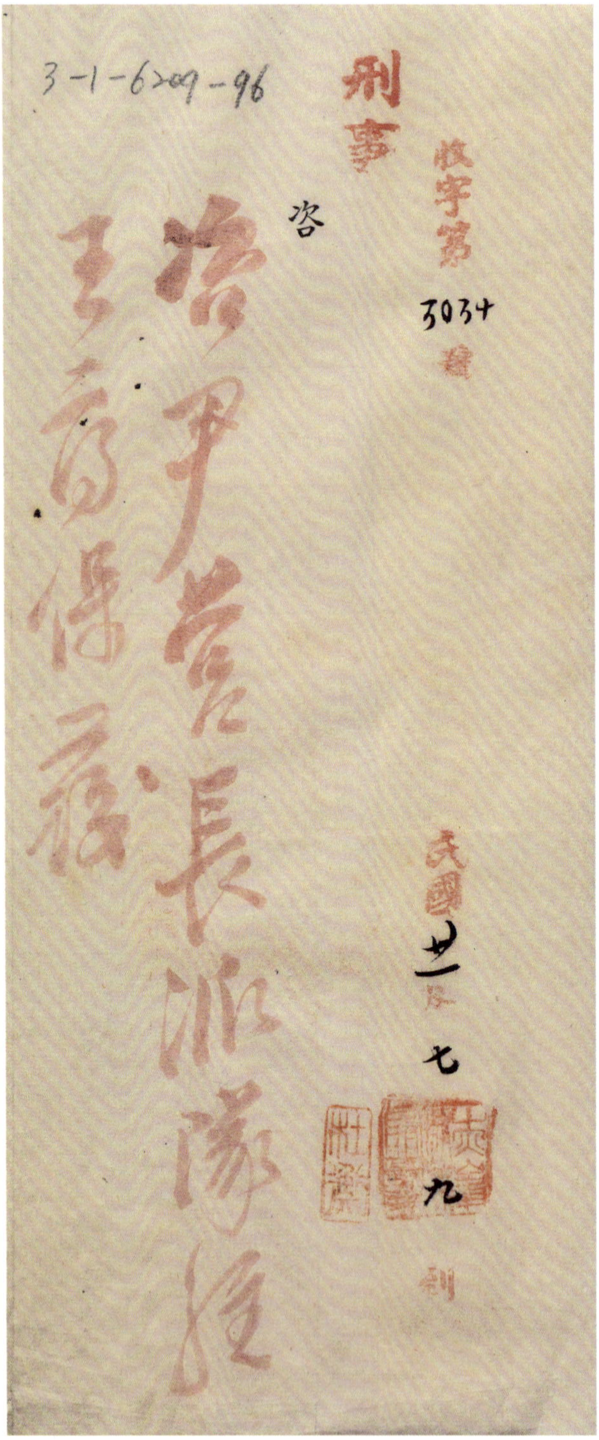
3-1-6209-96
刑事
收字第 3034 號
咨
民國廿一年七月九日

三四〇　翁牛特左旗札薩克郡王拉沁旺楚克協理蘇崇阿鮑長江爲請設法剿除匪患維持治安事致赤峰縣政府咨（1932年7月3日）

翁牛特左旗札薩克郡王拉沁旺楚克協理蘇崇阿鮑長江咨　爲

咨報事竊查於本年春始以來盜匪蜂起結黨多股入境滋蔓搶劫民財驅趕牛馬殺人綁票殘暴已極當經敝署迭向全寧報告文函交馳幸蒙全寧駐軍祝營全部出發奮勇勦逐至地方得以暫就敉平詎料由近以來盜匪息而復起幫股自多較前尤甚劫路搶村日有頻聞以致居民行商咸遭蹂躪民生竭蹶社會坵墟查此次蒙境匪害較漢域尤甚所有旗署原建西境與烏丹毗連素保唇齒能互相接濟而現在烏丹兵少事多内外實難兼顧查匪勢日近一日不知其意仍向何圖惟患敝署位居鄉僻内無槍械之備外乏防預之助一朝匪賊逼近恣逞實恐不能抵制至再思維無如報請

貴府鈞鑒能否體察近狀准予設法維持以保治安而除匪患則仁政廣沛蒙境感戴此咨

赤峰縣政府

三四〇 翁牛特左旗札薩克郡王拉沁旺楚克協理蘇崇阿鮑長江爲請設法剿除匪患維持治安事致赤峰縣政府咨（1932年7月3日）

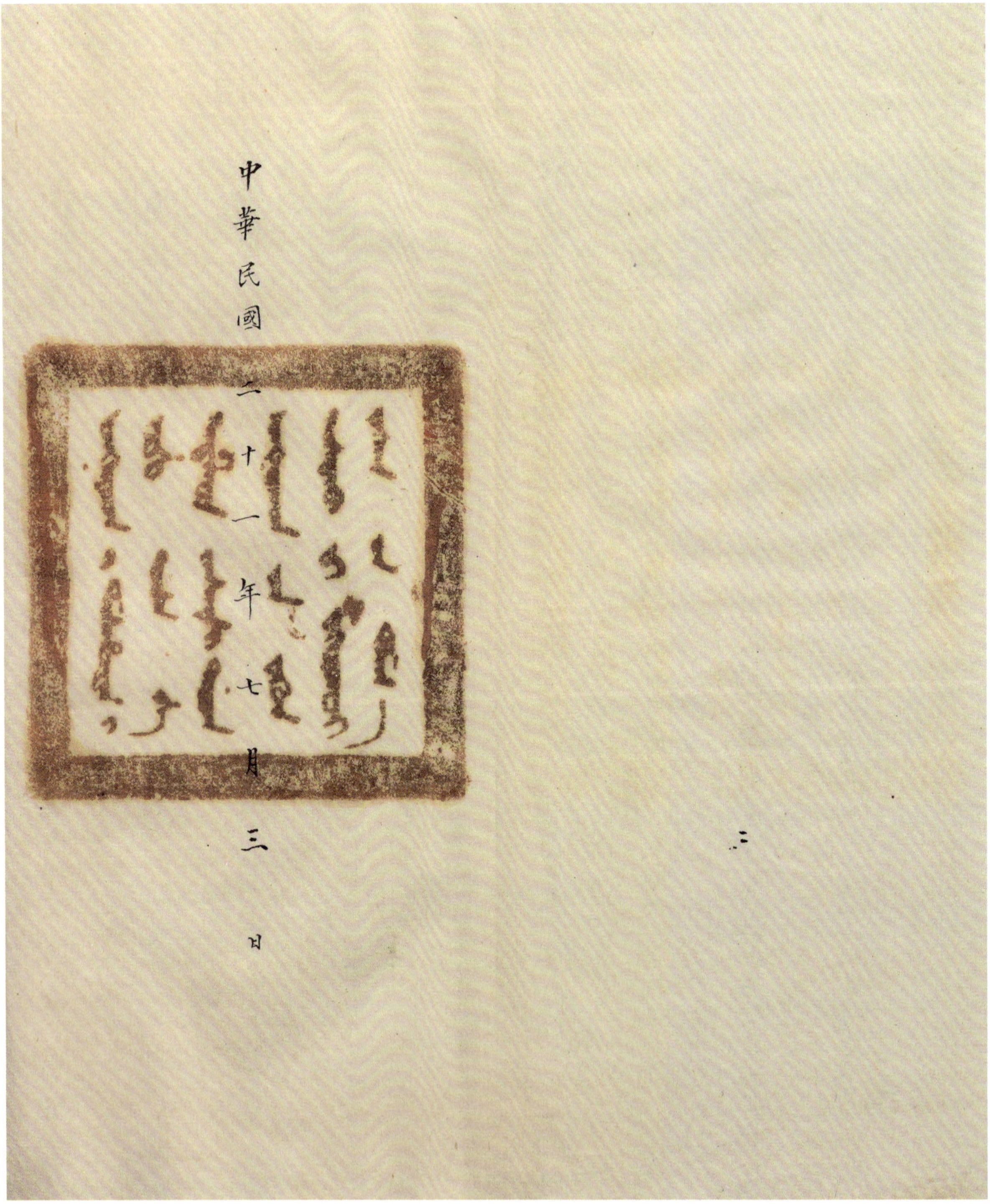
中華民國二十一年七月三日

二

三四〇 翁牛特左旗札薩克郡王拉沁旺楚克協理蘇崇阿鮑長江爲請設法剿除匪患維持治安事致赤峰縣政府咨（1932年7月3日）

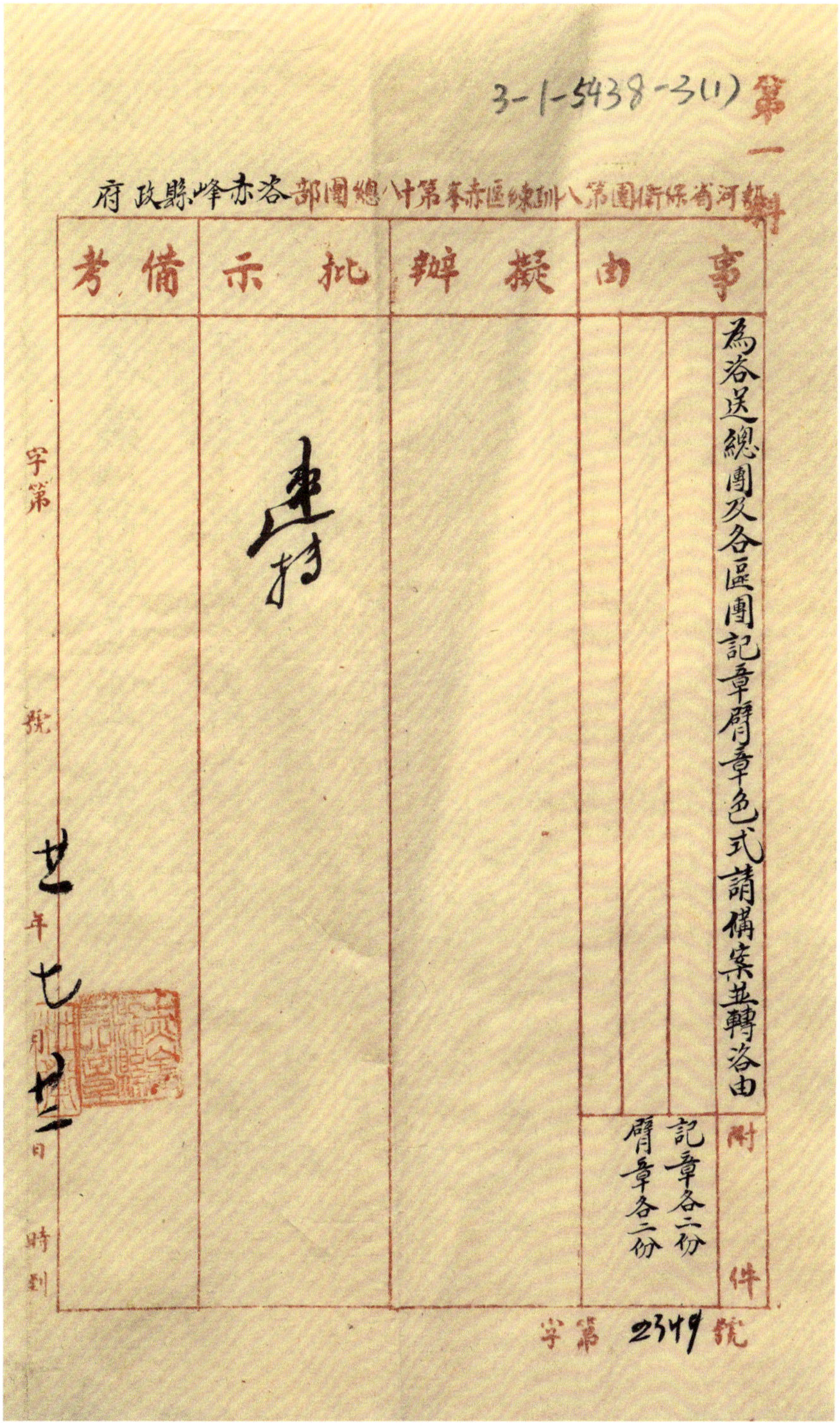

3-1-5438-3(1) 第一號

熱河省保衛團第八訓練區赤峰第十八總團部咨赤峰縣政府

事由	擬辦	批示	備考
為咨送總團及各區團記章臂章色式請備案並轉咨由		速持	字第　號 廿一年七月廿二日　時到
附件：記章各二份 臂章各二份			

字第2349號

三四一　熱河省第八訓練區赤峰第十八總團部爲檢送總團及各區團記章臂章色式事致赤峰縣政府咨（1932 年 7 月 22 日）

熱河省第八訓練區赤峰第十八總團部咨　第二號

為咨送事案查敝總團暨各區團遵照頒發記章布色各仿製長三角形臂章分發佩帶以示區別相應檢同記章臂章各二份咨送

貴政府查照備案並希轉咨駐防軍一併備查為荷此咨

赤峰縣政府

計咨送

第十八總團記章臂章各二份

各區團記章臂章各二份

總團長孫廷弼

三四一　熱河省第八訓練區赤峰第十八總團部爲檢送總團及各區團記章臂章色式事致赤峰縣政府咨（1932年7月22日）

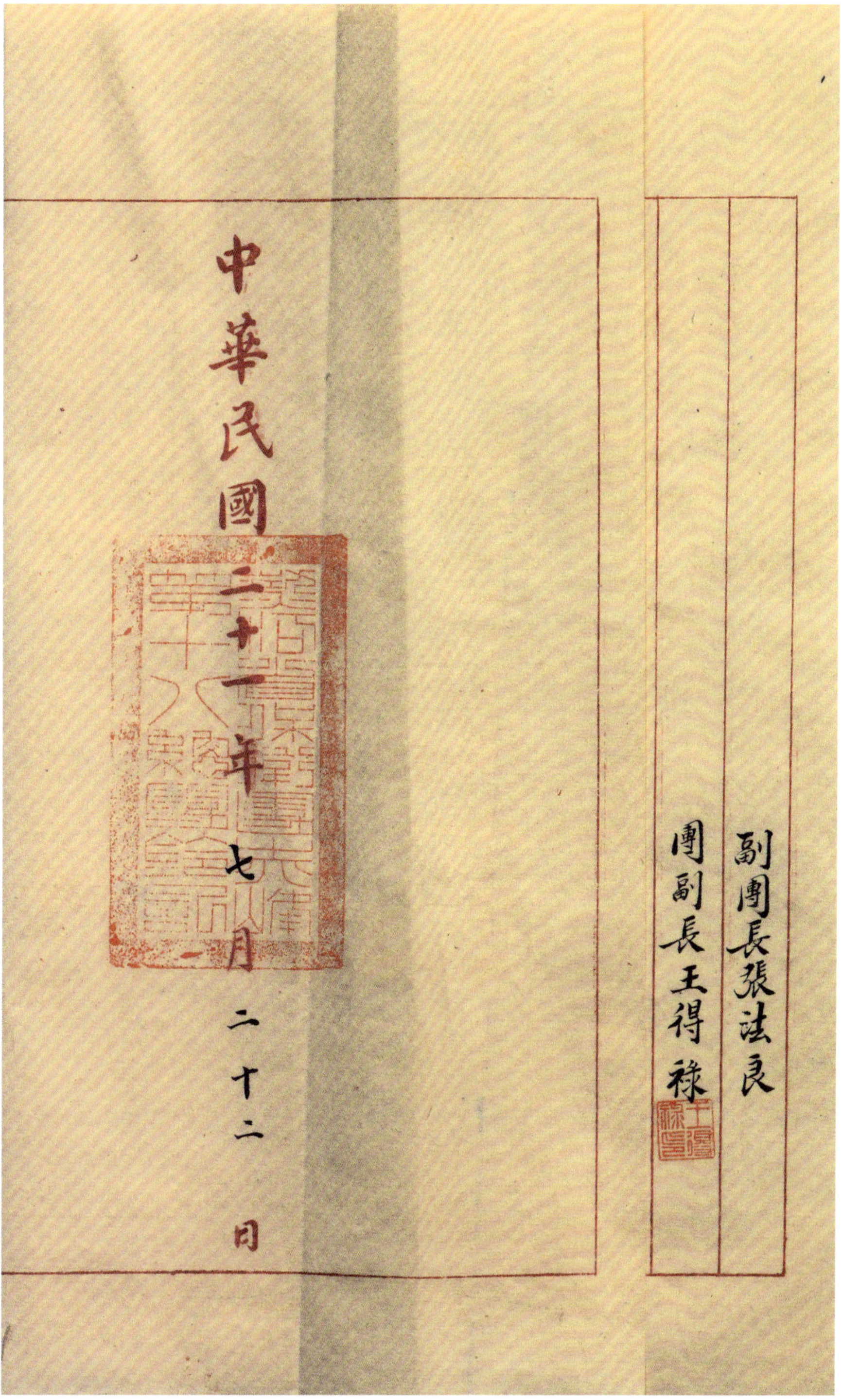
副團長張法良
團副長王得祿
中華民國二十一年七月二十二日

三四一 熱河省第八訓練區赤峰第十八總團部爲檢送總團及各區團記章臂章色式事致赤峰縣政府咨（1932 年 7 月 22 日）

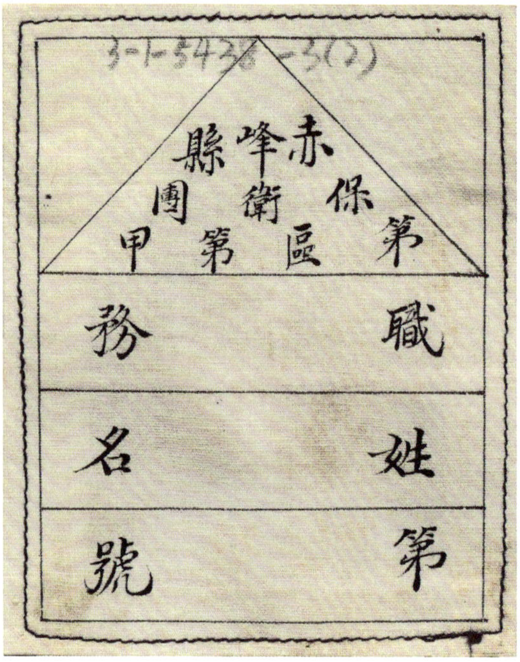

三四一 熱河省第八訓練區赤峰第十八總團部爲檢送總團及各區團記章臂章色式事致赤峰縣政府咨（1932年7月22日）

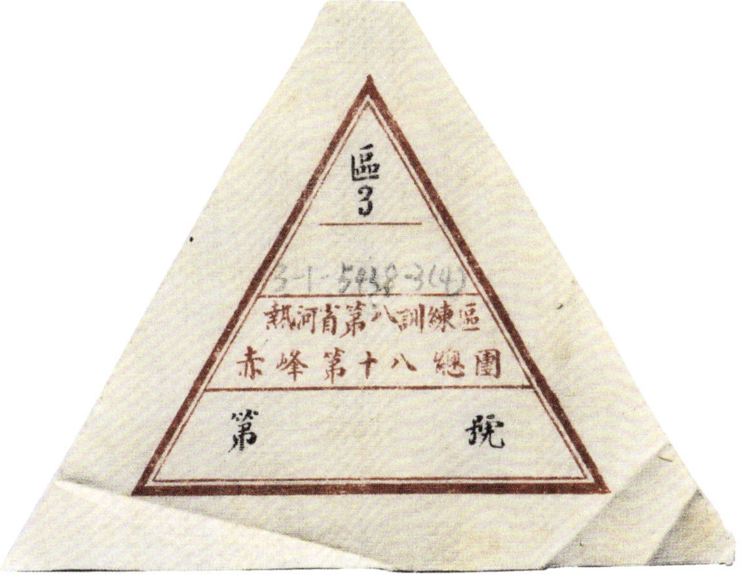

三四二　赤峰縣建設局爲報送全縣公路圖表等請轉呈事致赤峰縣政府呈（1932年7月30日）

3-1-2207-17

第二科

熱河省赤峰縣建設局　呈赤峰縣政府

事由	擬辦	批示	備考
爲奉令填註公路圖表等件送請鑒核存轉			指令發
附件：全縣公路圖表各二份、意見書二份、路線清單二份			

呈　字第　號

廿一年七月三十日到時

收文　字第2465號

三四二　赤峰縣建設局爲報送全縣公路圖表等請轉呈事致赤峰縣政府呈（1932年7月30日）

呈為呈送填畢公路圖表仰祈
鑒核轉呈事竊本年六月二十九日奉
鈞府第一五一號訓令内開以奉
熱河省政府民政廳第五一九號訓令内開轉奉
熱河省政府第一五五七號訓令内開案查前據該廳呈送朝陽等四縣公路圖表
請鑒核等情業經指令並檢件函送
中華全國道路建設協會查收見覆在案茲准該會函開以貴省對於路市兩政之統計異
常精密至為佩仰除彙集登刊發表外專此覆謝等情其未經呈送公路圖表各縣應即赶
速呈送以憑彙轉此令各等因奉此遵查此項圖表當於上年奉到
鈞府訓令轉奉

三四二　赤峰縣建設局爲報送全縣公路圖表等請轉呈事致赤峰縣政府呈（1932年7月30日）

熱河省建設廳訓令飭即調查繪製圖表呈送等因本局已遵令繪圖填註二份送請轉報在案茲奉前因除遵即擬具意見書路線清單暨繪製公路圖表各二份隨文附呈外理合具文呈請

鈞府鑒核俯賜轉呈實為公便謹呈

赤峰縣政府縣長孫

計呈送

全縣公路圖表各二份

意見書二份

路線清單二份

赤峰縣建設局局長王熙麟

王熙麟印

三四二　赤峰縣建設局爲報送全縣公路圖表等請轉呈事致赤峰縣政府呈（1932年7月30日）

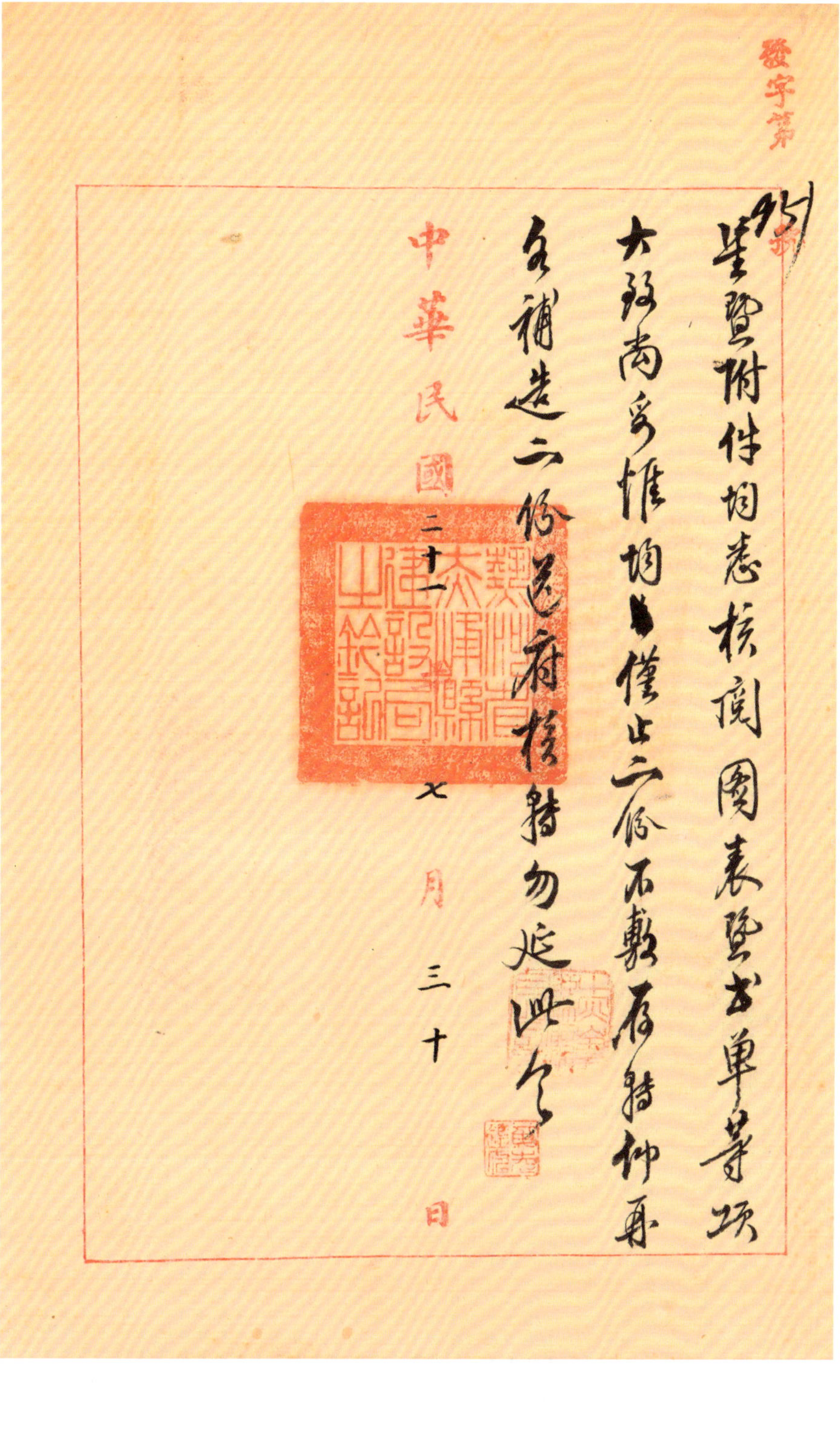

發字第

呈暨附件均悉。核閱圖表暨書單等項大致尚妥，惟均各僅止二份，不敷存轉，仰再另補造二份送府核轉勿延。此令

中華民國二十[illegible]年七月三十日

三四二 赤峰縣建設局爲報送全縣公路圖表等請轉呈事致赤峰縣政府呈（1932年7月30日）

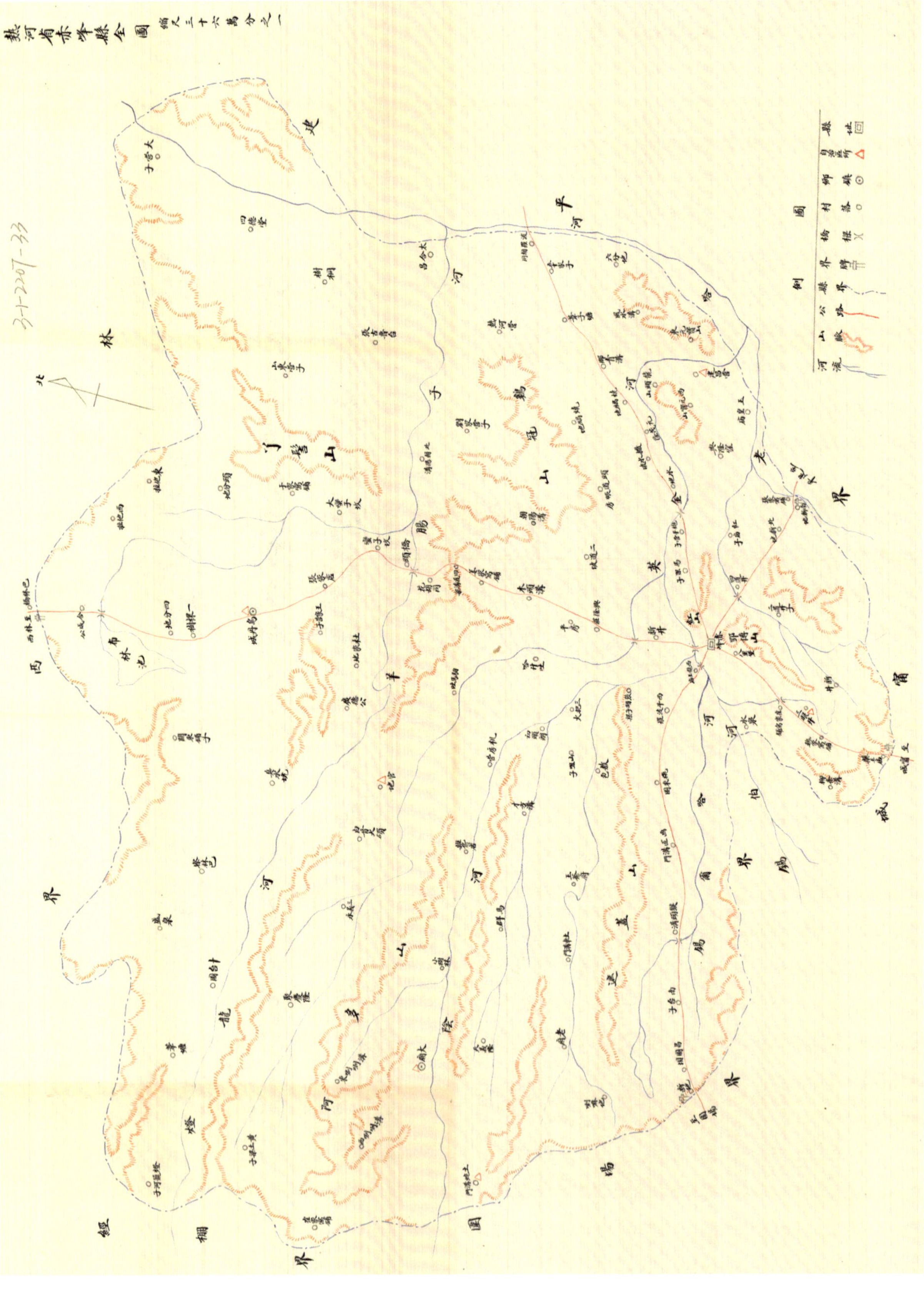

三四二 赤峰縣建設局爲報送全縣公路圖表等請轉呈事致赤峰縣政府呈（1932年7月30日）

熱河省縣道（赤峰縣）一覽表

民國二十年　月　日寄出
二十年　月　日寄回

由某地至某地(4)	(1)全長里數	(2)路寬	石質或土質	經過各重要村鎮名	築成年月	建築費若干
由赤峰縣治至建平界	一百二十里	三十六尺	碎石黄土	水地 那青溝 葦子塘 五十家子	二十年十一月	經本局徵集形路任民築成不另開支建築費
由赤峰縣治至張家窩鋪建平界	五十里	三十六尺	仝	四道井子 新地 張家窩鋪	仝	仝
由赤峰縣治至新地圍場界	一百五十里	三十六尺	仝	西牛波羅 畫匠溝門 猴頭溝 昌圖壩	仝	仝
由赤峰縣治至老爺梁寧城界	六十里	三十六尺	仝	八里堡 崔家窩鋪 魏家窩鋪 藥王廟	仝	仝
由赤峰縣治至巴林橋林西界	二百四十里	三十六尺	仝	興隆莊 木頭溝 橋頭 烏丹城 一棵樹 巴林橋	仝	仝

三四二 赤峰縣建設局爲報送全縣公路圖表等請轉呈事致赤峰縣政府呈（1932年7月30日）

附註

(1)(請註明用何種里為本位)以中里為本位

(2)(請註明用何種尺為本位)以營造尺為本位

(3)請註明用何種幣為本位

(4)每直欄請填一路如有道路全國請惠寄一份或指示出售處所至感幸

三四二　赤峰縣建設局爲報送全縣公路圖表等請轉呈事致赤峰縣政府呈（1932年7月30日）

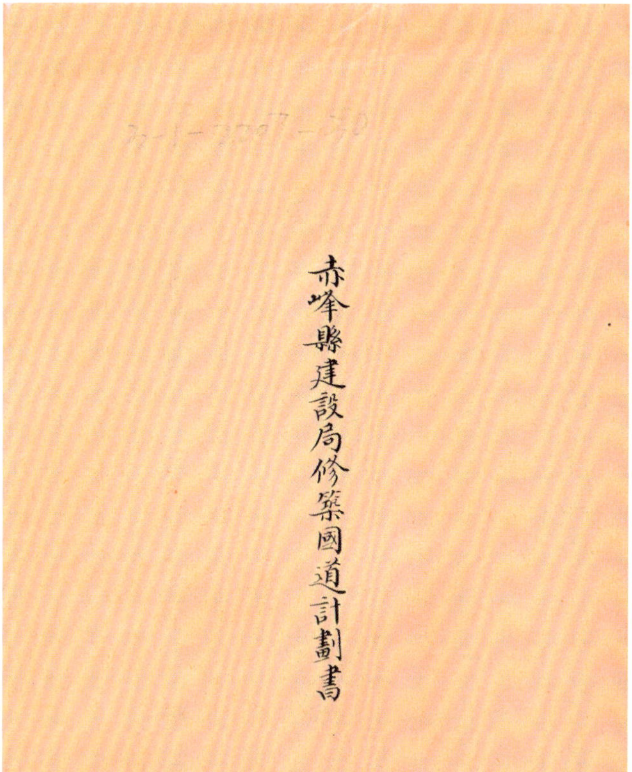
赤峰縣建設局修築國道計劃書

三四二　赤峰縣建設局爲報送全縣公路圖表等請轉呈事致赤峰縣政府呈（1932年7月30日）

例言

查赤峰縣為熱省之重鎮凡主要之路線尤當積極修築以利交通而重路政茲將此次所修之各路線及修築情形施工之辦理保管之方法逐次擬具計劃陳列於左

第一節　勘定路線

全縣主要路線統分四大幹路其起止地點及經過之區村實地勘測另有圖說茲將四幹路開列如

一　由縣街東修起至建平及寧城交界止計長五十里

二　由縣街西修起至圍場交界之昌圖壩梁止計長一百五十里

三　由縣街南修起至平泉縣交界止計長六十里

四　由縣街北修起至林西縣交界止計長二百四十里

第二節　徵工辦法

三四二　赤峰縣建設局爲報送全縣公路圖表等請轉呈事致赤峰縣政府呈（1932年7月30日）

徵工辦法分路委派專員督同該路警甲調集民夫按區甲之大小村落之多寡分段
修築工食均歸民夫自備

第三節　施工情形

各路施工時派員按段督修所需掀鎬等器具均由該段民夫自行備用以資撙節遇有河流
溝渠等處建造土木橋樑以期通行無碍爲止

第四節　路線限度

路線寬窄之限度遵照十八年所須修築道路計畫書第五條三丈五尺以上之規定

第五節　道路保管

各路線按段設豎身高八尺之木標桿上註區甲及村鎮距離里數並註明責成該段甲長及村
長隨時保管以免隨修隨壞之弊

第六節　佔用民地

派員調查各路佔用民地之處地主之姓名佔地之畝數另有清摺以憑核辦

三四三　赤峰縣建設局爲更繪公路輿圖暨圖説請鑒核轉送事致赤峰縣政府呈（1932年11月4日）

3-1-2207-23(1)

第二科

熱河省赤峰縣建設局呈赤峰縣政府

事由	擬辦	批示	備考
為呈送遵令更繪全縣公路輿圖暨圖説祈鑒核轉送			轉送
附件：公路輿圖三張　公路圖説三紙			

呈　字第　號

廿一年十一月五日　時到

收文　字第3576號

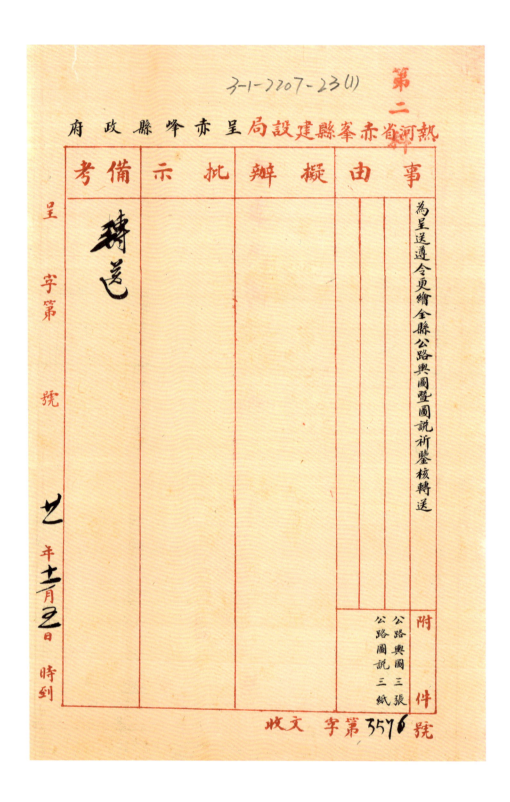

三四三　赤峰縣建設局爲更繪公路輿圖暨圖説請鑒核轉送事致赤峰縣政府呈（1932年11月4日）

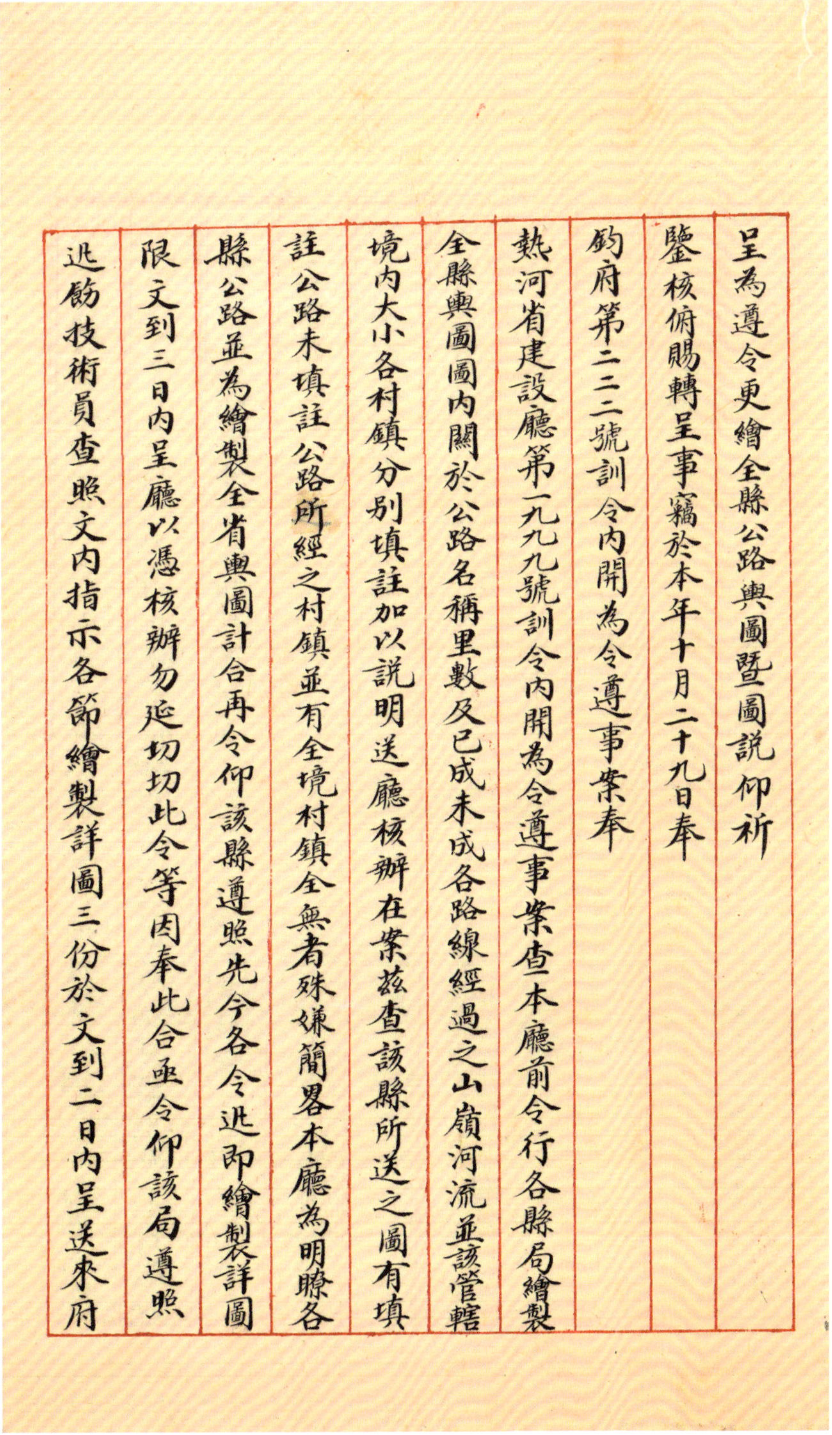

呈爲遵令更繪全縣公路輿圖暨圖説仰祈
鑒核俯賜轉呈事竊於本年十月二十九日奉
鈞府第二二二號訓令内開爲令遵事案奉
熱河省建設廳第一九九九號訓令内開爲令遵事案查本廳前令行各縣局繪製全縣輿圖圖内關於公路名稱里數及已成未成各路線經過之山嶺河流並該管轄境内大小各村鎮分别填註加以説明送廳核辦在案茲查該縣所送之圖有填註公路未填註公路所經之村鎮並有全境村鎮全無者殊嫌簡畧本廳爲明瞭各縣公路並爲繪製全省輿圖計合再令仰該縣遵照先令各令迅即繪製詳圖限文到三日内呈廳以憑核辦勿延切切此令等因奉此合亟令仰該局遵照迅飭技術員查照文内指示各節繪製詳圖三份於文到二日内呈送來府

三四三 赤峰縣建設局爲更繪公路輿圖暨圖説請鑒核轉送事致赤峰縣政府呈（1932 年 11 月 4 日）

以憑核轉勿延切切此令等因奉此遵即飭令技術員詳加調查妥爲更正關於圖列公路經過村鎮山嶺河流審慎繪註並將公路名稱距離里數另行附具詳細圖説分别清楚現經繪繕圖説各三分除遵限檢同圖説一併附呈外理合具文懇請

鈞府鑒核俯賜轉送施行謹呈

赤峰縣政府縣長孫

計呈送

赤峰縣公路輿圖三張

公路圖説三紙

赤峰縣建設局局長王熙麟

王熙麟印

三四三　赤峰縣建設局爲更繪公路輿圖暨圖說請鑒核轉送事致赤峰縣政府呈（1932 年 11 月 4 日）

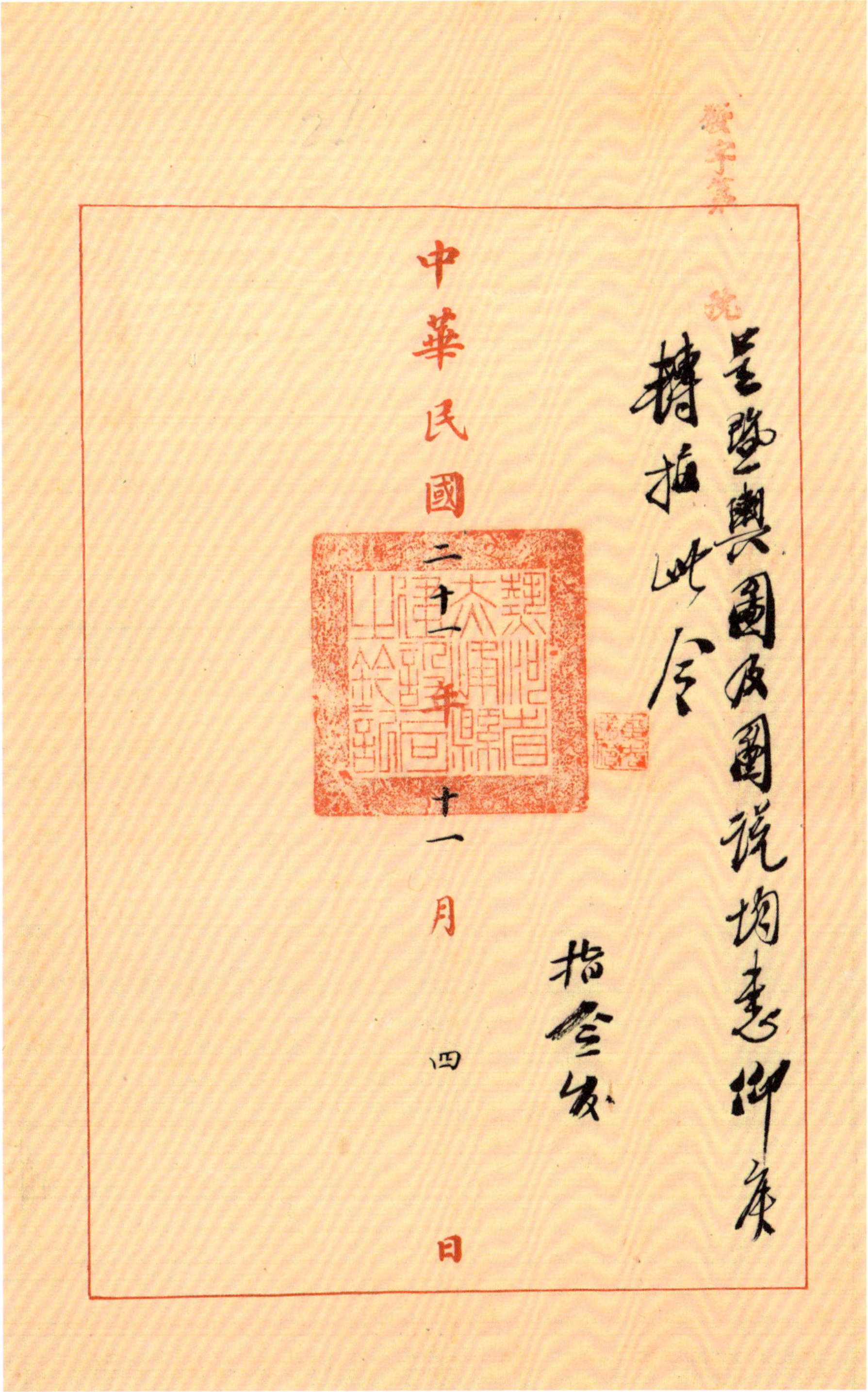

發字第　號

呈暨輿圖及圖說均悉，仰候轉指。此令。

指令

中華民國二十一年十一月四日

三四三 赤峰縣建設局爲更繪公路輿圖暨圖說請鑒核轉送事致赤峰縣政府呈（1932年11月4日）

熱河赤峰縣公路圖說

三四三　赤峰縣建設局爲更繪公路輿圖暨圖説請鑒核轉送事致赤峰縣政府呈（1932年11月4日）

面積　東西平均三百一十華里南北平均二百三十華里合計面積七萬一千三百方里

縣界　東界建平南界寧城西界圍場西北界經棚北界林西

山脈　係塞罕壩山之支脈自西北而東南綿亙全境東南有東西元寶山産煤甚多

河流　西北有燈籠河自經棚入境東流其下游曰羊腸河經橋頭太合昌等處入老哈河西有陰河錫爾哈河曲折東流至縣街北滙入錫伯河錫伯河自西南寧城入境至縣街北總稱曰英金河會流於老哈河經建平而入開魯遼河

公路　全縣公路分五大幹線東曰赤建由縣街經馬架子炮手營子水地撒水坡元茂隆燒鍋地那青溝葦子塘五十家子波羅胡同等村落至建平界哈啦道口計

三四三 赤峰縣建設局爲更繪公路輿圖暨圖説請鑒核轉送事致赤峰縣政府呈（1932年11月4日）

長一百二十華里東南曰建赤由建平界張家窩鋪經南新地北新地四道井子等村落至縣街計長六十華里西曰赤圍由縣街經西老爺廟西牛波羅桃來圖畫匠溝門猴頭溝南台子昌圖壩至新地圍場界計長一百五十華里南曰赤寧由縣街經八里堡崔家窩鋪魏家窩鋪至老爺梁寧城界計長六十華里北曰赤林由縣街經錫伯河新井興隆莊大小木頭溝姜家窩鋪四道溝梁花胡同橋頭羊腸子河蠻子坟張家店烏丹城一棵樹四分地合成公等村落至巴林橋林西界計長三百二十華里

三四三　赤峰縣建設局爲更繪公路輿圖暨圖説請鑒核轉送事致赤峰縣政府呈（1932年11月4日）

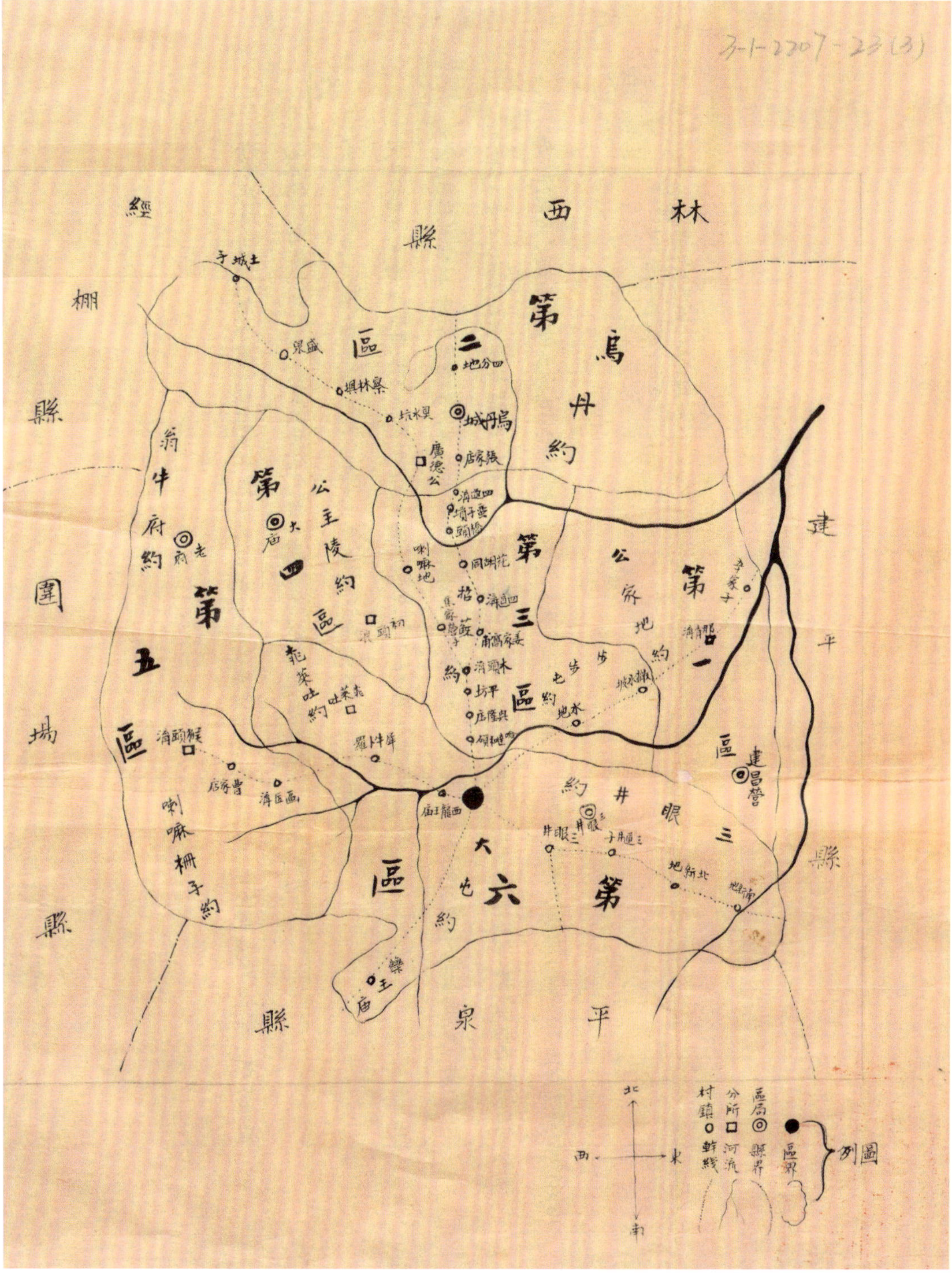

三四三 赤峰縣建設局爲更繪公路與圖暨圖說請鑒核轉送事致赤峰縣政府呈（1932年11月4日）

圖說

西公路綫由縣城起經第六區屬大屯約等村及第五區喇嘛栅子約猴頭溝等處至圍場縣界計一百八十里

南公路綫由縣城起經第六區大屯約之藥王廟等處至平泉縣界計五十里

東南路線至凌源由縣城經第六區屬大屯約等處過平泉縣界三百六十里

東路綫至建平由縣城經第六區屬大屯約三眼井等村以至建平縣界計八十里

東北路綫至開魯由縣城經第三區屬步步屯約及第一區屬公家地約之哪清溝等處過建平縣界五百吳十里

北至林西與省公路相連由縣城經第三區屬招蘇約哈達和碩及第二區屬烏丹約之烏丹城等處以至林西縣界四百五十里

西北至經棚由縣城順省公道至第三區屬招蘇約之木頭溝等處至第二區烏丹約之廣德公等處以至經棚縣界三百四十里

全縣東西計貳百六十里
南北計五百里

三四四 熱河省經界、賑務委員楊裕文爲擬向貧弱同胞舍贈棉衣請予布告并派員監放事致赤峰縣政府函（1932年11月1日）

敬啟者本人歷年修建河北大橋掩埋尸骨各費因時局
影响營業凋敝支付款目時形竭蹶現由本年服用項下
樽節製成新棉衣褲二百套以備分贈貧苦昆弟姊妹
冬季服用惟限於力量衣褲數少未能普及殊抱顏汗擬
於十月八日上午在寒舍贈衣但就殘廢無依年滿五十歲以上
十二歲以下之男女同胞為限至食鴉片煙打瑪啡針者無論老
幼男婦概行拒絕除函請
商埠公安局官長屆期監放外相應函請

楊子彬自用箋

3509　廿一年十一月一日

3-1-391-2(2)

391

三四四　熱河省經界、賑務委員楊裕文爲擬向貧弱同胞舍贈棉衣請予布告并派員監放事致赤峰縣政府函（1932 年 11 月 1 日）

3-1-391-2(5)

貴政府查核佈告週知併派員監放以免紛擾至紉公誼

此致

赤峯縣政府

熱河省經界賑務委員楊裕文

楊裕文印

十一月一日

速即布告并委

務委員監放

楊子彬自用箋

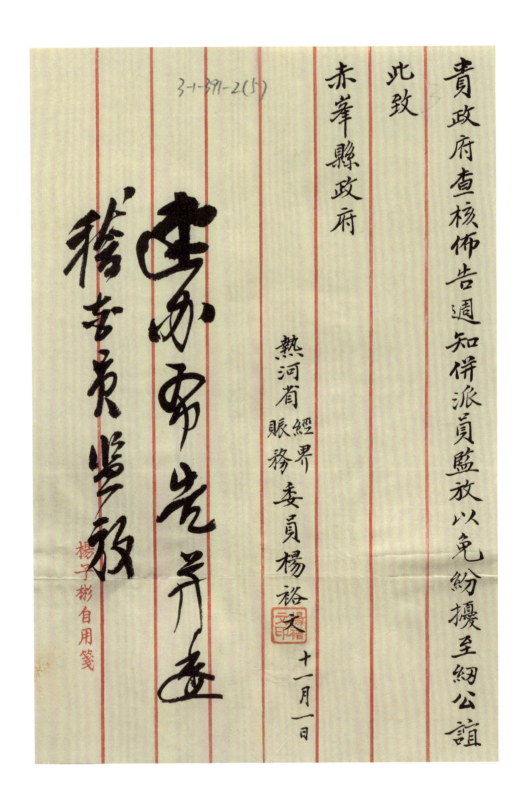

三四五　赤峰縣建設局爲赤林路綫中橋梁修竣繪具全縣輿圖附加説明送請存轉事致赤峰縣政府呈（1932年12月28日）

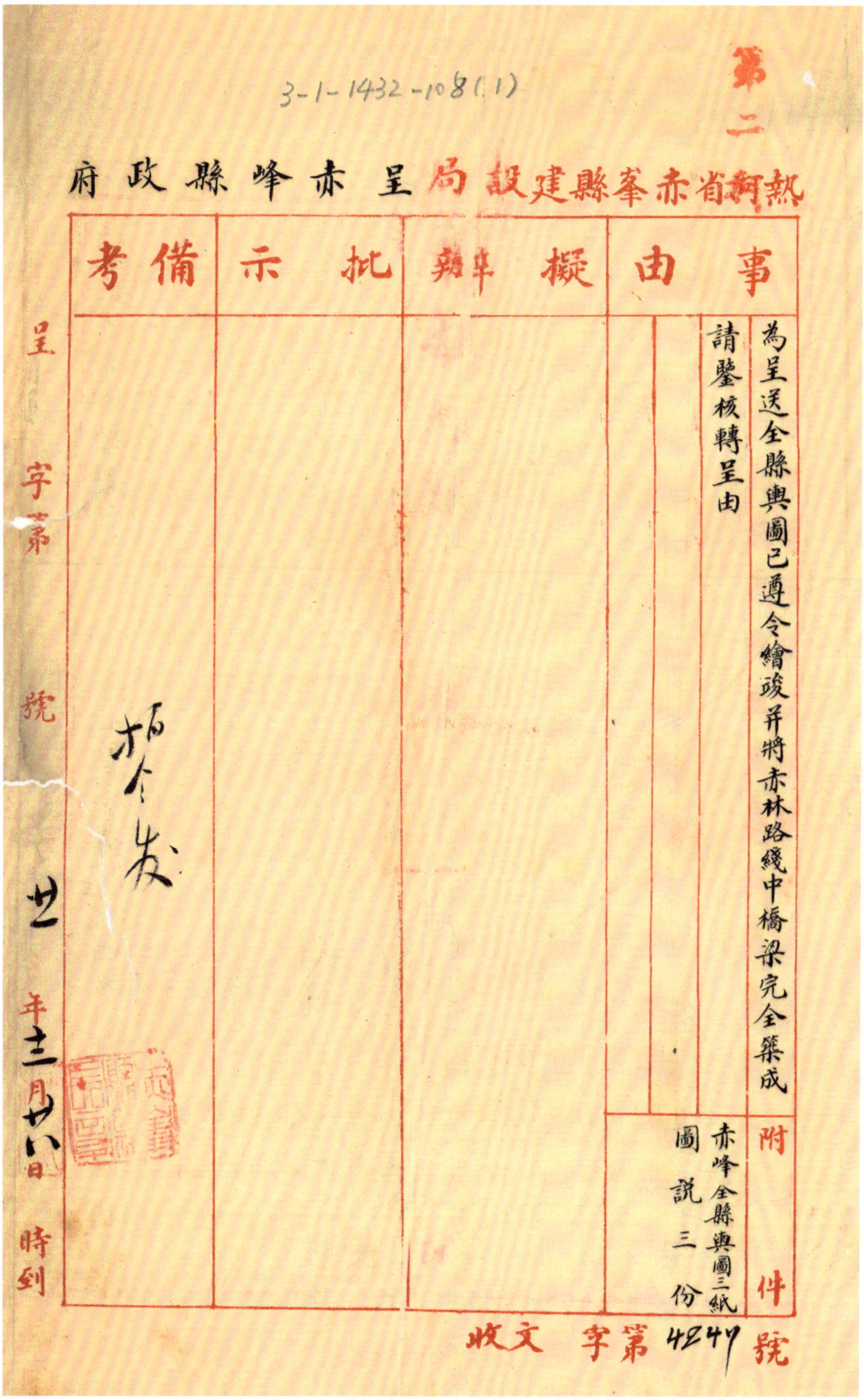
3-1-1432-108(1)

第二

熱河省赤峰縣建設局　呈　赤峰縣政府

事由	擬辦	批示	備考
爲呈送全縣輿圖已遵令繪竣并將赤林路綫中橋梁完全築成 請鑒核轉呈由			
附件 赤峰全縣輿圖三紙 圖說三份			

收文　字第4247號

呈　字第　號

廿一年十二月廿八日　時到

三四五　赤峰縣建設局爲赤林路綫中橋梁修竣繪具全縣輿圖附加説明送請存轉事致赤峰縣政府呈（1932年12月28日）

呈為呈送全縣輿圖已遵令繪竣并將赤林路綫橋梁完全築成仰祈
鑒核俯賜轉呈事竊前奉
鈞府令以轉奉養電飭即尅期修築全縣各國道幹路路綫及各橋梁以
重軍務仰即修妥并繪全縣各路輿圖呈送備轉等因奉此遵即分
別派員馳往各路監修業據各該員先後呈覆修築工竣呈報在案
惟赤林途中橋頭地方有橋梁一座因有特種情形未即修築已呈請
給限仍派孫技術員勉負責前往監視修成去後復據該員呈覆已
協同當地警甲等督飭鳩庀材尅日動工今已蕆事呈報前來據此除
遵令將全縣路綫詳細繪圖加以説明隨文附呈外理合具文呈送
鈞府鑒核俯賜存轉指令施行謹呈

三四五　赤峰縣建設局爲赤林路綫中橋梁修竣繪具全縣輿圖附加説明送請存轉事致赤峰縣政府呈（1932年12月28日）

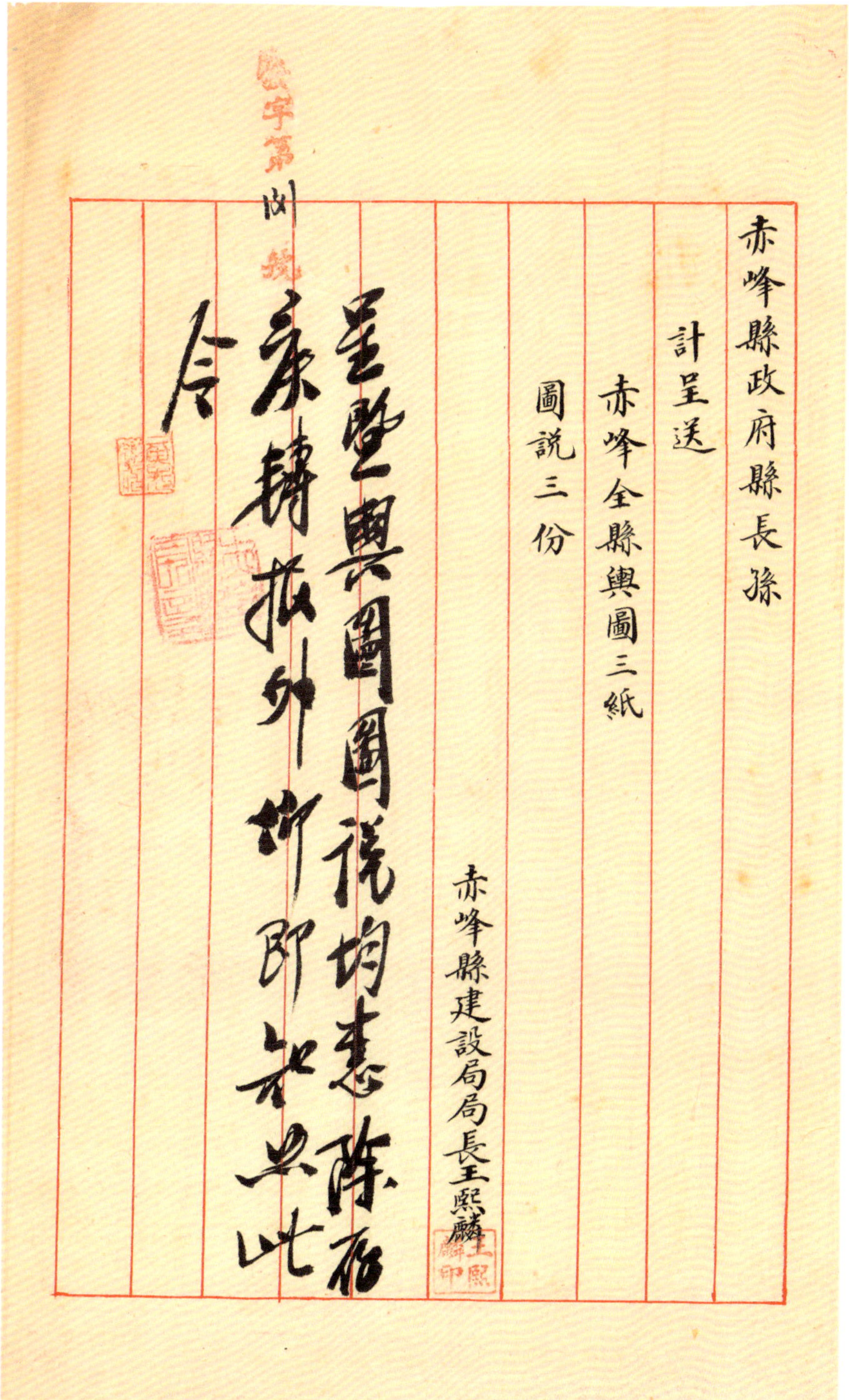

赤峰縣政府縣長孫

計呈送

赤峰全縣輿圖三紙

圖説三份

赤峰縣建設局局長王熙麟

呈暨輿圖圖説均悉。除存案轉報外，仰即知照。此令。

三四五　赤峰縣建設局爲赤林路綫中橋梁修竣繪具全縣輿圖附加説明送請存轉事致赤峰縣政府呈（1932 年 12 月 28 日）

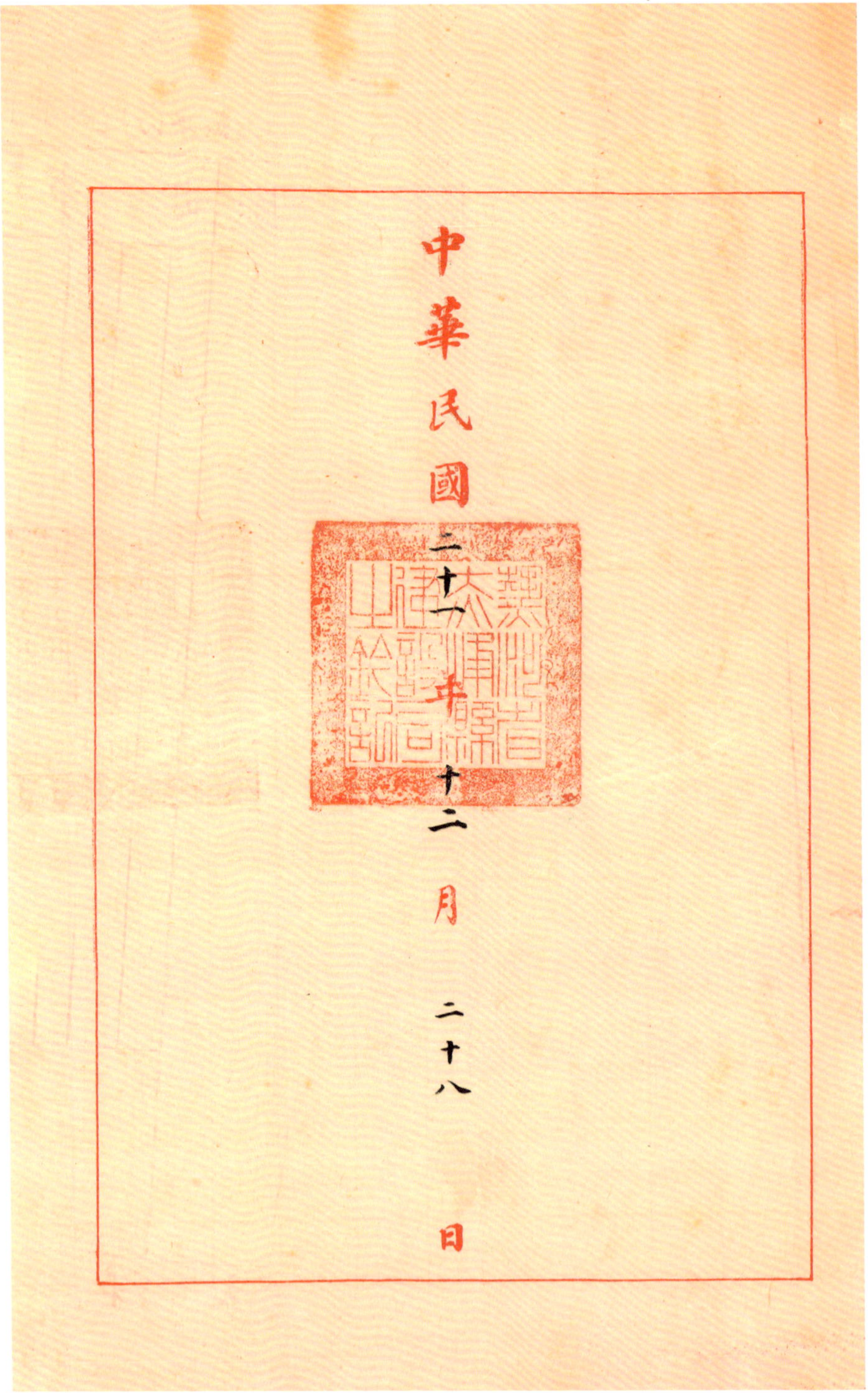
中華民國二十一年十二月二十八日

三四五　赤峰縣建設局爲赤林路綫中橋梁修竣繪具全縣輿圖附加説明送請存轉事致赤峰縣政府呈（1932 年 12 月 28 日）

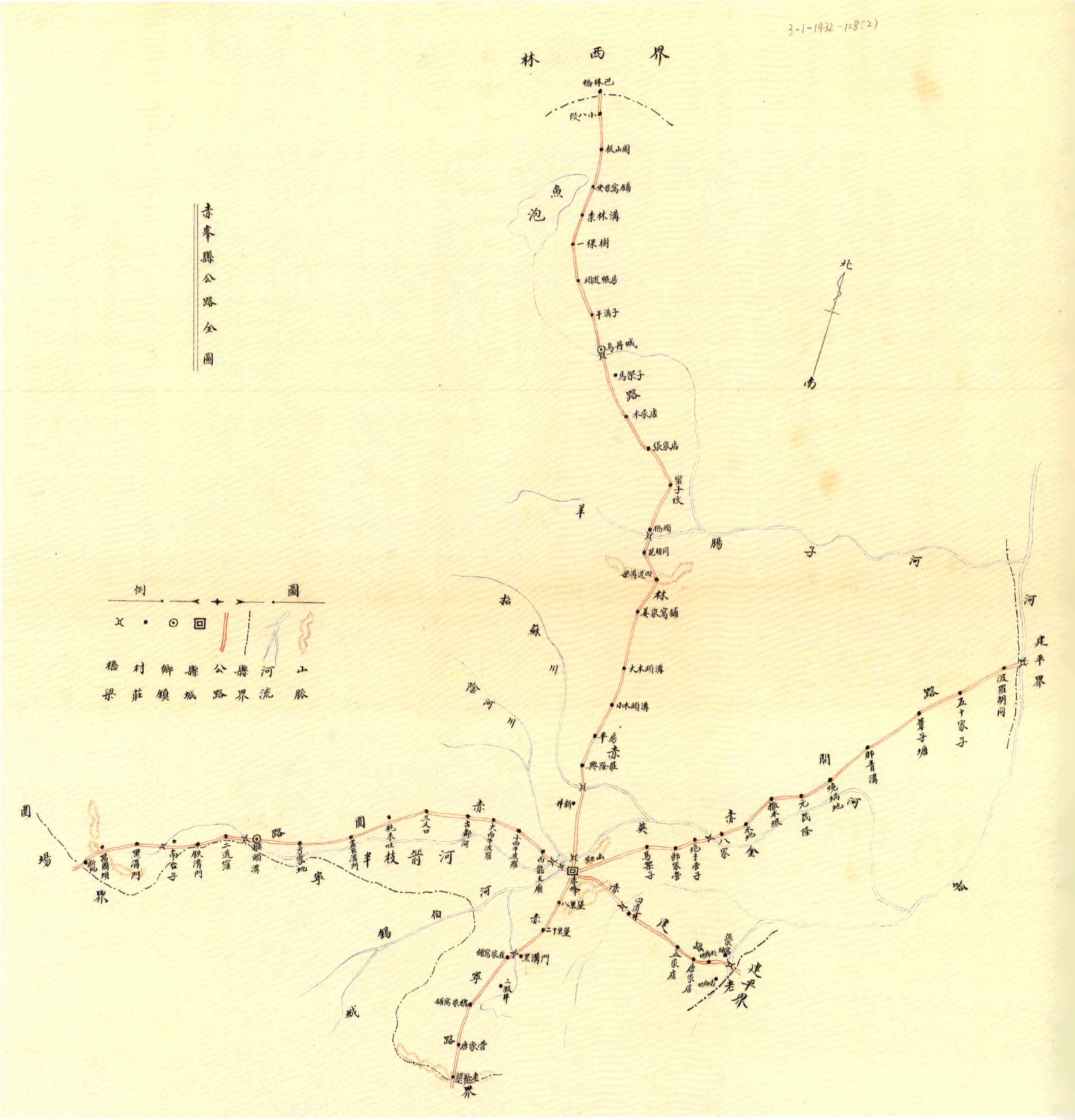

三四五　赤峰縣建設局爲赤林路綫中橋梁修竣繪具全縣輿圖附加説明送請存轉事致赤峰縣政府呈（1932年12月28日）

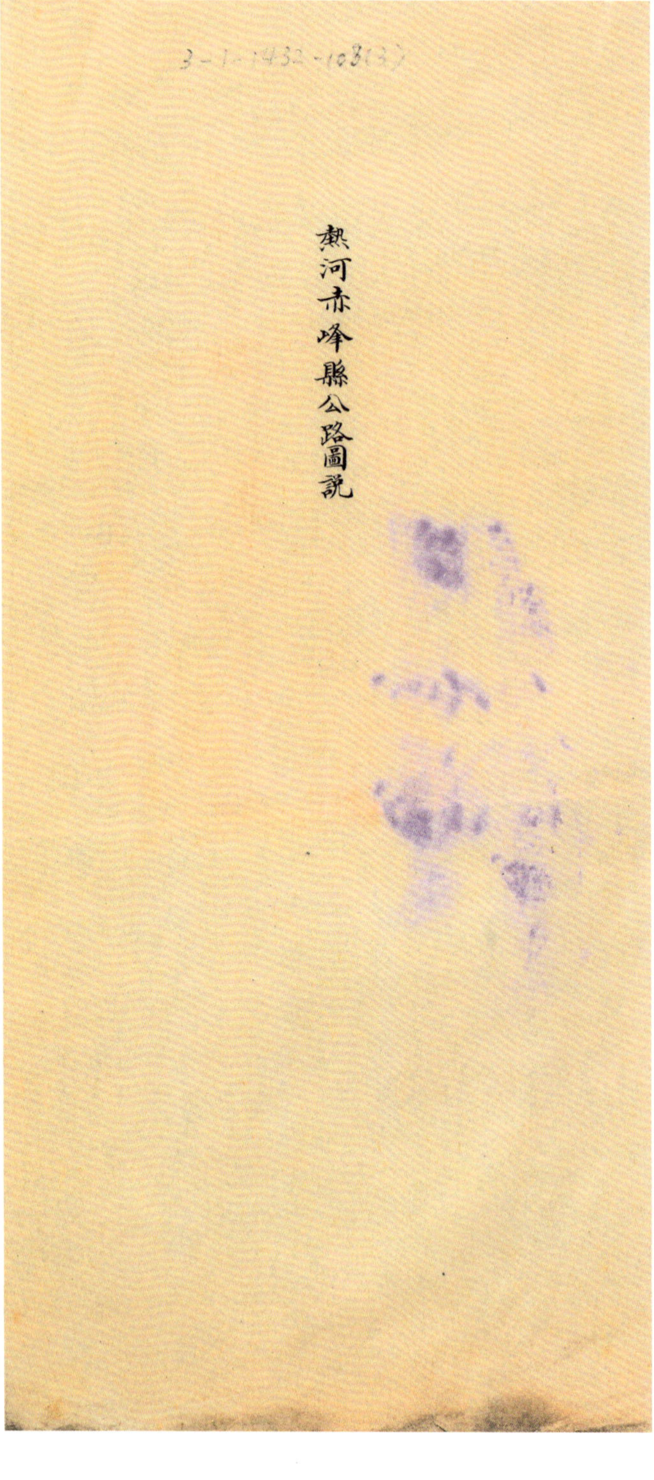

3-1-1432-108(3)

熱河赤峰縣公路圖説

三四五　赤峰縣建設局爲赤林路綫中橋梁修竣繪具全縣輿圖附加説明送請存轉事致赤峰縣政府呈（1932年12月28日）

公路

全縣公路分五大幹線東曰赤開由縣街經馬架子炮手營子水地撒水坡元茂隆燒鍋地那青溝葦子塘五十家子波羅胡同等村落至建平界哈啦道口計長一百二十華里東南曰建赤由建平界張家窩鋪經南新地北新地唐家店孟家店四道井子等村落至縣街計長六十華里西曰赤圍由縣街經西龍王廟小西牛波羅大西牛波羅古都河三岔口桃來圖畫匠溝門方家地猴頭溝二道窪鉄溝門南台子黑溝門昌圖霸至辛地圖場界計長一百五十華里南曰赤寧由縣街經八里堡二十里堡黑溝門崔家窩鋪魏家窩鋪唐房營子至老爺梁寧城界計長六十華里北曰赤林由縣街經新井興隆莊平房大小木頭溝姜家窩鋪四道溝梁花胡同橋頭羊腸子河蠻子攻張家店木家店馬架子烏丹城千溝子頭道帳房一棵樹奈林溝安家窩鋪板山圖小八段至巴林橋林西界計長三百二十華里

三四六 赤峰印花分局爲新任局長王日坦接差視事并啓用鈐記事致赤峰縣財政局公函（1933年1月1日）

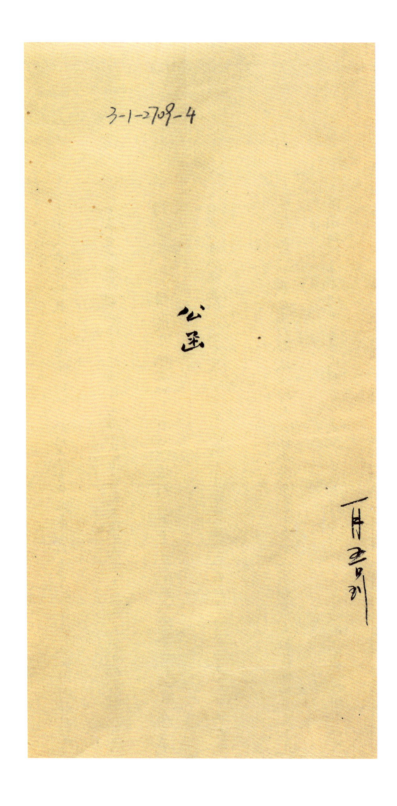

3-1-2709-4

公函

一月三日到

三四六 赤峰印花分局爲新任局長王日坦接差視事并啓用鈐記事致赤峰縣財政局公函（1933 年 1 月 1 日）

赤峰印花分局公函　第一號

敬啟者案奉

熱河禁烟善後管理局委任令第二一零一號內開為令委事案查

赤峰印花分局局長辛其驤調局聽候任用所遺該局職務關於重

要未便久懸茲查有王日坦辦事幹練堪以委充除分行外合亟令仰

該員立即束裝前往接辦等因奉此遵即於本年一月一日接差視事

並啟用鈐記除呈報

禁烟總局暨分行外相應函請

貴局查照至紉公誼此致

赤峰財政局

三四六　赤峰印花分局爲新任局長王日坦接差視事并啓用鈐記事致赤峰縣財政局公函（1933年1月1日）

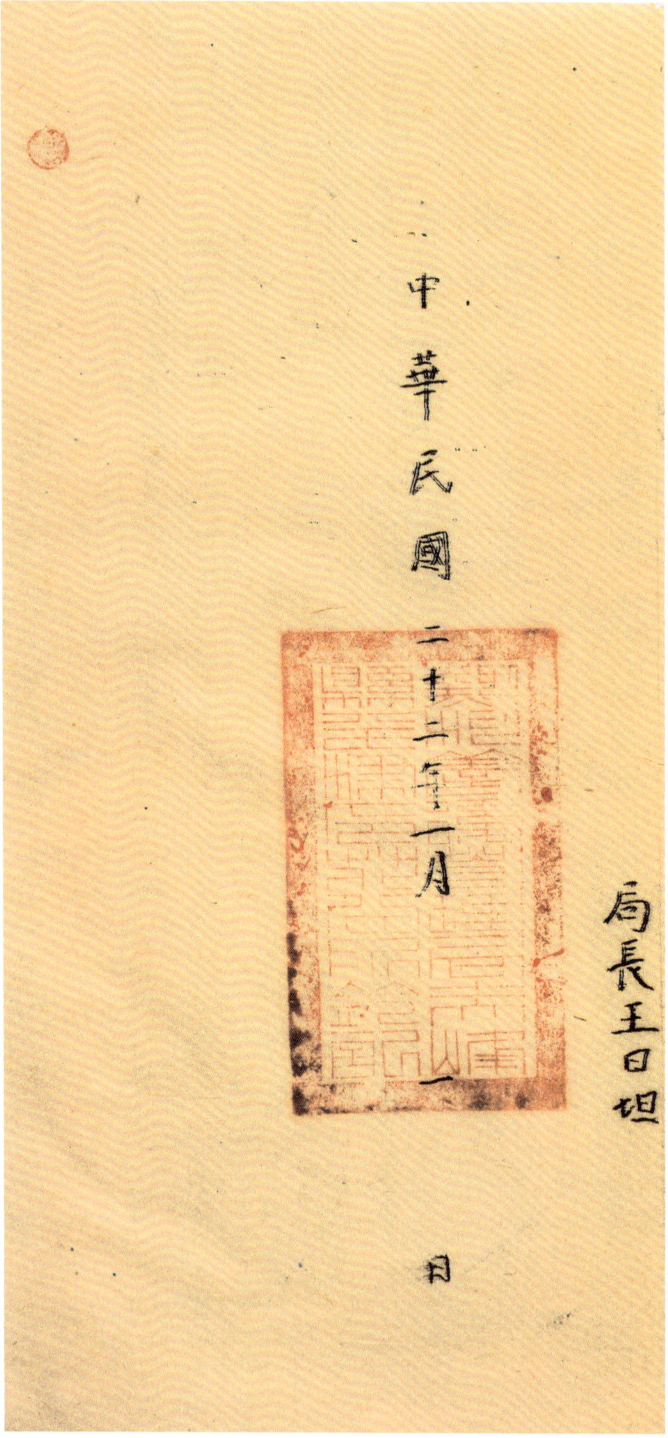

中華民國二十二年一月一日

局長王日坦

三四七　赤峰烟酒事務分局爲局長王日坦接鈐視事事致赤峰縣財政局公函（1933 年 1 月 1 日）

3-1-2709-5

公函

一月三日到

三四七 赤峰烟酒事務分局爲局長王曰坦接鈐視事事致赤峰縣財政局公函（1933 年 1 月 1 日）

赤峰菸酒事務分局公函第一號

逕啟者案奉

熱河財政整理委員會第十五號委任令開茲委任王曰坦爲

赤峰菸酒事務分局局長此令等因奉此敝局長遵於本年

一月一日接鈐視事除呈報并咨行外相應函請

貴局希即查照爲荷此致

赤峰財政局

赤峰菸酒事務分局局長王曰坦

三四七　赤峰烟酒事務分局爲局長王日坦接鈐視事事致赤峰縣財政局公函（1933 年 1 月 1 日）

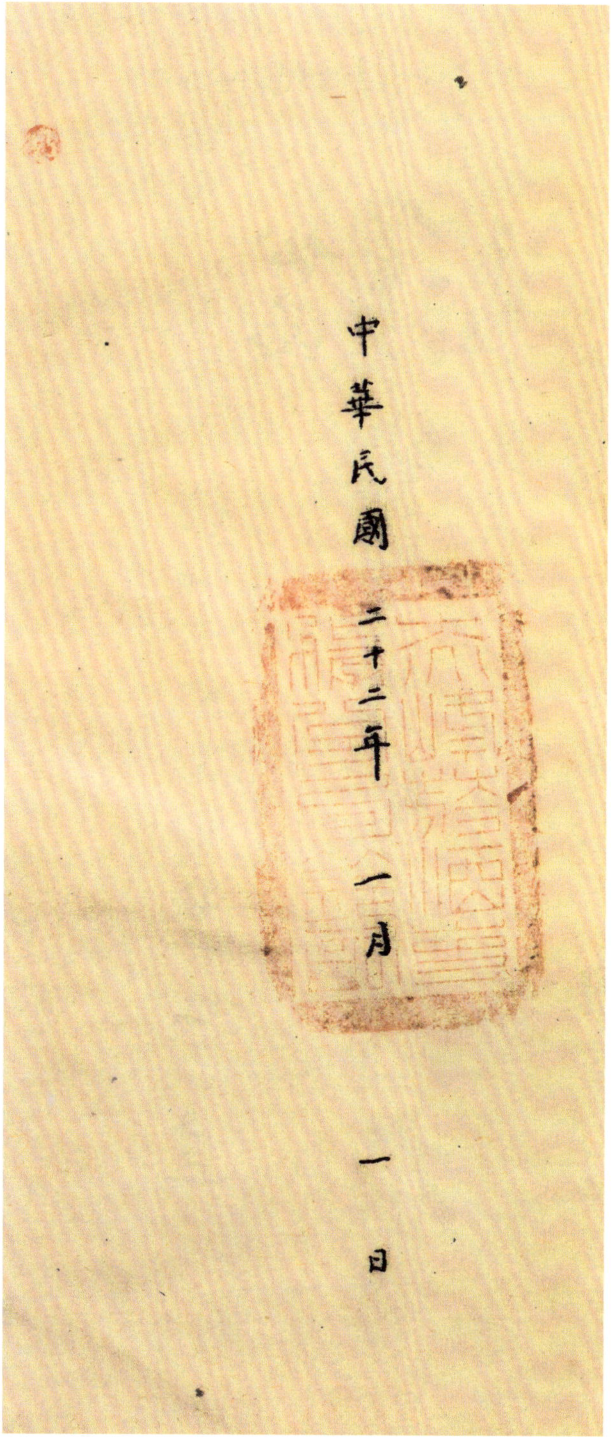

中華民國二十二年一月一日

三四八 吉林救國軍總司令部爲請籌送糧草給養事致赤峰縣政府公函（1933年1月7日）

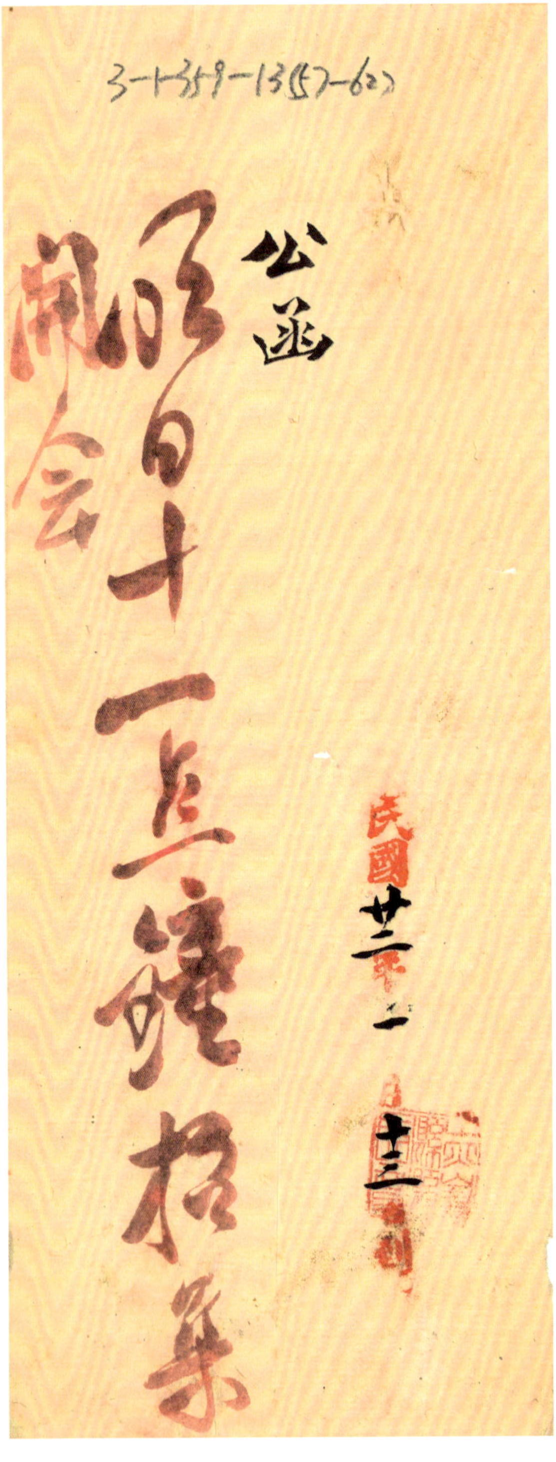
公函
民國廿二年一月十三

三四八　吉林救國軍總司令部爲請籌送糧草給養事致赤峰縣政府公函（1933年1月7日）

吉林救國軍總司令部公函　第四十一號

逕啓者，敝軍基本隊第一梯隊，近由
吉林移駐熱省烏丹城一帶，人馬給
養均賴當地人民供給，惟該烏丹城
一帶雖非地瘠民窮，若供給此兩萬
兵馬之給養，未免人民難堪，亦爲平均
擔負起見，祈
貴縣按區攤派籌送小米五百石，紅
糧五百石，谷草五百萬斤，刻日不誤
派該梯隊分駐於

三四八 吉林救國軍總司令部爲請籌送糧草給養事致赤峰縣政府公函（1933 年 1 月 7 日）

貴縣界内矣相應派第一梯隊給養
籌備處長胡振聲前赴
貴縣接洽希即查照撥以上糧草
數目速爲籌送勿延軍用是要此荷

此致

赤峰縣政府

總司令馮占海

三四八　吉林救國軍總司令部爲請籌送糧草給養事致赤峰縣政府公函（1933年1月7日）

中華民國二十二年一月七日

三四九　赤峰縣政府爲具報吉林救國軍二萬餘人移駐烏丹攤派糧草事致熱河省政府電報稿（1933年1月）

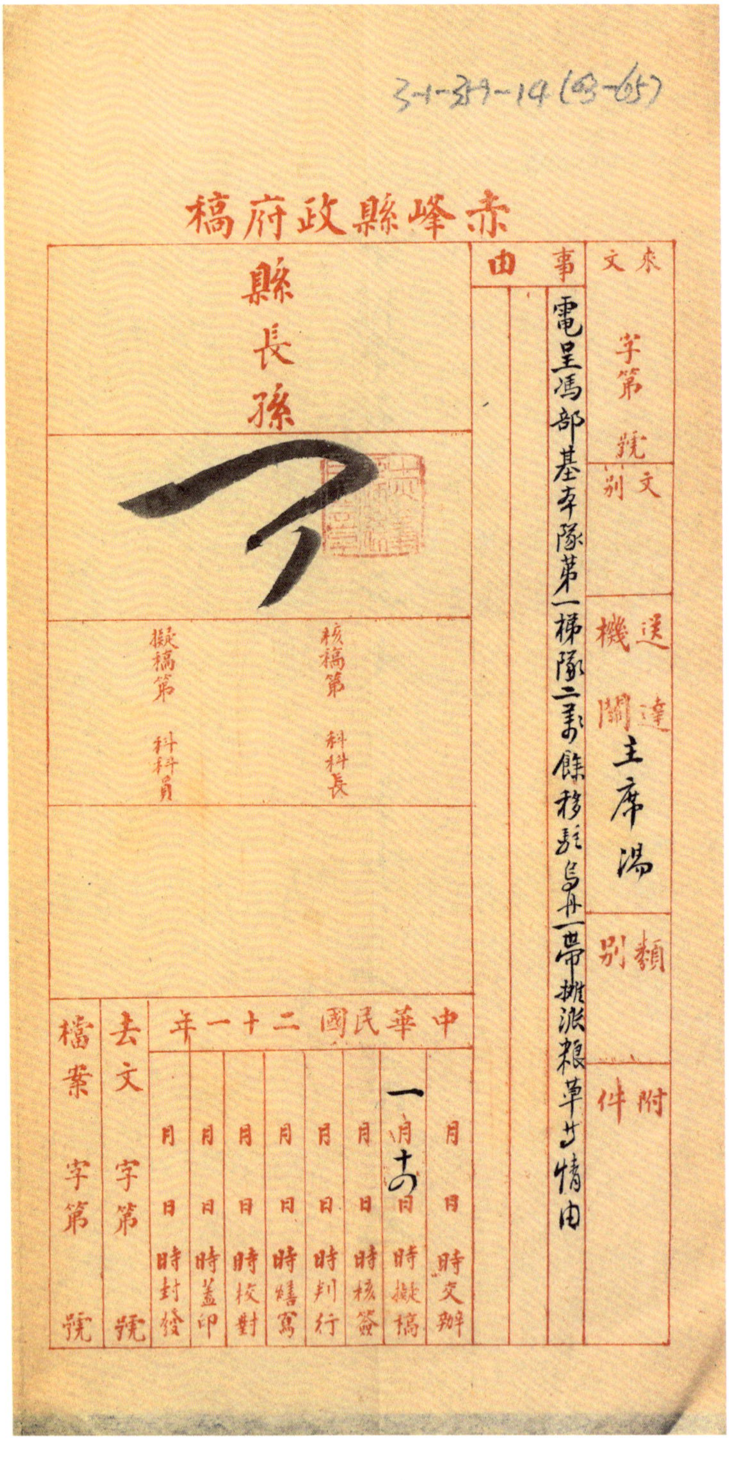
3-1-39-14（63-65）

赤峰縣政府稿

來文　字第　號

文別

送達機關　主席湯

類別

附件

事由　電呈馮部基本隊第一梯隊二萬餘移駐烏丹一帶攤派糧草等情由

縣長孫

擬稿第　科科員

核稿第　科科長

中華民國二十一年

一月十六日

月日時交辦　月日時擬稿　月日時核簽　月日時判行　月日時繕寫　月日時校對　月日時蓋印　月日時封發

去文　字第　號

檔案　字第　號

三四九　赤峰縣政府爲具報吉林救國軍二萬餘人移駐烏丹攤派糧草事致熱河省政府電報稿（1933年1月）

熱河軍司令省主席湯鈞鑒：頃承馮總司令函飭，以本部基本隊第一梯隊兩萬餘由吉林移駐热省烏丹一帶，祈速按區攤派，籌送小米五百石、紅粮五百石、谷草五百萬斤，並派給養籌備處長富文律來縣接洽，催索甚急。除招集各六區代表赴縣籌備供應外，合先電聞。

赤峰縣長孫〇〇叩。寒。

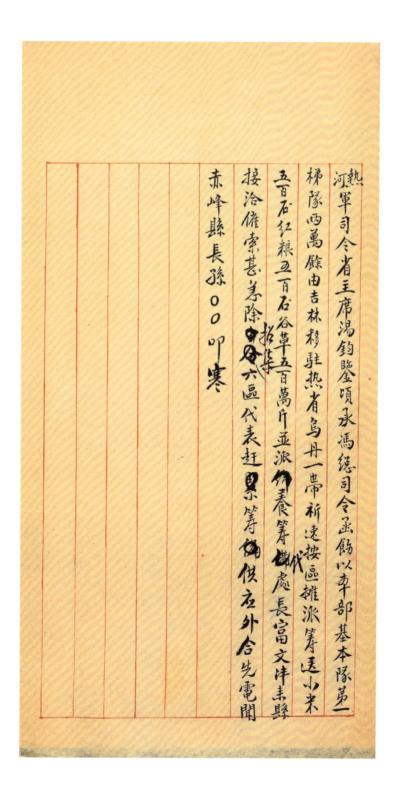

三四九　赤峰縣政府爲具報吉林救國軍二萬餘人移駐烏丹攤派糧草事致熱河省政府電報稿（1933年1月）

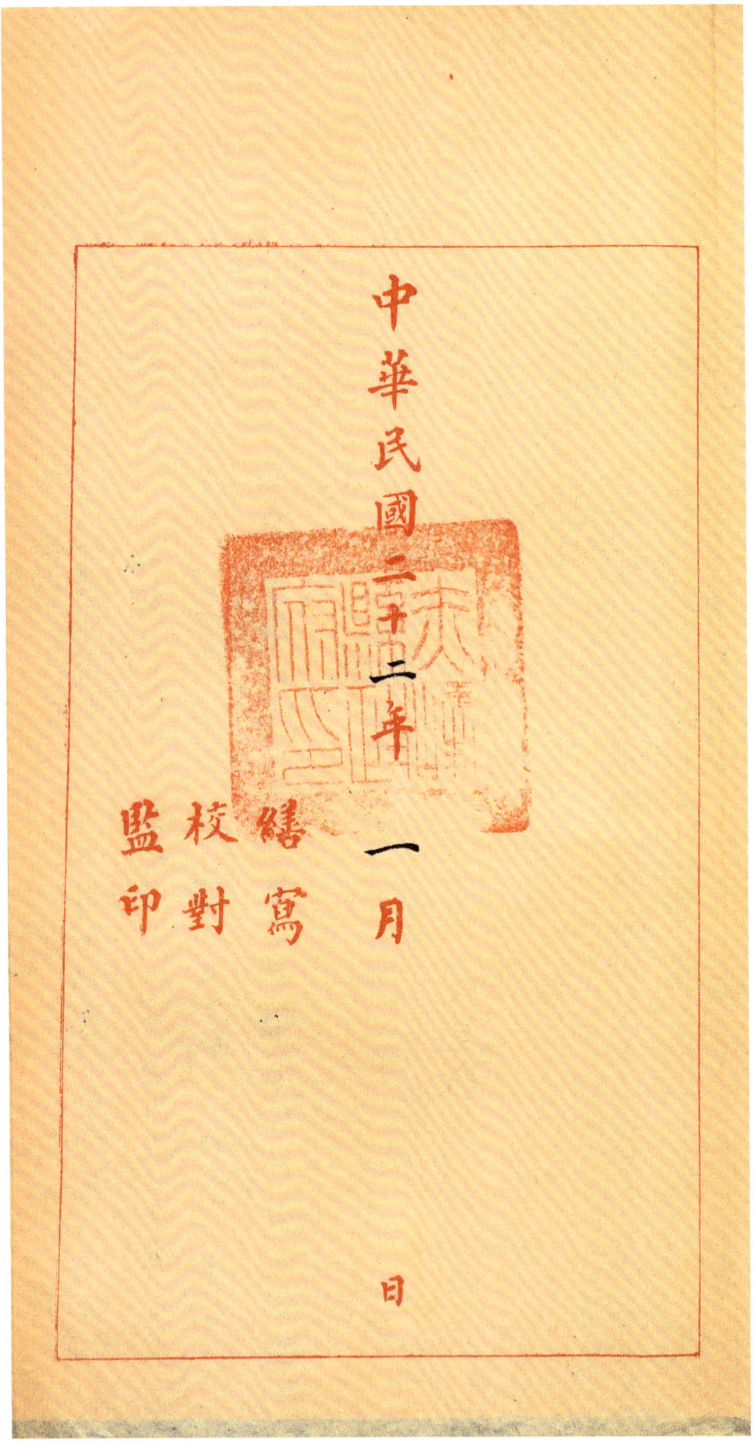

中華民國二十二年一月　日

繕寫

校對

監印

三五〇　赤峰鹽務管理分局爲代理局長吴郁周接鈐視事事致赤峰縣財政局公函（1933 年 1 月 12 日）

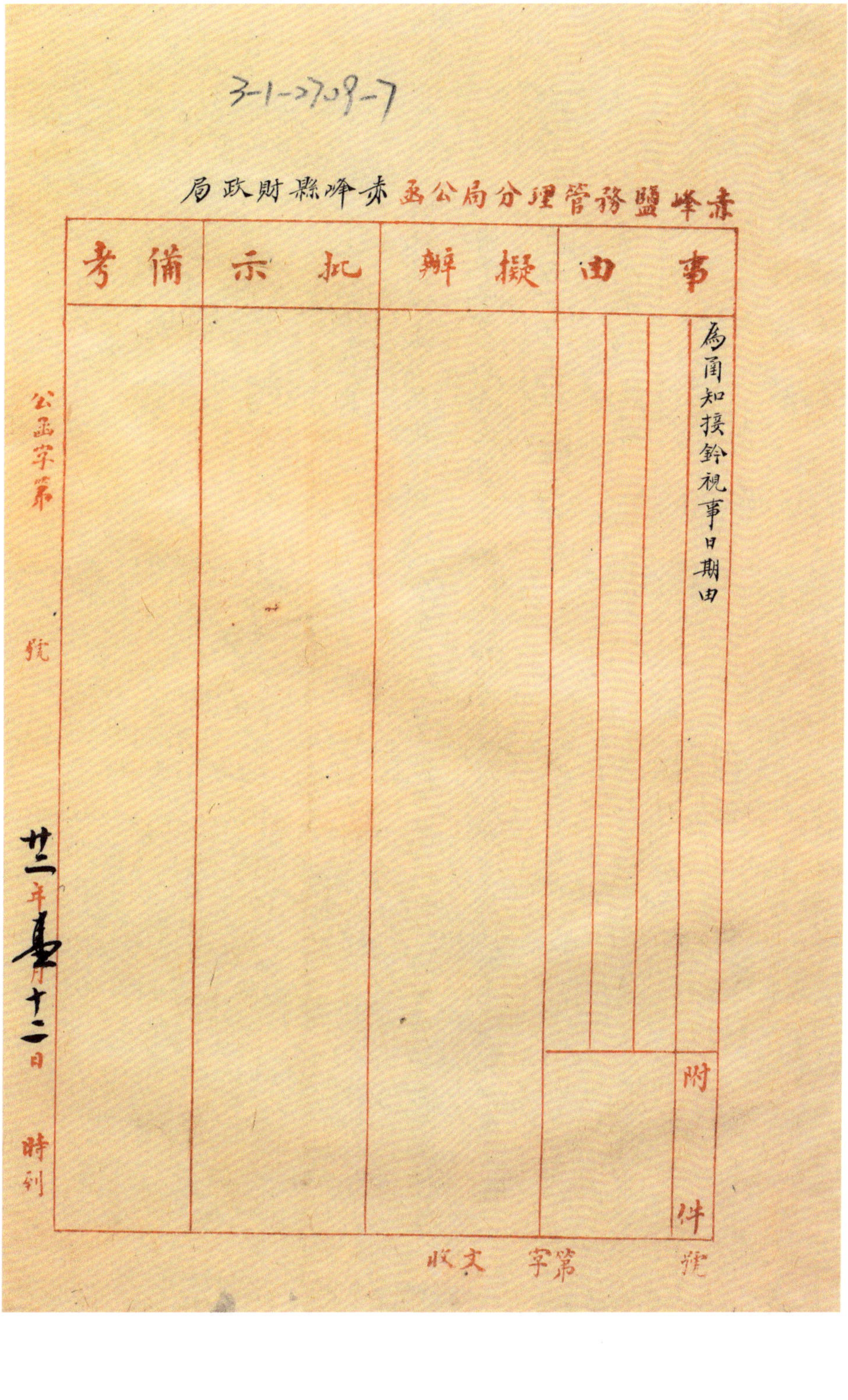

3-1-2709-7

赤峰鹽務管理分局公函　赤峰縣財政局

事由	擬辦	批示	備考
爲函知接鈐視事日期由			
附件			

公函字第　號

廿二年壹月十二日　時到

收文　字第　號

三五〇 赤峰鹽務管理分局爲代理局長吴郁周接鈐視事事致赤峰縣財政局公函（1933年1月12日）

赤峰鹽務管理分局公函

字第 一 號

逕啟者案奉
建泉寧赤全鹽務特貴徵收局委任令第一號內開茲委任吳郁周代理赤全鹽務特
貴徵收分局局長此令等因奉此遵於一月七日接鈐視事除呈報並通令外相應函請
貴局查照至紉公誼此致
赤峰縣財政局

三五〇 赤峰鹽務管理分局爲代理局長吴郁周接鈐視事事致赤峰縣財政局公函（1933年1月12日）

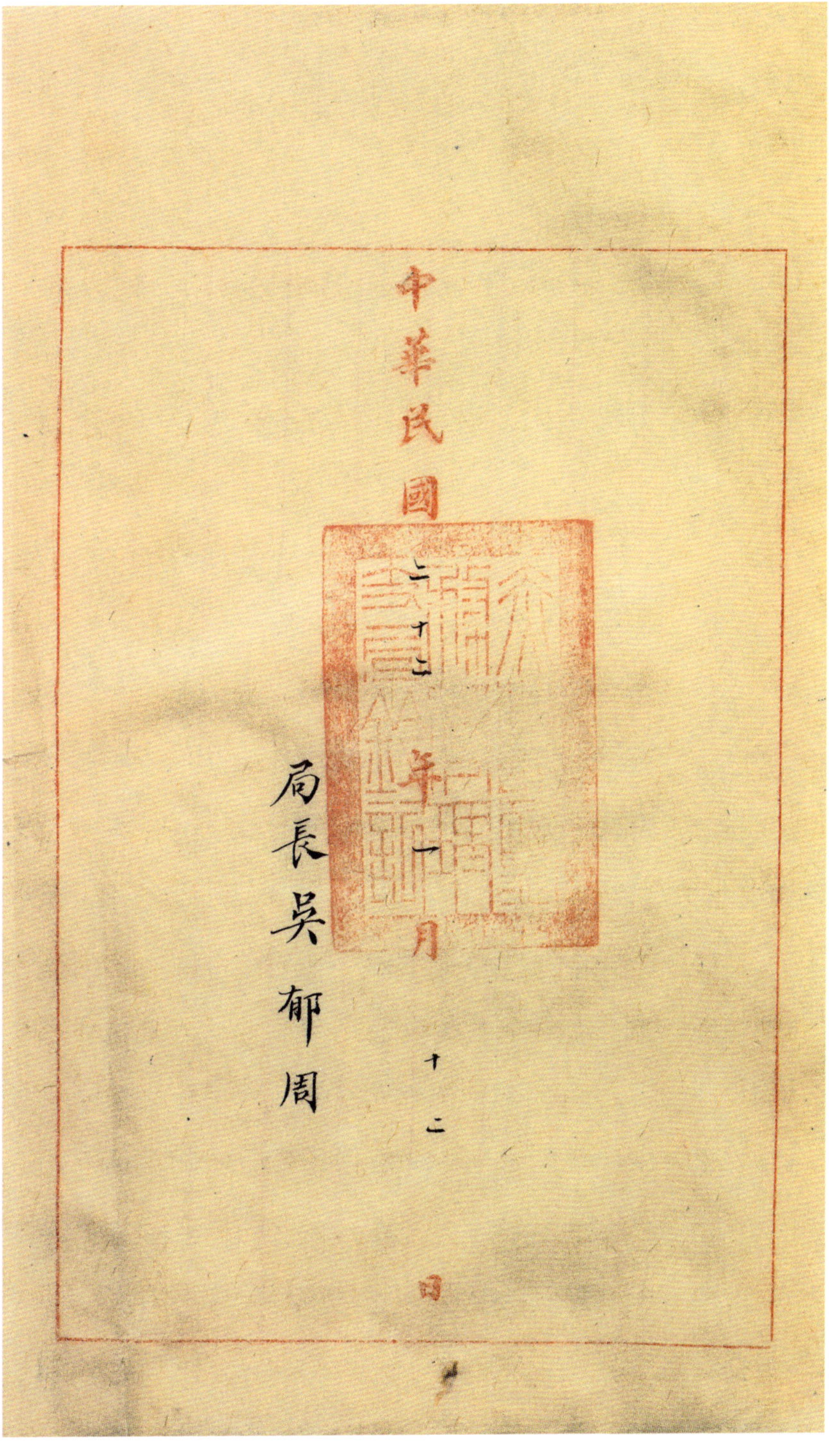
中華民國二十二年一月十二日

局長吴郁周

三五一　赤峰縣教育局爲具報推廣民衆學校情形事致赤峰縣政府呈（1933年1月17日）

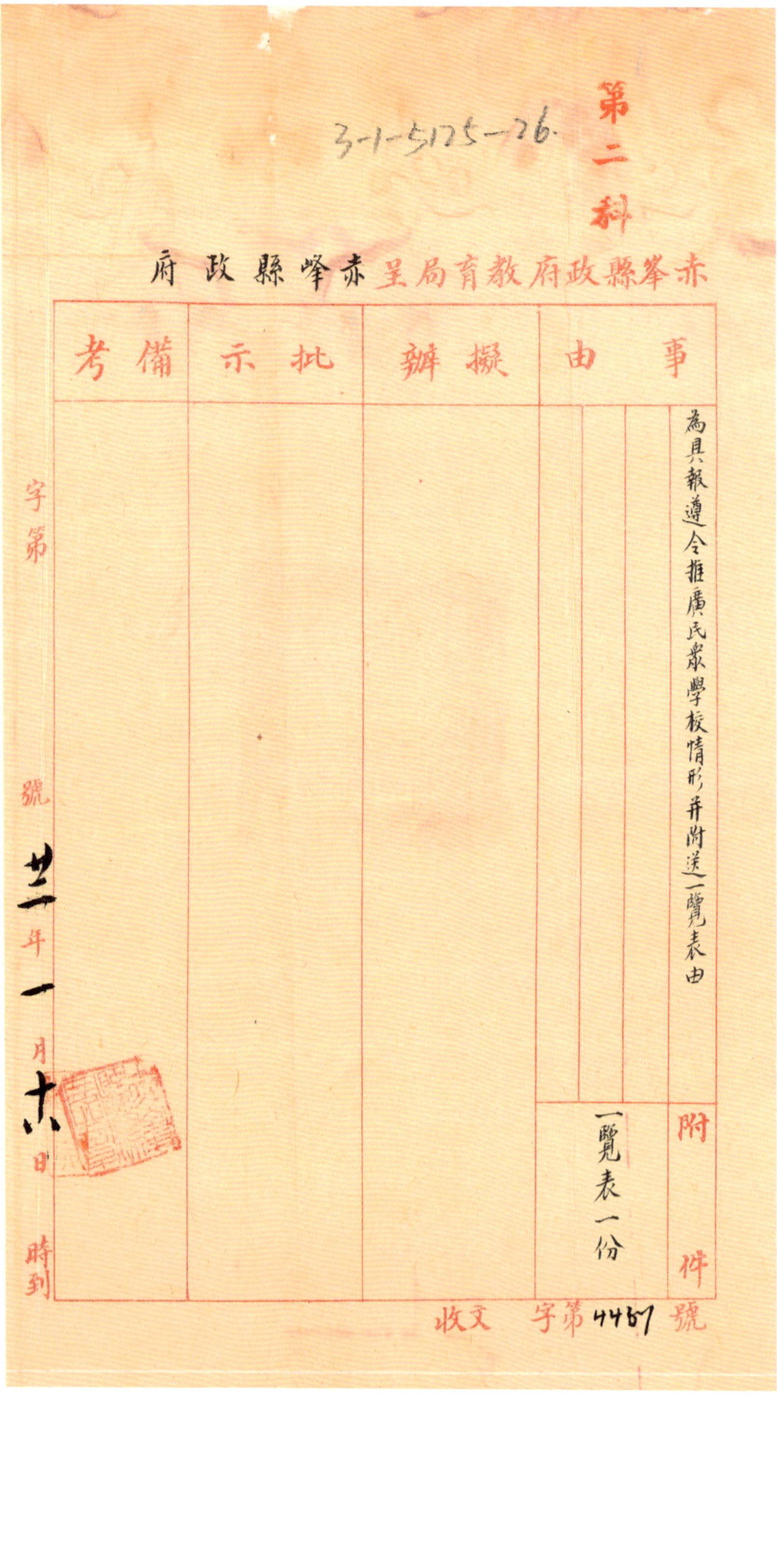

第二科

3-1-5125-26.

赤峯縣政府教育局呈赤峯縣政府

事由	擬辦	批示	備考
爲具報遵令推廣民衆學校情形并附送一覽表由			
附件：一覽表一份			

字第　號

廿二年一月十六日

到時

收文　字第4457號

三五一　赤峰縣教育局爲具報推廣民衆學校情形事致赤峰縣政府呈（1933年1月17日）

呈為具報遵令推廣民衆學校情形并附送一覽表仰祈
鑒核備案事竊奉
熱河省教育廳第一七三四號訓令內開查民衆教育為訓政切要之圖前奉
教育部令頒民衆學校辦法大綱業經本廳規定施行規則令行遵照辦理在
案現在歷時已久其籌備成立繼續舉辦者固不乏人而敷衍從事延未進行者亦
復不少須知民衆教育之設為補助學校之不足現值學年開始亟應賡續招生以期
教育普及除分令外合行令仰該局遵照先令各令積極進行認真舉辦已設立者
應再添設擴充未成立者尤應籌備進行並須設法在鄉村普設用符推廣民衆教育之
本旨案關部令勿再延忽並將辦理情形呈報查核切切此令復奉
熱河省教育廳第二三五二號訓令內開案查前奉

三五一 赤峰縣教育局爲具報推廣民衆學校情形事致赤峰縣政府呈（1933年1月17日）

教育部令頒各省市教育行政機關分期呈報事項表內列民衆學校及農工商人
短期職業補習學校概況及其招收新生數目每學期開始後一個月內呈報一次業
經本廳頒發民衆學校一覽表式令即遵照按期造報以憑彙轉並令催在案現在各
縣均已送齊獨該局尚未造報殊屬玩延合再令催仰即遵照先今各令限文到日
迅即漏夜填造民衆學校一覽表各三份呈報到廳以憑轉報勿再違延致干部詰
切切此令各等因奉此查接管卷內於十九年一月經李前任設立民衆學校六處其經臨各
費俱由十八年上半年度擴充學校預備費內儘量開支惟以該款係屬臨時性質
且僅敷三個月一班之用不足以資永久遂於是年六月聲請核銷前案另行
寬籌常年經費列入十八年下半年度支付預算案內一面擬再擴充民衆學校二
十八處先後共計三十六處以謀推廣業經擬具計劃呈報在案嗣因財政局對於

三五一　赤峰縣教育局爲具報推廣民衆學校情形事致赤峰縣政府呈（1933年1月17日）

十八年下半年度及十九年度收支總預算之彙編延至去年一月間始行辦理完竣又
呈送
熱河財政廳鑒核在案具在遲延時期發放各局經費復又根據
國民政府訓令於十九年度預算案未核定前祇能照十八年度核定預算定
額開支一案辦理李前任因受經濟限制預算影響勢不得不暫緩進行候令遵
照故直至二十年十一月交卸其推行民衆學校之計劃始終未能實現及毅民到任
接准移交亦莫可如何此赤峰民衆學校進行遲滯之原因也茲於去年十一月五日
准財政局函知關於民衆學校經費一項已奉
熱河財政廳令准等因自應極積推廣以免遺誤當經援照前任計劃成立民衆
學校三十五處原計劃爲三十六處刻以鄉村師範歸併初級中學故減少一處業於去年十一月二十日一律開學并將民

三五一　赤峰縣教育局爲具報推廣民衆學校情形事致赤峰縣政府呈（1933年1月17日）

衆學校一覽表式抄發各校飭將開辦後詳細情形迅速按照表式造送來局以憑
彙報而備考核在案現據各該校將一覽表陸續填造前來當由本局彙訂成帙除逕呈
熱河省政府教育廳備案外所有遵令推廣民衆學校之情形理合檢同一覽表一併備
文呈報恭請
鑒核備案實爲公便謹呈
赤峰縣縣長孫
計呈送
民衆學校一覽表一份
兼理赤峰縣教育局局長楊毅民

楊毅民印

呈表均悉除彙案外仰即知照此令

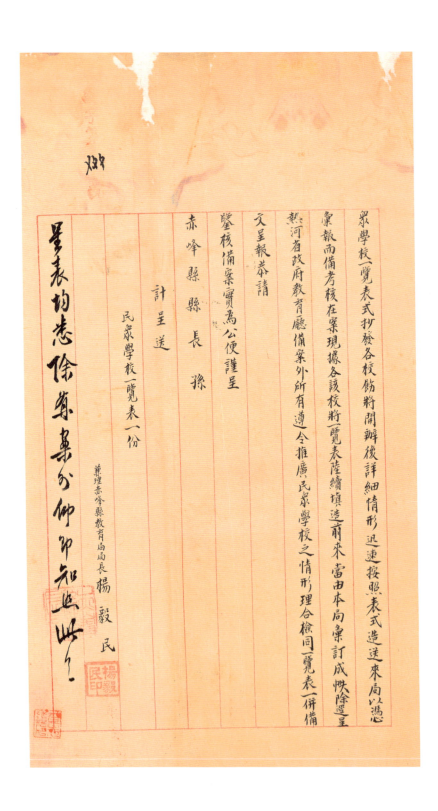

三五一　赤峰縣教育局爲具報推廣民衆學校情形事致赤峰縣政府呈（1933 年 1 月 17 日）

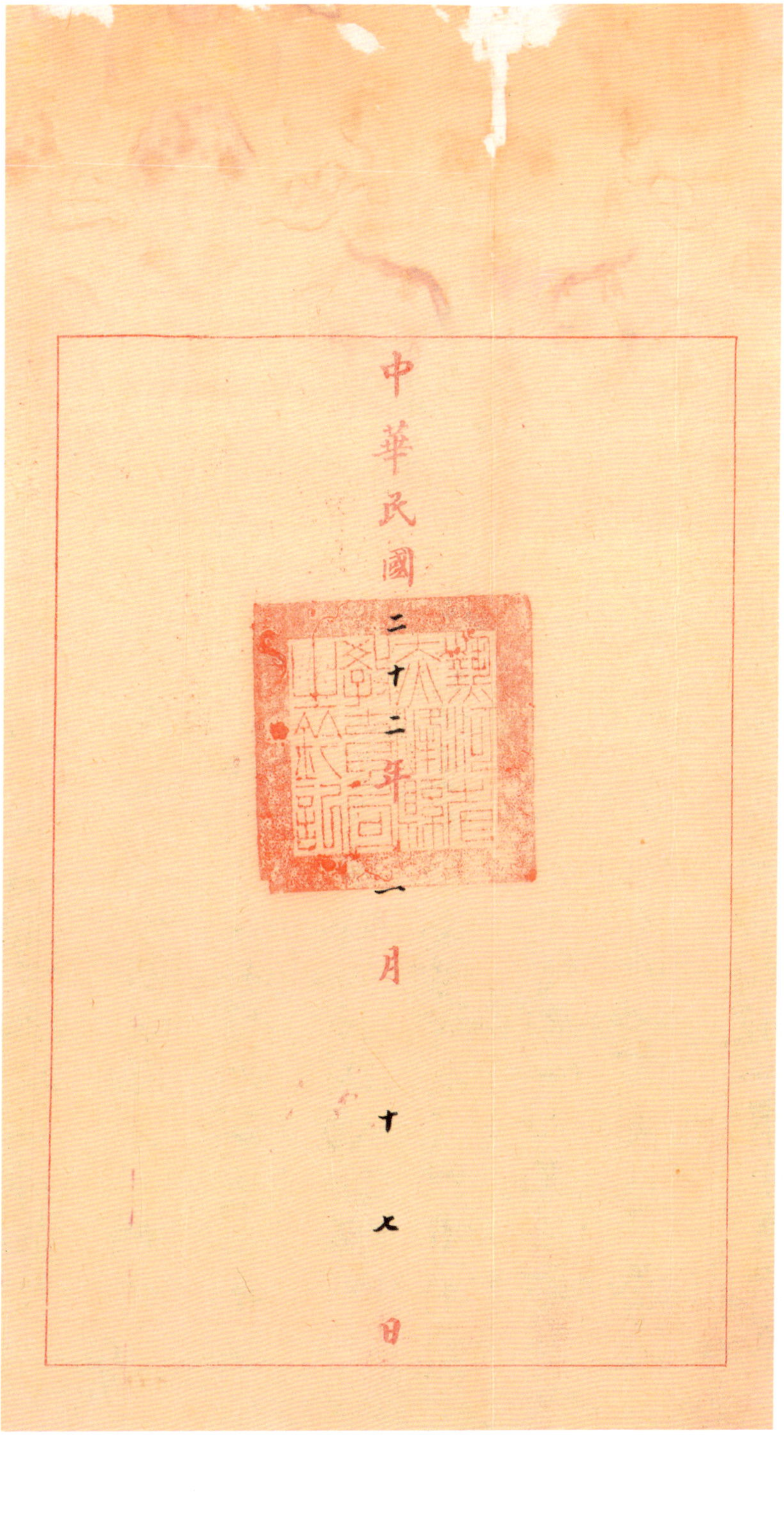
中華民國二十二年一月十七日

三五二　四十一軍軍部爲請先行代籌駐地暨給養柴草事致赤峰縣政府電報（1933 年 2 月 19 日）

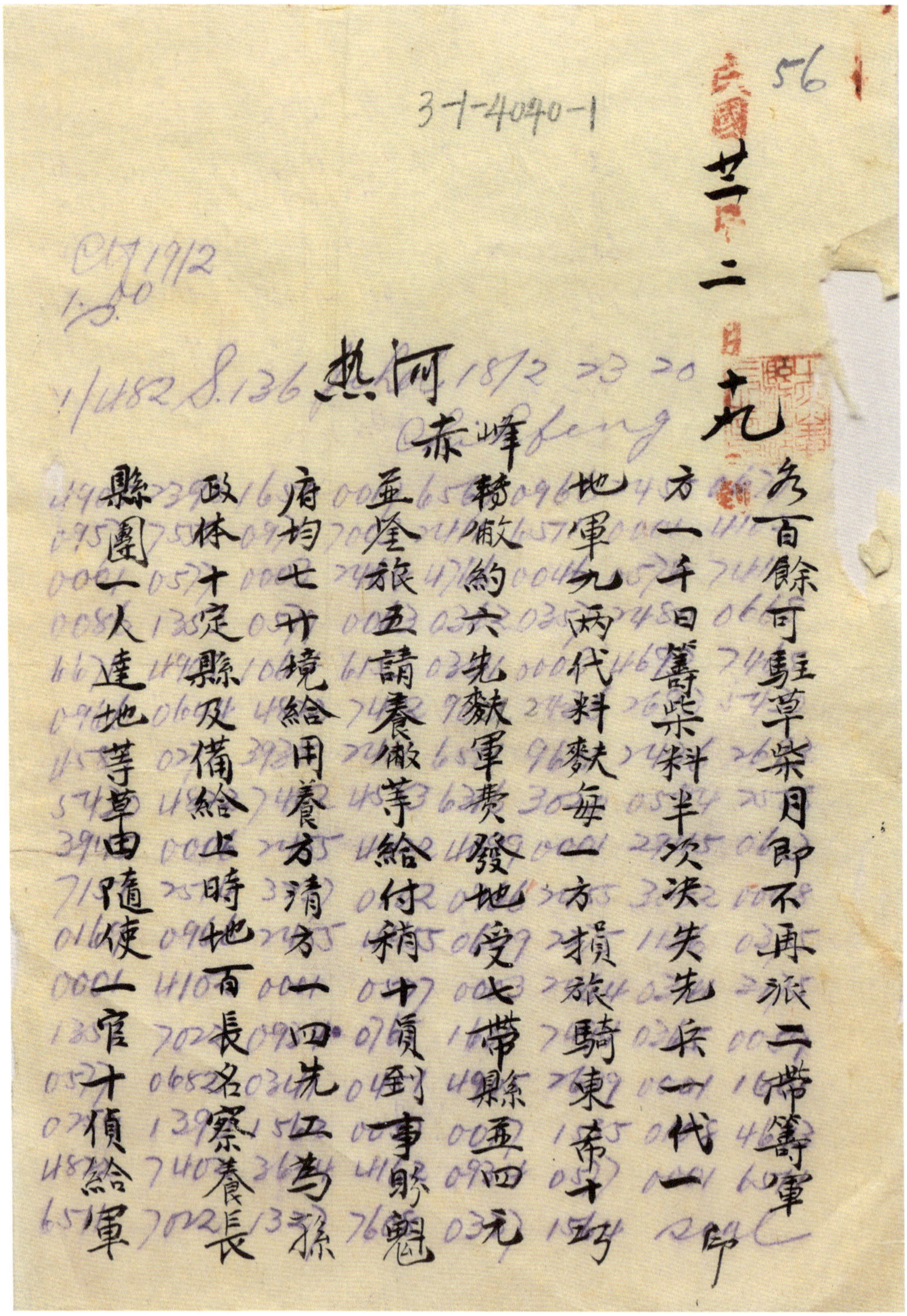

56

3-1-4040-1

民國廿二年二月十九日

熱河赤峰縣政府暨轉地方各團体均鑒：敝軍一百一十七旅約九千餘人定廿五六兩日可達縣境，請先代籌駐地及給養款料柴草等備用。敝軍款料柴草給養等費，每半月由上方給發一次，即隨時清付地方，決不使地方稍受損失。再，一百一十七旅先派官長四員帶騎兵二十名先到縣東一帶偵察工事，暨希代籌給養爲盼。四十一軍軍長孫魁元皓印

三五三 熱河省政府爲妥籌四十一軍住房給養柴草事致赤峰縣政府電報（1933年2月21日）

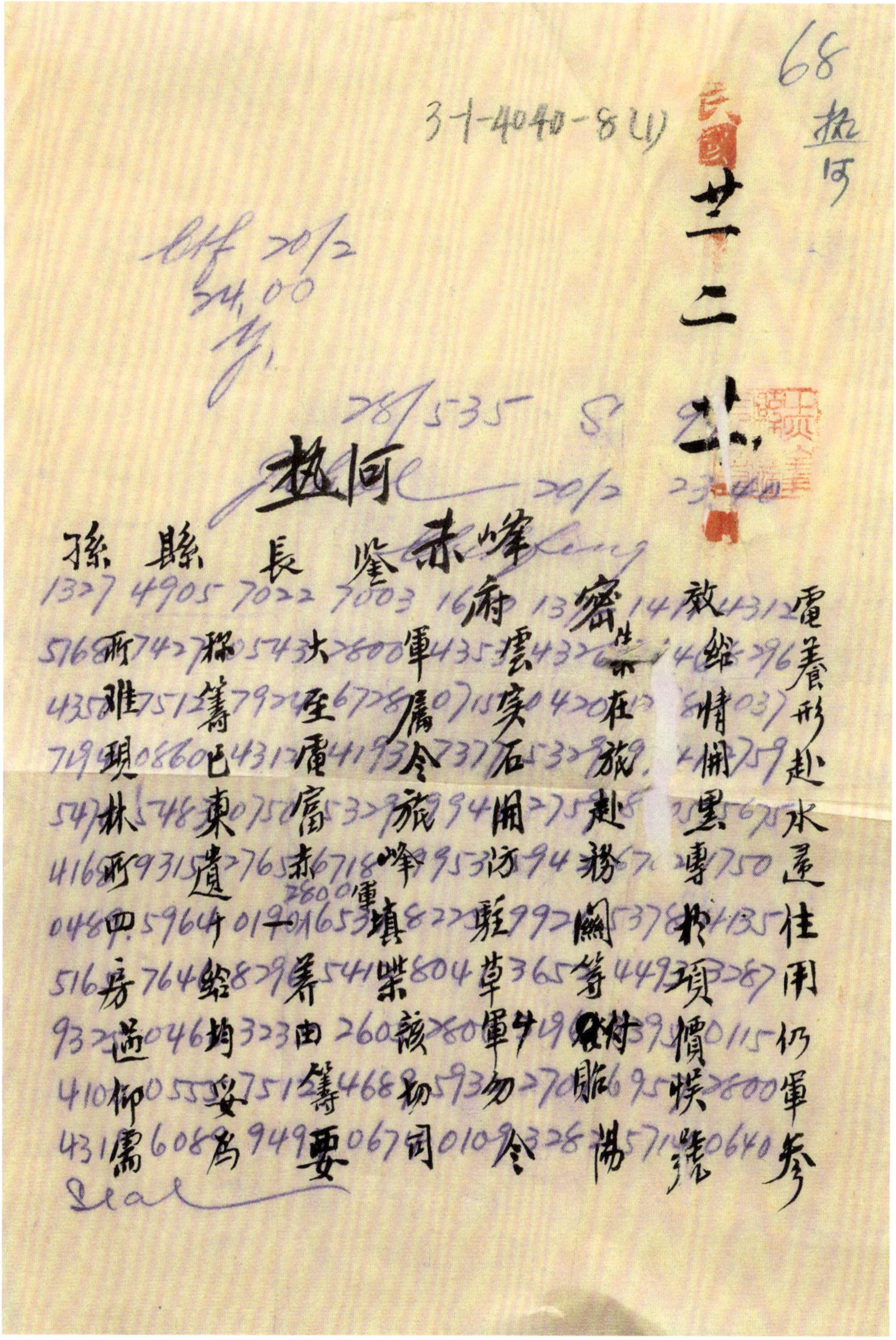

三五四　四十一軍軍長孫魁元爲請暫按一萬人采購米麵并告知米價事致赤峰縣縣長孫廷弼電報（1933年2月22日）

3-1-4040-9(1)

77

民國廿二年二月廿二日

熱河

赤峰

哥綏席該駐果小司帝西
鑒到王時分民人購盂馬
兄部遵屆可爲萬採千元
周敝當如部不一半若魁
襄約部進假期按各價孫
長大兩前走總輜面米弟
縣悉富令未鄉養白小復
孫電不命部四給米也宗

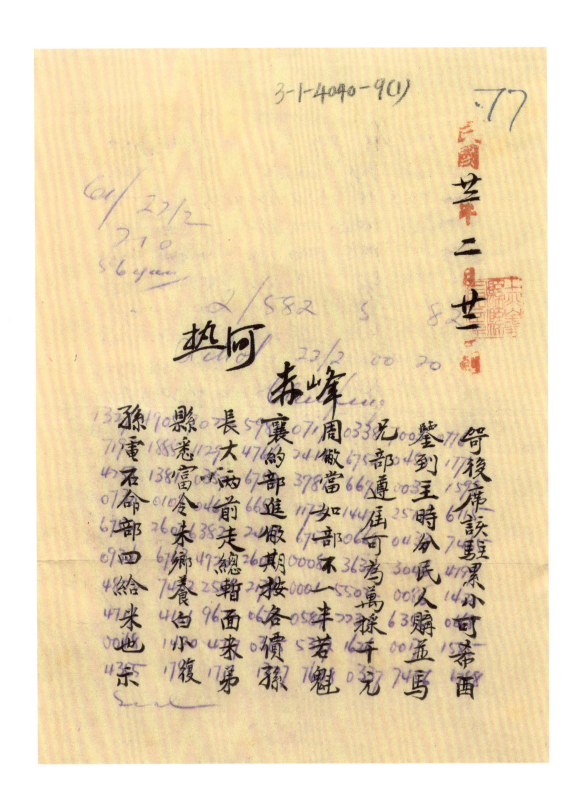

三五五　赤峰縣政府爲米麵已購妥并電告米價事致四十一軍軍部電報稿（1933年2月22日）

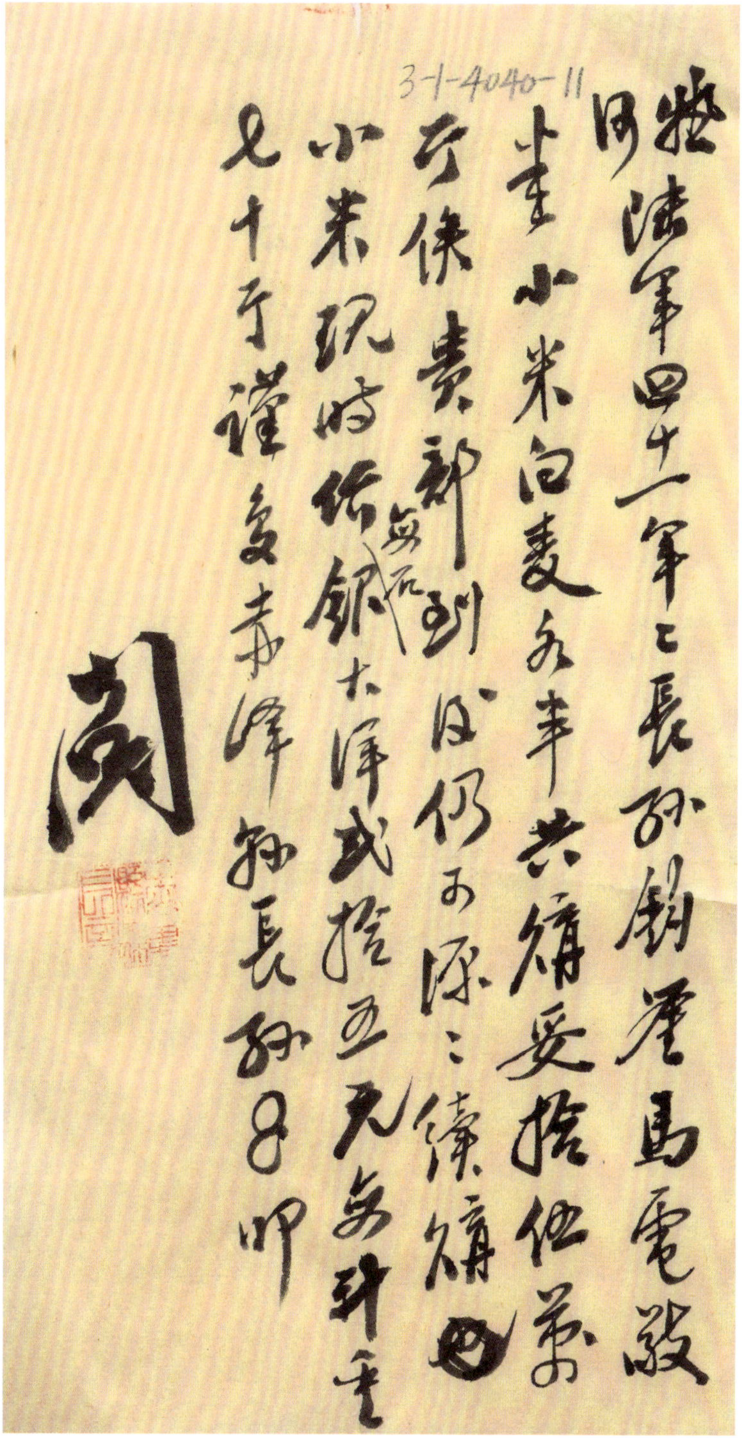

3-1-4040-11

特凌源陸軍四十一軍軍長孫鈞鑒：馬電敬
悉。
查小米白麥各半共籌妥擔，但茲
希候貴部到日，仍不源源籌西
小米現時價錢每石大洋式拾五元，每斗重
七十斤。謹復。赤峰縣長孫。𠃍卯。

閱

三五六　赤峰縣實業局爲建設局依法改組爲實業局事致赤峰縣財政局公函（1933年7月9日）

三五六　赤峰縣實業局爲建設局依法改組爲實業局事致赤峰縣財政局公函（1933年7月9日）

熱河省赤峰縣實業局公函第　一　號

逕啓者案奉

赤峰縣公署訓令第一八號内開爲令遵事案奉

熱河省公署第三八號訓令内開爲令遵事案查本署第三次政務會議據實業廳長恩麟提議查本省原設建設廳現已改爲實業廳至各縣建設局自應一律改爲實業局等情議决合亟令仰該縣長遵照辦理切切此令等因

奉此合亟令仰該局長遵照辦理所有鈐記在未刊發以前暫用舊鈐並將改組情形具報以憑核轉爲要此令等因奉此敝局遵於本月八日依法改組爲熱河省赤峰縣實業局除呈報并分函外相應函請

貴局查照實紉公誼此致

赤峰縣財政局

局長王熙麟

三五六　赤峰縣實業局爲建設局依法改組爲實業局事致赤峰縣財政局公函（1933年7月9日）

暫用舊鈐

大同二年七月九日

擬

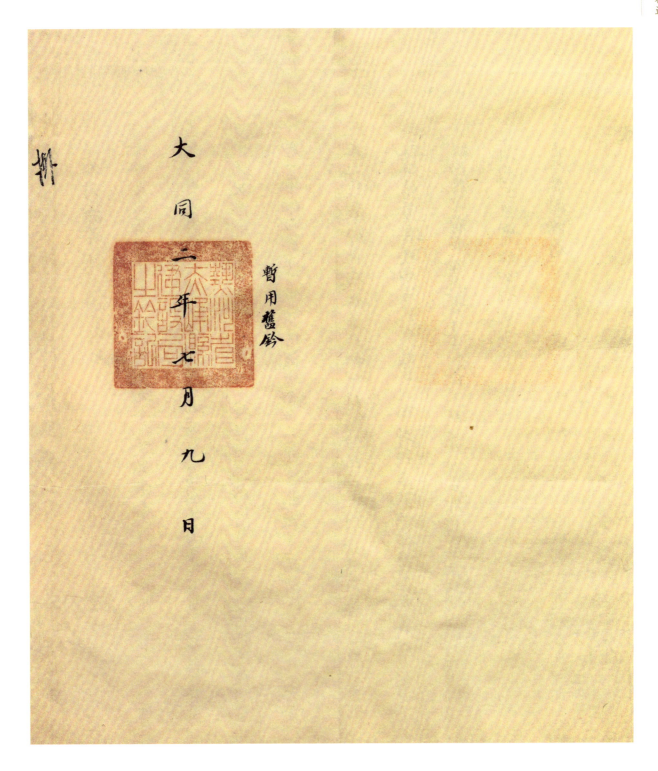

後記

二〇一八年，赤峰市檔案館成功申報國家重點檔案保護與開發項目——影印《民國時期赤峰縣公署檔案精選》。

二〇一九年，赤峰市檔案館專門成立國家重點檔案保護與開發項目領導小組，抽調汪志紅、遲少林、白雲玲、宋麗南四位同志，對館藏民國時期赤峰縣公署檔案進行篩選分類，最終精選 356 件編纂成書。書稿經赤峰市檔案館國家重點檔案保護與開發項目領導小組初審，内蒙古自治區檔案局檔案館室業務監督指導處李曉梅處長和赤峰學院歷史文化學院教授、碩士生導師李俊義博士復審定稿後，付梓行世。

《民國時期赤峰縣公署檔案精選》一書，乃赤峰市檔案館館藏民國檔案首次正式出版，『但開風氣不爲師』，赤峰市檔案館將以各種方式陸續公布館藏民國時期檔案，以饗讀者，而利研用。

《民國時期赤峰縣公署檔案精選》項目的順利完成，得益於幾代檔案人不懈的努力，赤峰市檔案館前期所做的接收、整理、數字化、著録、保管工作，爲影印出版奠定了堅實基礎，在此，我們向所有檔案同仁致以崇高的敬意！

本書的順利出版，也得益於内蒙古自治區檔案局的鼎力支持，得益於中國第二歷史檔案館史料編輯處孫秋浦處长、赤峰學院李俊義教授等專業人士的悉心指導，得益於國家圖書館出版社的密切合作，在此，我們一并表示誠摯的謝意！

三言兩語，難盡委曲，謹贅數語，聊表寸衷。

《民國時期赤峰縣公署檔案精選》編委會

二〇一九年十月八日